中国石油辽河油田公司

年 鉴

2022

辽河油田公司史志编纂委员会 编

石油工业出版社

图书在版编目（CIP）数据

中国石油辽河油田公司年鉴 . 2022 / 辽河油田公司史志编纂委员会编 . —北京：石油工业出版社，2023.12
ISBN 978-7-5183-6478-7

Ⅰ.①中… Ⅱ.①辽… Ⅲ.①油田 – 辽宁 –2022– 年鉴 Ⅳ.① F426.22-54

中国国家版本馆CIP数据核字（2023）第235744号

中国石油辽河油田公司年鉴 2022
ZHONGGUO SHIYOU LIAOHE YOUTIAN GONGSI NIANJIAN 2022
辽河油田公司史志编纂委员会　编

出版发行：石油工业出版社
　　　　　（北京安定门外安华里2区1号　100011）
　　　网　　址：www.petropub.com
　　　图书营销中心：（010）64523731
　　　编 辑 部：（010）64250213
经　　销：全国新华书店
印　　刷：北京晨旭印刷厂

2023 年 12 月第 1 版　2023 年 12 月第 1 次印刷
889×1194 毫米　开本：1/16　印张：27.75　插页：18
字数：770 千字

定　价：242.00元
（如出现印装质量问题，我社图书营销中心负责调换）
版权所有，侵权必究

辽河油田公司史志编纂委员会

主　　任：李忠兴
副 主 任：任文军　胡英杰
委　　员：毛宏伟　孟　平　李忠诚　潘良革　袁广平　赵万辉
　　　　　王宝峰　张国龙　王家帮　卢　敏　周大胜　张国军
　　　　　徐宪胜　冉　杰　邓江红　马洪涛　邹　君　李海彬
　　　　　陈永和　朱立明　滕立勇　宋天辉　甄占彪　刘长江

辽河油田公司史志编纂委员会办公室

主　　任：刘长江
副 主 任：沈明军

《中国石油辽河油田公司年鉴》编辑部

主　　编：沈明军
副 主 编：刘凤英
编　　辑：石　坚　杨　佳　丁　薇　王美娜
彩图提供：陈允长　孙洪洲　赵　伟　杨晓华　季玉琪

撰稿人名单

（按姓氏笔画顺序排列）

丁宜宁	丁海燕	丁 薇	董 宇	王文钢	王 东
王 冬	王 宇	王 阳	王 丽	王丽萍	王佳林
王禹心	王美娜	王 继	王 晶	王睿哲	王薪浩
卞家忠	文莉娜	石婷婷	田连雨	史更新	付 尧
付崇清	冯少华	冯 煜	兰德英	边少之	曲 静
吕 静	朱跃红	乔 琦	刘凤英	刘成文	刘欢欢
刘 畅	刘 莹	刘 健	刘 涛	刘培炎	刘 敏
孙文跃	孙金昌	李可新	李树军	李 莉	李晓晨
李逢春	李 晶	杨明艳	杨 雪	杨 楠	时冀徽
邱 晨	狄 强	宋成坤	宋志伟	张 弛	张春艳
张荣平	张洪波	陈 君	范 莹	林振锦	周 宁
周 扬	周 超	郑 东	郎静雅	赵 源	郝丽伟
郝强生	胡龙飞	修士今	姜 山	姜明明	夏云棚
徐泾源	徐浩伦	栾海波	高 泮	郭宏伟	郭 健
郭祥方	唐贵鹤	唐雪枭	陶文玲	曹 超	崔春雨
梁近冬	彭 凯	葛阳阳	韩华君	程 辉	訾绍凯
廖其彬	翟洪江	潘 锦	魏 冉	魏 慰	魏 耀

编 辑 说 明

一、《中国石油辽河油田公司年鉴》是由中国石油天然气股份有限公司辽河油田分公司主办，辽河油田公司档案馆史志办公室组织编纂的综合性企业年鉴。1989年创刊，此后每两年编纂一卷，2001年分设为《辽河油田公司年鉴》和《中国石油辽河石油勘探局年鉴》，并分别每年编纂一卷，2009年合并编纂《辽河油田年鉴》，2012年更名为《中国石油辽河油田公司年鉴》（简称《年鉴》），是广大读者系统了解辽河油田公司的重要工具书，旨在为辽河油田公司各级领导制定生产经营方针和政策提供依据，也为编史修志积累资料。

二、本卷《年鉴》编纂工作始终坚持以马克思列宁主义、毛泽东思想、邓小平理论、"三个代表"重要思想、科学发展观和习近平新时代中国特色社会主义思想为指导，以"存史、资政、育人、宣传"为目的，全面、系统、翔实地记述了辽河油田公司2021年主要工作和成果，所收录资料上限起自2021年1月1日，下限至2021年12月31日。

三、本卷《年鉴》采用分类编辑和条目式记述方法，主体内容分为类目、分目、条目三个层次，以文字记述为主，辅以照片、图表。具体设置总述，大事记，油气勘探，油气开发，科技与信息，安全环保与质量节能，企业管理，党群工作，单位概览，机构、人物与荣誉，统计数据，附录12个类目。其中，单位概览采用"板块式"结构，按类目、板块、分目、条目四个层次进行记述。为便于读者查阅和检索，文前附有目录，文后附有索引。

四、本卷《年鉴》资料由辽河油田公司机关各部室、直属部门及所属各二级单位提供，各部门、各单位主管领导对提供的资料审核把关后上报，史志办公室依据编写大纲与撰稿要求，经筛选、删减、补充、整理、核实后刊用，力求做到资料翔实，叙述简洁，数据准确。

五、本卷《年鉴》所刊载的各单位名称均按辽河油田公司内部称谓，直书其名。其中，"中国石油天然气集团有限公司"简称"集团公司"，"中国石油天然气股份有限公司"简称"股份公司"，两者统称"中国石油"；"中国石油天然气股份有限公司辽河油田分公司"简称"辽河油田公司"。

六、《年鉴》由于信息量大，涉及面广，编辑出版时限性强，在编辑过程中难免有不足之处。疏漏之处恳请读者批评指正。

领导调研与基层慰问

2021年5月14日,辽宁省高级人民法院党组书记、院长郑青(前排右二)一行到辽河油区,就辽河中级人民法院服务保障大局、营商环境建设、打造精品案件等工作进行调研,辽河油田公司执行董事、党委书记李忠兴(前排左一)陪同并参加座谈会(季玉琪 摄)

2021年1月19日,盘锦市委副书记、市长汤方栋(前排中)到辽河储气库群调研,辽河油田公司总经理孟卫工(前排左一)陪同(杨晓华 张笑迪 摄)

2021年11月12日，辽河油田双台子储气库群——双6储气库扩容上产工程投产仪式在双台子储气库群控制中心举行，盘锦市委书记张成中（左三），辽河油田公司执行董事、党委书记李忠兴（右三），总经理孟卫工（右二）参加投产仪式（季玉琪 摄）

2021年11月24日，盘锦市代市长邢鹏（前排左一）到辽河储气库群调研，辽河油田公司总经理孟卫工（前排右一）陪同（孙洪洲 摄）

2021年6月16日，集团公司党史学习教育第一指导组来辽河油田公司调研指导工作（陈允长 摄）

2021年9月28日，辽河油田公司执行董事、党委书记李忠兴到双台子储气库群慰问（季玉琪 摄）

会议部署与工作安排

2021年1月18—19日，辽河油田公司在辽河宾馆召开四届二次职代会暨2021年工作会议（陈允长 摄）

2021年1月27—28日，辽河油田公司以视频形式组织召开2021年油田开发工作会议，总结交流"十三五"成果，研讨部署油田开发生产实现高质量发展的思路措施（赵伟 摄）

2021年2月26日,辽河油田公司召开庆祝中国共产党成立100周年党史学习教育暨"转观念、勇担当、高质量、创一流"主题教育动员部署大会,辽河油田公司执行董事、党委书记李忠兴讲主题党课(陈允长 摄)

2021年7月19日,辽河油田公司召开半年工作会议,总结上半年工作,部署下一步工作,动员全体干部员工乘势而上、改革创新,全面实现"十四五"良好开局(陈允长 摄)

2021年7月20—21日,股份公司勘探与生产分公司上游业务新能源半年工作会议在辽河油田公司召开。集团公司总部相关部门、相关专业分公司,各油气田企业、中国石油勘探开发研究院、中国石油天然气股份有限公司规划总院等单位130余人参加会议,辽河油田公司执行董事、党委书记李忠兴在会上致辞(赵伟 摄)

2021年12月7日,辽河油田公司召开2022年工作务虚会,围绕做好2022年和"十四五"乃至更长时期工作,集中听取发展意见建议,全面系统分析研究,为高质量发展打基础(赵伟 摄)

2021年12月8日,辽河油田公司以视频会形式组织召开所属单位党委书记抓基层党建工作述职评议会(陈允长 摄)

2021年11月5日,辽河油田公司抗洪复产表彰大会在辽河宾馆举行(陈允长 摄)

勘探开发与辅助生产

2021年4月25日,辽河油田风险探井——马探1井顺利完井,完钻井深5877米,刷新辽河盆地最深纪录(陈允长 摄)

2021年5月11日,辽河西部凹陷风险探井曙页1井大型压裂施工现场(勘探事业部 提供)

2021年6月25日，辽河西部凹陷雷125井钻井施工现场（勘探事业部 提供）

2021年10月，位于陕西宜川地区的辽河油田外围区块正钻探新井（陈允长 摄）

2021年12月3日，辽河外围宜庆地区宁县西—镇150井区三维地震采集施工现场（勘探事业部 提供）

2021年5月28日，由沈阳鼓风机集团股份有限公司自主研发的第二台套电驱高压离心式压缩机组落户辽河储气库群，辽河储气库群组织人力进行现场安装（储气库公司 提供）

2021年9月19—21日，辽宁省出现全年最强场次降雨，辽河油田遭遇30年不遇洪涝灾害，造成油井关停646口，最高影响日产油1921吨。辽河油田公司科学部署，有效应对，数百名干部员工放弃长假，开展堤坝加固、设备抢修工作，最终于11月初关停油井全部复产，原油日产攀升至27154吨，基本恢复到洪灾前水平（赵伟 摄）

2021年11月12日，辽河油田双台子储气库群——双6储气库扩容上产工程1800万立方米采气处理装置，历时15个月建成投产，创造国内同等规模储气库建设周期最短新纪录。投产后，辽河储气库群整体日调峰能力从1500万立方米提升至3180万立方米，成为国内日调峰能力最大储气库群（陈允长 摄）

科学技术与科研成果

2021年4月29日,辽河油田公司被集团公司确定为"CCUS工程试点单位"(季玉琪 摄)

2021年6月16日,辽河油田公司举办非常规油气藏储层改造技术研讨会,邀请中国石油勘探开发研究院、中国石油天然气股份有限公司长庆油田分公司、中国石油天然气股份有限公司大庆油田有限责任公司、中国石油集团川庆钻探工程有限公司等单位及哈里伯顿、斯伦贝谢等公司储层改造领域权威的专家学者,为辽河非常规储层改造把脉问诊、献计献策(季玉琪 摄)

2021年9月16日，辽河油田公司科技工作者座谈会在辽河宾馆召开（季玉琪 摄）

2021年10月11日，辽河油田公司在辽河宾馆召开科技与信息化创新大会，表彰获集团公司科技工作先进集体和个人（孙洪洲 摄）

2021年10月22日，辽河油田公司与中国石油国际勘探开发有限公司共建的"海外稠（重）油技术支持中心"正式揭牌（陈允长 摄）

2021年11月25日，辽河油田公司组织召开2021年科技奖励项目评审会议（杨晓华 摄）

2021年2月8日，辽河油田公司勘探开发研究院稠（重）油研发试验中心科研人员正进行首个全生命周期直平组合火驱大型三维实验前井网布设、安装等准备工作（曙光采油厂 提供）

2021年6月23日，辽河油田公司兴隆台采油厂加强技术攻关，在为期9天8口井的压裂会战中，技术人员主动请缨直击一线，确保压裂措施顺利进行，图为压裂会战现场（兴隆台采油厂 提供）

企业管理与改革

2021年4—10月,辽河油田公司举办首届培训项目设计大赛,有39家单位、107个培训项目参赛,涵盖管理、技术和技能三个类别,累计参与人员500余人(陈允长 摄)

2021年5月8日,辽河油田公司举办"推进公司治理体系和治理能力现代化"专题讲座(孙洪洲 摄)

2021年8月13日，辽河油田公司在勘探开发研究院报告厅召开反违章专项整治工作推进会，此次反违章专项整治分为集中整治、整改推进和总结验收三个阶段（季玉琪 摄）

2021年9月9日，集团公司对辽河油田公司重点改革任务推进落实情况进行调研督导。辽河油田公司总经理孟卫工参加会议（孙洪洲 摄）

2021年9月14日,辽河油田公司第五届班组成本分析比赛在勘探开发研究院报告厅圆满落幕(季玉琪 摄)

2021年10月18日,辽河油田公司召开电力业务归核化优化调整会议。12月6日,《电力业务归核化发展方案》出台(季玉琪 摄)

2021年6月16日，辽河油田公司在辽河石油广场开展"安全宣传咨询日"活动，主题是"落实安全责任，推动安全发展"（赵伟 摄）

2021年12月10日，辽河油田公司举行2021年智慧油田职业技能竞赛颁奖典礼。辽河油田公司总经理孟卫工，党委副书记、工会主席张金利为获奖选手及获奖单位颁奖（陈允长 摄）

战略合作与共赢发展

2021年4月6日，辽河油田公司与中国石油集团工程技术研究院有限公司签署战略合作框架协议，双方就科研项目攻关、技术支持和服务、人才培养、资源交流与共享等方面开展合作进行深入交流（赵伟 摄）

2021年4月8日，辽河油田公司与宝石花同方能源科技有限公司签订战略合作框架协议，双方将在节能降耗、新能源开发等领域开展深度合作（杨晓华 摄）

2021年4月13日，辽河油田公司执行董事、党委书记李忠兴与中油资产管理有限公司党委书记、执行董事、昆仑信托有限责任公司董事长王增业一行座谈，双方围绕下步加深合作、深化交流，实现互利共赢进行深入交流（赵伟 摄）

2021年6月9日，中国石油油田技术服务有限公司副总经理、安全总监喻著成一行到辽河油田调研走访。辽河油田公司总经理孟卫工参加座谈会，双方就提升固井质量、保障风险探井施工和储气库建设进行深交流（孙洪洲 摄）

2021年6月26日，霍田公路改扩建共建工程举行开工仪式。盘锦市市长汤方栋、辽河油田公司总经理孟卫工参加仪式（陈允长 摄）

2021年7月27日，辽河油田公司与石油工业出版社在辽河宾馆举办签订战略合作框架协议签字仪式，双方将深入交流，推进合作，促进优势互补、共进发展（杨晓华 摄）

2021年10月11日，辽河油田公司与中油测井公司签订射孔业务划转协议（季玉琪 摄）

2021年10月13日，辽河油田公司执行董事、党委书记李忠兴与中国石油济柴动力有限公司总经理苗勇一行座谈，双方围绕深化合作，实现互利共赢进行交流（赵伟 摄）

2021年10月19日，辽河油田公司与盘锦市召开油地联席会议，进一步深化交流沟通，研究发展、解决问题，推动打造油地融合发展典范。盘锦市委书记张成中，中国石油驻辽西地区企业协调组组长、辽河油田公司执行董事、党委书记李忠兴参加会议（赵伟 摄）

2021年11月12日，辽河油田公司与辽宁石油化工大学签订战略合作框架协议，进一步加深沟通交流，促进校企合作（赵伟 摄）

企业党建与群团工作

2021年6月29日，辽河油田公司庆祝中国共产党成立100周年表彰大会在兴隆台采油厂文体中心隆重举行，辽河油田公司党委书记、执行董事李忠兴讲授专题党课（陈允长 摄）

2021年7月1日，辽河油田公司隆重举行"唱支山歌给党听"建党百年庆祝活动，8支合唱队、3000名党员干部在机关大楼前广场用群唱、合唱的方式为党祝福，表达辽河石油人对党的赤诚心声，唱响"我为祖国献石油"主旋律（陈允长 摄）

2021年2月2日，辽河油田公司以视频会议形式召开2021年党风廉政建设和反腐败工作会议（陈允长 摄）

2021年3月9日，辽河油田公司工会第二届会员代表大会第二次会议以视频会形式召开，总结回顾2020年主要工作，安排部署2021年重点任务（陈允长 摄）

2021年6月9日,中国共产主义青年团辽河油田公司代表会议在辽河宾馆召开(季玉琪 摄)

2021年6月25日,辽河油田公司隆重举办"颂歌献给党"红歌演唱会,唱响辽河石油人对党的赤诚心声,表达对党的无比热爱,展示永远听党话跟党走的坚定决心,抒发忠诚于党的石油事业豪迈情怀(陈允长 摄)

2021年7月12日，辽河油田公司"党建+"主题演讲比赛颁奖典礼在兴隆台采油厂文体中心举行（陈允长 摄）

2021年11月17日，辽河油田公司党代表会议在兴隆台采油厂文体中心召开，选举产生8名出席中国共产党辽宁省第十三次代表大会代表（陈允长 摄）

和谐矿区与民生工程

2021年1月28日，辽河工程技术分公司离退休管理中心组织老年大学分校书法班学员开展"滚滚石油情悠悠辽河梦，迎新年书春联送祝福"活动（辽河工程技术公司 提供）

2021年6月21日，辽河油田公司执行董事、党委书记李忠兴（左三）看望离休老党员李登俊（右二）（陈允长 摄）

2021年6月21日,辽河油田公司总经理孟卫工慰问老党员(赵伟 摄)

2021年7月1日,沈阳采油厂举办"凝聚拼搏心向党,崇先超越向百年"百姓才艺展演(沈阳采油厂 提供)

2021年9月11日,辽河油田公司举办"迎建党百年、强健康体魄、展辽河风采"职工田径运动会(杨晓华 摄)

2021年9月17日,辽河油田公司召开"我为员工群众办实事"暨民生改善工程现场推进会,对党史学习教育为民办实事、"民生改善"工程推进情况进行再盘点、再深化,对全面推进民生项目落实落地进行再动员、再部署(杨晓华 摄)

要 目

总述 ·· 1

大事记 ·· 31

油气勘探 ·· 45

油气开发 ·· 53

科技与信息 ·· 89

安全环保与质量节能 ··· 107

企业管理 ··· 117

党群工作 ··· 153

单位概览 ··· 167

机构、人物与荣誉 ·· 311

统计数据 ··· 355

附 录 ·· 361

目 录

总 述

综述
辽河油田公司基本情况 ……………………………2
辽河油田公司2021年生产经营工作情况 …………5

特载
锚定一流目标聚力"三篇文章" 为油田高质量
　发展继续奋斗 ………………………………………7
　　——李忠兴在油田公司四届三次职代会暨
　　2022年工作会议上的主题报告（摘要）
聚焦油气主业 深化提质增效 全面完成各项
　生产经营目标任务 ………………………………16
　　——孟卫工在油田公司四届三次职代会暨
　　2022年工作会议上的生产经营报告（摘要）
执行董事、党委书记李忠兴在油田公司庆祝中国
　共产党成立100周年党史学习教育暨"转观念、
　勇担当、高质量、创一流"主题教育动员部署
　大会上的讲话 ……………………………………22

专文
辽河直径127毫米套管侧钻技术现场试验成功 …26
辽河油田公司新能源勘查项目获全国绿色勘查
　示范项目 …………………………………………27
辽河国家科技重大专项通过档案绩效评价现场
　核查 ………………………………………………27
首套国产电驱高压离心式储气库压缩机组落户
　辽河 ………………………………………………28

辽河油田公司举行"唱支山歌给党听"建党
　百年庆祝活动 ……………………………………28
辽河首个web服务数据库接口技术研发成功 ……29
辽河成果亮相国际科技大会 ………………………29
辽河油田公司执行董事、党委书记李忠兴参加
　中国共产党辽宁省第十三次代表大会 …………29
国内首次电缆输送电控打铅印获成功 ……………30
辽河油田公司喜获股份公司油气勘探重大
　发现奖 ……………………………………………30

大事记

辽河油田公司大事记
一月 …………………………………………………32
二月 …………………………………………………33
三月 …………………………………………………34
四月 …………………………………………………35
五月 …………………………………………………37
六月 …………………………………………………37
七月 …………………………………………………39
八月 …………………………………………………40
九月 …………………………………………………40
十月 …………………………………………………41
十一月 ………………………………………………41
十二月 ………………………………………………42

油气勘探

综述

- 概述 ... 46
- 勘探投资 ... 46
- 矿权管理 ... 47
- 年检督察和重要变更 ... 47
- 勘探工作量完成情况 ... 47

油气储量

- 概述 ... 47
- 探明储量 ... 47
- 控制储量 ... 48
- 预测储量 ... 48
- 东部凹陷勘探成果和认识 ... 48
- 东部凸起勘探成果和认识 ... 49
- 西部凹陷勘探成果和认识 ... 49
- 大民屯凹陷勘探成果和认识 ... 50
- 中央凸起勘探成果和认识 ... 51
- 辽河滩海勘探成果和认识 ... 51
- 辽河外围勘探成果和认识 ... 51
- 鄂尔多斯矿权区勘探成果和认识 ... 52

油气开发

综述

- 概述 ... 54
- 开发历程 ... 54
- 工作回顾 ... 54
- 开发现状 ... 55

石油开发

- 概述 ... 55
- 目标任务 ... 56
- 油藏评价 ... 56
- 产能建设 ... 56
- 老区治理 ... 57
- 外围上产 ... 57
- 气库建设 ... 57

天然气开发

- 概述 ... 58
- 天然气产能建设 ... 58
- 天然气资源潜力 ... 58
- 天然气开发 ... 59
- 开发技术与措施 ... 59
- 储气库生产运行 ... 59

油藏评价

- 概述 ... 60
- 河21块特低渗透砂岩油藏升级评价 ... 60
- 大民屯西陡坡砂砾岩油藏评价 ... 60
- 富油区带有利目标评价 ... 61
- 宜庆地区潜力目标评价 ... 62
- 四个"一体化" ... 62

生产运行

- 概述 ... 63
- 运行管理 ... 63
- 上产组织 ... 63
- 新井运行 ... 63
- 天然气保供 ... 64
- 季节运行 ... 64
- 水电管理 ... 64
- 油气监察 ... 64
- 车辆运输与服务 ... 65
- 防灾减灾 ... 65
- 应急管理 ... 65

钻井工程

- 概述 ... 66
- 制度与信息化建设 ... 66
- 方案设计管理 ... 66
- 井筒质量管理 ... 66

储气库建设 ·· 66
推广平台钻井 ·· 66
钻井市场化 ·· 67
钻井工程监督 ·· 67
监督资质管理 ·· 67
工艺技术试验与应用 ··································· 67

产能建设

概述 ·· 68
原油生产能力 ·· 68
产能方案 ·· 68
油藏研究与井位部署 ··································· 69
地质设计审查 ·· 69
新井产能优化部署 ······································· 69
大比例尺编图攻关 ······································· 69
庆阳建产 ·· 70
生产投资压控 ·· 70
产建承包制度 ·· 70
沈24块产能建设 ··· 70
牛612块产能建设 ······································· 71
大1块产能建设 ··· 71
兴古7-10块产能建设 ·································· 71
欢20块产能建设 ··· 71
新海27块产能建设 ····································· 71
千12块产能建设 ··· 71
后备资源建设 ·· 72
产能建设现状及存在问题 ·························· 72

采油工程

概述 ·· 73
采油方案设计审查 ······································· 73
采油基础管理 ·· 74
低产低效井治理 ·· 74
停掺、降掺稀油管理 ·································· 74
低成本工艺措施规模实施 ·························· 74
举升工艺配套示范 ······································· 74
安全管理 ·· 75

开发动态监测

概述 ·· 75
选井流程管理 ·· 76
资料应用管理 ·· 76
现场实施管理 ·· 77
人员培训管理 ·· 77
现状与矛盾 ·· 77

注水工程

概述 ·· 78
注水井管理 ·· 78
注水工艺措施后评价方法及应用推广 ······ 78
套管注水专项治理 ······································· 79
注水区块综合治理示范区建设 ·················· 79
注氮气业务管理 ·· 79
FCD技术试验推进 ······································ 79
化学驱工艺技术研究 ·································· 79
储气库注采井管理 ······································· 79

热注工程

概述 ·· 80
注汽管理 ·· 80
注汽技术 ·· 80
新能源替代技术研究 ·································· 81

集输工程

概述 ·· 81
基础管理 ·· 81
方案设计管理 ·· 81
提质增效工程 ·· 82
工艺技术创新 ·· 82
安全环保风险防控 ······································· 82

地面工程

概述 ·· 83
储气库工程建设 ·· 83
工程管理 ·· 83

设计管理 …… 84	科技进步奖 …… 93
市场监管 …… 84	技术发明奖 …… 98
六化建设 …… 84	基础研究奖 …… 98
质量安全 …… 84	省部级科技成果简介 …… 99
业务协调 …… 85	

作业工程

信息化工作

概述 …… 85	概述 …… 104
套损井治理 …… 85	信息化顶层设计 …… 104
效益联包 …… 86	信息化项目建设 …… 104
作业提效 …… 86	信息系统管理 …… 105
作业监督管理 …… 86	网络与信息安全 …… 105
资质管理 …… 86	数据管理 …… 105
管材管理 …… 86	信息化制度建设 …… 106
压裂项目管理 …… 87	信息化技术培训 …… 106

井控管理

概述 …… 87
规范化管理 …… 87
风险管理 …… 88
井控专项培训 …… 88

安全环保与质量节能

新冠肺炎疫情防控

概述 …… 108
机制运行 …… 108
排查管控 …… 108
疫苗接种 …… 108

科技与信息

科技管理

概述 …… 90
科研项目 …… 90
项目管理 …… 90
知识产权管理 …… 91
标准管理 …… 91
学术交流 …… 91
博士后科研工作站 …… 91

安全管理

概述 …… 108
重要时段升级管控 …… 108
专项整治 …… 109
承包商监管 …… 109
道路交通安全 …… 109
消防安全 …… 109
海洋安全监管 …… 110

科技成果

中国创新方法大赛 …… 92

环境保护

概述 …… 110

环保督察 110
环境风险控制 110
污染防控 110
环保示范区 111
绿色矿山 111

QHSE 体系管理

概述 111
QHSE 制度标准 111
QHSE 宣传培训 111
QHSE 体系审核 112
QHSE 标准化建设与员工履职能力评估 112

节能节水与计量管理

概述 112
能效对标 112
清洁能源替代 112
计量器具管理 113

职业健康

概述 113
健康辽河行动 113
健康企业创建 113
职业健康防护 113

质量管理与监督

概述 114
质量问责 114
井筒质量管理 114
工程质量 114
产品质量管理 114

新能源业务

概况 115
铀矿勘探 115
风光发电工程 115
地热技术开发 115
科技攻关 116

企业管理

企管法规与内控

概述 118
深化改革 118
体系管理 118
制度建设 118
内控管理 119
风险管理 119
合规管理 119
合同管理 120
纠纷案件管理 120
重大事项法律审查 120
法治建设责任制 121
行政法律业务 121
对标管理 121
外部市场管理 121
管理创新项目 122
承包商管理 122
法制宣传教育 122

规划计划

概述 122
战略规划 122
投资项目管理 123
油气营销 123
储气库建设 124
新能源发展 124
绿色低碳613工程 124
物联网建设 124
后评价管理 125
统计工作 125
原油产能投资承包 125
油地业务协调 125

财务资产

概述 125

预算管理 ································· 125
提质增效 ································· 126
亏损治理 ································· 126
资金运营 ································· 126
"两金"压控 ····························· 127
会计核算 ································· 127
税收政策 ································· 127
结算管理 ································· 128
资产管理 ································· 128
稽查监督 ································· 128
保险管理 ································· 128

概预算管理

概述 ······································· 129
计价依据制定 ···························· 129
价格管理 ································· 129
物资价格发布 ···························· 129

审计工作

概述 ······································· 129
工程建设审计 ···························· 130
审计质量控制 ···························· 130
专项审计 ································· 130
事前审计 ································· 130
审计信息化建设 ························· 130
审计队伍建设 ···························· 131

人力资源

概述 ······································· 131
组织机构管理 ···························· 131
员工管理 ································· 131
薪酬管理与业绩考核 ···················· 131
培训管理 ································· 132
提质增效 ································· 132
技能人才 ································· 132
人才队伍建设 ···························· 133
劳动保障 ································· 133
人力资源信息化共享 ···················· 133
人事档案管理 ···························· 133

股份管理

概述 ······································· 134
股权管理 ································· 134
股权投资管理 ···························· 134
董监事管理 ······························ 134

设备管理

概述 ······································· 135
设备运行管理 ···························· 135
设备提质增效 ···························· 135
设备基础管理 ···························· 136
设备技术管理 ···························· 136
特种设备管理 ···························· 136
炼化业务管理 ···························· 136
设备业务培训 ···························· 136

物资采购管理

概述 ······································· 137
重点项目管理 ···························· 137
物资计划管理 ···························· 137
提质增效 ································· 137
内部市场管控 ···························· 138
采购管理制度及标准化 ················· 138
招标管理 ································· 138
供应商和承包商管理 ···················· 138
物资采购监督检查 ······················· 138

经济评价

概述 ······································· 139
探明储量经济评价 ······················· 139
控制储量经济评价 ······················· 139
经济评价方法研究 ······················· 139
开发及可研方案经济评价 ··············· 139
产能建设经济评价 ······················· 139
新能源项目经济评价 ···················· 140
投资计划经济评价 ······················· 140
工程项目经济评价 ······················· 140
单井效益经济评价 ······················· 140

  课题研究经济评价 ················· 140

经济政策研究

  概述 ···································· 141
  企业政策研究 ······················· 141
  新能源研究 ·························· 141
  软科学管理 ·························· 141

招标工作

  概述 ···································· 141
  指标完成情况 ······················· 141
  框架竞争性谈判服务 ············· 141
  "一站式"招标服务 ················ 142
  招标工作规范化管理 ············· 142
  招标宣传与培训 ···················· 142

土地与公路管理

  概述 ···································· 142
  征地工作 ····························· 143
  土地管理 ····························· 143
  公路管理 ····························· 143
  专业市场管理 ······················· 143
  油地协调 ····························· 144

对外合作

  概述 ···································· 144
  对外合作项目管理 ················· 144
  外事管理 ····························· 144
  技术设备引进管理 ················· 145
  境外业务管理 ······················· 145

档案史志

  概述 ···································· 145
  档案基础管理 ······················· 145
  档案收集归档 ······················· 145
  档案服务利用 ······················· 146
  油气地质资料补交 ················· 146
  档案数字化工作 ···················· 146
  档案业务指导 ······················· 147

  档案安全管理 ······················· 147
  史志编纂 ····························· 147

综合事务管理

  概述 ···································· 148
  文稿撰写 ····························· 148
  调研督办 ····························· 148
  会议服务 ····························· 148
  公文管理 ····························· 149
  保密工作 ····························· 149

技能人才评价

  概述 ···································· 149
  技能等级认定 ······················· 149
  题库管理 ····························· 149
  高技能人才队伍建设 ············· 149
  职业技能竞赛 ······················· 149
  技能专家工作室 ···················· 150

维稳信访与综治保卫

  概述 ···································· 150
  政法工作 ····························· 150
  信访稳定 ····························· 150
  综治保卫 ····························· 151
  防范邪教 ····························· 151
  民兵武装 ····························· 152

党群工作

党建工作

  概述 ···································· 154
  党组织及党员队伍建设 ·········· 154
  领导班子与干部队伍建设 ······· 154
  党员素质教育 ······················· 154
  党员发展 ····························· 155
  中国共产党成立100周年庆祝活动 ·········· 155

宣传工作

概述 ……………………………………………155
理论学习与教育 ………………………………155
党史学习教育 …………………………………156
意识形态工作 …………………………………156
形势任务教育 …………………………………156
新闻宣传 ………………………………………156
企业文化建设 …………………………………156

机关党委工作

概述 ……………………………………………157
党建与业务深度融合 …………………………157
形势任务教育 …………………………………157
党组织"三基本"建设 ………………………157
党内监督工作 …………………………………158
机关群团工作 …………………………………158
机关纪委工作 …………………………………158
辽河油田公司机关建党100周年系列活动 …159

党风廉政建设与反腐败工作

概述 ……………………………………………159
政治监督 ………………………………………159
巡察监督 ………………………………………159
党风监督 ………………………………………160
执纪监督 ………………………………………160
合规监督 ………………………………………161
队伍建设 ………………………………………161

工会工作

概述 ……………………………………………161
企业民主管理 …………………………………162
群众性经济技术创新 …………………………162
保障帮扶 ………………………………………162
宣教文体 ………………………………………163
工会自身建设 …………………………………163
民生改善工程 …………………………………163

共青团工作

概述 ……………………………………………164
青年教育强基工程 ……………………………164
青年创新创效工程 ……………………………164
青年成长成才工程 ……………………………164
共青团自身建设 ………………………………165
共青团与青年工作发展 ………………………165

单位概览

上市业务单位

兴隆台采油厂 …………………………………168
曙光采油厂 ……………………………………171
欢喜岭采油厂 …………………………………176
高升采油厂 ……………………………………177
茨榆坨采油厂 …………………………………181
沈阳采油厂 ……………………………………185
锦州采油厂 ……………………………………190
金海采油厂 ……………………………………197
特种油开发公司 ………………………………200
冷家油田开发公司 ……………………………204
辽兴油气开发公司 ……………………………208
油气集输公司（油气工程技术处）…………211
勘探事业部（勘探部）………………………213
勘探开发研究院 ………………………………218
钻采工艺研究院 ………………………………221
经济技术研究院 ………………………………227
辽河油田消防支队（中国石油消防应急救援
　辽河油田支队）……………………………229
燃气集团公司 …………………………………232
储气库公司（储气库项目部）………………233
销售公司 ………………………………………238
安全环保技术监督中心 ………………………240
未动用储量开发公司（未动用储量开发项目部）…242
车辆服务中心（辽河石油勘探局有限公司
　车辆服务中心）……………………………244

审计中心……247
宜庆勘探开发指挥部（庆阳勘探开发分公司）……249
中国石油天然气股份有限公司东北原油销售中心……252

未上市单位

辽河工程技术分公司……254
辽河油田建设有限公司……258
中油辽河工程有限公司……260
物资分公司（物资管理部）……263
辽河油田环境工程公司……265
电力分公司……269
信息工程分公司（信息管理部）……276
石油化工技术服务分公司……278
石油化工分公司……281
大连分公司……284
新能源事业部……286
能源管理分公司……288
辽河油田培训中心……290
辽河油田招标中心……293
国际事业部……295
辽宁恒鑫源工程项目管理有限公司……297
资本运营事业部……299
辽河油田公共事务管理部……301
振兴服务分公司……304
辽河油田新闻中心……306
劳务管理中心……308

机构、人物与荣誉

辽河油田公司组织机构

2021年辽河油田公司组织机构名录……312
2021年辽河油田公司组织机构图……315

2021年底辽河油田公司中层以上领导干部名录

2021年底辽河油田公司党政领导班子……316

2021年底辽河油田公司中层领导干部名录……316
2021年辽河油田公司中层以上干部退休名单……321

专家队伍

享受国务院政府特殊津贴人员……321
企业首席技术专家……321
企业级技术专家……321
2021年度辽河油田公司晋升高级专业技术职称人员……322
2021年度辽河油田公司晋升中级专业技术职称人员……322

先进集体

国家级先进集体……324
行业部级先进集体……325
省部级先进集体……325
集团公司级先进集体……326
辽河油田公司级先进单位、先进集体……329

先进个人

国家级先进个人……331
行业部级先进个人……332
省部级先进个人……332
集团公司级先进个人……334
辽河油田公司级劳动模范、先进个人……340

QC小组活动成果

国家级QC小组活动成果……343
辽宁省QC小组活动成果……344
集团公司QC小组活动成果……345
辽河油田公司QC小组活动成果……346

辽河油田公司其他荣誉

辽河油田公司第五届"班组成本分析"获奖名单……352
辽河油田公司安全风险辨识"金眼睛"名单……353

统计数据

- 表1 2017—2021年辽河油田公司原油生产完成情况表 ……356
- 表2 2017—2021年辽河油田公司原油收拨情况表 ……356
- 表3 2017—2021年辽河油田公司原油销售量情况表 ……357
- 表4 2017—2021年辽河油田公司天然气产销情况表 ……357
- 表5 2017—2021年辽河油田公司注水量情况表（不含污水回注）……358
- 表6 2017—2021年辽河油田公司注汽量情况表 ……358
- 表7 2017—2021年辽河油田公司油、水、气井井口数情况表 ……359
- 表8 2021年辽河油田公司稠油吞吐热采情况表 ……360

附　录

2021年辽河油田公司政策制度选录

- 辽河油田公司党委第一议题制度 ……362
- 辽河油田公司所属领导班子和领导人员综合考核评价办法 ……364
- 辽河油田公司帮扶工作管理办法补充规定 ……370
- 辽河油田公司标准化管理办法 ……371
- 辽河油田公司内部控制管理办法 ……379
- 辽河油田公司风险管理办法 ……385
- 辽河油田公司动火作业安全管理细则 ……391

2021年报道辽河油田公司报刊网络文章选录

- 辽河油田科技成果获奖量创近十年新高 ……397
- 辽河油田获评行业地热重点示范单位 ……398
- 中国石油辽河油田被评为辽宁省知识产权优势企业 ……398
- 中国石油辽河油田启动49项提质增效重点工程 ……399
- 中国石油辽河油田公司在开鲁盆地开创综合找矿新模式获国家找矿大奖 ……399
- 8家公司激烈竞争全国首单原油现货线上竞价交易在辽宁大连完成 ……400
- "矿产综合勘探"开创低成本找矿新模式 ……401
- 中国石油辽河油田探索"党建+安全"新模式　走出新高度 ……401
- 中国石油辽河油田首次应用二氧化碳蓄能压裂技术 ……402
- 辽河油田双6储气库天然气保供创4项纪录 ……403
- 辽河油田新型压裂液体系试验成功 ……403
- 中国石油辽河油田日产工业气233万立方米创12年来新高 ……404
- 辽河油田绿色低碳转型全面发力　力争2025年化石能源消耗总量较2019年下降25%以上 ……404
- 以史为鉴　学史力行　谱写辽河油田高质量发展新篇章 ……405
- 中国石油辽河油田第一口二氧化碳蓄能压裂井获得高产 ……407
- 辽河油田主动拥抱"双碳"时代推动绿色发展 ……408
- 挑战开发极限"地质大观园"连续35年稳产千万吨油气 ……409
- 辽河油田创新实施产能建设承包制 ……410

中国石油辽河油田最长水平段井顺利完钻 …………410

中国石油辽河油田再派17名干部支援
　"乡村振兴" ……………………………………411

兄弟单位雪中送炭　协同作战抗击洪潮 ……………411

辽河油田"四心"工程重点关注员工健康 ………412

辽河油田员工牛红生获全国道德模范提名奖 ………413

辽河油田双6储气库扩容上产工程正式投产！
　满足3000万家庭用气需求 ……………………413

辽河油田为振兴发展"加油增气" ……………………414

索引 ……………………………………………………416

编后记 …………………………………………………432

总 述

综 述

辽河油田公司基本情况

中国石油天然气股份有限公司辽河油田分公司（辽河石油勘探局有限公司）简称辽河油田公司，是全国大型稠油、高凝油生产基地，前身为1967年3月成立的大庆六七三厂，1970年4月组建辽河石油勘探指挥部，同年9月更名为三二二油田，1973年5月更名为辽河石油勘探局。经过1999年重组改制、分开分立和2008年上市业务与未上市业务两大板块重组整合，至2021年底，逐步形成油气主营业务突出，未上市辅助生产业务和多元经济协调发展的格局。业务范围涵盖油气开采、储气库业务、工程技术、工程建设、燃气利用、炼油化工、多种经营等领域。总部机关设在辽宁省盘锦市兴隆台区。

辽河油田于1955年开展前期地质普查，1970年投入大规模勘探开发建设，1980年原油产量跨越500万吨，1986年突破1000万吨，1995年达到1552万吨历史最高峰，到2021年底连续36年保持千万吨规模稳产。辽河油田矿权区涉及辽宁省、内蒙古自治区、陕西省、甘肃省、海南省等地区，勘探开发领域包括辽河本部探区、鄂尔多斯探区和深海探区，总探矿权面积20.2万平方千米，共有油气田41个。其中辽河本部探区是勘探开发主战场，勘探开发建设50多年以来，先后发现兴隆台、曙光、欢喜岭等油气田40个，投入开发37个，年产量占总产量的90%以上，开发方式从天然能量开发、水驱、稠油蒸汽吞吐，到蒸汽驱、SAGD、火驱等方式转换，形成9种主要开发方式及配套技术，基本涵盖陆上石油的全部开发方式。2021年底，设机关职能部室15个、机关直属机构5个、机关附属单位2个，所属二级单位50个。在册员工7.03万人。资产原值1863.12亿元，净值437.99亿元；资产总额544.36亿元，净资产197.94亿元。自1970年大规模勘探开发建设以来，累计探明石油地质储量25.44亿吨，天然气地质储量2184.68亿立方米。累计生产原油4.95亿吨、天然气903.4亿立方米。有东北地区最大的储气中心——辽河储气库群，被纳入国家"十四五"发展纲要和石油天然气基础设施重点工程，担负着东北和京津冀地区天然气季节调峰任务，2021年冬季日调峰能力突破3000万立方米，日调峰能力增量居全国之首。先后获"全国工人先锋号""中央企业青年文明号""中央企业先进基层党组织""集团公司先进集体"等多项荣誉。

一、历史沿革

辽河油田的开发建设，是新中国石油工业发展的一个生动缩影（图1）。在1955年开展前期地质普查的基础上，1967年3月，经国家经济计划委员会批准，石油工业部军事管制委员会决定，从大庆石油会战指挥部抽调3个钻井队、2个试油队、1个特种车队及部分地质、测井、射孔、机修及生活服务等人员组建大庆六七三厂，接替地质部在下辽河盆地开展石油勘探开发工作。1970年3月，国务院批准石油工业部《关于加速下辽河盆地石油勘探的报告》。4月，石油工业部军事管制委员会与沈阳军区、辽宁省革命委员会研究决定，在大庆六七三厂基础上组建辽河石油勘探指挥部，全面勘探下辽河坳陷的油气资源，正式开启辽河油田开发建设的征程。9月，中共辽宁省委将辽河石油勘探指挥部更名为三二二油田。三二二油田受辽宁省和燃料化学工业部双重领导，以辽宁省领导为主。1973年5月，中共辽宁省委将三二二油田更名为辽河石油勘探局，先后隶属燃料化学工业部、石油化学工业部、石油

```
            ┌─────────────────────────┐
            │      大庆六七三厂        │
            │  （1967.3—1970.4）①     │
            └────────────┬────────────┘
                         ↓
            ┌─────────────────────────┐
            │    辽河石油勘探指挥部    │
            │  （1970.4—1970.9）②     │
            └────────────┬────────────┘
                         ↓
            ┌─────────────────────────┐
            │        三二二油田        │
            │  （1970.9—1973.5）③     │
            └────────────┬────────────┘
                         ↓
            ┌─────────────────────────┐
            │     辽河石油勘探局       │
            │  （1973.5—1999.7）④     │
            └────────────┬────────────┘
                 ┌───────┴───────┐
                 ↓               ↓
    ┌────────────────────┐  ┌────────────────────┐
    │中国石油天然气股份有限公司│  │   辽河石油勘探局    │
    │   辽河油田分公司    │  │ （1999.7—2008.2）  │
    │ （1999.7—2008.2）⑤ │  │                    │
    └─────────┬──────────┘  └─────────┬──────────┘
              ↓                       │
    ┌────────────────────┐            │
    │中国石油天然气股份有限公司│         │
    │辽河石化分公司（2001.5）⑥│         │
    └────────────────────┘            │
                                      ↓
            ┌─────────────────────────────────┐
            │   中国石油天然气股份有限公司     │
            │ 辽河油田分公司（辽河石油勘探局）│
            │     （2008.2—2017.11）⑦        │
            └────────────┬────────────────────┘
                         ↓
            ┌─────────────────────────────────┐
            │   中国石油天然气股份有限公司     │
            │辽河油田分公司（辽河石油勘探局有限公司）│
            │     （2017.11—2021.12）⑧       │
            └─────────────────────────────────┘
```

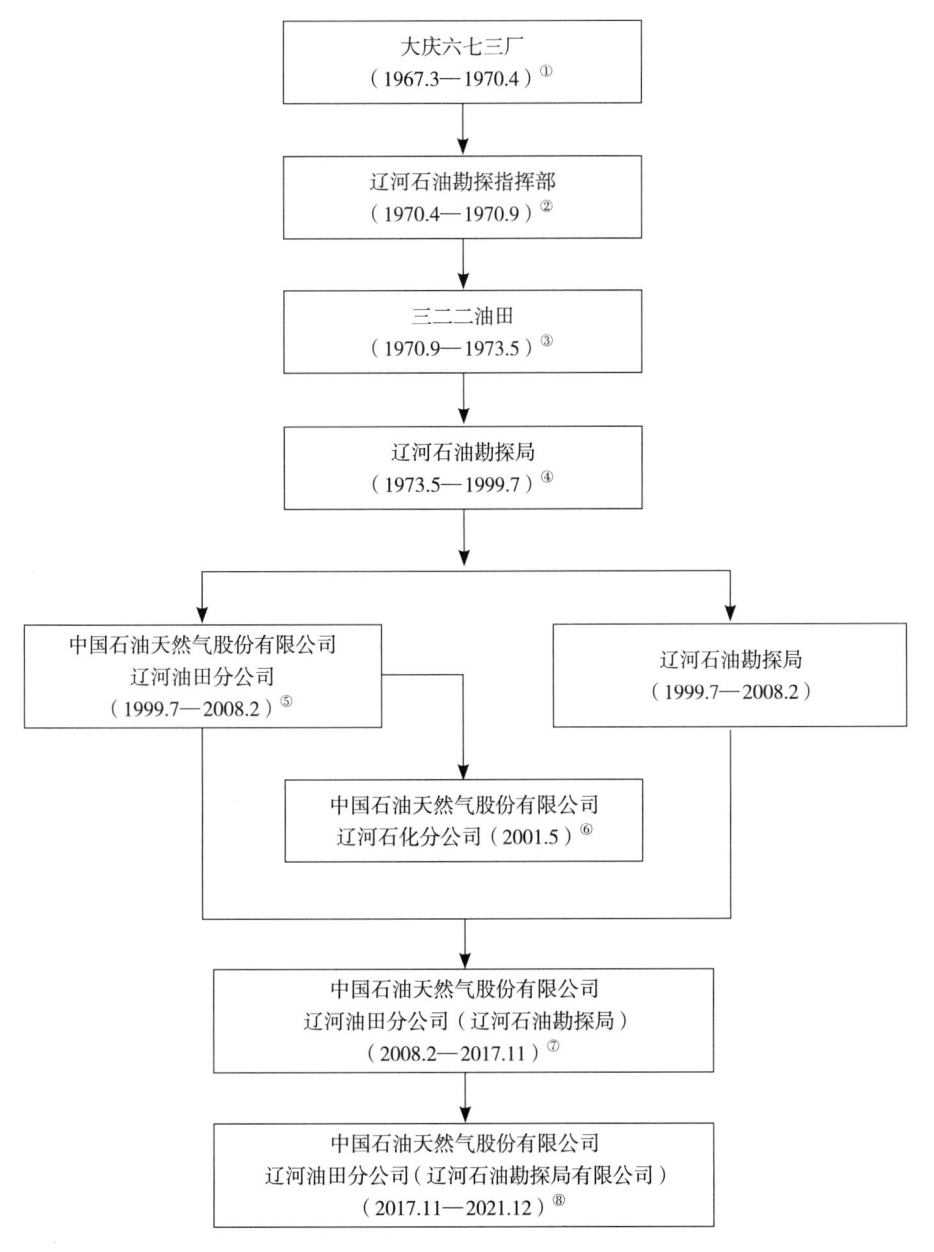

图 1　辽河油田公司历史沿革图

注：① 1967年3月，石油工业部批准大庆石油会战指挥部成立大庆六七三厂，接替地质部在下辽河坳陷进行石油勘探。
② 1970年4月，经国务院批准，石油工业部在大庆六七三厂基础上组建成立辽河石油勘探指挥部。
③ 1970年9月，辽河石油勘探指挥部更名为三二二油田。
④ 1973年5月，中共辽宁省委将三二二油田更名为辽河石油勘探局。1990年1月，国务院批复同意，辽河石油勘探局由辽宁省划归中国石油天然气总公司管理。
⑤ 1999年7月，集团公司对辽河石油勘探局进行重组改制，将其勘探开发、炼油、油气集输等核心业务为基础，组建中国石油天然气股份有限公司辽河油田分公司。
⑥ 2001年5月，辽河油田公司石油化工总厂上划股份公司管理，更名为中国石油天然气股份有限公司辽河石化分公司。
⑦ 2008年2月，集团公司对辽河油田公司和辽河石油勘探局进行重组整合，授权辽河油田公司对辽河石油勘探局（不含划入长城钻探工程有限公司部分）的业务、资产和人员实施全面委托管理，实行一个领导班子的管理体制。重组整合后，统一使用辽河油田公司名称，保留辽河石油勘探局独立法人、工商及税务登记资格。
⑧ 2017年11月，集团公司批准辽河石油勘探局进行公司制改制，改制为一人有限责任公司，机构名称为辽河石油勘探有限公司，集团公司持股100%。改制后，辽河石油勘探局有限公司仍由辽河油田公司全面委托管理。

工业部、中国石油天然气总公司和辽宁省双重领导，仍以辽宁省领导为主。1990年1月，国务院批复同意辽河石油勘探局划归中国石油天然气总公司管理。1998年7月中国石油天然气集团公司成立后，辽河石油勘探局改由中国石油天然气集团公司管理。1999年7月，辽河石油勘探局核心业务与非核心业务重组分立为中国石油天然气股份有限公司辽河油田分公司（简称辽河油田公司）和辽河石油勘探局。2008年2月，中国石油天然气集团公司委托股份公司授权辽河油田公司（简称长城钻探）对辽河石油勘探局［不含划入中国石油集团长城钻探工程有限公司部分］的业务、资产和人员实施全面委托管理，并保留辽河石油勘探局企业名称及其独立法人、工商及税务登记资格，仍列中国石油天然气集团公司机构序列。2017年11月，辽河石油勘探局改制更名为辽河石油勘探局有限公司，作为中国石油天然气集团有限公司出资的一人有限责任公司，注册资本32.61亿元，继续由辽河油田公司全面委托管理。2018年9月，集团公司明确辽河油田公司为一级一类企业。2020年1月，辽河油田公司停止使用"局级、处级、科级"等机构规格和领导人员级别管理方式，全面推行机构和领导人员岗位层级类别管理。辽河油田公司党组织关系隶属于中共辽宁省委。截至2021年底，辽河油田公司仍全面托管辽河石油勘探局有限公司，实行一个领导班子、一套职能部门、一体化运作、分账核算的管理体制。

二、发展现状

辽河油田公司是中国石油的地区分公司，是以石油、天然气勘探开发为主、油气深加工等多元开发为辅的大型联合企业。2021年，辽河油田公司年产原油1008.01万吨，连续36年保持原油千万吨规模稳产，年产天然气7.9亿立方米，全年生产油气当量1071万吨，效益创近8年最佳。

油气供给量增质更优。2021年，辽河油田公司着力提升高质量油气供给能力，原油年产量连续36年保持千万吨规模稳产。勘探方面，加大老区精细勘探力度，加快新区资源发现步伐，新增石油三级储量1.6亿吨以上，油气当量储量、控制储量、预测储量分别完成奋斗目标的103%、119%、148%，探明储量创近10年新高。开发方面，瞄准产量箭头向上目标，组织开展两次上产劳动竞赛。在增总量的同时，供给质量进一步优化，低能耗、高品质的稀油、高凝油产量比增加1.2个百分点，天然气产量增加8.2%。大力推进风、光、地热等新能源替代，油气生产能耗有效下降。储气库群调峰保供作用更加突出，双6储气库扩容上产工程顺利建成投产，创造国内同等规模储气库建设周期最短新纪录。推进雷61储气库达容达产，评价库前期工作有序实施。辽河储气库群日调峰能力增量位居国内首位。

提质增效措施多、效果实。2021年，辽河油田公司聚焦困扰企业高质量发展短板，持续采取革命性举措，打造提质增效"升级版"。推动产量增长的同时，生产成本得到有效控制。推进亏损企业治理，对重点亏损单位开展帮扶，一企一策精准治理，6家内部亏损单位扭亏为盈，油田公司上市业务、未上市业务大幅减亏。5个关键核心技术项目试水"揭榜挂帅"，破除困扰老油田发展的体制机制障碍，发展动能更足。

突出转型升级，发展动能充分释放。2021年，辽河油田公司将"绿色低碳"作为重点战略工程，规划布局、完善体制、研究立项同步实施。实施"绿色低碳613工程"，CCUS工程高效推进，加快推进二氧化碳驱油与埋存先导试验，扩大二氧化碳辅助吞吐。加大新能源发展力度，高质量完成专项规划顶层设计，"10+5"低碳示范区建设、勘探开发全过程清洁低碳专项行动、驻辽炼化企业清洁替代等专项方案编制完成，石化余热发电、"沈茨锦"风光发电项目、辽河油田90兆瓦光伏发电项目、曙光地热利用工程加快推进，"兴金高"光伏发电、沈采密闭脱水系统改造等项目开工建设，欢三联地热、锦45集输系统优化、SAGD污水热能利用等项目投产运行，形成节替标煤能力5.45万吨，二氧化碳减排能力11.08万吨，生产综合能耗同比下降2.7%，COD、氨氮、氮氧化物排放量同比分别下降5.5%、15.6%、12%。通过20项措施，节能4.8万吨标准煤、节水55万立方米，能耗总量与强度分别下降2.7%、

3.5%。

2021年，辽河油田公司坚持以习近平新时代中国特色社会主义思想为指导，认真落实集团公司、辽宁省工作部署，聚焦高质量发展，锚定创一流目标，精心做好"三篇文章"，大力推进"六项战略工程"，全面开展"管理提升年"，努力实现资源储量、油气产量、经营业绩三个箭头向上，深化改革、科技创新、新能源业务三个实质突破，安全环保、队伍大局两个总体稳定，为推进公司高质量发展作出新贡献。

辽河油田公司 2021 年生产经营工作情况

2021年，是辽河油田公司生产经营形势极为严峻复杂的一年。面对储量产量要上、投资成本要降的巨大压力，面对洪涝、暴风雪、限电、限气等不利影响，辽河油田公司贯彻集团公司党组各项决策部署，按照公司党委确定的工作目标思路，聚焦高质量发展主题，围绕做好"三篇文章"，扎实推进增储上产、提质增效、改革创新、风险防控，各项工作在应对挑战中取得新成效，全面完成生产经营业绩指标，实现储量与产量"双增长"，上市与未上市"双盈利"，业绩创近年最好水平，实现"十四五"良好开局。全年新增探明石油储量4131万吨、控制储量5120万吨、预测储量7200万吨；新增控制天然气储量104亿立方米、预测储量208亿立方米。生产油气当量1071万吨，其中原油产量1008.01万吨、天然气产量7.9亿立方米。上市业务实现收入295.60亿元、盈利9.84亿元，未上市实现收入145.89亿元、盈利0.24亿元。整体盈利10.08亿元，对比集团公司考核指标超交11.33亿元，在集团公司16家油气田企业中业绩排名跃升至第六位。上缴税费46.67亿元，同比增加12.98亿元（表1）。

坚持资源为王，瞄准落实规模优质储量，大打油气勘探进攻战，超额完成三级储量任务。风险勘探展现良好苗头，马探1井、荣探1井顺利完成钻探目的，证实清水洼陷、荣胜堡洼陷深层具备规模天然气成藏条件与资源潜力。精细勘探实现规模增储，雷121井、冷10-52-50井、欧31-H7井等多口探井喜获高产油气流，西部凹陷东部陡坡带新增控制石油储量5120万吨，东部凹陷中浅层欧利坨子地区新增预测天然气储量208亿立方米。外围勘探取得重大进展，开鲁地区首次实现亿吨级规模增储，陆东凹陷后河、交力格地区新增预测储量7200万吨；鄂尔多斯宁4井、宁175-H3井、宁218-H1井、板24-H1井等多口井获工业油气流，新增控制天然气储量104亿立方米、探明石油储量385万吨。滚动评价勘探获得喜人成果，河21块、沈35块、宁218块等9个区块新增探明储量4131万吨，全部为稀油高凝油。开鲁盆地陆家堡、西部凹陷东部陡坡带勘探成果，分获集团公司油气勘探重大发现二等奖、三等奖。

表1 辽河油田公司主要生产经营指标

指　标	2021年	2020年
原油产量（万吨）	1008.01	1004.26
天然气产量（亿立方米）	7.9	7.24
新增探明石油地质储量（万吨）	4131	4089
新增控制石油地质储量（万吨）	5120	5158
二维地震（千米）	500	700
三维地震（平方千米）	470	415
探井（口）	72	70
开发井（口）	691	828
钻井进尺（万米）	135.67	147.41
勘探投资（亿元）	8.85	8.96
开发投资（亿元）	46.1	52.34
资产总额（亿元）	544.36	539.8
收入（亿元）	441.49	344.5
利润（亿元）	10.08	-60.12
应缴纳税费（亿元）	46.67	33.69

坚持产量至上，深入推进精细开发，全面优化生产运行，多措并举"稳油增气"，顺利完成全年油气产量任务，连续第36年实现原油千万吨规模稳

产。高效推进产能建设，投产新井671口，新建产能96.5万吨、生产原油49.6万吨。择优实施方式转换，新转井组27个，转换项目年产油241.3万吨。对标管理精细注水注汽，注水产量同比增加12万吨，自然递减率下降0.4个百分点；强化吞吐优化注汽，稠油吞吐年产油351万吨，油汽比保持0.3。深挖天然气上产潜力，年产气7.9亿立方米，创2011年以来新高。实施项目制管理治理套损井495口，年恢复产量13.8万吨，实现产量效益"双丰收"。全面深化采油对标管理，举升单耗、吨液集油成本、吨汽单耗分别降低12.8%、14%、3%。辽河储气库群在上轮刷新"累采气量大、高位运行久、日采气量高、采气周期长"四项纪录基础上，新一轮完成注气19.8亿立方米、阶段采气9.2亿立方米，调峰保供作用充分发挥。

坚持效益优先，全面推进提质增效专项行动，大力深化亏损企业治理、依法合规治企，全面超额完成年度业绩指标。严格项目前期论证和经济评价，投资总量和结构实现"双优化"，全年优化压缩投资7.54亿元，主营业务投资占比稳定在95%以上；践行效益投资理念，创新实施原油产能投资承包等管理模式，百万吨产能建设投资控制在40亿元以内；下达计划实施33项增效类项目，年增效9027万元。坚持"事前算赢"，强化预算统筹，以桶油完全成本倒排高标准预算，超总部提质增效奋斗目标12.99亿元确定执行预算。重点实施"电费、运行成本、能耗、资源消耗、管理费用及销售成本"六个成本控降行动，油气单位操作成本29.25美元，桶油完全成本57.84美元，对比集团公司考核指标分别下降9.6%、4.6%。完善SEC储量评估机制，中期增加1084万吨，降低折旧折耗15.87亿元。统筹实施10个方面50项提质增效工程，管理挖潜创效42.41亿元，完成年度目标的159.9%。加大原油分质分销、动态销售、市场化销售力度，增效3.7亿元。实施资产轻量化、设备利旧、低效无效土地盘活、专业化集中采购，挖潜6.51亿元。坚持油田整体利益最大化，内部市场占有率达到93%。通过加大天然气自用减少外购、落实税收政策、审计审减，节约资金1.89亿元。优化34个部门单位管理界面，颁布实施25项管理制度，重大涉法事项决策前法律审查率100%，法律纠纷案件结案49起，避免和挽回经济损失3000多万元。开展"反内盗"专项行动，全力堵塞生产经营管理漏洞。有效管控经营风险，"两金"压降综合完成率达117.5%，全级次亏损子企业减少2户，账面同比减亏70.2亿元。持续加大市场开发力度和结构调整，全年实施外部市场项目1022个，实现收入58亿元、利润2.8亿元，同比增利5400万元，带动4000余名员工走出去；新签中俄东线南段、西气东输三线中段、伊奇克里克总包、中石油燃料油有限责任公司检维修等大型项目73个，累计合同额80亿元，外闯市场实现提档升级。

狠抓重点领域改革深化，加快关键核心技术攻关，转型发展迈出新步伐。改革三年行动任务阶段完成77项，完成率94%，实现"数量、成效"双达标。"5+7"业务归核化方案落实落地，完成辽河油田公司机关"三定"，重组整合概预算、经济评价、资本运营等业务，撤销两级资金结算机构，调整辽兴开发管理单元，构建新能源业务管理体制，稳步推进新型采油管理区作业区建设；全年压减二级机构6个、三级机构52个。优化人力资源配置，清理置换外雇工1366人，实施措施减员266人、分流2212人；工效挂钩办法持续优化，全员劳动生产率达到31万元/人、同比提高60%。攻克宜庆地区储层叠前叠后联合预测和超低渗透—页岩油甜点评价优选技术，形成页岩油"地质—工程"甜点预测技术，蒸汽驱调控技术实现系列化，聚/表复合驱技术实现新拓展，支撑勘探开发生产。复杂类型油气藏建库技术实现新进展，水平井体积压裂关键技术指标达到国内先进水平。高升采油厂、辽兴油气开发公司、金海采油厂物联网建设顺利推进，油田井、站数字化覆盖率提升至34.5%、37%。全年获省部级科技成果6项、授权发明专利58件，实现科技增油240万吨。

坚持"四全""四查"，落实"五个用心抓"，着力防范化解系统性风险，质量健康安全环保形势稳定向好，辽河油田公司获评2021年度集团公司质量健康安全环保节能先进企业。深入学习宣贯新《安全生产法》，巩固深化三年专项整治成果，严抓井控、储气库、城镇燃气等高风险领域，集中整治"低老坏"及重复性问题，查改违章问题6875个；投入4.1亿元治理油气管道、压力容器、加热炉等隐患131项。保持严抓严管态势，黄牌警告承包商142个，列入黑名单111人，违章处罚218万元、失职追责53人，一般C级事故同比下降50%。QHSE体系运行保持良好B1级，位列集团公司上游企业第二名。推进源头防污、降污，排查治理环境风险隐患49项，绿色修井技术应用100%、油泥源头减量2200吨，COD、氨氮、氮氧化物排放量同比分别下降5.5%、15.6%、12%；开展绿色矿山创建，新增2家单位入选辽宁省绿色矿山示范企业名录。全年能耗总量与强度分别下降2.7%、3.5%。查改工程质量问题735项，查处不合格产品52批次，挽回损失5700余万元。

（刘凤英）

特　载

锚定一流目标聚力"三篇文章"
为油田高质量发展继续奋斗

——李忠兴在油田公司四届三次职代会暨2022年工作会议上的主题报告（摘要）

（2022年1月10日）

这次会议的主要任务是，坚持以习近平新时代中国特色社会主义思想为指导，认真贯彻党的十九大和十九届历次全会精神、中央经济工作会议精神，全面落实集团公司工作部署，总结2021年工作，部署2022年重点任务，动员广大干部员工，锚定一流目标，聚力"三篇文章"，为油田高质量发展继续奋斗。

一、2021年工作回顾

过去的一年，是中国共产党成立100周年，是"十四五"开局之年。公司党委全面厘清并积极破解油田发展的"六大矛盾"，勇于直面并成功应对新冠肺炎疫情持续影响和洪潮、暴风雪的严重冲击，团结带领广大干部员工，坚决贯彻习近平总书记重要讲话和重要指示批示精神，认真落实集团公司党组、辽宁省委省政府工作部署，聚焦高质量发展，瞄准创一流目标，研究实施"三篇文章""五项战略工程""五个一体化"等一系列重点思路举措，突出主业发展，深化改革创新，维护安全稳定，圆满完成年度各项目标任务，进入集团公司"先进集体"行列，实现"十四五"良好开局。

（一）2021年重点工作及成效。

促进党的建设与改革发展。党史学习教育成效卓著，开展庆祝建党100周年系列活动，全面发挥公司党委"把方向、管大局、促落实"作用，"党建+"引领促进党建工作与生产经营融合共进。

实现储量产量与保供能力增长。新增鄂尔多斯宜庆地区3200多平方千米矿权，优化退出柴达木矿权。新增石油三级储量1.6亿吨以上，探明储量创近10年新高。生产油气产量当量1074万吨，同比增加12万吨，连续第36年实现原油千万吨规模稳产。储气库日调峰能力突破3000万立方米，新增能力全国最大。

实现上市与未上市共同盈利。上市业务利润9.84亿元，未上市业务利润0.24亿元，为2008年重组整合以来首次全面盈利；整体利润10.08亿元，对比集团公司预算指标超交 11.33 亿元，在集团公司 16 家油气田企业中业绩排名跃升至第六位。上缴税费 46.67 亿元，同比增加 12.99 亿元。

实现深化改革与科技创新升级。年度 72 项重点改革全面落实，超额完成改革三年行动进度目标任务，公司治理体系和治理能力建设提档升级。压减二级机构 6 个、三级机构 52 个。国家能源稠（重）油开采研发中心顺利通过考核评估，十大创新领域攻关提速显效，获国家创新方法大赛二等奖 1 项、省部级以上科技成果 6 项。

实现新能源发展与降碳减排突破。置身国家、集团公司碳达峰、碳中和总体部署，将"绿色低碳"作为重点战略工程，规划布局、完善体制、研究立项同步实施。风电、光伏、地热等重点项目投产运行，生产综合能耗同比下降 2.7%，COD、氨氮、氮氧化物排放量同比分别下降 5.5%、15.6%、12%。

实现风险防控与健康管理提升。QHSE 体系运行保持良好 B1 级，各类风险防控措施精准有效落实，一般 C 级事故下降 50%，获评集团公司质量健康安全环保节能先进企业。将员工生命健康安全摆在首要位置，扎实推进健康企业创建，员工因重大疾病死亡人数下降 15.3%。完善常态化疫情防控机制，"零疫情"态势持续巩固。

实现民生改善与构建和谐同进步。员工收入与企业发展相同步，重点民生工程落实落地，投入 7000 多万元解决员工"急难愁盼"问题，员工群众幸福指数不断提升。创建油区"利益共同体"、油地"和谐典范"呈现浓厚氛围，营造良好的改革发展环境。

（二）2021 年主要工作成果

履行管党治党责任，着力学党史、强党建，队伍凝聚力战斗力执行力得到新提升。贯彻新时代党的建设总要求，突出全面从严，落实主体责任，切实把国有企业独特政治优势转化为创新优势、发展优势、竞争优势。党史学习教育走深走实。坚持"六早"抓启动、聚焦"九率"抓推进，以党史为重点系统开展"四史"宣传教育，大力弘扬伟大建党精神。统筹推进庆祝建党 100 周年系列活动，开展党史读书班、党史知识竞赛、"党建+"演讲比赛等活动，认真实践"我为员工群众办实事"，系列教育和活动成效得到集团公司指导组高度肯定。党的政治建设从严从紧。严格落实"第一议题"制度，加强改进中心组学习，深入学习贯彻党的十九届历次全会精神和习近平总书记系列重要讲话精神，领会要求精准到位、落实部署不打折扣。持续完善"十四五"规划，形成中长期发展顶层设计，坚持党委前置研究讨论制度化规范化，决策"三重一大"事项 173 个，公司党委领导作用更加凸显。压紧压实责任，国家安全人民防线建设、意识形态领域管理、统战工作更加夯实，获评集团公司保密工作先进单位。思想教育引领入脑入心。深入开展"转观念、勇担当、高质量、创一流"主题教育活动，突出"四讲好、六讲清"，两级领导班子带头宣讲 1200 余场次。深化社会主义核心价值观宣贯，坚持用石油精神铸魂育人，多维展示油田良好形象。发挥"党建带群建"作用，"一赛五金"、青年突击队及"一号四岗"创建成效明显。干部人才队伍有为有位。成立人才强企专班，出台落实 30 项人才强企措施。鲜明树立选人用人导向，推进公开竞聘、挂职锻炼、序列转换，提拔中层领导人员 74 人、交流 58 人，进一步使用 5 人，总量减少 50 人，40 岁以下年轻干部比例提高 1.6 个百分点。加大员工培训、技能竞赛、人才评价力度，队伍整体素质不断提升。基层党建工作提质提档。制定落实党委工作、党建工作"两个要点"，推动基层党建"三基本"建设与"三基"工作有机融合，创新"党建联盟"模式，丰富"党建+"载体，开展党建工作调研、巡回指导，党建质量明显提升。统筹推进二级党委换届和省党代表选举工作。出台加强托管企业党建实施意见，全面规范企业管理。培育"红旗党支部"20 个、集团公司"百面红旗"2 个，46 个党组织、100 名党员获省部级以上表彰，兴采女子采油队党支部作为中国石油唯一代表在国务院国资委交流经验。正风肃纪反腐见行见效。强化提质增效、重大工程合规监督，深化专项管理审计，突出对"一把手"和领导班子监督，着力揭示生产经营管理重点领域典型问题和风险，构建符合石油企业特点的监督体系。实施"1+N"巡察，开展巡察反馈督导，整改问题216个。强化执纪问责，受理信访举报102件，纪律处分85人。推进"以案促改、以案促治"，做好"后半篇文章"。巩固落实中央八项规定及其实施细则精神成果，深入纠治"四风"问题，推动两级机关为基层减负，队伍作风持续强化。

牢记油气保供使命，着力增资源、提产量，生产运营创造新水平。加强管理优运行，战洪斗雪保产量，突出一体化生产运营，两次开展上产劳动竞赛，生产建设取得诸多成果。油气勘探实现储量增长与投资控降相同步。坚持"立足辽河、加快新区、稳油增气"勘探思路，辽河本部和鄂尔多斯、开鲁盆地勘探多点突破，雷121、小47、奈30等20口探井获工业油气流，致密油勘探取得实质进展。石油探明储量、控制储量、预测储量分别完成奋斗目标的103%、119%、148%，两项成果分获集团公司油气勘探重大发现二、三等奖。勘探费用同比节约2300万元，探井综合成本同比下降5%。开发生产实现油气增产与成本压降相同步。坚持上产与增效兼顾，优化产量结构、调整建产结构、精细老区挖潜、提升管理指标等综合举措成效明显。稀油高凝油、天然气等效益产量分别上升5.9万吨、0.7亿立方米，百万吨产能投资下降1.1亿元，注水油田年产油375万吨、自然递减率下降0.4个百分点，稠油吞吐油汽比稳定在0.3，方式转换持续发挥稳产支撑作用，钻采指标呈现"四升九降"全面改善态势，桶油操作成本比总部指标下降3.12美元。储气库建设实现调峰供气与增量增效相同步。坚持加快建设与高效运营并举，双台子储气库群建设全面铺开，双6储气库扩容上产智能化工程顺利建成投产、创造国内同等规模储气库建设周期最短新纪录，库群日调峰能力从1500万立方米提升至3180万立方米、增量占集团公司供气总增量的67.2%，东北及京津冀地区天然气调峰中心作用日益凸显；加强注采运营管理，推进协同提高采收率工程，开展库容租赁业务，促进气驱提产与运营创效。

锁定提质增效目标，着力强管理、挖潜力，经营业绩再上新台阶。落实"四精"要求，打造提质增效"升级版"、打好亏损治理"攻坚战"，发展质量持续改善。提质增效成果显著。项目化实施10个方面50项提质增效工程，建立责任机制，投资"六个优化"、成本"六个控降"等206项措施全面落地，全年优化投资7.54亿元、管理挖潜42.41亿元。合规管理全面加强。开展合规示范企业创建，建立合规管理机制；突出法治建设，重视法治、厉行法治，坚持依法决策、依法经营、依法管理、依法维权，获评集团公司法治建设先进单位。开展财务大检查整改系统问题，市场管理、审计和内控等工作持续加强，获评"十三五"内控与风险管理工作先进单位。解困扭亏扎实有效。建立"四级"责任体系治理亏损，实行7家单位"五自"经营，公司整体同比减亏70.2亿元，全面完成亏损治理任务。"两金"总额下降5.87亿元、降幅9%，压减法人1家，资产负债率、自由现金流等关键指标全面完成总部考核任务。市场开发量效齐增。技术服务、生产运维、劳务输出全面拓展，工程建设外闯市场创历史新高，燃气利用输销气量同比增长11%。全年外部市场新签订合同金额80亿元，实现收入58亿元，利润2.8亿元、同比增利5400万元。

聚焦治理能力提升，着力调结构、推改革，发展动能彰显新活力。将改革作为提升治理能力的重要抓手，坚持问题导向、稳准原则、统筹督导，各项改革取得实质成效。治理结构持续优化。不断完善党的领导与公司治理有机统一的体制机制，出台模拟法人运行规则，创新二级单位领导体制；优化股权公司管理体制机制，建立"1+N"规章制度体系。实行领导人员任期制和契约化管理，二级单位实现全覆盖。组织结构持续优化。坚持"大部制"方向，重组资本运营、深海勘探、经济评价、概预算等职能，撤销两级资金结算中心、康复医院、储气库项目部等机构；加强机关功能建设，明确二级单位归口联系部门，调整钻井、油品销售等17项管理职能，实现"管办分离"；组建宜庆勘探开发指挥部，优化外围6个区块统一、扁平化管理，完善新能源管理体制，推进新型采油管理区作业区建设。队伍结构持续优化。围绕"控减压降"，措施减员

266人、清退外雇劳务用工1366人、新增分流2212人；突出"强优转提"，增补企业首席技术专家2名，选聘青年一级工程师9名，完成19家生产单位二、三级工程师选聘。市场机制持续优化。出台加强市场营销工作实施意见，油气营销创效3.7亿元。推行服务采购市场化，建立健全工程建设、井下作业、运输特车等业务市场化运行规则，推动市场交易"同价格、同标准、同考核"。出台工效挂钩办法修订意见，形成与劳动生产率相适应、与经济效益相匹配的薪酬决定机制。

强化创新驱动发展，着力抓科技、谋突破，内生动力实现新增强。坚持"双轮驱动"，大力推进科技创新和管理创新，企业发展动力明显增强。科技顶层设计不断完善。贯彻集团公司科技创新部署，出台"十四五"科技规划，召开油田科技与信息化创新大会，明确十大创新领域和技术攻关清单。组建西部勘探开发研究中心、海外稠（重）油技术中心，在"三院"设立新能源研究所（室），全面加强科研力量配置。关键技术攻关获得进展。10个重大科技专项有效推进，非常规油气勘探增储、超稠油蒸汽驱、体积压裂、复杂类型油藏建库等技术取得新进展，一批新能源技术加快应用，大修工程小修化等14项优势技术推广实施，科技增油240万吨、增效1.2亿元。管理创新取得实效。大力实施"项目化"管理，组建储气库建设、套损井治理等重点工程项目组，促进责任落实、工作落地和效率效益提升。全面推行对标管理，建立全要素指标体系、全方位对标体系，配套管理制度和责任机制，促进经济技术指标不断改善。实行5项关键技术"揭榜挂帅"，加大"双序列"、专家负责制实施力度，激发科研人员攻关热情。数字油田建设持续推进。出台《辽河油田数字化转型总体框架方案》，勘探开发、生产经营、投资成本、地质工程、科研生产"五个一体化"平台建设顺利推进；完成辽兴奈曼、金海采油三区物联网建设，井、站数字化覆盖率达到34.5%、37%；档案数字化建设实现新跨越。

抓实安全环保基础，着力防风险、守底线，安全清洁生产迈出新步伐。落实"四全""四查"，细化"五个用心抓"措施，整体形势稳定向好。全员责任更加靠实。学习宣贯新《安全生产法》，扎实履行企业主体责任，突出落实"三个必须"等要求。修订公司领导和机关部门QHSE责任清单，推行全员安全记分、高危作业区长制，加大追责问责力度，有力促进自主管理取得新成效。健全完善常态化疫情防控机制，升级特殊敏感时段管控措施，员工疫苗接种率达96%，筑牢严密防线。监管体系更加完善。强化分委会建设，建立QHSE巡察机制，促进管业务管安全；压茬推进全员反违章整治，建立安全生产"低老坏"及重复性问题管理长效机制，违章数量同比下降14.3%；统筹抓好油气水井和工程质量，井身、固井质量合格率提高1.5和12个百分点，工程建设"六化"水平持续提升。隐患治理更加深入。深化安全生产专项整治行动，严抓井控、储气库、承包商、城镇燃气等领域集中整治，投入4.1亿元治理隐患131项。推进污水油泥治理，落实污染减排措施，主要污染物排放量大幅下降；中央生态环保督察实现"零问题、零督办"。绿色发展更加有效。全面实施"绿色低碳613工程"；CCUS工程高效推进，开展二氧化碳驱油与埋存先导试验，扩大二氧化碳辅助吞吐，启动欢采、特油伴生气二氧化碳分离液化站扩建；加大新能源发展力度，欢三联地热利用、锦45块集输系统优化等一批重点项目顺利实施；通过20项措施，节能4.8万吨标准煤、节水55万立方米。

致力推动共建共享，着力惠民生、促和谐，发展环境呈现新气象。落实以人民为中心的发展思想，将民生改善列为战略工程，油田大局稳定，油区团结共进，油地融合发展。民生实事有效落地。坚持通过发展保障和改善民生，对基本工资标准进行优化调整；制定落实四大类12项民生工程，修订职工福利费管理办法，集中解决看病就医、子女入学、物业服务等员工关切问题；实施健康辽河创建，开展心脑血管疾病防治等"五项行动"，在38家食堂建立健康餐饮试点，多措并举提升健康管理水平。油区协作不断加深。发挥企业协调组组长单位作用，主动与长城钻探、辽河石化、锦州石化、锦西石化、中油测井等兄弟单位加强工作对接，研究"双碳"目标规划，打造"利益共同体"。落实维稳信访安保防恐责任制，修订完善《员工违法犯罪处理暂行规定》等规章制度。落实党组领导批示要求，协调辽河公检法，开展"反内盗"专项行动，推进矿区治安治理、油气水电整治等工作。油地合作再上台阶。加强与相关地方党委政府沟通联系，深化与盘锦市创建油地"和谐典范"，持续加大储气库等重大项目合作，对一些历史难题形成解决共识，油地关系处在历史最好时期。积极履行企业社会责任，第一批14名干部驻村完成脱贫攻坚任务，再选派17名干部持续助力乡村振兴。

（三）2021年工作发展经验

一年来，公司上下持续转作风、提质量、重规范、做示范、勇担当、有风范、严监管、树新风，油田发展底气更加充足、基础更加坚实、优势更加显现、动力更加强劲。不仅取得了良好工作业绩，解决了部分历史难题，还积累了弥足珍贵的发展经验：落实"第一议题"是根本保证，习近平总书记重要讲话和重要指示批示精神，为我们明确奋进方向、坚定发展信心、寻找解题方法提供了重要遵循，必须坚决捍卫"两个确立"，坚持用习近平新时代中国特色社会主义思想武装头脑、指导实践、推动工作；励志"加油增气"是首要任务，聚焦油田主责主业、实现储量产量效益箭头向上，始终是我们的价值和责任所在，必须树牢"价值创造"理念，努力向勘探增储要产量、向开发增产要效益；深化"改革创新"是不竭动力，前进道路上的问题挑战，既是重大考验也是潜力空间，必须加快现代"油公司"模式建设，推动市场化、标准化、扁平化、数字化、智能化，坚持绿色低碳安全发展；弘扬"优良传统"是精神力量，传承红色基因、赓续红色血脉是油田事业发展的重要支撑，必须坚持用石油精神和大庆精神铁人精神激励干部员工砥砺奋进、担当作为；坚守"为民情怀"是发展之本，广大员工是企业发展的重要依靠力量，必须坚持发展为了员工、发展依靠员工、发展成果惠及员工。

二、认清形势任务把握发展主动权

置身全面建设社会主义现代化强国新征程，要求我们以世界眼光和战略思维观世情、察国情、看油情，进一步厘清认识、凝聚共识，进而更加有力担当使命、推动发展。

（一）看使命，油气保供责任更大，在奋进高质量发展的进程中需要我们勇挑重担。党的十八大以来，党中央对油气能源的重视程度越来越高，习近平总书记多次对中国石油作出重要指示批示；去年10月考察胜利油田，要求石油战线在确保国家能源安全、保障经济社会发展上再立新功、再创佳绩，强调"能源的饭碗必须端在自己手里"。当前我国经济发展总体向好，油气需求旺盛；新发展格局以国内大循环为主体，降低对外依存度、提升国内油气勘探开发力度是能源企业必须承担的重大责任。集团公司始终将主营业务放在优先发展位置，谋划"十四五"工作布局时，明确要求国内上游业务完成七年行动计划产量当量目标，在高质量发展上勇担当做示范。辽河油田是集团公司主力油气田企业，也是国内为数不多的千万吨级大油田。"大就要有大的样子"。我们要提高政治站位、强化政治担当，对"国之大者"心中有数，坚定唱响"我为祖国献石油"主旋律，发挥能源骨干企业的骨干作用。

（二）看机遇，能源行业转型加快，在奋进高质量发展的进程中需要我们抢占先机。未来一段时期，石油、天然气仍将占据能源主导地位，但能源行业电动、市场、数字、绿色"四大革命"正在加速演进，深刻影响和重塑世界能源竞争格局。我国提出力争2030年前实现碳达峰、2060年前实现碳中和，"双碳"目标成为传统化石能源发展的硬约束。全球应对气候变化，国际大石油公司纷纷布局多元化能源产品终端，向低碳化和清洁化综合性能源公司转型；集团公司更加突出"能源公司"的产业特征，构建多能互补新格局。总体研判，能源消费将呈现油稳、气增、煤降、可再生能源快速发展态势，油气产业必须统筹结构优化与能源安全，增强产业链供应链自主可控能力。我们既要保持定力，做强做优油气主业，为保障国家能源安全作出积极贡献；

又要抓住机遇，发挥新能源资源禀赋优势，加快转型升级，努力打造新的产业和效益增长极。

（三）看挑战，固有矛盾依然很多，在奋进高质量发展的进程中需要我们克难攻坚。经过不懈努力，公司发展"六大矛盾"集中体现出的优质资源发现难、效益产量稳定难、低效业务发展难、不良资产处置难、投资成本控制难、人员结构调整难等诸多难题有所改观，但矛盾主体尚未根本改变。过去的一年，在推进生产经营、改革发展过程中，依然暴露出许多不容忽视的短板问题：少数干部解放思想不到位，观念认识与企业发展形势要求不相适应；应对现实挑战办法不多，破解历史积累矛盾担当不够。一些干部员工知法守法意识淡薄、遵规守纪观念不强，个别领域发生了影响公司形象的突出问题；个别"关键少数"违反中央八项规定精神问题比较突出。还有部分单位生产组织不够均衡，提质增效管用举措不多，推进改革力度不大，等等。我们要坚持辩证观点，将矛盾问题作为潜力方向，抓住症结，精准施策，拿出变革措施加以解决，持续提升油田发展质量。

（四）看实力，油田发展基础雄厚，在奋进高质量发展的进程中需要我们发扬优势。经过50多年的开发建设，我们积累了坚实的资源、技术、管理基础，继续发展具有诸多有利条件：资源存量依然可观，辽河坳陷陆上剩余待探资源量石油19.7亿吨、天然气9150亿立方米，滩海剩余待探资源量石油3.39亿吨；宜庆地区待探资源量石油5.27亿吨、天然气4758亿立方米，"加油增气"基础牢固；特色技术行业领先，拥有国家科技进步奖28项，形成了12项优势特色技术，是油田千万吨稳产和拓展市场的重要利器；企业后劲持续增强，油田专业类别全、人才数量多，"油公司"模式基本建立，体系整合不断深入，企业管理向专业化、集约化、精细化转变；发展环境十分有利，地方党委政府支持力度越来越大，与中石油内部企业合作更加密切，广大员工在大战大考中锤炼了顽强意志，激发了昂扬斗志。这些都是推进发展的强有力保障。我们要充分发挥优势、抓住有利条件、坚定必胜信心，努力把油田各项事业不断推向前进。

（五）看长远，目标蓝图已经绘就，在奋进高质量发展的进程中需要我们善作善成。公司党委着眼"十四五"发展，明确了系统的目标思路，经过一年来的工作实践，较好地起到了统一思想、凝心聚力、引领发展的作用。积极适应发展形势变化，我们要在坚持中持续完善、在推进中加以丰富。聚焦"加油增气"，坚定做好千万吨油田稳产、百亿立方米气库建设、外围区效益上产"三篇文章"。强化"支撑保障"，全面实施"六项战略工程"，重点要抓住党的建设这个发展之基，大力推进"党建提升工程"；抓住人才队伍这个成事之要，大力推进"人才强企工程"；抓住改革创新这个动力之源，大力推进"创新驱动工程"；抓住质量效益这个兴业之道，大力推进"提质增效工程"；抓住转型升级这个必由之路，大力推进"绿色低碳工程"；抓住共享发展这个应有之义，大力推进"民生改善工程"。上述发展思路举措，是油田"十四五"乃至更长一段时期发展的大方向、主抓手。公司上下要坚定信心、团结奋斗，合力创造高质量发展的新业绩、安全和谐稳定的新环境、更加幸福美好的新生活。

三、2022年工作安排部署

2022年，是党的二十大召开的政治大年，也是油田实施"十四五"规划、推进高质量发展、奋进创一流目标的重要一年。总的工作要求是：坚持以习近平新时代中国特色社会主义思想为指导，认真落实集团公司、辽宁省工作部署，聚焦高质量发展，锚定创一流目标，精心做好"三篇文章"，大力推进"六项战略工程"，全面开展"管理提升年"，努力实现资源储量、油气产量、经营业绩三个箭头向上，深化改革、科技创新、新能源业务三个实质突破，安全环保、队伍大局两个总体稳定，以优异成绩迎接党的二十大胜利召开。

全年主要生产经营目标是：提交石油探明储量2500万吨、控制储量3000万吨、预测储量4000万吨，新增天然气SEC证实储量5亿立方米。生产原油1013万吨、天然气8.3亿立方米。按油价62美元/桶预算、上市利润8.09亿元，未上市利润0.2亿元，整体盈利8.29亿元。

突出抓好五个方面重点工作：

（一）坚持政治强企，守牢"强根铸魂"主阵地。坚持党的领导、加强党的建设，着力"把方向、管大局、促落实"，充分发挥国有企业的独特政治优势。

从严从实强化政治建设。要刚性落实"第一议题"和中心组学习制度，建立常态化、长效化制度机制，不断巩固拓展党史学习教育成果；深入学习贯彻党的十九届六中全会精神，大力学习宣传贯彻党的二十大精神，学深悟透党的创新理论，持续增强"四个意识"、坚定"四个自信"、做到"两个维护"。要严格落实全面从严治党主体责任清单，高质量完成第二轮巡察全覆盖，排查整治制约企业质量效益发展的深层次问题。要全面贯彻落实总体国家安全观，强化意识形态阵地管理，抓好机要保密工作，提升国家安全人民防线建设水平。

着力锻造过硬班子队伍。要加强班子建设顶层设计，实施领导力提升工程，持续优化调整领导体制，深化任期制和契约化管理，推进配置性、培养性、制度性交流，选优配强各级班子。要量质并重培养选拔优秀年轻干部，让年轻同志补足基层生产实践课、机关服务管理课，打造复合型高素质干部队伍。要以"三定"为基础、以劳动合同管理为核心，持续推进工效挂钩、工编挂钩，全面启动考勤信息化，做好精准考核、精准激励。要抓好人才培养引进，完善"双序列"体系，组织好岗位技能培训竞赛，充分发挥"一赛五金""一号四岗"等建功创效平台作用，让更多人才骨干脱颖而出。

广泛凝聚全员智慧力量。要围绕公司重点目标任务，大力开展新一轮形势目标任务教育；加强和改进思想政治工作，引导广大干部员工深入转观念、转作风，谋发展、谋事业。要加大集团公司《企业文化手册》《员工手册》宣贯力度，系统推进企业文化建设，统筹各类媒体资源、做大做亮正面宣传，夯实团结奋斗的思想基础和文化基础。要充分发挥党的群众工作优势和群团组织桥梁纽带作用，用心用情帮助解决实际问题，激励广大干部员工更加自觉主动为企业发展献计出力。

持续强化基层基础工作。要全面推进基层党建"三基本"建设与"三基"工作有机融合，丰富拓展"党建联盟""党建+"、党建项目化管理等载体作用，共享党建资源，提升党建服务保障发展水平。要靶向发力、精准施策，全面开展基层党建指导服务；进一步加强托管企业党建工作，探索不同股权比例、股权结构企业党组织发挥作用的有效途径。要加强党支部标准化规范化建设和达标晋级管理，组织机关党务干部与基层党支部承包服务，全面抓好党群工作对标提升。要全面实施党建品牌创建工程，培养储备优秀党务人才，创建优质党员先锋工程，打造宽领域、多元化党建工作示范。

坚持不懈正风肃纪反腐。要围绕党委决策部署、改革发展大局、加油增气工作主线，以系统思维构建监督体系，统筹发挥巡察、纪检和审计三个极点作用，加强对"关键少数"和重点工作监督，规范权力运行。要巩固作风建设长效机制，强化两级机关作风建设，切实提高服务基层水平。要一体推进不敢腐、不能腐、不想腐，坚持有案必查、绝不手软，深化"以案促改、以案促治"，系统推进廉洁文化教育，巩固制度成果和治理成效。要坚持纪法情理融合，精准运用"四种形态"，坚持"三个区分开来"，全面激励干部担当作为。

（二）坚持资源立企，唱响"加油增气"主旋律。强化"资源为王"理念，坚定发展主营业务，努力形成储量与产量同步提升、油气与新能源同步发展的良好局面。

油气勘探致力规模发现、快速突破。要坚持"立足本部、加快外围、加油增气、效益发展"，全面推进高效勘探，打牢持续发展的资源基础。要围绕台安—大洼断裂带、曙光低潜山、陆东凹陷等五大区带实施精细勘探，实现高效增储。要针对滩海东部潜山、牛居深层潜山等五大领域开展风险勘探，力争取得新突破、大发现。要加强鄂尔多斯宁县—正宁古生界、中生界和宜川—上畛子古生界等三大油气区带集中勘探，加快外围区增储上产。要突出评价、建产一体化，努力提交经济可采储量，确保新增储量对产能、产量、效益的正向拉动。

油田开发致力优化运行、精益生产。要坚持"产量至上",以增产、降本、提效为导向,加强油藏经营管理,大力推进一体化管理,优化生产决策、组织和运营,推动经济有效开发。要加强全生命周期管理,做好生产过程跟踪、效益滚动评价,优化油品结构、产能结构、油气结构、措施结构,突出在水平井提速提产提效上获突破,确保建设项目增产与增效同步。要以提高油田采收率、降低自然递减率为重点,项目化实施精细注水、优化注汽、方式转换、套损治理、天然气上产、措施提产等系统工程,提升开发效果。要深化产建一体化承包、SEC储量分解承包、套损治理整体承包等举措,进一步增强各单位优化结构、效益运营的主动性和创造性。

储气库建设致力调峰保供、高效运营。要坚持调峰保供与建设运营并重,推进整体规划高效落实,实现储气库高质量建设、高效率保供、高效益运营。要加快实施双台子储气库群二期工程、马19储气库先导试验、龙气5储气库前期准备,确保实现预期目标。要以提高储气库动用效率、注采能力为抓手,强化生产动态跟踪调控,持续推进协同提高采收率提产创效工程,提升产量、效益贡献。要突出合资公司高效运营、效益发展,尽早建成安全高效、质量过硬、效益优良的一流国家级调峰中心。

新能源业务致力加快推进、有效发展。要认真贯彻党中央"双碳"目标要求,落实《能耗结构优化和新能源发展"十四五"规划》,推进"绿色低碳613工程",加快形成规模成长、运行稳定、回报可观的产业生态。要抓好新能源项目评价,按照降耗、替代分类实施,优化运营模式,确保整体高效发展。要全面推进CCUS工程,强化全链条技术研究,努力将试点工程打造成为示范工程。要加强低碳示范区建设实施方案编制和推动落实,加快建成油区光伏发电能力,优化风力发电建设实施,推进曙光基地地热利用、石化余热发电等项目,实现年度新能源替代目标。要认真做好碳资产、碳交易、CCER等相关研究,争取集团公司和地方政府支持,建立能源消耗和碳排放考核管理平台与政策试点,制定与现场应用相匹配的管理机制。

科技创新致力攻克瓶颈、自立自强。要强化"创新驱动"理念,坚持问题导向、需求导向,围绕十大创新领域,建立研发投入强度稳定提升机制,整合研发力量,集中攻克富油气盆地高效勘探、老油田低成本开发、低渗储层改造、储气库安全智能运行等技术瓶颈,探索新一代稠油开采方式,提升高水平科技供给能力。要着力完善创新体系,明确科研单位本质定位,推进国家能源稠(重)油开采研发中心功能拓展、实(试)验室平台升级。要优化项目攻关机制,建立专家咨询机制,深化项目制管理、"揭榜挂帅"等机制,探索"赛马"项目管理模式;以创新水平、实际贡献为导向,分类完善创新评价体系,促进理论技术有突破、科技支撑见实效、创新能力有提升。

(三)坚持效益兴企,打好"提质增效"主动战。深入落实"四精"要求,强化"低成本发展"理念,持续开展提质增效专项行动,进一步巩固"双盈利"局面。

高效率深化企业改革。将改革作为提质增效的重要手段,全面完成改革三年行动任务。要持续优化业务结构,坚持归核发展,坚定做强做大勘探开发、科研技术与数字化、油气储运与销售、储气库、新能源等主营业务,做优做精修井作业、工程建设、城市燃气、环境工程、供电、化工、物资等保障业务,坚决整合生产规模小、队伍规模小、经营状况差的各项业务;实施股权企业分类管控,持续剥离"两非"企业,压减子公司数量。要持续优化组织结构,坚持机构存废服从服务于业务发展原则,深化两级机关"大部制"改革,优化流程与再造流程并重,提高管理效率;全面推进"扁平化"管理,实施采油厂、作业区"两级"管理,推进新型采油管理区作业区建设,通过数字化智能化手段实施采油、集输一体化运行。要持续优化队伍结构,正视总量冗员、结构缺员问题,推进岗位动态管理,打破"界限""围墙",以劳务中心为基础,打造人力资源调剂实体平台,促进员工主动到缺员岗位与外部市场创造价值。要完善激励约束政策,明确各单位功能定位,突出储量产量、投资成本、安全环保等重点，根据业务性质分类设置指标，提高全员劳动生产率；创新分配机制，薪酬奖励要倾斜管理创新、科技创效重点项目，突出生产一线和艰苦岗位，形成更加有效倒逼机制和鲜明分配导向。

高标准狠抓控投降本。将优化投入产出作为提质增效的主要方面，坚持过"紧日子"思想，推动全员、全过程、全要素控投资、降成本。要坚持"事前算赢"，细化投资"六个优化"、成本"六个控降"措施，加强投资规划、财务预算与生产经营计划协同，突出控降低效投入、无效费用、能源消耗和管理成本。要强化全生命周期成本管理，深化对经济可采储量、发现成本和储量接替率考核激励，细化区块、单井经济评价，抓好低效区块、低效井治理，确保完全成本刚性下降。要推进系统提升工程，下大力气强化机采、注水、集输等系统管理，逐步解决"大马拉小车"问题，实现系统和设备最优运行。要加强资金运营、资本运作、税收筹划，优化资产负债结构，突出抓好"两金"压降工作。要深入开展资产创效能力评估，盘活低效无效油气资产，加强存量资产调剂，推进闲置房屋、土地等专项处置。要持续推进亏损治理，深入研究根本性减亏扭亏措施，增强盈利创效能力。

高规格加强市场管理。将市场升级作为提质增效的有效途径，切实增强市场意识，统筹油田内外市场管理。要坚持眼睛向内，推动"业务链"效益运营。优化油气营销策略，抓好原油分质分销、动态销售和天然气提量增效，提升销售价值；利用大连交易所石油挂牌交易业务，拉动效益增长。健全完善市场交易规则和价格形成传导机制，强化施工单位契约意识；坚持"自己能干的自己干"，提升内部市场占有率；全面推行宜庆、开鲁区块开发市场化，建立"新老体制分开、独立自主经营、完全市场运作"模式，探索资源效益动用新路。要坚持眼睛向外，推动"走出去"提档升级。把效益作为市场开发成效主要评价标准，切实从重规模向重效益转型；坚持国内与国外市场并重，加大市场开拓力度，优化市场布局，稳存量、抢高端、拓新兴、创品牌、树形象；完善闯市场政策导向，统筹科研、生产、工程服务等单位合力，组建一体化服务团队，探索长期合作关系；充分发挥资源优势，创新技术支持、生产运维、区块总包等服务模式，加强项目管理，诚信依法经营，实现经济效益、社会效益与品牌效应同步提升。

（四）坚持依法治企，掌握"防患除险"主控权。稳妥应对改革发展稳定面临的各类风险，全过程、全链条完善风险防控体系和机制，牢牢守住不发生重大风险的底线。

全力防范安全环保风险。要全面落实"四全""四查""四坚持四提升"工作要求，细化"五个用心抓"，持续改进QHSE体系建设，完善安全生产责任清单，落实全员岗位责任制。要构建安全生产精准双重预防新格局，巩固安全生产专项整治三年行动成果，抓好"四项基础"管理，加大"六个重点领域"管控，推行承包商网格化、数字化全过程监管，持续开展"反违章、守禁令"活动，提升全员自主防控意识。要全面实施绿色低碳发展，坚守生态红线，严格排污许可管理，强化能耗总量管控，积极配合做好北京冬奥会期间空气质量保障。要全面落实质量提升行动，深入开展井筒质量、工程质量专项整治，严格执行"三个一批"要求，提升全生命周期质量管理水平。

全力推进合规经营管理。要压实各级领导人员法治建设、合规管理职责，完善重大事项法律合规审查程序，加强制度合法合规审查，构建高水平依法合规管理机制。要全面排查涉法、涉诉、涉税事项，严防违规、违纪、违法行为，突出化解影响经营成效和业绩指标完成的风险因素。要强化内控制度建设，加强合同管理、招投标、物资采购、工程建设、资产管理、资金收支、税收管理等关键环节监管，强化制度监督和制约、流程优化与再造，提升合规管理水平。要加强法律纠纷案件全过程精细化管理，提升依法维权能力；深化全员合规培训，加强法治人才队伍建设，为公司高质量发展提供支撑和保障。

全力确保平安稳定大局。要全面落实"三到位一处理"要求，学习借鉴新时代"枫桥经验"，强化稳定风险评估和矛盾纠纷排查调处，推动信访矛盾去存量、控增量；突出做好全国"两会"、党的二十大等重要敏感时段维稳信访安保防恐升级管控，严格落实责任，确保措施到位。要完善警企联动、专群协作机制，深化"反内盗"专项行动，严肃排查整治扰乱生产经营秩序、影响油田声誉形象的顽疾；加强全员普法，强化酒驾、打架斗殴、诈骗等违法犯罪行为警示教育，控降员工犯罪率。要支持政法单位依法履责，加强民兵武装工作，提升联防联控、群防群治水平；深化平安班组、平安岗位、平安家庭创建，推动"平安辽河"建设上台阶。

（五）坚持和谐建企，贯穿"惠民履责"主基调。坚持以人民为中心的发展思想，统筹推进企业发展、民生保障、和谐建设，全力营造和谐稳定的改革发展环境。

深化实施重点民生工程。要树立"发展是最大民生工程"的理念，将完成业绩指标作为改善生产条件、提升生活品质、解决"急难愁盼"问题的先决条件。要继续实施重点民生工程，深入践行"我为员工群众办实事"，加大精准帮扶力度，提升员工群众幸福指数。要不断满足员工日益增长的精神文化需要，努力为员工舒心劳动、体面工作、全面发展创造条件。

深入开展健康企业创建。要坚持把员工健康放在优先发展位置，以健康辽河2030行动为抓手，健全完善责任架构，提升全员健康水平。要开展健康风险评估，规范实施中、高风险员工健康干预，强化职业健康管理，推进健康环境建设，倡导健康文化和生活方式。要秉持保护员工生命健康安全、保持正常生产经营原则，持续完善常态化疫情防控机制，坚守办公及生产经营场所"零疫情、零扩散"防线、底线。

持续巩固和谐发展环境。要积极发挥中国石油驻辽西地区企业协调组组长单位作用，加强与兄弟企业交流配合，产运储销联动应对市场，巩固和衷共济、合作共赢的良好局面。要强化与油区企事业单位、战略合作单位沟通协作，深化持续、稳定、互惠的合作关系，努力在更多领域深化拓展市场。要加强与集团公司科研机构和国内高校、智库的交流合作，打造开放式研究模式，把先进的理论技术引到油田、服务油田。

全面履行企业社会责任。要立足辽宁振兴发展大局，秉持"一家人、一家亲、一条心、一盘棋"理念，深化油地会商、日常协调、党建联盟等机制，开创互惠互利、共兴共融新局面，打造油地"和谐典范"升级版。要继续落实乡村振兴部署，加大驻村干部支持力度，持续开展消费帮扶，为高质量推进乡村振兴贡献辽河力量。要引导员工积极参与文明创建、志愿服务等公益事业，彰显队伍良好形象。

聚焦油气主业　深化提质增效
全面完成各项生产经营目标任务

——孟卫工在油田公司四届三次职代会暨2022年工作会议上的生产经营报告（摘要）

（2022年1月10日）

一、2021年生产经营主要成果

2021年，面对储量产量要上、投资成本要降的巨大压力，面对洪涝、暴风雪、限电、限气等不利影响，油田公司认真贯彻集团公司党组各项决策部署，按照公司党委确定的工作目标思路，聚焦高质量发展主题，围绕做好"三篇文章"，扎实推进增储上产、提质增效、改革创新、风险防控，各项工作在应对挑战中取得新成效，生产经营业绩创近年最好水平，实现了"十四五"良好开局。全年新增探明石油储量4131万吨、控制储量5120万吨、预测储量7200万吨，探明储量创近十年新高；新增控制天然气储量104亿立方米、预测储量208亿立方米。油气产量当量1074万吨，原油商品量995.9万吨、天然气商品量0.61亿立方米。上市公司实现收入295.62亿元、盈利9.84

亿元，未上市公司实现收入 145.94 亿元、盈利 0.24 亿元；油田整体盈利 10.08 亿元，对比总部考核指标超交 11.33 亿元；上缴税费 46.67 亿元。

（一）突出高效勘探，资源基础不断夯实。瞄准落实规模优质储量，超额完成三级储量任务。风险勘探展现良好苗头，马探 1 井、荣探 1 井顺利完成钻探目的，证实清水洼陷、荣胜堡洼陷深层具备规模天然气成藏条件与资源潜力。精细勘探实现规模增储，雷 121 井、冷 10-52-50 井、欧 31-H7 井等探井喜获高产油气流，西部凹陷东部陡坡带新增控制石油储量 5120 万吨，东部凹陷中浅层欧利坨子地区新增预测天然气储量 208 亿立方米。外围勘探取得重大进展，开鲁地区首次实现亿吨级规模增储，陆东凹陷后河、交力格地区新增预测储量 7200 万吨；鄂尔多斯宁古 4 井、宁 175-H3 井、宁 218-H1 井、板 24-H1 井等井获工业油气流，新增控制天然气储量 104 亿立方米、探明石油储量 385 万吨。滚动评价勘探获得喜人成果，河 21、沈 35、宁 218 等 9 个区块新增探明储量 4131 万吨，全部为稀油高凝油。开鲁盆地陆家堡、西部凹陷东部陡坡带勘探成果分获集团公司油气勘探重大发现二等奖、三等奖。

（二）突出效益开发，油气产量圆满完成。顺利完成全年油气产量任务，连续第 36 年实现原油千万吨规模稳产。高效推进产能建设，投产新井 671 口，新建产能 96.5 万吨、生产原油 49.6 万吨。择优实施方式转换，新转井组 27 个，转换项目年产油 241.3 万吨。对标管理精细注水注汽，注水产量同比增加 12 万吨，自然递减率下降 0.4 个百分点；强化吞吐优化注汽，稠油吞吐年产油 351 万吨，油汽比保持 0.3。深挖天然气上产潜力，年产气 7.9 亿立方米，创 2011 年以来新高。实施项目制管理治理套损井 495 口，年恢复产量 13.8 万吨，实现产量效益"双丰收"。深入推进生产经营一体化，强化运行协调、重点督办、系统衔接、统筹方案优化、钻机运行、作业施工、地面建设、油地协调等工作，强化电网检修、冬防保温、天然气保供组织，重点工作运行到位率、符合率分别提高到 99%、94%。油田上下坚持"一盘棋"思想，系统联动、科学组织，夺取抗击绕阳河多年不遇洪涝灾害的全面胜利，迅速应对暴风雪侵袭、限电限气等困难挑战，最大限度降低了经济损失。组织两次上产劳动竞赛，保障全年产量任务顺利完成。全面深化采油对标管理，举升单耗、吨液集油成本、吨汽单耗分别降低 12.8%、14%、3%。双 6 储气库扩容上产工程顺利投产，创造国内同等规模储气库建设周期最短新纪录，双台子储气库群建设全面铺开；雷 61 储气库达容达产扎实推进，评价库前期工作有序实施；整体日采气能力突破 3000 万立方米，日调峰能力增量位居国内首位。辽河储气库群在上轮刷新"累计采气量大、高位运行久、日采气量高、采气周期长"四项纪录基础上，新一轮完成注气 19.8 亿立方米、阶段采气 9.2 亿立方米，调峰保供作用充分发挥。

（三）突出提质增效，经营管理显著提升。坚持效益优先，全面推进提质增效专项行动，大力深化亏损企业治理、依法合规治企，全面超额完成年度业绩指标。投资管控更加有效。严格项目前期论证和经济评价，投资总量和结构实现"双优化"，全年优化压缩投资 7.54 亿元，主营业务投资占比稳定在 95% 以上；践行效益投资理念，创新实施原油产能投资承包等管理模式，百万吨产能建设投资控制在 40 亿元以内；下达计划实施 33 项增效类项目，年增效 9027 万元。成本压降精准有力。坚持"事前算赢"，强化预算统筹，以桶油完全成本倒排高标准预算，超总部提质增效奋斗目标 12.99 亿元确定执行预算。重点实施"电费、运行成本、能耗、资源消耗、管理费用及销售成本"六个成本控降行动，油气单位操作成本 29.25 美元，桶油完全成本 57.84 美元，对比集团公司考核指标分别下降 9.6%、4.6%。完善 SEC 储量评估机制，中期增加 1084 万吨，降低折旧折耗 15.87 亿元。挖潜增效全面提升。统筹实施 10 个方面 50 项提质增效工程，管理挖潜 42.41 亿元。加大原油分质分销、动态销售、市场化销售力度，增效 3.7 亿元。实施资产轻量化、设备利旧、低效无效土地盘活、专业化集中采购，挖潜 6.51 亿元。坚持油田整体利益最大化，内部市场占有率达到 93%。通过加大天然气自用减少外购、落实税收政策、审计审减，节约资金1.89亿元。合规管理持续加强。优化34个部门单位管理界面，颁布实施25项管理制度，重大涉法事项决策前法律审查率100%，法律纠纷案件结案49起，避免和挽回经济损失3000多万元。扎实开展"反内盗"专项行动，全力堵塞生产经营管理漏洞。有效管控经营风险，"两金"压降综合完成率达117.5%，全级次亏损子企业减少2户，账面同比减亏70.2亿元。外部市场不断优化。加强外部市场规范管理，持续加大市场开发力度和结构调整，全年实施外部市场项目1022个，实现收入58亿元、利润2.8亿元、同比增利5400万元，带动4000余名员工走出去；新签中俄东线南段、西气东输三线中段、伊奇克里克总包、中燃油公司检维修等大型项目73个，累计合同额80亿元，外闯市场实现提档升级。

（四）突出转型升级，发展动能充分释放。坚持创新驱动发展，积极培育发展新能源新业务，狠抓重点领域改革深化，加快关键核心技术攻关，转型发展迈出新步伐。新能源新业务全面布局。大力实施"绿色低碳613工程"，"10+5"低碳示范区建设、勘探开发全过程清洁低碳专项行动、驻辽炼化企业清洁替代等专项方案编制完成，石化余热发电、"沈茨锦"风光发电项目、曙光地热利用工程加快推进，"兴金高"光伏发电、沈采密闭脱水系统改造等项目开工建设，欢三联地热、锦45集输系统优化、SAGD污水热能利用等项目投产运行，形成节替标煤能力5.41万吨，CO_2减排能力11.02万吨。战略资源勘探稳步推进，资源评价与开发取得新成果。CCUS先导试验前期准备工作进展顺利。企业改革持续深化。改革三年行动任务阶段完成77项，完成率94%，实现"数量、成效"双达标。"5+7"业务归核化方案落实落地，完成公司机关"三定"，重组整合概预算、经济评价、资本运营等业务，撤销两级资金结算机构，调整辽兴开发管理单元，构建新能源业务管理体制，稳步推进新型采油管理区作业区建设；全年压减二级机构6个、三级机构52个。扎实推进任期制契约化管理，二级单位覆盖率实现100%；优化人力资源配置，清理置换外雇工1366人，实施措施减员266人、分流2212人；工效挂钩办法持续优化，全员劳动生产率达到31万元/人、同比提高60%。完善造价体系，推行服务采购和作业价格市场化，内部市场化机制逐步建立。科技与信息化加快发展。攻克宜庆地区储层叠前叠后联合预测和超低渗透—页岩油甜点评价优选技术，形成页岩油"地质—工程"甜点预测技术，蒸汽驱调控技术实现系列化，聚/表复合驱技术实现新拓展，有力支撑了勘探开发生产。复杂类型油气藏建库技术实现新进展，水平井体积压裂关键技术指标达到国内先进水平，大修工程小修作业化、高凝油开采节电等降本提效技术得到成熟推广。高采、辽兴、金海物联网建设顺利推进，油田井、站数字化覆盖率提升至34.5%、37%；完成RDMS测试环境搭建，启动生产指挥、经营管理信息系统建设，大力推进无纸化办公，初步建成机关协同办公环境。全年获省部级科技成果6项、授权发明专利58件，实现科技增油240万吨。

（五）突出风险防控，安全环保持续加强。坚持"四全""四查"，落实"五个用心抓"，着力防范化解系统性风险，质量健康安全环保形势稳定向好，油田公司获评2021年度集团公司质量健康安全环保节能先进企业。安全生产平稳受控。深入学习宣贯新《安全生产法》，巩固深化三年专项整治成果，严抓井控、储气库、城镇燃气等高风险领域，集中整治"低老坏"及重复性问题，查改违章问题6875个；投入4.1亿元治理油气管道、压力容器、加热炉等隐患131项。保持严抓严管态势，黄牌警告承包商142个，列入黑名单111人，违章处罚218万元、失职追责53人，一般C级事故同比下降50%。QHSE体系运行保持良好B1级，位列集团上游企业第二名。环境保护扎实有效。推进源头防污、降污，排查治理环境风险隐患49项，绿色修井技术应用100%、油泥源头减量2200吨，COD、氨氮、氮氧化物排放量同比分别下降5.5%、15.6%、12%；顺利通过中央生态环保督察，取得"零问题、零督办"成效。扎实开展绿色矿山创建，新增2家单位入选辽宁省绿色矿山示范企业名录。全年能耗总量与强度分别下降2.7%、3.5%。质量管控全面深化。推进油气水井和地面工程建设项目质量三年整治行动，细化完善控制风险点和控制措施，健全井筒质量管理机制，严查工程、产品质量事件，严把自产和采购产品质量关口，全面提升质量管控水平。井身、固井质量合格率分别提升至99.3%、86.8%，查改工程质量问题735项，查处不合格产品52批次，挽回损失5700余万元。健康管理成效明显。落实"健康辽河2030"行动方案，积极开展健康企业创建、健康知识普及等11项活动，强化健康体检、慢性病干预、职业健康防护，员工因重大疾病死亡人数同比减少15.3%，6家单位完成健康企业创建。科学实施疫情防控，健全完善管控措施158项，精准排查人员流动轨迹4.2万人次，落实隔离及核酸检测措施8752人次，疫苗接种率96%，坚守了零疫情底线。

2020年生产经营工作仍存在一些困难和问题。一是勘探开发还有不少深层次矛盾，二是经营管理存在薄弱环节，三是依法合规治企仍需加强，四是质量安全基础还不牢固。同时，一些单位部门担当作为、积极进取精神不足，一些干部作风能力还不能适应高质量发展要求等。

二、2022生产经营重点工作安排

2022年，是奋力开创油田各项事业新局面的关键一年，综合分析研判，生产经营面临形势总体有利，但困难风险依然不小。一是今年确定的油气产量目标继续呈增长态势，产能建设投资缺口近10亿元，完成全年产量目标难度持续加大。二是近两年新增探明储量以低渗、特低渗为主，统筹产量与效益难度不断加大。三是上市盈利创效很大程度依赖于油价上涨，未上市盈利基础薄弱，成本刚性上涨压力增大，持续改善经营业绩面临较大制约。四是新冠肺炎疫情、极端天气等不确定因素直接影响产量效益，给完成全年指标带来风险挑战。

2022年生产经营工作总的要求是：深入贯彻党的十九届六中全会、中央经济工作会议精神，认真落实集团公司工作部署，把握高质量发展主题，围绕做好"三篇文章"、推进"六项战略工程"，扎实开展"管理提升年"，着力实现资源发现能力、油气上产能力、绿色发展能力、业绩贡献能力、支撑保障能力、风险管控能力"六个持续提升"，坚决完成年度生产经营任务，为推进公司高质量发展作出新贡献。

预算主要经营指标是：按结算油价62美元/桶预算、上市盈利8.09亿元，未上市盈利0.2亿元，整体盈利8.29亿元；奋斗目标上市盈利12.55亿元，未上市盈利2亿元，整体盈利14.55亿元。

重点抓好六个方面工作。

（一）着力加强勘探增储，持续提升资源发现能力。打好勘探突破、规模增储进攻战，推进地质工程、勘探开发一体化，不断夯实"加油增气"的资源基础。

新区新领域风险勘探，围绕牛居深层潜山、滩海东部潜山、盖州滩东营组等五大领域，强化基础研究与整体评价，部署风险探井2—3口，力争实现战略意义的重要发现。富油气凹陷精细勘探，精细评价荣胜堡洼陷及周边，部署预探井2口，完成石油预测储量2000万吨；深化欧利坨子地区浅层气藏认识，部署探井2口，力争天然气探明储量50亿立方米；一体化评价陆东凹陷、奈曼凹陷等外围潜力地区，部署探井7口，完成石油控制储量3000万吨、预测储量2000万吨；加大甩开预探力度，力争发现2—3个具有领域拓展意义的区带和目标，寻找新的战略接替区。鄂尔多斯矿权区勘探，强化地质综合研究、勘探部署及现场组织实施工作，围绕宜川和正宁地区古生界及中生界，加大预探及评价钻探力度，部署预探井20口，力争天然气探明储量100亿立方米。滚动评价勘探，立足富油气区带精细挖潜、低渗透油藏提产攻关、可动用储量择优探明，加快冷95、台1、正22等区块滚动、评价井实施进程，新增探明储量2500万吨。

（二）着力优化开发生产，持续提升油气上产能力。突出效益开发，统筹产量结构调整、运行组织优化、采油对标管理，推动原油硬稳产、天然气快上产，坚决完成年度产量任务。

坚持效益建产。优化建产结构，实施新井636口，新建产能97.3万吨；其中外围优选目标快速建产，实施新井98口，新建产能18万吨。加大套损井治理力度，完成工作量500口，恢复产能28.7万吨，年产油12.6万吨。抓好精细注水。突出中高渗油藏细分层调整、低渗油藏多介质组合补能，强化低效无效水循环治理，注水区块年产油385万吨、同比增加10万吨，自然递减率下降0.6个百分点。优化注汽提效。扩大CO_2辅助吞吐、复合吞吐、脉冲注汽等实施规模，做好注汽层段优化重组、低效无效注汽量控降，提高储量动用程度，吞吐年产油345万吨，油汽比保持0.3。推进方式转换。做好曙一区超稠油分批转驱，开展CCUS-EOR连续试注，新转井组45个，累计达到674个，年产油245.5万吨，同比增加4.2万吨。加快天然气上产。辽河本土实施新井20口，措施挖潜100井次，年产气8.3亿立方米；鄂尔多斯投产新井40口，老井试气试采25口，年产气1亿立方米。强化运营管理。大力推进生产运行向生产运营转变，加强组织运营的统筹性、专业衔接的紧密性、服务保障的主动性，确保油气产运储销全链条安全、平稳、高效运行。加快杜84区域防汛综合治理，提升电网可靠运行水平，增强应急处置能力，筑牢生产保障基础。狠抓方案优化、技术优选、工艺升级，做好钻完井提质提速、注采井有效生产、地面工艺优化简化，推动井站标准化建设，大力优化热注、集输系统业务布局，不断提升钻采管理水平。

（三）着力推进新兴业务，持续提升绿色发展能力。聚焦落实"双碳"目标，大力提升储气库建设运营水平，积极稳妥布局发展新能源业务，加快绿色清洁替代，努力创建绿色企业。

做好储气库建设运营。全面推进双台子储气库群建设，力争7月初双51储气库注气投产，12月采气二区、三区具备投产条件；扎实推进马19储气库先导试验工程，超前开展龙气5、黄金带储气库方案研究审查。强化设计方案优化，加强气藏、钻完井、地面系统一体化管理，确保质量、安全、投资指标受控；强化工程建设组织，大力推广"六化"管理，确保优质高效建设；突出加快数字化、智能化建设进程，全面提升储气库自动控制水平。加强动态分析和运行优化，提高双6储气库扩容上产效果、高效推进雷61储气库达容达产，全年完成注气20亿立方米、采气20亿立方米；推进储气库合资合作和市场化运作，深化库容租赁、代储代销，提升运营效率和盈利能力。

做优新能源、新业务。加大战略资源勘探开发力度，积极推进外围潜力区目标评价优选，不断取得新发现。加快推动风光发电项目落地，做好"沈茨锦"风光发电项目建设，建成装机规模160兆瓦，形成发电规模4.9亿度，确保项目效益达产。抓实地热余热资源利用项目开发，组织好曙光地热利用工程、高采稠油区块清洁替代现场实施，开展油区外优质资源普查。做好新能源项目储备，超前研究谋划氢能利用、深层煤炭气化等业务，跟踪驻辽炼化企业增量资源，挖掘潜在社会市场，稳准实施项目开发。深入推进CCUS工程，完成欢采、特油两座捕集站建设，形成CO_2年捕集量11.8万吨规模；加快推进双229块先导试验方案编制和现场实施。

（四）着力深化提质增效，持续提升业绩贡献能力。坚持把提质增效作为高质量发展的长期性战略举措，全面实施投资"六个优化"、成本"六个控降"，推动提质增效"再升级"。

狠抓管理提升。全面对标行业先进水平，聚焦"强基础、控成本、降递减、提效益、上水平"目标，扎实开展"管理提升年"，不断提升油田治理能力。持续推动"一级制度、两级流程"管理模式，健全制度执行监督、考核评价机制；加大违法违规监督力度，严格合同签约、履约管理，提升依法合规经营水平。做好集团财务大检查发现问题整改，增强事前预防预警，严防财务金融风险。梳理明确各单位职能定位，优化完善绩效考核方案。抓实抓细"四个一批"分类治理，落实定点帮扶、"一企一策"精准治亏措施，坚决打赢亏损治理攻坚战。

严格控投降本。持续优化投资结构，坚持"四保两压"，严格效益评价，做好项目排队优选实施；强化计划全流程控制，推行项目长负责制，坚持事前、事中控制与事后评价相结合，切实发挥投资对生产经营的正向拉动作用，力争全年优化压缩投资4.45亿元。推进精益成本管理，实施全口径成本对标管控，聚焦能源消耗压降、控降低效投入，强化材料、燃料、动力、作业、维护修理等重点成本项目控制，加大"双负"油田和高成本区块治理，持续压降非生产性支出，深挖各环节降本潜力，确保桶油完全成本控制在56美元以内。

全面挖潜增效。大力推进10个方面提质增效工程，力争全年管理挖潜25亿元以上。严把新增资产入口关，强化SEC储量评估，确保折旧折耗控制在合理水平。实施资产全生命周期管理，加大土地、房屋、设备等低效闲置资产利用处置，力争报废、盘活资产原值5亿元。强化内部市场资源配置，严格外委、外包等项目管控。完善营销体系建设，科学配置销售计划，稳步推进分质分销、原油市场化销售、天然气终端市场开发，提升油气产业链价值。完善全过程"两金"管控机制，实现规模压降5%以上。积极争取财税政策支持，大力实施税收筹划创效。

高效开拓市场。加大"走出去"力度，瞄准西部油气田重点目标市场、稳固东部油田传统区域市场、深耕国内基建行业市场、拓展省内外燃气市场、积极推动海外业务实现新发展，以优势技术、优秀人员引领市场开发。加强激励约束，压紧压实相关部门、单位闯市场责任，积极构建上下联动、整体协调闯市场机制，持续提升市场开发能力。强化外部市场管理，严格遵守项目所在地制度规范，切实防范经营风险、法律风险，推动外部市场规范有效发展。力争全年外部市场收入60亿元、利润3.1亿元。

（五）着力实施改革创新，持续提升支撑保障能力。遵循"四个坚持"兴企方略、"四化"治企准则，标本兼治深化改革，加快攻克关键技术，全力破解制约油田高质量发展的瓶颈问题。

加快推进重点领域改革增活力。深入推进"油公司"模式改革。聚焦业务归核化目标，持续优化业务结构，推动资源向主营业务集中。持续深化两级机关改革，构建"宽职能、少机构"职能体系；加大低效无效及业务萎缩机构撤并精简力度；全年压减二级机构2个、三级机构30个以上。加快新型采油管理区作业区建设，有序推进联合站与采油作业区合建，力争实现80%建设目标。深入推进三项制度改革。加快推进任期制和契约化管理，加大管理人员选聘竞聘、末位调整和不胜任退出力度；推动人力资源调剂平台实体化运行，深化富余人员内外调剂；多措并举控降员工总量。完善绩效激励政策，加大对业绩指标贡献大的管理创新、科技创新项目奖励力度；加强劳动合同管理和岗位管理，强化工效挂钩、工编挂钩，拉大收入分配差距，调动全员积极性。深入推进市场化改革。完善内部市场化运行机制和价格体系，推进质量、价格、管理与市场接轨，推动未上市业务提档升级。优化业务运行机制，健全各专业化公司服务组织、运行、结算等配套政策，实现有效协同发展。全面加快外围地区市场化运行，做好燃气、新能源项目合资合作，推进大连石油交易所混合所有制改革，支持辽宁中油做强做优。

加快突破关键核心技术添动力。重点攻克深层气有利区预测、页岩油"甜点"刻画、低渗（非常规）油藏有效开发、稠油新一代开采方式、化学驱综合调控等关键技术，为千万吨硬稳产提供技术保障。着力突破水平井体积压裂及工厂化作业、智能电动修井、大修自动化、地面系统能耗结构优化等关键技术，支撑创效1亿元以上。统筹创新复杂类型油藏建库、储气库群智能化、大尺寸井建设技术，提升整体建库水平。加快推进风电光伏、地热余热高效利用、CCUS工程、战略资源规模增储等新能源新业务技术瓶颈攻关，助力油田绿色转型发展。突出强化创新体系建设，完善科研院所功能定位，构建外部创新联合体，加强项目制管理，落实科研激励政策，提高研发投入强度，拓展国家能源稠（重）油开采研发中心功能，持续提升企业创新能力。

加快实施数字油田建设赋新能。深化物联网建设。坚持经济实用原则，优化方案设计，高质量做好茨采、欢采、金海、曙采及辽兴物联网建设，完成2306口井、121座站数字化改造，将油田井、站数字化覆盖率提升至47.4%、49%。推进信息协同共享。开展RDMS本地化部署，建立勘探开发数据服务中心，提升科研工作效率30%以上；开展生产指挥中心建设，逐步集成现有系统，建立管理、运行、应急功能于一体的生产指挥平台；开展经营管理平台建设，搭建区域数据湖，集成经营业务信息系统，提高经营管理效率。构建网络安全体系。依托梦想云平台和数据主湖，建立油田数据服务体系，提升数据管理能力；加强数字化人才队伍建设，提升运维管理水平；开展局域网升级改造，持续推进"三防一查"体系建设，提升网络、系统、数据和移动应用安全管理水平。

（六）着力抓好安全环保，持续提升风险管控能力。细化落实"五个用心抓"，优化体系运行，精准防控风险，提升综合监管效能，全面夯实QHSE管理基础。

强化安全生产。开展全员"反违章、守禁令"共查共治活动，完善QHSE巡察机制，严抓全员履职考评，压紧压实岗位责任制。巩固深化安全生产专项整治三年行动，扎实开展六个重点领域风险防控，精准排查治理高后果区油气管道、特种设备、硫化氢防护、城区加热炉等隐患问题，提升双重预防水平。固化"低老坏"及重复性问题、习惯性违章集中整治机制，推进"三位一体"监督，加快"安眼工程"建设，强化综合监管效能对标，严肃事故事件管理，保持高压严管态势。

强化治污减排。深入打好污染防治攻坚战，排查整治管道泄漏、油泥、泥浆、污水处理等环境风险，推进精准、科学、依法、系统治污，协同推动减污降碳。有序开展绿色企业创建和示范区建设，严抓环境保护对标考核，出台环保管理禁止性目录，严肃查处违规问题，推动油田生态环境改善由量变向质变提升。健全完善节能低碳考核指标体系和管理机制，实施碳排放总量与强度双控考核，完善能效对标和能耗定额管理，推进生产系统能源利用水平评价，加快油田绿色低碳转型。

强化质量管控。扎实推进油气水井质量三年整治行动，建立重点领域单井全生命周期数据查询系统，严肃质量问题追责处罚，不断提升井筒质量管理水平。全面推进地面工程建设项目质量三年整治行动，严抓工程设计、关键工序、隐蔽工程、焊接质量抽检，提高全生命周期管控水平。持续强化产品质量管理，规范采购产品全过程监督，加大重点采购物资监督抽查力度，确保产品质量零缺陷。延伸服务质量管理，开展群众性质量管理活动，启动"品牌"服务试点创建，全面提升服务水平。

强化健康管理。积极推进"健康辽河2030"行动，健全完善健康管理责任架构，推广健康企业建设经验，推动健康管理融入生产经营全过程。动态开展健康风险评估，规范中高风险员工健康干预，倡导健康生活方式，提升员工健康水平。加大员工健康投入，加强职业病危害防治、劳动防护，抓实员工健康状况与岗位适配度机制建设。健全完善常态化疫情防控和特殊敏感时段升级管控机制，严格人员流动审批报备，推进疫苗加强免疫接种，坚守零疫情底线。

我们要认真贯彻油田公司党委决策部署，以更加坚定的信心、更加昂扬的斗志、更加务实的举措，坚决完成既定目标任务，高质量做好"三篇文章"，为集团公司建设世界一流综合性国际能源公司作出新的更大贡献。

执行董事、党委书记李忠兴在油田公司庆祝中国共产党成立100周年党史学习教育暨"转观念、勇担当、高质量、创一流"主题教育动员部署大会上的讲话

（2021年2月26日）

2月26日，执行董事、党委书记李忠兴在辽河油田公司庆祝中国共产党成立100周年党史学习教育暨"转观念、勇担当、高质量、创一流"主题教育动员部署大会上强调，要以学习贯彻习近平总书记重要讲话精神为指导，深入落实党中央、集团公司党组和辽宁省委决策部署，动员全体干部员工学

习党的历史，传承红色基因，积极转变观念，勇担责任使命，奋力开创油田各项事业新局面，以优异成绩庆祝建党100周年。

会上，油田公司总经理、党委副书记孟卫工传达党中央、集团公司党组有关会议精神；油田公司党委副书记、工会主席张金利对党史学习教育、建党100周年庆祝活动、"转观念、勇担当、高质量、创一流"主题教育作出安排部署。

李忠兴结合会议内容提出四个方面意见，作为围绕党史学习教育的一堂党课和主题教育的一次宣讲。

第一，要重温光辉历程，始终把信仰信念信心凝聚到党的初心使命上来。2月20日上午，中央召开党史学习教育动员大会，习近平总书记发表重要讲话，对党史学习教育进行了全面动员和部署；23日上午集团公司召开会议，对全面开展党史学习教育作出部署安排；公司党委中心组第一时间专题进行学习安排。我们要准确把握这次学习教育的目标要求，做到学史明理、学史增信、学史崇德、学史力行，学党史、悟思想、办实事、开新局。学史明理，就是要深入理解把握马克思主义中国化成果，特别是习近平新时代中国特色社会主义思想的科学性真理性，提高全体党员干部的思想理论水平；学史增信，就是要坚定对马克思主义的信仰，对社会主义共产主义的信念，对实现中华民族伟大复兴中国梦的信心，坚定办好国有企业的信心和决心；学史崇德，就是要自觉践行社会主义核心价值观，大力弘扬石油精神和大庆精神、铁人精神，明大德、守公德、严私德；学史力行，就是要不断提高把握大局大势、应对风险挑战、推进实际工作的能力水平，在推进公司高质量发展中建功立业。学党史，就是要进一步把握历史发展规律和大势，始终掌握党和国家事业发展的历史主动；悟思想，就是要感悟马克思主义的真理力量和实践力量，坚持不懈用党的创新理论最新成果武装头脑、指导实践、推动工作；办实事，就是要进一步深化对党的性质宗旨的认识，始终保持马克思主义政党的鲜明本色；开新局，就是要进一步总结党的历史经验，不断提高应对风险挑战的能力水平。在党史学习教育过程中，要把握以下7个重点内容。

一是要深刻铭记中国共产党百年奋斗的光辉历程。党的百年历史是党领导人民进行新民主主义革命、社会主义革命和建设、改革开放、奋进新时代，并取得伟大胜利的历史。要教育引导广大党员干部深刻铭记党走过的光辉历程，付出的巨大牺牲，展现的巨大勇气，彰显的巨大力量，深刻认识中国共产党的领导、中国特色社会主义道路是历史和人民的选择，要胸怀中华民族伟大复兴战略全局和世界百年未有之大变局，把握历史发展规律和大势，顺势而为、奋发有为，走好新时代的长征路。

二是要深刻认识中国共产党为国家和民族作出的伟大贡献。100年来，党领导人民团结一心、艰苦奋斗，推翻了"三座大山"，建立了新中国，建立了社会主义制度，开辟了中国特色社会主义道路，即将完成全面建成小康社会的千年夙愿。要教育引导广大党员干部，牢牢铭记党作出的伟大历史贡献，深刻认识中国共产党是中国人民和中华民族的主心骨，没有中国共产党就没有新中国，就没有中国特色社会主义，就没有中华民族的伟大复兴。

三是要深刻感悟中国共产党始终不渝为人民的初心宗旨。党的百年历史是一部践行初心使命的历史，是一部党与人民心连心、同呼吸、共命运的历史。历史充分证明，江山就是人民、人民就是江山，人心向背关系党的生死存亡。要教育引导广大党员干部深刻认识党的性质宗旨，始终牢记我是谁、为了谁、依靠谁，牢记人民是真正的英雄、党执政的最大底气，自觉坚持人民立场，践行群众路线，推动改革发展成果更多更公平惠及全体人民。

四是要系统掌握中国共产党推进马克思主义中国化形成的重大理论成果。党的历史是一部不断推进马克思主义中国化的历史，是一部不断推进理论创新，进行理论创造的历史。要教育广大党员干部从党的光辉历程中感悟马克思主义的真理力量和实践力量，深化对中国化马克思主义既一脉相承又与时俱进的理论品质的认识，特别是要深刻学习领会习近平新时代中国特色社会主义思想。

五是要学习传承中国共产党在长期奋斗中铸就的伟大精神。在100年的非凡奋斗中，一代又一代的中国共产党人坚定理想信念，发扬斗争精神，推动伟大实践，在各个历史时期锤炼锻造了一系列伟大精神。要教育引导广大党员干部大力发扬红色传统，传承红色基因，赓续共产党人的精神血脉，始终保持革命者的大无畏奋斗精神，鼓起迈进新征程、奋进新时代的精气神。

六是要深刻领会中国共产党成功推进革命建设改革的宝贵经验。100年来，党始终坚持马克思主义政党的政治本色，以伟大的自我革命来推动伟大社会革命，团结一切可以团结的力量，战胜各种风险挑战，积累了弥足珍贵的历史经验。要教育引导各级党组织和党员干部通过总结历史经验教训，着眼于解决党的建设的现实问题，不断提高管党治党水平，增强拒腐防变和抵御风险能力。

七是要深刻牢记党领导新中国石油工业发展的辉煌历程和巨大成就。新中国石油工业发展史是在中国共产党的坚强领导下，几代石油人艰苦创业、接续奋斗，实现从小到大、由弱变强的历史。在70多年的发展历程中，中国共产党始终是带领我们不断前行，取得重大胜利的主心骨。特别是党的十八大以来，习近平总书记对中国石油先后作出9次重要指示批示，极大激励了石油战线广大干部员工开拓奋进、聚力前行。辽河油田的发现与发展，是我们党带领人民建设新中国、发展石油工业的生动缩影和鲜活例证；辽河油田开发建设50年的发展进步史，就是一部"听党话、跟党走""我为祖国献石油"的产业报国史。要教育引导广大党员和全体干部员工，牢记职责使命，奋力推动油田高质量发展，在巩固党的执政基础、保障国家能源安全等方面展现担当作为，真正做到以实际行动践行"两个维护"。

第二，要提高政治站位，迅速将思想行动统一到中央和集团公司党组决策部署上来。开展党史学习教育，是党的历史上第三次集中性的党史学习教育，是党的十八大以来党内第五次集中教育；开展形势任务教育，是中国石油连续19年推进的党建思想政治品牌工作。这两项工作都已纳入公司庆祝建党100周年活动整体安排。各单位、各部门要高度重视、提高站位，立足实际、守正创新，确保完成既定任务。

一是要提高政治判断力抓落实。习近平总书记指出，政治上的主动是最有利的主动，政治上的被动是最危险的被动。要立足"两个大局"，心怀"国之大者"，时刻关心党中央关注什么、强调什么；充分认识到在全党开展党史学习教育，是牢记初心使命、推进中华民族伟大复兴历史伟业的必然要求，是坚定信仰信念、在新时代坚持和发展中国特色社会主义的必然要求，是推进党的自我革命、永葆党的生机活力的必然要求。我们要从政治高度深刻领会开展党史学习教育、开展庆祝建党100周年活动，以及推进形势任务教育的重要意义，落实好"第一议题"制度，第一时间学习贯彻落实习近平总书记重要讲话和重要指示批示精神，切实把增强"四个意识"、坚定"四个自信"、做到"两个维护"落实到具体工作中，体现在实际行动上。

二是要提高政治领悟力抓落实。在"两个一百年"奋斗目标历史交汇的关键节点，开展党史学习教育和庆祝活动，不但正当其时，而且十分必要。党的光辉历史、中国石油工业发展史、辽河油田开发建设史，都证明了一切工作中都有政治，干好任何事业都离不开讲政治，必须结合实际、把握精髓、学深悟透。要通过系列教育和活动，教育引导油田广大党员和各级干部，从讲政治的高度，进一步明晰油田公司作为党的经济部队的重要地位和责任使命，深刻认识到贯彻落实习近平总书记重要指示批示精神，增储上产是上游企业第一责任；深刻认识到贯彻落实集团公司重要部署，辽河高质量稳产对中石油"五油三气"产量形势稳定至关重要；深刻认识到助力辽宁全面振兴全方位振兴，做好稳油增气调峰保供我们责无旁贷。

三是要提高政治执行力抓落实。要根据集团公司党组工作安排和公司党委具体工作方案要求，各级党组织要充分发挥作用，相关部门要通力协作，形成合力抓好落实，确保各项任务圆满完成。要统筹协调，善用"十个指头弹钢琴"，工作推进中该分则分、宜合则合，确保规定动作不走过场，预定目标不打折扣。要注重质量，严格标准、压实责任、加强督导，党史学习教育以处级以上党员干部为主体、面向所有党员，庆祝建党100周年活动要最大限度调动广大党员和员工群众参与活动的积极性，主题教育要突出"转作风提质量，重规范做示范，勇担当有风范，严监管树新风"要求。要力戒形式，按照中央和集团公司党组要求，坚决克服形式主义、官僚主义，注重为基层松绑减负，不搞层层加码，工作推进过程中要对方案措施进行优化，防止"两张皮"。

第三，要抓住有利契机，努力把系列教育和活动成果转化到提升党建质量上来。统筹开展党史学习教育、庆祝建党百年活动、主题教育，是公司党委贯穿全年、覆盖全员的重点工作。要充分利用这次集中推动的有利契机，以点带面、协同推进，带动党的建设各项工作全面铺开，持续提升油田党建质量和水平。

一是要全面提升党委年度工作质量。公司党委5个方面19项工作要点和党的建设5个方面23项工作要点，已经党委会讨论通过。各级党组织要深入学习领会"两个要点"精神，以系列教育和活动启动为契机，结合单位实际，做好优化组合，把各项工作任务统一到推进党委工作、提升党建质量上来。要制定目标清单、细化任务分解，明确牵头部门、完成时限、责任领导，能量化的都要量化，确保各项工作可操作、可检查、可评估、可考核。各单位各部门负责同志必须亲自抓、负总责，特别是主要领导要身体力行，加强工作调度，整合优势资源，坚持目标导向，一项一项压茬推进，确保按时完成各项目标任务；要勇于争先创一流，全面打造一流的发展业绩、一流的管理水平、一流的技术支撑、一流的人才队伍、一流的党建品牌、一流的经营环境，实现高质量发展的目标要求。

二是要全面提升干部队伍建设质量。习近平总书记指出：光有思路和部署，没有优秀的人来干，那也难以成事。今年公司生产经营、改革发展、党的建设各项任务都很艰巨，而且目前油田处、科级干部队伍年龄结构、知识结构、业务结构的矛盾问题比较突出。为确保党的事业薪火相传、确保油田未来可持续发展，就必须把加强干部队伍建设作为重要工作来抓，立足打造政治坚强、本领高强、意志顽强的干部队伍，加大干部培养、选拔、任用力度，注重从生产科研一线、艰苦岗位、外部市场等领域把那些真心干事、善于干事、干净干事的干部及时发现出来、任用起来。要加大年轻干部培养，遴选年轻干部参加重点工程项目建设，放在重要岗位上锻炼，放在紧缺岗位上培养，加快年轻干部成长成才。要大力推进人才强企工程，健全"生聚理用"机制，激励人才队伍在重大风险挑战和激烈市场竞争中亮身份、树形象，敢于赢得主动、赢得未来。

三是要全面提升作风建设质量。2021年的六分之一时间马上就要过去了，落实工作时不我待。公司各级干部要勇于担当，坚持"干"字当头、"实"字托底、事不避难，通过系列教育和活动，大力弘扬党的优良传统和作风，积极参与到"我为员工办实事"实践活动中来，发扬钉钉子精神，对看准了的事、对公司增产增效有利的事、对涉及员工群众切身利益的事，要咬住不放、一抓到底、抓出成效。两级机关要雷厉风行，按照最新调整的职责分工，拿出只争朝夕、努力奔跑的奋斗姿态，把抓早、抓快、抓好摆到更加重要的位置，早发力、快发力，抢时间、抢机遇，保证各项工作开好局、起好步；要切实增强机关为基层服务、党员为群众服务的意识，深化"三个面向、五到现场"，让"马上就办、办就办好"成为常态，全面提升服务主动性和服务质量，切实发挥应有作用。

第四，要全面深化融合，真正让系列教育和活动成效体现到完成各项业绩目标上来。我们组织党史学习教育、举办庆祝活动、开展主题教育，最根本的、相一致的目的，就是从中汲取前进的智慧力量，满怀信心地推动企业发展。可以说，落实油田"十四五"发展部署、完成年度各项业绩指标，是检验系列教育和活动开展成效最好的"试金石"。一定要将教育和活动"主旋律"与抓好效益增储上产、加强经营管理、强化安全稳定等具体工作有机融合起来，在推动工作中深化系列教育和活动开展，借系列教育和活动之力破解工作难题。

一是要突出油气生产"保供"抓增储上产。油气保供是政治、是大局。公司按照一季度高位起步、二季度加快上产、三季度踏线运行、四季度平稳收官来安排生产运行。无论是采油生产单位，还是保障单位、科研单位，都要认识到完成年度产量目标的重要性和完成年度经营指标的艰巨性，共同承担好油气稳产上产的重要责任，紧紧围绕做好千万吨油田、百亿方气库、流转区效益上产"三篇文章"，抓实勘探增储、效益开发和储气库建设等重点核心工程，提高油田采收率，降低自然递减率，降低能耗减排增效，把油气效益增产作为提质增效的基本支点，进一步推进油田效益开发。要以开展系列教育和活动为契机，进一步把全油田党员、干部和广大员工工作热情、干劲激发出来，依靠全员力量，坚决完成增储上产任务和储气库调峰保供任务。

二是要突出国有资产"保值"抓提质增效。"企业不消灭亏损、亏损终将消灭企业"。大家要看到公司仍处于大额亏损状态，短期亏损不可避免，但长期亏损将难以为继。我们必须站在做强做优做大国有资本的战略高度，把提高盈利创效能力，作为实现国有资产保值增值、增加利润贡献的有力保障，着力打造提质增效"升级版"，认真把公司确定的10个方面49项提质增效工程落实好，把市场营销"六个坚持"、投资管理"六个优化"、成本管理"六个控降"等措施成效显现出来，把改革创新的红利释放出来，确保既定经营指标实现，更好地履行国有企业经济责任。各单位各部门要引导党员干部、广大员工通过参加系列教育和活动，切实增强落实降本增效、减亏增效、节支增效、增产增效行动的紧迫感，全员一心、步调一致改善提升经营业绩。各级领导干部要认真学习并熟练运用厚良书记强调的财务资产负债表、利润表和现金流量表，经常看看本单位"身体状况"好不好、竞争力有没有、"供血能力"强不强，拿出针对性提升对策，用指标数据说话、用经营业绩挣薪酬。

三是要突出平稳运营"保底"抓风险防控。今年是政治大年，保持安全稳定、实现平稳运营是重中之重。大家必须强化底线思维和风险意识，采取切实可行措施，加强重大风险预防预控和应急应对，坚决守住各方面工作的底线与红线。要突出在抓好安全环保和疫情防控上加大力度，深入落实"四全"原则、"四查"要求，细化落实"五个用心抓"措施，认真落实好安全环保和疫情防控责任，坚决实现"安全零事故、环保零污染"和"防疫零死角、员工零感染"。要突出在维护矿区和队伍大局稳定上加大力度，积极维护不同群体利益，解决合理合法诉求；坚持和发展新时代"枫桥经验"，努力做到"小事不出区、大事不出厂、矛盾不上交"，全力维护和谐稳定局面，坚决守住"和谐零非访、平安零违法"底线。要突出在推进依法治企和合规经营上加大力度，任何生产、经营行为都要置于合法合规的框架下，严格按相关制度办事，切实维护制度的严肃性权威性，决不允许以任何形式打折扣、搞变通，切实用制度规范生产经营行为，防范各类经营风险。

专　　文

辽河直径127毫米套管侧钻技术现场试验成功

2021年1月10日，辽河油田公司钻采工艺研究院科研团队在锦7-049-360c井现场完井套管试压16兆帕，稳压30分钟不降，标志着国内首例直径127毫米小井眼套管侧钻技术现场试验成功。

该井为一口采用直径127毫米套管完井的开发井，于2020年10月大修修套未成功，面临停产报废风险。该院与锦州采油厂密切配合，在该井进行直径127毫米套管侧钻技术现场试验。

本次现场试验历时21天，钻采工艺研究院组建项目攻关团队，通过大量模拟计算和室内试验，研发微型PDC钻头、特殊接箍钻杆等配套工具，并利用Land Mark软件重新修正水力计算模型，优化设计钻具组合与完井管串结构，攻克因井眼尺寸小、井下空间受限带来的种种难题。

辽河油田公司目前共有各类生产井2万余口，因各种原因导致的长停井达5000余口。其中直径127毫米套（尾）管的长停井、低效井占据一定比例。此前，国内小尺寸（直径127毫米）套管侧钻工具尚未配套、工艺尚未完善。钻采工艺研究院科研团队针对直径127毫米套管侧钻技术进行为期7年的攻关研究。该项技术试验成功，不仅有效解决直径127毫米套管长停井、低效井的小井眼开窗侧钻难题，而且其作业费用仅为新井单井成本的20%至30%。

辽河油田公司新能源勘查项目获全国绿色勘查示范项目

2021年1月15日，自然资源部关于第二批绿色勘查示范项目公示结束，辽河油田公司新能源开发公司申报的"内蒙古开鲁盆地钱家店凹陷油气绿色勘查项目"成为集团公司唯一获得该称号的勘查项目。该项目展示了辽河油田在新能源绿色勘查领域的技术实力和行业影响力。

2020年5月，国家自然资源部启动本轮评选，经省级自然资源主管部门核查推荐、国家自然资源部专家严格评选，全国有77个项目入选绿色勘查示范项目。这些项目代表全国绿色勘查领域最高水平，有利于推动地质勘查和生态环境保护协调可持续发展。

绿色勘查是指以生态环保为前提，利用新方法、新技术、新设备、新工艺进行地质矿产勘查，可有效减少地质勘查活动对生态环境的影响范围及持续时间，是生态文明建设在地质勘查行业的生动实践。近年来，自然资源部积极倡导绿色勘查理念，积极探索以保护生态为前提的地质勘查新路径，并在全国范围内进行绿色勘查示范项目评选，推广各地、各企业绿色勘查好经验、好做法。

新能源公司在内蒙古开鲁盆地钱家店凹陷进行油气及新能源勘探过程中，解放思想、创新思维，综合利用各类地质资料，坚持"一区查多矿、一次查多矿"勘查理念，实现油和其他新能源矿产的同步勘查，扩大了勘查领域和勘查成果，避免重复勘查对生态环境的重复破坏。

新能源公司从井位部署到钻井施工、井场恢复，全程贯彻绿色勘查理念，充分利用现有公路、农用道路进场，井场用地尽量减少林地、耕地占用。利用小型钻机进行勘探，占用井场面积小，采用裸眼直孔一径到底的井身结构，全程油污、钻井液不落地，钻井液循环利用，最大限度减少对地层和地下水的影响。钱家店勘查以来，该公司未发生一起环保及赔偿事件，实现资源勘查与环境保护的和谐统一，展示了辽河油田践行绿色发展理念、共筑美丽中国的良好形象。

辽河国家科技重大专项通过档案绩效评价现场核查

2021年5月17日，"大型油气田及煤层气开发"国家科技重大专项实施管理办公室组织档案专家，对辽河油田公司承担的《辽河、新疆稠油/超稠油开发技术示范工程》项目中的五项重大科技专项开展综合绩效评价档案现场核查，对辽河油田公司档案管理工作给予高度评价，同意通过档案绩效评价现场核查。

2021年4月22日，国家科技重大专项实施管理办公室组织专家组听取承担单位汇报和案卷抽查后，各任务长及项目成员严格按照项目档案"三纳入""四同步"等管理要求，在档案部门专家的指导下，对五个任务各个阶段的档案材料分类整理，确保档案材料齐全完整，详尽准确。

科技档案是国家重要的科技资源和知识资产，重大专项档案工作是重大专项管理的组成部分。辽河油田公司各项目单位专业人员与档案部门专家组成国家专项档案组联合办公，密切配合，将全部材料系统分类到编码盖章，分卷分册，最终完成全部档案材料整理，有效保证项目成果提升。专家通过档案检查后认为，辽河油田公司承担的国家示范工程在申报立项、过程管理、综合绩效评价等各阶段的档案材料齐全完整，能够反映项目研究管理的全过程，项目档案分类科学、整理规范，电子档案收集齐全，与纸质档案一一对应，方便查询利用，提交的综合绩效评价材料符合相关规定。

首套国产电驱高压离心式储气库压缩机组落户辽河

2021年5月20日，首套由我国自主生产的电驱高压离心式储气库压缩机组，在双台子储气库建设现场安装完成，标志着我国储气库关键设备制造又向前迈出重要一步。

压缩机是储气库注气使用的核心设备之一。此前，国内储气库注气压缩机均为往复式压缩机，且多为进口。与往复机相比，离心机具有单台处理气量大、占地面积小、设备一次投资小、安全稳定性高、检修维护费用低等显著优势。

辽河储气库群建设已纳入国家"十四五"规划，2025年库容将从目前的50多亿立方米增至100亿立方米以上，对压缩机等关键设备需求量大。为降低采购成本，2020年7月，辽河油田公司与沈阳鼓风机集团股份有限公司，达成两套储气库电驱高压离心式压缩机组研制合作意向。沈阳鼓风机集团股份有限公司组建具有丰富经验的研制团队，进行集中攻关并按期交付。与同类型、同功率进口压缩机相比，该套压缩机采购成本节约2000余万元。

辽河油田公司举行"唱支山歌给党听"建党百年庆祝活动

2021年7月1日7时30分，为庆祝中国共产党成立100周年，辽河油田公司在机关办公大楼前广场隆重举行"唱支山歌给党听"建党百年庆祝活动，用群唱、合唱的方式为党祝福，表达辽河石油人对党的赤诚心声，唱响"我为祖国献石油"主旋律，展示坚定不移听党话、矢志不渝跟党走的坚定决心，抒发忠诚于党的石油事业、稳中求进做好"三篇文章"的豪迈情怀。

辽河油田公司党委书记、执行董事李忠兴致辞，总经理孟卫工，领导班子成员张金利、孙义新、卢时林、裴勇、于天忠、王海生在现场参加活动。

来自辽河油田公司机关和油田各单位的8支合唱队、3000名党员干部在现场参加了活动。合唱队联唱《唱支山歌给党听》《不忘初心+少年》《共筑中国梦》《满怀深情望北京》《人民需要我》《我爱你中国》《我爱石油的芳香》《我的祖国》等歌曲，员工代表深情朗诵，现场参加活动的员工一边演唱，一边挥舞手中红色小旗，将爱党、爱国、爱石油事业的真挚情感融入歌声里，展现奋斗百年路、启航新征程的自信与豪迈，礼赞中国共产党百年华诞。

庆祝活动在全场共唱《没有共产党就没有新中国》的嘹亮歌声中圆满结束。祝永军、刘德铸、李明辉、毛宏伟、孟平、李忠诚、潘良革、袁广平参加活动。

辽河首个 web 服务数据库接口技术研发成功

2021年11月3日，由勘探开发研究院信息工程所自主设计的辽河油田首个基于web服务的数据库接口技术于10月底研发成功，11月初搭建生产环境，到各研究所室安装部署并进行现场应用。这一技术的开发成功，意味着科研人员的工作效率将得到极大提升，为辽河油田今后的勘探开发研究工作提供有力支撑。

使用该接口程序，研究人员通过简单的点选鼠标即可将井位坐标、井斜数据、解释成果、测井曲线、岩性数据、有效厚度六类数据，直接从研究院一体化协同研究数据库推送到相关专业软件的研究项目工区中，不需再进行数据下载、格式转换、数据加载等繁琐工作，研究工作中数据准备的时间缩短到基本等于"零"，而此前数据准备时间约占整个研究项目的1/3。

2月，信息工程所与三家软件公司商讨如何缩短研究人员的数据准备时间，提高工作效率。4月，确定由该所自主搭建web服务通用数据库接口的技术解决方案。在没有任何该项技术储备的情况下，迅速成立项目组，6名专家现学现做，仅用5个月完成web服务数据库接口技术研发。10月底，基于该技术的三款软件接口集成测试全部完成。

该技术致力于将数据库中的数据一键推送至专业软件中，采用通用web服务方式解决异构软件间的结构差异，不仅可用于目前的三款软件，也适用于其他专业应用软件。

辽河成果亮相国际科技大会

2021年11月19日，在哈萨克斯坦油田开发创新国际在线视频科技大会上，辽河油田三篇论文入选大会论文集，其中一篇被组委会推荐进行大会宣讲。

来自世界各地从事石油和天然气行业创新技术的研究机构、大学、科学家和企业家代表参加此次会议。接到参会邀请后，辽河油田公司国际事业部积极联系各科研单位编写论文，并与会议组委会沟通递交各项材料，最终勘探开发研究院编写的《中亚项目数字化油田初步建设与应用》，钻采工艺研究院编写的《油井选择性酸化技术研究与应用》《稠油热采高温测试技术》三篇论文入选会议论文集，其中《中亚项目数字化油田初步建设与应用》论文被推荐进行大会宣讲。

辽河油田公司执行董事、党委书记李忠兴参加中国共产党辽宁省第十三次代表大会

2021年12月15—18日，中国共产党辽宁省第十三次代表大会在沈阳胜利召开，辽河油田公司执行董事、党委书记李忠兴参加会议。

会议期间，各位代表围绕大会主题，充分发挥参谋作用，认真履职尽责，积极参与讨论，踊跃建言献策，以强烈的政治责任感和历史使命感，把党代表各项工作做深做细做实，确保省党代会顺利召开。会议选举产生新一届中共辽宁省委员会和纪律检查委员会，通过关于十二届省委报告的决议和关于十二届省纪委工作报告的决议。

辽河油田公司党委将以这次党代会精神为指引，牢固树立企地共同体理念，推动高水平科技自立自强，用高质量发展成果为建设富强美丽辽宁、实现辽宁全面振兴作出新贡献。相养冬、王海生、户昶昊、赵奇峰、支印民、袁爱武、陈安宁7名代表参加此次会议。

国内首次电缆输送电控打铅印获成功

2021年12月6日，辽河油田公司钻采工艺研究院自主研发的电缆输送电控打铅印技术，在兴隆台采油厂油洼16-18井现场试验获得成功，单井施工时间节约6小时，开创国内电动打铅印的先河。

打铅印工序是井下作业施工中验证鱼顶形状和套管状况最重要、也是最常用的方法。油田公司每年实施打铅印工序千次以上。传统的打铅印施工需要通过管柱将铅模送入井内，结束后再起出管柱，存在施工时间长、劳动强度大等缺点，尤其是在深井、超深井施工中，耗时费力问题尤为突出。针对这些问题和现实需求，辽宁省五一劳动奖章获得者、钻采工艺研究院王斌带领项目攻关团队，历时一年，自主设计研发电缆输送电控打铅印装置，并顺利完成地面试验。

该项技术是利用电缆将铅模送入井内，通过地面指令控制完成打印施工，修井时效大幅提升，除用于日常打铅印，该项技术还可应用于解卡等需要探测鱼顶的修井作业。此次试验井打铅印作业深度1791米，通过地面监测数据显示，施工过程仪器运行稳定，参数正常，起出后印痕清晰。此次施工，从设备下井到铅膜取出用时仅为两小时，与传统方式打铅印相比节约6小时以上施工时长。试验的成功，在推动修井作业自动化进程、带动油田修井技术迭代升级、提高修井作业效率、降低作业成本方面，提供可靠技术支持。

辽河油田公司喜获股份公司油气勘探重大发现奖

在2021年12月13—14日集团公司勘探年会上，辽河油田喜获2021年中国石油油气勘探重大发现奖2项。

《开鲁盆地陆家堡油气勘探项目》获重大发现二等奖。开鲁盆地陆家堡凹陷作为辽河外围地区油气最富集的凹陷之一，东陡坡发育交力格、后河、库伦塔拉等多个扇体，主要目的层九佛堂组以低渗透砂岩储层为主。由于储层低孔低渗，近十年一直未有规模性突破。2018年以来，研究人员通过研究攻关，明确本区储层特征和油气分布特征，创新提出浅水湖盆连续油藏成藏模式。通过地质—工程一体化，以"水平井+体积压裂"的方式，率先在后河扇体预探发现、交力格扇体交2块水平井先导试验区，均实现有效提产，2018—2020年在后河扇体新增三级储量近5000万吨。2021年，在按照"后河扇体评价升级、交力格扇体甩开预探"的思路，实现新突破，新增探明、预测储量超亿吨。成功跻身集团公司11个亿吨级储量区行列。该区块将成为"十四五"辽河外围开鲁地区增储上产50万吨的重要战场。

《西部凹陷东部陡坡带油气勘探项目》获重大发现三等奖。西部凹陷东部陡坡带是辽河坳陷油气最富集的区带之一，已发现4个油气田。近年来，研究人员通过分析，发现该区中深层仍有勘探空间。研究人员通过精细地质研究，准确落实扇体的展布，通过老井试油，结合新井钻探，2021年新增控制储量超5000万吨，成为辽河又一个5000万吨级规模储量区块。

大事记

辽河油田公司大事记

一 月

3日 第三届全国油田地热资源开发利用研讨会暨油田、炼化企业余热综合利用技术交流会上，辽河油田公司被评为中国石油石化行业油田地热重点示范单位。

5日 辽河油田公司以视频会形式召开2021年度质量安全环保工作会议，回顾总结"十三五"及2020年质量安全环保工作，安排部署"十四五"及2021年工作重点。会上表彰2020年度质量安全环保先进单位、先进集体和先进个人，沈阳采油厂、兴隆台采油厂、锦州采油厂等5家单位作经验交流。

同日 赵奇峰创新工作室被中华全国总工会命名为全国示范性劳模和工匠人才创新工作室。

同日 辽宁省科学技术协会公布2020年30个科技成果转移转化重点推广项目，由中油辽河工程有限公司研发的《LPESVLine线路制图系统研制及应用》项目成功入围，成为辽宁省内测绘行业唯一获此殊荣的科技成果。

同日 辽河油田公司住房公积金管理中心首次顺利通过公积金双贯标及综合服务平台信息系统等级保护三级2.0测评工作，并在国家公安机关备案。这标志着辽河公积金信息系统在技术安全、系统管理、应急保障等方面达到国家标准，具备较为完备的网络信息安全保护体系，能够为油区用户提供更加便捷、安全、合规的住房公积金服务。

6—7日 辽河油田公司举办学习贯彻党的十九届五中全会精神读书班，通过专家讲座、集中学习、专题研讨、经验交流等方式，学习宣传贯彻全会精神，各级党政领导干部计700余人参加学习活动。

10日 辽河油田公司钻采工艺研究院科研团队在锦7-049-360c井现场完井套管试压16兆帕，稳压30分钟不降，标志着国内首例直径127毫米小井眼套管侧钻技术现场试验成功。

12日 双台子双31块施工现场，辽河油田公司钻井一公司进行双31-5井下油层回接套管施工。双31块是双台子储气库群重要组成部分，建库地层为热河台储层，库容气量8.62亿立方米，工作气量4.49亿立方米。辽河油田公司开发部、储气库公司决定将双31块打造为储气库标杆工程。

13日 股份公司决定，张方礼退休。

15日 自然资源部第二批绿色勘查示范项目公示结束，辽河油田公司新能源开发公司申报的"内蒙古开鲁盆地钱家店凹陷油气绿色勘查项目"成为集团公司唯一获得该称号的勘查项目。该项目展示辽河油田公司在新能源绿色勘查领域的技术实力和行业影响力。

18—19日 辽河油田公司四届二次职代会暨2021年工作会议召开，听取并审议辽河油田公司执行董事、党委书记李忠兴作的《聚焦高质量发展，瞄准创一流目标，奋力开创油田各项事业新局面》主题报告，总经理、党委副书记孟卫工作的《加大勘探开发力度，推动提质增效升级，高质量完成全年生产经营目标任务》生产经营报告，书面审议2020年预算执行情况和2021年预算草案的报告、2021年风险管理报告以及提案征集办理情况报告，并表决通过相关决议。

19日 盘锦市委副书记、市长汤方栋到双6储气库集注站、双台子储气库项目施工现场调研，辽河油田公司总经理孟卫工陪同，油地双方就双台子储气库建设推进工作进行座谈。

同日 辽河油田公司党委会议研究决定，将资本运营管理职能从财务资产部剥离，与多种经营产业部（多种经营部）整合组建资本运营事业部，列为辽河油田公司未上市二级单位管理，行使辽河油田公司资本运营管理职能（机关职能）。撤销辽河油田公司储气库公司加挂的储气库项目部牌子。

20日　根据《辽河石油勘探局有限公司康复医院社会化改革方案》，辽河石油勘探局有限公司康复医院进行重组改制，由盘锦辽油宝石花医院领导与管理。经研究，决定撤销中共辽河石油勘探局有限公司康复医院委员会，所属党员组织关系转至盘锦辽油宝石花医院党委。

同日　辽河油田公司欢喜岭采油厂、金海采油厂、沈阳采油厂、高升采油厂四家单位在中国安全生产协会2020年全国安全文化建设示范企业评选中，被评为全国安全文化建设示范企业。

21日　辽河油田公司召开资本运营事业部成立大会，会上宣读《关于财务资产部资本运营管理职能与多种经营部职能整合的通知》文件，明确新组建的资本运营事业部是代表辽河油田公司行使国有股权管理职能的部门，列入二级单位管理，同时行使机关管理职能。

同日　辽河油田公司住房公积金管理中心首次顺利通过公积金双贯标及综合服务平台信息系统等级保护三级2.0测评，并在国家公安机关备案。标志着辽河公积金信息系统在技术安全、系统管理、应急保障等方面达到国家标准，具备较为完备的网络信息安全保护体系，能够为油区用户提供更加便捷、安全、合规的住房公积金服务。

22日　辽河油田公司党委召开2020年度领导班子民主生活会。

26日　中共辽宁省委组织部印发《关于命名2020年辽宁省党支部标准化规范化建设示范点的通知》，辽河油田公司高升采油厂采油作业一区南区党支部等10个基层党支部获批2020年辽宁省党支部标准化规范化建设示范点。

27—28日　辽河油田公司以视频形式组织召开2021年油田开发工作会议，总结交流"十三五"成果，研讨部署油田开发生产实现高质量发展的思路措施。

二　月

2日　辽河油田公司以视频会议形式召开2021年党风廉政建设和反腐败工作会议。

3日　辽河油田公司2020年度可采储量标定成果通过股份公司审核，超额完成技术可采储量，储采平衡系数大于1，时隔7年辽河油田再次实现储采平衡。

5日　辽河油田公司首次被评为辽宁省知识产权优势企业。

同日　辽河油田公司党委2021年1月25日研究决定，毛宏伟任辽河油田公司总经理助理、孟平任辽河油田公司副总经济师、李忠诚任辽河油田公司总经理助理、潘良革任辽河油田公司副总经济师。王海生任辽河油田公司副总地质师，免去其兴隆台采油厂厂长职务；于天忠任辽河油田公司副总地质师，免去其曙光采油厂厂长职务。

7日　辽河油田公司与盘锦市举行油地联席会议，深化沟通交流，巩固提升良好关系，共同研究落实辽宁省委、省政府工作部署。盘锦市委书记张成中，中国石油驻辽西地区企业协调组组长、辽河油田公司执行董事、党委书记李忠兴参加会议。会上，辽河油田公司总经理、党委副书记孟卫工通报辽河油田公司2020年生产经营成果、"十四五"及2021年发展规划和工作部署；中国石油天然气股份有限公司辽河石化分公司（简称辽河石化）党委书记、总经理何晨光通报工作情况；盘锦市委副书记、市长汤方栋通报工作情况，盘锦市委常委、常务副市长杜鑫作《关于辽河油田提交市政府协调解决的问题推进情况通报》。

23日　江苏滨海LNG配套输气管线滨海—盱眙项目第五标段管道线路工程正式打火焊接。该工程线路总长度100.94千米，管径914毫米，设计压力10兆帕，材质L485M，包含2个分输站、5个阀室；线路起于桩号AC145终于AE135，分别经过苏淮高新区、洪泽区及盱眙县，总计7个镇，1个工业园区。工程总体工期目标为2021年底完成主线路焊接，2022年6月30日完成阀室及分输站等工作并达到投产条件。

25日　辽河油田公司《开鲁盆地钱家店矿区砂岩型铀矿找矿成果》被自然资源部评为国家找矿突

破战略行动优秀找矿成果。

26日　辽河油田公司召开庆祝中国共产党成立100周年党史学习教育暨"转观念、勇担当、高质量、创一流"主题教育动员部署大会，辽河油田公司执行董事、党委书记李忠兴围绕党史学习教育和主题教育讲党课、作宣讲。

三　月

1日　辽河油田公司启动"奋战四个月，献礼百周年"油气上产劳动竞赛，并制定产量效益指标考核办法，鼓励各单位多超产、快上产，掌握完成全年原油生产指标的主动权。通过劳动竞赛，6月份实现平均日产油28277吨、天然气254.6万立方米。

同日　辽河油田公司全面调整优化油气开发单元，整合辽河外围盆地7个油田41个开发单元，统一划归辽兴油气开发公司管理运营；辽兴油气开发公司辖区内15个油田163个区块，按照属地原则重新划分，移交至其他四家采油单位管理。

5日　辽河油田公司启动原油竞价销售模式，通过大连石油交易所线上交易、招标中心竞价销售方式，销售原油2.7万吨。此次原油现货线上交易属全国首次，标志着辽河油田公司原油销售改革正式启动。

9日　辽河油田公司工会第二届会员代表大会第二次会议以视频会形式召开，总结回顾2020年主要工作，安排部署2021年重点任务，表决通过第二届女职工委员会委员名单。

12日　辽河油田公司执行董事、党委书记李忠兴主持召开党委（扩大）会议，传达落实集团公司党组书记、董事长戴厚良和集团公司总经理李凡荣在3月9—10日听取辽河油田公司工作专项汇报后，对下一步工作的指示和要求。

15日　辽河油田公司与盘锦市举行油地联席会议，专题研究落实集团公司党组书记、董事长戴厚良对辽河油田公司、盘锦市携手发展有关工作要求。双方就推进储气库合资合作、油田"数字化"转型、谋划多元经济发展等工作达成共识。

同日　辽河油田公司原油日产踏上全年产量奋斗指标1020万吨日均线，日产水平较年初迈上6个百吨台阶，踏线速度为近5年最快。

16日　集团公司以视频会议形式召开2021年档案工作视频会议，会议传达全国档案局长馆长会议精神，总结集团公司"十三五"档案工作，部署"十四五"和2021年重点任务。辽河油田公司档案馆各科室负责人、部分业务骨干，以及二级单位档案部门负责人计42人在辽河分会场参加会议。

18日　辽河油田公司党委召开2021年第一轮巡察工作启动会，贯彻党的十九大和十九届中央纪委五次全会精神，落实集团公司党组关于加强企事业单位党委巡察工作的部署要求，安排部署下一阶段工作。

同日　中国石油驻辽西地区企业协调组组长、辽河油田公司执行董事、党委书记李忠兴与长城钻探执行董事、党委书记马永峰一行座谈，就加强双方协作、打造"油、钻合作标杆"等事宜进行交流。

19日　集团公司党组对辽河油田公司部分副职领导干部进行补充，于天忠和王海生分别任辽河油田公司党委委员、总地质师和党委委员、副总经理。

同日　《辽河油田公司扩大经营自主权改革实施方案》通过油田公司党委会审议并下发。

同日　辽河油田公司机关召开2021年党的工作会议，安排部署机关党委工作，全面审视机关党（总）支部书记抓党建工作履职情况，对公司机关开展庆祝中国共产党成立100周年党史学习教育暨主题教育再动员再安排。油田公司党委副书记、机关党委书记张金利参加会议，并为机关开展党史学习教育讲授党课。

21日　辽河油田公司召开干部调整大会，将概预算管理中心、经济评价中心、咨询中心3家单位整合组建经济技术研究院，同时调整部分机关部门和二级单位党政领导。

22日　辽河油田公司第一期党史学习教育读书班和党的十九届五中全会精神在油田党校开班。

同日　辽河油田公司在中国石油天然气集团有限公司举办的2020年第二届全国油气开发专业职业

技能竞赛（采气工和集输工）、集团公司首届一线生产创新大赛、集团公司首届培训项目设计大赛等比赛中，表彰奖励获奖竞赛选手和教练。

同日 根据《中国石油天然气集团有限公司深化人事劳动分配制度改革实施方案》《中国石油天然气集团有限公司关于优化人力资源配置的意见》《辽河油田公司深化人事劳动分配制度改革实施方案》等文件要求，辽河油田公司在《关于结构调整中人员分流安置的实施意见》基础上，补充结构调整中人员分流安置的意见。

28日 经集团公司党组2021年3月19日研究，并商得中共辽宁省委同意，于天忠任辽河油田公司党委委员、总地质师；王海生任辽河油田公司党委委员、副总经理。

同日 经辽河油田公司党委会议研究决定，将中国石油天然气股份有限公司辽河油田海南油气勘探分公司（简称海南油气勘探分公司）南海勘探管理职能划入勘探事业部（勘探部）。勘探事业部加挂"海南油气勘探分公司"牌子，海南油气勘探分公司不再列为二级单位管理。将概预算管理中心（定额站）、经济评价中心、咨询中心（盘锦辽河油田技术经济咨询有限公司）、海南油气勘探分公司非勘探业务、企管法规部（经济政策研究室）软科学课题及政策研究业务整合，成立经济技术研究院，保留定额站、盘锦辽河油田技术经济咨询有限公司牌子，列为二级单位管理。撤销企管法规部"经济政策研究室"牌子。撤销资金结算中心。

同日 辽河油田公司党委会研究，决定将辽河油田公司钻井管理职能由开发事业部（开发部）划入采油工程技术部，并将采油工程技术部更名为钻采工程技术部。按照"机构与职能相匹配、人随业务走"的原则，将开发事业部相关机构及人员划入钻采工程管理部，相应调整两个部门的机构设置和编制定员。

30日 辽河油田公司成立庆阳效益上产项目组、储气库建设项目组、套损井综合整治项目组、大民屯凹陷页岩油开发先导试验项目组四个重点工程建设项目组，全力做好"千万吨油田、百亿方气库、流转区效益上产"三篇文章。

四　月

2日 辽河油田公司被评为法治建设先进单位，辽河油田公司执行董事、党委书记李忠兴作《创新工作机制、精细案件管理，为油田高质量发展提供有力保障》交流发言。

同日 辽河油田公司党委研究，决定撤销中共辽河石油勘探局有限公司多种经营事业部委员会；成立中共辽河油田分公司经济技术研究院委员会，隶属辽河油田公司党委管理。刘铭生任书记、工会主席，付希衡任书记、工会主席，张广台任副书记，苏超任副书记；成立中共辽河石油勘探局有限公司资本运营事业部委员会，隶属辽河油田公司党委管理。

6日 辽河油田公司与中国石油集团工程技术研究院有限公司签署战略合作框架协议，双方就科研项目攻关、技术支持和服务、人才培养、资源交流与共享等方面合作开展深入交流。

同日 辽河油田公司召开新能源业务发展领导小组会议，讨论并通过《辽河油田能耗结构优化和新能源发展"十四五"规划》。

8日 辽河油田公司与宝石花同方能源科技有限公司签订战略合作框架协议，双方将在节能降耗、新能源开发等领域开展深度合作。

同日 辽河油田公司新能源发展领导小组成立，健全工作机制，强化组织协调，推动新能源业务有序快速发展。

同日 辽河油田公司执行董事、党委书记李忠兴与中国华油集团有限公司执行董事、总经理、党委副书记兼宝石花医疗健康投资控股集团有限公司董事长石清俊一行座谈，双方围绕深化合作、实现共同发展进行深入交流。

同日 辽河储气库群完成去冬今春保供任务。双6储气库本轮采气周期采气17.56亿立方米，创下采气周期最长、高位安全运行天数最多、日均采气量最高、周期采气量最大四项新纪录。

同日　经辽河油田公司党委会研究决定，成立辽河油田分公司庆阳勘探开发建设指挥部。

9日　集团公司优化调整业务板块划分，构建油气和新能源、炼化销售和新材料、支持和服务、资本和金融四大业务板块（子集团），明确辽河油田公司（辽河石油勘探局有限公司）归口油气和新能源板块（油气子集团）管理。

12日　辽河油田公司开展"采油作业效益联包"试点，并出台《采油作业效益联包实施方案》。

13日　辽河油田公司执行董事、党委书记李忠兴与中油资产管理有限公司党委书记、执行董事、昆仑信托有限责任公司董事长王增业一行座谈，双方围绕下一步加深合作、深化交流，实现互利共赢进行深入交流。

15日　辽河油田实验中学中共党史红色基因教育展览馆暨盘锦市、辽河油田青少年、兴隆台区中小学党史教育基地举行揭牌仪式。辽宁省关心下一代工作委员会（简称关工委）主任赵国红、辽河油田公司党委副书记、关工委主任张金利及市区有关领导参加揭牌仪式并参观基地展室。

19—23日　全国地质资料馆与集团公司勘探开发资料中心有关专家一行5人受邀到辽河油田公司，对油气地质资料补交工作情况进行现场指导和阶段性验收。辽河油田公司9个矿权16662口井34694件总重量近5吨的油气地质资料顺利通过全国地质资料馆的现场验收，并对辽河油田公司汇交、补交地质资料的齐全性、完整性、准确性及规范化、标准化程度给予一致好评。

20日　辽河油田公司在辽河宾馆召开东郭苇场专案总结大会暨以案促改、以案促治视频工作会议。辽河油田公司纪委书记裴勇强调，要认真总结专案，深刻剖析反思，真正做到以案促改、以案促治。会议通报东郭苇场专案情况，宣读《辽河油田公司"以案促改、以案促治"专项行动方案》，欢喜岭采油厂党委等7个专案工作典型进行经验交流。

22日　辽河油田公司以视频会形式召开2021年法律工作会议，传达集团公司2021年法律工作会议精神，总结辽河油田公司2020年法律工作，安排部署2021年重点任务，通报2020年合同管理和纠纷案件情况。金海采油厂、高升采油厂等4家单位作经验交流。

同日　辽河油区矛盾纠纷化解中心在辽河中级人民法院正式挂牌成立，辽河油田公司党委副书记、政法委书记张金利参加仪式并为中心揭牌。

23日　辽河油田公司5个"卡脖子"技术项目正式揭榜挂帅，并签订聘书，5个项目均为制约辽河油田高质量发展的产业短缺技术、高成本引进技术和"卡脖子"技术，包括鄂尔多斯宜川—上畛子资源潜力落实及勘探突破、中低成熟度页岩油开发先导试验示范工程、高凝油化学驱先导试验、水平井低成本体积压裂技术、曙光污水外排厂降低运行成本技术。这是辽河油田公司成立50年来首次以"揭榜挂帅"模式攻关破题，5个项目19人揭榜，最终5人胜出，分别是两位企业级技术专家温静和张子明，两位厂院总地质师刘兴周和王强，以及具有丰富实践经验的周洪义。

25日　风险探井马探1井完井，完钻井深5877米，刷新辽河盆地最深纪录。

29日　辽河油田公司在集团公司新能源新材料事业发展领导小组第三次会议上被确定为"集团公司CCUS工程试点单位"。

30日　辽河油田公司组织召开集团公司CCUS试点工程暨辽河油田CCUS项目组工作启动会，部署CCUS试点工程近期重点工作。

本月　"五一"国际劳动节前夕，辽河油田公司多个集体和个人受到中华全国总工会、辽宁省总工会表彰。曙光采油厂采油作业五区地质室、辽河油田建设有限公司中俄东线天然气管道工程（长岭—永清）第三标段项目部被中华全国总工会评为全国工人先锋号；辽河油田建设有限公司被辽宁省总工会授予辽宁五一劳动奖状；兴隆台采油厂采油作业二区被辽宁省总工会评为辽宁工人先锋号。特种油开发公司集输大队特一联合站党支部书记李杰被中华全国总工会授予全国五一巾帼标兵荣誉称号，辽河油田建设有限公司施工作业管理中心自动焊五队电焊工韩冰被中华全国总工会授予全国五一劳动奖章。

钻采工艺研究院钻修技术研究所所长助理王斌、欢喜岭采油厂采油作业二区07站采油工夏洪刚被辽宁省总工会授予辽宁五一劳动奖章。此外，部分多种经营企业也受到表彰，辽宁泰利达信息技术有限公司城市大脑项目组被辽宁省总工会评为辽宁工人先锋号，辽宁泰利达信息技术有限公司副总经理张亮、盘锦辽河油田裕隆实业集团有限公司小修作业队队长徐乃基、盘锦辽河油田天意石油装备有限公司总工程师、副总经理李伟被授予辽宁五一劳动奖章。

五 月

5—6日　辽河油田公司与长庆油田公司、青海油田分公司（简称青海油田公司）签订矿权优化配置协议。按照协议，辽河油田柴达木盆地红三旱—那北、北陵丘—大红沟勘查区块、昆北切4切16、红柳泉油田开采区块整体移交青海油田；长庆油田鄂尔多斯盆地宜川—上畛子区块3215.8平方千米配置给辽河油田。

10日　集团公司炼化销售与新材料板块党工委委员、销售分公司执行董事、党委书记兰建彬一行到辽河油田走访。辽河油田公司执行董事、党委书记李忠兴在机关楼与兰建彬一行进行座谈，双方就深化合作进行沟通交流。

14日　辽宁省高级人民法院党组书记、院长郑青一行到辽河油区，就辽河中级人民法院服务保障大局、营商环境建设、打造精品案件等工作进行调研，辽河油田公司执行董事、党委书记李忠兴陪同并参加座谈会。

17日　《辽河油田碳驱油碳埋存研究与试验》开题设计论证在北京顺利通过勘探与生产分公司专家组审查，该项目的启动标志着辽河油田公司CCUS（碳捕获、利用与封存）全流程技术攻关与矿场试验驶入"快车道"，对油田公司绿色低碳转型效益可持续发展具有深远意义。

同日　"大型油气田及煤层气开发"国家科技重大专项实施管理办公室组织档案专家，对辽河油田承担的《辽河、新疆稠油/超稠油开发技术示范工程》项目中的五项重大科技专项开展综合绩效评价档案现场核查，对辽河油田档案管理工作给予高度评价，同意通过档案绩效评价现场核查。

20日　首套由我国自主生产的电驱高压离心式储气库压缩机组，在双台子储气库建设现场安装完成，标志着我国储气库关键设备制造又向前迈出重要一步。

25日　辽河油田公司党委会议研究，团委加挂青年工作部牌子，群团工作部（工会、团委）更名为群团工作部（工会、团委[青年工作部]）。

26日　《学习时报》四版头条刊发：执行董事、党委书记李忠兴署名文章《以史为鉴学史力行谱写辽河油田高质量发展新篇章》。文章对辽河油田公司深化党史学习教育进行深入思考、系统谋划和再次部署，具有很强的理论性、指导性、针对性。

27日　辽河油田公司召开基层党建工作推进视频会，学习传达集团公司基层党建工作推进会精神，研究加强基层党建工作、深化党建联盟措施办法。

同日　辽河油田公司首口二氧化碳蓄能压裂井欧37-72-32井压后放喷生产，日产油15.8吨，标志着二氧化碳蓄能压裂技术在辽河油田首次试验取得圆满成功。

六 月

1日　辽河油田公司执行董事、党委书记李忠兴与中油测井有限公司党委书记、执行董事金明权一行座谈，双方围绕下步加深科技合作交流，实现共同发展进行深入沟通。

2日　勘探与生产分公司正式批复辽河双6储气库调整井位部署方案（3口大尺寸井），标志着辽河储气库在大尺寸井上的突破，是常规水平井能力的1.5—2倍。

4日　辽宁省应急管理厅会同辽宁省发改委、公安厅、工信厅等部门，共同组成专项执法检查组对辽河油田公司开展专项执法抽查，并对辽河油田公司安全生产工作给予充分肯定。辽河油田公司总经理孟卫工，以及孙义新、卢时林、张赫、于天忠、王海生等公司领导参加专项执法抽查启动会和讲评会。

同日　辽河油田公司党委会议研究决定，新能源开发分公司更名为新能源事业部，继续托管通辽铀业分公司，列为上市业务二级单位管理。国际事业部（辽河油田国际油气技术有限公司）加挂中国石油海外稠（重）油技术支持中心牌子。经济技术研究院加挂的定额站牌子更名为工程造价中心。将辽河油田供水公司更名为辽河油田环境工程公司。

8日　中国共产主义青年团辽河油田公司代表会议召开，传达共青团十八届五中全会、共青团辽宁省委十四届七次全会精神，宣读《关于明确油田公司团委机构设置的通知》《关于调整部分单位团青机构设置的通知》，解读《中国共产主义青年团国有企业基层组织工作条例》；增选共青团辽河油田公司第一届委员会委员。

9日　中国石油集团油田技术服务有限公司副总经理、安全总监喻著成一行到辽河油田公司调研走访。辽河油田公司总经理孟卫工参加座谈会，双方就提升固井质量、保障风险探井施工和储气库建设进行深入交流。

10日　辽宁省政协委员、省政协港澳台侨（外事）委员会副主任李桂馨等一行7人到辽河油田公司调研指导工作，聚焦"以数字化改造助力实现辽宁省制造业创新驱动"开展专题调研。辽河油田公司副总经理王海生、盘锦市政协副主席苗魁陪同。

16日　集团公司党史学习教育第一指导组来油田调研指导工作，听取辽河油田公司党史学习教育阶段工作汇报，指导组组长张智慧充分肯定辽河油田公司党史学习教育好经验好做法及取得的阶段工作成果。

16—17日　辽河油田公司举办非常规油气藏储层改造技术研讨会，会议邀请中国石油勘探开发研究院、长庆油田公司、大庆油田公司、川庆钻探等单位及哈里伯顿、斯伦贝谢等公司储层改造领域权威的专家学者，为辽河非常规储层改造把脉问诊、献计献策。为期一天半的会议中，安排9位外请专家作专题报告，并围绕东部凹陷火山岩改造、页岩油致密油气改造、鄂尔多斯流转区改造组织开展3场专题研讨。

21日　辽河油田公司举行首届智慧油田采油工技能竞赛，选拔优秀青年技能人才。

24日　辽河油田公司以党建联盟的形式，携手长城钻探、辽河石化共同举办"石油工人心向党·中国石油开放日"活动，邀请各大媒体走进辽河油区，讲述石油故事，传播石油声音，展现石油精神。

25日　辽河油田公司举办"颂歌献给党"红歌演唱会，唱响辽河石油人对党的赤诚心声，表达对党的无比热爱，展示永远听党话跟党走的坚定决心，抒发忠诚于党的石油事业豪迈情怀。

26日　霍田公路改扩建共建工程举行开工仪式。辽河油田公司总经理孟卫工，盘锦市市长汤方栋参加开工仪式。霍田公路起于省道库盘线，终到省道海欢线，路线全长14.5千米，路基宽12米，路面宽7米。为进一步深化油地融合战略实施，促进地企互利共赢发展，创建"地企融合典范"，辽河油田公司与盘锦市政府共同出资对霍田公路进行改扩建，路面加宽至10.5米，为油田生产和市民群众创造良好的通行环境。

28日　经集团公司党组2021年6月20日研究，并商得中共辽宁省委同意，免去张赫辽河油田公司党委委员职务。经股份公司2021年6月20日研究，并商得中共辽宁省委同意，免去张赫辽河油田公司副总经理、安全总监职务，调大庆油田公司工作。

同日　辽河油田公司首个光伏发电项目欢三联光伏发电项目一期工程顺利投产试运。

同日　集团公司2021年度井控专项检查辽河油区启动会在华信宾馆召开。集团公司井控检查第三组组长邓传光、辽河油田公司副总经理王海生、长城钻探副总经理刘绪全参加会议。

29日　辽河油田公司庆祝中国共产党成立100周年表彰大会在兴隆台采油厂文体中心隆重举行，大会表彰先进党委、先进基层党组织、优秀共产党员、优秀党务工作者，并举行新入党党员集体宣誓、老党员重温入党誓词活动。辽河油田公司党委书记、执行董事李忠兴讲授专题党课。

七　月

1日　辽河油田公司在机关办公大楼前广场举行"唱支山歌给党听"建党百年庆祝活动，用群唱、合唱的方式为党祝福，表达辽河石油人对党的赤诚心声，唱响"我为祖国献石油"主旋律，展示坚定不移听党话、矢志不渝跟党走的坚定决心，抒发忠诚于党的石油事业、稳中求进做好"三篇文章"的豪迈情怀。来自辽河油田公司机关和油田各单位的8支合唱队、3000名党员干部在现场参加活动。

同日　《辽河油田千万吨稳产关键技术研究与应用》通过股份公司专家组技术核查。该项目作为股份公司重大科技专项，自2017年5月至2020年12月历经项目组四年研究与攻关，形成11项标志性关键技术，整体达到国际先进水平，超额完成计划任务工作量，全面完成项目考核指标，取得15项创新成果。

同日　将庆阳勘探开发建设指挥部更名为宜庆勘探开发指挥部，与庆阳勘探开发分公司实行"一个机构、两块牌子"管理。按照股份公司2021年矿区区块优化配置工作部署，撤销辽河油田青海分公司。

5日　辽河油田公司《中深层稠油大幅度提高采收率关键技术与工业化推广应用》获集团公司科学技术一等奖。

6—8日　由辽河油田公司承办的集团公司BSK1（油气伴生矿）现场工作会议在内蒙古通辽市召开，股份公司勘探与生产分公司、中国石油勘探开发研究院及大庆油田公司、中国石油天然气股份有限公司吉林油田分公司（简称吉林油田公司）、青海油田公司等单位的60多名专家学者齐聚一堂，研究探讨油气资源伴生矿藏的勘探开发进展与前景规划。

10日　辽河油田公司选派的5名选手在第三届全国油气开发专业电工职业技能竞赛中取得1金、3银、1铜、团队银奖、团体二等奖的历史最佳成绩。

12日　国务院国资委党委在北京召开中央企业"两优一先"表彰大会，辽河油田公司兴隆台采油厂采油作业三区女子采油队党支部被评为中央企业先进基层党组织，党支部书记李维祎作为石油系统唯一代表在表彰大会上交流发言。

13日　由辽河油田公司牵头的"十三五"国家科技重大专项《辽河、新疆稠油/超稠油开发技术示范工程》通过国家任务验收。该专项的设立基于稠油油藏吞吐开采后采收率的大幅度提升，其核心是形成蒸汽驱、SAGD、火驱的技术创新、集成和配套，建成主体技术示范工程。"十三五"期间，针对不同类型稠油油藏特点及转换开发方式接替技术，示范工程完成了《中深层稠油复合蒸汽驱技术示范》《超稠油改善SAGD开发效果技术示范》《稠油火驱提高采收率技术示范》《重力泄水辅助蒸汽驱技术试验》《稠油、超稠油开发配套工艺技术示范》五项任务，在辽河油田和新疆油田44个稠油区块推广应用，年产油386万吨。

同日　辽河油田公司申请的纳米化学重点实验室——特种油藏纳米技术应用研究室建设方案通过股份公司审批，该实验室以建成"特种油藏纳米技术应用研究室"为定位，开展特种油藏纳米技术应用工艺技术研究、工程方案设计、新技术推广与服务，为解决特种油藏在精细注水、提高采收率等方面存在的难题提供技术支撑。

19日　辽河油田公司以视频会议形式召开半年工作会议，传达集团公司2021年领导干部会议精神及集团公司董事长、党组书记戴厚良对辽河工作的四点要求，总结上半年工作，部署下一步工作，动员全体干部员工乘势而上、改革创新，全面实现"十四五"良好开局。

20日　"七一"前夕，辽河油田公司离休老党员李登俊为庆祝建党100周年，亲手向组织缴纳10万元"特殊党费"。李登俊有76年党龄。离休35年来，这位老石油人仍积极参加离退休管理中心党委组织的各项党内活动和组织生活，用节省下来的钱捐款捐物累计40余万元。

20—21日　股份公司勘探与生产分公司上游业务新能源半年工作会议在辽河油田召开。集团公司总部相关部门、相关专业分公司，各油气田企业、中国石油勘探开发研究院、规划总院等单位130余人参加会议。

26日　在集团公司保密密码工作会议上，辽河油田公司被授予集团公司保密密码工作先进单位。

27日　辽河油田公司与石油工业出版社签订战略合作框架协议。辽河油田公司执行董事、党委书记李忠兴，石油工业出版社党委书记、执行董事张卫国参加签字仪式。

29日　辽河油田公司总经理孟卫工与来访的中国石油工程建设有限公司（CPECC）总经理武军一行进行座谈，双方就进一步加强务实合作进行深入交流，达成互相帮助、实现互利共赢的共识。

八　月

3日　经股份公司研究决定，闫天禹任辽河油田公司安全总监。

10日　为全面贯彻落实集团公司深化改革部署，加快推进油田公司治理体系和治理能力现代化建设，按照《关于深化集团公司体制机制改革的意见》，辽河油田公司制定《关于深化油田公司体制机制改革的实施意见》，是完善公司治理体系、提升治理能力的重要举措。

20日　由辽河油田公司勘探开发研究院承办的《特种油气藏》期刊在北京大学出版社发布的最新版《中文核心期刊要目总览》中，排名由第21名上升至第8名，创历史最好成绩，成为国内石油勘探开发专业技术人员交流、提升的重要学术平台。

21日　由辽河中级人民法院承办的辽宁省法学会民法研究会暨辽宁省民法学会2021年学术年会在辽河召开，来自辽宁法学会成员代表、高校法学专家、法律工作者代表齐聚一堂，交流研讨民法典实施与辽宁营商环境建设。

23日　将机关党委职能从党委办公室划入党委宣传部，党委办公室（总经理办公室、机关党委）更名为党委办公室（总经理办公室），党委宣传部（企业文化部、新闻办公室）更名为党委宣传部（企业文化部、新闻办公室、机关党委）。

24日　辽河油田公司执行董事、党委书记李忠兴一行到中国石油锦西石化公司、中国石油锦州石化公司沟通交流情况，深化合作事宜。

九　月

3日　辽河油田公司执行董事、党委书记李忠兴与中国石油抚顺石化公司执行董事、党委书记李天书一行座谈，双方就进一步深化合作交换意见。

同日　辽河油田公司河19-H202井顺利完钻，水平段2017米，刷新辽河油田有史以来水平段最长井纪录。

9日　集团公司总经理助理姜力孚带队，在辽河宾馆组织召开座谈会，对辽河重点改革任务推进落实情况调研督导。辽河油田公司总经理孟卫工、总会计师孙义新、副总经理卢时林参加会议。

15日　辽河油田公司执行董事、党委书记李忠兴与中国银行辽宁省分行党委书记、行长陈志能一行座谈，双方围绕深化合作、互利共赢深入交流。

17日　辽河油田公司党委选派的新一批17名参与辽宁"乡村振兴"战略的干部，全部到达派驻村担任驻村第一书记和工作人员，开展为期2年的支援乡村振兴工作。选派的干部中，38岁以下人数占65%。

同日　辽河油田公司召开"我为员工群众办实事"暨民生改善工程现场推进会，对党史学习教育为民办实事、"民生改善"工程推进情况进行再盘点、再深化，对全面推进民生项目落实落地进行再动员、再部署。

18日　辽河油田公司组织召开加强管理打击内勾外联盗窃油气物资违法犯罪专项行动部署视频会。

19—21日　辽宁省出现全年最强场次降雨，辽河油田遭遇30年不遇洪涝灾害，造成油井关停646口，最高影响日产油1921吨。辽河油田公司党政领导多次到抗洪抢险一线指导工作，慰问员工，鼓舞士气。

26日　辽河油田公司与长庆油田公司签署战略合作框架协议，双方将围绕油气田勘探技术研究、油气田开发技术研究、工程技术服务地面建设工程、监督监理服务、储气库研究与建设、人力资源共享等方面开展深化合作，推动共同发展。

28日　经股份公司2021年9月19日研究决定，闫天禹任辽河油田公司副总经理，免去其辽河油田公司总工程师职务。

十　月

1日　辽河油田公司启动"冲刺90天，打赢复产上产攻坚战"劳动竞赛，加快组织各类工作量实施，配套做好地面设备设施完善，安全、有序、高效推进灾后复产上产工作，努力弥补前期产量损失。

11日　辽河油田公司在辽河宾馆召开科技与信息化创新大会，贯彻落实集团公司科技与信息化创新大会精神，总结"十三五"成果，分析面临的挑战与潜力，安排部署"十四五"工作，表彰获集团公司科技工作先进集体和个人，动员广大科技与信息化工作者解放思想、坚定信心、瞄准瓶颈、攻坚克难，为高质量做好"三篇文章"贡献科技力量。

13日　辽河油田公司执行董事、党委书记李忠兴与中国石油集团济柴动力有限公司总经理苗勇一行座谈，双方围绕深化合作，实现互利共赢进行交流。

19日　辽河油田公司与盘锦市政府召开油地联席会议，进一步深化交流沟通，研究发展、解决问题，推动打造油地融合发展典范。盘锦市委书记张成中，中国石油驻辽西地区企业协调组组长、辽河油田公司执行董事、党委书记李忠兴参加会议。

同日　辽河油田公司党委会议研究决定，开展油田公司机关"三定"（定职责、定机构、定编制）工作。撤销生产运行部、科技部、质量安全环保部、党委组织部（人事部）、群团工作部（工会、团委）设置的过渡期科室，机关增设"资深高级主管"岗位。

20—21日　辽河油田公司执行董事、党委书记李忠兴一行到吉林油田公司调研走访，与吉林油田公司执行董事、党委书记姜鹏飞等领导，就深入推进合作进行座谈交流。

22日　辽河油田公司与中国石油国际勘探开发有限公司共建的"海外稠（重）油技术支持中心"正式揭牌。

25日　辽河油田公司QHSE管理委员会研究，调整QHSE专业分委会及成员设置。

29日　辽河油田公司首届培训项目设计大赛落幕。本次比赛自2021年4月启动后，39家单位、107个培训项目参赛，涵盖管理、技术和技能三个类别，累计参与人员500余人，最终评出一等奖6个、最佳示范奖2个、二等奖12个、三等奖18个、优秀组织奖6个。

十 一 月

1日　辽河油田曙光地区因洪灾关停油井全部复产，辽河油田公司原油日产攀升至27154吨，基本恢复到洪灾前水平。

3日　由辽河油田公司勘探开发研究院信息工程所自主设计的辽河油田首个基于web服务的数据库接口技术研发成功，意味着科研人员的工作效率将得到极大提升，为辽河油田今后的勘探开发研究工作提供有力支撑。

5日　辽河油田公司召开抗洪复产表彰大会，表彰在抗洪复产中涌现出的先进集体和先进个人。

同日　在集团公司首届实操培训师大赛上，代表辽河油田公司参赛的5个团队项目和参加个人赛的4名选手在决赛中全部获奖，其中《HSE履职能力培训》项目以第一名的成绩获一等奖，《一线生产新工艺新技术培训》《班组长综合能力提升示范培训》《创新方法能力提升培训》3个项目获二等奖，《修井作业骨干能力提升培训》获三等奖。

5日　辽河油田公司欢喜岭采油厂采油作业三区齐7站站长牛红生被授予第八届全国道德模范提名奖，受到中共中央总书记、国家主席、中央军委主席习近平的亲切接见并合影留念。

7—9日　辽宁省发生大暴雪到特大暴雪及冻雨侵袭，平均降水量达到40.4毫米。辽河油区遭受

2007年以来最大雪灾，油区道路平均积雪厚度达到30—40厘米，生产车辆、通勤车辆全部停运，作业队伍和压裂车组停工252支；外围内蒙古科尔沁、交力格作业区道路积雪厚度达到60厘米、风口处高达1.1米，造成井场无法拉油和电力故障停井58口，影响日产油61吨。

9日　辽河油田公司金海采油厂单忠利创新工作室荣获辽宁省创新工作室称号。

10日　辽河油田公司机关第一次党员代表大会召开，选举产生辽河油田公司机关第一届委员会和第一届纪律检查委员会。

12日　辽河油田双台子储气库群——双6储气库扩容上产工程1800万立方米采气处理装置建成投产。作为国家"十四五"规划的重要工程之一，该工程于2020年8月1日正式启动建设，历时15个月建成投产，创造国内同等规模储气库建设周期最短新纪录。投产后，辽河储气库群整体日调峰能力从1500万立方米提升至3180万立方米，成为国内日调峰能力最大储气库群，可大幅提升东北、京津冀地区天然气季节调峰保供能力。此后数日，人民日报、新华社、中央广播电视总台、光明日报社、经济日报社、中国日报社、科技日报社、工人日报社、中国青年报社等中央媒体；辽宁日报、辽宁卫视、东方卫视、北斗融媒、北国网、东北新闻网等省级主流媒体，以及新浪、搜狐、网易、凤凰、腾讯、今日头条、环球网、东方财富网等30余家网络媒体纷纷以视频、图文等形式点赞辽河储气库群建设和冬季天然气保供工作。

同日　辽河油田公司与辽宁石油化工大学签订战略合作框架协议，进一步加深沟通交流，促进校企合作。

17日　辽河油田公司党代表会议在兴隆台采油厂文体中心召开，选举产生8名出席中国共产党辽宁省第十三次代表大会代表，大会应出席党代表299名，实到259名。

18日　辽河油田公司执行董事、党委书记李忠兴与来访的中国工商银行辽宁省分行党委书记、行长吴迎春一行座谈交流。

19日　在哈萨克斯坦油田开发创新国际在线视频科技大会上，辽河油田公司编写的三篇论文入选会议论文集。其中，《中亚项目数字化油田初步建设与应用》被组委会推荐进行大会宣讲。此次在国际大会上展示辽河风采，对展示辽河新技术、开拓海外油气市场具有重要意义。

23日　辽河油田公司"开鲁坳陷油气探区多矿种综合勘查理论、技术创新及找矿重大突破项目"获2021年度中国石油和化工自动化行业科学技术奖特等奖。

24日　辽河油田公司执行董事、党委书记李忠兴与中国石油大学（华东）校长、中国科学院院士郝芳一行座谈，双方围绕校企融合、加大产学研合作创新力度、实现共同发展深入交流。

同日　辽河油田公司总经理孟卫工陪同盘锦市代市长邢鹏一行到辽河储气库群现场调研。

25日　辽河油田公司组织召开2021年科技奖励项目评审会议，评选出一等奖11项、二等奖30项、三等奖37项。评选工作于9月7日启动，同时下发《关于推荐2021年度油田公司科技奖励的通知》，设置杰出成就奖、科技进步奖、技术发明奖、基础研究奖等4类奖项。辽河油田公司各单位和部门申报科技奖励项目129项，其中科技进步奖125项，技术发明奖2项，基础研究奖2项；按专业分类，勘探13项，开发42项，采油工程34项，钻井作业9项，基建水电18项，信息技术10项，经济管理3项。

十二月

6日　辽河油田公司举办党的十九届六中全会精神首场宣讲报告会。

同日　辽河油田公司钻采工艺研究院自主研发的电缆输送电控打铅印技术，在兴隆台采油厂油洼16-18井现场试验获成功，单井施工时间节约6小时，开创国内电动打铅印的先河。

同日　根据《中共中央关于全面深化改革若干重大问题的决定》《中共中央国务院关于深化国有企

业改革的指导意见》等文件精神，按照集团公司积极稳妥推进职业经理人制度探索实践的要求，辽河油田公司将"推进股权公司职业经理人制度试点，探索符合市场规律的职业经理人相关机制"纳入改革范围。

同日　辽河油田公司下发《电力业务归核化发展方案》，按照辽河油田公司电力业务优化调整改革工作部署，完成6千伏配电网划转工作，电力业务实现一体化、专业化、集约化，生产供电保障能力增强。

7日　辽河油田公司召开2022年工作务虚会，围绕做好2022年和"十四五"乃至更长时期工作，集中听取发展意见建议，全面系统分析研究，为高质量发展打基础。

8日　辽河油田公司以视频会形式，组织召开所属单位党委书记抓基层党建工作述职评议会，10家单位党委书记作现场述职发言，40家单位党委书记作书面述职。辽河油田公司党群部门负责人，各单位党委书记，"两代表一委员"、基层党员干部代表和员工群众代表参会。

9日　辽河油田公司与盘锦市政府召开专题交流会，进一步深化交流合作，协调推进解决双方发展问题。辽河油田公司通报辽河油田需要盘锦市协调解决的问题；盘锦市发改委负责人汇报辽河油田公司反馈问题的初步解决方案及盘锦市需要辽河油田公司协调解决的问题。油地领导和相关部门负责人围绕双方协调推进的具体问题交流研讨。

10日　辽河油田公司总经理孟卫工与中国移动盘锦分公司总经理、党委书记王伊凝一行座谈，双方就进一步深化合作交流探讨。

13—14日　集团公司以视频会议的形式召开2021年度集团公司勘探年会，会上表彰2021年中国石油油气勘探重大发现，辽河油田公司"开鲁盆地陆家堡油气勘探项目"和"西部凹陷东部陡坡带油气勘探项目"，分获集团公司油气勘探重大发现二等奖和三等奖。

15—18日　中国共产党辽宁省第十三次代表大会在沈阳召开，辽河油田公司执行董事、党委书记李忠兴参会。

16日　辽河油田公司推广老油田效益开发管理提升经验交流会在沈阳采油厂召开，沈阳采油厂作"强化精益对标管理，全面提升发展质量"主题汇报。

同日　辽河油田公司标准化技术委员会研究决定，对辽河油田公司各专业标准化技术委员会机构及成员进行优化调整，调整后设立23个专业标准化技术委员会。

21日　辽河油田公司总经理孟卫工到内蒙古自治区通辽市走访，与内蒙古自治区党委常委、通辽市委书记孟宪东，通辽市政协主席吕永成，通辽市委常委、副市长张鸿福座谈交流，双方就进一步深化合作达成共识。

23日　集团公司表彰2017—2020年地质资料管理先进工作者。

同日　经集团公司党组2021年12月14日研究决定，刘建峰任辽河油田公司党委委员，免去闫天禹辽河油田公司党委委员职务。经股份公司研究决定，刘建峰任辽河油田公司副总经理、安全总监；免去闫天禹辽河油田公司副总经理、安全总监职务。

27日　成立中共辽河油田公司委员会青年工作领导小组，组长李忠兴，副组长孟卫工、张金利。

28日　辽河油田公司以视频会形式召开质量健康安全环保工作会议，总结2021年质量健康安全环保工作成效，分析形势与问题，谋划2022年重点工作。

同日　辽河油田公司党委会议研究，决定将采购管理部、辽河石油勘探局有限公司物资分公司合并，重组整合为辽河石油勘探局有限公司物资分公司（物资管理部），按照"一个机构、两块牌子、一个领导班子、一体化管理"的模式运行，列为行使机关职能的未上市业务二级单位管理。离退休管理中心及内设管理机构、老干部管理服务站设置暂保持不变，将外围地区离退休派出机构与社会保险派出机构整合，成立6个区域分中心，仍由公共事务管理部管理。将中心地区二级单位托管的离退休机构、公共事务管理部直管的离退休活动站列为临时机构管理，相关人员继续履行好工作职责，待移交工作全部完成后，撤销临时机构，相应职能合并到相关部门，人员由各单位自行消化。公共事务管理部根据业务移交政府进度情况，负责协调原机构场所人员向政府反出劳务，继续从事离退休活动场所管理服务工作。

30日　撤销辽河油田公司培训中心加挂的辽河石油职业技术学院、中国石油辽河技师学院牌子，机构名称调整为辽河油田培训中心（辽河油田党校）。撤销辽宁恒鑫源工程项目管理有限公司加挂的盘锦辽河油田恒维工程质量检测有限公司牌子，继续保留盘锦辽河油田无损检测有限公司牌子。生产运行部（应急管理中心）更名为生产运营部（应急管理中心），同时加挂"生产运行指挥中心"牌子。将采购管理部、物资分公司重组整合为物资分公司（物资管理部），列为二级单位管理。

31日　随着中国石油天然气股份有限公司浙江油田分公司（简称浙江油田公司）与辽河油田公司合同专用章在中国石油合同管理系统的生成，《苏北采油厂2022—2026年原油生产开发一体化总承包服务》合同正式生效，合同总额1.9928亿元。该服务项目作为集团公司层面试点性项目，项目市场开发始于2020年11月，2021年3月正式签订《苏北采油厂2021年原油生产与增油措施风险总承包服务合同》，为期一年。

同日　辽河油田公司下发《关于物资采购与供应、社会保险与离退休业务重组整合的通知》（油辽编发〔2021〕16号），将国际合作部负责的技术设备引进管理职能划入物资分公司（物资管理部），相应机构人员划入。

本年　辽河油田公司注水区块产量突破375万吨，同比增加12万吨，创2006年以来新高。

油气勘探

综　述

【概述】　辽河油田公司油气勘探工作主要由勘探事业部（勘探部、海南油气勘探分公司）及勘探开发研究院、钻采工艺研究院、庆阳勘探开发分公司等单位组织实施。辽河地区油气勘探始于20世纪50年代。1955年，地质部开始对下辽河坳陷进行地球物理普查。1970年，在大庆六七三厂基础上组建辽河石油勘探指挥部，全面勘探下辽河坳陷的油气资源，正式开启辽河油田开发建设的征程。辽河油气勘探历经地球物理普查、区域预探、区域评价、重点突破、区域甩开勘探、滚动勘探等重要勘探阶段，至2021年底，累计探明石油地质储量25.43亿吨，探明天然气（不含溶解气）地质储量1125亿立方米。勘探领域主要包括辽河坳陷（陆上、滩海）、辽河外围（开鲁地区、鄂尔多斯盆地宜庆地区）和深海三大探区，总探矿权面积20.18万平方千米。其中，辽河坳陷探区包括辽河坳陷陆上及辽河滩海，探矿权面积0.91万平方千米，石油资源量47.31亿吨，已探明24.27亿吨，探明率51%，天然气资源量9875亿立方米，已探明725.27亿立方米，探明率7.3%。辽河外围开鲁地区探矿权面积1.05万平方千米，石油资源量10.53亿吨，已探明1.22亿吨，探明率11.6%。辽河外围鄂尔多斯宜庆探区探矿权面积1.29万平方千米，石油资源量5.38亿吨，已探明0.11亿吨，探明率2.04%，天然气资源量5155亿立方米，已探明396.88亿立方米，探明率7.7%。南海探区主要包括24个探矿权区块（2004—2007年获得），总面积16.93万平方千米，其中北部华光、中建、浪花和双峰4个凹陷石油总资源量31.9亿吨、天然气总资源量5.12万亿立方米。

【勘探投资】　2021年，辽河油田公司新区勘探计划投资88565万元，同比减少1037万元，实际完成勘探投资88565万元（表1）。辽河新区勘探计划完成探井35口，进尺11.69万米，实际完成探井38口，进尺12.20万米，分别完成年计划的109%、104%。获工业油气流井19口，其中新获工业油气流16口，综合探井成功率59.26%。实际完成预探成本2.47美元/桶，同比减少0.68美元/桶。油气勘探成本核算划分物探工程（二维地震采集、三维地震采集）、探井工程和勘探配套工程。其中，物探工程实际投资20422万元（三维投资15863万元，二维地震采集4071万元，非地震物化探投资488万元，比计划投资减少88万元）。探井工程实际投资59569万元，比计划减少投资32万元。辽河新区勘探配套工程直接投资8574万元，超出计划120万元，同比增加1206万元。

表1　2021年勘探投资完成情况表

勘探项目	物探工程				探井工程（万元）	勘探配套工程（万元）	小计（万元）	完成百分率（%）
	二维（万元）	三维（万元）	非地震物化探（万元）	合计（万元）				
辽河陆上			488	488	26053		26541	96.7
辽河滩海								
辽河外围					12138		12138	112.6
辽河探矿权鄂尔多斯盆地	4071	15863		19934	10946		30880	99.8
勘探配套工程						8574	8574	101.4
风险探井					10432		10432	95.3
合计	4071	15863	488	20422	59569	8574	88565	100

【矿权管理】 2021年，辽河油田公司拥有油气探矿权项目40个，面积20.18万平方千米。其中含铀矿勘查项目5个，面积6819.96平方千米。正常延续、变更探矿权项目26个。

矿权地区分布。辽河油田公司所拥有的探矿权区块，主要分布在辽宁省、内蒙古自治区、甘肃省、陕西省、山西省和海南省境内。辽宁省有效探矿权5个，登记面积9129.02平方千米；内蒙古自治区有效探矿权6个，登记面积10051.06平方千米；跨辽宁省与内蒙古自治区探矿权项目1个，登记面积465.78平方千米；青海省有效探矿权2个，登记面积9737.37平方千米；跨甘肃省与陕西省探矿权项目1个，面积8272.56平方千米；跨陕西省与山西省探矿权项目1个，面积965.73平方千米；山西省探矿权项目1个，面积439.72平方千米；海南省南海海域有效探矿权24个，登记面积169264.35平方千米。

矿权盆地分布。辽河油田公司拥有的探矿权区块主要分布在全国5个盆地内，其中渤海湾盆地辽河坳陷有效探矿权5个，登记面积为9129.02平方千米；内蒙古自治区松辽盆地有效探矿权6个，登记面积10051.06平方千米；辽蒙彰武盆地有效探矿权1个，登记面积465.78平方千米；鄂尔多斯盆地有效探矿权4个，登记面积12893.85平方千米；海南省南海诸盆地有效探矿权24个，登记面积169264.35平方千米。

【年检督察和重要变更】 2021年，辽河油田公司有陕晋鄂尔多斯盆地河津永济南部、陕晋鄂尔多斯盆地河津永济北部2个探矿权区块接受山西省政府督察并通过。根据股份公司矿权区块优化配置要求，2021年辽河油田退出柴达木探区，主要包括2个探矿权9737.37平方千米和2个采矿权160.5平方千米，同时新增鄂尔多斯盆地宜川—上畛子探矿3215.84平方千米。

【勘探工作量完成情况】 2021年，辽河油田公司辽河探区勘探实际完成三维地震采集工作量470平方千米，二维采集工作量500千米；完成辽河探区三维地震资料处理2700平方千米，二维地震资料处理4033千米。完成2020年东部凹陷大平房—黄金带地区时频电磁勘探剩余68千米野外采集，6月完成项目成果验收；完成桃园—驾掌寺重磁勘探300平方千米（7717个重磁测点）采集处理解释工作。井中地震完成9口井（驾深1井、驾102井、佟古1井、马探1井、雷125井、宜10-17-19井、宁古13井、宁古21井、宁古7井），零偏VSP观测系统10个，非零偏VSP观测系统3个，W-VSP观测系统1个。完成探井取心21口，取心总进尺440.24米，岩心总长415.78米，平均取心收获率94.44%，含油气显示岩心总长158.92米。完成探井试油18口，试油层数47层；完成探井油层压裂改造23口井26井次，酸压3口井3井次；试油获工业油气流井19口，其中新获工业油气流井16口，往年重复获工业油流井3口（宁603井、河25井、河28井）。

（郝强生　边少之　王佳林　徐浩伦）

油气储量

【概述】 2021年，按照股份公司总体工作安排，辽河油田公司新区勘探任务是新增石油探明储量3000万吨，技术可采储量480万吨；新增石油控制储量1500万吨；新增天然气控制储量100亿立方米；新增石油预测储量4000万吨，新增天然气预测储量200亿立方米。全年，辽河油田公司按照"加大新区新领域风险勘探、深化富油气凹陷精细勘探、加快鄂尔多斯矿权区勘探突破"的工作思路，年度新增石油探明地质储量4131.18万吨、控制地质储量5120万吨、预测地质储量7200万吨，新增天然气控制地质储量104.29亿立方米、预测地质储量208.39亿立方米。

【探明储量】 2021年10月，经股份公司储量审查组批准，辽河油田公司全年完成新增含油面积54.61平方千米，石油探明地质储量4131.18万吨，技术可采储量507.18万吨；溶解气地质储量13.60亿立方米，技术可采储量1.71亿立方米。

【控制储量】 2021年10月，经股份公司储量审查组批准，辽河油田公司全年完成新增控制含油面积47.5平方千米，地质储量5120万吨，技术可采储量742.4万吨，溶解气地质储量60.53亿立方米，技术可采储量8.75亿立方米；新增控制含气面积180.1平方千米，地质储量104.29亿立方米，技术可采储量52.15亿立方米。至2021年底，辽河油区累计剩余控制石油地质储量28个区块，控制含油面积231.8平方千米，控制石油地质储量32057万吨，可采储量5160.0万吨，溶解气地质储量344.96亿立方米，溶解气可采储量70.64亿立方米。其中剩余稀油控制含油面积200.3平方千米，控制石油地质储量27023万吨，可采储量4292.6万吨，溶解气地质储量318.52亿立方米，溶解气可采储量62.87亿立方米；剩余稠油控制含油面积14.5平方千米，控制石油地质储量2495万吨，可采储量432.3万吨，溶解气地质储量12.72亿立方米，溶解气可采储量4.32亿立方米；剩余高凝油控制含油面积17.0平方千米，控制石油地质储量2359万吨，可采储量435.1万吨，溶解气地质储量13.72亿立方米，溶解气可采储量3.45亿立方米。累计剩余控制天然气地质储量1个区块，剩余控制含气面积180.1平方千米，天然气控制地质储量104.29亿立方米，技术可采储量52.15亿立方米。

【预测储量】 2021年10月，根据股份公司评审通过，辽河油田新增预测含油面积78.3平方千米，地质储量7200万吨，技术可采储量720万吨；新增预测含气面积32.5平方千米，地质储量208.39亿立方米，技术可采储量93.79亿立方米。

至2021年底，辽河油区累计剩余预测石油地质储量28个区块，预测含油面积411.1平方千米，预测石油地质储量45823万吨，可采储量6675.8万吨，溶解气地质储量242.76亿立方米，溶解气可采储量44.84亿立方米。其中剩余稀油预测含油面积318.1平方千米，预测石油地质储量30906万吨，可采储量3878.4万吨，溶解气地质储量200.8亿立方米，溶解气可采储量33.80亿立方米；剩余稠油预测含油面积53.5平方千米，预测石油地质储量8585万吨，可采储量1411.2万吨，溶解气地质储量2.31亿立方米，溶解气可采储量0.72亿立方米；剩余高凝油预测含油面积39.5平方千米，预测石油地质储量6332万吨，可采储量1386.2万吨，溶解气地质储量39.65亿立方米，溶解气可采储量10.32亿立方米。累计剩余预测天然气地质储量3个区块，剩余预测含气面积87.9平方千米，天然气预测地质储量816.96亿立方米，技术可采储量398.11亿立方米；凝析油地质储量860万吨，技术可采储量206.2万吨。

【东部凹陷勘探成果和认识】 东部凹陷是辽河坳陷的次一级负向构造单元，位于坳陷东部，面积3300平方千米。基底由三套构造层组成：太古宇和下元古界变质岩系是凹陷最古老的结晶基底；古生界浅海相碳酸盐岩和海陆过渡相碎屑岩是构成凹陷第二个基底层；中生界火山岩和砂泥岩建造是构成凹陷最新基底层。盖层为新生界是凹陷沉积主体，沉积地层自下而上为古近系房身泡组、沙河街组三段（沙三段）、沙一二段（可能缺失沙四段）、东营组，新近系馆陶组、明化镇组，第四系平原组，沉积厚度8000—9000米。

东部凹陷属地堑式凹陷，东侧为营口—佟二堡断层，西侧为二界沟断层，其内部在东西向上分为东部斜坡带、中央深陷带和西部董家岗大湾超覆带等三个构造不同的区带。凹陷主要生烃层系为沙三段和沙一段。沙三段烃源岩厚度400—1000米，为浅湖—深湖相沉积；沙一段烃源岩厚度300—600米，为浅湖相沉积。凹陷储集层主要有太古宇潜山、古生界灰岩、中生界火山岩和古近系碎屑岩、火山岩储层，其中古近系碎屑岩储层分布广，是凹陷最重要的储集类型，岩性以中粗砂岩为主。储集砂体为泛滥平原河流相砂体、扇三角洲砂体和浊积砂、冲积扇砂体。至2021年底，已发现的油气藏有两类九种，即：构造油气藏（包括断裂背斜油气藏、披覆背斜油气藏、断块油气藏、断鼻油气藏、火山岩侧向遮挡油气藏），非构造油气藏（包括地层超覆油气藏、地层不整合油气藏、岩性油气藏、古潜山油气藏）。

2021年，辽河油田公司在东部凹陷完成探井6口（驾深1井、驾102井、开63井、茨137井、小

46井、永3-1井），完成进尺12634米。完成探井试油6口，完成试油层数13层，获工业油流井4口（小47井、龙78井、欧31-H7井、欧48-22-24井）。新增探明含油面积1.71平方千米，新增探明石油地质储量127.67万吨，新增预测含气面积32.5平方千米，新增预测天然气地质储量208.39亿立方米。截至2021年底，完成二维地震测线22179.47千米，三维地震完成6167.80平方千米，实现正向构造带和负向构造带三维地震满覆盖。完钻探井826口，进尺243.69万米，探井密度3.99千米²/口。累计探明含油面积207.24平方千米，探明石油地质储量25073.53万吨，探明天然气面积62.49平方千米，探明天然气储量237.34亿立方米。

东部凹陷中浅层天然气获重要发现。2021年，辽河油田公司按照整体谋划煤系天然气思路，探索天然气新类型，通过对东部凹陷中浅层煤系生物成因气成藏机制、气藏类型、含气规模等方面开展研究，明确东部凹陷沙三段地层具有形成生物气的基本条件，建立本区斜坡带原生气藏、反转背斜带次生气藏的两种成藏模式，针对欧利坨子沙一段、小龙湾沙三段上亚段开展生物气攻关均获突破，实现勘探新发现，为辽河油田天然气资源接替提供有力支撑。

持续探索东部凹陷深层天然气。2021年，辽河油田公司持续开展深层天然气探索，完成探井2口（驾深1井、驾102井），正试井3口（驾101井、驾102井、驾深1井），试采井1口（驾探1井）。

【东部凸起勘探成果和认识】 东部凸起位于辽河坳陷东部凹陷东侧，面积约2680平方千米，是辽河坳陷勘探程度最低的地区，为储量空白区。至2021年底，辽河油田公司完成二维地震测线3586.85千米，完钻探井1口（佟古1井），完钻井深2600米。佟古1井主要探索东部凸起上古生界石炭系山西组、太原组、下古生界奥陶系马家沟组含油气情况。

【西部凹陷勘探成果和认识】 西部凹陷是辽河坳陷三大凹陷之一，位于坳陷西部，面积2560平方千米，是中新生代形成的断陷。凹陷基底属华北地台型，组成基底的岩性为太古界花岗片麻岩、中上元古界碳酸岩盐和中生界火山岩、火山碎屑岩。凹陷盖层为新生界，自下而上为古近系房身泡组、沙四段、沙三段、沙二段—沙一段、东营组，新近系馆陶组、明化镇组及第四系平原组，沉积厚度8000—9000米。

西部凹陷属典型的箕状凹陷，东西两侧不对称下陷。凹陷东侧以台安—大洼断裂为凹陷边界，西侧以古近系尖灭线为凹陷边界，其内在东西向上分为断阶带、洼陷带和斜坡带三个构造不同的区带。西部凹陷在古近系深陷期发育了沙四段、沙三段、沙一段和东营组等四套烃源岩，其中沙四段烃源岩厚350—700米；沙三段500—1200米，为半深湖—深湖相沉积；沙一段烃源岩厚250—600米；东营组烃源岩厚400—1000米。西部凹陷发育多种类型油气储集体，按层系有太古宇、元古界基岩潜山储层，中生界和新生界古近系储层；按岩性分为混合花岗岩、变粒岩、石英岩、变余石英岩、火山岩、碳酸盐岩和碎屑岩储集层。新近系碎屑岩，特别是砂岩储集层是凹陷分布最广、最重要的储集层。储集砂体为冲积扇砂体、浊积砂体、扇三角洲砂体，其中后二者是凹陷最重要的储集体。

2021年，辽河油田公司在西部凹陷完钻探井11口（雷121井、曙古197井、曙页1井、冷210井、马探1井、锦350井、洼135井、雷125井、冷10-52-50井、冷212井、雷123井），进尺28533.81米，完成探井试油7口，完成试油层数18层，获工业油流井5口（马古25井、陈古16井、马古6-6-22井、冷10-52-50井、雷121井），新增探明含油面积0.78平方千米，新增探明石油地质储量50.23万吨，新增控制含油面积47.5平方千米，新增控制石油地质储量5120万吨。至2021年底，辽河油田公司完成二维地震21416.16千米，三维地震6098.39平方千米，实现全凹陷三维满覆盖。完钻探井1576口，探井总进尺400.91万米，探井密度1.62千米²/口。累计探明含油面积627.94平方千米，探明石油地质储量168015.13万吨，探明天然气面积75.90平方千米，探明天然气储量406.00亿立方米。

西部凹陷东部陡坡带重要进展。西部凹陷东部陡坡带是富油气老区，累计探明石油地质储量4.5亿吨，发现大洼、兴隆台、冷家、雷家四个亿吨级油气田，年产油185万吨，累计产油1.15亿吨。2021年，辽河油田公司按照"走滑断裂控储控藏"的理念，针对勘探程度相对较低的中深层砾岩体开展综合研究，逐级厘清洼陷带中深层扇体分布规律，明确陡坡带砾岩油藏类型。基于上述认识，开展精细低阻油藏测井攻关，重建储层标准，进行老井二次评价。利用120口探井、开发井建立新油层识别图版，开展精细评价，68口井在目标层系内重新解释油气层。2021年，按照"新老井结合，差异化部署"的勘探思路，优选老井试油4口（冷95井、冷94井、兴北9井、马古6-6-22井），均获工业油流。其中，马古6-6-22井在沙三段中亚段Ⅱ油组，2754.9—2813.0米井段，51.3米/8层，地层测试日产油12.1立方米，3毫米油嘴自喷求产，日产油5.6吨，阶段累计产油3137.7吨。部署实施新井5口（冷210井、雷121井、冷212井、雷125井、冷10-52-50井），获工业油流井2口（雷121井、冷10-52-50井）。冷10-52-50井在3220.9—3264米井段试油，压后日产油7.6立方米；雷121井在3674.5—3781.4米井段，2级压裂，日产油14.88立方米。在西部凹陷东部陡坡带中深层砾岩体油藏中新增含油面积36.2平方千米，控制石油地质储量4234万吨。该成果证实了富油气凹陷老区仍具有规模增储的潜力。

兴隆台中生界储量实现连续四年增储。兴隆台构造带位于西部凹陷中部，有利勘探面积200平方千米，紧邻清水、盘山、陈家三大生油洼陷，已发现太古宇、中生界、沙三段、沙一二段、东营组等多套含油气层系，探明含油气面积111.1平方千米，探明储量2.4亿吨，年产油气当量百万吨以上。2018—2020年在兴隆台北部中生界新增探明储量1081.79万吨；南部马圈子中生界新增控制、预测储量9944万吨，累计新增三级储量1.1亿吨。2021年，辽河油田公司在兴隆台中生界Ⅰ组火山岩开展岩相、岩性控储精细评价研究，实施马古25井、陈古16井均获工业油流。马古25井在3364—3399.8米井段试油，压后日产油7.247立方米；陈古16井在3633.6—3701米井段试油，压后日产油13.9立方米。新增控制面积11.6平方千米，控制石油地质储量886万吨。

西部凹陷深层天然气、页岩油展现良好苗头。2021年，辽河油田公司在西部凹陷深层天然气、页岩油等领域，部署风险探井2口（马探1井、曙页1井），实施2口，均在目标层系解释油气层。

【大民屯凹陷勘探成果和认识】 大民屯凹陷是辽河坳陷北端的次一级构造单元，凹陷面积800平方千米。凹陷基底属华北地台型，基底岩性以太古界混合花岗岩和中上元古界碳酸盐岩为主，局部地区残留有古生界碳酸盐岩、碎屑岩及中生界火山岩、火山碎屑岩。凹陷盖层为新生界，沉积地层自下而上为古近系房身泡组、沙四段、沙三段、沙一段、东营组，新近系馆陶组、明化镇组及第四系平原组，沉积最大厚度6000—7000米。

凹陷地质结构属箕状断陷，平面上呈三角形，凹陷东、南两侧为大断层，西侧为斜坡，其内东西向上分为东部陡坡带、中央洼陷带和西部斜坡带，在南北上又分为南、中、北三段，南北两段为深洼陷带、中段为凹中隆构造带。凹陷主要烃源岩为沙四段和沙三段，为半深湖—深湖相沉积。沙四段烃源岩全区分布，厚度一般400—700米，为凹陷主要烃源岩。沙三段烃源岩分布于凹陷南部，厚度一般400—600米。

凹陷主要储集层为古近系碎屑岩储层、中上元古界碳酸盐岩和石英岩及太古界变质岩储层。古近系碎屑岩储层是凹陷最重要的储集类型，岩性为砂砾岩、含砾砂岩、砂岩，储集砂体为冲积扇砂体、扇三角洲砂体、三角洲砂体、泛滥平原河流相砂体。中上元古界碳酸盐岩和石英岩储集空间以裂缝和风化壳为主，岩石类型有灰岩、白云岩和石英岩。太古界变质岩储集空间以裂缝为主，岩石类型有变粒岩、浅粒岩、混合花岗岩。

凹陷目前发现的油气藏按圈闭成因和形态特征有两类六种油气藏类型。构造油气藏包括三种亚类，即背斜构造油气藏、断鼻构造油气藏、断块油气藏；非构造油气藏包括三种亚类，即地层油气藏（地层超覆油气藏、泥丘顶部砂岩透镜体油气藏）、岩性油气藏、古潜山油气藏。

2021年，辽河油田公司大民屯凹陷完钻探井2口（荣探1井、沈224-H302井），进尺1.3万米，探明含油面积7.61平方千米，探明石油地质储量413.57万吨。针对荣胜堡洼陷深层原生油气藏，以沙四段及沙三四段扇体为目标，部署实施风险探井荣探1井。至2121年底，完成二维地震测线6887.20千米，完成三维地震测线2361.12平方千米，实现全凹陷满覆盖。完钻探井429口，探井总进尺127.88万米，探井密度1.86千米²/口，累计探明含油面积220.18平方千米，探明石油地质储量36292.46万吨，探明天然气面积15.17平方千米，探明天然气地质储量33.97亿立方米。

【中央凸起勘探成果和认识】 中央凸起位于辽河坳陷三大凹陷结合部，面积约2750平方千米，是辽河坳陷勘探程度最低的地区之一，三维地震资料尚未覆盖全区。

2021年未发生实物工作量。截至2021年底，辽河油田公司完成二维地震测线1288.71千米，完成三维地震测线100平方千米。完钻探井11口，探井总进尺3.942万米，探井密度250千米²/口。

【辽河滩海勘探成果和认识】 辽河滩海西起锦州、东至营口一线以北，水深5米以内，由陆滩、海滩、潮间带和极浅海四部分组成，最大潮差5米。地表条件复杂，包括自然保护区、水产养殖区、红海滩风景区、三道沟码头等。每年11月份至次年3月份为冰期，无法作业施工。原矿权面积3253平方千米，2017年以来，注销自然保护区内探矿权面积564平方千米，剩余矿权面积2689平方千米，其中有效面积仅为985.8平方千米，勘探开发范围受限。

辽河滩海属辽河坳陷向海域的自然延伸，构造单元与陆上一一对应，石油地质条件与陆上基本一致。其内分为辽海西部凹陷、辽海东部凹陷和中央低凸起三个次级构造单元。基底是太古宇变质岩、古生界海相碎屑岩、碳酸盐岩和中生界火山岩、火山碎屑岩。盖层为新生界，自下而上发育古近系房身泡组、沙河街组、东营组和新近系馆陶组、明化镇组及第四系，沉积厚度约7000—9000米。

辽河滩海地区烃源岩为沙三段、沙二段—沙一段和东营组。其中沙三段烃源岩厚1050—2000米，为深湖—半深湖相沉积，是本区主要烃源岩；沙二段—沙一段烃源岩厚600—840米，为半深湖—浅湖相沉积，是本区第二套烃源岩；东营组烃源岩厚800—1100米，浅湖相沉积，是本区次要烃源岩。

目前已发现的油气藏类型有构造油气藏（包括背斜油气藏、断裂断鼻油气藏、断块油气藏）和非构造油气藏（包括岩性油气藏、地层超覆油气藏）。

2021年未发生实物工作量。截至2021年底，辽河油田公司完成二维地震5118.69千米，三维地震3135.31平方千米，实现正向构造带的满覆盖。完钻探井124口，探井总进尺34.73万米，探井密度21.67千米²/口。累计探明含油面积47.42平方千米，探明石油地质储量12316.01万吨；累计探明天然气面积15.09平方千米，天然气储量47.96亿立方米。

【辽河外围勘探成果和认识】 辽河外围指除辽河坳陷之外的辽宁省及内蒙古自治区赤峰市、通辽市的部分地区，大地构造上处于华北地台东北部和吉黑地槽褶皱系南部，包括元古代和中—新生代盆地群，发育7个小凹陷。目前矿权登记的区块有6个，登记面积10516.84平方千米。其中内蒙古自治区有6个（陆家堡、钱家店、龙湾筒、张强、新庙—奈曼、昆都）。

2021年，辽河油田公司完成探井9口（交49井、交51井、广13井、交50井、奈30-1井、交53井、奈33井、交54井、河页-H231井），进尺25340米，完成探井试油2口，完试层10层，获工业油流井6口（奈30井、奈30-1井、强1-40-17、河25井、交51井、河28井）。在陆东凹陷新增探明含油面积23.97平方千米，探明石油储量3154.41万吨，新增预测含油面积78.3平方千米，预测石油储量7200万吨。

至2021年底，辽河油田公司已完成二维地震44676.49千米，三维地震4301.59平方千米，完钻探井317口，探井总进尺59.37万米，探井密度114千米²/口。累计探明含油面积88.49平方千米，石油探明储量1.21亿吨，探明天然气面积3.00平方千米，天然气储量3.26亿立方米。

整体评价陆东凹陷低渗透油藏，实现亿吨级储量发现。陆东凹陷勘探面积1740平方千米，资源量1.28亿吨。2021年，按照"评价升级后河扇体、预探发现交力格"的思路开展整体研究，通过水平井+体积压裂提产，实现低品位油藏有效动用。

后河扇体。2021年，辽河油田公司突出"规模储量集中评价",实施评价井4平5直,规模实施9个零偏VSP、14个方向Walkaway-VSP,水平井油层钻遇率均达80%以上;全面市场化运作,钻压降费38%,节省投资5000万元以上;成立多专业联合项目组,各环节无缝衔接,施工周期大幅压缩。为进一步提产,联合廊坊分院组建攻关团队,对标体积压裂工艺V2.0,差异化设计参数、量身定制压裂材料、实时优化焖井时间,4口水平井放喷即见油,新增探明储量2984万吨,按照"大平台、工厂化"理念,整体部署水平井43口,预计新建产能20万吨以上。

交力格扇体。2021年,辽河油田公司在交力格扇体的九$_上$段Ⅳ油组、九$_上$段Ⅴ油组、九$_下$段Ⅱ油组重新落实有利扇体叠合面积150平方千米,整体实施5口直井控制含油范围,均解释油层,交47井、交51井、交53井均获工业油流。其中,交47井在2114.8—2280米井段压后水力泵排液,日产油4.25立方米。2021年该地区整体上报预测储量7200万吨。

奈曼凹陷勘探取得新发现。奈曼凹陷面积约800平方千米,2021年,辽河油田公司已有二维地震资料1232.88千米,三维地震资料110.33平方千米,探井18口,其中获工业油流井7口。奈曼凹陷发育两种沉积体系,西部陡坡带发育扇三角洲,砂体厚度大;东部缓坡带发育辫状河三角洲,分布范围广。

2021年,继东部缓坡带奈30井获成功后,辽河油田公司继续深化成果,扩大含油气范围,同时立足西部陡坡带,在奈1块北侧渔场扇体九下段开展攻关研究,部署实施2口井(奈33井、奈30-1井)。其中奈30-1井在义县组1855.8—1876.6米井段,获日产油22.1立方米,取得重大突破,证实辽河外围义县组及深层具备较大勘探潜力。

【鄂尔多斯矿权区勘探成果和认识】 鄂尔多斯矿权区矿权面积13164平方千米,按照"勘探开发一体化,实现效益上产"工作思路,优化组织机构、强化资料重建、深化地质研究、一体化运行,实现古生界天然气快速突破、中生界石油快速增储建产。

地震资料重建。2021年,在股份公司大力支持下,辽河油田公司在宁县—正宁地区整体部署三维地震1380平方千米(完成采集750平方千米,正在采集630平方千米)。利用2020年采集的260平方千米新资料,开展双复杂区地震处理攻关,形成配套技术系列,地震资料品质显著提升,主频提高8—10赫兹以上,地质现象更为丰富,为勘探开发部署实施提供有力支撑。

中生界地层格架重建+一体化实施。依据新三维资料研究成果,长3—长7楔形体前积特征清晰,改变传统"地层等厚"的认识,重建等时地层格架,细化研究单元,开展砂体刻画与油藏精细描述。分层系刻画有利砂体,落实资源规模。每一期楔形体前端砂体与长7$_3$源岩对接部位均是成藏最有利区域,具有"近源成藏,物性控富集"的特征。通过整体研究,分层系评价,在正宁地区落实含油面积856平方千米,估算预测资源规模2亿吨。按照"部署研究一体化、方案设计一体化、组织实施一体化"工作模式,加快推进勘探开发进程。借鉴长庆大平台—大井丛—工厂化集约勘探开发经验,整体部署各类井351口,截至2021年底,建成乐63块长2、宁175块、宁218块长8、正161长7等4个试验区,平台20个,实施新井61口,探评井已试油井15口,获工业油流井12口,正试油井4口。其中,宁218-H1井,日产油12.3吨。

古生界叠前—叠后联合反演。依托"两宽一高"三维地震资料,开展岩石物理分析,优选敏感参数,预测盒8、山西、太原、马家沟组叠合含气面积330平方千米,圈闭资源量770亿立方米。在此基础上部署新井20口,完钻17口井均钻遇气层,测井解释气层厚度12—36.7米,盒8含气砂岩储层预测吻合率达84%。截至2021年底,完试5口井(宁古3井、宁古4井、宁古3-20-16井、宁古3-20-18井、宁古3-18-18井),均获工业气流;正试气井5口(宁古14井、宁古11井、宁古18井、宁古19井、宁古3-1井)。其中宁古4井在盒8油层组3739.2—3742.7米井段,压后5毫米油嘴放喷求产,日产气1.19万立方米。

2021年,辽河油田公司在宁县—正宁地区新增探明含油面积20.54平方千米,探明石油地质储量385.3万吨;新增控制含气面积180.1平方千米,控制天然气地质储量104.29亿立方米。

(郝强生 王佳林)

油气开发

综 述

【概述】 辽河地区油气大规模开发建设工作从1970年开始，历经五次技术接替（稀油注水技术、高凝油注水技术、普通稠油吞吐技术、特稠油吞吐技术、超稠油吞吐技术），两次开发理念创新（二次开发、立体开发），1986年生产原油突破1000万吨，1995年原油产量达1552万吨。2021年，按油品性质划分，稀油探明石油地质储量117027.15万吨，动用稀油地质储量94579.56万吨，占总动用储量的44.4%，可采储量27326.6万吨，标定采收率24.8%。稠油探明石油地质储量101036.53万吨，动用稠油地质储量89707.30万吨，占总动用储量的42.1%，可采储量27716.14万吨，标定采收率30.9%。高凝油探明石油地质储量36292.42万吨，动用高凝油地质储量28809.47万吨，占总动用储量的13.5%，可采储量6886.56万吨，标定采收率23.9%。截至2021年底，辽河盆地陆上、滩海、外围发现油气田41个，探明含油面积1182.5平方千米，探明石油地质储量254356.10万吨，可采储量64882.13万吨。其中辽河探区发现油气田40个，探明石油地质储量253633.14万吨，可采储量64756.68万吨（盆地陆上发现油气田28个，探明石油地质储量229203.21万吨，占总探明储量的90.1%，可采储量60968.59万吨。滩海发现油气田4个，探明石油地质储量12316.01万吨，占比4.8%，可采储量2066.90万吨。外围盆地发现油气田8个，探明石油地质储量12113.92万吨，占比4.8%，可采储量1721.19万吨）。宜庆地区发现油气田1个，探明石油地质储量722.96万吨，占比0.3%，可采储量125.45万吨。

【开发历程】 勘探试采阶段（1955—1969年），1955年辽河油田开始地球物理勘探，1964年钻探的第一口探井辽1井见到较好油气显示，1965年油区首个获工业油流井辽2井投入试采。开发建设阶段（1970—1971年），发现黄金带、热河台2个油气田，探明石油地质储量2326万吨，揭开辽河油田开发序幕。上产阶段（1972—1995年），相继发现兴隆台、曙光、欢喜岭、高升、青龙台、大民屯等32个油气田，新增探明石油地质储量17.8亿吨，平均每年新增探明石油地质储量0.74亿吨。投入开发26个油田，新增动用石油地质储量14.04亿吨，平均每年新增动用储量0.59亿吨，原油产量平均每年增长70万吨，1986年突破1000万吨，1995年生产原油1552万吨，达到历史最高峰。产量递减阶段（1996—2005年），发现黄沙坨、欧利坨子、龙湾筒、铁匠炉4个油气田，新增探明石油地质储量5.7亿吨，平均每年新增探明储量0.57亿吨。投入开发6个油田，动用石油地质储量3.77亿吨，平均每年新增动用储量0.38亿吨，由于资源接替不足，原油产量由1552万吨下降到1252万吨，平均每年递减30万吨。产量相对稳产阶段（2006—2008年），发现奈曼、元宝山2个油气田，新增探明石油地质储量1.4亿吨，新增动用石油地质储量0.8亿吨。通过加大老油田二次开发、转换方式、水平井规模应用、难采储量二次评价等工作，原油产量连续三年保持1200万吨以上。产量调整稳产阶段（2009—2020年），辽河探区投入开发油气田3个，新增动用石油地质储量2.4亿吨。2019年随着矿权流转区转入及老区综合治理成效显著，产量有所提升，2019年产量回升到1007.6万吨。2020年以来进入效益稳产阶段。全面启动油藏对标工作，推进提质增效专项行动，优化产量结构，精细注水注汽，加强老井管理降低自然递减率。2021年，柴达木探区退出，受曙光地区洪灾影响，全年完成产量1008万吨，连续36年保持千万吨规模。

【工作回顾】 2021年，辽河油田公司全面贯彻习近平总书记系列指示批示精神，落实集团公司

"四精"工作要求,锚定"加油增气"目标,积极应对特大洪涝灾害、限气限电冲击,全力以赴打好勘探开发进攻战、提质增效攻坚战、冬季保供阵地战,较好地完成全年各类业绩指标,实现"十四五"良好开局。新增探明储量4131万吨,完成计划的138%。年度实施评价井、滚动井41口,9个区块探明稀油、高凝油储量4131万吨,增储规模创"十二五"以来新高。产能建设新井完钻687口,新建产能96.5万吨,投产643口,当年产油48.83万吨。老区综合治理,分注、细分重组等工作量同比增加580井次。稠油热采关停高成本汽驱井组17个,加快实施杜80等高效汽驱井组16个。精细注水示范引领,曙三区等五个区块215个井组两年阶段增油7.4万吨,自然递减率下降3.3%。天然气立足老区精准挖潜153井次,年产气7.9亿立方米,同比增加0.7亿立方米,创11年新高。鄂尔多斯矿权区整体部署各类井348口。储气库高效运行双6气库新增1800万采气装置一次投产成功,辽河储气库群最大日采气量突破3000万立方米。

【开发现状】 截至2021年底,辽河油田公司投产油井21939口,开井12826口,年产油1008万吨,累计产油4.9亿吨,采油速度0.47%,采出程度23.52%,可采储量采出程度86.2%,储采比7.9。投注水井2657口,开井1743口,日注水76137立方米,年注水2989万立方米。热采稠油年注汽2272万吨,年产油540.2万吨,年油汽比0.24。按照油品性质划分,稀油投产油井7321口,开井4302口,年产油308.5万吨,采油速度0.33%,剩余可采储量采油速度8.24%,综合含水80.5%,累计产油1.96亿吨,采出程度20.83%,采出可采储量的84.05%。沈阳采油厂投产油井2169口,开井1644口,日产油2794吨,年产油101.8万吨,采油速度0.36%,剩余可采储量采油速度9.44%,综合含水88.41%,累计产油5745.8万吨,采出程度20.20%,采出可采储量的84.17%。稠油投产油井12449口,开井6880口,日产油16094吨,年产油597.7万吨,采油速度0.67%,剩余可采储量采油速度15.9%,综合含水83.37%,累计产油2.42亿吨,采出程度27.36%,可采储量采出程度88.55%。其中,常规开发稠油油田投产油井1207口,开井861口,日产油1567吨,年产油57.4万吨,采油速度0.43%,累计产油3407万吨,采出程度23.29%,可采储量采出程度92.17%,综合含水84.28%。普通热采稠油和特稠油油田投产油井8211口,开井4149口,日产油7361吨,年产油270.1万吨,采油速度0.45%,剩余可采储量采油速度13.91%,累计产油1.53亿吨,采出程度26.46%,可采储量采出程度89.05%。超稠油油田投产油井3031口,开井1870口,日产油7166吨,年产油270.1万吨,采油速度1.63%,剩余可采储量采油速度36.40%,累计产油5471万吨,采出程度35.17%,可采储量采出程度88.71%。

(曹 超)

石油开发

【概述】 2021年,辽河油田公司生产石油液体产量1008万吨,其中,原油产量998.8万吨,液化气9.2万吨(表1)。原油生产单位主要有15个:曙光采油厂、兴隆台采油厂、特种油开发公司、沈阳采油厂、欢喜岭采油厂、锦州采油厂、高升采油厂、冷家油田开发公司、金海采油厂、茨榆坨采油厂、辽兴油气开发公司、未动用储量开发公司、青海分公司(当年退出)、庆阳勘探开发分公司和国际合作部的月东项目部(表2)。

表1　2021年辽河油田公司油气产量

项　目			产量（万吨）
1	石油液体		1008.0
	原油	稀油	299.3
		稠油	597.7
		高凝油	101.8
2	液化气		9.2

表2　2021年辽河油田公司各采油单位原油产量

序号	项目	产量（万吨）
	合计	1008.0
1	曙光采油厂	212.4
2	兴隆台采油厂	123.9
3	特种油开发公司	124.8
4	沈阳采油厂	102.2
5	欢喜岭采油厂	88.2
6	锦州采油厂	73.3
7	高升采油厂	51.2
8	冷家油田开发公司	52.2
9	金海采油厂	50.5
10	茨榆坨采油厂	30.0
11	辽兴油气开发公司	24.5
12	未动用储量开发公司	15.4
13	青海分公司	0.4
14	庆阳勘探开发分公司	2.3
15	国际合作部的月东项目部	49.0
16	液态烃	7.7

【目标任务】 2021年，股份公司下达辽河油田公司新增探明石油地质储量任务3000万吨，可采储量480万吨。辽河油田公司上报新增探明石油地质储量4131万吨，可采储量507万吨。新增动用石油可采储量135.1万吨，老区增加石油可采储量901.9万吨，合计新增石油可采储量1037万吨。股份公司原油产量调整计划1008万吨，实际生产原油1008万吨，完成年度计划的100%。计划注水3019万立方米，实际完成2989万立方米，完成年度计划的99%。稠油计划注汽2461万吨，其中蒸汽吞吐1205万吨，转换方式1256万吨；实际年注汽2272万吨，完成年度计划的92.3%。其中蒸汽吞吐1093.5万吨，完成年度计划的90.7%；转换方式1178万吨，完成年度计划的93.8%。

【油藏评价】 2021年，辽河油田公司以增加经济可采储量实现效益建产为目标，按照"新老并重、突出外围"的工作思路，年度实施评价井、滚动井41口，9个区块探明稀油、高凝油储量4131万吨，增储规模创"十二五"以来新高，涌现出双北32-46井、河21-H234井等高产油流井，当年增加SEC储量107万吨。其中，新区评价聚焦河21块，创建"一体化部署、水平井评价、大平台施工、工厂化压裂、项目制管理、市场化运作"评价新模式，规模增储2984万吨，为开鲁地区快速上产提供资源保障。后河地区控制储量升级率78.9%，勘探开发一体化工作再上新高度。老区滚动持续开展富油区带整体再评价，遵循区域地质成藏特点，开展统层对比、大比例尺编图，精细落实有利圈闭，有效追踪砂体及储层展布、重新研究油水关系，在沈35块等5个区块高效滚动评价增储591万吨，在杜124块等4个区块超前储备430万吨，实现由零散断块增储向区域集中增储的过渡。

【产能建设】 2021年，辽河油田公司强化新区有序建产、加快滚动同步建产、深化老区规模建产、零散目标高效建产。实现结构优，油田公司效益排队，择优实施，增新区稳老区、增稀油稳稠油，稀油建产比例提高至48.9%。实施快，倒排运行、挂图作战，部室联动减少钻机等停，单井生产天数191.5天，同比增加11.9天。单产稳，新井二次测井解释，优选主力层段射孔，单井日产稳定在3.9吨。产量超，新井当年产油49.6万吨，超计划1.03万吨。投资降，源头控制、产建承包，百万吨产能投资同比下降1.1亿元。其中，突破储量边界就是油藏边界的认识误区，深化复式油气藏"四老四新一整体"的滚动开发理念，在沈35块、欢58块、雷72块、杜

124块等老区周边新带、新块、新层和结合部，带出相对优质开发井位126口。转变以断块为单元的思维定式，基于古地貌恢复，依靠区域统层，创新实践富油气区带大比例尺整体编图，通过三维精细构造解释，综合应用地震属性分析、地震反演、井震结合等技术，重新审视老区带、重新认识老油藏，在曙二三四区、齐40—齐108块、锦2-6-9块等块规模部署新井127口，预计新建产能19.1万吨。突出因藏施策、分类治理的部署理念，针对纵向含油层系多，层间非均质性强的大1块、于30块，开展细分层开发，实施新井81口，新建产能10万吨，带动区块日产翻三番。

【老区治理】 2021年，辽河油田公司突出老区产量、效益的主体地位，调结构、保规模、增效益。热采稠油调整保效。节能减排、绿色低碳，热采稠油优化产量结构，关停齐108井组等高成本汽驱井组17个，加快实施杜80井组等高效汽驱井组16个；疏堵结合，控制水侵，馆陶SAGD分区联合调控初见成效，馆H61井实施蒸汽腔下部未动用层挖潜日产百吨；曙一区超稠油300万吨再稳产10年方案通过集团公司审查，成为中国石油规模最大的提高采收率（25.1%）工程，支撑辽河稠油持续效益稳产。注水稀油增产增效。强化注水、提质增效，推动稀油持续增产12万吨；新区及时补能，递减下降9.2%；老区综合治理，分注、细分重组等工作量同比增加580井次。强化动态调控，主力区块自然递减率8.8%，其中静北潜山连续五年不递减；精细注水示范引领，曙三区等五个区块215个井组两年阶段增油7.4万吨，自然递减率下降3.3%，事实验证精细注水持续上产潜力，老油田实现低成本效益开发切实可行。CCUS工程稳步推进，高效完成潜力评价、碳源普查、顶层设计，列入中国石油首批建设示范区，双229块先导试验进入现场实施，双229-36-62井未压裂下，实现连续稳定注入3200吨，展现广阔的碳驱油与碳埋存前景。推动废弃油气藏建库与气驱联动，在双6储气库实施排液扩容井3口，初期日产油160吨，增加库容量0.18亿立方米，实现提高库容量与提高采收率双赢。

【外围上产】 2021年，辽河油田公司锁定宜庆地区"十四五"油气上产150万吨当量目标，强化地震资料采集与处理、创新中生界楔形体沉积模式、古生界多层系含气叠加成藏，水平井提产、老井试气落实产能，油气并举、甜点优选、立体评价、多层兼顾、整体部署各类井348口，为快速增储上产提供井位保障，全年新增石油探明储量385万吨、天然气控制储量104亿立方米，年产油2.2万吨，天然气建成0.5亿立方米能力。开鲁地区坚持"集约化、市场化、数字化、自主化"思维，编制调整辽兴油气开发公司开发单元建议方案，合理划分开发单元，既解决辽兴油气开发公司盆地内开采单元高度分散，与四家单位管理交叉，开发调整、生产经营空间受限，难以持续有效发展的困难，同时处理了外围盆地管理力量分散、政策难以统一，制约储量经济有效动用的难题，为助力外围区效益上产奠定基础。

【气库建设】 2021年，辽河油田公司按照"达容一批、扩建一批、评价一批"部署，已建气库高效运行，双6储气库一井一策，个性化论证单井注采能力，1800万立方米采气装置一次投产成功，雷61储气库平稳运行，合力形成日最高调峰能力3000万立方米，调峰保供能力实现翻番，日调峰气增量达到中石油储气库总增量的50%以上，为冬季保供及冬奥期间空气质量保障发挥重要作用，确立东北储气中心地位。在建气库高效推进，双51储气库、双31储气库新完钻27口，老井封堵43口，均完成方案设计的3/4。同时根据新钻井资料，对双51气库优化调整，注采井由29口（3平26直）调整为27口（4平23直），方案设计更加科学。待建气库方案优质完成，针对国内外尚无水淹型油气藏改建储气库成熟经验，为落实水淹状态下单井注采气能力及气驱排液效率，开展马19储气库先导试验评价，在高部位部署1口大尺寸水平井和1口定向井，中低部位优选10口老井排液，设计注气2.24亿立方米，采气0.74亿立方米，排液80万立方米，该方案通过股份公司审查。

（曹 超）

天然气开发

【概述】 辽河油田天然气生产区块主要集中在辽河探区和流转矿权区，其中辽河探区包括辽河盆地陆上、浅海海滩及辽河外围盆地三个地区，流转矿权区为鄂尔多斯探区。天然气总资源量9641亿立方米，其中辽河探区4486亿立方米，鄂尔多斯探区5155亿立方米。辽河油田公司天然气分为气井气、油井气两种。开采方式主要为天然能量开采。生产天然气单位主要有9个（按采气量排列）：兴隆台采油厂、茨榆坨采油厂、沈阳采油厂、金海采油厂、高升采油厂、锦州采油厂、欢喜岭采油厂、曙光采油厂、未动用储量开发公司。截至2021年底，累计探明天然气地质储量2572.1亿立方米，可采储量1235.8亿立方米。2021年，辽河油田公司生产工业气8.28亿立方米，实际上报产量7.90亿立方米（表3），完成股份公司年度计划7.70亿立方米的103%，同比增加0.66亿立方米。计划外供天然气0.4亿立方米，实际完成外供0.6亿立方米，完成计划的150%，同比减少0.3亿立方米。生产自用气7.3亿立方米，同比增加0.9亿立方米；内部商品气计划5.4亿立方米，实际完成5.13亿立方米，完成计划的95%，同比减少0.23亿立方米。

【天然气产能建设】 2021年，辽河油田公司计划部署新井18口，钻井进尺4.45万米，建成年产能力0.87亿立方米，投资1.42亿元。实际配套产能新井侧钻井15口，钻井进尺4.65万米，建产能0.87亿立方米，年产气949.6万立方米，年产油5014.5吨。其中钻新井13口，进尺4.54万米，建产能0.81亿立方米；恢复产能实施侧钻井2口，进尺0.11万米，建产能0.06亿立方米。

【天然气资源潜力】 2021年，辽河油田公司同时针对勘探新发现及矿区流转等重点区域开展专题研究3个，评价深层火山岩气藏开发潜力、攻关致密砂岩天然气开发技术，部署实施各类井12口，取得较好效果。灵台—宁县区块位于鄂尔多斯盆地西南缘，面积8273平方千米。宁古3井区位于矿权区东北部。为落实宁古地区上、下古生界储层发育情况及含气情况，首批部署探井4口。宁古3井试气获较好效果，证实该井盒八段、太原组为高产工业气层，马二段为低产工业气层。在宁古3井区针对盒8及太原两套目的层，部署天然气井其中评价井1口（宁古3-1井）。为落实辽河东部凹陷深层火山岩潜力，2019年6月实施风险探井驾探1井，目的层为沙三段中亚段火山岩体。该井在沙三段中亚段钻遇辉绿岩（Ⅰ岩体）、玄武质角砾岩（Ⅱ岩体）两套火成岩，试气均为气层。为加快深层天然气研究步伐，开展评价部署研究工作。宜川—上畛子发育下古生界马家沟组、上古生界本溪组、山西组、石盒子组多套

表3 2021年辽河油田公司各采气单位天然气生产量

序号	项目	产量（亿立方米）
	合计	7.90
	气井气	1.94
	油井气	5.96
1	兴隆台采油厂	4.55
2	茨榆坨采油厂	0.89
3	沈阳采油厂	1.03
4	金海采油厂	0.41
5	高升采油厂	0.30
6	锦州采油厂	0.25
7	欢喜岭采油厂	0.21
8	曙光采油厂	0.15
9	未动用储量开发分公司	0.10
10	辽兴油气开发公司	0.02
11	庆阳勘探开发分公司	0.01
12	海南油田勘探分公司	—
13	其他	—

含气层系，其中盒八段为主要含气层段。全区 27 口井试气，单试盒八段仅 9 口井（平均 1.6 万米³/日），产能落实程度低，且储层非均质性强，砂体变化快，因此开展专题研究。结合地震测井等资料、地面条件、邻井试气情况、按照多层兼顾原则，以盒八段、山西组、本溪组为主要目的层，部署评价井 3 口。

【天然气开发】 2021 年，辽河油田公司围绕"加密建产、扩边建产、调整建产"思路，在气层气发育的油田和高气油比的溶解气区块宁古 3、兴隆台等区块开展精细地质研究、落实剩余气潜力，通过开展精细气藏描述，有效结合钻井、录井、测井以及前期评价等资料，对天然气成藏与分布规律取得进一步认识，对老区天然气开发进一步评价，落实剩余潜力分布，在此成果上实施天然气产能建设工作。全年部署新井、侧钻井 18 口，预计建产能 0.87 亿立方米。实际完钻新井侧钻井 15 口，进尺 4.65 万米，新建产能 0.87 亿立方米，投资 0.76 亿元。受鄂尔多斯地区地理环境复杂和当地政策影响，宁古 3 块 8 口新井未能见产，实际建成井口配套产能为辽河本土地区 7 口井 0.36 亿立方米，初期日增气 13.2 万立方米。牛居油田通过精细地质研究，结合沉积特征、储层及油层连通系数与单井产能分析，发现牛 18 块沙二段井间剩余油气富集，且连通性差仍可钻遇新层，部署深层加密井牛 24-3110 井、牛 24-3111 井、牛 24-3112 井，3 口井于 6 月底投产，初期日产气 4.6 万立方米，阶段累计产气 276.9 万立方米。法哈牛地区天然气层多、层薄、连通性较差，具有加密调整潜力，通过井震结合刻画含气砂体边界，明确潜力目标，部署法 54-48 井，该井 1 月 24 日投产，初期日产气 1.7 万立方米，阶段累计产气 246.1 万立方米。全年在 16 个高气油比区块投产新井 150 口，日增气 30.1 万立方米，年增气 0.55 亿立方米。以于 30 块、大平房块对当年产气量贡献较为突出，其中，大平房块投产新井 42 口，年产气 913.9 万立方米，于 30 块投产新井 14 口，年产气 451.6 万立方米。

【开发技术与措施】 2021 年，辽河油田公司重点开展中子寿命测井，寻找未动用气层及老井剩余潜力层；利用碳氧比测试落实水淹区气层潜力；利用中子伽马测试有效识别气层，完成 50 口井资料录取，修改解释层 406.6 米/245 层，发现潜力层 86.8 米/22 层。强化气藏管理，重点加强措施论证，建立选井标准，实施三级审查制度，加强现场实施与事后跟踪评价，建立排水采气、调补层、压裂防砂等措施的筛选标准，有效指导和管理措施挖潜。全年依托解释资料实施各类措施 73 口，年增气 0.49 亿立方米，措施有效率为 95%，有效缓解天然气递减趋势。

【储气库生产运行】 落实集团公司 2021 年工作会议及辽河油田公司四届二次职代会精神，全面推进"百亿方气库"建设。2021 年，辽河油田公司在役双 6 储气库和雷 61 储气库圆满完成年度注采任务，累计注气 19.74 亿立方米（其中双 6 储气库注气 18.05 亿立方米，雷 61 储气库注气 1.69 亿立方米），超计划 4.74 亿立方米，为冬季保供资源储备提供支撑。累计采气 20.87 亿立方米（其中 1—4 月采气 11.73 亿立方米，11—12 月采气 9.14 亿立方米，双 6 储气库 20.72 亿立方米，雷 61 储气库 0.15 亿立方米），双 6 储气库最大日调峰能力 2848 万立方米，成为全国调峰能力最强的储气库群之一。多项开发关键指标持续向好，经过多周期注采，双 6 储气库井控库存量 50.3 亿立方米、井控库存程度 88.9%，平均单井注气、采气指数分别为 2.3 万米³/（日·兆帕²）、2.7 万米³/（日·兆帕²），均达历史最佳水平。推进双 6 储气库调整井位部署方案，提高双 6 储气库高月高日调峰能力，新增部署大尺寸水平井 3 口，预计高月增加日采气能力 605 万立方米。计划 2022 年 7 月完成钻井施工，9 月完成注采施工，12 月完成井场施工，具备投运条件。针对注气系统压缩机和采气系统分离器等装置存在安全隐患，完成 6 项注气系统和 13 项采气系统升级整改，推进双 6 储气库平稳、安全运行。对环空带压井进行分级管理，应用分布式光纤等漏点检测技术，组织漏点检测 28 井次，实施井口漏点注塑封堵 2 井次，经检测井口屏障得到有效修复，注采井均在安全可控范围。双台子储气库群一期工程按计划推进。该方案设计库容 100.2 亿立方米（包含双 6 储气库、双 51 储气库、双 31 储气库、双 601 储气库），工作气量 54.12 亿立方米，注气规模4400万米³/日，采气规模6900万米³/日，地面工程主要包括注采井场11个、集注站1座、调控中心1座、运维中心1座、注采管道、供配电系统、自控系统等配套公用工程。双51储气库和双31储气库部署注采井41口，分布在6座井场，完钻33口，正钻3口。其中5座井场2022年5月具备注气条件。双6储气库扩容上产工程于2021年11月12日一次投产成功，增加日采气处理能力1800万米³。超前谋划扩大气库建设规模。马19储气库先导试验方案获批，针对马19块强水淹油气藏改建储气库，创新排水建库理念，编制先导试验方案，采用"顶部注气、中低部位排液"的方式开展排液及试注试采，落实排驱建库关键指标，指导整体建库方案编制，进入现场实施阶段。针对黄金带多层系薄互层油气藏改建储气库，精细薄储层刻画，分区分段评价开发效果，量化建库空间，创新采用"分区分段、组合建库"的方式开展方案设计，可行性研究方案通过股份公司阶段审查。开展龙气5块储气库前期评价。该区块圈闭整体密封性强，储层物性好，具备建库物质基础，且气藏在开发过程中几乎未受水体影响，压力低，有良好的建库条件。可通过优选有利建库目标和建库方式，在充分利用老井的基础上合理规划注采井网，库容量7亿立方米，工作气量3.5亿立方米。龙气5块有老井33口，含气范围内27口，经初步调查，老井井况良好。

（唐雪枭）

油藏评价

【概述】 2021年，辽河油田公司应对目标复杂、油品较差等挑战，按照提质增效总体要求，强化由重"地质储量"向重"经济可采储量"理念转变，着力做好整装目标持续评价、富油区带精细评价、流转区快速评价三方面工作，全年在14个区块实施评价井41口，钻井进尺11.71万米，上报探明储量4131.18万吨（同比增长41.91万吨），可采储量507.18万吨，分别完成年度计划的137.7%、105.7%，稀油高凝油占比91%，实现规模与品质"双提升"。以提供效益建产目标为核心，深入推进技术攻关提成效和精细管理降成本，突出整装目标升级评价，外围陆东凹陷河21区块、陆西凹陷包32块实现整装升级、规模增储。突出富油区带整体评价，实现大32块、欢628块等区块滚动增储、同步建产。突出鄂尔多斯矿权区特低渗油藏进攻性评价，实现宁218块快速增储。

【河21块特低渗透砂岩油藏升级评价】 河21区块位于内蒙古自治区通辽市开鲁县小街基镇西北，构造上位于开鲁盆地陆东凹陷后河断裂背斜构造带。2002年，辽河油田公司对河11块按构造岩性油藏上报含油面积0.9平方千米，探明石油地质储量127万吨。2018年，在河19区块上报新增预测石油地质储量3208万吨，含油面积29.9平方千米。2019年，对东部预测储量择优升级，上报控制石油地质储量1566万吨，含油面积14.9平方千米。2020年对河21区块开展整体评价研究，落实探明升级潜力。按照"直井、导眼井落实油藏参数、控制甜点分布，水平井体积压裂提产攻关"的思路，通过开展VSP井中地震（9井零偏VSP、6井14个方向Walkaway-VSP），采集—处理—解释一体化，刻画微构造，预测有效砂体。井震交互建模，精细刻画甜点展布，持续优化水平井轨迹设计，创建现场技术支撑模式，提高水平井油层钻遇率。地质工程一体化优化设计，提高改造效果。2021年，部署实施评价井河8-1井等5口直井及河21-H218井等4口水平井，新增探明含油面积22平方千米，探明原油地质储量2984.57万吨。

【大民屯西陡坡砂砾岩油藏评价】 大民屯西陡坡位于大民屯油田西部，沈232块位于西部陡坡带中部的平安堡—安福屯构造带，目的层为沙四段。

2003—2020年，大民屯沙四段合计上报新增探明含油面积72.3平方千米，新增探明石油地质储量8058.82万吨。以区域沉积规律、成藏规律为指导，开展技术攻关3项。（1）完善陡坡砂砾岩体测井评价方法，建立低—超低渗透储层标准；（2）量化岩石物理参数反演预测储层，刻画砂体展布；（3）完成适用于低—超低渗透油藏的直平组合开发井网设计，类比沈358—沈268—沈232—沈273区块沙四段下亚段水平井开发实践经验，结合裂缝监测结果，整体部署，选井评价，优选水平段两端均存在老井直井控制部位。2021年，辽河油田公司在大民屯凹陷625块实施水平评价井1口（沈635-H1井），投产获工业油流，新增探明含油面积4.66平方千米，石油地质储量247.83万吨。

【富油区带有利目标评价】 2021年，辽河油田公司继续秉承"老区不老，老区是宝"理念，持续推进老区潜力目标滚动评价，在强1块等14个区块部署滚动井23口，在杜124等14个区块完钻滚动井19口，在沈35等4个区块新增探明石油地质储量343.64万吨。

沈35区块（扩边）滚动评价研究。法哈牛油田构造上位于辽河坳陷大民屯凹陷法哈牛构造带南端，北邻静安堡油田，西与大民屯油田相接。自1974年起法哈牛油田上报探明含油面积11.64平方千米，探明石油地质储量1597.33万吨，溶解气地质储量26.198亿立方米；含气面积3.53平方千米，天然气地质储量12.468亿立方米。沈35区块2005年沙三段砂岩油藏上报探明含油面积0.5平方千米，石油地质储量50万吨，溶解气地质储量0.488亿立方米；其中沙三段一亚段油组探明含油面积0.4平方千米，石油地质储量23万吨；沙三段二—四亚段探明含油面积0.3平方千米，石油地质储量27万吨。经评价研究，沈35区块及周边构造上位于辽河坳陷大民屯凹陷法哈牛—边台断阶带中段的法哈牛背斜构造上。整体为一个被断层切割的北西—南东走向的长轴背斜构造。沈35-49-141井区为沈608南断层所切割形成一断鼻构造，沈608南断层为主要控油断层，其为东西向展布，东起法哈牛构造带南端，西至前进构造带，是控制大民屯凹陷南部地层沉积及构造演化的主控断层之一。2021年，沈35区块投产3口井，沈35-49-141井区上报探明含油面积1.01平方千米，新增探明石油地质储量45.55万吨。

欢58区块（扩边）滚动评价研究。欢喜岭油田构造上处于渤海湾盆地辽河坳陷西部凹陷西斜坡南部。自1977年起欢喜岭油田上报探明含油面积186.89平方千米，探明石油地质储量44920.68万吨，溶解气地质储量214.75亿立方米；含气面积16.23平方千米，天然气地质储量84.748亿立方米，凝析油地质储量92.40万吨。欢2-14-5块位于欢喜岭油田欢58区块的东南部，评价目的层是沙四段。截至2020年底，欢58区块在沙河街组沙四段一亚段上报探明含油面积4.10平方千米，石油地质储量409.04万吨。经评价研究，欢喜岭油田构造上处于渤海湾盆地辽河坳陷西部凹陷西斜坡南部，为一斜坡背景上发育的复杂断块油田，总体上构造形态为北西向南东倾没的单斜构造。被北东向和东西向断层切割为上台阶、高垒带、下台阶三个油气富集带，欢58区块沙四段一亚段油层分布在上台阶。欢2-14-5块$E_2s_4^1$油组顶面构造形态为3条正断层围限的南东倾的单斜构造，呈西北高东南低的特点。欢2-14-5圈闭为断块圈闭，构造走向为南东向，沙四段一亚段构造高点位于西北侧。油气聚集于圈闭构造高部位，断裂对油气起遮挡作用。欢2-14-5块沙四段一亚段储层为扇三角洲前缘亚相沉积，物源来自北部。岩性主要以含砾中细砂岩为主。油层分布主要受构造控制，局部受砂体分布和储层物性控制，油藏类型为弹性水压驱动的岩性构造油藏。2021年，欢58区块欢2-14-5块上报探明含油面积0.78平方千米，新增探明石油地质储量50.23万吨。

大32区块（扩边）滚动评价研究。大平房油田构造上位于渤海湾盆地辽河坳陷东部凹陷大平房断裂背斜构造带，南与荣兴屯油田相接，北邻黄金带油田。自1972年起大平房油田在东营组东一段、东二段、东三段、沙河街组沙一段四套含油气层系上报探明含油面积5.86平方千米，探明石油地质储量1005万吨，溶解气地质储量9.21亿立方米；含气面积3.87平方千米，天然气地质储量9.92亿立方米。大32区块大30-26井区位于大平房油田南部，构造位置在驾掌寺断裂背斜构造带西翼，含油目的层为东二段、东三段、沙一段。大32区块1994年上报探明含油面积1.4平方千米，原油地质储量136万吨，溶解气地质储量1.028亿立方米；含气面积0.40平方千米，天然气地质储量0.618亿立方米。油藏评价针对大32块地质特点，应用精细层位标定技术，复杂断块全方位精细构造解释技术，落实断裂系统展布特征，深入剖析区域沉积规律及成藏特点，利用上覆层系开发井大30-26井加深兼探深部层系增储潜力，降低实施风险、提高评价效率。经过评价研究，大32区块整体形态为受驾掌寺断层控制的背斜构造，构造高点在大38井北侧。近东西、北西走向的断层将构造切割成3个独立断块，分别是大36断块、大31断块和大32断块。东营组和沙一段构造形态基本一致。本区主要发育北东向和近东西向两组断裂，其中北东向驾掌寺断裂为工区内主干断裂，控制该区的构造格局与油气成藏。东西向断层、北东向断层与主干断裂相交，形成多个断块圈闭。东二段、东三段沉积时期物源来自北侧，沉积类型为辫状河沉积，细分为河道和河漫滩2个亚相。沙一段沉积时期物源均来自西侧，沉积类型为扇三角洲前缘，细分为水下分流河道和河道间2个微相。本区储层岩性主要为细砂岩，东二段、东三段颜色主要为灰色、浅褐灰色，沙一段颜色主要为灰色。油层分布主要受岩性构造双重因素控制，油藏类型为岩性构造油藏。2021年，大32区块大30-26井区上报探明含油面积1.71平方千米，新增探明石油地质储量127.67万吨。

【宜庆地区潜力目标评价】 鄂尔多斯盆地辽河矿权优化配置区总面积13164平方千米，灵台—宁县中生界具有含油层系多、储层变化快、地面条件差的特点，评价思路由"单层、单块部署"转变为"立体评价、多层兼顾、整体部署、优化设计、有序实施"，借鉴长庆大平台—大井丛—工厂化勘探开发模式，优化组织现场运行。围绕正宁地区三维地震长6段、长7段、长8段整体部署评价井16口、开发井251口，完钻评价井5口、开发井16口，在宁218井区新增探明石油地质储量385.30万吨。"立体评价、多层兼顾、整体部署、优化设计、有序实施"，借鉴长庆大平台—大井丛—工厂化勘探开发模式，直井（导眼井）控制面积，水平井提高产能，采用水平井体积压裂提高储层改造规模，增加单井产能。开展井震结合，重构正宁地区等时地层格架以及细分评价单元，精细刻画有利区展布两项技术攻关，给评价井部署和探明储量上报提供支撑。通过评价井的实施，控藏因素进一步明确，油层分布范围及油藏产能得以落实。2021年上报探明含油面积20.54平方千米，石油地质储量385.3万吨。

【四个"一体化"】 2021年，辽河油田公司按照集团公司提质增效行动工作部署，结合2021年辽河油田公司评价目标特点和评价部署难点，突出目标、问题导向，对标分析找差距、补短板，研究制定提质增效实施方案，以突出四个"一体化"为手段，重点目标规模探明为抓手，促进提质增效工作提档升级，实现高效增储、低成本评价。

突出勘探开发一体化。纵向兼顾东营组、沙一段多层系立体评价，优选实施开发井兼探，一井多用降本提效。针对大32块含油层系多、圈闭幅度低的成藏特点，深入剖析区块地质特征，利用上覆层系开发井大30-26井加深兼探深部层系增储潜力，降低实施风险、提高评价效率，实施后优先投产东营组，获高产油流20吨，新增探明储量127万吨。

突出地质工程一体化。地面地下统筹兼顾，立足新区大平台、老区老井场优化设计。围绕河21块等评价新区，实施评价开发一体化部署，规划大平台集中实施，评价井与开发井分摊征地及井场修建费用；围绕欢628等老区滚动区块，充分利用现有平台，节约井场征、垫费用，缩短钻前准备周期。以老井复查精细评价为基础，指导措施挖潜，提升评价效益。全年在沈35块等14个区块复查老井320余口，深刻剖析油藏信息，发现潜力点、攻关关键点、寻求突破点。全年实施老井试油代替新井钻探6口，节省投资18894万元；实施侧钻井1口（茨35井），侧钻开窗点1087米，节省投资1484万元。

全年，带动乐208块、沈35块、大32块等5个区块滚动增储591万吨。储备杜124等3个增储目标，储量规模400万吨。

组织管理一体化。加强精细化管理提速提效。组建"陆东凹陷河21区块规模增储一体化项目组"，实现人力、技术、资金、设备统筹配置，依据储量上报节点，倒排工期、有序推进，提高运行效率。项目组成员长期驻井，及时优化调整，促进现场施工提质提效。评价井钻探过程前，组织钻采工程技术部、开发事业部、勘探开发研究院、未动用储量开发公司等各单位技术骨干开展多轮钻井工程方案研讨，大力推动"一趟钻"技术攻关，研究制定有效对策措施应对泥浆倒运路途远生产保障难、浅气层气侵井控风险控制难、地质条件变化油层跟踪难、水平段轨迹复杂完井施工难等技术难题。钻探过程中，兼顾完成地质任务和保障施工安全，精细评估地层压力变化，优化设计钻井液密度，最大限度降低储层伤害、杜绝钻井事故。兼顾资料录取与施工进度，精细制定资料录取方案，优化施工工序设计，保障相关资料取全取准；实施项目化管理，加强动态监督，严格考核评价，强化达标验收。通过地质工程人员有机结合、密切配合，现场施工平稳高效，实现整体提速提质。5口定向井全部实现"二开一趟钻"，河21-H108井实现"水平段一趟钻"；河32-1井创河21区块定向井钻井周期和钻完井周期两项纪录；河21-H234井创造河21区块水平井最快钻井周期、钻完井周期、建井周期等三项纪录。评价井钻探较计划提前4天完成，井身质量合格率100%、固井质量合格率100%。实施3口直井、4口水平井共计54段体积压裂，历时18天，较计划提前2天。

生产经营一体化。大力推进工程技术服务市场化降成本。牢固树立"一切成本皆可降"的理念，建立健全以市场化为抓手、以效益为中心的运行机制，推进工程技术服务市场开放，通过引入竞争机制、成本倒逼、钻井总承包等控降举措，河21块钻井成本下降比例37%，体积压裂成本下降26%，完善合作模式，与长城钻探开展钻压一体化合作，沈224块水平井单井投资降幅20%。

（周　超　王睿哲）

生产运行

【概述】 2021年，辽河油田公司生产运营系统主动适应油田内外新形势新变化，全新构建运行机制，狠抓重点工作落实，推进生产运行提速提质提效，应对洪涝灾害、暴雪侵袭、限电限气等一系列困难挑战，确保生产建设均衡平稳有序。全年生产原油1011.01万吨，对比考核指标超产1.01万吨；生产工业气8.19亿立方米，对比考核指标超产0.49亿立方米。

【运行管理】 2021年，辽河油田公司坚持以生产经营一体化为统领，全新构建和优化生产经营碰头会、对接会、周例会、月度会、部室会机制，强化各专业紧密衔接、刚性化督办执行、闭环式运行管理，保证发现问题更早、解决问题更快、推进生产组织更好。组织召开生产经营办公会178次，跟踪重点部署684项次，主要工作量运行到位率、符合率分别达99%和94%，同比分别增加2%和7%。

【上产组织】 2021年，辽河油田公司坚持一季度起好步、二季度快上产、三季度少减产、四季度抓复产，统筹全年生产运行，各采油单位研究上产举措，强化生产组织衔接，全力以赴夺油上产。机关部门突出引领、强化指导，倾力服务增油提产，上半年原油日产攀升8个百吨台阶。四季度通过开展"冲刺90天，打赢复产上产攻坚战"主题劳动竞赛。日产油从洪灾最低时25431吨快速上升到27400吨以上。

【新井运行】 2021年，辽河油田公司全过程、各环节跟踪督导，坚持运行跟得紧、实施有侧重、靠前抓协调、并联抢投产，每月两次召开钻机运行例会，整体编制运行计划，及时解决钻井液处理、射孔弹不足、特殊时段射孔作业被停等问题，提升新井运行速度。全年完钻各类新井946口，其中产能井完钻700口，投产693口。

【天然气保供】 2021年，辽河油田公司面对储气库调峰、城市民生、稠油生产三大保供任务，成立以党政主要领导为组长的保供领导小组，组建工作专班，细化制定减供应急预案、"1+3"行动方案、阶段减供应对预案，与4个责任部门、13个保供单位签订责任状。推动双6储气库扩容上产工程建成投产，储气库群日调峰能力从1500万立方米提升至3660万立方米。开展18个保供单位全覆盖专项检查、联合检查，执行"三级带班"和"三固定、两报告"值班值守制度，24小时跟踪产供输销系统压力。保供期间辽河储气库群创下六项纪录：保供采气总量再创新高，周期采气22.2亿立方米，同比增加4.3亿立方米；最高日采气量全国居首，整体突破3000万立方米，同比增加1500万立方米；新井调峰老库气量翻倍，双6储气库日采气达2800万立方米；新建工程试运一次成功，全国新建气库率先采气；注采设备检修效率最高，同比工期缩短12天；装置参数运行状态最稳，外输气质量达历年最佳，为京津冀及东北地区用气保障作出重要贡献。获集团公司2021—2022年冬季天然气保供先进单位。

【季节运行】 2021年，辽河油田公司提前排定冬季窗口期施工计划，全程跟踪督办实施，完成钻井17口、大小修作业55口、新建和维护各类管线216千米。面对不定期、不定量的限电情况，按照"非生产、辅助生产、低效生产、错峰运行"先后顺序和有保有限原则，细化组织控降总负荷3万千瓦以上，保证生产平稳有序。应对罕见暴风雪侵袭，第一时间组织清雪除冰、打通道路，48小时内油田主干道路、井场道路全部恢复，作业基本复工。外围科尔沁、交力格地区积雪1米多深，3天内完成道路恢复和油井复产。

【水电管理】 2021年，辽河油田公司供水业务按照企业"三供一业"分离移交方案有序退出社会化供水业务，采油单位生产水源井实行自主管理，环境工程公司逐步退出供水运行业务，主营业务转变为环保和供水专业技术服务。推进生活用水改善民生工程，全覆盖排查15家单位1103座一线生产班站饮用水质，保障基层员工安全便利用水。强化自备水源单位供水管理，保障油田水源管理合法合规。实施供水管网冲洗工作，加强供水季节性工作管理。拥有生产水源井216口，其中在用99口、备用54口、待报废63口，地下水年开采量617万立方米。完成外输水量3279.48万立方米，采油生产单位累计用水量905万立方米。供电业务按照辽河油田公司电力业务优化调整改革方案，将采油单位6千伏配电网划转移交电力公司，形成电力公司负责油田输配电、其他单位负责用电的管理模式。拥有66千伏电力线路103条1273.6千米、6千伏电力线路546条5371.2千米、变电所69座，年供电量32亿千瓦·时。抓好电力运行管理，2021年电网运行可靠性达99.98%，配电线路事故率为2.16次/（年·百千米）。开展234条2780千米电力线路、30座变电所季节性检修，推进治理916座场站电气隐患，组织双台子储气库群建设等5个项目配电方案论证。推进电气隐患排查治理，治理采油站916座、注汽站、注水站电气隐患，保证站场低压用电安全运行。通过大用户直购电，峰谷平价差节电，沈阳采油厂、茨榆坨采油厂及锦州采油厂风光发电等6项举措，节约电量3.7亿千瓦·时、电费3.5亿元。

【油气监察】 2021年，辽河油田公司油气监察工作遵循"强化源头控制，细化环节管理，严格过程监督，深化结果考核"原则，落实各项工作部署。以制度建设、专项治理、提质增效为主线，将油气监察融入生产管理关键环节，为辽河油田公司堵塞管理漏洞，防范油气产品盗失风险发挥作用。修订《辽河油田公司油气监察管理办法》，编制完成《辽河油田公司储油罐人工清洗服务标准及考核评价实施细则》。开展油气水电专项治理和"反内盗"专项行动，出动人员6000余人次，检查重点部位1.6万个，查改问题647项，收缴电缆4200米、设备35台套，移交司法机关案件11起、处罚20人，挽回经济损失1300余万元。动态监察油气产品产运销储工作72次，重点排查17家轻质油管理和外销气倒运工作，深入查摆油品收集、处置问题，有力维护油气生产秩序。

【车辆运输与服务】 2021年，辽河油田公司以"保障生产运行、规范管理程序、细化管理流程、堵塞管理漏洞"为中心任务，做好"生产保障、资质审查、运费审批、长途车审批"四个环节重点工作。加强外雇运输市场管理，防止内部市场流失。推动改造9台污染罐车，及时缓解运力不足问题。严格队伍资质审查制度，简化审批流程，加快运费结算进度。组织完成车辆服务6个项目集中资格招标工作，引入竞争机制，发挥集采优势，优化筛选服务商24家。协调整合油地危险品运输车辆视频监控系统，实现在线实时监控。推广辽河油田应用运输共享平台，收录服务单位31家，收录车辆3349台套。采取平台智能化运行模式，做到车辆自动分派，缩短调度时间。运输业务结算工作，实现现场确定工作量后实时核算运费。加大对外协调，保障辽河油田公司所属车辆有序运行。

【防灾减灾】 2021年，辽宁省经历12次强降雨和1次风暴潮天气过程，整体呈现入汛早、出汛晚、雨量大、水势猛、周期长的特点。辽河油田公司按照"宁可十防九空，不可失防万一"的理念，超前开展防汛准备。梳理完善各级防汛组织机构，建立油地联防机制，实施两轮次防汛检查，汛前完成重点防汛工程5项、设备架高加固和检查维护600余套、6千伏和低压电路检测检修5334条，4大类13万余件套防汛物资补充更新，开展汛前演练10次，切实夯实防汛基础。大凌河、辽河先后发生洪水，绕阳河发生30年一遇洪水汛情，油田公司遭遇10年不遇洪涝灾害冲击，曙光地区大面积水淹，井场水深2—3米，曙光采油厂、特种油开发公司等5家单位关停采油站22座、油井646口。最高影响日产油1921吨，累计直接影响原油产量13.9万吨，直接经济损失2.41亿元。针对重大雨情和严峻汛情，发布特殊天气预警35次，及时启动应急响应，4次签发总调度令，统筹组织、科学应对，全力以赴战洪斗汛、保产减灾，实现"零伤亡、零污染、零事故"。2010年以来绕阳河汛情受灾情况统计见表4。

表4 2010年以来绕阳河汛情受灾情况统计表

年份	2010年	2012年	2013年	2019年	2021年
水位（米）	3.3	3.3	3.33	3.27	3.6
关井数（口）	1016	32	7	242	568
影响日产油（吨）	5246	683	56	911	1921
产量损失（万吨）	28.3	0.7	0.3	2.5	16.9

【应急管理】 2021年，辽河油田公司按照国家新出台法律法规、集团公司规章制度，修订完善《辽河油田公司应急管理办法》《辽河油田公司应急预案管理细则》。针对绕阳河30年一遇洪涝灾害、"11·7"暴风雪灾害，制定《杜84区域防汛应对方案》《辽河油田公司暴风雪突发事件专项应急预案》和《清雪除冰工作方案》。依据《辽河油田公司突发事件总体应急预案》，制定《辽河油田公司级应急响应工作流程》，细化响应程序，明确各方责任，强化应急保障，提升应急处置效率。举办应急预案编制培训班、应急审核员培训班、基层现场处置方案和重点岗位应急处置卡（简称"一案一卡"）培训班6次，参训学员340余人。推行"双盲"演练（事前不通知参演单位演练时间、地点和演练内容），建立演练后评估机制，规范应急演练制度，开展油田公司级演练3次、厂处级101次、基层单位1468次。开展应急专项检查，累计检查18家单位36个基层现场，发现并整改问题42项。与盘锦市兴隆台区政府沟通，建立油地应急救援联动机制，有效整合油地人员、物资等应急力量和公共资源，为高效处置自然灾害和安全生产突发事件创造良好条件。2019年以来应急演练开展情况统计见表5。

表5 2019年以来应急演练开展情况统计表

年份	2019年	2020年	2021年
合计	885	1517	1572
公司级	2	2	3
厂处级	112	131	101
基层单位	771	1384	1468

（刘　健）

钻井工程

【概述】 2021年，辽河油田公司完钻井913口，总进尺160.6万米，平均单井井深1947米，平均单井周期21.2天，平均机械钻速14.3米/时，其中探井32口，钻井进尺12.8万米，平均钻井周期70天；滚动评价井41口，钻井进尺11.5万米，平均钻井周期28.7天；产能建设井699口，钻井进尺122万米，平均钻井周期11.1天；措施井115口，钻井进尺6.9万米，平均钻井周期7天；储气库井26口，进尺7.4万米，平均钻井周期50.9天。

【制度与信息化建设】 2021年，辽河油田公司制修订6个管理办法/细则、1项企业标准、1个应急预案，确定部室工作职责、优化设计审批流程、明确质量评定标准、规范市场队伍管理，持续完善钻井系统管理制度，提升管理效率。推进工程技术与监督系统建设，打造具有辽河特色的集数据采集、远程监控、预警、远程技术支持与决策于一体的钻井信息化平台，实现油田工程建设"数字化"、工程数据"资产化"、过程监管"规范化"。

【方案设计管理】 2021年，辽河油田公司组织编制兴20块、欢20块、茨41块、大平房块、雷72块等27个区块钻井工程方案，确定井身结构、钻井液、固井和完井等内容和相关技术要求。完成油气井设计审核984口，其中开发井645口（水平井38口）、探井84口（预探井35口、评价井29口、控制井20口）、侧钻井255口（侧钻水平井21口），设计符合率100%，有效指导钻井工作的开展，从"源头上"实现对投资的有效控制，保障钻井工作QHSE生产目标的实现。

【井筒质量管理】 2021年，辽河油田公司完善质量分级管理框架，建立钻井建设单位组织评审、钻采工程技术部组织疑难井质量仲裁的质量评审分级管理制度，按照集团公司红线标准评审各类井644口，组织仲裁争议井27口，井身质量合格率100%，固井质量合格率86.8%。建立钻井质量月度例会制度，深入剖析钻井质量存在的问题，针对固井水泥低返、油气水层段水泥胶结质量差及质量数据准确率低等8项问题，制定预防措施。强化质量过程管控，加大过程监管与违章处罚力度，维护辽河油田公司利益，查处并组织调查各类质量事件10井次，扣除罚金78万元。开展争议井申诉工作，筛选55口质量争议井分两批次向集团公司进行申诉，通过23口，实现固井质量合格率整体指标提高3.6%。

【储气库建设】 2021年，辽河油田公司储气库钻完井专职管理项目组全面负责储气库钻完井管理，组织钻前交底会19次，现场协调16井次，开展钻完井质量验收3批次。新井开钻29口，完钻井24口，跨年井2口，完井总进尺6.76万米，全面保障双31储气库、双51储气库建库工作。推进马19储气库、黄金带储气库等储气库老井封堵工作，分别成立老井封堵管理专家组和技术专家团队，开展封堵方案内部论证13次，开展复杂老井封堵7口，完成方案设计6口，已实施5口，成功完成辽1井、马97井封堵工作。推进储气库大尺寸井实施，成立大尺寸井实施项目组并编制实施进度计划，确定进度节点、明确责任部门，有序高效推进大尺寸井物资采购、安评环评审批以及征地垫井场等工作，实现年底顺利开钻。

【推广平台钻井】 2021年，辽河油田公司秉承"新区钻井优化部署大平台、老区钻井充分利用老井场"原则，通过推广平台钻井，实现钻井系统化、集成化、批量化、标准化，减少征地、缩减搬安周期和节约井场建设费用的同时降低后期管理成本，同时发挥东部老油田老井场资源优势，通过老井场扩边等方式实现资源利旧。累计实施并完成3口井及以上平台219个（其中利用老井场105个），钻井562口，总计节约征地1333亩、井场道路建设165千米、井场管线建设141千米，累计节省钻井投资1.3亿元。

【钻井市场化】 2021年，辽河油田公司利用集团公司自主经营政策，以辽兴油气开发公司、未动用储量开发公司、庆阳勘探开发分公司等单位为平台，通过市场招标、商务谈判等市场化手段，构建辽河钻井工程市场良性有序竞争环境，在完成集团公司"20%市场化"工作要求同时，实现钻井工艺水平整体提升、钻井单价逐步降低。通过市场化运作完井73口，进尺18.6万米，节省投资8700万元。

【钻井工程监督】 2021年，辽河油田公司工程监督人员有1216人，分别从事物探、钻井、地质、测井、试油、井下作业的监督工作，监督人员具有中级监督资质436人，初级监督资质605人，油田公司内部监督1067人，外聘149人，钻井监督工作量916口。作业监督工作量24707口井（其中小修24049口、大修658口），试油监督工作量23口井34层，地质监督工作量79口井，物探监督工作量三维地震作业1次。全年重点在强化队伍建设、强化基础管理、提升监督形象、攻关钻井科技、加强安全防疫工作、保障生产平稳等方面开展工作，发挥监督和技术支持职能作用，保障油区内外监督工作平稳运行。获中国石油工程监督行业优秀成果评选一等奖1项，辽河油田公司科技进步奖2项，申请发明专利2项、授权实用新型1项。

严把钻井工程三大质量，强化质量过程监管。组织学习贯彻落实辽河油田公司关于井控、质量等方面的相关规定，督促总监抓好过程控制，确保各项工作落实到实处，钻采工艺研究院钻井监督中心成立完井巡查组，以技术室、总监、现场监督构成多维度管理，辽河油田公司钻井监督部门深入现场，开展事故复杂专项治理，分析异常情况原因，形成《2021年辽河油田钻井事故复杂情况分析报告》。开展专项检查130余井次，检查监督考核260余井次，组织不定期检查、夜查180余井次。全年排查各类隐患项4475项，其中井控隐患1987项、质量问题77项、安全问题1218项、环境问题624项、设备问题413项、资料问题97项和其他隐患59项，均实现闭环管理。

积极开展监督标杆工程。开展以室主任承包制为主体的4项标杆井工程。通过精心组织安排、严密制定监督方案及关键环节驻井制度等有效措施，创造马探1井5877米钻探最深、河19区块一趟钻1411米水平段最长、储气库双023-36井53天最短钻完井周期等新纪录。助力流转区块增储上产，成立前线监督部，总监常驻庆阳项目部"靠前指挥"，完成钻井监督43口，其中水平井3口，平均钻井周期43.6天，同比缩短5.15天，整体提速10.4%。监督标杆工程在股份公司勘探与生产分公司举办的中国石油第一届工程监督行业优秀成果评选中，钻井监督中心撰写的《辽河油田提质增效标杆工程》获第一届中国石油工程监督行业优秀成果评选一等奖。

【监督资质管理】 2021年，辽河油田公司通过集团公司井控检查，监督考核成绩平均成绩97分。辽河油田公司钻井监督部门围绕监督中心长远发展，持续加强监督队伍建设，进行室主任公开竞聘，优化组织机构，提高工作效率。实行定岗定员定分配，完善分配制度，激发员工工作热情，实现多劳多得。组织参加钻井井控取换证培训48人次、组织青年骨干6人参加股份公司中级监督培训、34人参加股份公司初级监督培训。至2021年底，有监督85人，其中在册职工20人，外聘65人，现场监督均持证上岗。其中，股份公司中级监督15人，初级监督31人，实习监督39人。

【工艺技术试验与应用】 2021年，辽河油田公司钻井监督部门开展的5英寸套管开窗侧钻技术在锦7-049-360C2井实施成功，攻克特殊接箍钻杆、小尺寸钻头等配套技术，实现开窗、侧钻定向钻进201米。全年生产300余天、最高日产油8.14吨，累计增油1200余吨，节约钻井投资350万元，增效200余万元。加强钻井监督信息化建设，完成工程技术决策支持管理系统的调研、可行性研究，该系统打破以往数据孤岛，通过工程实时数据、视频、工程动态、井筒数据、工程监督管理、工程数据共享、工程报表、辅助决策及工程预警等模块实现数据高度共享和充分利用，满足科学决策和快速响应。

（郑 东）

产能建设

【概述】 2021年，辽河油田公司按照新区快速规模建产、滚动建产，老区方式建产、分批建产、择优建产思路，持续推进新区评价开发一体化，提高建产效率。持续老区精细挖潜，实现高效二次开发，推进与转换方式相结合，不断提高区块采收率和提高可采储量，深度挖掘老区潜力。利用市场化机制，灵活建产，涌现出沈24块、牛612块等一批典型区块。完成各类产能建设新井687口，钻井进尺112.86万米，新建产能96.5万吨，年产油48.83万吨。其中，产能方案完钻新井663口（新区完钻116口，老区完钻547口），钻井进尺107.52万米（平均单井进尺1622米），新区钻井进尺29.69万米（平均单井进尺2559米）；老区钻井进尺77.83万米（平均单井进尺1423米）；新建产能90.5万吨，投产619口（油井604口，注水井15口，油井开井567口）。日产油能力2000吨，日产气能力30万立方米，年产油42.36万吨，年产气5930.7万立方米；未动用储量开发公司完钻新井29口，进尺5万米，新建产能4.46万吨，年产油2.14万吨，平均单井日产能力4.1吨；庆阳勘探开发分公司完钻新井19口，总进尺3.08万米，新建产能1.89万吨，年产油0.35万吨，平均单井日产能力2.0吨；提前实施2021年新井完钻194口，进尺35.84万米，新建产能30.5万吨，投产72口，年产油0.87万吨。

上报股份公司自营区产能方案完钻新井663口，进尺107.52万米，新建产能90.5万吨（自营新区新建原油生产能力18.4万吨，自营老区新建原油生产能力72.1万吨），投产619口，年产油42.36万吨。其中，自营新区完钻新井116口，进尺29.69万米，新建原油生产能力18.4万吨，年产油8.26万吨；自营老区完钻新井547口，进尺77.83万米，新建原油生产能力72.1万吨，年产油34.10万吨。新建原油生产能力90.5万吨。完成水平井45口，总进尺9.55万米，平均单井水平段长度493米，储层钻遇率97.9%，油层钻遇率94.3%。投产44口，年产油7.69万吨，年产气51.1万立方米，平均单井日产油能力10.1吨，平均单井年产油1748吨，平均单井生产时间173天。

【原油生产能力】 2021年，辽河油田公司核销原油生产能力95.46万吨，其中，核减自营区生产能力95.25万吨，核减对外合作生产能力0.21万吨。辽河油区原油生产能力1020万吨，同比增加1万吨，其中，自营区生产能力917.2万吨（正宁矿权区生产能力3.36万吨），合营区生产能力102.8万吨。其中，稀油291.49万吨（减少8.96万吨），稠油619.09万吨（减少1.66万吨），高凝油102.14万吨（增加4.34万吨）。

【产能方案】 2021年，受国际油价持续暴跌影响，辽河油田公司原油产能建设投资由39.94亿元下降至36.23亿元，实施新井604口，新建产能90.5万吨。通过压控投资、优化实施井位，全年实际完钻井数663口，超方案计划59口，全年进尺107.52万米，较方案节约5.2万米，建产能90.5万吨，完成方案要求，全年产油48.83万吨，超方案3.66万吨；新井钻井成功率100%，未出现一口地质报废井，超当年产能建设实施方案计划及股份公司标准2个百分点和5个百分点。通过超前组织、挂图运行、甘特图作战，全年新井全部超运行线实施，月度运行符合率平均达110%以上，达到方案要求；平均单井生产时间191.5天，相比2020年的179.6天，增加11.9天，生产时率得到提高；平均单井日产油4.3吨，同比下降0.1吨，相比股份公司平均水平（3.4吨/口）高0.9吨，其中新区平均单井日产油4.2吨，维持历年水平，老区平均单井日产油3.8吨，与2020年保持不变。全年产能贡献率50.6%，对比2019年提高15%，对比2020年微降1.2%，超近五年平均水平，相比股份公司平均水平超出13.6%；万米进尺建产能0.86万吨，同比上升0.03万吨，对比股份公司平均水平0.55万吨超出0.31万吨。

【油藏研究与井位部署】 2021年，辽河油田公司开展油藏精细描述，深入研究油气成藏机理与剩余油分布规律，注重复杂断裂系统精细构造解析及低级序小断层的识别，立体刻画砂体展布、连通关系，加强油藏微构造高点"甜点区"研究，总结区块动态开发规律，靠实单井产能，最大程度降低新井实施风险，最大限度杜绝低效井，为效益建产奠定油藏基础。提前介入油藏研究经济评价，在井位部署前进行综合排队，重点对投资低、风险小、效益好的区块开展井位部署研究。多方式描述剩余油分布，井震结合精细对比扩展部署空间、多手段落实断层位置高效挖潜、地震沉积结合预测有利砂体展布，不断深化构造、沉积、储层等一系列地质认识，精细挖潜老区剩余油。针对老区产能建设区块多、目标分散、实施风险大和后期措施工作量增大的现状，提前开展井位部署研究，按照每年"试验一批、部署一批、准备一批"程序，提前谋划产能建设工作布局，确保当年新井实施工作量，提高方案符合率。

【地质设计审查】 2021年，辽河油田公司为从源头把握钻井安全，在钻井地质设计上，组织开发部、钻采工艺研究院、勘探开发研究院、录井公司、测井公司及采油单位相关人员，多部门开展钻井地质设计联合审查，对新井实施平台、井身结构、进尺、轨迹、资料录取、安全环保等"八个方面"优化简化，设计的安全性、准确性及经济性得到加强。严格审查数据、图表准确性，高标准要求钻井地质设计风险识别、施工要求，严格执行普通井三级审批、重点井四级审批的井控要求。制定钻井地质设计量化打分标准，横向对标，严格管控设计编制质量，确保钻井施工安全，实现地质任务，注重设计源头优化，压控投资，阶段优化钻井进尺、井身结构、录井、测井等。针对设计审查过程中发现的新问题、实施过程中出现的新情况、效益开发中涌现的新理念，不断修改完善钻井地质设计模板，做到"四个更全、三个更准、两个更及时"，从源头上提升设计的安全性和完整性。

【新井产能优化部署】 2021年，辽河油田公司强化新井跟踪，在倒排新井运行、产能建设全面提速的同时，坚持控制井优先，优化实施顺序，将跟踪前缘延伸到钻前准备，出现问题及时调整，结合油藏特点优选射孔井段，制定合理生产制度，及时分析快速调整，指导区块下一步实施。通过超前部署、倒排运行，平均单井生产天数达191.5天，同比提高11.9天。通过效益倒逼、择优建产，单井日产能力稳定4吨，产能贡献达50%。将新部署的高产优质井位调入当年实施方案，保证产能建设整体效果。按照股份公司"不能动用不探明"的要求，强化油藏地质研究，加快评价建产同步，提高新探明储量的建产效率。针对产能落实的区块实施一体化快速建产，针对落实程度低的区块实施滚动式逐步建产方式，21个新区完钻新井116口，占总井数比例16.9%。其中沈24块沙三段规模实施25口，初期单井日产油6.8吨，新建产能2.7万吨，当年产油2.27万吨，区块日产油从133吨上升至233吨，实现优质储量向产量的快速转化。

【大比例尺编图攻关】 2021年，针对老油田规模井位部署难度逐年加大，辽河油田公司转变研究思路，地质体研究从区块拼接向整体编图转变，推进精细油藏描述向精准油藏描述升级，创新形成富油气老区大比例整体精细编图技术，有效支撑老油田产能建设井位规模部署。按照"四老四新一整体"思路，大连片地震叠前深度处理与解释、区域古地貌恢复与沉积相带精准刻画、油田级精细三维地质建模，深化油气成藏认识，按照油气富集程度、剩余潜力整体规划，释放区块边部、断块结合部、控藏断层周边规模潜力，拓宽产能建设空间。建立产建部署模式4种，突出精细构造解析、精准储层预测、精确成藏认识，部署新井812口，实施705口，建产能107.4万吨。（1）曙二三四区断裂系统重构规模部署。该块为扇三角洲前缘沉积，孔隙度27.2%，渗透率714毫达西，地质储量5667万吨；注水开发四十余年，采出程度32.5%。受部署区范围大、井数多、断裂系统发育等制约，原地质研究以分区域研究为主，缺少整体地质认识，结合部具备较大挖潜空间。针对坡洼交错、储层砂体变化快的特点，通过开展复杂盆地三维古构造恢复、统层对比2400口老井，创新形成密井网层序地层格架对比、多层系区域相带精细描述等方法，完善填充补齐、顶剥底超等对比模式，明确多体系有利砂体空间展布。针对开发目标层系，开展150平方千米多期复杂断裂连片解释，组合断层93条，识别有利圈闭28个，建立"山上超覆、山下充填、断裂控藏、高部成藏"模式，冲破中部高垒带"砂体不发育、无井可布"认识误区，拓展井位部署空间。同步建立油田级精细三维地质模型，优选4个目标区规模部署新井77口，预计建产能9万吨。（2）沈84—安12块断层精准刻画高效部署。该块为辽河储量最大（6374万吨）和产量最高（20万吨）的高凝油整装油藏，1986年投入开发，历经五次加密调整，部署前可采储量采出程度87.7%，采油速度0.24%，处于高含水低速开发阶段。采用叠前地震连片解释、高覆盖VSP低级序断层描述、复杂断层空间模拟等技术，单井识别断点980个，组合断层50条，断距识别精度由15—20米精至5—10米，实现复杂断块油藏高精度建模，为整体研究部署奠定基础。深化区域重矿物ZTR指数、碎屑粗粒沉积、不稳定矿物等物源指示判别方法，由北东向单一物源转变为北东与西南两套物源体系认识，拓展岩性油藏部署潜力。利用双靶点优化井轨迹设计，精细挖掘控藏断层附近和岩性油藏潜力，2018—2021年部署新井29口，实施22口，区块日产油由14吨增至127吨，阶段累计产油3.3万吨，增储180万吨。

【庆阳建产】 2021年，辽河油田公司庆阳勘探开发分公司完钻新井19口，投产12口，日产油能力2吨。其中乐63块实施油井15口，投产10口，单井日产油能力1.8吨，宁175块完钻投产水平井2口，平均水平段长度1360米，油层钻遇率70.2%，取得较好效果，平均单井日产油7吨左右。按照"整体部署，分批实施"原则，预计2022年在乐208等区块继续实施部署，通过反九点井网注水增能压裂开发方式，继续响应辽河油田公司号召，做好鄂尔多斯效益上产工作。

【生产投资压控】 2021年，辽河油田公司产能建设以"提单井时效、降投资单标"为目标，分环节跟踪调整，全过程效益引领，单井生产时率同比提高11.9天，百万吨产能投资40亿元，产建投资、百万吨投资分别下降3.67亿元、1.1亿元。井位部署上，通过六步决策规避实施风险，老井侧钻落实产能。经济评价提前介入规避效益风险，部署效益新井845口。方案优化。算好"风险、产量、效益"，辽河油田公司排队六轮优选，"少花钱、多办事"，新井可实施井数由604口提高至663口。在钻井设计上，多部门联合审查，钻录测逐项优化，关键数据量化考核，设计符合率100%。在新井运行上，多部室深度融合，提前下达征地便函，根据产量倒排运行，新井生产天数达191.5天，同比提高6.6%。在实施跟踪上，强化制度、责任到人、及时跟踪、调整到位。在新井评价上，与勘探开发研究院业务融合，推行三年产量考核，确保新井产量达标。在压控投资上，修订非标管理办法，优化录测资料录取要求，重新核定投资标准井，单井投资下降16.5%。配合计划部等部门，重新核定区块单井投资。优化进尺及资料录取，节约投资3867万元；通过丛式井、老平台外扩、老井侧钻等方式，节约投资1.79亿元，百万吨产能投资由2020年的41.1亿元下降至40亿元。

【产建承包制度】 2021年，辽河油田公司推行项目化产建承包，以采油厂为项目单元，机关处室全程跟踪调整，以指标承包为实施方式，以量化考核为激励手段，将产建投资、产能、产量、效益指标承包至12家采油单位，鼓励自主优化，指标倒逼、总额控制，全年百万吨产能投资控降至40亿元。以锦州采油厂为例，全年计划投资2.45亿，新建产能6.8万吨，产油3.7万吨。通过建产承包制度，调减高投入井5口，多打新井7口、侧钻井29口；实际建产能8.8万吨，产油4.1万吨。

【沈24块产能建设】 沈24块北块油藏埋深大，含油井段长，油层多且薄，开发效果较差。2019年通过"三老资料"复查和试采，整体落实构造，重订四性关系图版识别有效储层，刻画优势相带展布形态，发现扩边部署潜力区，新增探明储量54.8万吨，采用整体部署、分批实施原则部署新井36口。2020年优先实施2口井，落实区块潜力，投产初期单井日产油8.2吨。2021年，辽河油田公司在前期基础上，分三批规模实施25口，均已投产，初期单井日产油6.8吨，区块日产油从133吨上升至233吨，实现滚动扩边整体部署、分批实施，降低快速建产风险。

【牛612块产能建设】 牛612块位于牛居油田北部，2019年实施滚动井取得良好效果，在东营组部署新井41口，其中10口兼顾沙一段。牛612块23口投产井初期日产油336.9吨、日产气82000立方米，截至2021年12月底，辽河油田公司在日产油152.4吨、日产气60000立方米，累计产油30800吨、累计产气1201.8万立方米。对比已实施井储层物性，发现沙一段物性最差，原分析需压裂投产，但实际压裂效果不佳。2021年实施产能井10口，投产8口，有2口井（牛61-1井、牛61-3井）压裂后正排液，其中试采沙一段5口，日产油7.2吨，投产东营组3口，日产油15.9吨，产能差异较大。沙一段压裂投产模式将继续探索，按需上返东三段及东二段，做到有序开发，效益建产。

【大1块产能建设】 大平房油田大1块位于辽河盆地东部凹陷中央断裂背斜构造带南部，目的层东营组+沙一段，上报探明含油面积5.8平方千米，石油地质储量1005万吨，标定采收率22.3%，可采储量224万吨。2020年底，辽油油田公司通过细分层系完善注采井网，扩大深部调驱实施规模，通过直平组合方式，部署产能井位57口。2021年实施产能井40口，产油2.11万吨，产气788万立方米，为兴隆台采油厂完成全年产量任务发挥重要作用。

【兴古7-10块产能建设】 兴古7-10块位于西部凹陷中南段兴隆台潜山构造带中部，主力含油层系为太古宇（Ar）和中生界角砾岩（Mz_3），太古宇上报探明含油面积8.51平方千米，探明石油地质储量1745.09万吨。区块为块状裂缝型潜山底水油藏，储层发育好，且邻井产量较高，初期日产油和累计产油均较高，方案规划在兴古7-10块太古宇部署开发井9口。2021年，辽河油田公司在该块实施产能井2口，投产2口，兴古7-24-42井初期单井日产油24吨，阶段累计产油3200吨，1口井初期投产效果差，调层后初期日产油14吨，达到设计指标。

【欢20块产能建设】 欢20井区构造上位于欢喜岭油田高垒带，开发目的层为沙四段杜家台油层，含油面积1.25平方千米，石油地质储量92.9万吨。自2019年以来针对本区构造复杂、储层相变快的地质特点，充分应用完钻井录测井资料、三维地震资料及生产动态资料，采用渐进式解剖部署方法，边实施—边认识—边调整，逐步落实区块构造、储层发育及油水分布规律，保证新井产能效果。2021年，辽河油田公司在该区块实施新井7口，平均单井日产油8吨，产油9500吨，其中锦2-1-K307井初期日产油18吨，阶段增油3900吨，效果显著。

【新海27块产能建设】 新海27块为海外河油田主力区块，先后经历一次开发、二次开发两个阶段，区块综合递减率13.9%，采油速度低至0.71%，油藏主体水平井处于高液量、高含水开发阶段，稳产形势严峻。通过精细刻画地质体落实微幅构造、建立隔夹层识别标准、重新刻画不同区域水淹规律，开展剩余油评价落实部署潜力。优选剩余油富集区部署侧钻水平井21口，采用天然能量，注汽降黏方式分批实施。2021年，辽河油田公司在该区块实施侧钻水平井9口全部投产，初期日产油98.8吨，平均单井日产油11吨，含水54%，截至2021年底，日产油26.5吨，平均单井日产油2.9吨，含水91.2%，全年累计产油1.34万吨。

【千12块产能建设】 千12块兴隆台油层历经30年吞吐开发，受窜槽出水和井况差问题影响，整体开发效果不佳，采油速度仅0.09%，采出程度仅9.8%。2020年通过多靶点控制，利用莲花油层新井兼探兴隆台油层，取得部署潜力突破，进而开展全区统层精细对比，重构区块构造格局，通过储层精细评价落实油层发育规律，发现东西部空白潜力区，按照老区滚动与效益建产一体化，老井侧钻与新井部署结合原则，部署扩边滚动井2口，完善井网产能井19口。2021年，辽河油田公司在该区块实施产能井9

口，平均单井日产油3.5吨，全年累计产油6667吨。

【后备资源建设】 截至2021年底，辽河油田公司累计探明石油地质储量25.44亿吨（含鄂尔多斯矿权区723万吨）。已开发石油地质储量21.31亿吨（含鄂尔多斯矿权区291.2万吨），占探明储量的83.8%。未开发石油地质储量4.13亿吨（含鄂尔多斯矿权区431.7万吨），占探明储量的16.2%。已探明未开发储量，按地域划分，盆地陆上29792.5万吨，占未动用储量的72.2%；外围盆地5241.7万吨，占未动用储量的12.7%；海上5793.8万吨，占未动用储量的14.1%；鄂尔多斯矿权区431.7万吨，占未动用储量的1.0%。按油品划分，稀油22447.6万吨，占未动用储量的54.4%；稠油11329.2万吨，占未动用储量的27.5%；高凝油7483.0万吨，占未动用储量的18.1%。探明未开发储量按工作进展分，本土自营区164个区块，石油地质储量4.08亿吨，占未动用储量的98.95%；待核销41个区块，已探明未开发储量9404.95万吨，占未动用储量的22.79%；自然保护区30个区块，已探明未开发储量6896.93万吨，占未动用储量的16.72%；正建产区块41个，石油地质储量15652.97万吨，占未动用储量37.94%；待落实区块45个，石油地质储量9304.92万吨，占未动用储量的22.55%。

【产能建设现状及存在问题】 辽河油田矿权区横跨不同大地构造单元，资源品质差，油气藏类型多样，以超低渗透油藏和页岩油为主，勘探方向及领域不明确，开发技术储备不足，效益建产难度大。随着辽河油田油气资源探明程度不断提高和开发动用逐步深入，产能建设目标和资源品质逐年变差，近年来新增探明储量主要表现为目标零散、深层低渗透和储量品质差的特点，有效开发难度大。老区建产目标日益复杂，新区动用难度大，方式转换增量逐年萎缩，需要方式配套时间长，主要依靠产能建设增能力稳规模，要继续保持千万吨稳产，按综合递减率5%、贡献率50%测算，需年建产能100万吨，年产量在50万吨以上，对新井产能要求要来越高。"十四五"以来，辽河油田资源储备和新增探明储量持续不足，优质储量发现较少，储采比下降。2021年储采比仅为8.4，位于中国石油第11位，储采失衡矛盾造成产能建设新井部署难度加大。新区新井工作量不充足，动用难度大、投资高，老区建产比例达80%，但老区注采井网已逐渐完善，其中老区稀油井距已达150—200米，稠油井距70—100米，老区挖潜潜力逐渐降低，整体单井日产油由5.4吨下降至4.4吨。2014年以来，新增探明储量逐渐由潜山为主转变为深层低渗透储量为主，增储目标零散、规模小，油藏日趋复杂。新井多需要压裂投产，钻井压裂投资高，效益建产存在较大风险，新区建产均按照滚动式整体部署逐步实施的节奏开展，产能建设中新区难以快速建产。老区历经多次井网加密及细分层系开发，储量控制程度及采出程度高，再次加密调整空间不足，老区建产与开发方式转换相结合，需大量专项投入配套，外加方式配套周期长，效益建产压力依然巨大。新增探明地质储量品质逐年变差，储量发现与动用难度增大，投资更高，导致新区建产困难、比例较小，建产目标仍以老区为主。2021年，辽河油田公司在新区完钻井数116口，占产能井比例16.9%，对比2020年的135口井，减少2.5%，老区产能井比例83.1%。

水平井实施规模得到控制。受集团公司投资压控，单控储量不足、实施难度及风险较大、单井建产投资高等因素影响，2021年，辽河油田公司继续深化油藏研究，提高水平井投产效果，降低实施风险。推进应用市场化运营模式开发及风险压裂和钻压一体化打包模式，降低水平井建产投资。建产资源品质变差，实施压裂改造井数增多，主要以低渗透、深层为主（70%以上），在低渗透、特殊岩性建产，百万吨投资超过60亿元，远高于常规砂岩油藏的35.3亿元，动用难度大、成本高。随着常规压裂、穿层压裂、体积压裂等储层改造手段的规模实施，产能建设逐步向难动用储量区块，深层低渗透油藏转移。2021年实施水平井45口，同比减少17口。

资源品质差，外部环境复杂，效益建产压力大。近年来，老区不断加密，新井单控储量逐年下降，优质井位严重不足，稠油储量比例相对大，运行成本较高，留给产能建设效益投资空间极为狭小，与方式转换结合比例不断提高，但方式配套投产高、周期长、见效慢，效益评价难以达标。新探明储量区块，物性差、埋藏深、需压裂改造比重大，配套措施投资高，同样面临内部收益率的评价考验。

同时，产能建设面临的外部环境日趋复杂，集团公司投资压控加大、效益评价要求更高，使得原本就捉襟见肘的井位更加紧张。受管材等原材料价格同比上涨，地方政府及各相关利益方诉求增加，征地费上升、环境保护日趋严格、额外增加钻井液处理费和井控方面相关措施费用，以上种种外界因素致使产能建设投资大幅度增加。外围尚未形成有效接替，近几年产能建设仍以辽河本土为主，外围开鲁地区无新增发现，鄂尔多斯地区接收时间短，新增储量尚未规模建产，2021年，辽河油田公司外围建产能仅3.81万吨。未来一段时间辽河油田可能仍延续新增探明储量不足、高效开发新区稀少状态，井位部署目标将继续向难采储量区块倾斜，平均单井产量相对较低，储层改造及钻探成本相对较高，造成经济评价达标难度增大，井位部署及实施受限。

集团公司投资逐年缩减，产能建设资金缺口巨大。辽河油田公司作为中国石油改革试点单位，2020年以来，原油产能建设百万吨投资规模，每年按照5%的比例下降，外加稠油过半资源品位低，效益建产压力逐年增大。2021年下达产能投资36.23亿元，同比减少6.34亿元，投资缺口较大，无法满足建产投资需求。

环保影响日趋严重，产能建设空间严重压缩。辽河油田处于自然保护区内，探明含油面积248平方千米，探明石油地质储量3.37亿吨，占辽河本土探明储量的13.9%，年产油149.7万吨，占油区产油量的14.9%。保护区内多为油田主力区块，储量丰度大、油田千万吨稳产产量依赖度大，保护区内禁止实施新井，井位部署空间严重受限。每年少打新井100口左右，直接影响年产油9万—10万吨，严重压缩了辽河油田建产空间。保护区内1.42亿吨储量具备开展蒸汽驱、SAGD、化学驱、非烃类气驱等工作的潜力，可提高采收率16.5%，增加可采储量2343万吨，与之结合的产能新井井位暂无法实施。

（魏　耀　梁近冬）

采油工程

【概述】　至2021年底，辽河油田公司有采油井21867口，开井13226口。其中，抽油机井19082口，开井11736口；螺杆泵井269口，开井178口；电泵井124口，开井108口；捞油井2175口，开井1089口。平均单井日产液14.6吨，天然气井592口，开井131口。检泵率32.9%，同比降低6.4%；检泵周期745天，同比提高30天；抽油机平衡率89.2%，同比提高0.1%；泵效46.8%，同比提高1.3%；系统效率25.9%，同比提升1.6%；举升单耗15.1千瓦·时/吨，同比降低2.1千瓦·时/吨。采油工程贯彻辽河油田公司各项工作部署，聚焦油田效益开发总体目标，围绕方案设计、工艺技术、采油管理、热注管理、储气库等业务，扎实推进业务规划、设计优化、制度完善、技术攻关、工艺推广、安全环保等各项工作，组织编审曙光采油厂300万吨稳产、双229块CCUS等重大采油工程方案22项，攻关推广智能分注、智能间抽、蒸汽流量控制技术（FCD）、控水防砂技术（AICD）、水平井体积压裂等先进适用技术27项，完成套管注水隐患治理工作任务，实现机采举升降电耗1.2亿千瓦·时，维护作业工作量减少747井次，工艺措施增油52.4万吨，总体指标持续向好，确保油气生产安全平稳有序，为辽河油田公司实现"十四五"良好开局提供支撑与保障。

【采油方案设计审查】　2021年，辽河油田公司强化方案设计管理，推动油田经济高效开发。践行地质工程、钻采工程一体化方案编制理念，强化方案比选、优化施工工序、推广运用低成本技术，实现方案源头控投降本4949万元。组织完善采油工程方案管理办法，参照集团公司油气开发管理纲要，结合辽河油田自身特点，规范各类方案管理流程，明确编制内容、审批流程与后评价管理等要求，实现采油工程方案高质量管理。首次下达年度方案编制计划，通过与开发部门充分对接，落实全年方案编制计划任务，明确各项方案时间节点及要求，督促设计单位提前开展配套试验、充分进行技术选型，大幅加快方案编制节奏，做好连接油藏与地面方案之间承上启下作用。组织建立方案标准化设计模板，按照"全生命周期效益最优"理念，钻采工艺研究院通过加强注采工艺技术适用性、经济可行性分析，完成蒸汽吞吐、水驱等7种开发方式设计模板，规范统一方案设计内容与要求，保证方案编制水平与提高工作效率。推进区块综合治理工作，遵循结合开发需求、坚持问题导向、立足效益治理工作思路，组织编制完成齐40蒸汽驱更换管柱、SAGD与蒸汽驱隐患治理、气井挖潜复产等方案，促进老区高效安全平稳开发。强化方案后评价管理，组织钻采工艺研究院完成方案后评价模板，完善后评价机制，统一后评价内容，对重点区块方案执行率、主体技术路线、存在问题等进行适时评价，并针对评价结果及时优化调整设计内容，指导类似油田区块的方案设计应用。

【采油基础管理】 2021年，辽河油田公司通过全面推进采油对标管理，完善关键节点计量，分油品和开发方式细化指标分析，搭建网络交流平台，总结推广典型技术经验，强化低产低效井治理，实现油井检泵率同比降低6.4%，降幅16.3%，机采举升单耗同比降低2.1千瓦·时/吨，降幅12.2%。系统梳理业务管理薄弱环节，完善规章制度，强化基础管理，挖掘提质潜力，提升管理水平。完善规章制度体系方面，组织制定辽河油田公司机动采油、工艺措施、试油试采等业务管理制度，起草扶正器、抽油泵检测、高气液比井举升设计等技术标准，明确管理职能及工作流程，细化技术指标及操作要求，规范业务管理。持续完善规章制度体系，组织制定辽河油田公司机动采油、高气液比井等管理制度及技术标准，形成《采油系统关键操作规程目录》，梳理明确管理职能、工作程序、技术指标及操作要求，规范业务管理流程，指导基层单位应用。以《油气田地面工程视觉形象设计规范》为依据，以沈阳采油厂标准化井站建设为蓝本，结合各单位生产实际，初步形成《井站规格化标准图册》，细化站场、主要设备管理标准和控制指标。强化高频检泵区块治理，组织规范举升技术系列，优化推广举升设计软件，规范定型抽油泵、防偏磨技术系列，规模应用硬质合金阀组泵，维护检泵同比降低747井次，其中针对沈67区块出细粉砂、多段偏磨等技术难题，探索试验进口抽油泵，均正常生产，平均免修期396天。与欢喜岭采油厂共同梳理掺稀油现状，形成齐40块掺稀油制度图版，明确不同黏度、含水、温度配掺比，掺稀油量同比减少2.4万吨，降幅11.1%。

【低产低效井治理】 2021年，辽河油田公司建立油井经济举升评价图版，明确常开井、间开井、捞油生产技术界限，合理利用峰谷平电价政策，优化抽油机及电加热运行参数，全年新增间开井、捞油井、热线间送井1885口，节电1477万千瓦·时，增油7671.6吨。

【停掺、降掺稀油管理】 2021年，辽河油田公司结合欢喜岭采油厂掺稀油生产现状，组织形成齐40块掺稀制度图版，明确不同含水、不同温度的配掺比，掺稀油量同比减少2.1万吨，降幅10.9%。总结推广欢喜岭采油厂成功经验，督促各单位优化调整，全油田同比累计降掺稀油8.5万吨。助力油田数字化转型，细化完善参数采集标准，将站场分为六大类13种站型，必采参数由5项优化为3项，有效降低建设成本。

【低成本工艺措施规模实施】 2021年，辽河油田公司通过规范措施评价方法，推行效益对标管理，累计实施工艺措施2402井次，自2020年实施措施以来至2021年底，持续贡献增油措施4508井次，增油69万吨，施工成功率99.8%，措施有效率89.6%，同比提升7.1%，措施吨油成本515.7元，同比降低35.1元。

【举升工艺配套示范】 2021年，辽河油田公司持续推进举升工艺配套示范。针对不同油品举升需求，组织钻采工艺研究院自主研发举升优化设计软件。开展抽油泵及防偏磨技术定型，明确结构参数、表面处理工艺、阀组材质、间隙等级等指标，形成9种抽油泵、3种防偏磨技术系列。沈67块试验应用进口抽油泵6井次，阶段延长检泵周期141天。试验推广电潜螺杆泵6井次，日均增油1.2吨，节电209千瓦·时。沈阳采油厂、高升采油厂规模应用空心杆热水循环技术85井次，平均单井日节电594千瓦·时。

【安全管理】 2021年，辽河油田公司履行"管业务管安全"工作要求，持续加强注采井口等重点部位风险防控和隐患治理，保障生产安全环保。强化井口完整性管理方面，配合西北检测中心，抽检高风险注采井口20套，检测结果总体较好，同时全面梳理27618套在用井口现状，筛选出Ⅰ类、Ⅱ类风险井口1694个，建立井口分级管理台账。组织起草《蒸汽吞吐井缓损推荐做法》，规范注汽工艺、隔热方式、生产压差控制、配套措施管理等要求，指导生产应用，控降新增套损规模。推进风险辨识与隐患排查方面，采取日常抽查与年度专业检查相结合的方式，强化高气液比稀油井、城区生产井等重点井生产安全管理和井口隐患治理，重点整治"低老坏问题"，保障生产安全。累计排查出隐患井241口，治理完成171口。

（潘　锦）

开发动态监测

【概述】 2021年，辽河油田公司加强动态监测资料录取应用管理，保证动态监测资料在油田开发调整方案编制、精细油藏描述、老油田二次开发、油田开发重大试验和油藏动态分析等方面重要作用。各类测井、试井计划5896井（组）次，实际完成7014井（组）次，完成年计划的119.0%；分析化验计划2888样次，实际完成3727样次，完成年计划的129.1%。地层压力计划2041井次，实际完成2331井次，完成年计划的114.2%。其中采油井2086井次、注水井245井次。水井测调1001井次，实际完成1209井次，完成年计划的120.8%。其中测调联动1032井次、投捞测试177井次。生产测井计划2630井次，实际完成3091井次，完成年计划的117.5%。其中产出剖面7井次、注入剖面2761井次、工程测井323井次。饱和度测井计划163次，实际完成252井次，完成年计划的154.6%。其中碳氧比175井次、中子寿命63井次、其他14井次。井间监测计划61井组，实际完成131井组，完成年计划的214.8%（表6）。

表6　2021年动态监测资料录取统计表

项目	计划完成井（组）（次）	实际完成井（组）（次）		完成年计划（%）
测井、试井	5896	7014		119.0
分析化验	2888样次	3727样次		129.1
地层压力	2041	2331	采油井：2086	114.2
			注水井：245	
水井测调	1001	1209	测调联动：1032	120.8
			投捞测试：177	
生产测井	2630	3091	产出剖面：7	117.5
			注入剖面：2761	
			工程测井：323	

续表

项目	计划完成井（组）（次）	实际完成井（组）（次）		完成年计划（%）
饱和度测井	163	252	碳氧比：175 中子寿命：63 其他：14	154.6
井间监测	61井组	131井组		241.8

【选井流程管理】 编制监测方案时，监测井点应在满足"五性"要求基础上，即监测井点的部署具有代表性、监测时间具有连续性、监测结果具有可比性、录取资料具有针对性、实用性，以及遵循"五个优先"原则，即产能建设优先、综合治理优先、重大试验优先、措施挖潜优先、重点区块优先，使监测方案真正做到科学性、针对性和实用性的结合，能够真正满足油田开发实际需要。2021年，辽河油田公司测试选井，每月测试井号由室、所、厂三级责任管理制，动态管理人员根据年度监测计划监测工作量，在本室月度措施论证会上提出动态监测井号经共同讨论，在厂月度措施运行会上论证，由总地质师审核通过后实施。资料应用部门在资料应用的过程中可以提出新的主张，如有必要，可对监测井号、监测项目提出调整。

【资料应用管理】 2021年，辽河油田公司建立《开发动态监测资料应用管理台账》，及时、充分应用监测资料解决油藏开发中实际问题，并对应用情况进行后评价，在评价各类油层的开采状况、制定或调整油田开发方案、指导油田挖潜和科研中应用率达到100%，为辽河油田指导新井井位部署、油藏精细注水、分层注汽、大修、压裂、蒸汽驱、火驱、SAGD、化学驱等开发调整、新井投产、措施增油等提供重要依据，确保动态监测资料应用效果。其中，锦州采油厂全年利用动态监测资料指导编制各类开发方案2个，涉及区块16个；指导部署新井97口，当年完钻90口，当年投产75口，累计产油5.08万吨；应用资料进行动态分析630余井次，在23个区块指导各类措施285井次，措施有效率71.3%，措施增油2.16万吨。欢喜岭采油厂利用动态监测资料指导编制各类开发方案7个，涉及区块32个；8个区块应用监测资料指导部署新井42口，当年实施42口，累计产油2.90万吨；利用开发动态监测资料进行动态分析2040井次，动态监测资料利用率100%，实施注水注汽动态调配278井次，指导各类措施700井次，有效率90.7%，措施增油16.8万吨。曙光采油厂全年利用动态监测资料指导编制各类开发方案7个，涉及区块10个；指导部署新井221口，当年实施147口，累计产油7.8万吨；应用资料进行动态分析680井次，指导各类措施780井次，有效650井次，有效率83.3%，其中直接应用资料指导各类措施400井次，有效330井次，有效率82.5%，当年利用资料措施增油22.3万吨。兴隆台采油厂全年利用动态监测资料指导编制各类开发方案3个，涉及区块16个；指导部署新井43口，当年实施30口，累计产油2.1519万吨；应用资料进行动态分析416井次，指导各类措施153井次，有效107井次，有效率70%，其中直接应用资料指导各类措施46井次，有效40井次，有效率86%，当年利用资料措施增油1.96万吨。高升采油厂利用动态监测资料指导编制各类开发方案12个，涉及区块10个；指导部署新井38口，当年实施13口，累计产油0.8万吨；进行动态分析150井次，指导动态调配水120井次，调补层、压裂、大修、侧钻等各类措施55井次，有效50井次，有效率90.9%，增油1.6万吨。茨榆坨采油厂利用动态监测资料指导编制各类开发方案8个，涉及区块13个；指导部署新井41口，当年实施12口，累计产油1.75万吨；应用监测资料进行动态分析41井次，指导各类措施22井次，有效16井次，有效率73%，其中直接应用资料指导各类措施13井次，有效9井次，有效率为69%，当年利用资料措施增油0.32万吨。沈阳采油厂全年利用动态监测资料指导编制各类开发方案3个，涉及区块3个；指导部署新井65口，当年实施18口，累计产油1237吨；应用资料进行动态分析267井次，指导各类措施139井次，有效314井次，有效率77.3%，其中直接应用资料指导各类措施35井次，有效33井次，有效率94.3%，当年利用资料措施增油1.43万吨。金海采油厂全年利用动态监测资料指导编制各类开发方案4个，涉及区块5个；指导部署新井20口，当年实施13口，累计产油1.7万吨；应用资料进行动态分析50井次，指导各类措施61井次，有效52井次，有效率为85.2%，其中直接应用资料指导各类措施32井次，有效28井次，有效率87.5%，当年利用资料措施增油8920吨。冷家油田开发公司全年利用动态监测资料指导编制各类开发方案6个，涉及区块4个；应用资料进行动态分析58井次，指导各类措施95井次，有效89井次，有效率93.7%，其中直接应用资料指导各类措施73井次，有效68井次，有效率93.2%，当年利用资料措施增油1.27万吨。特种油开发公司利用动态监测资料指导编制各类开发方案2个，涉及区块2个；指导新井部署49口，累计产油4.5万吨；应用资料进行动态分析调控1300余井次，其中直接应用资料指导各类措施350井次，有效298井次，有效率85.1%，当年利用资料措施增油8.9万吨。辽兴油气开发公司全年利用动态监测资料指导编制各类开发方案3个，涉及区块3个；指导部署新井6口，当年实施6口，累计产油844吨；应用资料进行动态分析75井次，指导各类措施36井次，有效31井次，有效率为86.1%，其中直接应用资料指导各类措施20井次，有效17井次，有效率85%，当年利用资料措施增油2051吨。

【现场实施管理】 2021年，辽河油田公司采油单位严格执行《辽河油田公司承包商安全监督管理办法》和本单位承包商安全监督管理办法，杜绝无资质、无合同、无方案施工。从资质审核、教育培训、施工组织、施工监督、资料验收、考核评定等方面，加强业务范围内的承包商施工管控，保障施工质量及施工安全。资质审核确保施工单位具备安全施工资质和施工能力；教育培训确保施工人员掌握安全生产技能，熟知疫情防控等要求，明确各岗位职责，确保施工安全；勘查现场具备测试条件后，采油单位签发施工许可组织施工，确保施工流程合规、过程可控；现场安全防护确保劳保穿戴正确，设置警示标牌、隔离带，设置风向标、监测有毒有害气体，确保施工环境安全，并配备呼吸器、灭火器，保证紧急情况下应急逃生处置能力；采油厂地质研究所、采油作业区、安全科、监督站等相关部门齐抓共管，形成安全联防机制，共同监督、检查，提升施工安全保障。

【人员培训管理】 2021年，辽河油田公司开发事业部举办《测试技术培训班》，其内容包括试井、测井仪器工作基本原理及使用方法；试井、测井仪器简单的刻度、维修及保养方法；试井、测井测试原始资料分析与验收；井下工具、工艺、地质对测试的影响；生产测井技术简介。使从事测试工作相关人员掌握试井、测井仪器基本原理和使用维护方法，了解工艺及地质对测试的影响，解决测试技术疑难问题，增加现场经验，完善知识体系，提高测试水平，各采油单位开发动态监测技术和管理得到推进。

【现状与矛盾】 辽河油田是地质条件十分复杂的复式油气田，具有断块多、含油层系多、油藏类型多、储层类型多、油品类型多，稠油油藏埋较深的特点，加大了油田开发难度，对动态监测技术提出更高要求。各种油水关系和井下状况越来越复杂，加之受成本控制限制等，动态监测存在问题也越来越多。（1）井下技术状况。资料录取质量数量受到影响，对于稠油开采区块，随着热采开发程度不断加深，极易引起地层骨架坍塌，造成地层出砂，导致套管变形其至套管错断、井下技术状况变差，使部分油井动态监测难以实现或测试不能到达目的层，影响测试完整性。对于稀油开采区块，井况复杂、套坏、落物井增多，监测资料的连续性受到影响；一些油水井不能连续定点测压。（2）分注井水量调配测试成功率较低。受井下工具质量、作业质量、注入水质及洗井条件等因素影响，分注井分层流量测试成功率不高，大量分注井存在测试仪器遇阻和投捞、不能调配问题。受固井质量、仪器条件及无卡封位置制约，分层测压精度不够，大段油层仅实现分段测压，不能实现细分层系对压力的需求。（3）监测技术工艺限制开发资料录取需求。热采方式开采的油田进入开发中后期，受注汽及开发方式等因素影响，地层温度较高，部分区域受仪器耐温影响难以进行相关监测。环空产液剖面测试受井斜、套管技术状况、下井管柱、油品性质等影响，测试难度大，生产井产出状况测试技术有待解决。（4）特殊油藏情况复杂，现有技术无法满足测试要求。由于潜山岩性特殊、埋藏深、温度及压力高，且井型特殊，常规测试方法、仪器难以满足油气界面、气驱前缘等监测。气驱开发模式、注气评价方法等研究的不完善，制约了对气驱规律的认识及改善气驱效果的有效调控。

（付崇清）

注水工程

【概述】 2021年，辽河油田公司有注水、蒸汽驱、SAGD、火驱、化学驱、氮气驱、天然气驱、深部调驱8大开发方式，有注入井3283口，开井2083口。其中注水井2461口，开井1588口，分注井1232口，开井885口，其中同心双管分注31口，普通偏心分注81口，桥式偏心分注701口，桥式同心分注375口，智能分注44口。分注率50.06%，同比下降1.84%，年注水2938万立方米。蒸汽驱井274口，开井174口，年注汽547.4万立方米；SAGD井243口，开井103口，年注蒸汽520.6万立方米；火驱井158口，开井114口，年注气15103.2万立方米；化学驱井130口，开井120口，年注化学剂254.7万立方米；氮气驱井15口，开井5口，年注气627万立方米，天然气驱井3口，开井0口，年注气2854.4万立方米；深部调驱井32口，开井12口，年注剂量1.77万立方米。

2021年，辽河油田公司注入工程系统围绕"精细注水注聚、储气库平稳注采"主线，以夯实基础管理、开展注水对标、应用先进工艺、开展专项治理为抓手，促进注入系统管理水平提升和工艺技术进步，为注水区块稳产上产、储气库注采井平稳保供提供工程技术支撑。

【注水井管理】 2021年，辽河油田公司梳理在用管理制度、标准，规范指标统计办法，强化水井测试管理，实现注水井检管周期1070天，分段验封合格率75.2%，同比提升3.7%，分层配注合格率85.4%，同比提升1.2%。开展在用注水封隔器调查，制定《配水器采购技术规格书》，编制《细分注水工艺技术规范》，规范封隔器、配水器及管柱的技术选型和标准，为后续规范封隔器型号、配水器物资编码，提升采购工具质量，延长分注管柱有效寿命提供技术依据。

【注水工艺措施后评价方法及应用推广】 构建注水工艺措施评价体系。2021年，辽河油田公司制定分注类、调剖类、解堵类工艺措施评价方法，从注水区块措施分类、选井、方案设计、现场施工及效果分析等方面入手，梳理规范注水工艺措施管理和评价方法，全油田试行实施。优化注水工艺工作量配置，实施各类水井措施505井次，增油3.16万吨。针对部分区块水井纵向动用程度低的问题，实施桥式偏心199井次，提高动用程度10%以上。针对斜井测试难问题，实施桥式同心147井次，提高测试成功率5%。针对地层堵塞、注入压力高问题，应用土酸、多氢酸解堵36井次，增注2.74万立方米。针对套变井分注难、效果差问题，实施水井调剖、投球调剖46井次，增油9300吨。针对储层中黏土矿物水化膨胀和分散运移问题，实施防膨12井次，稳定储层。针对注水无效循环问题，实施调驱19井次。针对偏远、高压、大斜度、需加密测调注水井，实施智能分注13井次，实现远程测调、验封，成功率100%，提高纵向动用程度15%以上。

【套管注水专项治理】 2021年，辽河油田公司落实集团公司与生态环境部办公厅"严禁套管注水、污染低下水层"相关要求，对522口套管注水井实施检管、转分注、更换保护封等措施，全面完成三年1287口套管注水井治理收官。治理过程中，多次与地质部门、财务部门、计划部门沟通，争取专项治理资金支持，并将本项工作纳入采油工程系统考核内容，为治理工作推进提供资金保障和制度保障。

【注水区块综合治理示范区建设】 2021年，辽河油田公司围绕开发选定的曙三区、大洼油田、沈84-安12块、牛居、大平房5个注水示范区块，以及曙二区、海外河、沈67等15个潜力大、规模大、问题突出的区块，以精细分层注水、无效水循环治理，统筹优化实施注水工艺措施为主线，实施分注、解堵、调剖注水工作量971井次，5个示范区自然递减率下降0.6%，15个区块自然递减率下降2.7%。

【注氮气业务管理】 2021年，辽河油田公司围绕"纯度达标、甲方计量"核心任务，深入现场，通过落实分子筛制氮车组氮气纯度、计量及规范管理情况，组织多部门会议严密分析，协调解决各项管理问题，保障甲方计量真实、纯度可靠。强化注氮工艺措施管理，针对氮气隔热措施补氮标准不一的问题，调研曙光采油厂、特种油开发公司、欢喜岭采油厂具体补氮原则，通过严密比对分析论证，形成统一标准，保障井筒隔热效果。

【FCD技术试验推进】 2021年，辽河油田公司FCD技术试验累计实施25井次，成功8井次，增油4234.1吨。其中杜84—兴H3338井日产液40吨、日产油7.8吨，累计产油5235.6吨（上周期1432吨）、累计产液21834.5吨（上周期3339.8吨）；杜84—兴H81-1井累计产液18071.3吨、累计产油584.1吨；杜84—兴H37井目前停抽，累计产液8725.8吨（上周期12780.4吨）、累计产油401.1吨（上周期1002吨）；杜84—兴H91井目前停抽，累计产液7760.2吨（上周期6115.8吨）、累计产油1031.9吨（上周期601.4吨）；杜84—兴H31井2021年底停抽，累计产液9411.3吨（上周期11976.8吨）、累计产油288.6吨（上周期862.7吨）；杜84—兴H614井累计产液3972.4吨（上周期3658.4吨）、累计产油1215.5吨（上周期1326.9吨）；杜84—兴H57井累计生产25天，目前日产液58吨、不产油；杜84—兴H2073井累计生产3天，日产液21.1吨、不产油。

【化学驱工艺技术研究】 2021年，辽河油田公司研发分质分压工艺技术，完善化学驱同心分注，在锦16块实施偏心分注工艺技术2井次，提高化学驱分注工艺技术水平。开展化学驱解堵增注技术研究，组织对锦16、沈84-安12块压力高，注不进的化学驱注入井开展治理，通过实施酸化降解措施，实现压力降低到正常水平，配注量达到要求。实施10井次，注入压力平均降低5.5兆帕。

【储气库注采井管理】 2021年，辽河油田公司强化储气库井筒完整性管理，组织储气库公司、钻采工艺研究院完善《辽河储气库井完整性管理规定（试行）》及《环空带压安全操作要求》等规章制度，从钻完井设计、注采工艺设计、注采气过程控制管理等规范建库阶段、生产阶段等全生命周期井完整性管理，满足储气库安全运行要求，制定风险防控措施及应急预案，井口漏气井安装井口围栏，挂安全警示标识，加强现场巡检及监控。加强储气库防砂、治砂管理，组织安全环保技术监督中心对辽河油田（盘锦）储气库有限公司18口井井口大四通、总阀门、生产阀门、井场弯头共150处进行壁厚检测，经过校核计算有26处流程弯头出现减薄，但均满足生产运行条件（最高注气压力22兆帕，管壁减薄处可承压23兆帕）。完成储气库井口压力变送器安装，实现ABC环空压力等数据的自动采集和在线监测。开展井口出砂监测、地面除砂技术研究。雷61储气库选取两口典型井，井口安装出砂监测装置，实时监测出砂情况，掌握出砂规律。研究地面移动式除砂装置，定期开展排除砂，降低出砂对工艺管道的冲蚀影响。开展环空带压井分析及治理，组织钻采工艺研究院、储气库公司、北京工程技术研究院（储气库井工程评估中心），制定《油套、技套环空压力分级管理图版》，对双6储气库11口环空带压井进行评估分析，制定双034-22井、双6-H2314井、双6-H3321井三口中等风险井管理监测对策。对双034-22井开展电缆噪声、光纤噪声等井下测试找漏及环空压力泄放试验，以此为基础，立项开展《注采管柱临界冲蚀系数评估》《雷61储气库天然气水合物冻堵防控技术研究》《储气库注采井井筒漏气原因分析与封固技术研究》，试验应用"井口注塑封堵技术"，完成室内试验，准备进入现场。强化储气库大尺寸注采井下工具选型配套，落实注采井环空带压原因及各储气库井井下工具使用效果，开展国内储气库注采井生产现状调研，为带压治理及大尺寸注采井工具选型定商提供参考，完成井下工具招标。

（魏　冉）

热注工程

【概述】 注汽作为辽河油田公司主营核心业务之一，围绕"优质、高效、低耗、安全"注汽目标，遵循一体化管理、专业化升级、数字化转型、市场化服务的发展思路，全力保证注汽质量，降低注汽成本，提高工作效率和热采效果。2021年，辽河油田公司有热注员工3866人，隶属9个生产单位，有127座固定站，主体单位管理注汽锅炉365台，外委注汽锅炉16台，固定注汽管网679千米，2021年累计注汽量2388.5万吨，注汽燃料单耗63.8米^3/吨，注汽锅炉热效率90.4%。

【注汽管理】 2021年，辽河油田公司强化基层基础管理，逐步建立对标管理体系。重点开展生产参数过程调控、系统用气规范管理、锅炉提效改造工程等，燃料单耗同比降低1.9米^3/吨。针对柱塞泵、生水泵等主要能耗设备从运行压力、设备状态等方面开展对标分析，同时推进污水直供、单泵双供等工艺优化降耗措施，用电单耗同比降低0.3千瓦·时/吨。深化业财融合，建立精细注汽对标、全成本年度核算管理机制，统一规范热注作业区成本构成，同比降低22元/吨（主要为燃料成本133元降至111元）。以标准化示范站建设为契机，严抓基层班站基础建设，通过完善制度、精简资料、加强运维、规范现场等工作，逐步建立标准化管理模式。从注汽质量、成本能耗、标准化岗位、标准化现场等方面开展检查，促进热注系统管理水平提高、注汽成本降低、生产安全运行。组织开展注汽管隐患排查，问题主要集中在固定国道壁厚减薄、部分SAGD注汽管道超期未检、管道支架腐蚀倾斜、活动注汽管卡箍头磨损等，各单位安排专项资金进行整改。针对特种油开发公司杜84-56-154井注汽管柱腐蚀情况，开展腐蚀分析研究，通过套管气组分化验和生产情况分析得出腐蚀原因主要以二氧化碳腐蚀为主，硫化氢加重腐蚀程度，腐蚀位置集中在液面处，组织钻采工艺研究院、特种油开发公司开展防腐短接、缓蚀剂等防腐技术试验。

【注汽技术】 2021年，辽河油田公司推进系统提效工程，奠定提质增效工作基础。产汽环节围绕"提效率、降能耗"工作目标，重点开展"研究制定改造技术路线、加强效率监测、编制改造方案、推进新技术试验"等工作，为"产汽"环节高效低耗提供技术支撑，包括明确技术路线，针对不同干度、压力的生产需求，制定增大换热面积、回收高温分离水、预热空气温度、降低烟气含氧量、低成本固定锅炉搬迁等五种技术路线。按照锅炉利用率和运行状况，组织制定年度监测计划（101台），全年实施检测117台。组织编制完成15台锅炉改造方案。"输汽、注入"环节围绕"保质量、降损耗"工作目标，开展注汽管道保温情况普查，以试点示范为基础，通过完善注汽管道保温、提升井筒隔热效果，实现沿程热损失降低，入井蒸汽质量提升，针对注汽管道利用率、保温效果（环表温差）等指标开展现状普查。推进保温示范项目建设，其中气凝胶复合保温平均散热损失95瓦/米^2、硅酸盐保温平均散热损失145瓦/米^2，均达到167瓦/米^{2}国标要求。

在高升采油厂试验应用200根新型隔热管，持续跟踪应用情况。推进油气生产物联网建设。辽河油气生产物联网系统建设（A11）计划"十四五"期间实现井站数字化覆盖率100%。

【新能源替代技术研究】 2021年，辽河油田公司以电能、光热、氢能、核能等作为研究方向，分步推进清洁燃料替代。在电能替代方面，中国石油集团渤海石油装备制造有限公司辽河热采机械制造分公司完成电锅炉设计（7吨/时、17.2兆帕），占地面积约1250平方米，设备总功率6兆瓦。

（卞家忠）

集输工程

【概述】 2021年，辽河油田公司在用计量站305座、接转站335座、联合站29座、注水站39座。原油处理能力2715万吨/年，实际处理原油1197万吨，污水处理能力9245万米^3/年，实际处理污水7415万立方米。注水能力5646.6万米^3/年，实际注水3539.4万立方米，油泥处理能力15万吨/年，实际处理8.6万吨。有管道36497条、19289千米，其中原油外输干线5条、自产气外输干线5条，原油外输能力1000万吨/年，实际外输原油767万吨。自产气外输能力10.09亿米^3/年，实际外输天然气0.48亿立方米。用于注水的污水站水质达标率96.83%，回用锅炉和达标排放的污水站水质达标率100%，注水系统效率51.91%，注水系统单耗6.07千瓦·时/米^3，井口水质达标率92.61%，管道失效率99次/（年·千千米）。

【基础管理】 2021年，辽河油田公司完善制度建设，修订并发布实施《辽河油田公司集输管理办法》，确保系统管理有据可依。深化对标管理，推行"双向对标、量化管理"机制，在经营指标对标推动提质降本增效基础上，突出管理对标促进系统规范高效安全发展。加强储气库管理，对标联合站推进储气库管理制度、操作规程修订，完成双6储气库、雷61储气库检维修工作，确保储气库安全平稳生产，通过组织编制投产方案、加强投产前准备工作监督管理、现场指导投产指导，保障双6储气库、双台子储气库1800万立方米采气装置一次顺利投产。开展天然气专项治理"回头看"，在2020年天然气专项治理工作基础上，开展再排查、再治理，堵塞管理漏洞，治理盗气与违规供气管道8条、管道物理隔离43处、改地面敷设4.68千米、计量改造174处、外销点上锁挂牌4处。开展反违章"四不两直"专项检查，覆盖单位12家、站场22座，发现问题32项，其中立查立改20项、制定措施限期整改12项。组织金海采油厂和中油辽河工程有限公司先后解决浮选机故障频繁、水解酸化工艺投运等24项问题，开展单台设备满负荷运行，论证工艺可行性，金海采油厂外排工程实现4000米^3/日达标排放。针对曙光采油厂污水外排成本较高的问题，持续开展外排降本工作，加强入井流体管控等措施，源头水质化学需氧量降低26%，通过细化分段控制，优化生产运行参数，处理成本较去年降低25%。

【方案设计管理】 2021年，辽河油田公司集输系统以保障安全环保、提升技术指标为前提，组织编审"规划方案、产能建设、老区调改、开发试验、重点改造"等各类集输工程方案53项，从方案设计源头上累计节省工程投资约2600万元。针对拉油井存在的油气挥发损耗、集油成本高以及丢盗油、挥发性有机物超标排放等问题，对1089口拉运油井重新梳理论证，优选出453口可实施密闭集油改造的拉运井，编制拉油改管输规划。按照曙光采油厂、兴隆台采油厂地区化学驱、天然气驱总体开发部署，结合区块产量变化、工艺布局优化、安全隐患治理，整体规划集油、脱水、水处理、注水等系统。组织梳理注水系统能耗现状，提升泵机组效率，编制注水提效三年规划。按照新能源领导小组第二次会议精神，采用先压减总量"瘦身"、后绿色替代"健体"的技术路线，编制完成低碳联合站清洁用能规划（工艺优简部分）。完成29项、461口新井产能建设方案编审，从源头降低投资成本及后期运行维护费用。完成"欢特二氧化碳捕集驱油减排、曙一区伴生气尾气处理"等辽河油田公司重点项目地面工程方案编审，提高欢喜岭采油厂、特种油开发公司二氧化碳捕集与封存能力，消除曙一区杜66火驱挥发性有机物超标排放、硫化氢超标排放、管网腐蚀等安全环保风险。完成"锦99块化学驱、曙三区化学驱、兴20块化学驱、海1块化学驱、锦91块火驱"等重大开发试验地面工程方案编审，保障重大开发试验项目进度。组织10家采油生产单位（不含冷家油田开发公司、未动用储量开发公司）完成2022年老区调改地面工艺方案编审，把控工艺技术导向，避免后期重复建设、改造，合理化利用老区调改专项资金，解决部分安全环保、生产急需及提质增效改造工程。

【提质增效工程】 2021年，辽河油田公司集输系统通过实施集油（气）工艺优化、联合站用化学品筛选降本、注水提效改造等工程，实现天然气增收、降低系统能耗，降本创效1.3亿元，对比年初目标5880万元，完成率221%。通过实施双229集输工艺优化（2020年延续项目）、CNG收气改管输、锦45块集输工艺优化、牛100块集输工艺优化、冷输集油工艺优化等5项工程，集油（气）工艺优化工程累计降本创效1.33亿元。将奈一注低效多级离心注水泵更换为4台高压柱塞泵，配套喂水泵、污水回收装置等，提高泵机组效率，有效降低注水单耗，受奈曼区块注水量调整影响，奈一联注水提效改造工程，收益未能达到预期，累计创效15万元。污水低成本处理工程，曙光采油厂通过优化源头水质，提高微生物处理效率，兴隆台采油厂通过优化源头水质，投运三合一过滤器，降低药剂和活性炭使用费用424万元。

【工艺技术创新】 2021年，针对制约地面生产和提质增效瓶颈问题，辽河油田公司开展稠油高效脱水、稠油冷输集油、低压气管道内检测等3项技术攻关试验，初步建立特种油开发公司超稠油冷输数据库、成功实现低压输气管道内检测，多项技术瓶颈均有阶段性突破，逐步形成优质技术储备。稠油高效脱水技术攻关。为推进曙四联脱水系统优化，突破稠油高效密闭脱水技术瓶颈，组织中油辽河工程有限公司借鉴曙五联、高一联电脱设备运行经验，立足自身研发，与中国石油大学合作开展稠油电脱理论研究，建立辽河油田电脱实验中心，自主设计、加工一套工业化试验装置在曙四联现场验证。室内理论研究基础上，完成自主研发设备的加工图纸，委托中国石油大学开展数模验证。稠油冷输集油集输研究。为深化推广低温、冷输集油提供技术支撑，便于辅助生产调控，依据前期开展的锦45块、兴隆台采油厂城区、特种油开发公司杜84块冷输研究，借鉴吉林油田公司和中国石油规划总院开展的稀油冷输成功经验，开展冷输机理研究，建立冷输理论计算模型。委托中国石油大学开展稠油表观黏度和含水油黏壁特性研究，依托特种油开发公司超稠油、欢套岭采油厂齐40块冷输集油工艺改造项目，初步建立冷输数据库，搭建计算模型。欢兴820低压内检测技术攻关。研发新型检测器，利用天然气驱动完成检测，解决天然气管道内检测难题。

【安全环保风险防控】 2021年，辽河油田公司按期组织完成双6储气库工艺升级改造及80万立方米轻烃、沈二轻、欢一联原稳、兴三联原稳检修工作，重点推进曙光输油站外输泵房改造及欢兴720腐蚀管段更新两项工程。推进挥发性有机物治理，联合质量安全环保部完成真实蒸气压检测（103座储油罐需治理），结合脱水密闭改造，按照油品物性、难易程度逐步治理，组织中油辽河工程有限公司编制完成密闭装卸作业改造方案。建成城区兴古潜山区域无泄漏示范区，实现欢兴820低压输气管道内检测，完成3座一类站场、2座二类站场RBI与RCM评价，通过强化"双高"管道治理（65%）、管道检测与修复、出入土段管道防腐补强，管道失效率降为94次/（年·千千米），达到年初失效率控制目标。

（刘　畅）

地面工程

【概述】 辽河油田公司基建工程部作为辽河油田公司机关职能处室，负责基建工程从施工图设计到竣工验收阶段的组织管理，以及辽河油田公司设计、施工、监理等工程建设业务的管理协调。2021年，下设职能科室6个，在册员工25人（含改做具体工作8人、借调3人），平均年龄45.5岁。2021年，面对疫情持续影响、洪潮暴雪冲击、任务艰巨繁重等诸多困难，辽河油田公司基建工程系统以"转作风、提质量"为主线，紧密围绕"三篇文章"，发挥党建联盟优势，加强基建系统建设，提升工程建设能力，保障油气核心业务，为辽河油田公司高质量发展作贡献。

【储气库工程建设】 辽河储气库群是国家"十四五"战略工程，是集团公司重点项目，是辽河油田公司"百亿方气库"的核心支撑。2021年，辽河油田公司基建工程部牵头组织，各参建单位成立党建联盟，提高政治站位，推进储气库地面工程建设。落实"项目化"要求，成立储气库建设项目组。推进标准化撬装化，实现工厂化预制、模块化建设。制定工程创优规划，明确国家优质工程金奖创建目标。优选焊接工艺，解决站外管线焊接质量问题。强化驻厂监造环节，把控预冷器再制造质量。提高无损检测比例，排除进场设备设施质量隐患。聘请外部专家论证，解决管件金属元素偏离等问题。坚持周例会、推进会、协调会工作机制，召开专题协调会议26次、重大方案审查7次、现场检查调研87次，协调管件阀门、防火涂料、关键设备采购难题，打通设计、采购、施工相互制约环节，解决出库报验、材料领用、污水排放等瓶颈问题，组织核心设备技术规格书、施工图设计、放空火炬吊装方案审查工作，确保工程顺利实施。高质量建成投产。超前布局筹划，生产运行与工程建设深度融合。研发7项关键技术，形成储气库标准化技术体系。关口前移组织物资采购8443批次、金额12.7亿元。站内首次采用野外移动预制车间，站外管线采用全自动焊接技术，累计焊接18.5万寸径、一次合格率98.5%。首次聘用设计监理，专业强化施工监理。双6储气库扩容上产工程11月12日一次投产成功，日调峰能力突破3000万立方米，新增能力全国最大，取得"百亿方气库"战略目标跨越式成效。

【工程管理】 2021年，辽河油田公司累计审批开工343项、竣工329项。建成各类站场17座、产能新井590口、油气水管线189千米、电力线路47千米。强化重点工程引领。围绕老区调改、开发试验、储气库建设、新能源利用等工程建设项目，确定油田公司级10项、厂处级20项重点工程。沈二联污水改造、压力容器隐患治理工程克服场地受限、吊装困难、生产制约等因素，科学组织、精心谋划，实现当年立项、当年实施、当年投产。强化管理责任落实，全面推行重点工程建设项目责任清单制度，开工前由建设单位基建主管科室组织参建各方签订重点工程建设项目责任清单。各建设单位进一步明确设计、施工、监理等单位管理责任，参建各方履职能力大幅提升，兴隆台采油厂双229块集输流程调整、茨榆坨采油厂新井产能工程高效建成。强化建设过程管控，召开推进会、对接会47次，现场调研指导58次，辽河油田公司级重点工程实现施工现场跟踪全覆盖。欢三联地热应用示范工程克服工期紧、任务重、协调难等不利因素，加大征地、设计、采购、施工等环节协调力度，如期建成集团公司第一批示范工程，成功迎接勘探板块新能源业务交流。加强开工条件现场确认、开竣工手续审批把关、重大施工方案审查，两级重点工程开工确认率、开竣工审批及时率、方案审查率100%。严肃查处违反基建程序、违反制度流程行为，通报批评建设单位3家，经济处罚承包商3家，合规管理意识有效提升。

【设计管理】 2021年，辽河油田公司坚持"地质与工程一体化"原则，以设计管理为源头，优化设计方案，提升工程质量。参与项目可行性研究初设审查188项，审查设计委托556项，三级施工图审查478项。严格设计委托管理，按项目类别细化设计委托书标准文本22项，保证设计输入的有效性。严格设计前置条件审查，提出设计工期质量要求。坚持主体优先原则，严格控制委托外部设计机构开展工程设计。落实股份公司施工图审查管理规定，起草《辽河油田公司施工图审查办法》，按投资项目类别明晰管理权限，优化工作流程和工作界面。建立施工图设计审查计划机制，按月统计分析各单位审查情况，确保及时有效。落实三级审查制度，施工图审查率100%，外聘专家审查重点工程2次。加强设计过程管理，开展设计文件执行情况检查，确保审定建设方案和建设标准准确执行。严肃设计变更管理，全年审查审批设计变更36项，设计变更程序更加规范。中油辽河工程有限公司成立设计服务团队，驻点开展现场设计服务，为施工、投产、保运全过程提供技术保障。

【市场监管】 2021年，辽河油田公司基建工程部发挥主管部门专业作用，规范做好市场配置、资质审查、合同管理工作，累计配置基建工程2195项、金额18.68亿元。以服务油田生产为总目标，坚持投资额度较大的整装地面工程优先配置主体单位，兼顾建设单位生产和对外协调需求，平衡配置基建工作量。配置主体单位12.28亿元（含储气库）、多种经营5.81亿元、外部企业5424万元、关联交易500万元，占比分别为65.7%、31.1%、2.9%、0.3%。严把施工资质审查，办理建筑企业资质备案16家，其中内部企业11家、外部企业5家。针对每批配置计划逐项区别，判断工程属性，划分专业类别。退回处理基建市场配置意见32项，其中改配置给辽河油田建设有限公司21项，改配置给区域托管多种经营企业6项，改为具有相应资质的短名单内施工企业5项。梳理在建项目，加强与监理、检测、设计、咨询单位工作沟通、服务，及时处理合同结算过程中出现问题。办理无损检测委托92份，监理委托221份，监理评价180份。办理工程设计合同结算5项，咨询合同结算7项，无损检测合同结算35项，监理合同结算68项。

【六化建设】 2021年，辽河油田公司以"井口产能示范、重点工程引领、一般项目跟进"为总体思路，制定年度"六化"工作计划，确定项目载体27个，统筹推进"六化"建设。产能新井地面工程形成四类62套标准化定型图，建立新井产能标准化设计目录树，实现菜单式选择，大型站场模块化设计在储气库建设取得新进展，实现数字化、橇装化全覆盖。深入推动工厂化预制，新井产能推行"集中预制+现场组装"建设模式，辽河油田建设有限公司预制井口工艺416套，新井时率大幅提升；预制各类模块、橇块401套，产品质量显著提高，现场作业大幅减少。双台子储气库群地面工程、80万立方米轻烃回收装置扩建工程采用橇装化设计，分别成橇20套、25套，平均成橇率达64.6%，协调完成橇块价格制定，重点工程模块化建设能力逐步提高，施工工期大幅缩短。全面启动A5系统应用，建设单位27家录入项目信息669项，申报开工报告书235项，持续强化信息化管理。调研学习和技术交流基础上，形成基建工程智能管理平台建设方案，纳入辽河油田公司"十四五"数字化建设规划。以储气库群地面工程为试点，组建专业团队，开展数字化交付工作，实现从设计到竣工阶段的数字化管理。创建两大模块，开发8项子功能，完成12项功能模块开发，促进工程建设业务数字化转型、智能化发展。

【质量安全】 2021年，辽河油田公司基建工程系统落实"管业务必须管安全"法定职责和"一岗双责"工作要求，强化直线责任、突出属地管理，持续做好油田地面建设、工程建设业务质量安全管理。联合制定《地面工程建设项目质量三年专项整治方案》，开展专项验收检查，施工组织设计、施工工艺纪律以及工程监理行为有效改善。组织锦16块二元驱注入管线泄漏整改工作，严控材料采购、接头工艺、冬季施工等关键环节，按时完成阶段整改任务。推进为期3个月的"反违章专项整治"工作，强化重点工程施工、试运方案安全审查，开展在建工程、特殊敏感时期、重点要害部位专项检查，组织工程建设年度考核，联合成立专业检查组，检查建设单位19家、工程项目51个，发现各类问题467项。落实辽河油田公司疫情防控统一部署，细化油田地面工程疫情防控专项工作要求。针对不同项目，制定精准疫情防控方案，加强人员、驻地、现场以及运输各环节管控。各单位克服工程地域广、人员更替勤、队伍来源多等诸多不利因素，实现工程建设与疫情防控"两不误"。开展工程管理风险评估，针对设计管理、施工管理及竣工验收3个主要风险，制定措施，动态跟踪，工程建设风险得到有效控制。每季度开展承包商综合满意度考核，中油辽河工程有限公司、辽河油田建设有限公司、辽河油田辽宁恒鑫源工程项目管理有限公司及多种经营企业服务质量持续提升。

【业务协调】 2021年，辽河油田公司工程建设业务完成市场开发54.25亿元，完成营业收入40.86亿元，为辽河油田公司实现"双盈利"贡献良好业绩。编制工程建设业务年度生产经营计划，明确市场开发、项目建设以及经营管理等重点工作部署。坚持月报制度，跟踪分析生产经营指标完成情况。建成专业对标信息管理平台，查找偏差、分析原因、制定对策，不断提升经营业绩和管理水平。立项开展工程建设业务增收增效活动，以统筹内部市场、开拓外部市场、提升效率效益为重点，全年实现增效6981万元，完成年度增效目标的156%。推进两金压控，协调解决辽河油田建设有限公司与中油辽河工程有限公司、辽河油田燃气集团公司等工程结算问题，油区内应收账款下降29377万元、存货下降7903万元。编制完成《辽河油田工程建设业务"十四五"发展规划》，明确工程建设业务"十四五"业务定位、发展方向、工作部署。落实辽河油田公司改革三年行动计划，制定《辽河油田工程建设业务归核化发展方案》，明确发展部署、发展规划、发展路径，推进工程建设业务效益、归核发展。

（刘成文）

作业工程

【概述】 2021年，辽河油田公司作业工程系统贯彻落实辽河油田公司四届二次职代会精神，围绕油气生产保障主营业务，开展提质提速提效工程，深化修井业务扁平化改革，以提质增效为工作主线，创新运行管理、突出质量管控、注重技术提升、深化提效降本，为辽河油田公司千万吨稳产发挥重要生产保障作用。辽河油区动用作业队伍264支，其中小修队伍207支（辽河工程技术分公司149支、多种经营58支）、大修队伍49支（辽河工程技术分公司30支、长城钻探19支）、带压8支（辽河工程技术分公司）；全年完成小修作业23826井次，同比增加525井次；完成大修作业688口，同比增加390口；完成带压作业工作量185口，同比增加41口。完成试油32口/43层，同比减少5口/2层。完成连续油管作业115口，同比增加20口。辽河油田公司小修队伍效率115井次/（队·年），同比提高4井次/（队·年），作业运行均衡率99.1%，计划执行率99%（提高0.2%）。大修队伍效率10.7口/（队·年），同比提高1.9口/（队·年）。开展"大修作业小修化、管杆修复利用、不压井作业、优选增产增注措施、提升小修作业队伍效率"五项提质增效项目，累计阶段创效1.08亿元，完成年度目标的180.4%。大修工程小修化获辽河油田公司科技进步奖一等奖，实现井下作业"十四五"良好开局。

【套损井治理】 2021年，辽河油田公司按照集团公司对套损井治理指标和自身要求，强化队伍保障，组织辽河工程技术分公司、长城钻探增加大修队伍，从年初的37支增加到56支。强化运行保障，统筹油区大修作业运行，10月份提前完成全年375口大修治理任务。推进大修作业提速，规范井下作业设计变更管理，开展小修井筒准备 240 口，减少作业队伍等停，推进大修井作业提速，平均单井施工周期减少 3.1 天。强化过程监管，建立月度工程例会制度，按照"1+2"即"1 口在位井号 +2 口备用井号"的模式计划，建立大修井运行日报制度，及时发现和协调衔接不畅、队伍等停等问题。全年完成套损井大修 522 口，侧钻 160 口，套损井报废 289 口，累计增油 13.8 万吨、增气 581.9 万立方米，套损井存量由 5370 口下降到 4185 口，超额完成集团考核指标 97 口。

【效益联包】 2021 年，辽河油田公司下发《采油作业效益联包实施方案》，选定锦州采油厂、特种油开发公司、金海采油厂采油三区、沈阳采油厂采油三区为试点单位。多次到现场与作业大队领导、小队干部和工人进行效益联包工作交流和相关政策宣贯。组织召开效益联包研讨会，查找分析和协调解决相关问题，确保联包工作有序推进。2021 年，除特种油开发公司受洪水、暴雪等影响外，其他试点单位油气商品量超产 6606 吨，降作业费 564 万元，交井一次合格率 99.5%。根据效益分配方案进行年终兑现，辽河工程技术分公司获增油奖励 131 万元，承担特种油开发公司作业费用超额部分 260 万元，实现利益共享、风险共担，闯出可借鉴、可推广的专业化改革路径。

【作业提效】 2021 年，辽河油田公司结合生产经营实际，组织编制《辽河工程技术分公司扁平化改革方案》，推进辽河工程技术分公司在技术实力、服务品质、管理效能上实现更大提升，在企业品牌形象、队伍精神风貌、职工群众福祉上取得更大改善。编制并下发《井下作业设计管理办法（试行）》《小修作业队伍整体运行方案》，组织修订《管柱气密封检测操作规程》等井下作业标准 10 项，制定《小修顶驱修井操作规程》等标准 5 项。2021 年，辽河工程技术分公司变动成本率控制在 34%，控亏 1.56 亿元。持续加快"走出去"步伐，重组外部市场项目部，开拓大庆油田、长庆油田、西南油气田、新疆油田等油气田的小修作业、大修作业、带压作业及作业监督等项目，劳务外输 43 人，实现产值 2136 万元。

【作业监督管理】 2021 年，辽河油田公司编制发布《辽河油田井下作业工程监督管理办法（试行）》《井下作业工程监督指导手册（试行）》，每季度下发监督通报。全年累计监督 24430 井次，开展队伍资质现场审查 16382 井次，工序质量验收 130747 道次，入井工具、流体质量检验 45758 次，维护性作业井原因验证 4870 次，监督检查问题 3371 个。实现套损井治理、"窗口"期环保退出、储气库老井治理、春节时段工作量剧增等重点井、特殊时期的全面监管。

【资质管理】 2021 年，辽河油田公司开展辽河工程技术分公司 212 支队伍、多种经营 58 支队伍到期换证。结合第二批辽河工程技术分公司 120 支队伍审核不合格情况，组织人事、安全、资产等部门按照审核标准组织整改问题 155 个，并重新上报集团公司。结合辽河油田公司套损井三年治理、主体队伍规模不断缩减、高端业务规模发展等生产实际，新增多种经营企业资质 3 个、大修队伍资质 4 支、小修队伍资质 5 支、连续油管队伍资质 2 支。集团公司资质检查第一组对辽河油田公司进行资质检查，通报无资质、基础管理、初审申报、动态监管、档案管理、队伍现场 6 个方面 163 个问题，除供应商制度和带压设备评估外，其他 161 个问题全部整改。

【管材管理】 2021 年，辽河油田公司编制发布《辽河油田石油专用管材管理规定》。明确业务主管部门及职责，规范管材质量检测、入库、存放、领取与发放、拉运、清洗检测、归档等管理流程。结合管厂修复、报废实际，优化各单位年度生产保障需求，形成"2021 年石油专用管材更新需求"报告，提交辽河油田公司预算管理办公室。针对特种油开发公司 50 口产能建设井无隔热管投资计划现状，向辽河油田公司提出需求申请。组织特种油开发公司油管厂围绕党建与生产业务同谋划共促进，着力管理提升、科技创效、技术指导、人才培养等方面，共同搭建"党建+保障"平台，细化分解任务清单 28 条，实现"信息同步、业务协同、资源共享"，提升保障能力。2021 年，修复油管 304456 根、抽油杆

249419 根，同比增效 875.09 万元。

【压裂项目管理】 2021 年，辽河油田公司优化压裂顶层设计，梳理工作制度和设计流程，明晰压裂管理职责界面，提升压裂管理水平。突出地质工程深度融合，对重点压裂井方案设计，组织开发部、勘探开发研究院、钻采工艺研究院等相关技术人员召开设计论证会，完成沈 224 井、河 21 井、曙页 1 井等 41 口重点井压裂方案设计审查论证，下发会议纪要 21 份，审批压裂设计 350 份，提高设计针对性。统筹安排辽河油田公司全年压裂施工运行，按照重点井优先原则，兼顾集中实施降成本、重点区块重点井、重点单位保增产等因素，保障全年措施井有序高效施工。圆满完成 17 口储量上报探评井施工组织，河 21 块双车组历时 19 天完成 4 平 3 直 53 层段施工，积累平台井工厂化压裂经验。组织辽河油田非常规油气藏储层改造技术研讨会，召开河 21 块井、驾探 1 井、沈页 1 井等重点井压后效果分析，深化储层地质认识，促进压裂设计完善。以"压裂工艺 2.0"为目标，结合油藏基础数据，优化压裂各项参数，加强现场施工组织，完成水平井体积压裂改造 2.0 版技术升级。其中曙页 1 井完成 13 段 74 簇压裂施工，使用压裂液 23605 立方米，石英砂支撑剂 1750 立方米，加砂强度达到 3 米^3/米、施工排量 16 米^3/分钟，主要参数均刷新辽河油田公司压裂纪录。针对低渗透、超低渗透油藏常规注水受效差、地层亏空导致压力系数过低的问题，在欧 37-72-32 井沙一段实施液态 CO_2 蓄能压裂试验，累计使用液态 CO_2 量 650 立方米、压裂液 306 立方米，加砂 30 立方米。开井后最高日产油 15.8 吨，累计增油 877 吨、累计增气 148220 立方米，为中低渗透老油田补能改造后释放新产能提供技术借鉴，为辽河油田公司碳中和增产措施提供新的技术途径。针对深层火山岩埋藏深、破裂压力梯度大、改造难度高等特点，采用大尺寸压裂投产一体化管柱及封隔器，使用"聚合物、延迟交联"等针对性措施降摩阻，全年累计完成深层火山岩压裂 5 井次，其中驾探 1 井重复压裂首次采用压裂投产一体化管柱，创油区直井 102 兆帕最高施工泵压，满足油田重点勘探需求。变黏滑溜水压裂液体系以乳液聚合物为主剂，具有良好的降阻、驱油、低伤害等优势，低浓度具备滑溜水的功能、高浓度可实现高浓度携砂。在包 32-H1 井等井全程试验应用过程中，减少了配液时间及强度，按照携砂需要实时调整黏度成为现实，各项指标均能满足体积压裂技术要求，为压裂技术提效降本提供新思路。

（韩华君　付尧）

井控管理

【概述】 2021 年，辽河油田公司有井下作业井控证人员 6913 人，其中管理人员 1275 人、技术人员 1641 人、操作人员 2614 人、设计人员 1122 人、其他相关人员 261 人。配置各类井控装备 1312 台（套），其中防喷器 554 台、防喷器控制装置 142 台、旋塞阀 561 个、压井节流管汇 55 套。油气生产单位油气水井井控静态风险分级 26887 口，其中一级井控风险井 590 口、二级井控风险井 6314 口、三级井控风险井 7531 口、四级井控风险井 12452 口。实施井下作业工作量 23600 井次，其中一级井控风险井 287 井次、二级井控风险井 7174 井次、三级井控风险井 9133 井次、四级井控风险井 7015 井次。开展井控取换证培训 3306 人次，取换证培训 79 期，其中取证 28 期、换证 51 期，培训一次合格率为 93.7%。井控车间试压检测井控装置 2037 台（套），其中试压检测防喷器 1010 台、防喷器控制装置 119 台、旋塞阀 848 件、压井节流管汇 60 套。

【规范化管理】 2021 年，辽河油田公司持续优化井控顶层设计，组织签订责任状，召开辽河油区井控联席会议，设立井控奖励基金，开展年度井控评先选优，季度井控业绩考核，严考核严兑现，形成重风险、抓执行的工作导向。下发井控禁令、工作计划、演练计划，修订《井控工作管理办法》《井下作业井控实施细则》，规范井控管理。按照集团公司标准，组织开展井控风险评估分级工作，参加集团公司井控重点工作推进暨研讨会等技术交流5次，向集团公司反馈井控管理规定、禁令等修改意见5项，编制一类一案及班组开关井操作程序，井控技术防控体系逐渐完善。

【风险管理】 2021年，辽河油田公司逐步提升井控风险防控能力，开展井控安全风险隐患专项排查，检查现场177个，发现问题320项，治理防喷器长期占井等井控隐患4起。开展井控反违章专项整治，突出春节、国庆节等敏感时段防控，开展检查21次69个现场，发现问题141个，下发动态14期、整改通知函13份，停队5支35天，解散队伍1支，施工现场井控标准持续提升。组织抢险队进入储气库进行天然气保供应急值守；签订《多元经济企业井控应急联动协议》，完善"一类一案"、抢险队三年建设方案；组织井控应急抢险队开展为期两个月的专项训练；协调便携式水力切割等四项应急物资到货验收试用，完善井控应急库物资管理，提升辽河油田井控应急能力。

【井控专项培训】 2021年，辽河油田公司开展"井控警示月"活动，组织案例反思129次，风险排查111次，整改隐患527个，开展班组演练678次，2506人参加。完成121名井控管理人员履职能力评估；组织井控培训55期2234人，一次合格率91.41%；组织完成集团公司处级定点、压井技术培训等专项培训8期48人，提升全员井控素质。通过集团公司年度井控检查与钻井细则评审，提出问题13项、建议13项，比上年分别下降56.7%、38.1%，5名辽河专家参加检查，2人被评为先进，提升辽河井控工作形象。完成一级、二级井价格调整，预计年增加专项费用6500万元，解决应急库1500万元运行成本预算费用，提高井控工作针对性。

（付 尧）

科技与信息

科技管理

【概述】 2021年，辽河油田公司围绕油田中长期发展目标，落实"科技兴油"战略工程，突出创新体系建设、关键技术突破、优势技术转化，全力打造高质量发展新引擎。针对项目管理、人才激励，出台创新成果激励机制，落实"揭榜挂帅"，持续完善科技创新体系，激发创新创造活力。召开辽河油田公司科技与信息化创新大会，确定"十四五"十大科技创新领域，推进制约油田发展的重大瓶颈技术攻关。设立协同创新平台，深化科研生产一体化，加快推动科技成果转化。组织实施油田公司级重大科技专项10项，设计"揭榜挂帅"项目5项、常规项目15项，投入油田公司经费4000万元，构建重大科技专项为主、常规项目为辅的整体攻关布局，推进制约油田发展的重大瓶颈技术攻关。设立协同创新平台，深化科研生产一体化，加快推动科技成果转化。获中国创新方法大赛二等奖1项、优胜奖1项，获省部级科技成果6项、授权发明专利58件，获集团公司专利银奖1项、发布行业/集团企标5项，获集团公司优秀标准奖3项，为辽河油田公司业绩考核加0.5分，实现科技增油240万吨，降本增效1.2亿元，科技创新能力持续提升，国家科技重大专项通过国家层面最终验收，国家能源稠（重）油开采研发中心全面建成并通过国家考核评估，被集团公司评为"科技工作先进单位"。

【科研项目】 2021年，辽河油田公司首次集中布局油田公司级重大科技专项10项，攻关形成页岩油"地质—工程"甜点预测、水平井体积压裂V2.0工艺、双6储气库扩容上产等5项关键核心技术，支撑高效勘探、低成本开发和储气库提压增容上产。首次探索试行"揭榜挂帅"项目5个，打破常规在油田公司范围内选贤举能，快速攻关突破，取得宜川—上畛子快速落实资源潜力、沈224块页岩油先导试验钻井投资降幅25%、水平井体积压裂单段压裂费用降低24万元等5项显著成效。建立科技项目"三统一分"（统一下达计划、统一"三新"鉴定、统一管理模式、分级组织管理）、"先三新鉴定后下达科技计划"的管理模式，强化"三新"鉴定，试行全成本预算编制模式，将人员费、折旧费及其他配套费用纳入科技项目经费预算，合理提升研发费加计扣除基数，完成加计扣除节税额6159万元，较2020年增加2083万元，进一步增加辽河油田公司净利润。做好含油气盆地砂岩型铀矿成矿模式与富集规律研究、地热资源开发利用关键技术研究在研项目结题验收工作。强化科技项目完成情况及成果总结审查，通过股份公司验收。与集团公司科技管理部、勘探与生产分公司对接，铀矿、地热等项目获"十四五"延续立项支持，蒸汽驱、稠油吞吐、化学驱等3个新增项目成功立项，"十四五"获批科技经费4024万元。加快创新联合体建设，推进（勘探开发研究院西部分院）建立，建成锦16块化学驱、杜84块SAGD两个内部联合体，实现科研单位与采油单位优势互补、互相支撑。国家能源稠（重）油开采研发中心通过国家考核评估，海外稠（重）油技术支持中心正式揭牌，研发保障能力进一步增强。

【项目管理】 2021年，辽河油田公司首次邀请辽河油田公司首席及相关业务处室专家对集团公司科技奖励项目多媒体答辩材料进行审查把关，对推荐一等奖项目"火驱工艺一体化技术"开展模拟会议评审，最终获集团公司科技奖励项目5项。"稠油吞吐中后期精细注采关键技术研究与应用"项目获辽宁省科技进步奖二等奖。组织申报中国石油和化工自动化应用协会科技奖励项目7项，获特等奖1项，三等奖6项。根据岗位变动对辽河油田公司科委及专业组成员进行调整，修订完善油田公司科技奖的评分指标，高质量组织召开油田公司科委会，年度评选出油田公司科技奖励项目79项。研究制定辽河油田公司"科技成果转化创效工程"方案，建立新材料替换降本、新装置实施降本、技术优化升级降本和新技术利器降本四类技术推广模板，年度优选变黏滑溜水连续加砂、大修工程小修作业化等15项优势技术进行完善和推广，建立月报工作制度，细化效益增量计算，组织完成压裂液替换、高凝油开采节电等14项技术现场试验应用990余井次，节约成本1.2亿元。持续推进国家能源稠（重）油开采研发中心建设，完成"火驱物理模拟装置嵌入式装填模块"等装备创新6项，新建和完善"磨铣工具效果评价试验方法"等实（试）验新方法7项，授权发明专利26件，获软件著作权8件，制修订行业标准3项、企业标准31项，通过国家考核评估。深入贯彻落实集团公司科技与信息化创新大会精神，总结"十三五"成果，分析面临的挑战与潜力，安排部署"十四五"工作，表彰获集团公司科技工作先进集体和个人，动员广大科技与信息化工作者解放思想、坚定信心、瞄准瓶颈、攻坚克难，为高质量做好"三篇文章"贡献科技力量。

【知识产权管理】 2021年，辽河油田公司重新修订出台《辽河油田公司知识产权管理办法》，在油田公司范围内开展政策宣贯，推进实施知识产权分类管理，加大知识产权平台应用推广力度，建立辽河油田公司专利服务市场，推动落实专利授权奖励制度。实施"控数量、提质量"战略，持续提高知识产权质量，全年组织签订代理服务合同2份，在系统平台建立四级权限206个，发放专利授权奖金78万元，有效承接集团公司知识产权改革重点任务，推动辽河油田公司知识产权业务革新。突出强化申报审查力度，探索建立知识产权论证制度，发挥专家作用，从源头提高知识产权质量，加强代理机构和发明人双向管理，全年申请专利212件，其中发明专利201件，首次实现辽河油田发明专利申请比例突破90%，达94.8%。组织申报第三届集团公司专利奖3项，荣获第二届集团公司专利银奖1项。被聘为盘锦市知识产权专家2人，入选盘锦市知识产权纠纷人民调解委员会成员1人。

【标准管理】 2021年，辽河油田公司编制出台《"十四五"标准化工作专项规划》，修订《辽河油田公司标准化管理办法》，建立标准化业绩考核和优秀标准奖评选机制。建成标准管理信息系统，实现标准管理、查询、下载和更新一体化管理，摆脱标准资源长期匮乏问题，年度发布各级标准77项（牵头制定行标/集团企标6项），组织复审辽河油田公司企标65项，推行重点标准37项，获集团优秀标准奖3项、为油田公司业绩考核加0.5分。处理用户反馈意见40余项。协调完成系统服务器迁移和调试工作，截至2021年12月底，系统可调用标准大数据80多万条信息，库存标准PDF文本2万多项，用户访问系统累计11000人次，查阅文本累计24212项次，系统运行良好。加强标准体系建设工作，编制《标准体系建设工作实施方案》并组织各专标委梳理本专业在用标准、在建标准和待建标准，初步构建辽河油田公司标准体系框架。包含通用基础标准以及勘探、开发、石油工程等16项业务70多个细分专业领域，涉及各类标准7557项。

【学术交流】 2021年，辽河油田公司利用辽宁省石油石化学会平台组织开展学术交流7次23项活动，其中辽河油田公司成功主办"五省（市、区）第二十届稠油开采技术研讨会""第五届全国油气藏提高采收率技术研讨会"以及"2021国际石油石化技术会议"，参与人数100余人，发表论文53篇。组织参与"2021年市自然科学学术成果奖评审"活动，选出优秀论文24篇报送评审委员会，辽河油田公司获一等奖2项、二等奖3项、三等奖5项。组织参与中国创新方法大赛，派出38支创新团队，在辽宁省大赛中获一等奖4项，二等奖14项，三等奖2项。其中，获一等奖团队代表辽宁省参赛，在全国大赛中获二等奖1项，优胜奖1项。

【博士后科研工作站】 2021年，辽河油田公司对博士后项目全程"保驾护航"，在站博士后郝明完成2021年度各项研究攻关任务，实现聚/表二元复合驱污水处理后达标外排，再利用配制驱替体系时，黏度和黏度保持率显著提高，撰写核心期刊论文2篇。7月，完成史海涛博士出站技术评审组织工作，其承担的博士后项目"稠油油藏火驱开发储层变化规律及主控地质因素研究"研究成果得到与会专家的高度好评,以97.2高分出站,也是辽河油田公司出站的第32位博士后。

6月9日,由辽河油田公司承担的"十三五"国家科技重大专项示范工程"辽河、新疆稠油/超稠油开发技术示范工程"在北京塔里木石油酒店通过国家专项专家组任务、财务及档案最终验收。通过五年的示范推广,该示范工程完善了中深层稠油蒸汽驱、超稠油SAGD、稠油火驱、重力泄水辅助蒸汽驱等四大技术序列,攻关形成汽驱环形可调分注技术、国产耐高温电潜泵技术、分层点火分层注气技术等17项关键技术,全面建成辽河齐40块、杜84块、杜66块和新疆重32井区、红浅1井区共5个示范基地,强力支撑辽河原油1000万吨、新疆1300万吨稳产上产,为国内同类油藏开发提供技术借鉴。

科技成果

【中国创新方法大赛】 2021年,辽河油田公司科技成果获中国创新方法大赛二等奖1项、优胜奖1项(表1)。获辽宁省创新方法大赛一等奖4项、二等奖14项、三等奖2项,名列辽宁省企业组第一名(表2)。

表1 2021年度辽河油田公司获中国创新方法大赛奖项目一览表

获奖名称	主要完成单位	主要完成者	获奖级别
提高过滤装置过滤清理效果	辽河油田公司	夏洪刚 董娟 李晓东	二等奖
机械采油井口密封装置耐久性技术研究	辽河油田公司	杨振东 靳庆凯 邹洪超	优胜奖

表2 2021年度辽河油田公司获辽宁省创新方法大赛奖项目一览表

项目名称	主要完成单位	主要完成者	获奖级别
提高过滤装置过滤清理效果	辽河油田公司	夏洪刚 董娟 李晓东	一等奖
机械采油井口密封装置耐久性技术研究	辽河油田公司	杨振东 靳庆凯 邹洪超	一等奖
提高火驱举升系统效率关键技术研究	辽河油田公司	杨波 刘冬雷 郑佳音	一等奖
SAGD耐温封井器的研制	辽河油田公司	杨振东 吴涛 吕洪超	一等奖
降低高压下套管的安全风险	辽河油田公司	常蓓锋 林平平 肖冬冬	二等奖
提高作业井抢喷速度工具的研制	辽河油田公司	姜全 刘岩 朱成龙	二等奖
提高柱塞泵维修效率	辽河油田公司	鲜林祥 王涛 宋静	二等奖
提升含聚污水处理效果	辽河油田公司	刘振宁 董超 高鹏	二等奖
石油开采智能清管装置的研制	辽河油田公司	杨振东 李玉君 吴涛	二等奖
液压离合式水平井电缆牵引器	辽河油田公司	吴义志 何金宝 任德强	二等奖
减少重负荷抽油机悬点故障率	辽河油田公司	朱闯 王艳军 马金香	二等奖

续表

项目名称	主要完成单位	主要完成者	获奖级别
重载抽油机悬挂总成优化设计	辽河油田公司	赵梓涵 靳庆凯 陈树勇	二等奖
减少干度取样器污水排放量	辽河油田公司	郭占军 代金阳 温志贺	二等奖
提高松散岩心制样成功率	辽河油田公司	唐洁云 韩洪斗 王宝林	二等奖
提高油管修复传送效率	辽河油田公司	梁俊祥 李健 孙宁	二等奖
油井套管气过滤装置的研制	辽河油田公司	郭占军 边荣军 胡娟华	二等奖
石油开采采出液混相装置的研制	辽河油田公司	靳庆凯 杨振东 邹洪超	二等奖
勘探开发井下筛管制孔问题的研究	辽河油田公司	李玉君 邹洪超 邹黎明	二等奖
解决超稠油光杆密封器内扶正器取出的问题	辽河油田公司	邹洪超 靳庆凯 朱孔飞	三等奖
双水平井SGAD底部过渡带漏失治理对策研究	辽河油田公司	战常武 丁怀宇 尹慧	三等奖

【科技进步奖】 2021年，辽河油田公司获集团公司科技进步奖一等奖1项、三等奖2项，获辽宁省科技进步奖二等奖1项（表3）。辽河油田公司内部经基层单位申报—专业组初评—科委会终评等程序，获科技进步奖一等奖10项、二等奖29项、三等奖36项（表4）。

表3 2021年度辽河油田公司获省部级科技进步奖项目一览表

项目名称	主要完成单位	主要完成者	获奖级别	获奖等级
稠油污泥处理与资源化成套技术及应用	安全环保技术研究院 新疆油田公司 辽河油田公司	刘杰（第三） 曾魏（第六） 袁良秀（第九） 潘贵和（第十三）	集团公司	一等
低渗透油藏储层综合表征与高效开发技术研究	勘探开发研究院	吕媛媛 姚睿 董凤龙 张向宇 李蔓 郭子南 盖潇征 马哲	集团公司	三等
稠油调剖封窜关键技术研究与应用	曙光采油厂	郭斌建 黄腾 匡旭光 郎宝山 刘江玲 李学良 赵长亮 门琦溟	集团公司	三等
稠油吞吐中后期精细注采关键技术研究与应用	曙光采油厂	郭斌建 刘恒 王书慧 王岩 田玉秋 殷伟 刘冬雷 何远哲 焦明明	辽宁省	二等

表4 2021年度辽河油田公司级科技进步奖项目一览表

项目名称	主要完成单位	主要完成者	获奖级别	获奖等级
陆东凹陷成藏模式重建及规模储量发现	勘探开发研究院	冉波 裴家学 孙岢 张甲明 张瑞雪 王洋 崔琳 刘邦 郝亮 任航佐 李皓 刘晓丽 杨曦	辽河油田公司	一等
东部凹陷生物气成藏理论认识与勘探突破	勘探开发研究院	张斌 陈星州 刘东旭 关海洋 杨帆 鞠俊成 杨璐 孟庆新 庞文婷 陈丹 陈雪莹 蒋学峰 王明超	辽河油田公司	一等
辽河外围宜庆地区增储关键技术应用与成效	勘探开发研究院	董德胜 吴炳伟 刘宝鸿 张瑞斌 崔晓磊 张东旭 薛辉 王晓辉 王玲 聂文彬 刘太伟 朱孔斌 关欣	辽河油田公司	一等
大民屯凹陷特低渗-致密油规模增储及效益建产	勘探开发研究院	谷团 李渔刚 刘增涛 梁飞 李之旭 韩东 荆涛 张兴文 唐春燕 倪志发 崔向东 高丽 杨卫东	辽河油田公司	一等

续表

项目名称	主要完成单位	主要完成者	获奖级别	获奖等级
辽河油田水驱油藏潜力再评价及上产规划研究与实践	开发事业部 勘探开发研究院 沈阳采油厂 曙光采油厂 兴隆台采油厂 茨榆坨采油厂 辽兴油气开发公司	武　毅　阴艳芳　邱　林　王　强　石利华 刘　禹　罗鹏飞　付　强　史云鹏　鄢　菲 张　俊　王　强　高　亮	辽河油田公司	一等
复杂老区立体重构与高效建产关键技术研究	勘探开发研究院	姚　睿　樊佐春　司　勇　程建平　张潇月 易文博　曹　超　刘　佳　孙安培　孟　丹 赵凡溪　王熙琼　韩　冬	辽河油田公司	一等
低成本砾石充填防砂技术研究及应用	钻采工艺研究院 欢喜岭采油厂 曙光采油厂	陈大钊　孙厚利　吕　民　郭世磊　丛志新 陈　磊　裴　磊　吴　非　于晓溪　周杨淇 徐　路　孟　雪　曹朋青	辽河油田公司	一等
低成本调剖调驱关键技术与工业化应用	钻采工艺研究院 锦州采油厂 欢喜岭采油厂 曙光采油厂 冷家油田开发公司 辽兴油气开发公司 沈阳采油厂 高升采油厂	王　浩　李学良　柳燕丽　郑晓松　李　峰 郭斌建　尹　华　袁　晖　陈银虎　毛　雪 刘　鹤　刘江玲　杨　洁	辽河油田公司	一等
小修作业功能提升关键技术研究与应用	钻采工艺研究院 钻采工程技术部 辽河工程技术分公司	闫天禹　王志明　张晓文　高彦生　王家暖 于　雷　马振涛　程维华　肖　昌　韩华君 王　斌　戚　勇　魏后超	辽河油田公司	一等
曙光超稠油污水达标外排关键技术研究与应用	中油辽河工程有限公司 曙光采油厂	孙绳昆　卢时林　李明辉　王宝峰　孙晓明 袁良秀　孙绍彬　李泽勤　董林林　李云翱 郑清元　谭宏智　霍佳瑶	辽河油田公司	一等
台安－大洼断裂带油气成藏模式构建及规模增储	勘探开发研究院	陈　昌　周晓龙　高荣锦　郭彦民　金　科 田　志　戚雪晨　郭美伶　陈　洋　高荣杰 马满兴	辽河油田公司	二等
双复杂目标区"两宽一高"精细地震勘探技术研究	勘探事业部	刘　康　刘　洋　柏　桐　张翔宇　董金伟 孙　锴　樊　平　郝　涛　刘东奇　田建涛 曲　雯	辽河油田公司	二等
砂岩型铀矿富集规律勘查技术研究及重点盆地资源发现	新能源事业部 勘探开发研究院	满安静　雷安贵　曹民强　熊耀华　杨光达 王宁辉　杨松林　王　雷　魏　达　高永宏 昝国军	辽河油田公司	二等
低油价SEC储量精细挖潜一体化评估技术研究与实践	勘探开发研究院	于　军　张俊杰　田　涯　周明旺　孙　丽 陈淑凤　宫一傲　王菲菲　冷泓颖　孙　旭 刘慧茹	辽河油田公司	二等
麦凯河油砂综合调控技术研究	特种油开发公司 勘探开发研究院	周大胜　沈　群　郗　鹏　曹光胜　陈东明 王国栋　张晓玲　肖崇昕　包　娣　王彦卫 鲁振国	辽河油田公司	二等
薄互层超稠油油藏蒸汽驱先导试验研究与实践	曙光采油厂	高忠敏　李伟瑞　侯国儒　杨依峰　张　浩 周　蕾　冯　帅　李晓光　李　旭　肖　娟 张　钊	辽河油田公司	二等

续表

项目名称	主要完成单位	主要完成者	获奖级别	获奖等级
辽河油田效益建产关键技术对策研究与应用	开发事业部 钻采工程技术部 勘探开发研究院 钻采工艺研究院 曙光采油厂 沈阳采油厂 高升采油厂 金海采油厂	魏耀 张子明 张军 姜越 郭子南 孙嘉鸾 刘永华 张娟 王睿哲 郭晶 白杨	辽河油田公司	二等
牛青构造带成熟探区勘探实践	茨榆坨采油厂	邵建中 隋金栋 涂伟伟 胡健 王琨 付一泽 汤屏邦 陈敏华 代圣超 张洪光 代冰杰	辽河油田公司	二等
小洼油田北部复杂油藏多元开发关键技术研究与应用	冷家油田开发公司	吴爽 蒋艳 桂烈亭 孙洪安 杜鹏飞 付云博 范全伟 乔诗涵 陈妍 蔡媛媛 王硕	辽河油田公司	二等
火驱开发机理深化研究与应用	勘探开发研究院	刘其成 程海清 赵庆辉 何慧卓 张树田 闫红星 王伟伟 张勇 杨兴超 兰卫星 胡军	辽河油田公司	二等
锦25块特稠油高含水区块重建井网部署研究	锦州采油厂	谷艳荣 王健 柴君良 姜冬蕾 高杨 李书娟 王敏 尹灿 汪宁 董佩佩 齐雯璐	辽河油田公司	二等
辽河外围低渗油藏综合评价与有效动用技术研究	勘探开发研究院 辽兴油气开发公司	樊涛 戴民 郭小超 宋润禾 史东坡 杨立敏 韩明伟 盖潇征 王继刚 王琳 潘铎	辽河油田公司	二等
蓄能压裂技术研究与应用	钻采工艺研究院 兴隆台采油厂 沈阳采油厂 茨榆坨采油厂 高升采油厂	苏建 张伟 张文昌 林健 关伟 韩冬深 张洪彬 孙凤艳 段晓旭 刘生平 卜祥福	辽河油田公司	二等
井下脉冲注入技术	钻采工艺研究院 冷家油田开发公司 金海采油厂 高升采油厂 曙光采油厂	麻德玉 李楠 寇微 李铁栓 张新委 徐爽 黄武鸣 曹敬涛 汪泽龙 燕鹏宇 戴双宁	辽河油田公司	二等
试井技术在辽河油田勘探开发及储气库建设中的应用研究	勘探事业部 钻采工艺研究院 开发事业部	朱静 刘迪 张福兴 何金宝 韩锋 孙守祯 王栋明 冯紫微 乔沐 钱鹏 周铁青	辽河油田公司	二等
油井选择性酸化解堵技术研究与应用	钻采工艺研究院 锦州采油厂	安志杰 周飞 王俊伟 肖家宏 徐纪彬 仲超 刘威 郝晓宇 钱玲 李腾 周景毅	辽河油田公司	二等
深层特稠油二氧化碳辅助吞吐深化研究与实践	金海采油厂	孙凯 刘高华 乞迎安 陈志会 周月慧 齐鹏 林璐 邹运 刘建宁 郭译浓 李洪亮	辽河油田公司	二等
超稠油开发中后期低成本采油工艺技术	特种油开发公司	韩树柏 王建波 张勇 孟强 范宏岩 张洪驰 石小枫 孟鑫 赵红杰 路朋 姜城	辽河油田公司	二等

续表

项目名称	主要完成单位	主要完成者	获奖级别	获奖等级
集输污水一体化技术研究与应用	曙光采油厂 钻采工程技术部	罗恩勇 马汝彦 和 冰 冯兆国 解金良 盛 浩 狄 强 杨东辉 丁 晗 何 南 曹鼎鼎	辽河油田公司	二等
辽河中深层勘探钻完井关键技术研究与应用	钻采工艺研究院 勘探事业部 钻采工程技术部	赵小强 高富成 巩永丰 杜新军 王文明 郭定雄 赵 亮 王 奇 陆浩宇 张升峰 鲍旭光	辽河油田公司	二等
储气库配套作业技术研究与应用	辽河工程技术分公司	张飘石 刘继海 曹洪峰 王建文 佟有新 刘洪泽 金兆勋 万桂锋 李泓润 郑达理 王勃皓	辽河油田公司	二等
稠油、超稠油污水旋流预处理技术研究与应用	中油辽河工程有限公司 曙光采油厂	孙雁伯 林 琳 刘振宁 姚长江 高 鹏 宁 佳 毛翠玲 沈文敏 张 剑 董 超 郭 畅	辽河油田公司	二等
天然气增产趋势下集输保障技术研究与应用	油气集输公司 钻采工程技术部	孙 凯 李纯军 赵长江 马海峰 王 浩 赵 新 王 茁 吴晓陆 杨海燕 吴广通 张晓龙	辽河油田公司	二等
辽河雷61气藏型储气库地面设计建设优化技术	中油辽河工程有限公司 储气库公司 辽河油田建设有限公司	李志岩 王 文 秦 震 杨国斌 李 达 卢福强 孙霄飞 郭 强 高姿乔 孙 蕾 蒲文政	辽河油田公司	二等
供水系统生物防治技术研究与应用	环境工程公司	赵 艳 韩 娟 王璐璐 李维国 胡林会 高 鹏 李松辉 卢巧云 胡雪然 孙天英 白明源	辽河油田公司	二等
油气井仿真优化系统开发与应用	钻采工艺研究院	贾俊敏 梁 兴 杨志祥 于广刚 吴 超 贾财华 王少武 马 威 翟世伟 许珊珊 王宁辉	辽河油田公司	二等
地震处理平台存储系统优化技术研究与应用	勘探开发研究院	高树生 高 源 蒋治刚 孙美玲 陈宇龙 王爱娇 石山雨 卢 志 刘增艳 王潮泳 钟 强	辽河油田公司	二等
石油石化产品网络交易系统信息化研究与应用	大连分公司	周志军 闻 讯 赵金田 霍广军 苏启龙 李 勇 孙淮涛 贾璧源 陈正超 王凤鸣 张 斌	辽河油田公司	二等
辽河油田管理会计研究与应用	财务资产部	邓江红 付新增 邢亚库 杨金胜 白亮亮 姜德顺 郝秋娟 余 波 梁秀斌 张兴旺 张智钧	辽河油田公司	二等
辽河深层地震资料处理关键技术研究与应用	勘探开发研究院	孙晶波 张 高 张 波 聂 爽 高晨阳 张 晴 吴飞勇 吴 昊 康 益	辽河油田公司	三等
鄂尔多斯黄土山地地震资料处理关键技术攻关研究	勘探开发研究院	郭 平 柳世光 卢明德 吴佳乐 于洪雪 袁安龙 孔祥占 孙宇驰 高大成	辽河油田公司	三等
二三结合效益开发关键技术界限研究与应用	勘探开发研究院	温 静 唐海龙 王奎斌 李 蔓 张舒琴 张明君 史复豪 弥一顿 邱晓娇	辽河油田公司	三等
超深断控碳酸盐岩油藏勘探开发关键技术及应用	勘探开发研究院	赵麟天 徐丽英 刘 亮 郝博洋 郭嘉丽 孙远成 郭兴生 陈俊杰 储成才	辽河油田公司	三等
沈84-安12块高凝油油藏高效注水技术研究与试验	沈阳采油厂	王庆文 李春龙 杨 杰 梁武全 王鹏程 石兴海 王亚成 孙贵阳 高梦雪	辽河油田公司	三等

续表

项目名称	主要完成单位	主要完成者	获奖级别	获奖等级
气体复合稠油热采关键技术研究与应用	勘探开发研究院 金海采油厂	葛明曦 孟 强 王中元 林中阔 才 业 关振忠 邹兆玉 姜筠也 韦东帅	辽河油田公司	三等
大民屯油田沙三段勘探开发一体化研究	沈阳采油厂	鲁迎龙 杨美萍 赵 爽 骆 杨 王志勇 武升平 刘 畅 王宇华 曲文凯	辽河油田公司	三等
不同类型油藏高效挖潜剩余潜力关键技术研究与应用	兴隆台采油厂	高怀玺 屈丰君 郝 爽 任之荃 谢慧泽 苏 婵 张 倩 刘 娜 魏清清	辽河油田公司	三等
蒸汽驱后期变干度注汽技术研究与应用	欢喜岭采油厂	郑利民 段强国 杨晓强 陈加华 孙 聪 李瑞东 李丽丽 高 原 杨 群	辽河油田公司	三等
月东海上稠油油藏上产关键技术研究与应用	勘探开发研究院	李 朗 方 红 陈 忠 任凤伟 曲美静 韩 竹 许 卉 刘成君 李 鑫	辽河油田公司	三等
一体化思路在欢喜岭油田增储建产中的应用	欢喜岭采油厂	梁 旦 刘 影 张利宏 陈晓东 李明振 聂凯杰 陈 宇 连志伟 官春艳	辽河油田公司	三等
热采稠油评价方法研究与应用	勘探开发研究院	刘 勇 叶 锋 许卫华 李 洲 官志锐 王 琦 侯智玮 王飞宇 寻 娇	辽河油田公司	三等
剩余油饱和度测井评价技术研究	开发事业部 中油测井公司辽河分公司	李洪海 韦法君 王昌景 付崇清 潘 庆 张雪涛 王海云 项 忱 鄢 雄	辽河油田公司	三等
复杂断块油藏高效建产实践	茨榆坨采油厂	牟 勇 安博毅 高 鑫 陆玉玲 于经纶 卢先红 李冰冰 赵 振 张振其	辽河油田公司	三等
老油田多元建产技术研究与实践	曙光采油厂	刘奇鹿 郝少勤 王玉玲 温秋梅 吴伟强 黄晓静 贾红云 邢广益 李明德	辽河油田公司	三等
电潜螺杆泵举升配套技术研究与应用	钻采工艺研究院 沈阳采油厂 兴隆台采油厂 高升采油厂	张红朋 陶 硕 张 硕 刘兴源 李立超 罗鹏飞 韩 锋 金姗姗 许宝燕	辽河油田公司	三等
边底水稠油油藏挖潜配套技术研究与应用	冷家油田开发公司	巩 磊 项鹏心 孟 野 张 曈 周 璇 冯 晨 张子卿 马晓红 佟 爽	辽河油田公司	三等
井筒集成控压技术研究与应用	锦州采油厂	陈庆凯 单井华 蒋晓波 郑明杰 祁 涛 吕 敏 郑雅各 单祥斌 杨彩霞	辽河油田公司	三等
储气库注采工艺技术研究与应用	储气库公司 钻采工艺研究院	王江宽 汪生平 贺梦琦 丰先艳 董奇玮 段吉彬 刘永为 吕冬梅 刘全和	辽河油田公司	三等
低渗高凝稠油油藏采油工艺配套技术	高升采油厂	张 挺 管恩东 张 俊 王德盛 刘 丹 罗进刚 吴明芳 万 云 吴艳敏	辽河油田公司	三等
曙三区化学驱调控技术研究与应用	曙光采油厂	匡旭光 陈依南 吴 冬 刘 鹏 殷 伟 谢嘉溪 谭宏亮 刘周旭 孙 博	辽河油田公司	三等
特稠油油藏中后期稳产配套工艺技术研究与应用	金海采油厂 勘探开发研究院	郎成山 丁一铭 李建平 杨 开 张学钦 徐青竹 杜 健 乐庸军 杨光璐	辽河油田公司	三等
大洼油田精细注水示范工程配套技术研究与应用	兴隆台采油厂	李 正 周 华 刘 冰 孔德月 马 进 胡鹏程 马成龙 胡学宝 梁耀文	辽河油田公司	三等
低成本解堵技术在欢东低渗透油藏试验与应用	欢喜岭采油厂	陈 昊 朱元伟 李洪光 张雪明 张驰远 胡振东 王 林 李素芹 郝国亮	辽河油田公司	三等
沈 257 特低渗砂岩油藏增产技术研究与应用	沈阳采油厂	冷 彪 袁 武 黄双龙 秦 伟 马占军 徐文洋 王禹贺 彭继明 唐 平	辽河油田公司	三等
稠油侧钻井二次挖潜技术探索与试验	钻采工艺研究院	吴国军 王俊英 范红招 李庆明 邓红涛 肖云峰 赵 强 罗利平 王远方	辽河油田公司	三等

续表

项目名称	主要完成单位	主要完成者	获奖级别	获奖等级
井口风险控制技术研究与应用	辽河工程技术分公司	王　宁　李长富　王四强　孙蕴海　何　飞　葛庆强　薛智鹏　黄　强　巩　欣	辽河油田公司	三等
采油厂集输管道腐蚀检测与维护修复技术的应用	兴隆台采油厂	孙浩清　陈佳佳　张　明　饶洪波　李佳阳　张　铭　刘宇豪　马　驰　孔庆斌	辽河油田公司	三等
锦45块集输系统工艺优化	锦州采油厂	冉　杰　杨晓涛　崔连财　李春辉　赵立亚　金　龙　朱国丰　郭鲁冰　林　帅	辽河油田公司	三等
应力分析技术在压力容器及高压储氢设备上的研究与应用	中油辽河工程有限公司	郭廷顺　裴召华　田　丰　李　迪　宋　诚　伊　军　王　欣　高　岩　王　佟	辽河油田公司	三等
大型压缩机基础振动分析研究与应用	中油辽河工程有限公司	雷　刚　刘天宇　熊晓刚　游志飞　宋　玮　郭昕南　高维伟　李久福　林　园	辽河油田公司	三等
等离子自动切割系统研制及试验	辽河油田建设有限公司	吴　迪　刘庭凯　张　亮　董芳芳　张晶晶　张　钰　赵广臣　刘爱军　刘　宇	辽河油田公司	三等
电力公司降低网损措施的应用与研究	电力分公司	白照东　夏长生　赵宝军　王　炜　刘丽萍　宁世科　丁立新　母长达　杨国松	辽河油田公司	三等
锦采特油地面生产物联网技术研究与应用	中油辽河工程有限公司 信息管理部 锦州采油厂	于清澄　张绍东　袁风宾　朱海东　贺艳花　陈方霞　李晶晶　张爱欣　杨　霖	辽河油田公司	三等
跨平台大数据收集与通用云技术在油田经营管理中的研究与应用	信息工程分公司	郑　雷　刘　熠　王　玲　唐　戈　闫明明　余宗莉　刘雪莲　王　楠　张　强	辽河油田公司	三等
辽河油田稳产攻关技术效益评价研究与应用	经济技术研究院	王国春　田　鑫　黄　鹤　胡龙飞　郭福军　徐　迟　卞华鹏　吴宇博　潘　鹤	辽河油田公司	三等

【技术发明奖】 2021年，辽河油田公司获集团公司技术发明奖三等奖1项（表5）；油田公司评选出技术发明奖2项，其中一等奖、二等奖各1项（表6）。

【基础研究奖】 2021年，辽河油田公司获集团公司基础研究奖三等级1项（表7）；评选出基础研究奖2项，其中二等奖、三等奖各1项（表8）。

表5　2021年度辽河油田公司获省部级技术发明奖项目一览表

项目名称	主要完成单位	主要完成者	获奖级别	获奖等级
高温高盐油藏调剖调驱关键技术	钻采工艺研究院	李　瑞　陈小凯　王龙飞　刘　强　马昌明　朱秀雨	集团公司	三等

表6　2021年度辽河油田公司级技术发明奖项目一览表

项目名称	主要完成单位	主要完成者	获奖级别	获奖等级
磨料水射流技术研究	钻采工艺研究院	胡胜勇　王文涛　孔凡楠　姜　雷　靳建光　王文钢　陈　健　吴建华	辽河油田公司	一等
大底水潜山油藏化学隔板堵水技术	钻采工艺研究院	马昌明　张　群　王　尧　刘　强　曾双红　席春婷　李友富	辽河油田公司	二等

表7　2021年度辽河油田公司获省部级基础研究奖项目一览表

项目名称	主要完成单位	主要完成者	获奖级别	获奖等级
地面工程配套关键技术研究与应用	中油辽河工程有限公司	周立峰　李泽勤　林琳　刘振宁　赵慧铃　王岫蔚	集团公司	三等

表8　2021年度辽河油田公司级基础研究奖项目一览表

项目名称	主要完成单位	主要完成者	获奖级别	获奖等级
化学驱跟踪调控实验技术研究与实践	勘探开发研究院	肖传敏　杨灿　郭斐　马静　战洪浩　赵晔　王杰	辽河油田公司	二等
辽河坳陷深层油气地化评价技术研究与应用	勘探开发研究院	王延山　黄双泉　康武江　王群一　尚灿　李珊珊	辽河油田公司	三等

【省部级科技成果简介】

1. 项目名称：稠油污泥处理与资源化成套技术及应用

获奖等级：集团公司科技进步奖一等奖

项目简介：本项目属油气田环境保护领域。稠油是我国重要能源，其开发过程中产生数量巨大的稠油污泥（油泥）是困扰企业绿色、低碳和清洁发展的难题。稠油污泥按来源和性质分为落地泥、浮渣泥和罐底泥，其特点是成分复杂、极性和乳化性强的重质油含量高、油水密度差小、稳定性强、分离难度大，其处理是世界性难题。清洗和热解是油泥处理首选方法，但因清洗预处理工艺不完善、装备故障率高，热解装备易结焦、能耗高、二次污染大、故障率高，处理产物品质差、资源化率低而阻碍用于稠油污泥的长周期、大规模、低成本的处理。在相关科技项目支持下，经近10年攻关，开发了分质分类成套处理技术及装备，实现稠油污泥无害化处理和资源化利用，解决了困扰企业发展难题。创新成果如下：

（1）研发集气浮、淋洗、过滤、分选多功能滚筒式清洗机和自清洗过滤机，实现多相分离和颗粒固相分级去除，有效解决落地泥清洗分散率低、油水泥分离效果差、纤维状杂物堵塞泵阀、设备故障率高等问题。建成72万吨/年超大规模油泥清洗处理基地，设备运行周期从1周延长至3个月以上。

（2）集成了基于多介质燃烧器、进出料密封翻料器的全系统智能化DCS控制等多项关键技术，研发瓷球均匀加热、中低温热解、热解不凝气和热烟气回用等技术，解决了热解工艺炉体结焦、运行安全和高能耗等难题。建成112万吨/年超大规模油泥热解处理基地，天然气耗量从70—90标准立方米降至40—50标准立方米，设备运行周期从1个月延长至6个月以上。

（3）发现生物降解产物修饰的褐煤活性焦对废水中典型污染物选择性吸附机理，开发了褐煤活性焦多级吸附—固定化微生物污水处理耦合工艺，解决了清洗和热解工艺污水极性毒性大分子有机物的去除难题。工艺污水处理后化学需氧量为23—27毫克/升，达到辽宁省标准（DB 21/1627—2008）要求，处理成本降低28.2%。

（4）集成"落地泥清洗、浮渣泥脱水减量化，瓷球破焦、中低温宽幅热解无害化，处理产物资源化"等技术，形成稠油污泥处理与资源化利用成套技术，制定防治用管控制度和技术规范，实现超大规模应用。处理后剩余固相含油率0.12%—1.25%，达到行业（SY/T 7301—2016）和新疆地方标准（DB 65/T 3998—2017）要求，处理成本从700元/吨降至409元/吨，制备的通井路路基改性填料指标达到公路路基设计规范（JTG D30—2015）要求，剩余固相资源化率100%。

项目获授权发明专利9件，实用新型专利2件，发表学术论文22篇、他引282次，制定技术规范和管理制度8项，获中国石油天然气股份有限公司新疆油田分公司（简称新疆油田公司）特等奖、安全环保研究院和辽河油田公司一等奖各1项。该技术分别在新疆油田、辽河油田推广应用，累计处理油泥570万吨，近三年节支增效16.41亿元。经测算，累计减排石油约50万吨、化学需氧量93万吨、减排污水500多万吨、资源化利用剩余固相100多万吨、减少占地431万平方米。

该成果大幅提升了我国稠油污泥处理与资源化利用水平，受到国家生态环境部、地方政府和集团公司充分肯定，大庆油田公司、长庆油田公司、中国石油天然气股份有限公司塔里木油田分公司（简称塔里木油田公司）等15家等兄弟油气田先后到访新疆油田调研学习，引领行业技术发展方向，经济、社会和环境效益显著。

经集团公司科技成果鉴定，本项目研究成果创新性突出，整体达到国际领先水平。

2. 项目名称：低渗透油藏储层综合表征与高效开发技术研究

获奖等级：集团公司科技进步奖三等奖

项目简介：辽河油田特低渗透致密油藏探明地质储量已达1.96亿吨，成为油田产能建设主战场，特低渗透致密储层非均质性强、敏感性强、常规方式难以实现经济开发，急需攻关有效开发关键技术，支撑辽河油田千万吨稳产。通过近年来创新攻关，探索形成致密油藏经济有效开发配套技术，矿场实施效果显著，成为辽河油田千万吨持续稳产重要支撑点。主要取得以下七个方面创新成果：

（1）攻关形成特低渗透致密储层分类综合评价技术。创新建立储层岩石力学分析、低对比度油层识别、有利储层评价、多属性效益甜点描述相结合的储层分类综合评价方法，识别有效储层，储层预测准确率提高至88%以上。

（2）首次建立致密油藏缝网匹配开发部署设计方法。针对不同类型致密油藏，优化设计与储层发育、压裂工艺相匹配的井型、井网井距等关键参数，确保缝控储量最大化，实现储量有效动用。

（3）实践形成特低渗透致密油藏大规模压裂提产技术。提出致密储层密切割增加缝高和裂缝复杂程度压裂方式，建立连续油管拖动精细分层压裂、多段多簇射孔、簇间暂堵转向压裂等技术，完善配套特低渗透致密油藏新型储层改造工艺。

（4）创新形成特低渗透致密油藏有效补能技术。揭示缝网改造油藏不同驱替方式驱油机理，形成高倾角致密油藏天然气重力稳定驱、CO_2段塞天然气复合驱，厚层低渗透油藏直平组合底部温和水驱、顶部气体辅助泡沫驱等有效补能模式，有效提高油藏采收率。

（5）发展完善特低渗透致密储层入井流体伤害评价方法。完善储层岩性及流体压裂液配伍性评价实验方法，提出降低入井流体储层伤害手段。在降低瓜尔胶用量的基础上，优化添加剂类型，形成针对储层特点的个性化压裂液配方设计。

（6）探索形成致密油藏不同注入介质开发调控技术。针对底部注水补能油藏形成直平组合注水调控技术，针对注气补能油藏形成复合气驱调控技术，扩大储量动用程度，进一步提高油藏采收率。

（7）强化构建全过程效益建产经营管理模式。建立特低渗透油藏经济开发技术界限标准，建立不同油价下经济极限产量评价方法，促进单井建产投资大幅下降。建立工厂化组织形式、集约化建井经营管理模式，有效降低投资成本，最大限度提高经济效益。

通过多年攻关研究与现场应用，特低渗透致密油藏有效开发关键技术应用效果显著：在沈358、荣72、龙606、奈曼、交2等10个低、特低渗透油藏开展矿场应用，覆盖石油地质储量5021万吨，部署产能井位280口，新建产能59.2万吨，实施新井204口，阶段累计增油45.6万，开展56个井组矿场补能试验，阶段增油9.5万吨，取得良好的经济效益和社会效益。该技术可指导辽河低、特低渗透致密油藏有效开发，具有广阔的应用前景，是辽河油田千万吨稳产上产重要支撑点。

3. 地面工程配套关键技术研究与应用

获奖等级：集团公司基础研究奖三等奖

项目简介：辽河油田开发建设四十多年来，持续依靠科技进步与创新，实现原油千万吨以上规模稳产近30年。目前，辽河油田注水油藏普遍进入

"双高"期，转换开发方式正处于起步阶段，保持千万吨持续稳产面临着诸多技术挑战。股份公司从战略角度出发，2012年设立重大科技专项《辽河油田原油千万吨持续稳产关键技术研究》，含聚污水处理技术是该专项下设课题9《地面配套关键技术研究与应用》（课题编号 2012E-3009）的重要攻关内容。

在稳产专项的规划布局中，中高渗透水驱砂岩油藏转化学驱开发是辽河油田稀油稳产、上产的重要举措。随着实施规模的不断增大，采出液含聚量不断上升，对现有处理系统造成较大压力，污水处理系统尤为突出，普遍存在处理后悬浮物含量严重超标问题，长期在50—100毫克/升指标下运行，加药量成倍增加也难以满足生产要求。迫切需要攻关研究地面配套关键技术，尤其是含聚合物污水处理新工艺、新方法，解决制约规模推广的技术瓶颈。

针对上述突出难点与技术瓶颈，按照"上、下游处理工艺统筹考虑、污水处理系统变污水中聚合物如何加药去除，如何有效利用，达到提升水质、有效降低污水处理成本的目标"的总体攻关思路，通过4年攻关研究与试验，先后建立适合辽河化学驱配方的含聚合物采出液聚合物含量测定方法，揭示含聚合物污水深度曝气处理机理，研究形成"室内模拟与预测技术"，研发形成配套处理药剂，确定关键设备结构，原创性形成"含聚污水深度曝气处理工艺技术原型"。

该项目的含聚合物污水处理技术，获中国发明专利授权1件、实用新型专利1件、发表论文5篇。

通过室内实验与现场中试，确定该项目中含聚合物污水处理技术方法的可行性，实现含聚合物污水不加药处理，处理后污水含油量不超过10毫克/升、悬浮物含量不超过15毫克/升。

该项目中含聚合物污水处理技术方法可有效、低成本处理聚合物含量30—1000毫克/升的化学驱含聚合物污水，能覆盖化学驱开发全过程，可替代目前采用的"除油+气浮工艺"，在国内外均为首创，为化学驱规模推广打造了地面工程技术利器，进一步丰富与完善辽河化学驱地面工程技术系列，达到国内领先水平。

4. 项目名称：稠油调剖封窜关键技术研究与应用

获奖等级：集团公司科技进步奖三等奖

项目简介：辽河油田吞吐稠油年产量335.5万吨，是千万吨稳产的重要组成部分。受油藏因素和开发因素两方面影响，油藏动用不均、井间气窜问题日趋严重，年吞吐3481井次，气窜达1914井次，占吞吐井次的55%，年影响产量16万吨，占吞吐产量的8%—10%。油井一旦发生气窜，不仅造成本井能量外溢，极易造成受窜井出砂、套坏，甚至引发井喷事故。调剖封窜属于稠油开发领域重大技术难题，既要适应蒸汽吞吐方式下的高温工况，又要符合不同完井方式的注入性能，还要满足不同汽窜程度的封堵强度。为此，开展稠油调剖封窜关键技术研究与应用。在研究汽窜等级划分的基础上，针对直井与水平井对堵剂性能、调剖工艺的不同需求，创新研制堵剂配方4种，优化施工工艺，形成关键技术6项，成功进行工业化应用，油汽比由0.24提高至0.44，增涨0.2。

主要取得三方面创新：

研究形成气窜等级划分方法。结合现场实际，进行大数据统计分析，形成以受窜井油套压、温度、液量、含水等变化特征为依据的划分方法，将气窜划分为弱、中、强三个等级，引领和支撑调剖封窜技术研发及应用。

创新研发不同气窜程度、射孔完井直井调剖封窜系列技术。

（1）改进形成弱气窜井暂堵调剖技术。研究改进氮气泡沫凝胶堵剂，添加一定量体膨颗粒，其体积膨胀倍数为10—40倍，热降解温度为180℃，通过调节颗粒粒径，有效卡封孔隙吼道，满足弱气窜井"暂堵"需求。

（2）创新研发中气窜井低伤害暂堵调剖技术。创新研制生物高分子暂堵剂，260摄氏度逐渐分解为水和二氧化碳，对比传统凝胶颗粒暂堵剂，其耐温性提高110℃，且降低了油层伤害，提高中气窜井治理的针对性。

（3）集成创新强气窜井封窜调剖技术。研究形成有机凝胶＋有机凝胶携固相颗粒＋无机封口剂三段塞封窜模式，辅以可溶桥塞等配套工具，实现选层精准封窜，取得封窜方法的创新，与单一段塞封窜相比，有效率提高33%，解决强气窜对邻井影响大的问题。

攻关形成不同气窜程度、筛管完井水平井调剖封窜系列技术。

（1）创新形成弱气窜水平井可降解调剖技术。创新研制可降解屏蔽暂堵剂，以改性淀粉共聚物为主要成分，交联时间可控（15—24小时），封堵能力强（封堵率大于95%），注汽焖井后渗透率恢复值可达91%，满足弱气窜井调剖需求。

（2）创新研究中气窜水平井"深调浅堵"技术。以温压分级研究为基础，自主研制改性落叶松栲胶堵剂，采用氮气泡沫凝胶＋落叶松栲胶两段塞调剖，提升封堵强度2兆帕/米，发挥"深调浅堵"功能，满足中气窜井防窜需求。

（3）攻关研究强气窜水平井全液相高温调堵技术。自主研制全液相高温调堵剂，降低水平井作业成本和施工风险，提高施工成功率15%，提高封堵强度8.0兆帕/米，采用氮气泡沫凝胶＋全液相高温调堵剂的大剂量调剖模式，扩大调堵半径，有效缓解严重气窜井能量外溢。

该项目获国家发明专利授权5件，实用新型专利3件，发表论文3篇，整体技术水平达到国内领先。近两年来，按照分类治理的思路，现场实施163井次，周期对比增油16.34万吨，降低气窜影响1.25万吨，提高油汽比0.2，创效9821.22万元。该技术有效满足吞吐稠油多样化的调剖封窜需求，有效降低气窜影响的同时，大大降低生产管理难度，为防止井喷事故起到良好预防作用，为下一步稠油转SAGD或蒸汽驱开发提供技术支持，具有广阔的推广前景。

5. 项目名称：高温高盐油藏调剖调驱关键技术

获奖等级：集团公司科学技术发明奖三等奖

项目简介：调剖调驱技术作为注水区块稳油控水有效手段，已在国内外中、低温油藏规模化实施。但针对高温、高盐等复杂油气藏，目前制约调剖调驱效果的三个关键技术问题仍有待于解决：（1）现有调驱体系耐盐性低于10万毫克/升，耐温性不足90℃，有效期不足6个月。（2）调剖剂用量大，成本高，调驱参数设计有待优化。（3）聚合物混配不均，现场取样和监测困难，回注污水水质波动大，影响成胶效果。

近年来，在常规调驱剂基础上，在青海油田、吐哈油田、浙江油田等油田开展高温、高盐油藏调剖调驱关键技术攻关和现场推广应用，创新性研发出针对适应高温、高盐油藏特点的系列调驱配方体系，并通过优化工艺设计参数，进一步完善调剖调驱工艺配套技术，形成一套完整的高温高盐油藏调剖调驱技术，取得高温、高盐油藏调堵技术重大突破，达到国际领先水平。

主要取得5项技术发明点：

（1）研发出新型酚醛树脂调驱剂配方体系：针对现场应用规模最大、范围最广的酚醛树脂凝胶体系耐温性不足的问题，通过优化反应条件和用量比，将酚醛树脂凝胶体系的耐温性能从90摄氏度提高到120摄氏度，解决了该体系耐温性不足的问题，取得该体系重大技术突破。

（2）开发出柔性颗粒调驱剂配方体系：针对油藏受地层大孔道、高渗流通道或裂缝发育影响，常规调剖剂提压能力不足的问题，研制出弹性强、悬浮性能好、适应油藏范围广的柔性颗粒，耐温达150摄氏度，不受pH值、矿化度影响，稳定性达一年以上。

（3）首次研发出缓降解耐高温高盐调驱剂配方体系：针对交联型调驱体系成胶后有效期短的问题，从分子结构设计角度出发，在AM本体结构上引入耐高矿化度单体，同时采用耐高温型氨醛树脂作交联剂，交联聚合而成耐温140摄氏度、耐矿化度23万毫克/升、稳定性一年以上的缓降解调驱剂配方体系，实现远堵近调、小剂量、多轮次调剖理念，达到水窜通道深部长效调堵的目的。

（4）首次提出精细调剖调驱工艺设计方法：创新建立近井地带和远井地带孔隙体积精细化模型，解决调驱参数不够精确、合理的问题，优化调驱剂用量，降低施工成本30%以上。

（5）建立调驱体系全生命周期成胶性能监测工艺：①基于文丘里原理发明射流混料装置，实现聚合物均匀混配，避免"鱼眼"的产生；②首创"水滴"模型深部调驱取样器，保障调驱剂沿程节点黏度的无损取样和准确监测；③利用"低成本、高效率"的油田污水除铁杀菌配液装置，从源头消除水质中 S^{2-}、Fe^{2+} 和 SRB 对调剖剂成胶性能的影响，解决回注污水水质波动大影响调驱效果的问题。

项目研究成果授权国家发明专利 8 件，实用新型专利 10 件，国家级期刊论文 8 篇，通过技术查新，达到国际领先水平。

该成果自研发起，在辽河油田、青海油田、吐哈油田、浙江油田等油田现场应用 65 井次，累计增油 53625 吨，创产值 7727.9 万元，创利润 4907 万元，其中 2019—2020 年，现场应用 38 井次，累计增油 42401 吨，创利润 3771 万元，应用效果非常明显，该技术的成功应用，标志着高温高盐油藏调剖调驱技术取得重大技术突破，在国内外同类油藏可广泛使用。

6. 项目名称：稠油吞吐中后期精细注采关键技术研究与应用

获奖等级：辽宁省科技进步奖二等奖

项目简介：辽河油田是以稠油开发为主的油田，蒸汽吞吐是稠油的主要开采方式。随着稠油吞吐进入开发中后期，动用不均、低压低产、气窜、套坏等复杂多样的矛盾日益突出。常规稠油注采管柱在现场应用中存在一定的局限性，主要表现为：传统分层注汽不能与油层精细化学处理技术有机结合，施工周期长，生产时率低；部分套损油井不能实施分选注措施，影响该类油井的采收率；水平井水平段油藏动用不均，制约水平井产能的发挥；层间干扰矛盾突出，易造成油层的热量损失，影响生产效果。

针对上述矛盾，在原有注采管柱的基础上，开展系列技术攻关，创新研发稠油精细复合吞吐管柱、套损井分选注管柱、水平井分段定量注汽、分层可控采油等精细注采关键技术，改善蒸汽吞吐开发效果，有效助力稠油开发降本增效。

取得主要创新点和成果如下：

（1）稠油精细复合吞吐管柱技术。针对稠油开发中后期层间矛盾加剧的问题，研制复合吞吐配套管柱，同时满足精细分层注汽及化学处理的开发需求。①针对具备分层条件的油井，研制新型双作用封隔器、可逆注汽阀，可三次切换注入通道，实现可逆注入，满足不同介质按需分层定量注入的需求，简化施工工序。②针对高低渗透层交错、油层无法分隔处理的油井，研制低密度硅橡胶堵球，堵球直径 26 毫米，密度 0.9—1 克/厘米^3，耐压 17 兆帕。创新采用分级投球方式，一次管柱即可实现自动选层复合吞吐和选层注汽。

（2）套损井分选注管柱技术。针对套管变形、缩径油井油层纵向动用不均衡矛盾，在配套工具和关键技术研究上取得创新。①研制小直径双密封分层注汽封隔器，其最大外径 128 毫米、密封直径不小于 161 毫米、耐压不小于 17 兆帕，满足套损井分选注技术要求；②研发触手式堵球选注管柱技术，工具最大外径 105 毫米，精准封堵高渗透层炮眼，替代传统投球和热采封隔器封堵技术，解决中度套变油井不能实施分选注工艺的难题，拓展应用范围。

（3）水平井分段定量注汽技术。针对水平井水平段油藏动用不均的矛盾，系统开展技术研究，实现水平井分段按需定量注汽。①研制以小直径软密封阻隔器、分配器等为核心的水平井分段定量注汽管柱，可将水平段划分成多个注汽单元，管柱耐温 350 摄氏度，耐压 17 兆帕；②开展水平井分段注汽优化设计研究，针对水平段不同动用状况，设计不同注汽方式，研制选段注汽、两段分注、多段同注等配套注汽管柱，并明确适用条件。

（4）分层可控采油技术。针对互层状油藏层间相互干扰的生产矛盾，在压控开关、分抽泵等关键工具和工艺研究上取得突破。①自主研制自动分采阀、桥式短接等工具，形成桥式采油管柱技术，解决采油过程中高低压层压力干扰的问题。②创新研发以分抽混出采油泵为核心的水平井分抽采油技术，根据水平段动用状况及实际的产能差异，划分成两个相对独立的抽油系统，减小水平段脚尖到脚跟的压力损失，实现水平井分段可控生产。

该项技术授权发明专利 6 件，实用新型专利 9 件，发表论文 4 篇，整体技术水平达国内先进。近年来，现场累计实施 1519 井次，增油 15.2 万吨，累计创效 21602 万元，投入产出比 1∶8.7，取得显著经济效益和社会效益，为油田持续稳产、高效开发提供技术保障，应用前景广阔。

（夏云棚）

信息化工作

【概述】 信息管理部作为辽河油田公司机关直属部门，是辽河油田公司信息化工作的归口管理部门，主要负责油田公司信息化顶层设计、信息系统建设实施与运行管理、信息化标准制定与考核、辽河区域中心运行及互联网管理、信息化项目全生命周期管理、信息化基础设施管理、信息化内部市场配置、信息技术推广与应用以及油田公司所属单位信息化工作的协调和业务指导等。2021 年底，信息管理部下设职能科室 6 个，在册员工 33 人（含改做具体工作 7 人），平均年龄 49 岁。2021 年，辽河油田公司信息管理部组织编制"十四五"网络安全与信息化发展规划及数字化转型总体框架方案，为信息化发展做好顶层设计。推动油气生产物联网建设，编制 2022—2024 年物联网建设规划，对方案设计进行优化，推动物联网低成本建设和有效覆盖。提供信息技术支持 10 万余次，保障各大信息平台平稳运行，支撑各项业务高效开展。制定各类规章制度，持续完善信息化基础设施，提升网络与信息安全防护能力，为油田数字化转型、智能化发展打好基础。获集团公司信息化先进集体称号。

【信息化顶层设计】 2021 年，辽河油田公司成立规划编制工作领导小组，梳理总结"十三五"信息化执行情况，编制数字化转型总体框架方案，并制定"十四五"信息化规划框架。先后到生产、财务、勘探等 12 家机关部门和曙光采油厂、茨榆坨采油厂等 7 家生产单位开展需求调研及座谈交流，结合各业务信息化需求，明确重点工作内容，绘制规划蓝图、技术路线及实施路径。立足油田数字化转型，推进"642"工程，部署重点项目 14 个及配套项目 7 个，支撑辽河油田公司体制改革、人员优化调整、业务转型，夯实数字化转型、智能化发展的基础。

【信息化项目建设】 2021 年，辽河油田公司加快推进油气生产物联网建设。重点针对采集单元、采集参数、网络传输进行优化，优先开展曙光采油厂水淹区物联网建设，到 2024 年实现辽河油田公司 13 家采油单位物联网的有效覆盖。成立物联网协调监督实施小组，对现场踏勘、方案设计、物资采购、现场施工、竣工验收等各个环节进行协调督办，到生产一线现场督导 20 次，推进各期物联网高质量建设。2021 年底实现锦州采油厂、特种油开发公司试点建设，通过总部上线验收，完成 3372 口单井、214 座中小型站场、2 座联合站的物联网建设任务。二期项目建设有序启动高升采油厂及辽兴油气开发公司奈曼地区现场实施工作，其中包括高升采油厂 1011 口单井、61 座中小型站场、2 座联合站、6 座作业区生产监控中心，1 座厂级生产调度中心的物联网建设。辽兴油气开发公司 588 口单井，24 座中小型站场、3 座联合站、3 座作业区生产监控中心，1 座厂级生产调度中心的物联网建设。三期项目建设对欢喜岭采油厂、金海采油厂方案进行优化调整，涉及 2465 口单井、191 座中小型站场、7 座联合站、13 座作业区生产监控中心，2 座厂级生产调度中心的物联网建设，投资总额 12768 万元。四期曙光采油厂物联网实施方案完成编制上报，建设范围经优化确定为 3040 口单井，173 座中小型站场及 3 座联合站。井、站数字化覆盖率分别提升至 34.46%、37.02%。系统上线后，压减采油作业区编制 1 个，合并裁撤采油班站 8 个，降级计转站 4 个，新增无人值守站23个，优化员工300余人，为油公司改革和新型采油作业区建设提供经验借鉴。

【信息系统管理】 2021年，辽河油田公司在用统建系统50套，涵盖勘探、开发、计划、财务、生产、采购等各个部门和各业务领域。勘探开发方面，A1系统向油田公司各科研人员提供数据服务60个物探工区，约217太字节，为1300多个用户提供4.1万人次的专业数据浏览查询、数据下载、图形展示等井筒数据查询服务。A2系统年访问量96.8万人次，累计访问量1156.7万人次，管理油气水井3.4万口，年增记录9600万条、数据40吉字节，累计数据记录12.8亿条、累计数据量474.3吉字节。A5系统完成A5 2.0项目辽河油田推广实施工作并按期通过项目验收，系统17个模块全部得到应用，管理各类井25559口，间、站、库3264座，管线17338千米，完成三项设计76528井次。经营管理方面，2021年全年，ERP系统月均登录账号800个，全年创建项目清单10504个、项目服务订单2228张、物资采购订单35323张、设备维修工单5671张、设备修理订单1885张、销售订单5487张、生产订单11张、销售发票13310张，产生集成会计凭证296318张。综合管理方面，OA系统为各单位变更组织机构40余家，调整用户652人次，搭建流程173个，制作电子签名和公章147个，平台用户授权57次，公文使用问题咨询支持961次。门户系统信息更新11.9万条，访问量705.4万人次，头条新闻栏目更新251条，为经营管理业务提供信息支持。电子邮件系统收发电子邮件283526封，邮件总流量共计402.3吉字节，新增账户978个，密码重置2544次，信息调整2978个，注销账户879个。持续开展具有辽河特色的邮件账户清理工作，保障信息系统安全平稳运行。2021年，在集团公司电子邮件系统信息化考核中稳居第一，实现电子邮件系统规范化管理。在用自建系统117套，其中机关部门35套，二级单位82套，涵盖机关各部门、各二级单位生产经营各业务领域，是统建系统的深化应用和配套补充。信息管理部加强信息系统运行管理，明确统建系统、自建系统负责人，在基础设施、信息系统应用维护等方面提供信息技术支持10万余次，保障50套统建、117套自建系统安全平稳运行。做好辽河区域中心机房的值班值守，保证机房场地环境设备、服务器、网络等设备正常运行，确保各应用系统、数据库平稳运行。

【网络与信息安全】 2021年，辽河油田公司信息管理工作，做好网络与信息安全防护工作，保障辽河区域中心网络正常运行。加强网络建设与运维，保障主干网络平稳运行。按照国家及集团公司要求，开展庆祝建党100周年活动期间网络安全重点保障工作。成立专项行动应对小组，安排专人7天24小时值班值守，累计75家单位800余人次参加重点时段值守和日常值班工作。分析和研判网络流量，通过入侵防御系统监测到攻击100万次，阻断攻击行为5.45万次，保障辽河油田公司网络环境稳定畅通，圆满完成建党100周年重要时间阶段网络安全保障任务。开展"HW2021"网络安全攻防演习要求做好网络安全值班值守和应急响应及处置工作。HW期间系统运维中心发布重要通知11份，各类风险预警8次。及时调整区域中心DMZ区无纸化会议、云视讯平台等7套系统访问策略。通过入侵防御系统监测到攻击11.4万次，阻断攻击行为1.9万次，及时调整防火墙、IPS、交换机等设备的防御策略，确保网络安全稳定运行。完成公安部、国家安全局、集团公司、辽河油田公司等各级网络与信息安全检查工作，开展网络安全宣传周活动，营造健康文明的网络环境。

【数据管理】 2021年，辽河油田公司完成RDMS测试环境搭建，开展数据导入及试用验证；推进A5系统2.0项目推广实施，完成三项设计76528井次，按期通过验收。开展数据治理工作，解决井名重复、命名不规范等影响数据问题，逐步建立勘探开发业务数据标准和数据治理长效机制。做好数据运维管理，保障辽河油田中心机房场地、681台（套）设备、367台服务器、31台存储设备、1500太字节非结构化数据、2800吉字节结构化数据、50套统建系统、117套自建系统正常运转，持续为辽河油田公司勘探、开发、经营、管理等各项业务提供数据支撑。

【信息化制度建设】 2021年，辽河油田公司逐步完善信息化管理制度，开展制度宣贯和修订工作。对重点实施的《辽河油田油气生产物联网建设与管理规范》《辽河油田公司终端计算机配置管理规范》《辽河油田视频会议系统建设与管理规范》3项标准进行宣贯、培训、实施及监督检查，提高全员标准化意识，发挥标准体系的顶层设计、示范引领和规范约束的作用。同时根据辽河油田信息化工作需求，制订《辽河油田油气生产物联网系统运维规范》，修订《辽河油田云桌面系统管理规范》。编制《辽河油田公司信息专业市场服务商管理实施细则》，为油田信息化市场的规范管理提供有效依据。完善辽河油田公司信息与通信专标委职责，调整领导小组。

【信息化技术培训】 2021年，辽河油田公司参加各类培训、技术交流40期，培训人员809人次，各信息系统新增关键用户全部参与培训，信息岗位专职人员接受培训率达到100%，兼职信息人员70%以上接受培训。参加集团公司培训、信息技术交流会议等16期次，包括公安部"网络安全实战化防护专业能力培训""油气田信息化技术与管理培训班""网络安全万人培训中央企业专项培训""中国石油石化企业网络安全技术（视频）交流大会"等，累计培训、交流245人次。在辽河内部举办四期信息系统素质提升培训班，针对管理人员、技术人员和操作人员三个层级进行云桌面、ERP、A1、A5、A6、Oracle11G&12C入门的系统培训，培训360人次。参加辽河油田公司组织的"数字化油田基础知识线上系列专题培训""培训项目设计基础培训""培训项目设计能力提升培训"等各类业务培训班20期次，培训204人次。

（宋成坤）

安全环保与质量节能

新冠肺炎疫情防控

【概述】 2021年,辽河油田公司科学有效应对营口市、南京市、内蒙古自治区、大连市等多点集中暴发疫情,排查重点人员4.2万人次,应隔尽隔6250人、应检尽检15418人,出台新冠肺炎疫情防控制度41项,健全完善常态化管控举措158项,形成"四早、四清、四控"疫情防控长效机制,守住"零感染、零疫情"生命防线。

【机制运行】 2021年,辽河油田公司坚决贯彻国家、集团公司疫情防控工作要求,动态转发盘锦市疫情防控文件指令152件,发布疫防文件33件,转办落实上级指令158项。精准排查人员流动轨迹4.2万余人次,落实隔离及核酸检测措施8752人次,疫情防控工作取得良好成效。

【排查管控】 2021年,辽河油田公司针对突发疫情,提前研判疫情风险,高效排查员工行程轨迹,第一时间组织核酸检测,动态调整疫情管控措施,强化疫情防控重点时期会议管控,保持辽河油区单位之间以及与社区、公安等部门联系,建立联防联控工作机制,实施区域封闭防控措施。持续改进辽河油田疫情管控信息系统,建立人员流动预报机制,重点地区、密切接触者及涉疫食品排查三项零报告制度全面转为电子签章线上操作。增加疫苗接种管理待办提醒模块,提高接种登记管理能力,提升疫情防控精准化和智能化水平。

【疫苗接种】 2021年,辽河油田公司继续推动疫苗接种工作,协调盘锦市疫苗资源,设立疫苗接种点10个,编制接种计划,建立线上接种登记模块,发布疫苗接种知识推文16期,党员和领导干部带头接种疫苗,辽河油田公司疫苗接种69639人,接种率95.07%,免疫屏障基本构建完成。

(郭　健)

安全管理

【概述】 2021年,辽河油田公司以习近平总书记关于安全生产重要论述为指引,落实集团公司、勘探与生产分公司和辽河油田公司党委安排部署,严监管树新风,实施风险差异化监管,综合运用督查、督导、整治等多种措施,持续保持高压严管态势。未发生安全生产重伤及以上责任事故,道路交通安全未发生同等责任重伤以上事故。发生一般C级工业生产安全责任事故4起、轻伤3人,同比减少4起、减少轻伤5人,分别下降50%、63%。千人轻伤率控制在0.069,与年初计划0.258相比下降73.26%,与上一年度0.137相比下降49.6%,质量健康安全环保总体态势平稳。

【重要时段升级管控】 2021年,辽河油田公司总结春节及"两会"、五一、七一、国庆节等重要时段升级管理经验,创新定方案、定责任、定措施、定点保障、定点督导的"五定"机制,配套重点工程项目包干到人、安全环保责任令、高风险作业预约、保障专班、风险预警日等措施,实现庆祝建党百年、抗洪复产、强降雪、天然气保供、冬奥会保障等重要时段生产平稳。辽河双6储气库扩容上产工程创造国内同等规模储气库建设周期新纪录。汛期全天候盯防在现场，实施监督监护、教育指导、协调保障"三位一体"，守住抗洪复产零伤害、零污染、零事故底线。迎接集团公司及国家应急管理部、辽宁省应急管理厅、盘锦市应急管理局"四不两直"督查35次，均受好评。

【专项整治】 2021年，辽河油田公司推进安全生产专项整治三年行动，深入开展"2+4"（宣传贯彻习近平总书记关于安全生产重要论述专题、落实企业安全生产主体责任专题+油气勘探开发安全专项整治、危险化学品安全专项整治、消防安全专项整治、道路交通安全专项整治）专项整治行动和重点领域集中整治，累计查改问题根源879项，风险管控水平持续提高。严控天然气风险，成立天然气保供安全环保专班，派驻专职监督到辽河双6储气库现场指导，组织开展燃气管道、天然气风险隐患排查专项整治活动，查处燃气管道问题232个。严控硫化氢风险，建立硫化氢监测信息管理系统，实时掌握硫化氢分布情况，安装固定式硫化氢报警仪180套，对8家涉硫化氢单位开展防护专项检查，查改问题63个。创新风险防控载体，编制《辽河油田公司高风险点源挂牌管理细则》，在城区范围内推广实施高风险点源挂牌机制，严控高风险点源异常状况，组织开展储气库、轻烃厂、联合站等高风险场所异常情况处置试点工作，建立上报机制，分析产生原因，研究制定处置措施，及时发现消除生产现场突发异常情况。组织对辽河油田公司24个重大危险源开展安全评估工作，全面辨识重大危险源危害因素并重新进行分级，确保重大危险源管理依法合规。严格检测高风险装置，组织防雷防静电检测，对197个储罐、1座装卸车台的724处接地电阻进行检测，查改问题151个。组织储罐附件检测，对212台（套）储罐附件进行抽样检测，合格率82.1%，查改问题32个。组织开展反违章全员专项整治活动，分三个阶段压茬推进整治行动，累计查处管理违章2572项、操作违章3303项，形成全员参与、系统联动、严查严治的工作格局。出台"低老坏"及重复性问题照单治理机制，从重点整治安全问题拓展到环保、质量问题一并整治，累计整治问题60项，"低老坏"及重复性问题占比下降14.3%，促进QHSE综合管理水平提升。

【承包商监管】 2021年，辽河油田公司实行承包商安全资质审查承诺告知制度，审查备案承包商968家，督查39个单位承包商审查情况，曝光问题137项。严抓承包商关键人员能力验证，组织培训7570人次，一次考核通过率86%。先后开展多种经营作业队、在用承包商检查，检查小修作业队伍25支，作业现场81个，查改问题213个。建设单位强化属地监管，累计检查承包商作业现场14490个次，查改问题12336项，黄牌警告承包商142个，黑名单人员111人，累计处罚承包商310万元。开展承包商作业人员能力评估、施工现场监督和过程考核工作，将评估、监督、考核结果纳入承包商年度综合业绩评价。

【道路交通安全】 2021年，辽河油田公司组织开展道路风险隐患排查，摸查辖区道路、油田专用公路107条，评估危险区域及路段33处，绘制道路交通风险点源示意图23份。制定实施季节性交通安全强化措施27项，组织开展标准化车队专项检查和重要时段专项检查8次，检查车队30个，查改问题354个。制定《辽河油田公司道路交通安全专项整治工作方案》，开展道路交通安全专项整治，围绕车辆运输业务的基础管理、基层建设和驾驶员能力素质等6个方面开展深层次整顿，累计检查车辆管理大队28个、运行车辆700余台次，查改16类问题。开展危险货物运营合规性排查，整改准运经营、车辆及作业人员等资质合规类问题18项。完善车辆监控系统建设，加快与集团公司监控平台对接，实现辽河油田公司3746台车辆上线运行。以监控平台为基础，持续推进"防御性驾驶"管理试点工作。

【消防安全】 2021年，辽河油田公司制定《辽河油区消防安全重点单位界定标准》和《消防安全量化考核标准》，重新梳理、定位消防安全重点单位209家，健全完善月度专项检查、半年专项考核机制，检查重点现场767个、动火施工现场309个，查改问题945个；组织消防安全"百日攻坚"行动，深入开展打通"生命通道"、电气领域等六方面问题隐患1.7万个。消防管理人员培训53人。持续开展重点单位消防灭火演练，强化专职消防队伍与志愿消防队伍的配合，持续提升志愿消防队伍实战能力。

【海洋安全监管】 2021年，辽河油田公司履行海洋石油安全生产监督管理办公室中油分部辽河监督处授予的行政执法职能，组织葵东1平台试生产及安全竣工验收，开展海上建设项目2个、移动式平台2座，钻井设施2座、修井设施4座及8艘船舶备案登记审查，指导4家涉海单位完成安全生产许可证延期、变更审查，组织海南24导管架平台、月探1井保护桩等设施延寿安全评估，开展海南8人工岛弃置合规性指导，合格率100%。组织开展季节性海洋石油安全检查，强化井控、热采作业、防台风风暴潮等专项检查，查改问题226个，海上风险管控能力提升。

（宋志伟）

环境保护

【概述】 2021年，辽河油田公司以习近平总书记生态文明思想为指引，坚持推进从环保治污、降污转向绿色发展，制定《辽河油田能耗结构优化和新能源发展"十四五"规划》，从严管控环境风险，加快绿色低碳深度转型，实现油田企业与自然环境和谐共处。全年杜绝一般C级及以上环境事件和重大影响事件，化学需氧量、氨氮、氮氧化物排放量同比分别下降5.5%、15.6%、12%，油泥产生量4.59万吨，同比减少2200吨，贮存量减少2900吨，迎接中央生态环境环保督察，实现"零问题、零督办"。

【环保督察】 2021年，辽河油田公司党委三次专题审议配合辽宁省生态环境保护督察工作，主要领导亲自安排部署迎检任务。机关部门成立专项工作组22个，按照方案要求收集归档迎检资料838份，向辽河油田公司领导报送专报33份。各单位针对专项工作组交办的51份工作清单和风险提示展开整改工作，实行"日报告""零报告"，33项信访举报风险事件均得到有效控制，未形成督察举报事件。第二轮中央生态环境保护督察实现"零问题、零督办"，辽宁省生态环境保护督察组对辽河油田环境保护工作给予认可。

【环境风险控制】 2021年，辽河油田公司组织开展环境风险排查、监测和评估，针对9项重大环境风险制定实施管控举措。健全完善生态环境隐患逐级排查全覆盖机制，全年排查一般隐患26项，均制定督办治理方案；加快治理集团公司督办环保隐患23项，全部按期完成，达到集团公司投资计划完成率考核指标。健全完善生态环境保护监督、监测、审计联合严格监管机制，深入开展生态环境保护专项核查。针对固体废物、排污许可、在线监测等管控重点，核查生产现场1411个，调阅资料427份，查改各类隐患问题260个。组织开展环境监测工作，完成水监测点位7172个，废气监测点位995台，噪声监测点位1047点，有效指导现场环保措施落实，为生态环境科学管理提供支持。

【污染防控】 2021年，辽河油田公司建立含油污泥排查处理"区域挂牌、点位挂牌"机制，排查出历史遗留含油污泥暂存地点265处，均组织治理，实现历史遗留油泥"清零"，消除环境隐患。组织排查土壤和地下水污染防治隐患点位26个，制定实施土壤及地下水自行监测方案，监测结果向社会公示。建立管道"区长制"管理模式，分级落实管理职责到人，强化过程管控和结果考核双重监管，提升管道管控水平。开展重点场所挥发性有机物排查，监测挥发性有机物站场878个、储罐183座，制定实施挥发性有机物"一厂一策"管控方案，保证大气污染物达标排放。

【环保示范区】 2021年，辽河油田公司强化试点建设过程指导，初步建成典型环保示范区4个。曙光采油厂通过建立考核指标体系、完善固体废物管理制度、梳理产排节点、加强源头减量等措施，提升固体废弃物、危险废弃物管理水平，建成固体废弃物管理示范区。兴隆台采油厂通过建立管道数字化基础管理数据库，实施管道分类修复治理，落实管线阴极保护措施，搭建管道失效识别与统计系统，加快"双高"管道隐患治理，建成管道"无泄漏"示范区。欢喜岭采油厂通过加强生态环境宣传教育，建立自然保护区环境保护制度、禁令、标准，改善区域生态环境，建成生态示范区。锦州采油厂通过建立数字化综合性管控平台，建设欢三联地热、光伏发电等示范工程，大力推进挥发性有机物治理和"低碳减排"工作，建成绿色矿山示范区。

【绿色矿山】 2021年，辽河油田公司坚持绿色矿山"创"为始"建"为行的工作思路，将绿色发展理念与油气勘探开发全过程有机结合，持续推进创建工作，冷家油田开发公司、金海采油厂、辽兴油气开发公司进入辽宁省级绿色矿山名录。按照《辽宁辽河口国家级自然保护区生产设施关停退出及生态恢复工作方案》，有序退出自然保护区缓冲区油气水井128口，达到序时进度。健全完善自然保护区内686个遥感点位台账，严格执行施工报备、日产日清等制度，通过生态环境部、国家林草局等7个部门联合开展的"绿盾2021"自然保护地强化监督。

（栾海波）

QHSE体系管理

【概述】 2021年，辽河油田公司以QHSE体系建设为主线，加强QHSE管理顶层设计，推进"一体化、差异化、精准化"审核，提升体系管理内生动力，在集团公司两次审核中均获良好B1级成绩。

【QHSE制度标准】 2021年，辽河油田公司组织更新QHSE适用规范，及时调整规章制度，夯实QHSE合规管理基础。梳理体系要素相对应的制度清单，形成QHSE制度框架，配套制度测试、评价机制，修订发布"四不两直"监督检查、质量管理、质量事件管理等制度7项，优化交通、质量业务流程24项，以培训、宣贯、指南等形式予以落实指导。完成《辽河油田公司安全生产"四不两直"监督检查实施细则》《辽河油田公司质量管理办法》《辽河油田公司产品质量管理与监督实施办法》《辽河油田公司生产安全事故管理办法》《辽河油田公司动火作业安全管理办法》《辽河油田公司质量事件管理规定》《辽河油田公司交接计量管理规定》七项制度的制修订工作，确保油田安全清洁发展有章可循、有规可依。

【QHSE宣传培训】 2021年，辽河油田公司围绕新安全生产法宣贯、安全生产月、反违章整治、6·5环境日、质量月、节能低碳周等一系列宣教主题，策划开展23项活动，报纸、电视、新媒体打造《健康辽河》《QHSE推进进行时》《辽河论谈》一系列栏目，组织反违章、节能低碳日两期短视频大赛，发布新闻报道4028篇，营造浓厚的宣传氛围。分层级多形式创新开展QHSE培训，举办培训班436期10987人次。采取线上培训与线下考核方式举办培训班 85 期 13508 人。联合盘锦市应急管理局推进安全实训基地和 VR 安全培训基地建设，促进培训与科技手段相融合。持续推进辽河油田公司自主安全管理试点创建进程，以"群体辅导、一对一联络、过程淘汰、联合验收"的总体思路，完善安全自主管理创建总体规划及创建标准，促进全员安全意识提升。

【QHSE 体系审核】 2021 年，辽河油田公司创新实施技术组长"前线"负责，技术团队"后台"支持双线并行，坚持文审先行、现场审核跟进的追溯审核模式。修订完善审核标准 122 条，根据受审核单位风险特征编制审核标准 35 份，做到"一企一案"。全年累计审核 35 家单位，查改问题 2994 个，B 级以上单位 26 家，4 家单位实现管理升级。组建后台技术支持团队，解读专业量化审核标准 85 次，解答争议问题 126 项。组织制定《QHSE 体系审核迎审方案》和《机关部门迎审重点工作指南》等相关材料，先后迎接集团公司上半年和下半年指导审核，分别获评 86.32 分、86.37 分，连续四年保持良好 B1 级，在勘探板块油气田企业绩排名第 2。

【QHSE 标准化建设与员工履职能力评估】 2021 年，辽河油田公司以雷 61 储气库为试点，建立《储气库标准化建设指导手册》，在各储气库全面推广应用。严格标准化站队复验把关，采取"四不两直"抽查方式，提升和巩固标准化站队建设质量，85 个挂"黄牌"站队复验合格，2 个站队因发生一般 C 级生产安全事故摘牌。推进标准化站队"百千示范工程"，现场验收 13 个基层站队，1 个基层站队申报集团级达标示范站队评选，10 个基层站队被评为企业级达标示范站队。按照"群体辅导、一对一联络、过程淘汰、联合验收"总体思路，全面推进油田公司自主安全管理试点创建，引导部分先进站队、科级单位推进自主安全管理，自主管理站队由 16 个增至 42 个。组织 11 家单位主要负责人开展安全生产述职，综合评价均为优秀；对 7 家主要负责人变更、改革调整时期的单位开展风险提示和谈话；对 74 名提拔到副处级岗位的领导干部进行履职能力评估，全部合格；对 246 名处级干部开展履职能力评估，结合访谈、测试和业务表现评定履职成绩。

（修士今）

节能节水与计量管理

【概述】 2021 年，辽河油田公司坚持降能耗就是创效益，完善能效目标管理、精准计量、过程控制，探索实践清洁能源替代，匹配双碳发展战略。全年完成节能量 4.8 万吨标准煤，节水量 55 万立方米，创效 6780 余万元。辽河油田公司综合能耗 251.9 万吨标准煤，同比减少 7 万吨标准煤，下降 2.7%。单位油气生产综合能耗 244.42 千克标准煤/吨，同比减少 8.76 千克标准煤/吨，下降 3.46%。其中，注汽系统单耗控制在 79.47 千克标准煤/吨，同比减少 1.35 千克标准煤/吨，下降 1.7%。

【能效对标】 2021 年，辽河油田公司全面推进生产系统能耗定额管理工作，分级分类制定采油、注水、注汽、油气处理、污水处理等各生产系统 22 项能耗定额指标，以月度为周期开展指标分析，做到"指标变化有预警、措施制定有支撑、整改效果有验证、整体能效有提升"。各单位每月对基层站队、工艺系统、重点设备的能耗指标进行定量分析，遵照"指标对比符合管理要求，措施制定尊重现场实际，改进提升服务生产管理"的原则开展定额管理工作，实现各生产系统能效水平显著提升。

【清洁能源替代】 2021 年，辽河油田公司修订完善《辽河油田公司"十四五"节能节水专项规划》和

《辽河油田公司"十四五"节能低碳规划》，推进能耗结构优化和新能源业务发展。综合应用排放因子法和参量变动法，研究开发辽河油田公司二氧化碳排放预测模型，动态预测"十四五"期间基于产量结构变动和碳减排项目实施进程下的二氧化碳排放值。组织起草《合同能源管理办法（试行）》，详细规定合同能源管理项目具体管理要求。发布固定资产投资项目节能审查要求，从源头上进一步强化能耗管控，规范节能低碳业务良性发展。

【计量器具管理】 2021年，辽河油田公司制定并发布《计量器具周期设置指南》和《计量器具彩色标志管理要求》，根据不同计量仪器仪表的使用环境和管理等级，指导各单位对计量器具进行重新分类，对13家单位提交的计量器具检定周期设置方案报批稿进行审核确认。通过科学调整计量器具检定周期，实现计量工作精细化管理，在大幅提高管理效率的同时，减少计量器具检定费用近300万元。结合辽河油田公司A11系统试点单位的实际需求，新建企业内部计量标准11项，主要用来承担A11系统中智能压力变送器、温度变送器和差压变送器的检定工作，预计每年节省检定费用800万元。重新考核计量标准15项，重新审查计量检定机构资质23家，推进辽河油田内部计量检定能力建设，保证辽河油田公司计量量值溯源体系平稳运行。

（田连雨）

职业健康

【概述】 2021年，辽河油田公司贯彻落实"始终将人民健康放在首位"的指示批示精神，坚持健康是最大的民生工程，推进全员"大健康"建设。全年员工健康体检率100%，高风险人员提醒率100%，实施健康干预32673人，健康中高风险人员干预率100%。员工因疾病死亡控制在105人，同比下降15.3%。检测职业病危害作业场所1280个、检测率100%，员工健康水平稳步提升。

【健康辽河行动】 2021年，辽河油田公司发布"健康辽河行动"实施方案，开展健康企业创建、健康知识普及、健康理念宣传3项活动，健全职业健康管理体系、医疗支持体系、公共卫生体系3项保障，实施全员健身、合理膳食、心理健康、控烟限酒、心脑血管防治5项行动。广泛传播健康理念及健康干预知识，通过"掌上辽河""两微一端"、抖音等新媒体平台，开展健康知识宣传普及活动2432次。定期举办"健康大讲堂"线上线下活动，盘锦辽油宝石花医院专家送医疗健康知识到单位实现全覆盖。

【健康企业创建】 2021年，辽河油田公司组织制定《健康企业建设推进方案》，设定总体目标及每月进度表，建立"1+N"（特种油开发公司一个集团公司健康企业试点建设企业+N个油田公司健康企业试点建设企业）健康企业建设模式，配备专兼职健康管理员3685人。特种油开发公司作为集团公司试点单位，发挥试点效应，带动曙光采油厂、沈阳采油厂等五家油田单位试点健康企业建设，制定方案并组织实施。不断改革创新健康干预机制，打造"健康导师""健康使者""健康管家""健康达人""健康互助"5个健康群落，推动员工健康管理落到实处。

【职业健康防护】 2021年，辽河油田公司加强新改扩建项目职业病防护设施"三同时"管理，完成18个重点建设项目职业卫生评价，职业病防护设施"三同时"执行率100%。全年完成1280个场所职业病危害因素检测，完成沈阳采油厂、曙光采油厂、特种油开发公司职业病危害现状评价。加强员工健康监护，组织员工上岗前、在岗期间、离岗时职业健康体检15926人次，体检率100%，完善员工职业健康监护档案和职业卫生档案，妥善安置职业禁忌员工。严格执行《员工个人劳动防护用品管理及配备规范》，员工劳动防护管理得到提升。

（郭　健）

质量管理与监督

【概述】 2021年，辽河油田公司健全完善质量风险控制点机制，刚性抓实质量失职失责行为调查处理，以结果管控促进质量管理水平全面提升。全年完成套损套变井治理536口，增油15.16万吨，完成计划（计划498口）的107.6%。井身质量合格率99.26%、固井质量合格率86.75%，同比分别提高1.03%、12.74%。自产产品出厂合格率100%、必检物资入库检验率100%，清退不合格产品52批次，挽回损失5206.8万元。

【质量问责】 2021年，辽河油田公司组织开展2个焊缝质量未编号问题升级调查，追溯问责10人。组织开展射孔质量异常情况调查，统计分析2020年以来18口井射孔质量异常情况，追溯问责14人，并通过落实改进对策，杜绝射孔异常问题，见到良好效果。组织完成驾101井直径127毫米尾管固井质量不合格、茨38-K66井下套管未安放扶正器质量事件调查、追溯问责6人，1支承包商队伍列入"黑名单"，1支承包商队伍"黄牌警告"，4名承包商人员列入"黑名单"。组织交2-H304井套管漏失、河19-H1井套管错断、锦16块兴隆台油层二元驱地面工程钢骨架复合管泄漏事故调查。

【井筒质量管理】 2021年，辽河油田公司发布实施《辽河油田公司井筒质量管理办法》，明确质量控制、质量监督、质量责任等制度要求。梳理钻井管理职能、界面和流程，实施"管办分离"，完善钻井系统管理制度标准9项，建立钻井工程质量三级评审复核机制。推进油气水井质量三年集中整治，通报井身质量、固井质量合格率，开展钻井队伍考核排名，完善钻井模板，实现井身质量、固井质量合格率双提升。锚定套损套变井治理目标，成立治理小组，保障治理资金投入，优选井位和技术方案，优化生产组织，严格治理效果验收。

【工程质量】 2021年，辽河油田公司全面实施地面工程建设项目质量三年专项整治，规范工程设计、施工组织设计、入场物资、施工工艺纪律、工程监理五项行为，推进实施完善制度责任体系、建立健全过程质量监管机制等九项重点工作。编制《地面建设工程材料、设备质量风险管控清单》，明确质量控制点、质量风险、责任单位及控制方式。开展工程项目标准化管理，加快推进"五化"工作，加强现场检查、重点环节以及重要工序的质量控制，针对频繁出现的焊口质量问题，召开专项讨论会，分析原因，制定管控措施。

【产品质量管理】 2021年，辽河油田公司严格组织供应商企业标准、质量指标、地域符合性审查，函审企业标准210份，会审油化剂标准60余份，确保产品满足辽河油田公司质量要求。实施产品质量认可证远程办理，审核通过产品822个，劝退供应商2家，吊销产品340个。推荐146项产品参加集团公司油化剂产品质量认可，通过率61%，超过集团公司平均通过率。推行"驻厂监造+工厂检验"组合质控模式，强化物资采购质量源头控制。修订完成《辽河油田公司物资采购管理办法》《辽河油田物资采购质量管理细则》等9项制度，开展物资采购产品质量"大检查、大提升"，查改问题95项，挽回经济损失678.83万元。

（孙文跃）

新能源业务

【概况】 2021年8月，新能源开发公司正式更名为新能源事业部，负责辽河油田公司新能源项目的具体组织实施。辽河油田公司围绕"新能源效益工程"，在铀矿勘探、风光发电、地热利用、科技发展等新能源领域取得成效。"开鲁坳陷油气探区多矿种综合勘查理论、技术创新及找矿重大突破"项目获2021年度中国石油和化工自动化应用协会科技进步奖特等奖，申报发明专利3项。

【铀矿勘探】 2021年，辽河油田公司加强地质工程一体化，系统开展三维地震精细解释和构造编图，提出沿构造沟槽和断层走向是有利成矿区带的认识。深化层序底层格架与沉积体系解剖，明确有利铀储层的物性特征和沉积微相。针对性取样分析，建立矿化分带的地球化学指标和蚀变矿物序列。明确钱家店铀矿成矿主控因素、建立成矿模式，对钻孔部署起到有效指导。2021年，完成钻孔80口，新增控制储量2600吨，工业见矿率38.8%，同比提升6个百分点，探明吨铀完全成本1.34万元，比核工业系统同行业完全成本压缩33%。铀矿勘探伴生铼、钪资源评价和开采研究科技项目取得阶段性成果。钱Ⅲ块和钱Ⅴ块矿床详查，储量升级同时扩边勘探取得新发现。钱家店其他地区普查，新落实整装矿化区块2个，发现潜力区1个。外围龙湾筒和陆家堡铀矿预查，初步落实成矿有利区1个。

【风光发电工程】 2021年是辽河油田公司布局风光发电业务第一年。9月，辽河油田公司项目可行性研究通过集团公司发展计划部组织的专家审核。组建风光发电项目推进工作小组，全员配合开展为期3个月的风机及光伏选址排查落实工作，累计动用150余人次现场排查，踏勘位置127处，落实44台风机位置及光伏区位。完成沈茨锦（沈阳采油厂、茨榆坨采油厂、锦州采油厂）风光发电工程水保、环评、安评等10个项目的合同编制和系统申报工作。调动属地单位、设计单位等相关人员130余人次，现场踏勘210余处，初步落实风光发电资源潜力245兆瓦，预计投资11.5亿元，建成后年发电3.7亿千瓦·时、节约标煤11.3万吨、减排二氧化碳29万吨。项目可行性研究基本完成，结合"沈茨锦风光发电工程"方案优化，计划2022年中启动，2023年底前陆续建成。组织开展驻辽炼化企业用电负荷及风光资源调研，完成驻辽石化企业清洁替代规划方案。通过开展与炼化企业对接会和现场结合，完成规模用电增量提供绿电解决方案。结合清洁替代规划，组织设计单位开展驻辽石化企业现场排查，辽阳石化分公司、抚顺石化分公司、锦州石化分公司、锦西石化分公司4家石化公司可用空地面积281万平方米，预计可装光伏141.5兆瓦，风机9台39.5兆瓦，合计181兆瓦，完成驻辽石化风光发电工程可研。

【地热技术开发】 曙光基地地热利用工程。2021年，辽河油田公司设计利用曙光采油厂5口废弃油气井改造为地热井（2采2灌1备用）作为低温热源，总流量90米³/时，地热水通过换热器与供暖回水一次换热后，经压缩式热泵机组二次提温后供给曙光基地6.5万平方米办公楼供热。项目于2021年8月获得板块可行性研究批复，11月通过板块初步设计审查，12月份上报初步设计，预计投产后年节约标准煤2200吨，年减排二氧化碳5800吨。利用注一联站内余热及马19储气库排水热能，开展地热及余热综合利用的方案论证。通过综合研判，初步确定利用注一联污水生化前余热，通过热泵技术为注一联脱水及原油外输加热，实现余热再利用。拓展本地市场，对大洼城区及康桥社区720万平方米地热供暖项目进行前期论证，估算项目总投资6.7亿元，初步确定盘锦市地热供暖项目具备可行性。与勘探开发研究院选定地热开发靶区，开展热储精细描述，制定前期开采试验方案。争取到集团公司科技课题两项，总经费1298万元。开展中深层地热井换热技术研究，厘清换热机理，研发高效换热管材，实现"取热不取水"换热技术的突破。利用曙光基地地热利用工程开展地面储热试验，及地下储热理论研究，初步掌握含水层储热技术机理，做好技术储备。

【科技攻关】 2021年，围绕中央决策部署和集团公司"绿色低碳"的发展战略，辽河油田公司立足消耗减量，加快效益清洁替代的发展目标，持续加强科技攻关，梳理瓶颈难题13项，加快突破关键技术2项。完成"钱家店地区铼产业化研究""钱家店地区铀资源综合评价及开采可行性研究"结题汇报。申报"辽河油田如何实现双碳目标的思考与对策研究"和"辽河油田生产环节碳盘查及减碳研究"软课题研究项目2个。合算2020年碳排量，形成吨油碳排放指标，落实东部凹陷煤资源储量154亿吨。建立深层煤炭地下气化资源评价方法，优选小龙湾界10井区为辽河煤炭地下气化先导试验区，初步完成张强地区精细构造解释工作。完成"超深层超临界水气化制氢技术"汇报材料编制，加大外闯市场步伐。"柴西南铀矿成矿条件研究及有利区预测"项目通过验收，资料完成归档，结回全部款项。

（郝丽伟）

企业管理

企管法规与内控

【概述】 2021年，辽河油田公司全面贯彻落实国务院国资委、集团公司、勘探与生产分公司深化改革工作部署，把推动落实国企改革三年行动作为重大政治任务抓紧抓实，与公司治理体系和治理能力现代化、"十四五"规划、亏损企业治理、三项制度改革等工作相结合，统筹部署，协同推进，聚焦高质量发展要求，着力提升依法治企水平，全面推进深化改革落地，有效管控企业运营风险，为辽河油田公司全面实现工作目标提供有力保障。

【深化改革】 2021年，辽河油田公司根据集团公司改革三年行动实施方案，编制《辽河油田公司改革三年行动实施方案》，突出结构调整、机制创新等重点领域和关键环节，确定6个方面、27项措施、82项具体任务。制定《2021年改革工作要点》，确定"两个全面、三个持续、一个着力"总体改革思路，部署72项改革任务，编制改革工作运行大表，明确"路线图"与"时间表"。编制实施《辽河油田公司深化改革工作管理规范》，建立"工作报告、工作例会、方案审核、督导评价、动态纠偏"五项推进机制。参加集团改革三年行动月例会、片区推进会12次，召开深改领导小组会议5次、深改组办公室会议10次，创建《改革工作简报》和改革专题网站。截至2021年底，完成改革任务74项，完成率90.2%，超出集团公司目标（70%）。加强改革政策设计质量，确保改革政策科学有效、统筹兼顾，相关风险有效防范；建立"措施落实、成效验收"两项落实机制，提高改革政策实施质量，促进改革红利全面释放。完成12项由集团公司直接部署的改革任务（治理体系和治理能力现代化、建立分公司模拟法人治理结构、深化体制机制改革、对标世界一流管理提升、风险、内控、制度管理模式优化、公司制改制、市场营销、服务采购市场化、授权清单、发展能力评价）和扩大经营自主权改革、制度流程优化、科技引领外部市场3项辽河油田公司改革任务。制定出台《关于推进公司治理体系和治理能力现代化的实施方案》《关于深化油田公司体制机制改革的实施意见》《关于全面加强市场营销工作的实施意见》《油田公司扩大经营自主权改革实施方案》，推动各项改革任务举措落实落地。全年压减二级机构6个、三级机构118个。

【体系管理】 结合辽河油田公司2021年深化改革任务及相关要求，编制《辽河油田公司综合管理体系文件修订实施方案》，收集意见230条。开展集团公司《管理体系融合实施指南》企业标准征求意见分析研讨，将修改意见反馈集团公司法律企改部。开展对辽河工程技术分公司和车辆服务中心业务流程优化工作，编制形成《辽河工程技术分公司生产流程优化方案》《车辆服务中心生产流程优化方案》。与新疆油田公司座谈交流综合管理体系建立、运行情况，围绕运行难点探讨解决途径。

【制度建设】 2021年，辽河油田公司创新开展"一级制度、两级流程"制度管理新模式，组织二级单位开展制度梳理，废止二级单位级制度、规范性文件1500余项，同步建立执行流程优化管理，大幅减轻基层负担，提升油田公司制度执行力。修订《辽河油田公司规章制度管理办法》，严格制度立项、计划、审查、征求意见、颁布实施等各环节管理，构建系统完备、科学规范、运行有效的规章制度体系。编制《辽河油田公司规章制度审查指南》，对所有拟颁布制度进行合法性、合规性、职能匹配性、管理先进性四项审查，强化制度质量。2021年，颁布规章制度21项，审查制度65项。将生产管理领域作为制度建设重点，推动《辽河油田公司集输管理办法》《辽河油田公司土地管理办法》《辽河油田公司危险化学品安全管理细则》《辽河油田公司海洋石油安全生产与环境保护管理办法》《辽河油田公司动火作业安全管理细则》《辽河油田公司井筒质量管理办法》6项制度颁布实施，审查过程中对制度监督、违规罚则内容进行重点把关，增强制度执行力、威慑力。

【内控管理】 2021年，辽河油田公司修订《辽河油田公司内部控制管理办法》，全面健全内控管理运行机制，持续完善内控体系建设。新建、修订业务流程30个，确保流程实时有效，修订发布内控手册，业务流程755个，识别风险1021个，落实控制措施1486个，基本覆盖所有业务领域。开展业务流程优化，组织28个部门（单位）优化审查审批流程，新建流程7项，删除合并流程29项，取消审查审批环节116项，明确648个办结时点，完善缺失步骤48项。重点做好相关业务结算流程优化，取消运输费用、设备维修、基建工程项目、钻井工程项目和结算价格审查、审计、合同结算确认环节审批环节19项，明确节点时限7项，调整管理模式3项，颁布《关于发布结算相关业务流程的通知》，加快结算进度、提高结算效率。起草《辽河油田公司流程信息化建设工作方案》，与信息管理部联合开展业务流程信息化工作，实现业务智能化管控。

零例外事项通过普华永道事务所对辽河油田公司开展的中期财报内控测试。组织开展年度内控评价测试，完成对62家所属单位（包括44家二级单位、18家子公司）全面测试工作。开展专项测试4次，对健康安全环保制度执行情况、事后合同、"五自经营"合规经营和子公司合规经营情况进行专项检查，推动制度流程完善，堵塞管理漏洞；开展自我交叉测试1次。完成各项测试情况通报和内控体系运行考核评价工作。代表集团公司对重庆销售分公司开展内控管理层测试；根据浙江油田需求，对浙江油田开展内控服务，完成现场测试、内控手册修订和测试系统录入等工作，为辽河油田公司创效25万元。被评为集团公司"十三五"内控与风险管理工作先进单位。

【风险管理】 2021年，辽河油田公司制定《辽河油田公司风险管理办法》，全面提升辽河油田公司风险管理工作规范化水平，提升防范化解重大风险能力。组织各部门、各单位完成年度重大风险评估，完成辽河油田公司重大风险识别及控制措施制定，编制辽河油田公司风险管理报告。推动投资项目风险评估工作，发布《关于进一步做好投资项目风险评估及程序性审核工作的通知》，明确一类、二类投资项目开展风险评估的要求及程序，组织、指导4家项目建设单位对5个投资项目开展风险评估，为投资项目效益提供保障。收集风险事件9起，事件等级均为Ⅳ级一般风险，未发生重大经营风险事件，制定具有针对性的应对措施，编制风险事件分析报告。按季度组织各部门和单位开展重大风险跟踪监测工作，实现重大风险的动态管控。组织开展危险物品依法合规管理风险、垄断风险、国际金融机构制裁风险等重点风险排查工作。打破以往年度所属单位在开展重大风险评估时仅需报送高度及以上等级风险的模式，全面收集风险识别结果，为继续修订完善风险分类框架作准备，提升风险管理水平。参加辽河油田公司党风廉政建设和反腐败工作，开展事后合同、内部控制、风险管理监督，保障生产经营平稳运行。

【合规管理】 2021年，辽河油田公司落实合规管理责任，编制《公司领导层面合规责任清单》《公司层面业务部门合规责任清单》，将领导人员合规管理职责具体化，明确业务部门具体合规管理职能，在整体上形成权责明确、各司其职的合规管理合力。根据法律变化定期梳理、调整完善《合规规范清单》，依法规范生产经营管理行为，确保业务合规开展有依据、有指南、有方向。编写《操作岗位员工合规培训工作规范》《新员工入职合规培训规范》，抓好"关键少数""关键领域""关键时点"全方位合规培训。组织58746名在岗员工完成两项学习任务并签订《诚信合规承诺书》，参训率、完成率、签订率均100%。强化重大合规风险预防和动态管控，创建合规风险数据库，确立合规风险专门预警机制，防范对外制裁相关合规风险，保障辽河油田公司生产经营安全。加大合规监督力度，将风险管理报告首次纳入职代会审议，在辽河油田公司廉政反腐败会议上通报合规管理问题，在季度工作会议上对合规工作开展情况、存在问题、风险提示、工作启示进行通报。以内控测试、审计、纪检巡察等为监督手段，制定针对性改进措施，堵塞管理漏洞，防控合规风险。对照集团公司和辽河油田公司合规管理要求，对管理落后单位进行合规约谈。抓住关键环节推动重点业务领域合规，编写《对外交易领域合规工作规范》，制定合资方诚信合规要求，编写《合规承诺书》，作为《招标方案》中"投标人资格条件"之一；在合同文本增加诚信合规条款，强化双方契约意识的合规遵守。强化重点业务领域的合规监督，以合规运行和作风廉洁问题为抓手，建立健全重大工程建设项目合规监督机制。

【合同管理】 2021年，辽河油田公司合同管理工作从坚持夯实基础做起，修订完善合同示范文本，新增"农民工工资保障"条款、"诚信合规"等权益性保障条款；复杂事故甲乙方责任承担的违约条款。将加快推动交易结算工作作为工作重点，组织相关部门、单位研讨各类结算慢问题原因，发布《关于加快结算的通知》，明确责任主体、限定审批次数、确定惩罚措施，建立全过程监督、发生争议及时协调、定期通报考核的工作机制。全年组织结算专项协调会26次，为电费计价标准、污染罐车服务价格、后勤服务计价方式、工艺措施费结算等争议问题，明确结算原则、形成长效机制，实现"标本兼治"。坚持开展合同管理"一对一"承包指导及"结对子"帮扶工作，解决基层单位实际问题18个。修订完善《关于加强合同管理的指导意见》，确保指导意见在法律上符合新规。按照"谁审查，谁负责"原则，编制完善《辽河油田公司合同审查审批责任清单》，进一步明确专业技术、经济、法律各审查环节的审查内容及审查职责。开展合同管理突出问题专项治理，取消石油化工技术服务分公司托管的6家三级分支机构合同签约权；重新梳理对因地域原因需要保留的辽河油田燃气集团公司托管的两家分支机构的合同审查审批流程。坚持事后合同"月检查、月通报、月处罚"运行机制，强化监督指导，事后合同比例下降到0.09%，合同签订平均用时1.41天，均处集团公司先进行列。按照《辽河油田重大工程建设项目合规监督工作方案》，积极参与储气库群建设、油气管网互联互通、联合站升级改造等重大工程建设项目合规监督工作，加快重大工程建设项目进程，使项目运行更加合法合规。参与重大项目法律论证，确保股份公司权益。按照集团公司法律和企改部《关于防范LIBOR停用涉及合同风险的提示》要求，排查各单位涉及LIBOR合同。开展工程技术服务合同专项检查。对《中国石油天然气集团有限公司合同管理规定》（征求意见稿）进行审查，提出意见38条。全年签订合同2.12万份，标的额682.94亿元，两级合同管理部门实行100%法律审查。

【纠纷案件管理】 2021年，辽河油田公司加强法律纠纷案件精细化管理。分析近三年案件类型，针对建设工程领域案件多发情况开展专项整治，分析成因、总结规律，组织基建工程部、建设施工单位召开分析研讨会，从加大对违规发包、转包、违法分包、挂靠等违法行为惩处力度等方面，形成具体控增措施方案。对因我方过错给辽河油田公司造成经济损失的，移交纪检部门进行案件追责1起。制定并严格执行《纠纷案件管理工作规范》和《案件分析工作规范》，强化"管业务管纠纷案件处理"责任制落实，做好全过程跟踪管理，提高内部运转效率，确保案件处理按法定程序推进。分析典型案件发布《法律风险提示函》，提高案件处理质量和效率。重点跟踪督办深圳市辽河油田南方投资有限公司系列纠纷案和辽宁正丰实业有限公司系列纠纷案，案件处理均取得实质进展。持续梳理土地侵占、长期欠款等损害辽河油田公司利益的事项，强化主动维权。2021年，处理案件115起，其中新发案件67起、往年结转48起。处理结案49起，结案率42.61%，避免和挽回经济损失3085万元。主动维权诉讼7起，标的511.23万元，有效维护公司合法权益。

【重大事项法律审查】 2021年，辽河油田公司制定重大事项法律审查工作规范，建立"专人负责、集体审查、总法律顾问审核"程序，对重大涉法事项严格审查。结合"三重一大"决策和运行监管子系统要求，与党委办公室建立常态化沟通机制，确保辽河油田公司党委会和总经理办公会涉法事项上会前均经法律审查，全部出具书面法律意见书。2021年，审查改革方案、股权转让、资产处置等重大事项102项，出具法律意见书48份，在重大事项依法决策、规范运作、风险受控上发挥了重要保障作用，辽河油田公司无重大违法违规事项发生。

【法治建设责任制】 2021年，辽河油田公司完善所属单位法治建设检查评分标准，将检查评分结果纳入工效挂钩办法，结合内控测试对二级单位进行全面检查考核。47家单位党政主要领导落实法治建设职责731项，占应落实职责要求752项的97%。对辽河油田公司领导人员履行法治建设职责情况进行自评，按照集团公司考核标准全面收集有关实施证据，逐项对照检查，自评100分，位列集团公司依法合规指标考核A类企业。被评为集团公司法治建设先进单位。

【行政法律业务】 2021年，辽河油田公司全程参与厂办大集体企业改革收尾工作，与市场监督管理局和法院沟通协调，完成52家集体企业关闭注销工作，组织责任单位全面清查分支机构的资产、债权债务、人员安置等情况，满足注销条件予以办理工商注销。加快法人企业清理工作进度，全面梳理辽河石油勘探局历史遗留的所属机构，对清查出的12家分支机构制定关闭注销工作方案，组织责任单位全面清查资产、债权债务、人员安置情况，办理工商注销。组织辽河油田公司及所属单位完成2021年企业信用信息公示工作。根据辽宁省《关于实行经营范围规范化登记的通知》要求，完成辽河油田公司和辽河石油勘探局经营范围变更工作，原有经营范围顺利过渡为规范化表述，确保经营活动正常开展。规范管理证照使用审批，办理营业执照使用事项334项。为辽河两级法院刑事案件提供法律援助，配合完成60余件刑事案件委托法律援助工作。组织12名具有法律职业资格的员工注册为新一批油田公司律师，壮大法律骨干队伍。梳理辽河油田公司专职法律人员信息，录入集团公司法律管理信息平台。严格审查辽河油田公司公章用印，审查各类公章用印153项。

【对标管理】 2021年，辽河油田公司深入推进对标世界一流管理提升行动，制定出台《辽河油田公司对标提升行动计划和工作清单》和《辽河油田公司对标提升指标库》，为对标提升提供行动指南。组织相关职能部门通过视频方式参加国务院国资委对标世界一流管理提升现场推进会暨集团公司对标提升行动工作推进会。多次组织对接会、研讨会，将对标提升过程中的难点、卡点进行探讨，不断纠偏与总结，保证8个方面、36项重点任务及92项经济技术指标和246项管理提升措施的全面落地，实现三年对标提升工作的"任务实施进度"与"成果完成率"均95%以上。选取曙光采油厂（稠油生产）、兴隆台采油厂（稀油生产）作为示范单位，以单位完全成本控降为核心建立指标体系和对标机制，发布《辽河油田公司对标管理提升示范单位创建方案》，有效提升对标管理精准度。在油气开发、采油工程、工程建设三个系统内开展业务对标，系统管理技术指标持续改善。建立对标信息平台，为对标提升提供数据支撑。按照"1+3"模式设计综合对标和专业对标模块，打造辽河油田公司对标管理平台，推动对标提升工作常态化、规范化推进。2021年，辽河油田公司部署对标管理提升行动181项，全面完成年度对标提升工作计划。

【外部市场管理】 2021年，辽河油田公司深入践行"走出去"工作理念，继续做好市场开发工作。瞄准塔里木油田、长庆油田、西南油气田为3个重点区域，在巩固现有项目的基础上，深入开发外部市场项目，拓宽项目类型，拓展市场区域。2021年，辽河油田公司实施外部市场项目1022个，实现外部市场新签合同额80亿元；推进富余人员分流，4000余名辽河职工走出油区，有效减轻老油田人员压力。外部市场收入58亿元、利润2.8亿元，同比增利5500万元。强化外部市场管理，制定《辽河油田公司外部市场管理细则》，明确外部市场新开发项目审批流程和实施单位选用标准，编制《关于科技引领外部市场的实施意见》，压实管理责任，推动外部市场管理简明高效。明确外部市场补贴，将原执行20—60元/日的艰苦边远地区津贴和100元/日、

130元/日、150元/日的地区补贴通过工资总额合并发放，上限标准调整为：一类210元/日、二类170元/日、三类120元/日。下发《关于明确外部市场员工地区补贴标准及薪酬相关待遇的通知》，按外部市场员工所在省份及区域进行划分，各单位根据本单位实际情况，自行决定按地区补贴或奖励方式发放。协调督导各外部市场单位成立疫情防控机构，按照油田和驻地疫情防控要求，做好常态化疫情防控工作。依据外部市场管理办法确定的管理内容及流程，推动外部市场管理信息平台的试运行。

【管理创新项目】 2021年，辽河油田公司征集立项并下达软科学研究课题7个、管理创新项目35个，全部通过中期检查和年底验收。组织召开2020年度管理创新项目验收和管理创新成果评审工作会议。从创新性、效益性、实践性、指导性和示范性等5个方面进行验收评分，最终14个项目全部通过验收，优良率42.9%；从创新性、效益性、实践性、指导性、示范性和规范性等6个方面进行评分，最终推荐管理创新成果一等奖3项，二等奖4项，三等奖5项。

【承包商管理】 2021年，辽河油田公司按照"合规、质量、效率、效益"的原则，修订并完善油田公司承包（服务）商管理制度，加强承包商管理制度化、流程化、标准化、信息化。严格市场准入制度、履行准入程序，持续推进承包（服务）商短名单建设工作。按照辽河油田公司承包（服务）商评价管理相关规定，做好承包（服务）商动态量化考评及考评结果应用。成立专项整治小组，开展采购管理反违章专项整治活动。简化办理重点工程项目及重点生产物资、应急需求涉及的厂商准入流程，提高承包（服务）商准入办理效率。建立承包（服务）商"黑名单"管理模式，强化对承包（服务）商监管和风险防控。加强与承包（服务）商定期沟通机制，建立互利共赢的新型供需关系。2021年，辽河油田公司准入承包（服务）商609家，其中，承包（服务）商已完成三批量化打分评审入库工作，评审承包（服务）商567家，评审资料2400余份，涉及415个项目，合格准入承包（服务）商475家，组织专项评审准入项目229项，准入承包（服务）商177家。

【法制宣传教育】 2021年，辽河油田公司做好谋篇布局，制定并颁布《辽河油田公司"八五"普法规划》。针对"习近平法治思想""民法典""刑法修正案（十一）""安全生产法"等重点内容，开展专题系列活动。突出关键人员、关键时点、关键领域，通过中心组普法学习，组织中层领导参加网上培训和法律知识考试、组织专家讲座、开展普法活动等形式，开展两级普法活动177次，将依法合规理念转化为全员的工作要求、行为指引和文化导向。辽河油田公司企管法规部被集团推荐评选全国"七五"普法工作先进单位（中国石油唯一）。

（林振锦）

规划计划

【概述】 辽河油田公司规划计划部作为辽河油田公司机关职能部门，主要负责辽河油田公司规划计划、投资管理、综合统计、油地协调及新能源业务。2021年，规划计划部下设职能科室7个，在册员工30人（含改做具体工作7人），平均年龄45岁。业务上指导上市单位和未上市单位的经营计划科49个，规划计划管理人员229人。优化投资2.1亿元，油气营销创效工程创效1.05亿元，完成年度计划指标的193%。推进储气库高质量发展，创下2940万米^3/日采气纪录，获集团公司"十四五"规划先进单位、2021年度统计先进单位、辽河油田公司先进党支部等多项荣誉。

【战略规划】 2021年，辽河油田公司制定《辽河油田"十四五"发展规划》及配套的专业规划10项、专项规划11项，细化"三篇文章"目标任务和重大部署，实现2025年油气当量1200万吨以上，储气库扩容100亿立方米以上。围绕增强抗风险能力，梳理识别规划实施可能面临的非常规动用、储气库达容等五大类17项重大风险因素，研究制定风险应对策略和预案，督促相关部门单位细化落实，保障规划蓝图实现。调整优化《辽河油田能耗结构优化和新能源业务发展"十四五"规划》，加快推进"绿色低碳613工程"，组织制定管理实施细则、业务运营模式方案，明晰辽河油田公司"双碳"（碳达峰、碳中和）实现路径，确保完成2025年比2019年常规能耗降低25%、清洁能源替代率10%的规划目标。

【投资项目管理】 2021年，集团公司下达投资计划80.69亿元，辽河油田公司整体统筹，合理把握投资节奏，细化落实有效措施，完成集团公司考核指标（表1）。遵循"规模适度、速度适当、投入适时、项目适量"的总体要求，按照集团公司年度核定框架规模控制，合理安排投资节奏。开展挂图作战，倒排设计周期，加快前期工作。科学把握设计标准，加强技术可行性和经济合理性论证，合理确定工艺流程与技术参数，通过立项把关、设计审减、资产利旧、标准化实施，优化投资2.1亿元。严控非标项目，优化投资8159万元。实施承包管理，低效区块按极限投资进行承包，在产量指标超额完成的同时，压缩投资4323万元。标准化井口设计，核减设备96台（套）、管线28.03千米等，核减投资2607万元，目标完成率104.3%。坚持设计审查，审查可行性研究、初步设计186项，核减设备560台（套）、管线23.49千米、电缆12.5千米、利旧盘活闲置设备设施97台（套），优化投资5673万元，目标完成率189.1%。坚持勘探开发、储气库建设、隐患治理、能耗优化与民生工程"五优先"，优先保障勘探开发、工程技术、工程建设、安全环保节能、民生工程、能耗优化工程，做到低效产能建设、一般性技术改造与生产辅助项目"三压缩"，压降投资5.5亿元。牵头组织编制专项防洪治理方案，争取上级总投资1.62亿元，已下达的0.47亿元用于防洪堤新建、泄洪区站场并转简化、受损设备更新等，保障完成年度油气生产经营任务指标。推行投资回报考核，下达CNG拉运改管输、双229块分质分销等提质增效类项目33项，按降本增效额各50%上交和留用，年节约成本9027万元。坚持效益建产，将产能、产量、投资等指标精确分解到各采油单位，实现新建产能对产量和效益的正向拉动。实施原油产能井663口，对比年度业务发展和投资框架建议计划多实施59口。

表1 2021年辽河油田公司投资计划完成情况表

项目	合计	上市	未上市
投资（万元）	806900	590999	215901
当年完成（万元）	783759	571433	211495
当年投资完成率（%）	97.1	96.7	98.0

【油气营销】 2021年，辽河油田公司坚持效益优化和市场导向原则，开展油气营销创效工程，提升油气产品提质增效能力，创效1.05亿元，完成年度计划指标的193%。开展分质分销工作，拓宽销售渠道，推进兴隆台采油厂双229块黑凝析油单储单销，提高双6储气库油品化验频次，完成黑凝析油销售61.6万吨，增销5.61万吨，增效1717万元。组织动态销售工作，建立油价预测模型，研判价格走势，实现高价多销，年度内动态销售18.82万吨，增效4434万元。开展原油市场化销售，构建"集中决策、统一管理、专业实施"的三级管理组织机构，完善市场化销售管理制度及流程，编制油气产品营销方案，优选竞价交易油品、销售点及交易平台，在集团公司内部率先启动原油市场化销售试点，完成原油市场化销售24.89万吨，增效4446万元（表2）。强化原油销售过程合规管理，严格用户资质审查，加强合同及计划管理，杜绝一切形式转售。科学制定商品量计划，做好库存盘点，统筹产运储销管理，克服曙光、特油洪涝灾害影响，顺利完成年度油气生产经营任务指标，夯实辽河油田公司效益发展基础。油气产量当量1071万吨，超产1.6万吨，其中生产原油1008.01万吨、完成总部下达任务指标，生产天然气7.90亿立方米、超计划0.20亿立方米；原

油商品量995.07万吨、天然气商品量0.61亿立方米。

表2 2021年辽河油田公司油气营销完成情况表

项目	分质分销	动态销售	市场化销售	合计
销售（万吨）	61.6	18.82	24.89	110.93
增效（万元）	1717	4434	4446	10597

【储气库建设】 2021年，辽河油田公司储气库群作为"十四五"国家重点工程，辽河油田公司三篇文章之一，按照规划目标推进建设。组建辽河油田公司级项目组，通过项目组管理模式，取得双台子储气库群（一期）从初设批复到一期1800万米³/日采气装置投产仅用一年的显著成绩，完成注气19.75亿立方米，采气20.87亿立方米，收入10.58亿元，利润4.28亿元。争取集团公司储气库专项投资20.2亿元，投资比例占集团公司储气库业务总投资近25%，并配置资金13.1亿元，缓解未上市资金压力。通过可研、初设各环节并行组织，有效提升前期工作时率，完成双6储气库调整井位部署和辽河马19储气库先导试验工程可研、初设编制及批复。多次与中石油北方管道有限责任公司对接，积极协调外输通道畅通的问题，在新双向输气管道未建成前，通过原双向管道提压工程，实现日采气由1500万米³/日提升至近3000万米³/日，为冬季保供做出贡献。

【新能源发展】 2021年4月，辽河油田公司新能源业务发展领导小组成立，组建新能源专项研究机构，构建以"综合决策层把方向、协调支持层助推进、执行推动层抓落实"的组织机构，有效保障新能源业务在辽河油田扎实落地。强化顶层设计，突出能耗减量和清洁替代双轮驱动，确定"绿色低碳613工程"发展思路，建设"三大绿色低碳基地"，打造区域绿色低碳中心。细化行动路径，夯实增稀降稠的产量结构优化工程规划，抓好全过程清洁低碳、低碳示范区建设、风光发电专项规划、CCUS规划等专项方案编制，明确各项业务发展目标任务和重点部署。推进重点项目落地，开展开展兴金高光伏发电、沈采密闭脱水系统改造等项目开工建设，锦45集输系统优化、SAGD污水热能利用等项目投产运行，形成节替标煤能力5.45万吨，CO_2减排11.08万吨。

【绿色低碳613工程】 2021年，辽河油田公司明确规划思路目标，贯彻集团公司"三步走"战略，明确压减总量"瘦身"、绿色替换"健体"的双轮驱动策略，研究制定"绿色低碳613工程"发展思路。6项能耗结构优化。规划实施产量结构化优化、注汽系统提效、工艺优化降耗等6项瘦身工程，到2025年，年可降低常规能耗42.58万吨标煤，碳减排145万吨，降本增效19.75亿元。1项新能源业务。规划风光发电装机1430兆瓦，年发电量40亿千瓦时以上，年节约标煤120万吨以上，年减排二氧化碳320万吨以上，预计年实现利润1.5亿元。3项战略工程。CCUS规划至2025年年注二氧化碳41万吨，年产油14.7万吨，埋存二氧化碳40万吨以上，力争45美元下实现盈利；储气库建成库容125.8亿立方米，外供清洁气源183亿立方米；铀矿及伴生矿实现规模开发，为国家提供宝贵的战略资源。在"减量+替代"双重作用下，常规能耗总量呈现稳步下降态势，比2019年降低28.2%。碳排放540万吨，减排140万吨以上，降低20%，完成国务院国资委考核指标，新能源占比8.9%，绿色低碳转型初见成效。稠重油开发绿色能源综合利用示范基地、周边省市清洁能源供应基地、地区碳封存服务基地等"三大绿色低碳基地"初步建成，努力打造区域绿色低碳中心，实现绿色转型、高质量、跃升式的发展，为集团公司和周边省市实现碳达峰、碳中和目标贡献辽河力量。

【物联网建设】 2021年，辽河油田公司规划计划工作，加快推进物联网建设进度，按照"低成本"原则优化设计，多次组织相关部门单位召开技术研讨会和项目审查会，确立"优化简化、有序开展、分厂建设、逐步减员"的实施原则，勘查现场、加深设计深度，将建设进程与人员自然递减、人员分流充分结合，以厂为单位加快推进、提高物联网井站覆盖率，为后续物联网建设明确方向。审查金海海南油田物联网建设设计方案，结合"新型作业区"模式，确立以联合站为中心、向下管理周边采油站的技术路线，为其他采油单位完善物联网建设设计方案提供指导方向，起到示范引领的作用。

【后评价管理】 2021年，辽河油田公司规范投资项目后评价管理，起草修订《后评价管理细则》，以公司文件下发实施。及时开展后评价，选取典型项目开展详细后评价，其余项目开展简化后评价，填报后评价归类汇总简表。配合集团公司后评价中心开展储气库后评价专项研究，完成《双6储气库项目后评价调查问卷》填报与相关资料提供；做好"十二五"—"十三五"风险勘探简化后评价和中国石油页岩油项目后评价专项研究。

【统计工作】 2021年，辽河油田公司以构建"现代化服务统计体系"为目标，以统计基础管理、统计分析、信息精品打造、对标分析等工作为抓手开展统计工作。坚持以数据质量为中心，建立健全原始资料和台账归档统计管理模式，全面做好经营月报、盘库分析等精品统计资料。按照统计报表制度要求，严格审核流程、严把质量管控、严守时间节点，优质高效完成统计报表填报工作。开展统计分析工作，坚持问题导向，坚持理论联系实际，定量与定性分析相结合，利用统计管理"大数据"优势，科学运用统计分析方法，抓住影响企业经营效益的关键指标变化和趋势去寻找分析问题。立足职责定位，以对标工作为抓手，提升统计分析层次和质量。

【原油产能投资承包】 2021年，辽河油田公司原油产能建设投资从39.94亿元降至36.23亿元，产量指标从1004万吨上升到1011万吨。面对产量升、投资降、成本降的严峻形势，规划计划部多次与开发部、经济评价中心对接，建立原油产能投资承包新机制，采取经济评价倒算模式，将产能、产量、投资等指标分解到基层单位，确保新建产能对产量和效益的正向拉动。预计新井当年产量45.2万吨、647口超当年上报框架45.17万吨，604口井。

【油地业务协调】 2021年，辽河油田公司规划计划工作，加大与地方政府协调力度，争取地方迁改资金2100万元，用于推进凌海市文张线与爱顿国际城校区油气设施迁改。加快推进京哈高速公路扩容改造、沈阳武警部队基地建设、绕阳河左岸兴隆台区段防洪治理工程等涉及油气设施迁改的前期工作。作为盘锦市规委会成员，全年排查上会审议项目40个，落实涉及油气设施项目17个，解决辽河油田迎宾小学、辽河油田第三高级中学体育馆改扩建项目受油气设施影响情况。

（石婷婷）

财务资产

【概述】 2021年，辽河油田公司财务资产工作以习近平新时代中国特色社会主义思想为指导，全面贯彻落实辽河油田公司四届二次职代会暨年度工作会议精神，突出效益导向，深化提质增效，推进业财融合，扎实开展"财务资产管理提升年"各项工作。全年实现营业收入441.49亿元，其中上市业务实现收入206.90亿元，同比增加88.7亿元。未上市业务实现收入145.89亿元，同比增加8.34亿元。实现税费46.67亿元，其中上市业务实现税费39.69亿元，同比增加14.77亿元。未上市业务实现税费6.98亿元，同比减少1.79亿元。辽河油田公司上市业务与未上市业务实现"双盈利"目标，创2008年重组整合以来最好业绩水平。

【预算管理】 2021年，辽河油田公司坚持以效益为中心和低成本发展的预算思路，研究实施生产经营一体化预算管控模式，从严从紧全要素管控财务收支，以内部利润中心建设为载体，量化各单位、各业务的价值贡献。坚持"事前算赢"的预算理念，配套实施账面利润考核、挣薪酬、收取投资回报等预算政策，引导各单位增强创效意识。坚持市场化方向，推动作业、运输价格市场化，统筹推进效益配产、加大外闯市场人员分流力度、压降百万吨投资规模、提升 SEC 储量等举措，重点实施"电费、运行成本、能耗、资源消耗、管理费用及销售成本"六个成本控降行动，实现单位操作成本、桶油完全成本有效管控。全年账面净利润 10.08 亿元（上市 9.84 亿元，未上市 0.24 亿元），超集团公司预算 11.33 亿元（上市 8.54 亿元，未上市 2.79 亿元），对比上年增利 70.20 亿元（上市 66.49 亿元，未上市 3.71 亿元）。桶油完全成本 57.84 美元（汇率 6.4515），同汇率对比集团公司预算下降 2.81 美元，降幅 4.6%。加强过程管控和问题协调，健全完善以"旬（月）盈利预测、经营效益分析、滚动预算、季度预算"为主要手段的预算管控机制，损益预测准确性和经营分析质量明显提升，加强重点指标、重点成本要素、重点单位分析考核，实行月度净利润指标排名通报制度，保障预算执行平稳可控。统筹推进上调关联交易分摊额、储气库人员置换、理顺上市单位与未上市单位间结算关系等事项。与开发事业部建立党建联盟，共同推进效益配产、高成本区块治理，建立以 SEC 储量提升为目标的提质增效长效机制，推动项目建设新成效、业财融合新深度、队伍能力新提升。

【提质增效】 2021 年，按照集团公司打造提质增效"升级版"要求，辽河油田公司聚焦高质量发展和高成本矛盾，突出问题导向、目标导向和结果导向，研究落实更加实用、更加精准的措施办法，组织系统规划提质增效工程项目，实施动态管理，实现优化增效、降本增效、经营增效、创新增效。精心谋划十个方面 50 项工程 206 项措施，实施"五个一"工作机制，实现项目闭环动态管理，为每个项目配备项目会计，加强工作督导，保障效益靠实落地。将亏损治理作为提质增效重中之重，落实"八项禁令"，创新运用精准扶贫方法抓好亏损治理工作。全年挖潜增效 42.41 亿元、优化投资 7.54 亿元，分别完成年度目标的 160%、185%。账面同比减亏 70 亿元，完成亏损企业治理任务。

【亏损治理】 2021 年，辽河油田公司推进亏损企业治理工作。加强顶层设计，对照"减亏、扭亏、合理回报"三个阶段目标要求，制定出台《辽河油田公司"十四五"亏损治理方案》，发布《辽河油田公司关于落实集团公司亏损治理"八项禁令"的通知》。推进精准治理。摸清内部单位亏损底数，将 22 家内部亏损单位纳入治理范围，按"四个一批"治理方式，"一企一策"分别制定工作任务。构建帮扶机制。辽河油田公司领导班子成员，每人负责帮扶 1—2 家亏损企业，以责任领导、责任部门、结对帮扶单位及科研支持单位组成工作专班，助力减亏扭亏。2021 年，纳入内部治理范围的 22 家单位减亏 1.86 亿元，盘锦辽河油田恒维工程质量检测有限公司、海南辽海房地产开发总公司分别进行重组，辽河油田公司青海分公司关闭退出，深圳市辽河油田南方投资有限公司及其子公司破产清算，全面完成总部亏损治理目标。

【资金运营】 2021 年，辽河油田公司持续推进资金管理体系建设，坚持资金紧平衡管理，强化资金运营管控，压控两金占用，加强合规体系建设，推动产融结合工作，资金服务保障和价值引领作用提升。持续推进"十二项激励约束"管控机制，加强资金预算与经营预算、投资计划的有效衔接，发挥资金管理的价值导向作用。进一步规范长期负息资金借款政策，当年利息资本化 1.04 亿元，等额增加利润 1.04 亿元。发挥金融工具作用，综合运用商业承兑汇票、中油财票、票据池等多种金融工具，降低资金成本，减少营运资金占用逾 38.5 亿元，减少利息支出 1.1 亿元。通过开立票据返息、两金余额下降返息等方式，有效减轻基层单位历史负担，进一步激发资金创效意识。与总部对接，落实各项投资拨款政策，取得总部注资 23.68 亿元。严格落实党中央、国务院、国务院国资委关于清理拖欠民营企业账款和农民工工资专项工作精神以及集团公司工作要求，以"应付尽付、依法合规、务求实效"为指导思想，推进清理工作。将应付民营企业账款管理工作规范化、常态化，强化重合同、守信用理念，完善应付款项管理机制，明确部门及单位职责，理顺管理流程，防止前清后欠。保障农民工工资支付。下发专项工作方案，要求各单位成立根治欠薪专项工作小组，排查承包商、分包商拖欠农民工工资情况，安排专项资金，确保农民工工资"零拖欠"。做好多种经营企业油田派出职工薪资代发工作，要求二级单位配合做好油田派出职工工资发放监督工作，并持续跟进督导，维护员工权益和油区稳定。着力完善管理制度，夯实资金管理基础工作，强化源头管控，加大监督检查力度，建立问题整改机制，保障资金安全平稳运行。持续推进特殊资金共享模式运行。将二级单位97个账户纳入集中核算，初步实现资金安全监督。持续推进特殊资金共享运行模式，有效解决管控力度不足、账户分散、线下付款、操作不便等问题。

【"两金"压控】 2021年，辽河油田公司明确工作目标，强化组织实施，做好资金统筹和两金压降督导工作。全面落实管理责任，将工作重心从事后清欠向全过程管控转变。持续完善外部客户信用评估级，有效防范两金风险。实时跟进清欠进度，对有分歧逾期欠款，一笔一策制定清理方案，协调问题解决，加快工作进度。累计对102笔逾期应收款的直接责任人、相关领导责任人开展在岗、离岗清欠工作，回收动态应收款45笔，金额合计2940万元。利用银行授信业务，采取保函等方式置换保证金，降低应收款占用3.5亿元，采取招标清欠、联合清欠、多方抹账方式加快欠款回收，累计收回欠款2亿元左右。推进基层单位历史应收款项清收。帮助搜集完善相关资料，与各地区公司沟通协调，组织与集团内单位联合清欠，与中油资产管理有限公司对接，探讨不良债权转让，帮助基层单位减负。多措并举，全面完成总部考核指标。实现自由现金流-10.59亿元，年末两金总额58.07亿元，较年初下降5.85亿元，两金压降综合完成率118%，均完成总部考核指标。

【会计核算】 2021年，辽河油田公司围绕夯实基础工作、提升信息质量、促进效率提升的管理思想，持续规范业务处理，优化会计核算架构。精简责任中心179个，精简部门核算286个。规范预提费用、往来、税费、未上市收入等业务核算，确保核算标准统一。调整安全生产费用统筹与自主资金比例，匹配"五自"和非"五自"单位核算模式，保障管理政策规范落地。推进长期无动态科目清理，夯实财务状况，降低辽河油田公司运营风险。开展系列专项业务实质研究，明确新能源业务管理性支出合理分摊至勘探支出，实现核算调整与改革深化管理需求同步。未上市新租赁准则平稳转换，新收入准则执行更加到位，会计核算体系运行更加高效。实现51家单位全业务共享上线，为下一步业务流程优化简化，为辽河油田公司业财融合打下坚实基础。持续推进党费、工会经费会计集中核算和资金集中结算，提升特殊资金监管水平。制定《辽河油田公司财务基础管理考核评级暂行办法》，建立定期检查和岗位考核问责机制，建立提升管理和防范风险的长效机制，完善财务管理制度建设，制定下发《辽河油田公司无形资产管理办法》《辽河油田公司科技经费管理办法》，修订完善《辽河油田公司福利费管理办法》《辽河油田安全生产费用管理办法》《辽河油田公司结算管理办法》等管理制度，确保财务管理制度与生产经营相辅相成，更好地为生产经营服务，促进财务管理水平提升。围绕12项民生工程建设，落实财务资产部工作任务，落实资金渠道，保障"职工生产生活暖心、工会普惠聚心、健康护航安心、安居服务舒心"工作目标落实到位。组织对辽河油田公司管理层和中层干部开展读懂"三张表"专题培训活动，帮助生产经营管理人员把握资源的筹集、分配、转化原则，探索企业价值产生的根源，掌握企业财务语言，助力管理全面提升。

【税收政策】 2021年，辽河油田公司强化税收政策研究，专项研究新能源业务税收优惠和新印花税法实施等重点事项，不断提升节税增效水平。落实僵尸特困企业税收优惠政策，组织7家未上市单位退回房产税和土地使用税120万元，直接增加企业当期利润。利用辽河油田公司整体优势享受残疾人就业保障金减半征收政策，节约资金1670万元。组织做好低丰度和三次采油产量认定，年节约资源税1800万元。持续加强研发费加计扣除专项工作，提升净利润6160万元，同比增幅53%。联合相关部门，通过清查和确权等方式持续夯实土地、房产、环保等税基，有效降低辽河油田公司综合税负。

【结算管理】 2021年，辽河油田公司夯实结算基础，强化结算效率提升。对142个财务资产业务流程全面梳理，删除流程18个，完善流程80个，减少冗余环节，加快推进结算进度。会同业务部门优化合同内容，前移结算管理节点，明确项目完工验收和结算办理时限，制定超期结算处罚措施，约束各单位和服务商协同推进加快结算。加强内部结算问题过程协调督导，密切跟踪各单位投资及成本费用结算进度，沟通协调解决结算问题，明确内部交易结算规则和要求，降低内部结算消耗，畅通结算渠道。集中开展内部交易结算清理，协同企管法规部门开展未结算项目款项划转，组织协调关联交易结算，有效推进结算提速。坚持结算指标月度通报制度，促进各单位结算推进对标管理，引导结算主体主动推进加快结算。上下联动，集中专项推进结算工作，有效缓解决算工作压力，年末进项税留抵额大幅下降。

【资产管理】 2021年，辽河油田公司持续推进结构优化，资产管理创效能力再上新台阶。组织推进资产分类评价工作，从财务核算区块内含报酬率、效益单元收益率、单项资产利用率三个维度对各单位资产进行评价，为全要素资产分类管理工作奠定基础。全面推进资产轻量化，加快低效无效资产退出，全年报废资产18212项，原值47.87亿元，净额4.34亿元。完成原辽河石油职业技术学院资产划转，共计332项，原值12044万元，净额4348万元，使办学资产得到充分利用，有效减轻公司资产负担，节约成本500余万元。处置各类报废资产4777项，废旧物资9030吨，实现处置收入3645万元，超年初预算645万元。在油气资产弃置清理上，推进相关工作，全年使用弃置资金4亿元，封井109口、处理污染物9.1万吨，有效排除安全环保隐患。在探矿权区块资产优化上，接收鄂尔多斯流转区资产57项，净值2.88亿。交回青海油田公司资产1693项，净值4.74亿元。同时，有效统筹流转区块资产折耗计提，减轻未来压力。

【稽查监督】 2021年，辽河油田公司全面夯实合规基础，风险抵御能力持续增强。组织开展财务大检查、资金基础工作大检查、"小金库"专项检查、物料消耗专项稽查，抓好各类检查问题整改落实，严肃财经纪律和制度执行，推进制度完善，全面压实工作责任。组织二级单位开展零星资金项目、担保业务、票据业务、特殊资金自查，引导二级单位加强管理规范化精细化，堵塞安全漏洞。迎接集团公司财务大检查，坚持问题导向，深入总结，制定整改措施，规范经营管理行为，建立长效管理机制。密切配合集团公司产能建设专项审计、物资采购价格大数据审计、油田公司审计部、纪委和企管法规部的各项检查任务，对于检查中发现的问题，与相关单位逐一了解落实，建立定期沟通机制，及时掌握整改动态。财务稽查与审计、巡视和内控定期交流，成果共享，更好发挥监督职能，有效规避违规事项的发生。组织开展财务会计信息虚假问题整治和自查工作，对2018年以来各类检查问题开展"回头看"，同时按照自查内容全面开展自查，全部整改到位并消除会计信息质量影响。约谈境外单位财务负责人，落实集团公司财务管控新模式，推进向境外派出财务主管，加强资金过程监管。审计、巡视、内控检查发现的各种财务资产问题，提供专业意见，督导问题彻底整改到位。通过完善制度、优化流程，堵塞管理漏洞，防范财务管理风险，合规管理基础不断夯实。

【保险管理】 2021年，辽河油田公司组织完成商业保险集中投保工作，根据各单位投保需求，梳理、筛选重点生产经营情况，风险较高资产及项目完成投保，投保19项商业保险，投保主体45个，投保车辆4035台，投保设备9761项。全年发生保险费3880万元，收到保险赔款1521万元，保险综合赔付率39.2%，同比增加10.26个百分点。通过借助保险公司力量处理污染责任赔偿事件，在降低企业管理风险和提高合规化管理方面发挥积极作用。全年处理污染责任赔偿事件300余次，收到赔款约515万元，有效完成小额综合责任保险试点运行工作。

（王丽萍）

概预算管理

【概述】 2021年，辽河油田公司围绕提质增效工作主线，坚持价格市场化方向，充分运用市场机制，细化造价管控，下放结算审核权限，缩短审核中间环节，调整概算由工程造价（定额）中心集中审核，非招标项目的预算（标底）由建设单位自行审核，下放所有结算审核权限，下放部分设备、材料价格由建设单位自行审核。加大概算审核力度，审查概算620项，概算金额51.09亿元，审定金额47.42亿元，节约投资3.67亿元。15人获集团公司物探钻井工程、石油工程造价管理先进个人称号。

【计价依据制定】 2021年，辽河油田公司补充完善定额，发布计价标准，推进市场化价格。发布《关于小修作业全面执行市场化价格的通知》，全面统一辽河工程技术分公司、多种经营企业的小修作业结算价格。根据集团公司和辽河油田公司对采购钢材执行价格的调整结果，发布辽河油田公司钢材执行价格。调研各地区地材价格，形成并发布辽河油田地材指导价格。针对钻前工程井场、进井路铺垫及相关工程项目，按照建立市场化价格体系的相关要求，编制相关市场化计价标准。对柴驱注氮、扫线服务价格进行测算，发布辽河油田公司柴驱注氮、扫线服务最高限价。

【价格管理】 2021年，辽河油田公司参加集中采购招标方案会审165包8000余项物资，从采购物资名称的准确性、型号的完整性、技术参数的实用性、拦标价格的竞争性等方面提出意见，审核物资采购15442项，成交金额8.72亿元，节约金额8477.97万元。审批工程物资价格，完成工程物资价格审核7534项，施工方申报金额15332.38万元，二级单位审核金额12937.92万元，审减金额2394.46万元，审减率15.62%，工程造价（定额）中心审定金额11501.16万元，审减金额1436.73万元，审减率11.1%，两级审减金额3831.19万元。

【物资价格发布】 2021年，辽河油田公司收集整理集团公司一级物资中标价格1.2万条目、辽河油田二级物资采购中标价格6.3万条目，在信息门户及《辽河油田公司造价管理信息系统》发布物资价格信息，关注国内大宗商品价格走势，收集整理发布国内十几个地区大宗商品价格日报、周报、月报数据100余份，准确定额、科学计价，为结算提供价格参考依据，有效维护辽河油田公司利益。

（冯少华）

审计工作

【概述】 辽河油田公司审计部为辽河油田公司机关部室，负责制定辽河油田公司审计系统中长期规划、年度工作计划、规章制度和实施细则，组织实施辽河油田公司审计项目，审理审计报告、下达审计意见书和处理决定，也是辽河油田公司审计项目质量监督检查和评价部门，同时负责对审计中心的业务指导工作。2021年底，审计部下设职能科室5个，在册员工14人（含改做具体工作3人），平均年龄46.8岁。全年完成各类审计项目54个，发现问题金额2.47亿元，取得直接成果1.41亿元，其中：审减各类经济业务项目支出12003万元，内部收缴2080万元（挽回损失205万元），扣减相关单位工资总额35万元，提出并被采纳审计建议196条，报送审计要情9期，推动修订制度3项，向辽河油田公司纪委移交审计线索7个，提出审计意见对9人进行责任追究。

【工程建设审计】 2021年，辽河油田公司审计系统增强全局性、系统性思维，主动融入公司改革发展大局。审计调查21家单位重大决策部署落实落地情况，发现部分项目进度滞后、解困扭亏形势严峻、民生工程个别工作存在差距等情况，提出审计建议5条，为辽河油田公司决策提供重要参考。制定工作专班实施方案，协调相关部门和单位，推进解决辽河油田建设有限公司历史遗留及重组整合相关问题取得新进展。开展辽河油田公司历史遗留含油污泥治理管理审计，确保集团公司专项资金专款专用。实施审计要情报送制度，辽河油田公司主要领导做出批示、主管领导责成相关部门落实，实现源头治理。完成辽河油田深化设租寻租问题专项整治工作，排查重大固定资产投资和工程建设项目935项、审计金额7.73亿元。完成集团公司下达的《中国石油工程建设项目EPC总承包审计的重点难点问题分析与对策研究》工作，形成7万余字的课题成果2篇。辽河油田公司作为《内部专项审计规范 第7部分：工程建设项目审计》参编单位，提出13条修改建议，其中10条建议均被采纳。

【审计质量控制】 2021年，辽河油田公司审计工作注重作风转变，开展专题调研，走访二级单位20家，整理反馈信息五个方面103条，制定整改任务8项和整改措施12条。增强服务意识，践行"严查、真帮、促改"理念，与被审计单位加强沟通交流，促进现场整改、即查即改，实现监督与服务的有机融合，帮助企业提升管理水平，现场整改问题7个。强化整改力度，加大对以往年度未整改审计问题的整治力度，持续开展现场督导，推进整改问题18项，制定整改方案7项，施工企业列入辽河油田公司工会系统黑名单10家，经济处罚责任人4名，批评教育责任人5名，责令责任人书面检查4名。

【专项审计】 2021年，辽河油田公司开展储气库群项目建设跟踪审计，发现问题47项，及时出具审计建议书，规范制度程序，促进依法合规。将安全环保资金、油气生产单位工艺措施管理纳入审计范畴，履行部室安全环保职责，取得审计成果1071万元，提出建议和意见72项。开展土地管理专项审计，发现被个人、企业侵占土地13万平方米，存在土地档案管理混乱、基础资料缺失、管理系统维护不及时等情况，无法全面准确掌握辽河油田公司土地现状。开展物资采购及消耗管理审计，发现应甲供未甲供、必检物资自行检验、物资积压长期无动态、应急采购先实施后补办招标手续且排斥潜在投标人等情况，经常性、典型性问题依然存在。开展高升采油厂注空气站改造工程竣工决算审计、龙606产能建设工程竣工决算审计等竣工决算审计项目5项，工程费用审减80余万元，提出完善管理建议16条。开展储气库群项目、煅烧焦2期工程和脱硫脱硝工程3个项目建设前期跟踪审计，全面梳理3个项目建设期工程管理方面存在的问题，工程费用审减691.8万元，提出完善管理建议25条。

【事前审计】 2021年，辽河油田审计系统为在更深层次、更宽领域发挥作用，将9家单位各类经济合同纳入结算前审计，新增审计业务2393项，审计资金3.25亿元，审减金额932万元；创新审计方式，将安全环保节能专项资金审计关口前移，由事后专项审计向事前审计转型，监督采购和签约环节，针对不利合同条款及时提出修改建议，有效规避效益流失风险，及时止住效益出血点。辽河油田公司审计系统对47家单位开展事前审计4746项，审计金额278075万元，审减金额8811万元，审计效果显著。

【审计信息化建设】 2021年，辽河油田公司聚力审计信息化建设，组建大数据分析团队，开展数据建模分析，持续完善统建和自建审计管理信息系统应用。推进集团公司数据仓库推广应用工作，开展数据清洗和管理，建立辽河油田公司数据中心。广泛收集整理机关部室近三年检查发现问题，搭建监督模型，打造多部门联动的一体化监督平台。会同辽河油田公司党委办公室承办集团公司审计信息化工作调研座谈会，辽宁地区12家单位参会，辽河油田公司作专题汇报。推进集团公司数据仓库（审计示范应用）推广应用工作，打造辽河油田自建数仓平台，促进审计手段转型。配合物资采购价格大数据审计组，完成对辽河油田物资审计的迎审工作。

【审计队伍建设】 2021年，辽河油田公司筹建与集团公司审计服务中心沈阳分中心的党建联盟，组建沈阳采油厂、茨榆坨采油厂、高升采油厂等驻地审计党小组与基层单位党支部的党建区域联盟，实现互融互促、优势互补。先后抽调审计系统16人参加集团公司巡视、审计，辽河油田公司巡察和盘锦市乡村振兴审计等工作，"以审代训"效果突出。继续深化"审计大讲堂""师带徒"等成果转化，将培训成效落到实处。邀请集团公司数据仓库项目组专家到辽河油田公司举办敏捷BI数据分析技术班培训，审计人员数据分析水平提高。

（张 弛）

人力资源

【概述】 2021年，辽河油田公司组织人事工作围绕"三篇文章""五项战略工程"，以推进人才强企工程为主线，突出党建引领，强化"生聚理用"，持续深化改革，加强对标管理，优化资源配置，有效引导调动广大干部员工提升素质能力、创造人力资源价值，党的建设和各项组织人事工作成果显著。

【组织机构管理】 2021年，辽河油田公司完善业务归核化发展方案，重组整合南海勘探、概预算等6项业务，优化辽兴区块业务布局，撤销两级资金结算机构，完善新能源管理体制，修订集团公司《油气田企业组织机构设置规范》，编制辽河油田公司"十四五"人力资源规划，开展组织机构清查盘点和目标定员，加速资源向主营业务集中。持续完善辽河油田公司机关功能建设，厘清职能界面，明确二级单位对口联系部门，调整钻井管理、油品销售等17项管理职能，实现"管办分离"，提升运营效率。按照集团公司"'十四五'二三级机构、中层和基层领导人员职数各压减20%"人才强企目标要求，坚持"一次性标准设计到位、三年提前实现"的原则，完成辽河油田公司机关"三定"工作，同步推进二级单位"三定"。创新生产组织模式，组建4个重点工程建设项目组和宜庆勘探开发指挥部，推动快速上产、效益建产，打造年轻干部人才培养平台。按照"中心站+无人值守站"模式，结合数字化建设，推进新型采油管理区作业区建设，制定"时间表、路线图"，改进劳动组织方式、精干一线用工。全年累计压减二级机构6个、三级机构52个，超额完成集团公司机构压减任务。

【员工管理】 2021年，辽河油田公司加大员工总量管控力度，在自然减员基础上，通过强化不胜任退出、鼓励特殊工种和长病人员提前退休等手段，实现措施减员266人，探索更加精确的考核、评价方式，并与工资总额、领导干部兑现挂钩，员工总量净减少3844人，将总量控制在集团公司下达计划70347人之内。加强员工流动调控，严控超编、超配岗位的单位人员流入、关键岗位和专业技术人员流出，以及员工由外围向中心流动，加大新兴业务人力资源投入，根据储气库和新能源业务规划和人才需求，完成人才招聘工作。落实困难单位帮扶，通过直接帮扶和政策倾斜，有效帮助劳务中心缓解冗员问题。锁定长庆油田、塔里木油田、辽河石化等主力目标劳务市场，全力拓展中国石油广东石化公司、中国石油运输有限公司等新市场，新增对外劳务输出534人。坚持"自己的活自己干好"，清退置换外部劳务用工1303人。制定下发分流安置补充意见，增加短期离岗政策，拓宽分流渠道，新增分流2103人。

【薪酬管理与业绩考核】 2021年，辽河油田公司统筹组织薪酬考核工作，规范开展企业年金业务，民生福利改善工程得到有效落实，员工幸福感、安全感和归属感进一步加强。健全效益决定、效率调节、单列专项政策协调补充的工资总额决定机制，出台

《辽河油田公司工效挂钩办法》，严考核、硬兑现，合理确定各板块、各层级、各群体收入比例关系，优化调整薪酬结构，人均月增加基本工资310元，员工收入实现预期增长目标。规范薪酬分配管理，深入开展薪酬业务专项检查，约谈11家单位主管领导，持续跟踪整改落实，严肃薪酬分配秩序。推进全员绩效考核，对机关建立综合评价、业绩考核、党建考核的"三位一体"考核体系，各单位层层分解考核指标，搞活内部分配，拉开分配差距。以晋级A级企业为目标，分解集团38项考核指标，与16个责任部门逐项对接考核责任。发挥企业年金服务和保障作用，上调企业年金缴费基数和比例，个人账户人均月增加132元，高质量推进账管系统运行，提高业务办理效率。全面推进考勤信息化运用，取消人工纸质考勤，实现全员电子打卡，进一步规范员工管理，提高人事系统工作效率。

【培训管理】 2021年，辽河油田公司深入推进线上线下互融培训模式，组织实施培训项目44项362期，培训4万余人次（表3）。开启"每周E学"线上直播大讲堂，5000余名员工在线学习新能源、数字化油田建设等知识。创新培训方式方法，以"训战结合"的方式，组织开展天然气勘探开发技术培训项目、储气库建设业务培训项目，培训有关领导干部及专业技术骨干126人。推行校企联合培养模式，组织新能源技术团队储备人才"订单式"培训项目，采取"分级分类"的方式，培养青年骨干70人。找准基层需求，推行"点线面"专业技术培训，实现人才源头培养、跟踪培养和全程培养。组织辽河油田公司首届培训项目设计大赛，选出极具价值的培训项目38个。组织参加集团公司首届实操实训师大赛，辽河油田公司4名选手和5个团队均获奖项：获个人赛三等奖2名、入围总决赛2名，团队赛一等奖1个、二等奖3个、三等奖1个。

【提质增效】 2021年，辽河油田公司多措并举推动各单位减用工、提效益，有效降低人工成本支出，全员劳动生产率同比提升6%，人事费用率同比提升2%以上。创新管理思维，调整薪酬发放和核算主体，减少采油单位储量评估人工成本3亿元，增加SEC储量150万吨，减少计提折耗创效3.4亿元。推行考勤信息化管理，实现电子考勤与纸质考勤双轨运行，电子考勤结果直接作为工资发放依据，有效提高工作效率，规避管理风险。助推未上市单位扭亏解困，落实帮扶工作，协调劳务中心劳务输出结算价格，落实协议签订和费用结算，劳务收入同比增加7643万元。全年完成工伤劳动能力鉴定65人，因病（非工伤）劳动能力鉴定12人。

【技能人才】 2021年，辽河油田公司深入贯彻国家和集团公司关于加强技能人才工作、办好技能大赛的重要指示精神，构建"集团—企业—厂处"三级竞赛体系，组队参加国家级二类竞赛（电工）1项，获1金3银1铜、团队银奖、团体项目二等奖以及集团公司级竞赛（焊工）1项，获2铜。参加集团公司一线创新成果评选活动，荣获一等奖1项、二等奖2项、优秀奖1项。组织油田公司级采油工、采气工、井下作业工、作业机司机、井下作业专业技术人员等5项职业技能竞赛，参加人数210人。指导8家二级单位开展厂处级职业竞赛，涉及29个工种1600余人，竞赛辐射一线岗位技能大练兵活动近3445人次。加强技能人才队伍培养与接替，优化队伍素质和知识结构，培养适应数字化生产转型人才，完成青年技能骨干14个工种1129人次专项培训。针对性开展适岗性"定向"培养，以构建基于单工种精度和全流程广度的"双维度"技能人才培养体系为目标，完成认定2804人次。通过考评、大赛获奖晋升技师、高级技师265人，其中165人晋升技师，100人晋升高级技师，经选聘45人晋升首席技

表3 2021年辽河油田公司培训情况统计表

序号	培训类别	培训期次	培训人次
1	党建引领	23	25134
2	企业战略	22	1592
3	关键人才	20	1669
4	业务提升	109	8239
5	QHSE	107	5368
6	井控、特种作业（设备）	81	4447
	合计	362	46449

师，经评优推荐2人新晋盘锦名匠。成功推荐柳转阳、李桂库、张亮为集团公司"石油名匠"重点培养对象。成功推荐金海采油厂洼一联合站为集团公司"百优示范站队（班组）"。更新辽河油田公司技能工种目录，持续建设等级认定题库，全年完成职业技能等级认定考试命题制作4191套，完成160个工种9017人次的职业技能等级认定工作。合理利用国家相关政策，把握"三年技能提升"政策截止期，组织各单位上交两批技能补贴资料9225人次，申领技能提升补贴1748.6万元。依托技能专家工作室完成132个一线生产难题（集团公司级13个、油田公司级72个、厂处级47个）和集团公司创新基金项目攻关1项，创效1500万元。

【人才队伍建设】 2021年，辽河油田公司落实集团公司"人才强企"工作要求，聚焦"三能"目标，围绕"控减压降、强优转提"，制定人才强企措施30条。加快推进"双序列"改革实施，以发挥专家队伍科技引领作用和改善队伍年龄结构为目标，增补辽河油田公司企业首席技术专家2名、选聘青年一级工程师9名、转岗到管理序列4名。印发《关于建立专业技术岗位序列的补充意见》《关于进一步明确技术专家岗位责权的通知》，进一步明确序列转化、人员补聘、破格选聘有关要求。采取"揭榜挂帅"项目管理新模式，选取油田公司重点科研项目挂帅人5名，面向油田公司技术专家征集制约公司高质量发展的"卡脖子"技术（难题）。组织开展"弘扬爱国奋斗精神、建功立业新时代"活动，完善油田公司党委联系服务专家"一对一"名单，完成技术专家风采新闻连载报道，提升技术专家知名度与影响力。持续加大人才引进力度，结合辽河油田公司专业岗位需求实际，首次面向社会开展高层次科技创新人才引进工作。多措并举强化人才培养，采取"走出去"的方式，依托中国石油天然气股份有限公司西南油气田分公司（简称西南油气田公司）成功举办两期储气库业务专业技术培训和一期天然气勘探开发专业技术培训，开展科研与生产单位青年技术骨干双向挂职锻炼，编制《辽河油田公司新能源业务人才专项规划方案》，为新能源业务发展提供人才保障。研究制定辽河油田公司新入职员工基础培养工作方案，为专业技术人才综合素质提升搭建平台。首次面向社会开展高层次科技创新人才引进工作，累计招聘2021届毕业生70人，其中博士1人、硕士29人、本科40人。

【劳动保障】 2021年，辽河油田公司配合辽宁省人力资源和社会保障厅、辽宁省保险事业服务中心开展2021年拟退休员工档案审核工作，监督指导各相关单位完成疫情期间的档案交接工作，做好2431人退休审批资料的整理。协调帮助对退休审批结论存在异议人员到辽宁省人社厅进行复议，在政策允许的范围内，尽可能为员工争取最大利益。在复议过程中，做好退休信访接待工作，耐心宣讲相关政策，妥善处理员工的退休上访问题。加大宣传力度，促进减员增效，全年办理提前退休人员71人，对比2020年33人提高一倍以上。按照辽宁省、盘锦市劳动鉴定委员会的工作要求，组织指导各单位上报劳动能力鉴定资料并参加鉴定，全年完成工伤劳动能力鉴定102人，完成因病劳动能力鉴定17人。

【人力资源信息化共享】 2021年，按照集团公司《关于做好人力资源共享"十四五"及2021年实施工作的通知》文件要求，辽河油田公司在完成首批推广工作基础上，分步实施、压茬推进，组织开展第二批共享推广实施工作。评估共享服务上线情况，举办人力资源共享服务薪酬及员工服务第二批推广实施单位模拟运行培训班，下发《关于全面实施人力资源共享服务的通知》，开展人力资源薪酬与员工业务模拟运行服务。完成共享服务目标任务，辽河油田公司全部所属单位首批业务顺利交付共享，向集团公司提交《辽河油田分公司人力资源共享服务首批业务交付运营申请》，就共享服务收费与交付约定等事宜，与共享服务大庆中心协商签订人力资源共享服务水平协议，按照"优化流程、编制表单、明确约定、签订协议"的共享"四步走"工作程序，人力资源业务顺利交付上线运行，实现人力资源共享业务"管办分离"的改革目标。

【人事档案管理】 2021年，根据集团公司《关于开展人事档案审核质量问题专项整治工作的通知》要求，辽河油田公司党委站在从严治党的高度，将干部人事档案专项整治工作放在党建工作大局中，作为党建工作、作风建设的一项主要内容抓紧、抓实，在辽河油田公司范围内开展各级干部人事档案审核质量问题专项整治工作。辽河油田公司党委组织部（人事部）按照"谁管理、谁把关，谁审核、谁签字，谁签字、谁负责"的原则，重新规范审核、严格组织认定、完善材料收集，分情况、分类别进行处理。按照"以检促改，以查促整"的指导思想，通过系统数据分析、查阅工作文档、建立月度报表等多种方式，专项监督各单位专项整治工作情况，对整治工作过程中存在失职渎职、弄虚作假、泄露数据信息等违反组织纪律、保密纪律和规矩意识方面行为的，以"零"容忍的态度坚决整治，全年完成干部人事档案专项审核工作2万人，完成率90%。对组织机构重组整合、业务调整以及零星调动等人员进行人事档案转递，全年转出人事档案49人，转入3人，辽河油田公司内部转递714人。

（姜　山）

股份管理

【概述】 2021年，辽河油田公司资本运营工作持续深化改革创新，着力建设中国特色现代企业制度，推进治理体系和治理能力现代化，构建以国有资本为纽带的集中统一管理体制，加快业务布局优化和结构调整，实现国有资产保值增值。股权公司实现收入22.8亿元，实现净利润6817万元，投资收益5412万元，超出年初预算指标4412万元，同比增加2121万元。

【股权管理】 2021年，辽河油田公司修订完成股权管理办法及系列配套制度，按照集团公司"两非"剥离工作要求，结合盘锦日隆物业管理有限公司和盘锦辽河油田恒维工程质量检测有限公司实际情况，提前启动剥离工作，与盘锦市市场监督管理局沟通确认吸收合并程序及资质上移事项，科学制定股权处置方案，完成上述2家企业注销工作。围绕集团公司法人压减目标任务（1家），多措并举，完成辽河油田鞍山天然气有限公司及盘锦辽河油田恒维工程质量检测有限公司的工商注销。转让中国太平洋保险集团股份有限公司股票909万股，合计成交额3.84亿元，对比2021年初增值3435万元，增值率9.83%。对比原始投资成本（1135.49万元）转让收益3.72亿元（不含持有期间分红所得），投资收益率3279%。督促股权公司按时召开股东会，做好股权公司2020年股利分配工作，符合条件的15家股权公司分红1620万元，超出集团公司规定的最低分红额392万元。优化辽宁中油产业发展有限公司股权结构，对原股东辽宁宝来资本管理有限公司和盘锦辽油晨宇集团有限公司进行撤资，辽河石油勘探局将持有的51%股权无偿移交盘锦市兴隆台区国有资产监督管理局，形成兴隆台区国资平台控股、辽河石油勘探局参股的股权结构。

【股权投资管理】 2021年，辽河油田公司聚焦主责主业及战略新兴产业，优选合资对象，加快推进储气库、新能源和天然碱等新兴产业合资合作。集团公司明确将辽河油田（盘锦）储气库有限公司资产注入合资公司，并确定纳入合资范围的资产及人员边界以及持股比例（辽河石油勘探局有限公司持股50.49%、国家石油天然气管网集团有限公司持股48.51%、盘锦市国有资本投资运营集团有限公司持股1%）。按照辽河油田公司新能源建设规划，和远景能源有限公司签订《供用电合作框架协议》，在沈阳采油厂、锦州采油厂和茨榆坨采油厂建设风光发电示范工程，推进新能源合资合作项目。持续提升创效能力，多措并举，推进大连石油交易所混合所有制改革。

【董监事管理】 2021年，辽河油田公司持续改进和优化董监事业务工作机制，修订完成《辽河油田公司投资公司股东会、董事会和监事会议案管理细则》《辽河油田公司专职董监事管理细则》。完成辽宁恒鑫源工程项目管理有限公司等6家公司董事会、监事会换届和中油辽河工程有限公司等20家公司董事、监事调整方案，调整委派董事监事192人次，委派股东代表17人次。组织股权公司召开股东会44次、董事会37次、监事会26次。审查股东会议案83项、董事会议案124项、监事会议案30项。专职董事实地调研7次，提出管理建议36条，配合审计部门对3家参股公司〔营口银龙港务股份公司、中核通辽铀业有限责任公司、中石油辽河油田（朝阳）燃气有限公司〕的审计调查。

（史更新）

设备管理

【概述】 辽河油田公司设备管理部作为辽河油田公司机关部门，是辽河油田公司设备归口管理部门，主要负责辽河油田公司设备的规划计划编制，设备购置的前期论证、选型荐厂，设备的验收、运行、使用维护、检验检测、油水润滑、备品备件、修理改造、调剂调拨、报废、租赁、再制造等全生命周期管理，以及辽河油田公司特种设备管理和炼油化工业务的生产、技术管理，同时负责二级单位设备管理的监督、检查和指导工作。2021年底，设备管理部下设7个职能科室，在册员工27人（含改做具体工作8人），平均年龄50岁。业务上指导二级单位设备管理科室44个，各级设备管理人员1086人。在册设备204725台，原值174.59亿元，净值59.32亿元，新度系数0.34，主要设备综合完好率92.06%，综合利用率75.18%，重特大责任事故率为零，实现提质增效1.77亿元，超额完成辽河油田公司任务指标，获集团公司装备管理先进集体称号。

【设备运行管理】 2021年，辽河油田公司加强设备完整性管理工作，组织开展设备完整性专项审核（表4），发现并整改各类问题1635项。落实设备安全管理直线责任，开展反违章检查、炼化业务检查以及抽油机、电气设备、车辆、特种设备、压缩机各项设备专项检查7次，消除故障苗头和隐患2233个。应对抗洪复产、寒潮天气，支持受灾单位调剂设备75台（套）。推进抽油机齿轮箱换油工作，全年换油3100口，完成计划的109%，实现综合效益1100万元。推动以保代修，规范大型压缩机组的维保作业和热备启动工作，保障天然气储备等生产有效运行。规范车辆运行管理，编制驾驶员口袋书，开展特车目视化试点工作，提升车辆规范化管理水平。

表4 2021年辽河油田公司设备综合报表

项目内容	设备数量（台）	原值（万元）	净值（万元）	新度系数	综合完好率（%）	综合利用率（%）
合计	204725	1745910	593244	0.34	92.06	75.18
上市部分	170454	1322895	457795	0.35	93.64	78.71
未上市部分	34271	423015	135449	0.32	75.52	69.14

【设备提质增效】 2021年，辽河油田公司利用数字化设备管理平台，激活各类设备原值5623万元，拉动车辆利用率提升1.5个百分点，对外出租设备71台，实现租金收入409万元。利用每年两次的闲置设备公示机制，实现辽河油田公司内部设备共享，跨厂调剂各类设备218台（套），修旧利旧设备786台，节约投资8569万元。对接集团公司共享设备资源，落实中石油煤层气有限责任公司（简称煤层气公司）抽油机及配套设备190台（套），资产原值650万元。实现设备提质增效1.77亿元，完成年初工作目标的151%。落实辽河油田公司节能瘦身工作部署，按照"挖潜利旧一批、改造再造一批、更新淘汰一批、强化管理一批"，扎实开展设备节能瘦身工作，

节能0.7万吨标煤。以辽河油田公司"绿色低碳613工程"为切入点和落脚点，按照"提高站位、降低能耗、优化替代、提高效益、提高效率、快速落地"工作要求，统筹设备资源，推动新能源业务与油气业务协同发展。

【设备基础管理】 2021年，辽河油田公司修订《设备管理办法》和《特种设备管理办法》两项制度，明晰设备润滑、操作规程、租赁等各项业务流程，全面指导设备管理工作。制定设备监督检查运行监管机制，完善重点设备检查标准，完成年度修理项目资格招标16个，推动量化打分工作规范运行。下放业务管理权限，优化业务流程4项，对设备选型、租赁等审批层级进行压减，加强重点设备修理过程管控，推进设备管理"放管服"。

【设备技术管理】 2021年，辽河油田公司推动高耗低效设备治理工作，梳理效率低、维修高机泵458台，编制三年调改更新方案，启动首批91台改泵型、调泵排和换老泵项目，解决原油外输"大马拉小车"问题，降低设备运行单耗，降低设备故障频率。加大再制造力度，促进技术标准升级，规模实施190台抽油机、59台变压器再制造，节约投资2000万元。集成优选技术改造路线7项，优化技术方案，完成2部修井作业自动化设备改造工作，统一组织注汽炉提效改造15台、水罐车加泵改造11台、压缩机调改18台，能效提高10%—30%。编写大型压缩机维保技术、专用浮选机维保技术规范和油气混输泵选型3项专业标准。加强重点设备前期管理，开展设计论证、技术选型工作，修改技术缺陷，完成设备选型技术把关6635项，涉及投资12.69亿元。

【特种设备管理】 2021年，辽河油田公司严格执行"特种设备带病运行零容忍"要求，落实特种设备隐患整改资金2370万元，规范安全状况等级4、5级压力容器管理，板块公司锅炉/加热炉燃烧器及安全联锁保护装置专项检测发现不符合项同比例减少12%。克服疫情影响，积极协调地方机构，解决压力容器注册、人员取证等各类棘手问题20余项，推进曙光采油厂特种设备培训基地建设，扩大内部培训范围。规范特种设备检验检测工作，协调地方政府完成锅炉清洗监督检验工作，提升辽河油田公司内部燃烧器及安全联锁保护装置检测质量，全年完成各项检测任务1933台（套），有效保障生产。开展双台子储气库1800万立方米采气装置投产前设备专项检查，及油气集输公司200万立方米轻烃装置压缩机改造项目检查和跟踪，保证装置安全投产。

【炼化业务管理】 2021年，辽河油田公司加强炼化业务管理，突出规模效益，实现煅烧焦装置满负荷平稳运行，化工助剂业务稳健发展，累计生产煅烧焦13万吨，生产化工助剂1.6万吨。推动改革三年行动实施方案，编制《石油化工业务深化改革及归核发展建议方案》，打造集研发、生产、服务及销售一体的化工助剂专业化公司发展目标，推动油田石油化工业务做专、做精、做强。规范零散天然气（CNG）回收管理，推进零散天然气回收制度落实，明确天然气回收职责界面，优化审批流程，固化验收程序，保证9座天然气回收站场（石油化工技术服务分公司6座：架二站、兴古7、茨617、茨39-68、欧48-22-24、洼25-10。能源管理分公司2座：小47、大30-26。辽宁辽河油田恒泰利实业（集团）有限公司1座：荣105C）顺利投产，做到零散天然气应收尽收，全年累计回收天然气7500万立方米。

【设备业务培训】 2021年，辽河油田公司协调辽宁省和盘锦市市场监督管理局将曙光采油厂培训部新增为辽宁省批准的特种设备作业人员培训基地，可培训锅炉、起重机、厂车作业人员，全年减少外培人员466人，节省成本124万元。开展多种形式交流和培训，完成特种设备作业人员培训22期1237人。从金牌"设备管理咨询师"、设备检维修安全管理等专项培训全面提升人员业务能力和技术素质。强化合规培训，加强各类规范、制度宣贯工作，严格按照要求组织相关人员参加线上合规培训工作，通过率100%。

（王 冬）

物资采购管理

【概述】 2021年,辽河油田公司物资采购额37.72亿元,工程及服务市场交易总额153.75亿元(含长城钻探、中油测井、中国石油集团东方地球物理勘探有限公司和渤海装备关联交易45.72亿元)。内部市场占有率91.16%。两级集中采购度约100%,物资采购资金节约率10.13%,物资、工程、服务采购总招标率85.16%,库存周转次数21次,全面完成各项指标。获集团公司物资采购管理先进单位荣誉称号。

【重点项目管理】 2021年,辽河油田公司落实督办项目,跟踪采购进度。为确保油田公司重点项目的物资及时到位,不因物资采购影响施工进度,同相关业务处室沟通协调,建立重点工程项目清单,采取重点项目重点物资重点跟踪、专人负责的管理机制,对重点物资统一进行沟通协调,实施掌握进度,加强横向、纵向沟通,同相关部门和二级单位沟通,主动出击,主动作为,确保重点工程项目物资及时到位。协调辽河油田公司重点项目驾探1井、驾深1井所需油管、储气库大尺寸套管、煅烧焦二期、欢二联污水改造、兴南气干线等工程所需物资,均按时采购到货,确保了工程的施工进度。为确保重点项目建设保障有力,高质量完成储气库建设物资保供任务,建立"日更新、周总结、一跟到底"的工作机制,从计划上报开始实时跟踪,了解每一项物资的采购进度,做到及时发现问题,解决问题。开展催交催运,驻厂监造、工厂质量管控等措施,确保产品质量和供货周期。截至2021年底,双6储气库群建设所需的钢材、阀门等主要物资全部到货,确保了1800万立方米采气部分顺利投产,为双6储气库群建设提供支持。

【物资计划管理】 2021年,辽河油田公司加强计划管理工作,强化计划管理职能,提高计划管理水平,提高计划上报的科学性、准确性,同时优化计划上报程序,减少流程节点,使二级单位上报计划更加顺畅。加快审批流程,提高物资采购时效,以年度计划为主,季度、月度计划为辅,推进年度计划实施,从"零散型"采购向"集约型""批量型"采购转变;强化日常计划管理,对二级单位计划上报的前瞻性、及时性、准确性及完整性进行严考核,提高计划上报的准确率、及时率、完整率;增加ERP有商有价的物资上报频次,使物资采购更具有连续性。提升计划运行时效,对采购全过程进行跟踪,定期组织计划会审,解决存在问题;加强计划运行时效考核,每季度通报计划执行情况;生产保供更加及时,保障了生产需求,采购效率提高;做好疫情常态化下的防疫物资的计划管理工作。2021年,累计接收物资计划11.6万条,金额60.59亿元,执行10.89万条,金额40.84亿元,计划上报准确率93.92%。

【提质增效】 2021年,辽河油田公司利用市场化手段,在大力提升质量、效益及效率上下功夫,节约采购资金5.33亿元。优化采购策略,贯彻全生命周期综合成本最低和"采购+服务"理念,推进集中采购专业化、标准化,严格执行集团公司集采结果,节约采购资金4.23亿元。加强对二级单位自行管理的竞争性谈判项目、单一来源项目监督检查力度及资金节约率的考核力度等措施,节约工程服务采购资金1.1亿元。开展亏损帮扶,为国际事业部申请集团公司物资编码系统权限,全程指导协助国际事业部新产品"智能在线含水分析仪器"增项及准入申请事宜,主动上门提供服务,帮助解决辽宁辽河油田五格自动化工程有限公司(简称五格公司)物资入网问题。与甲方单位沟通,成功协调270.45万元内部单位工作量。支持辽河油田公司内部企业生存发展,五格公司在辽河油区范围内获工作量1604.48万元,工作量同比增加841.3万元。与相关二级单位沟通，调剂利用积压闲置物资，盘活资源。对外评估处置集团公司及辽河油田公司层面调剂无果的闲置积压物资、报废物资。内部利用闲置积压物资264.01万元，评估处置2003项，原值5188.07万元，有效盘活物资存量，减少资金占用，为辽河油田公司"两金压控"作出贡献。坚持信息技术与业务管理相融合，优化完善采购管理信息系统，实现工程服务招标项目全业务流程线上运行。

【内部市场管控】 2021年，辽河油田公司以自身整体利益最大化为原则，建立"三种机制"，持续强化内部市场资源优化配置。建立系统联动考核机制，将内部市场占有率指标细化分解，形成机关业务部门横向管理、二级单位纵向控制考核的工作格局。建立外部工作量比对排除机制，结合辽河油田公司内部交易平台和承包商短名单管理，全面掌握主体内部和多种经营单位的施工项目和施工能力。内部有能力且无特殊原因的项目，一律由内部单位实施。建立跟踪监督机制，每月统计各单位及各专业市场内部占有率，及时提醒，督促未达标单位控制外部工作量。全年工程服务内部市场占有率预计达到93%。

【采购管理制度及标准化】 2021年，辽河油田公司物资采购管理工作根据集团公司要求，第一时间启动采购管理制度修订工作。进一步优化招标流程，明确招标环节各部门责任分工。正式下发招标管理办法，8项新修订的采购管理制度提交企管法规部审查。对辽河工程技术分公司和石油技术服务公司进行集团公司新制度宣讲解读，增进业务人员对制度的理解认识，指导帮助各单位规范开展采购工作。落实集团公司"六化"工作要求及辽河油田公司年度重点工作部署，协同业务主管部门稳步推进物资采购标准化工作。召开物资采购标准化工作启动会，对标准化采购工作进行详细部署。到长庆油田公司、大港油田公司等兄弟单位调研交流，学习先进经验。组织业务主管部门相关人员进行物资标准化业务培训。完成19项物资采购技术规格书评审工作。利用集团公司授权组长单位的优势条件进行标准化采购初步实践。在集团公司层面开展游梁式抽油机"一张图"采购模式，统一产品设计、统一加工图纸，使不同供应商生产的同种机型零部件可互换互用，有效降低运维成本。以辽河油田14型游梁式抽油机为例，一次性节约采购成本17%，可节约后期运维成本达15%以上。

【招标管理】 2021年，辽河油田公司落实"两新两高""五自经营"政策要求，下放采购自主权，指导相关单位规范运行。取消《内部计划配置通知单》制度，简化管理程序。加强招标管理工作，修订完善"一单一招"项目和集中资格招标项目的《招标方案》标准化模板，指导二级单位更好地开展招标方案（文件）编制工作。针对市场竞争激烈，异议投诉事件频发，严重影响招标效率的问题，在招标方案、招标文件模板中增加投标人异议管理和投标人自律守则相关内容。建立招标方案审核时效和编制质量通报机制，促进招标方案审查效率和编制质量的提升。加强招标项目现场监督，对储气库公司的16个招标项目进行招标现场检查。

【供应商和承包商管理】 2021年，辽河油田公司坚持"少量优秀"管理要求，大力引进制造商，压减中间商，强化物资供应商管理工作。梳理分析二级物资供应商资源库，结合实际采购情况，开展辽河油田公司二级物资代理商、贸易商优化压减工作。全年二级物资代理商和贸易商数量压减30%，辽河油田公司供应商结构更加合理。完成三批承包（服务）商量化打分评审入库，涉及项目415个，评审资料2400余份，合格准入承包商482家。专项评审准入项目229项，准入承包商177家。对存在违法违纪等方面不良行为的承包商、供应商坚决"一票否决"，将存在违规行为的盘锦辽河油田大众石油技术服务有限公司等6家供应商清除出库。

【物资采购监督检查】 2021年，开展定期、不定期检查24次，开展物资采购产品质量"大检查、大提升"工作，对物资到货、入库验收全业务链条进行检查，发现各类问题95项，均按要求完成整改，实现闭环管理，质量管理水平提升。抽调基层骨干组成检查组，开展招投标领域突出问题专项检查。开展"反违章专项整治"工作，成立专项整治小组，对十余家单位开展反违章整治活动，发现问题30余项。落实《辽河油田公司重大工程建设项目合规监督工作方案》工作要求，开展重大工程建设项目日常协调、监督检查。配合辽河油田公司纪委受理举报件13件，配合纪委办公室协作核实函3件、工作协作函9件。落实辽河油田公司产品质量监督抽查结果，处理存在产品质量问题的81家供应商的94批次产品，开展后续索赔和退换货工作，避免经济损失678.83万元。

（时冀徽）

经济评价

【概述】 2021年，辽河油田公司经济评价工作，贯彻落实集团公司及辽河油田公司"一切以效益为中心"理念，各项工作取得新进展。计算石油探明经济可采储量440.87万吨，控制经济可采储量728.5万吨，三级储量通过集团公司审查。完成1139口产能建设新井、51口侧钻井和556口套损井的经济评价和效益审核工作。开展6167井次措施前评价，否决无效措施195井次，减少风险性成本支出4227万元。开展12家采油单位、55个采油作业区、117个区块、17784口油井的效益评价工作，助力油井精细管理。承担科技专项子课题1项，软科学1项，管理创新课题2项，获辽河油田公司科技成果奖1项。

【探明储量经济评价】 2021年，辽河油田公司经济评价工作站在"效益增储、保证油田可持续发展"的角度评价勘探增储项目，用规模经济可采储量评价勘探效益，严格把关低效储量规模，助力新增储量可动用、能升级，体现勘探投入战略价值。高质量完成新增探明储量经济评价工作，缓解储采失衡态势。完成河21块、河19块、包32块、沈35块、大32块、欢58块、沈232块、安1块、宁218块9个探明储量区块的单井经济效益评价、区块经济评价和经济可采储量估算，计算新增探明石油地质储量4131.18万吨，技术可采储量507.18万吨，经济可采储量440.87万吨。计算新增探明天然气（溶解气）地质储量13.60亿立方米，技术可采储量1.71亿立方米，经济可采储量0.87亿立方米。

【控制储量经济评价】 2021年，辽河油田公司新增控制储量经济评价以"效益增储"为锚点，建立储量区块经济评价参数体系，强化商业油流及单井最低经济有效厚度等约束指标的敏感性分析，合理确定评价参数，指导增储面积圈定。完成《兴隆台油田陈古16区块中生界石油新增控制储量》经济评价，计算新增控制石油地质储量5120万吨，技术可采储量742.4万吨，经济可采储量728.5万吨，新增控制天然气（溶解气）地质储量60.53亿立方米，技术可采8.75亿立方米，经济可采储量8.06亿立方米。

【经济评价方法研究】 2021年，辽河油田公司修订《石油可采储量估算方法》行业标准1项，参与制定《油气井工艺措施效果评价方法》《辽河油田压裂措施效果评价方法》企业标准2项，《油田效益配产方法》获辽河油田公司优秀标准奖。联合编写《油气井工艺措施效果评价方法》《辽河油田压裂措施效果评价方法》，制定统一评价标准。

【开发及可研方案经济评价】 2021年，辽河油田公司本着"设计优化是最大的节约"理念，完成《加拿大麦凯河油砂项目开发方案》《曙三区化学驱14井组开发方案》等项目49轮158个方案的优化和调整工作，从源头把控方式转换项目的经济效益，为辽河油田公司效益开发提供决策依据。组织开展马19储气库、黄金带储气库可行性研究方案、双6储气库井位部署调整方案经济评价，保障储气库效益建产。

【产能建设经济评价】 2021年，辽河油田公司完成1139口产能建设新井、51口侧钻井和556口套损井的经济评价和效益审核工作，累计投资优化114口，暂缓25口，压降投资2904万元，实现经济评价覆盖率100%。完成2022年投资建议框架计划原油、天然气、侧钻和套损井113个区块1111口井经济评价，完成2021年产能建设追加投资和2022年产能建设提前实施投资经济评价。完成庆阳"十四五"规划方案经济评价，开展宜川—上畛子和宁县13个区块619口井的经济评价，实现单井投资压缩8%、操作成本降低18%目标，确保流转区油气当量110万吨方案效益上产。完成宜川气田流转区块规划方案经济评价，为流转矿区效益建产奠定基础。完成13家采油单位已建7017口产能井跟踪评价工作，阶段投入产出比1：1.03。完成宜川气田流转区块规划方案经济评价，为流转矿区效益建产奠定基础。

【新能源项目经济评价】 2021年，辽河油田公司完成辽河油田CCUS顶层设计方案经济评价及《辽河油田双229块及杜古潜山CO_2驱油与埋存先导试验方案》经济评价，方案优先捕集油田内部碳源，运用经济指标指导技术方案优化，在45美元/桶下实现效益达标。开展新能源项目经济评价，完成《高升稠油区块清洁能源替代工程可研》《二氧化碳驱油配套工程可研》等四个新能源项目经济评价审查，保障项目效益获批。完成《锦采风电项目上网比选方案》效益优选。

【投资计划经济评价】 2021年，辽河油田公司天然气产能方案"6个油田/18口新井/0.87亿立方米产能/14175万元"和原油产能方案"20个油田项目/604口新井/90.47万吨产能/362340万元"经评价全部达到效益指标。确定2021年油藏评价项目投资计划上报探明储量3000万吨、技术可采储量480万吨，投资46126万元，8个区块内部收益率7.48%—10.74%，效益达标率100%。

【工程项目经济评价】 2021年，辽河油田公司开展措施前经济评价6167井次，否决低效负效措施195井次，减少风险性成本支出4227万元。完成欢喜岭采油厂油管厂管材修复经济评价编制工作，《茨635龙618块密闭集油》《特油曙一区超稠油冷输工艺再造工程》《钻采工艺研究院压裂酸化中心实验设备与设施购置》等35项采油及地面工程可研及初设方案经济效益审核工作。完成《典型项目（杜84稠油SAGD+锦16聚表复合驱工业化试验区）全生命周期效益评价》，受到股份公司领导和专家高度好评；编制完成杜84块SAGD、锦16块化学驱、齐40块蒸汽驱等68期方式转换项目跟踪评价简报和沈67块化学驱、沈84块化学驱等11个项目33期季报，持续跟踪重大试验项目经济效益。

【单井效益经济评价】 2021年，辽河油田公司评价自营区油井14872口，年产油894.49万吨，平均单位操作成本33.50美元/桶。其中，效益一类油井6459口，产量659.47万吨，单位操作成本19.52美元/桶；效益二类油井1248口，产量58.50万吨，单位操作成本44.87美元/桶；效益三类油井1733口，产量75.00万吨，单位操作成本51.97美元/桶；边际效益井3276口，产量68.85万吨，单位操作成本84.74美元/桶；无效益类油井2156口（占比14.50%），产量32.66万吨。对自营区1066口无效井开展治理工作，治理无效益井784口，治理率73.55%，469口油井实现效益升级，治理井效益升级率59.82%，治理油井年产油由治理前的14.46万吨上升至21.03万吨，平均单位操作成本由治理前的5637元/吨下降至3047元/吨。

【课题研究经济评价】 2021年，辽河油田公司完成《以推动油田高质量发展为目标的经济评价数字化转型升级》报告编写，并申报集团公司2021年管理创新成果。完成"十三五"国家科技重大专项示范工程"辽河、新疆稠油/超稠油开发技术示范工程"效益评价和集团公司重大科技专项"稳产攻关技术效益评价及有形化课题研究"，通过验收。完成《储气库项目全生命周期经济评价体系建设研究》软科学，建立一套完整的具有推广价值的储气库项目全生命周期经济评价体系，提高辽河油田公司储气库建设项目经济效益和发展水平。完成《以提质增效为目标的效益风险管控模式》管理创新课题研究。《辽河油田稳产攻关技术效益评价研究与应用》获2021年辽河油田公司科技进步三等奖。2人获辽河油田公司第37届青年油水井分析大赛效益分析组一等奖、二等奖。

（胡龙飞）

经济政策研究

【概述】 2021年3月，辽河油田公司成立经济技术研究院，将软科学课题及政策研究职能划入。工作启动后，主要围绕辽河油田公司大局，开展政策调研、新能源研究、软科学管理等工作。

【企业政策研究】 2021年，辽河油田公司按照集团公司安排，开展专项调研，编制辽河油田公司《高质量发展调研专题报告》和《"十三五"高质量发展指标评价值》；完成集团公司听取大连石油交易所情况汇报材料的编写；按照辽河油田公司安排，为集团公司召开战略研究与管理线上座谈会提供书面材料；组织辽河油田公司福利企业优惠政策专题研讨，供辽河油田公司决策参考。

【新能源研究】 2021年，辽河油田公司完成《新能源基础知识手册》编写，在辽河油田公司范围内普及新能源业务基础知识。完成《新能源业务发展政策环境研究》《CCUS与碳交易政策解读》《新能源和CCUS项目政策研究》，研判新能源业务发展政策环境。开展《新能源和CCUS项目技术及企业清单》调研，为项目建设选商荐商提供信息支持。完成碳资产、碳交易相关汇报材料编写，供有关部门决策参考。

【软科学管理】 2021年，辽河油田公司以软科学课题为切入点，努力提高研究质量、数量和管理水平，扩大软科学研究范围和影响力，形成活力迸发的研究氛围。组织完成辽河油田公司2020年软科学课题验收工作，评选优秀课题1项、良好课题4项。组织软科学课题研究工作，包括集团公司课题1项、辽河油田公司课题9项，投入研究经费274万元。

（郭宏伟）

招标工作

【概述】 2021年，辽河油田公司招标工作坚持以习近平新时代中国特色社会主义思想为指导，认真贯彻党的十九大和十九届历次全会精神、中央经济工作会议精神，全面落实集团公司党组决策部署和辽河油田公司党委、机关党委工作要求，着力在支部建设、党风廉政、监管打假、服务两头、队伍建设等五个方面狠下功夫，各项工作取得显著成效，生产经营业绩创近年最好水平，实现"十四五"良好开局。

【指标完成情况】 2021年，辽河油田公司完成招标项目1249包/标段，计划金额584162.58万元，中标成交金额480255.06万元，节约资金39736.08万元，资金节约率6%。其中，完成二级物资集中采购项目129包，估算金额53804万元。服务类框架协议招标54标段，竞争性谈判82标段，中标、成交金额3191.19万元。接收完成储气库项目方案75包/标段，估算金额43059.91万元，中标金额37530.31万元，节约金额4559.83万元。完成原油销售41标段13.04万吨（0.7万吨超稠油、4.2万吨重质油和8.14万吨中质油），估算金额59230万元，为油田公司创收2026.7万元。

【框架竞争性谈判服务】 2021年，辽河油田公司招标工作应部分单位要求，开展服务框架竞争性谈判。在谈判流程方面，招标中心优化谈判流程，对抽取谈判专家和编制谈判文件进行规范，并取得一定的效果，谈判价格在平均基础上下降1.8个百分点，为油田提质增效活动作出一定贡献。主动担当作为，利用专业优势和谈判实战经验免费为各二级单位组织服务框架竞谈工作。

【"一站式"招标服务】 2021年，辽河油田公司招标工作加大外闯市场力度，拓展外部市场份额，为潜在客户制定满足招标需求的具体措施，与浙江油田公司、天时集团能源有限公司、昆仑能源（辽宁）有限公司、辽河石化、锦西石化新签订委托代理合同，外部服务单位达11家，市场占比持续提升。按照双台子储气库群——双6储气库扩容上产工程项目所用物资计划要求，辽河油田公司招标工作本着"急事特办"原则，对每一个项目进行全程跟踪，推进储气库等重点工程项目运行。根据《集团公司原油市场化销售改革方案》指示精神，稳步推进原油销售体制改革，按照《辽河油田公司油气产品营销例会》要求，辽河油田公司招标工作坚持规范运作，依法评标，构建简化操作流程、缩短招标周期、投标方便快捷的招标新模式。

【招标工作规范化管理】 2021年，辽河油田公司研究和解读集团公司下发的《中国石油天然气集团有限公司招标管理规定》《物资类类招标文件标准文本》，对招标文件中重要条款进行细化修改，提升招标文件质量。完成并制定电子版中标通知书模板，所有中标通知书均在中国石油电子招标投标交易平台以电子版形式发送给中标人。招标项目的最高限价表取消以往需要三个单位四个部门的纸质版形式传递，统一在采购管理信息系统中出具，节省出价时间，提高工作效率，便于电子存档。发布并更新招标方案模板5次，提升招标文件编制质量。重新梳理招标流程，制定评标标准化语言，确保整个评标流程更加科学、规范。参与招标方案会审，对招标方案中存在各种风险及存在歧视性条款相关内容提出意见和建议，细化和完善招标方案，为后期招标工作的顺利实施奠定基础。组织招标会议，使评标工作高效、有序进行，为辽河油田公司各项生产经营工作的顺利开展提供物资供应保证。

【招标宣传与培训】 2021年，辽河油田公司强化招标制度宣贯，开展业务专题培训。帮助有关单位学习和理解集团公司、股份公司新的《招标管理规定》，了解辽河油田公司招标工作具体内容，科学合理制定招标采购方案。梳理招投标工作风险点、典型案例分析及规范招标采购行为等方面精心编制课件，组织讲师团队先后对纪委办公室、石油化工技术服务分公司、国际合作部、天时集团能源有限公司、车辆服务中心等5家单位开展培训，加强招标行业自律规范，促进辽河油田公司采购系统健康发展。

（董　宇）

土地与公路管理

【概述】 2021年，辽河油田公司党委锚定"高质量、创一流"目标，置身"三篇文章"和"五项战略工程"全局，围绕"加油增气"与"提质增效"中心任务，全面确立"一部五线一平台"发展定位，理清业务脉络，理明工作主线奋勇争先，拼搏实干，各项工作都取得新成效、呈现新气象。全年实现控投15811万元、增效1686万元。面对特大洪潮和暴风雪，协调政府确保抢险人员、机械、物资等及时运达抗洪一线，参加杜84块突发溃坝封堵抢险，指导推进"L"型防护路加高等工作，获辽河油田公司抗洪复产先进党支部称号。

【征地工作】 2021年，辽河油田公司统筹辽河本土、流转矿权区建产需求，联合勘探、开发、生产、计划等部门成立提高征地效率工作小组，结合产能安排和钻井运行，推动现场踏勘选址、用地投资测算计划、井场前期铺垫等生产经营一体化，加快节奏，科学衔接。全年办理永久征地80公顷（1公顷=10000平方米）、临时征地560公顷，新井和储气库建设用地需求得到有力保证。与地方政府反复沟通争取到简化临时用地手续、暂不编制土地复垦方案和建设用地选址意见书、取消压覆矿产资源调查报告等多项支持性政策，有效化解制约瓶颈，完成新井征地946口、同比增加8%，征地时间平均缩短15天、储气库用地预审减少4个月。深度开展节约集约用地，刚性执行辽河油田公司生产建设用地低标准，对比国家石油天然气建设用地控制指标减少临时、永久用地和相关投资4890万元。按照"多用临时、少征永久"原则，优化用地选址和征地方案，加大完全利用老井场及扩边征地占比，减少临时、永久用地、进井路征地及相关投资10921万元。推进巡察审计问题整改，逐步提高用地报批效率，完善组卷报批配套管理制度，机关、基层协同推进，严格时间运行节点和绩效考核措施，确保用地报批和登记办证有序衔接。取得国家批复38宗地，完成用地预审187宗地。

【土地管理】 2021年，辽河油田公司以开展"夯实管理基础年"活动为抓手，着力补短板，采取"4+1"模式动态更新土地基础数据，现有土地1.98万宗、20.43万亩（1亩=666.67平方米），逐步靠实"家底"。着力强弱项，完成集团公司土地管理信息系统中辽河油田公司4166宗24766亩数据更新录入工作，信息建设水平提升。将低效存量土地交由政府进行收储开发、深挖土地剩余价值，实现综合效益最大化。用时3个月完成570宗、136万平方米土地划转，确保"三供一业"移交按期收尾。处置原辽河工程技术处办公楼、陈2井井场以及辽宁辽河油田恒泰利实业（集团）有限公司办公楼3宗土地，实现收入835万元。处置盘锦市辽河油田兴隆台第二中学北侧土地、小平-4井场土地，支持教育及地方公益事业。土地利用方面，着眼盘活低效土地，与盘锦市自然资源局成立油地工作专班，在多次对接商议基础上，就油田低效工矿土地盘活利用的方式、程序、范围等达成共识，形成纪要4期，为"十四五"油田低效土地盘活利用提供指导与遵循。梳理明确土地处置、生态修复等7种低效土地活利用方式，在激活"沉睡"资产、实现保值增值等方面。联合开发部门筛查全油田8055口报废井及地面土地，确定472宗土地具备处置条件，第一批处置完成44宗，面积335亩，减税134万元。联合新能源事业部及属地单位，按照"先低效、后存量、再新增"原则，完成辽河油田公司新能源供地调查分析，结合2022年新能源项目建设规划制定用地标准，筛查后423宗、面积5674亩土地符合要求。土地保护方面，聚焦油田土地被非法侵占问题，健全完善三级保护监督管理体系，制定出台《辽河油田公司土地保护与监督管理实施意见》，明确分类处理工作对策，启动"双违"（违法占地、违法建设）专项整治行动，多管齐下治理侵占，采用"1+N"实施模式收回侵占土地279宗、面积29.9万平方米（449亩）。

【公路管理】 2021年，辽河油田公司组织完成油田专用道路测量调查，为科学道路管理提供数据支撑。统筹管控公路养护专项资金、严把道路施工队伍资质准入等措施，推动养护质量提升。全年完成专用公路养护989千米，沥青路补坑槽2.79万平方米，维修砂石路105千米。推进道路桥涵安全隐患整改，危桥整改开工28座，整改完成12座，为油田道路安全通行"保驾护航"。

【专业市场管理】 2021年，辽河油田公司按照关于"井场铺垫、进井路铺垫、表土剥离、井场围堤、生态恢复、土地复垦业务配置给主体单位工作量不低于50%"的工作要求，结合疫情防控、油地协调、抗洪复产实际，严格控制钻前工程、土地复垦市场配置外部单位工作量。辽河油田公司土地公路市场配置计划39942.39万元,其中钻前、复垦两项纳入考核的市场份额19530.51万元,配置给筑路公司10634.43万元,占比54.45%。公路、管排、征地、确权、农用地及油地等未纳入考核的市场份额20411.87万元。

【油地协调】 2021年,辽河油田公司成立油地协调工作小组,以油地联席工作平台和日常督办工作平台为载体,同时建立完善油地联席会商、日常平台协调、党建联盟聚合等工作机制,通过每半年高层对话、每两个月主管领导例会、日常不定期碰头对接,构筑起多层级的立体交流格局。加强沟通协调,日常工作中,对涉及油地融合战略、推进地企共赢发展的重点事项、重大问题、重要情况,提前沟通、做好协调、及时反馈,为领导决策提供参考依据。全年配合组织召开油地联席会议3次,平台协调督办各类事项45个,制发油地工作简报4期,有效助推机关部门、二级单位棘手问题的解决,促进相关工作开展。牵头推动与盘锦市开展霍田路改扩建工程,落实油地联席会"四个一"理念要求,编制完成《油地和谐典范实施方案》,为打造油地"发展共同体、利益共同体、命运共同体"提供遵循。

(狄 强)

对外合作

【概述】 辽河油田公司国际合作部作为辽河油田公司机关直属部门,是辽河油田公司因公出国、境外业务、对外合作、进口引进等业务的主管部门,2021年底,国际合作部下设4个职能科室、2个项目部,在册员工41人(含改做具体工作8人),在岗员工平均年龄48岁。国际合作部围绕辽河油田公司总体工作部署,推进月东油田原油上产,完成对外合作项目原油产量101.28万吨,对比年度预算93.8万吨,超产7.48万吨。商品量完成97.24万吨,对比年度预算88.4万吨,超交8.84万吨。合作项目中方实现税前利润23837万元,对比年度预算5583万元,超交税前利润18254万元。提质增效工程创效合计1.58亿元。其中合作板块中方超交利润7386万元,进口引进项目节约计划资金8081万元。

【对外合作项目管理】 2021年,辽河油田公司标定国际合作部指标,合作板块原油商品量88.4万吨,中方税前利润5583万元(提质增效超交税前利润1000万元)。原油产量完成101.28万吨,商品量完成97.24万吨,对比年度预算88.4万吨,超交8.84万吨。合作项目中方预计实现税前利润23837万元,对比年度预算5583万元,超交税前利润18254万元,剔除油价影响10869万元后,实际超交税前利润7386万元。联管会主席领导,中外双方团结协作,紧扣产量和效益两条主线,加强重点工作安全、合规管理,及时跟进分析成效。组织专业代表深入现场,掌握生产经营、地质开发、采办等信息,提高中方管控能力和话语权,保障中方权益。加快投产新钻井14口,优化措施深挖老井潜力,原油日产量达1341吨以上,超全年目标产量日均线100吨。走深走实提质增效,推行采购服务全面市场化,协调海月项目合作者天时集团能源有限公司招标信息在中国石油招标平台发布,通过辽河油田公司招标平台在全国范围内实施招标,仅在油泥处理项目上每吨处理费用下降达22%。

【外事管理】 2021年,辽河油田公司国际合作工作,根据境外疫情发展和外事管理工作中的薄弱环节,加强宣传教育和技能培训,规范境外业务应急物资配备清单和保供时限,开展监督检查,实现境外疫情零感染和外事管理工作全面提升。按"非必要不派出"原则,办理因公出国立项33个、64人次。督促落实疫情防控应急预案、应急药品等储备等工作。邀请集团公司健康管理专家一对一指导,做到"零输入"和"零输出"。及时督促立项到期出国人员回国,对派出人员实行定期轮换制度,因疫情因素,严禁邀请国外专家来华。评审境外安保方案、测试境外应急设施,接受集团公司境外"五维"(体系建设、风险管理、应急管理、事件管理、绩效激励)绩效考核工作并取得优秀级。

【技术设备引进管理】 2021年,辽河油田公司国际合作工作通过公开竞标,减少中间商环节,降低采购成本,进口采购公开招标率100%,两级集中采购度100%。制定准确完善、科学合理的招标方案,对进口采购项目市场调研,研制最优采购方案,有效控制采购价格。研判疫情因素影响,建立周报机制,督促供货商加急生产、优先排产,并通过分批发货等手段加快生产进度、缩短交货周期,确保进口设备交货期满足储气库建设投产要求。完成22个引进项目,计划资金总额37023万元,合同总金额28942万元,节约计划资金8081万元。

【境外业务管理】 2021年,辽河油田公司国际合作工作加强境外业务管理,大力整合境外业务市场,明确境外业务发展方向和内容,编制科技引领境外业务方案,明确重点任务。增加境外市场信息来源渠道,将对口支持人员划入国际事业部。以境外重(稠)油技术支持中心为支撑点,拓展境外业务发展空间,统筹境外业务形成合力。境外市场签约收入合同171份,合同额13134万元人民币。

(王 东)

档案史志

【概述】 2021年,辽河油田公司档案馆坚持以习近平总书记对档案工作的重要论述和最新批示精神为指导,贯彻落实集团公司档案工作视频会议精神,牢牢把握"为党管档、为企守史、为油服务"的职能定位和责任使命,持续加强基础业务管理,推进档案史志各项工作,不断提升档案服务质量。档案馆下设科室5个,在册员工34人(含改作具体工作4人),平均年龄49岁,有党员24人,业务上指导二级单位档案部门29个,有专职档案人员186人,兼职档案人员324人,馆藏档案约145万卷、93万件,总排架长度约63737米,底图约105万张。先后编纂出版企业年鉴35册,组织史资料企业卷2卷7册、基层卷40卷,企业志及大事记4册。

【档案基础管理】 2021年,辽河油田公司根据集团公司档案工作规划和新修订的档案规章制度,结合辽河油田公司巡察档案馆反馈问题的整改要求,重新梳理确认档案业务流程,开展《工程建设项目档案管理办法》《声像档案管理规定》等相关档案工作制度的废立改工作,并完成辽河油田档案工作"十四五"规划的编制工作。以辽河油田公司机关实施"三定"工作为契机,着眼于加快推进档案信息化建设步伐,调整档案馆内设机构设置,进一步优化地质资料档案、实物荣誉档案归档管理体制,明晰各业务科室管理职责。优化档案库房布局,申请专项资金进行库房改造,增加库房面积110平方米。组织学习习近平总书记对档案工作的最新批示精神,开展档案工作"新时代、新担当、新作为"交流研讨。

【档案收集归档】 2021年,按照集团公司《档案管理手册》要求,辽河油田公司档案工作落实"谁形成、谁归档"的工作机制,持续做好归档范围确认制,开展年度档案资料的收集、整理和归档工作。全年接收勘探开发类单井1136口,档案15904件,其中测井8427件、录井7477件;接收辽河油田公司重大科研项目档案231卷、雷61储气库设备档案365卷和其他地面工程档案904卷,均实现"纸电同归";接收、录入档案管理系统土地公路管理部不动产土地证明材料652宗。规范机关部门归档流程,整理归档本级文书档案1312件、上级文书档案1305卷、会计档案2512卷、辽河油田公司纪委移交档案323卷,以及撤销二级单位海南勘探开发分公司的会计档案421卷。按照辽宁省盘锦市建设智慧城市的整体部署,经全面盘库、核实确认,将馆藏的43853卷有关油田矿区基建档案移交盘锦辽河智慧城市发展集团有限公司管理。按照油田矿权流转工作要求,将委托保管的辽河油田青海分公司地质档案275卷(件)移交给青海油田公司。

【档案服务利用】 2021年,辽河油田公司坚持让利用者少跑腿、让网络多赋能的服务理念,创新档案服务利用模式,通过现场查阅、电话查询、网络(中油即时通和微信)预约等方式,不断提高档案利用工作效率。油田边远矿区查档困难,探索建立档案远程利用机制,将E6档案管理系统与档案查阅相结合,推进"线下利用为主,线上利用为辅"的档案利用模式。全年提供利用档案51502卷(件)、9720人次,复印档案资料近8000页,为辽河油田公司生产经营、项目施工、审计检查、退休审核、工作调动、职称评定、纪检监察、房屋产权变更等众多问题提供依据。按照集团公司关于开展土地及房产权属变更登记工作要求,配合土地公路管理部在油田公司范围内组织开展土地调查核实项目,查阅土地永久征地文件扫描12593件、调出更换土地证15632本。配合茨榆坨采油厂和石油化工技术服务分公司做好人事档案专项审核工作,转变档案工作由被动查询为主动服务,帮助录入员工入职介绍信243人次。做好档案借阅登记手续及清点检查,确保馆藏档案齐全完整。

【油气地质资料补交】 2021年,按照自然资源部要求和股份公司勘探与生产分公司工作进度安排,辽河油田公司制定补交工作方案、细化分解任务、倒排工作时限、项目公开招标等,明确项目施工队伍和各阶段具体工作量。补交期间,先后多次组织召开工作专题会、推进会,与辽河油田公司领导和上级部门沟通协调,妥善处理补交工作中出现的难点问题。面对油气地质资料总补交工作量近四分之三的任务目标,通过强化与项目施工组的沟通协作,优化人员配置,紧盯时间节点,有效克服时间紧、任务重,以及辽河油田补交资料年限时间长、电子化档案程度低等困难,加班加点赶超工作进度,高质量、高标准地完成工作任务。截至2021年10月,全面完成辽河油田50年勘探开发过程中形成的54个探矿和36个采矿权,30174口单井、342份储量和地震成果资料的电子文件数字化、源文件的扫描制作、成果资料的报告重新印制、实物地质资料的信息采集等工作,汇交和补交的纸质版油气地质资料总质量达8吨,全部符合自然资源部的质量要求,通过全国地质资料馆现场验收,8吨资料一并运送至北京全国地质资料馆,得到股份公司高度认可和一致好评。

【档案数字化工作】 2021年,辽河油田公司落实"存量数字化、增量电子化"工作要求,对历史时期较长且没有录入集团公司档案管理系统(E6系统)的机关文书档案,开展档案条目录入工作,补充录入E6系统档案数据7820条。同步做好勘探开发类档案的归档和数字化工作,接收单井档案电子数据量31.6吉字节,其中测井档案资料39.6吉字节,录井档案资料2吉字节,汇交和补交的30174口单井资料全部录入E6系统,实现油气勘探开发单井类档案数字化率零突破,达90.2%。加强集团公司档案管理系统2.0版本推广应用力度,做好E6系统组织机构和系统用户日常维护工作,深入二级单位帮助解决系统存在的问题。开展数字档案馆建设,加快推进档案数字化工作进程,制定《辽河油田档案数字化实施方案》,开展前期研究与初步设计。加强电子公文归档工作,解决电子公文系统(OA系统)文件在线归档存在的问题,完成配置OA系统与E6系统电子公文集成归档接口,实现电子公文归档数在线正常流入。

【档案业务指导】 2021年，辽河油田公司档案工作坚持把党史学习教育和开展档案业务指导相结合，落实"我为基层办实事"实践活动要求，通过"指导＋服务"模式，转变档案业务指导方式，将学习教育成果转化为工作成效。实地查看二级单位档案库房、设施设备配备、档案安全防护等情况，开展零距离档案指导和面对面服务，对基层存在的档案管理问题进行解疑答惑，帮助解决档案库房"涨库"等问题。先后多次组织召开协调会，帮助车辆服务中心解决车辆设备档案移交归档困难。深入工程项目现场，了解项目进展和档案资料管理情况，特别是对双6储气库扩容上产10口井注采井配套地面工程（1800万立方米采气处理装置）档案归档情况召开现场对接会，对项目文件形成过程中存在的问题开展培训指导服务，审核符合要求设备档案156卷。响应集团公司建党100周年档案工作微视频征集活动，指导储气库分公司档案室完成《国步轨迹 档案尽藏》录制，获集团公司建设项目档案类一等奖。指导国家重大专项科技项目"辽河、新疆稠油／超稠油开发技术示范工程"档案组卷工作，规范案卷质量，通过国家专项验收。

【档案安全管理】 2021年，辽河油田公司贯彻落实《档案馆安全风险评估指标体系》要求，加强库房安全消防管理，重新制定档案馆安全应急预案和火灾突发事件预案。加强实体档案日常保管，督促值班值守人员做好日常定期巡视检查，做好库房各类设施、设备的检查维护记录和库房湿温度记录等，确保"八防"措施到位。开展隐患整改，更换过期或邻近到期的消防器材，申请专项资金对损坏的监控设备进行检查维修和更换，实现档案库房内外24小时监控无死角。严格执行档案利用程序，做好电子档案和档案实体在"收、管、存、用"各环节安全保密工作，杜绝档案遗失和泄密事件的发生。开展有害敏感信息清除清理和涉密文件自查工作，删除员工个人电脑敏感信息2473条，销毁涉及敏感信息史志图书5505册。完成2522卷老旧档案及1995年至2008年本级文书档案目录与实体档案的核实、修订工作。常态化落实疫情防控措施，加强门卫管理，严格执行来人来访进出入登记、体温测量工作制度，定期对档案馆办公室、档案库房等区域按防疫规范进行清洁、消毒工作，严守"零疫情"底线。

【史志编纂】 2021年，辽河油田公司做好《中国石油辽河油田公司年鉴（2020）》出版前终审校对工作，并提交石油工业出版社出版印刷。推进《辽河油田公司年鉴（2021）》的编纂工作，加大涉编资料征集和业务指导力度，对行动迟缓的部门和单位电话催稿，对不符合规范的材料要求重新上报。严格执行年鉴编纂规范要求，坚持时间服从质量、质量服从进度，统筹推进资料征集、整理、编辑、修改、完善和图片采集等各环节工作，细校细改，努力打造精品力作，12月完成年鉴（2021）卷初稿编纂工作，字数约46万字。常态化开展组织史资料征编工作，制定下发组织史资料审核对接工作方案和资料校对审核注意事项，采取"以干代训"的方式，抽调二级单位部分业务骨干组成审核小组，对机关各部门和各二级单位按专业板块、机构类别，分5个审核小组逐段、逐句开展集中对接审核，发现问题，反馈问题，并修改完善。做好二级单位和机关部门组织史资料编纂指导工作，通过中国石油即时通工作群、电话解疑等方式，横向帮助各单位落实涉编资料业务人员划入划出时间节点、划转具体内容等关键信息。完成组织史资料企业卷（2016—2020）初稿总撰工作，字数约160万字。建立辽河油田公司大事纪要日常编纂工作模式，每月按勘探、开发、科技、领导视察、企业改革等类别对辽河油田公司重大事项进行收集、整理。提供集团公司、辽宁省和盘锦市年鉴涉编辽河油田公司资料，按时完成《中国共产党盘锦执政实录（2021卷）》涉编资料上报工作。

（刘凤英）

综合事务管理

【概述】 2021年，辽河油田公司办公室系统主要负责油田党政公文管理、文稿起草、信息反馈、机要保密、调研督办、公务接待、会务协调、党风廉政建设主体责任督查，始终坚持"围绕中心，服务大局"的工作定位，忠诚履职，创新实干，不断提升"服务领导、服务机关、服务基层"的工作质量和服务水平，较好地发挥参谋助手、运转中枢、桥梁窗口的职能作用，为辽河油田公司改革发展稳定作贡献。2021年，辽河油田公司办公室围绕辽河油田公司党委确立的目标任务，深刻把握"三服务"的职能定位，开展党史学习教育、完成2次机构调整、全面完成7项改革任务、系统接受党委"政治体检"，基础管理水平有效提升，年度考核继续保持"A"级行列，获集团公司信息工作和保密密码工作先进单位，原第一党支部获辽宁省"先进基层党组织"称号。2021年3月，辽河油田公司决定，将办公室物业管理、食堂管理等职能划归公共事务管理部；6月，将机关党委整建制划入宣传部，进行合署办公。两次重组整合后，党委办公室（总经理办公室），内设科室8个：综合管理科（总值班室）、秘书一科、秘书二科、文书科、信息科、接待科、调研督办科、机要保密科。管理人员编制定员29人（不含处级领导职数），其中：资深高级主管职数1人，科长职数10人，副科长职数7人，一般管理人员编制定员29人。在册员工37人。

【文稿撰写】 2021年，辽河油田公司办公室系统坚持把"以文辅政"作为核心业务抓紧抓实，准确把握领导思路和工作重点，注重提升文稿材料的思想性、针对性和指导性，坚持"出思想、出精品"原则，起草年度工作会议材料、向集团公司和辽宁省委领导工作汇报等各类材料340余份。建立油田信息报送网络，创刊《值班信息》，第一时间反馈油田内外部热点信息，为辽河油田公司领导决策提供重要参考。向集团公司上报各类信息248篇、采用78篇，排名第七。定期向辽宁省委省政府汇报工作、争取支持，《辽河油田公司工作情况报告》被辽宁省委书记张国清圈阅。编发《党委工作》12期，总结推广基层典型案例和工作经验。组织"油田公司工作务虚会"，搭建建言献策平台，汇总各类意见建议134项，为辽河油田公司确立全年工作重点任务提供支持。

【调研督办】 2021年，辽河油田公司办公室系统抓住关键环节，创新工作方法，集中力量专项调研、重点督办，推动辽河油田公司决策部署和重点工作的有效落实。组织开展"落实公司年度工作会议精神情况"专题调研，深入到52家二级单位、22个机关职能部室开展调研督查，向辽河油田公司党委提报专题调研报告；组织辽河油田公司党委"基层党建工作调研"7场次，全面了解各层面党建工作开展情况。会同钻采工程技术部、财务资产部、生产运营部等部门深入辽河工程技术分公司开展亏损治理现场调研6场次，组织召开问题讨论会、工作量协调会13次，协助解决问题18项，助推减亏增效6900多万元。创新督办模式，对影响面广、关注度高的重大决策部署协同辽河油田公司纪委办公室、党委组织部联合开展督查，切实提高执行力和落实力；刚性执行督办工作，对工作无进展、进展不到位的事项，下发"黄牌"；加大工作曝光力度，在辽河油田公司主页设立《督办工作》专栏，滚动更新督办事项进展，有效提高督办工作效果，全年累计督办事项179项，办结169项，办结率94.4%。

【会议服务】 2021年，辽河油田公司办公室系统坚持会务、接待无小事原则，做好组织协调，协助召开党委会41次、同比减少15次，研究"三重一大"

事项150项、同比增加17项，党委履行前置审议程序100%，辽河油田公司"三重一大"管理运行做法入选集团公司案例汇编，得到上级主管部门肯定。组织公司层面大型会议、活动41次，完成各类接待任务412次、近1000人次。

【公文管理】 2021年，辽河油田公司办公室系统强化公文印信管理，将公文印信管理作为上传下达重要抓手，传阅纸质文件1172份、电子公文3214份、校对发文530份，实现接收、传达、办理、归档零失误，使用印信1701次，全部做到规范合规。落实无纸化要求，建立无纸化会议系统和用印网上审批，切实提高办公效率。

【保密工作】 2021年，辽河油田公司办公室系统把握机要保密新形势新任务，强化网络保密管理，开展微信等新媒体违规外发涉密敏感问题专项治理，深化保密宣传教育，加强对专职机要人员的密码常识和保密意识教育，组织参加保密宣传教育作品评选，2件作品获中央保密办、国家保密局奖项，3件作品获集团公司奖项。

（周　扬）

技能人才评价

【概述】 2021年，辽河油田公司技能人才评价工作大力推进"人才强企"工程，以建设高素质、复合型高技能人才队伍为主线，深化改革，不断创新，对标先进，提升水平，为辽河油田公司"千万吨油田""百亿方气库""流转区效益上产"提供技能人才支撑。至2021年底，技能人才评价中心领导2人，内设科室4个，有员工13人。

【技能等级认定】 2021年，辽河油田公司持续健全技能人才评价体系，完成9017人次160个工种的职业技能等级认定工作。针对性开展适岗性"定向"培养，以构建基于单工种精度和全流程广度的"双维度"技能人才培养体系为目标，推动开展第二工种认定，完成2804人次。合理利用国家相关政策，把握"2019—2021年技能提升行动"政策截止期，组织各单位上交两批技能补贴资料4548人次，申领技能提升补贴852.85万元。2019—2021年累计申领技能提升补贴15127人次2894.4万元，全部足额发放至员工，进一步激励技能员工参加培训提升自身综合素质，形成以评促训的循环激励机制。

【题库管理】 2021年，辽河油田公司以题库开发修订培训作为载体和引领，以采油工等14个工种新版题库开发修订和自有题库开发修订为两翼驱动实践，持续提升题库管理水平。举办两期题库开发修订人员培训班，针对题库开发实际需要重点培训题库开发技术方法、工作流程及工作要求，提高题库开发、修订工作的指导性和实效性。结合辽河油田公司实际，组织采油一站等5个评价站开展采油工等14个工种新版技能题库修订工作，修订1386套试题；组织物资、供水、计算机评价工作站完成阀门检验工等14个企业自有题库修订完善工作。

【高技能人才队伍建设】 2021年，辽河油田公司着力培育储备人才提素质，加强技能人才队伍培养与接替，优化队伍素质和知识结构，培养适应数字化生产转型人才，完成青年技能骨干14个工种1129人次专项培训。聚焦高素质人才强队伍，多举措强化高技能人才素质，稳定壮大主体生产工种高技能人才队伍，2021年新晋盘锦名匠2人；62人参加首席技师评选，45人取得首席技师资格；通过考评、大赛获奖晋升技师、高级技师263人，其中163人晋升技师，100人晋升高级技师；参选集团公司技能大师1人。

【职业技能竞赛】 2021年，辽河油田公司激活用好职业竞赛抓技能，引领操作技能员工队伍素质快速提升。油田公司级采油工、采气工、井下作业工、作业机司机、井下作业专业技术人员等5项职业技能竞赛210人参加。指导8家二级单位开展厂处级职业竞赛，涉及29个工种，1600余人参加，竞赛辐射一线岗位技能大练兵活动近3445人次。组织参加国家级二类竞赛（电工）1项，获1金3银1铜、团队银奖、团体项目二等奖的历史最好成绩。集团公司级竞赛（焊工）1项，获2铜。2人破格晋升为技师，5人破格晋升为高级技师。

【技能专家工作室】 2021年，辽河油田公司持续激发技能专家工作室创新创效、技能攻关、技艺传承平台效能。依托技能专家工作室完成132个一线生产难题（集团公司级13个，油田公司级72个、厂处级47个）和1项集团公司创新基金项目攻关工作，创效1500万元。参加集团公司一线创新成果评选活动，获一等奖1项、二等奖2项、优秀奖1项。成功推荐技能专家工作室成员柳转阳、李桂库、张亮为集团公司"石油名匠"重点培养对象。

（赵　源）

维稳信访与综治保卫

【概述】 辽河油田公司维稳信访工作办公室（政法委办公室、综合治理办公室、防范和处理邪教问题办公室、武装部、保卫部）简称维稳信访办公室。作为辽河油田公司直属部门，负责辽河油区的信访稳定、综治保卫、防范邪教和民兵武装工作，组织领导辽河公检法开展政法工作，统筹协调推进平安辽河建设。2021年底，维稳信访办公室下设7个职能科室，在册员工26人（含改做具体工作8人），平均年龄40岁。业务上指导二级单位维稳信访办公室（保卫科）52个，其中设专职科室22个、兼职科室30个。2021年，辽河油田公司维稳信访工作围绕辽河油田公司改革发展稳定大局，主动适应新形势新任务新要求，创新发展新时代辽河"枫桥经验"，实现安防标准化建设和涉油案件防控能力建设"两个硬提升"、信访总量和进京访总量"两个硬下降"，完成部门整合后民兵首次集中整训、辽河油区邪教清零目标。被评为辽宁省平安先进单位，受到集团公司通令嘉奖，获集团公司维稳信访工作先进集体、安保防恐工作先进集体称号。

【政法工作】 2021年，辽河油田公司维稳系统健全辽河油田公司党委对政法工作的领导体制，组织政法单位党组织定期向油田党委请示报告，列席参加辽河公检法民主生活会，强化对政法工作的督查指导。协调处理涉企重点案件，对政法单位存在分歧的案件，特别是涉及油田生产和可能引发群体访的重要案件，组织召开案件分析协调会，及时纠正执法司法中存在问题，依法维护企业合法权益。按照辽宁省委政法委安排，做好辽河公检法政法队伍教育整顿协调配合工作，组织执法监督员参加政法单位旁听见证、发布会和座谈会等会议，通过多途径开展执法司法监督，有效提升政法队伍执法司法水平。辽河公安局严厉打击违法犯罪，侦破刑事案件590起，查处治安案件416起，化解处置涉企纠纷89起，提供押运服务66次。辽河检察院四大检察业务质效持续提升，受理审查起诉犯罪案件129件254人、逮捕犯罪案件42件88人，下发检察建议堵塞管理漏洞，设立检察便民联系点帮助解决涉法涉检难题。辽河法院受理案件4209件，审执结各类案件3928件，结案率100%，推进部分厂办大集体企业强制清算和破产工作，及时为辽河油田提供法律支持和司法服务，推动政法工作水平实现硬提升。

【信访稳定】 2021年，辽河油田公司维稳系统全面落实"三到位一处理"要求，坚持把"三到位"挺在前面，着力在"事要解决上"下功夫，持续推动信访矛盾化解攻坚。坚持依法依规处置员工群众来访来信诉求，以国务院《信访条例》为原则和遵循，畅通和规范员工群众诉求表达、利益协调、权益保障通道，接待处置来访2087人次，信访总量同比下降40%，办理集团公司和辽宁省交办信访案件21件、信件189件，处理党组信箱留言80条，化解17人进京访事件，实现赴省进京非访为零。探索和发展企业版"枫桥经验"，制定《维稳信访综治政法考核奖惩办法》《预防化解矛盾风险长效工作机制》，持续完善维稳信访工作制度。努力推进重大决策前稳定风险评估，开展稳评（社会稳定风险评估）7项，确保各项改革平稳推进。开展矛盾纠纷全面排查调处26次，排查出矛盾问题166个，统筹研判，分级处置和管控，努力实现"小事不出区，大事不出厂，矛盾不上交"。推动信访突出矛盾有效化解，开展疑难复杂信访稳定问题专项治理，落实领导包案，做到人、事"六清"，化解集团公司信访突出问题5个。开展治重访、化积案专项攻坚，对重点群体和个人逐案研究、分析，多措并举，着力推进矛盾化解攻关，全年化解积案14件，实现案结事了。元旦、春节、全国"两会"和中秋国庆等重点时期，印发专项工作方案，下发维稳安保责任令，建党100周年和十九届六中全会期间常态化派驻进京稳控工作组，统筹协调各方力量做好维稳安保工作，加大网络舆情监测力度，呈报维稳内参27期、维稳信息简报4期，确保油田大局稳定。

【综治保卫】 2021年，辽河油田公司维稳系统加快推进平安辽河建设，按照"一手册、一汇编、一指南"要求，构建完成具有辽河油田特色的综治保卫工作体系及考核评价体系，推动提升综治保卫工作成效及现代化管理水平。深入开展辽河油田公司"反内盗"专项行动，制定"反内盗"综合整治工作方案，协调辽河公安局投入巡逻警力621人次，巡逻车辆235辆次，配合各单位盘查拉运油气产品车辆、清污车辆及其他可疑车辆351台次，排查重要涉油气生产部位1020处，发现整改问题195处；统筹协调重点阶段升级防控和非常态防控、打击、整治措施相结合，破获涉油气水电物资案件64起，整改和新增人防、物防、技防"三防"建设982处，清退有前科外雇人员99人，维护油气生产经营秩序和企业利益。突出油区治安秩序整治，开展安保防恐风险隐患排查整改专项活动，督导各单位落实问题隐患整改措施，补齐安保防恐短板。加强员工违法犯罪专项教育整治，严肃查处酒驾醉驾、涉毒涉黄、电信网络诈骗、打架斗殴等行为，保持严厉打击违法犯罪高压态势。坚持整治打击与法治警示教育相结合，开展公检法送法下基层活动，推进员工法治教育常态化制度化，宣传辽宁省道德模范牛红生等见义勇为事迹。开展员工违法犯罪专场面对面及重点工作线上宣传解读，有效减少和避免员工违法犯罪。深化平安油区建设，建立三级预警防控机制，稳步推进二期安防达标建设，织密治安防控"五张网"，提高立体化防控体系建设水平。完成机关办公区域的封闭建设、车辆交通疏导和安全保卫值勤的运行管理，有效加强机关办公场所治安秩序建设。

【防范邪教】 2021年，辽河油田公司维稳系统按照辽宁省政法委防范邪教工作部署，按照"去存量、控增量、防变量"的总体要求，打好教育转化去存量攻坚战。做细邪教人员帮教转化工作，印发教育转化去存量工作方案，明确教育转化工作目标，对重点人员、顽固人员实施挂牌攻坚、精准施策，到基层走访调研，协同各单位配合辽河公安局开展敲门行动，推动落实"五位一体"教育转化措施，完成转化55人，实现动态清零目标。深入推进打击处置全能神邪教总体战，做好邪教人员稳控工作，做到知人、知事、知动向，杜绝失控漏管。元旦、春节、两会等特殊敏感时段，稳妥处理境外邪教组织电话骚扰，制定防范打击邪教组织专项行动实施方案，压实有关单位稳控责任，了解掌握邪教人员动态，严密防范捣乱破坏活动，油区未发生邪教人员聚集滋事等问题。依托关爱之家开展反邪教宣传教育活动，推进清除反宣品专项行动常态化，完成反邪教专题辅导材料，完善关爱之家硬件设施，进一步做好员工群众反邪教警示教育阵地建设，筑牢防范邪教思想教育防线。

【民兵武装】 2021年,辽河油田公司维稳系统深入贯彻落实习近平强军思想,深化军事斗争动员准备,落实民兵预备役部队建设计划,持续提升备战打仗能力。全面梳理统计民兵队伍情况,优化完善民兵预备役组织结构,编实编强编精专业技术分队,高标准完成民兵整组工作。抓好民兵队伍的专业训练,紧贴实战需要和战时可能承担的任务,组织开展应对突发事件的训练演练,克服疫情影响完成民兵应急连133人集中整训,持续提高民兵武装规范化建设水平。推动国防教育普及,落实《国防教育法》,指导各单位武装部季度开展国防教育专题授课,强化国防知识学习教育,不断增强油田干部员工国防意识。做好拥军优属工作,春节期间走访慰问烈属和困难军属家庭81户,发放慰问金46.2万元,让军人及家属充分感受到企业的关怀与温暖。

(廖其彬)

党群工作

党建工作

【概述】 2021年，辽河油田公司党委坚持以习近平新时代中国特色社会主义思想为指导，深入贯彻落实党的十九大和十九届历次全会精神，践行新时代党的组织路线，坚持全面从严治党方针，紧密结合集团公司基业长青世界一流企业建设，围绕"三篇文章""六项战略工程"目标，贯彻落实党章党规及党建工作有关要求，统筹推进庆祝建党100周年活动，开展党史学习教育，推动和加强基层党建"三基本"建设与"三基"工作有机融合，把国有企业独特政治优势转化为创新优势、发展优势、竞争优势，实现"十四五"良好开局。

【党组织及党员队伍建设】 2021年，辽河油田公司党委同步业务重组和机构整合，完成所属单位5家党委更名、撤销和新建，30个党委和267个基层党组织如期完成换届。截至2021年底，辽河油田公司党委下设基层党组织2155个，其中二级单位党委50个，三级党委11个，党总支263个，党支部1831个，有党员33266人，其中在岗职工党员33128人，离休人员党员138人。在岗党员中，管理岗位党员8394人，专业技术岗位党员11785人，技能操作岗位党员12949人；35岁及以下党员6040人，36—45岁党员10313人，46—55岁党员12781人，56—60岁党员3994人（表1）；研究生学历1564人，大学本科学历14784人，大学专科学历9756人，中专及高中、中技学历6804人，初中及以下学历220人（表2）。辽河油田公司各级党组织和广大党员在疫情防控和生产经营中发挥作用，46个党组织和100名党员获省部级以上表彰，打造集团公司"百面红旗"2个，兴隆台采油厂女子采油队党支部代表中国石油天然气集团公司到国务院国资委作交流发言。

【领导班子与干部队伍建设】 2021年，辽河油田公司贯彻党中央、集团公司党组干部管理最新政策规定，修订完善《所属领导班子和领导人员综合考核评价办法》《领导人员任期制和契约化管理实施细则》等制度，干部管理、监督、考核体系更加完备。坚持党管干部原则，严格执行干部选拔任用规范程序，鲜明树立重视基层、踏实肯干、敢于担当的选人用人导向。全年新提拔二级正职28人，二级副职46人，进一步使用5人，改任调研员85人，在职中层领导人员总量同比下降50人。稳步推进领导体制优化调整，法人单位和模拟法人单位治理结构持续完善。强化年轻干部赋能培养，组织开展年轻干部培训班、党史学习教育专题学习班，推荐年轻干部到盘锦市、长庆油田公司挂职锻炼，着力提升年轻干部能力素质。搭建年轻干部成长平台，在3家单位设置常务副职，职级不变，从分工上压足担子。全年新提拔40岁以下中层领导人员16人，平均年龄同比降低0.8岁，部分单位领导班子接替问题得到初步解决。优选17名干部担任新一届驻村干部，开展新一轮乡村派驻工作，全力推动脱贫攻坚成果同乡村振兴有效衔接，先后获辽宁省、集团公司脱贫攻坚先进集体荣誉称号。

表1 2021年辽河油田公司在岗党员基本情况（一）

总数	年龄						
	30岁及以下	31—35岁	36—40岁	41—45岁	46—50岁	51—55岁	56—60岁
33128	1245	4795	4584	5729	6732	6049	3994

表2 2021年辽河油田公司在岗党员基本情况（二）

总数	女	少数民族	研究生	大学本科	大学专科	中专	高中中技	初中及以下
33128	8405	2357	1564	14784	9756	2202	4602	220

【党员素质教育】 2021年，辽河油田公司党委贯彻落实《2019—2023年全国党员教育培训工作规划》要求，有计划、分层次、高质量开展党员教育工作。

开展党史学习教育，推进九方面36项重点任务，举办专题读书班4期、集体学习34次，各二级单位做好规定动作，开展专题研讨1556次，相关学习教育活动覆盖9万余人次，促使广大党员捍卫"两个确立"，做到"两个维护"的行动更加自觉。采取理论+实践、线上+线下、内培+外训等方式，开展党（总）支部书记、党务骨干等培训班13期，党务干部培训1100余人次，开展"'四史'学习教育""习近平总书记七一讲话精神"等专题培训班，覆盖党员3.6万人次。坚持每季度下发"两学一做"学习教育安排，细化季度学习内容，以理论学习中心组学习、"三会一课"、民主生活会和组织生活会等制度为主要抓手，组织广大党员干部学原文、读原著、悟原理。总结"红旗党支部"经验做法，编纂出版《丹心向党旗正红》案例集和教学课件，在"铁人先锋"专栏刊载。

【党员发展】 2021年，辽河油田公司党委严格执行《中国共产党发展党员工作细则（试行）》，按照"控制总量，优化结构，提高质量，发挥作用"的总要求，科学制订发展党员工作计划，严格按照发展党员5个阶段25个步骤，注重在生产科研一线、高知识群体、青年骨干中发展党员，做好发展党员工作。全年集中组织2期700余名发展对象网络远程培训班，发展党员632人，其中生产、科研一线发展党员543人（表3）。

表3 2021年辽河油田公司发展党员基本情况

总数	生产、科研一线	女	35岁及以下
632	543	199	450

【中国共产党成立100周年庆祝活动】 2021年，辽河油田公司党委紧跟党中央和集团公司庆祝活动工作安排，结合油田发展实际，统筹推进13项庆祝建党100周年重点活动。庆祝建党一百周年大会上辽河油田公司党委书记李忠兴讲授专题党课，带动各级党组织讲党课4146场。开展主题党日5426次，组织志愿服务1677次，覆盖党员5.4万人次。党史知识竞赛、"党建+"演讲比赛、红歌演唱会、《唱支山歌给党听》大型"快闪"等活动激发油田上下干事创业热情，"石油工人心向党、我为发展作贡献"岗位实践活动、"奋战四个月，献礼百周年"主题劳动竞赛动员全体干部员工立足岗位建功献礼，解决各类生产难题1200余项，推动辽河油田公司实现连续36年原油千万吨规模稳产，2008年以来上市与未上市业务首次实现双盈利。实践"我为员工群众办实事"，开展健康护航安心、生产生活暖心、工会普惠聚心、安居服务舒心4大类12项"民生工程"，着力办好职工群众"身边事""眼前事"，让职工群众感党恩、知党情，坚定跟党走。

（姜　山）

宣传工作

【概述】 2021年，辽河油田公司党委宣传工作坚持把学习贯彻习近平新时代中国特色社会主义思想作为主线，推进理论武装工程，组织党史学习教育、形势任务教育，强化意识形态管控，举办"中国石油开放日"活动，坚持用石油精神和企业传统铸魂育人，全面加强机关党的建设，着力推进党建责任落实、党建与业务深度融合、推动机关作风明显转改"三项重点"，融入中心、下沉重心、凝聚人心，巩固拓展"不忘初心、牢记使命"主题教育成果，为服务推动辽河油田公司高质量发展提供政治组织和纪律保证。获2021年度集团公司网络评论工作先进单位。辽河油田公司党委宣传部内设科室8个，总编制定员32人，在册员工27人，其中领导职数6人，科级干部12人，资深高级业务主管2人，科员7人。

【理论学习与教育】 2021年，辽河油田公司推进

"第一议题"学习和中心组学习双线并行,服务辽河油田公司党委理论学习中心组开展集体学习19次、党委会学习13次,累计开展专题研讨14次,不断推动学习往心里走、往深里走、往实里走。向辽宁省委报送学习纪要4期。下发中心组学习年度计划,定期发布中心组学习通报,指导二级单位开展学习1100余次,实现中心组学习运行规范化、内容系统化。举办党史学习教育、六中全会精神等专题学习班4期18班次,收集学习体会文章2400余篇,择优刊发99篇,辽河油田公司领导带头在《学习时报》《人民网》《中国石油报》刊发署名文章,共享学习研讨成果。完成集团公司重点课题《从中国石油历史成就感悟"三个为什么"的研究》,两级政研会确立课题51项,推选3项重点课题参与上级评选,党建思想政治理论研究水平持续提升。

【党史学习教育】 2021年,辽河油田公司坚持"六早"抓启动,"九率"抓推进,明确和安排九方面36项重点任务。以"党建联盟"形式,联合中国石油驻沈企业、央直省直企业、中央主流媒体举办宣讲报告会,举办"传承红色基因、弘扬伟大精神"大讲堂,组织党员干部参观抗美援朝纪念馆、辽沈战役纪念馆等红色教育基地。组建党史学习教育专题宣讲团,配发"四史"指定书目3.8万本,组织党员培训1.1万人次、专题宣讲1963次、受众6.3万人。举办"党建+"演讲比赛和成果展报,划分7个赛区同步推进,70家单位和部门1224名选手踊跃参赛,累计开展比赛126场次。精心设计专题网页,组织"音乐讲党史""唱支山歌给党听"等活动10余场次,开展"学党史、讲党史、懂党史、用党史"征文活动,累计征集征文430篇,刊发优秀作品40篇。

【意识形态工作】 2021年,辽河油田公司坚持党管意识形态不动摇,召开辽河油田公司党委意识形态工作专项会议,对办公场所和办公电脑进行两轮敏感信息清查,清查出7类意识形态阵地有害敏感信息65万条,下架销毁图书、文件53万份,形成《油田年度网络意识形态工作报告》。规范网络意识形态责任落实机制,建立健全审批审核、签字背书等各项流程和表单,实现网络意识形态管理的可溯化、可视化。强化重点时段舆情监测,针对全国"两会"、生态环境督查、建党百年等重要敏感事件,监测各类网络信息3.75亿条,组织开展舆情人工包保监测202天,确保油田意识形态领域平稳受控、态势良好。

【形势任务教育】 2021年,辽河油田公司紧扣打造提质增效"升级版"要求,高质量开展"转观念、勇担当、高质量、创一流"主题教育,部署五个方面35项具体工作。聚焦"四讲好、六讲清"要求,辽河油田公司两级领导班子成员深入基层开展宣讲1200余场次,组织业务部门录制宣讲视频5部,有效提高形势任务教育的针对性和渗透力。围绕"七个高质量、六个创一流"目标,分层面分专题开展大讨论700余场次,在《辽河石油报》设置专版,展示大讨论活动阶段成效。下发参考提纲,指导各单位撰写高质量发展对标研究报告51篇,完成并上报辽河油田公司高质量发展对标研究报告。发动统战人士参加"庆百年、爱企业、献良策、作贡献"主题活动,引导党外知识分子立足岗位建功立业。

【新闻宣传】 2021年,辽河油田公司坚持团结稳定鼓劲、正面宣传为主,全方位展示企业形象。持续做好日常宣传,全年在外媒发稿1103篇,企业发展舆论环境不断好转。持续做精集中宣传,举办"中国石油开放日"活动,邀请14家主流媒体座谈交流,双6储气库扩容上产工程得到《人民日报》《新华社》等9家中央媒体和《辽宁日报》新浪等100余家主流媒体深入报道。持续做强专项宣传,在天然气保供专题中,累计发布外宣稿件86篇,收到集团公司党组感谢信。持续做优新媒体宣传,组织开展第五届新媒体创作大赛、"石油人·冰雪梦"微视频创作大赛和"冬供2021"短视频征集活动,三部微电影被推荐参评亚洲微电影节,一部微纪录获"中国梦——青年影像盛典英模人物单元"一等奖,在集团公司新媒体大赛中获一等奖3项、二等奖5项、三等奖7项,最佳人气奖1项。

【企业文化建设】 2021年,辽河油田公司组织全员学习宣贯集团公司新版《企业文化手册》和《员工手册》。组织30批次、600余人学习参观辽河油田石油精神教育基地，深入感知企业发展历程文化内涵。与石油工业出版社联合开展"辽河精神"研究，形成研究初稿。开展企业文化阵地摸底调查，完成10口功勋井、8个油田公司级石油精神教育基地和第三批企业文化建设示范点命名前期准备工作。组织发放《辽河油田创业故事连环画》《中国石油企业文化辞典·辽河油田卷》2400册。倡导健康理念，组织全员"健康大讲堂"，录制《辽河论谈》10期。持续深化社会主义核心价值观宣贯，深入开展"移风易俗过清明"等主题宣传，强化典型选树，3人获第七届盘锦市道德模范，1人获辽宁省第九届道德模范——见义勇为模范、辽宁省见义勇为英雄、第八届全国道德模范提名奖。高质量完成国家、辽宁省3轮"文明城市"创建复检工作。

（王　阳　冯　煜）

机关党委工作

【概述】 2021年，辽河油田公司机关党委明确作为"公司机关中的机关"政治属性和职责定位，在辽河油田公司党委坚强领导下，始终坚持以习近平新时代中国特色社会主义思想为指导，贯彻落实辽河油田公司四届三次职代会暨2021年工作会议精神部署，紧扣辽河油田公司生产经营改革发展中心任务，以政治建设为统领，以机关党建为引领，把党史学习教育作为贯穿全年工作主线，着力推进党建责任落实、党建与业务深度融合、推动机关作风明显转改"三项重点"，融入中心、下沉重心、凝聚人心，巩固拓展"不忘初心、牢记使命"主题教育成果，为促进机关建设提质量上水平、为服务推动公司高质量发展提供坚强政治组织和纪律保证。

【党建与业务深度融合】 2021年，辽河油田公司机关党委工作遵从"抓思想从生产实际出发，抓生产从解决思想问题入手"的经验规律，以"党建+"活动为载体，推动机关各党（总）支部把"三会一课"从办公（会议）室延伸至基层生产和管理现场，实现思想方法和工作实践的有效沟通、消化转化。从三个维度组建29个"五联"党建联盟，共同推动提质增效重点任务和解困减亏举措落实落地。瞄准辽河油田公司重大工程、重点项目攻坚创优，"共产党员先锋工程"立项187个、创建"共产党员示范岗"277个，发布党建与生产经营深度融合阶段成果6项，党员先锋模范作用和党支部战斗堡垒作用显著提升，以生产经营绩效作为衡量检验党建成效的标尺，命名表彰"共产党员示范工程"30个、"共产党员示范岗"53个。

【形势任务教育】 2021年，辽河油田公司推促机关部门按照"五破五立""六个率先""七个高质量"目标要求，主动思考谋划工作、推动落实高效执行。2021年，党员受教育率保持在98%以上，机关部门通过门户"双应"专栏，迅速响应重执行、真诚回应办实事679件次，主动接受各方监督。与新闻中心举办"机关部室话落实"电视专访、新闻电视和报纸专题报道160余篇次，广泛传播机关党员干部学史力行的工作成效，发挥积极示范作用。

【党组织"三基本"建设】 2021年，辽河油田公司机关党委工作落实"四同步、四对接"要求，保持机关党组织健全覆盖率100%。按期提醒指导18个党支部换届和29名党支部书记、支委改补选，有形化阵地建设覆盖率85%。严格执行"三会一课"和党内政治生活制度，建立健全机关党建工作例会、述职评议、议事规则和责任制考评办法四项制度。构建推促各责任主体自觉履责、定期查责、自主述责、年度考责和纪律追责的党建责任体系，升级完善全覆盖、分级因事定责的"一状一档一书四表单"管理模式，机关党员全覆盖完成责任状签订。注重把党员经常性政治思想教育与专业能力培训、岗位实践历练与保障党员权利悉心关怀紧密结合，落实辽河油田公司人才强企、统筹推进"选育管用"人才管理要求，更新完善机关选人用人条件标准、从严把握科级和专业技术干部选聘，发挥考核指挥棒作用，重新设计机关部门和全员绩效年度考核的制度机制，着力打造精干高效、素质过硬、服务优良、创造价值的机关党员和人才队伍。56名优秀共产党员、10名优秀党务工作者、7个党（总）支部受到表彰。5个党支部、14名党员被分别授予辽河油田公司和辽宁省先进荣誉。

【党内监督工作】 2021年，辽河油田公司研究推动机关党风廉政建设和反腐败工作，分别采取独立"一拖二"和"一拖五"协同联动方式，对机关16个部门（单位）开展政治巡察，压茬推进整改。开展经商办企业、小金库、劳动纪律等专项治理。专题立项组织合规监察，监督制约权力运行。制定并推动落实《辽河油田公司机关加强作风建设十二条规定》，着力深化对中央八项规定执行和整治"四风"解决形式主义突出问题情况的监督检查，推动为基层松绑减负，有效控减和优化文件、会议、报表和检查考核量次，19个部门建立首问负责制、限时办结事项78项，建立线上作风监督信箱，推动机关部门由重审批向重监管转变、抓过程与抓结果并重、寓管理于服务之中。开展正面与警示教育和"以案促改、以案促治"专项行动，为营建油田公司机关良好政治生态和管理环境提供保证。

【机关群团工作】 2021年，辽河油田公司落实党建带群建要求，支持工会和团青组织依法依章创造性工作。听取对辽河油田公司改革发展生产经营、职工权益和机关建设方面的意见建议，征集形成并督办落实职工代表提案4件。开展群众性创新创效创优"管理提升、岗位三创"立项攻关59项。维护职工合法权益、女职工特殊利益和困难群体具体利益，落实政策待遇发放慰问金、帮扶款180.4万元，对十一期间坚守抗洪复产岗位机关干部开展慰问273人次。牵头组织机关庆祝建党百年的"永远跟党走"5项群众性文化体育赛事活动。落实民生工程关爱，开展机关人员加班就餐需求调查，根据机关人员年终工作模式优化就餐方式，为职工小家配发健康知识科普书籍、小药箱、雨伞等，落实消费扶贫17.42万元。坚持党建带团建，按照辽河油田公司加大年轻干部培养选拔交流使用的政策机制，建立机关青年管理人才库，动态掌握分析青年员工年龄、专业岗位情况，加强青年思想引导，压实责任担子，以命名授旗14支青年突击队、"青春心向党、建功新时代"座谈、成果论坛等形式，激励青年岗位创效建功锻炼成长。全年评选表彰工会先进集体26个，先进个人229名，表彰宣传十佳青年标兵和青年岗位能手50名。

【机关纪委工作】 2021年，辽河油田公司推进政治监督具体化常态化。督促各党（总）支部落实"第一议题"制度，组织签订党风廉政建设责任书910份、承诺书868份，开展岗位廉洁风险排查，进一步明确983个风险点，完善措施1158条。以天然气保供、提质增效、疫情防控、重大项目等为抓手，持续加强政治监督，对25家部门开展监督检查28次，发现问题23个，工作提醒5人次。对财务资产部、规划计划部等五家部门开展政治巡察，精准剖析板块业务及廉洁风险，发现问题117个，提出管理建议29条，释放政治体检功效。更新55名新调入人员监察对象信息，回复廉洁意见15次458人。紧盯重点人员和终止禁止范围内业务往来129家企业，按季度排查相关情况。结合年度党风廉政建设考核，重点对落实党支部书记第一责任人职责、领导班子成员"一岗双责"进行监督。指导25家部门开展专项监督31项，发现问题294个，整改问题197个，制定防范措施69个，修订完善制度31个，履行监管责任的自觉性、主动性进一步增强。严格落实中央八项规定精神。紧盯重要时段，守住节日关口，强化宣传教育和监督检查。审核婚丧事宜报告单67份，廉洁提醒40人次，确保不违规、不越线。联合公安部门开展"升学宴"监督4次，严防升学期间"四风"问题反弹回潮。开展落实首问负责制、限时办结制监督，督促各部门制订相关制度50个，明确75个审批、服务类事项办结时限。建立机关作风建设监督平台，听取群众反映问题和意见，实施精准监督，督促机关提升服务质量。开展廉洁教育。将党规党纪、理想信念和家风家教作为必修课编入季度教育材料，指导各党（总）支部开展学习教育357场次，推送廉洁微视频17个，转发倡廉文章25篇，将廉洁教育抓在日常、抓在平常。召开机关警示教育专题会议，及时通报典型案例和处分决定，并组织专题讨论，引导机关党员干部树立正确的权力观、利益观。深化"以案促改、以案促治"，组织专题党课28场次，播放《苇海迷途》26场，专案通报学习667人次，撰写体会133篇，建立科级干部廉政档案315册、重要岗位人员廉洁档案339册，督促引导党员领导干部深刻吸取教训、主动检视问题、自觉修正偏差，筑牢思想防线。

【辽河油田公司机关建党100周年系列活动】 2021年，辽河油田公司机关党委深入开展党史学习教育，落实"第一议题"制度，采取双周讲"习"班、月度研"习"会的方式，组织安排深入学习领会习近平新时代中国特色社会主义思想、习近平总书记重要讲话和指示批示精神41篇（次）。编制机关党史学习教育实施方案、建立专网主页、组织"七一"专题大党课、收听收看七一大会实况和座谈研讨75场次，结合指定书目下达重点学习计划39期，编制"党史上的今天"专题视频67期，举办"党建+"宣讲、组织红色观影观展，引导机关党员干部以学固本坚定共产主义理想信念，以学增智提高干事创业本领，以学促行科学指导工作实践。

（刘　涛）

党风廉政建设与反腐败工作

【概述】 2021年，集团公司纪检监察组和辽河油田公司党委领导，辽河油田公司纪委工作坚持稳中求进、守正创新，不断深化党风廉政建设和反腐败工作，发挥监督保障执行、促进完善发展作用，各项工作取得新进展、新成效，助力辽河油田公司实现"十四五"良好开局。

【政治监督】 2021年，辽河油田公司监督"第一议题"制度落实情况，审核党委学习计划，监督中心组理论学习36次，纪委专题发言6次，领学8次，保障重大决策部署执行到位。全过程督导党史学习教育、习近平总书记在建党百年大会上的重要讲话和党的十九届六中全会精神专题学习、"转观念、勇担当、高质量、创一流"主题教育，确保取得实在效果。监督基层单位两委换届、各级领导班子民主生活会、领导干部履职测评。坚持把监督保障国家能源安全、国有资产保值增值作为首要任务，跟踪监督重大工程建设项目、提质增效专项行动、反违章专项整治、天然气保供等工作，倒逼责任落实。从一枚螺栓切入，延伸追查整个业务链条，督促复检2万余件全螺纹螺柱，责任追究24人次，助推工程建设高质高效，实现"小切口大整治"。围绕"一把手"监督深入基层调研，组织14个油气生产单位、17个机关部门"一把手"召开廉洁风险座谈会，交流研讨权力运行制约机制，形成专题调研报告，为辽河油田公司党委决策提供依据。找准协同推进"两个责任"契合点，梳理分析监督执纪发现典型问题，深入挖掘信访举报变量、问题主要表现与党风廉政建设形势变化、辽河油田公司改革发展之间的关系，分领域抄送班子成员，支撑压实"一岗双责"。推进厂办大集体改革，推动成立平台公司，深入纠治大局意识不强、推进执行不力等问题，进一步堵塞权力寻租、利益输送漏洞。召开千人警示教育大会，持续汲取东郭苇场专案教训，拍摄专案警示片《苇海迷途》，形成专项经验材料，在集团公司纪检系统交流学习。全面启动"以案促改、以案促治"专项行动，深入调研督导，指导各单位、各部门实施合规监督、专项治理125项，推动科级干部交流调整和制度废改立，健全处级科级干部、重要管理岗位人员廉政档案1.2万套，形成长效机制。

【巡察监督】 2021年，辽河油田公司修订《辽河油田公司党委巡察工作规范》等10项制度，调整充实涵盖财务、审计等五类专业584人的人才库，生产经营管理干部占比53%，巡察队伍配置日益优化。加强与职能部门协作，建立巡前沟通对接、巡中专业支持、巡后联动监督机制，推动巡察和业务精准发力，实现信息资源互通、力量优势互补。辽河油田公司党委全年开展巡察2轮，覆盖15个机关部门和4个二级单位及相关改制企业，首次实现机关巡察全覆盖。研究制定《辽河油田公司所属单位党委建立巡察制度的指导意见》，加强垂直管理、分级监督，指导14家基层单位建立巡察机构，对35个三级单位开展联动巡察，发现并整改问题762个，巡察工作向基层延伸的力度不断加大。精准把握巡察监督重点，创新实践"办组融合"工作方式和"1+N"巡察模式，瞄准机关部门在辽河油田公司组织架构、治理体系的中枢位置和导向作用，"常专结合"开展巡察。责成基层单位组成巡察组，内嵌到辽河油田公司党委巡察组实施"复合巡察"，促进力量融合、联动作战。发挥同类业务资源优势，指导燃气集团公司党委组建巡察组，对能源管理分公司开展"交叉"巡察，查找股权管理、机构设置等方面问题41个，为辽河油田公司党委强化托管企业监管提供参考。围绕重点领域薄弱环节，以机关部门费用使用和油管杆、井下工具等周转材料管理作为主要内容开展专项巡察，推进相关业务规范化管理。构建巡察整改"五方责任"体系、"三方联审"机制，开展巡察反馈整改督导，监督整改问题423个，完善规章制度106项，挽回经济损失89.24万元。督促业务部门延伸开展"超期服役管线""工作作风建设"等5个专项整治，挽回直接经济损失1212万元，确保整改工作落到实处。跟踪办理问题线索21个，督促立行立改事项17个，追缴各类款物26.13万元。严肃责任追究，集中通报巡察发现问题3次，形成有力震慑。强化巡察成果运用，制定《巡察共性问题整改的意见》，践行"未巡先改"机制，促进各单位、各系统自查自改、即知即改，不断巩固扩大巡察整改综合效果，着力做好巡察"后半篇文章"。

【党风监督】2021年，辽河油田公司健全完善涉及违反中央八项规定精神和"四风"问题线索快查快报快办机制，查处违反中央八项规定精神问题3起，给予纪律处分3人。召开东郭苇场专案总结大会，开展"以案促改、以案促治"专项行动，录制展播专案警示片《苇海迷途》，专案经验成果在集团公司纪检系统进行交流。坚守节日关口，严防问题反弹回潮、隐形变异。全面开展落实中央八项规定精神监督检查，发现六大类问题20项，给予教育提醒谈话57人。深入实践"云监督"，丰富发现问题方式手段，利用车辆GPS系统动态监督公车使用情况，搭载审计差旅报销数据库预警信息，针对性开展核查，对照问题台账"回头看"，核实整改措施及效果，提升日常监督实效。编制《党风监督检查工作记录》《"四风"问题移交登记表》，审核处级干部婚丧喜庆报告单28份，及时提出调整意见。坚持纠树并举，围绕发现问题综合分析，编制下发"负面清单"，详细列出九个方面72种问题表现。开展形式主义官僚主义专题调研，推动辽河油田公司机关进一步为基层减负松绑。注重源头思想引导，分级分类制发"纪律提醒卡"，及时发布纪律提醒11期。开展纪律条规测试，制作专题课件，教育覆盖2.8万人次。坚持将干部配偶纳入"六个一"廉洁从业教育范畴，持续涵养良好家风。

【执纪监督】2021年，辽河油田公司集中执纪力量，重点查处党的十九大以来不收敛、不收手，以及职工群众反映强烈的问题线索。受理信访举报102件，同比下降15%。处置问题线索99件、立案审查74件，去除东郭苇场专案影响，同比分别下降37.7%、6.3%。给予纪律处分85人，其中处级干部6人、科级干部22人，诫勉谈话49人次，挽回直接经济损失476.54万元。发挥查办案件治本功能。彻查往复式压缩机组改造项目招标审核把关不严、两相流蒸汽流量计违规招标采购、锦16块二元驱管线泄漏事故等问题，严肃追责问责，提出监管建议，督促整改治理，下发纪律检查建议书143份。制发处理检举控告工作规程、回复党风廉政意见工作规定，推动监督执纪工作规范化。落实安全文明办案要求，实现执纪审查零事故、零申诉。建立健全线索初核督办工作管理、考核办法和"一案一剖析、一案一反馈"工作机制，强化基层纪委职业化、专业化思维，督办二级单位纪委问题线索查实率、立案率大幅提升，分别达68.1%和45.4%。落实、准确把握双重领导体制，全面掌握形势、精准解读政策、准确把握尺度。深化与地方纪委监委协作配合，"地方纪委优化营商环境、油田公司纪委深化合规管理"协同联动机制得到巩固深化。

【合规监督】 延伸开展专项治理。2021年，辽河油田公司实施工程建设项目转分包专项监督，通过建设、施工、分包、监理"四方印证"500余个项目，发现问题30余项，系统揭示转包、挂靠隐形变异新表现。开展油气生产重点物资验收结算专项监督，现场抽查二级单位12个及物资分公司对应5个区域中心，发现无计划采购、一码多物、虚假检斤等问题161项，实现对物资采购、使用、管理情况的全面体检，推动物资系统结构优化整合。深化管理人员及其亲属违规经商办企专项治理，组织463名处级干部补充申报廉洁从业信息，区分情形对388人"一人一策"进行分类处置，移交问题线索7个，给予党政纪处分5人，组织处理14人。全面启动"以案促改、以案促治"专项行动，深入调研督导，指导各单位、各部门实施合规监督、专项治理125项。加大对股权公司、改制企业监督力度，加强监管措施，进一步堵塞权力寻租、利益输送漏洞。创新开展结对帮扶专项监督，助推辽河油田环境工程公司破解新兴业务发展难题，实现扭亏为盈。深化《以全面从严治党为统领的中国特色现代石油企业监督体系建设》课题研究，通过理论研究、现场调研、业务座谈、问卷调查等方式，探索"专责监督极点驱动"的监督体系由研究转入实践的途径。制定《关于进一步做实党风廉政建设和反腐败工作协调小组实施方案》，增补成员单位3个，一体推进日常组织协调，凝聚监督合力。各专业系统完成监督39项，查改问题798个，追责问责33人，运行质量和监督效能持续提升。

【队伍建设】 2021年，辽河油田公司将党史学习教育融入业务培训，从党的百年奋斗经验汲取奋进力量。组织"坚持自我革命""注重创新、提升质量"专题研讨，培育务实担当、创新钻研的良好作风。落实"强作风、提素质"主题年安排，对140余名纪检干部开展"线上赋能"，按照"两结合一必须"原则，调训基层纪检干部61人。深化纪检干部轮岗交流，推荐业务骨干参加集团公司纪检监察组重大专案实践锻炼，配合地方纪委监委开展审查调查，畅通"一池活水"，丰富履职经验、加速成长成才。持续深化纪检监察体制改革，稳步推进纪委书记专职化，组建派驻资本运营事业部、宜庆勘探开发指挥部纪检组，选优配强纪检干部，加强对股权公司、改制企业和外围区日常监督，服务保障"三篇文章"。创新开展基层纪委书记"面对面"现场述职、"三步联评""分层分类"履职考核，通报嘉奖优秀纪委书记15人，组织开展第三次信访举报工作座谈会，压紧靠实监督责任。逐一审核批复纪检干部交流调整事宜65项，审核相关二级单位纪委委员候选人，对15个单位19名候选人提出调整建议。率先开展"廉洁家访"活动，明确纪检干部节日期间"五带头、十严禁"纪律要求，主动掌握、规范纪检干部"社交圈"和"八小时外"状态，加强日常监督管理，严防"灯下黑"。制定《辽河油田公司纪委激励干部担当作为干事创业若干措施》，消除不实举报对干部的影响，有效保护干事创业热情。

（杨明艳）

工会工作

【概述】 2021年，辽宁省总工会、团辽宁省委、集团公司党群工作部、集团公司团委和辽河油田公司党委领导，辽河油田公司各级工会组织和广大工会干部，锚定"培养造就一支听党话跟党走的产业工人队伍"目标,赓续前行、奋楫争先。抓劳动竞赛,助推高质量发展。抓保障帮扶,维护职工权益。抓制度规范,健全工作机制。抓"女工"技能,发挥"半边天"作用。抓文体活动,繁荣文体事业。抓组织建设,履行会员代表职责。工会工作助推企业高质量发展。各级工会始终把党的政治建设摆在首位,坚持用习近平新时代中国特色社会主义思想武装头脑、指导实践、推动工作。推进党史学习教育,学习党的十九届六中全会精神,以及习近平总书记关于工人阶级、工会工作、石油工业重要论述、重要讲话、重要批示精神,通过集体培训、网络答题、课题研讨等方式,教育引导职工深刻理解"两个确立"的重要意义,增强"四个意识"、坚定"四个自信"、做到"两个维护"。全年获"国"字号集体荣誉4项、个人荣誉1项,省部级集体荣誉21项,个人荣誉11项。

【企业民主管理】 2021年,辽河油田公司工会工作贯彻以职工代表大会为基本形式的企业民主管理制度,加强提案办理全过程、重点环节管理。四届二次职代会38件立案提案全部办复,综合满意率100%。职代会闭会期间,组织职工代表讨论审议3项制度办法。组织开展厂务公开民主管理工作典型案例征集,评选具有创新性、示范性工作案例65篇。组织268名首席职工代表全年列席重要会议170场次,提出意见建议284条,专题巡视69次。围绕基层企业现状和职工思想问题,全年组织召开民主恳谈会657场次,收集职工意见建议1200余条,保障职工知情权、参与权、表达权、监督权。

【群众性经济技术创新】 2021年,辽河油田公司工会工作坚持以"一赛五金"为主线,持续推进工会工作与生产经营深度融合,在采油、作业两大主要系统开展技能大比武,突出全员性、注重实用性,从实战出发"以赛促培、以赛促学、以赛促练"。引导职工争创"金牌班组"、争当"星级职工",全年优选金牌班组60个、星级职工65名,实现班组管理水平、岗位操作能力、创新创效"三提升"。开展上产劳动竞赛2次,组织储气库群增容劳动竞赛1次,有效化解年初产量被动、年中洪潮、年末暴风雪等不利影响。开展"金算盘""金硕果""金点子""金眼睛"等群众性岗位建功活动,全年挖潜增效3853万元,完成提质增效指标的192%。

【保障帮扶】 2021年,辽河油田公司工会工作始终坚持职工利益无小事,优质高效做好服务保障工作,丰富和完善帮扶工作方式方法。制定出台《帮扶工作管理办法补充规定》,对罹患大病职工实施"五档"阶梯就医帮扶,创新开展低收入困难职工一次性应急帮扶,实施各类帮扶5915人次,支出2609万元。坚持开展工会会员探视、送清凉和外部市场、艰苦岗位慰问等工作,组织职业病危害岗位疗养2032人次。特种油开发公司前线服务基地被评为全国最美工会户外劳动者服务站点。开展《情绪管理》《变革中员工心态调适与应对》等团体辅导讲座30余场次,有效增强职工心理资本储备。《加强石油企业职工心理健康促进工作》研究课题被评为集团公司2022年软科学研究优秀课题。持续引导女职工树立"四自"理念,发挥女职工"半边天"作用,贯彻落实《中国妇女发展纲要(2021—2030)》,向辽河油田公司提案委员会提交《优化辽河油田女性人才资源开发,加大女性干部的培养、使用力度》提案,搭建女职工成长平台。启动"油海玫瑰、脉脉书香"活动,发挥文化育人作用,引导油田职工家属学习最美家庭、争做最美家庭、弘扬优秀家风、传承家庭美德。宣传贯彻《辽宁省女职工劳动保护办法》,为253名多元经济女职工申请"两癌"筛查经费7.59万元。持续完善《变革中员工心态调适与应对》系列课程和团体辅导方案,开展"积极心态,面对改革""情绪管理""心理健康一线行"等系列主题心理辅导课程和讲座,普及宣传身心健康知识。

组织18名驻村第一书记和工作队员的轮换工作,全年投入资金720万元,其中对口支援义县500万元,驻村帮扶阜蒙县西苍土村50万元,支持下派凌海、北镇、大石桥等地第一书记开展乡村振兴工作170万元。持续组织开展消费帮扶活动,按照《关于持续深化集团公司消费帮扶工作的通知》要求,完成消费帮扶采购任务1602万元,超额完成集团公司下达的1500万元消费帮扶任务,完成率

106.8%。按照《辽宁省关于完善残疾人就业保障金制度更好促进残疾人就业的实施方案》要求，动员各单位符合办证条件人员，协调盘锦市残联部门和医疗机构，为辽河油田公司员工开设专诊服务，缩短办证周期，完成在职员工残疾人就业保障金申报工作。录入国家残联系统并通过认证后，确定辽河油田公司整体安置残疾人就业669人，为辽河油田公司节约残疾人就业保障金1670万元。

【宣教文体】 2021年，辽河油田公司工会工作，组织举办"翰墨丹青颂党恩"美术书法摄影展，各协会组织动员新老会员，深入研讨创作主题，反复研讨画面、楹联、拍摄选题等，收到原创作品500余件，展出200件。组织开展"迎建党百年，强健体魄，展辽河风采"系列体育活动以及工间操八段锦培训班，通过体育竞赛多方面提高员工的综合素质，激发员工最大潜能，发挥员工的激情和动力，以生活和文体活动引领工会服务，丰富工会服务形式，提高工会服务黏性，增强工会影响力和凝聚力，将体育拼搏的精神有效融入安全生产中。召开迎"五一"劳模座谈会、抗洪复产表彰大会，加大《创一流建新功——油田公司劳模风采》专栏宣传力度，激发广大职工开拓进取、干事创业斗志，促进生产经营重点工作落实。举办庆祝建党100周年系列活动，《唱支山歌给党听》大型"快闪"、红歌演唱会，用群唱合唱的方式为党祝福，表达辽河石油人对党的赤诚心声，唱响"我为祖国献石油"主旋律，展示坚定不移听党话、矢志不渝跟党走的坚定决心。运用工会网站、公众号等媒介载体，宣传建党百年系列活动等重点工作，全年在各类媒体推送新闻276条，总阅读量56万余次。辽河油田公司工会获2017—2020年度全国群众体育先进单位。《我爱石油的芳香》被评为首届全国工业原创公益歌曲大赛一等奖。

【工会自身建设】 2021年，辽河油田公司工会工作将自身建设摆在更加突出的位置，努力锻造一支素质过硬、自信自强、不辱使命的工会干部队伍，深入开展工会机关"三个面向、五到现场"大调研工作，累计调研二级单位70余次，局处级领导走访基层39次，解决实际问题20余项。组织两级工会干部进行党史、工人运动史集中培训，增强工会干部使命感、责任感、自豪感。加大监督工会干部廉洁自律力度，对17位离任工会主席进行经济责任审计，工会主席当家理财的责任意识进一步加强。加大对口帮扶力度，突出党建联盟优势，为帮扶单位协调解决8项生产经营难题。落实辽宁省总工会专职集体协商指导员工作，聘任并派驻本级工会3名同志担任集体协商指导员，有效推动多元经济企业合规管理、和谐发展。倡导"企业以人为本，人以企业为家"的理念，通过"思想建家""民主建家""关爱建家""责任建家""文化建家"，传承和延伸辽河"家"文化，使"家"文化成为企业与员工共同的心理契合点，体现企业的发展就是个人的自我实现，增强"辽河工会·功惠辽河"的辐射力。优化支出结构，加强工会固定资产清查管理，全年审计18家二级工会经费收管用和帮扶资金使用情况，确保工会经费管理合法合规。组织新《工会会计制度》专项学习，解析工会经费管理使用常见问题，工会财务制度把握更加精准。

【民生改善工程】 2021年，辽河油田公司党委强化顶层设计，将民生改善工程作为"我为员工群众办实事"重要载体，成立领导小组，修订出台一系列便民制度，制定实施一大批惠民举措，通过向集团公司申请计划、优化资金使用等措施，投入7000余万元解决员工"急难愁盼"问题。领导小组办公室明确责任分工，统筹协调督办职责，先后制定《辽河油田公司2021年民生工程实施方案》《"我为员工群众办实事"实践活动工作方案》，组织召开"我为员工群众办实事"座谈会和民生改善工程现场推进会，实施民生改善工程专项审计、重点项目跟踪督办等有力措施，推动四大类工程12个项目落实落地。基层单位狠抓工作落实，坚持工作目标、制度规范、责任主体、落地见效、完成时限"五个落实"，推动健康管理、生产生活条件改善等重点民生子项目835个，为基层职工群众办实事解难事5000余项。

（王禹心）

共青团工作

【概述】 2021年是中国共产党成立100周年,是"十四五"规划开局之年,辽河油田公司团委工作坚持以习近平新时代中国特色社会主义思想为指导,贯彻党的十九大和十九届历次全会精神,全面落实集团公司和辽河油田公司各项部署,始终聚焦"为党育人、为企育才"主责主业,时刻紧扣"围绕中心、服务大局"工作主线,努力找准"背靠党委、面向青年"最佳位置,团结带领广大团员青年立足本职岗位,发挥生力军和突击队作用。辽河油田公司团委获辽宁省先进团委、1个集体获中央企业青年文明号称号、1个集体荣获辽宁省五四红旗团支部称号、5个青年集体获集团公司青年文明号称号、1人获全国优秀共青团干部称号、2人获辽宁省优秀共青团干部称号、1人获辽宁省优秀共青团员称号、1人获集团公司青年岗位能手称号、1人获辽宁五四荣誉奖章。选派9名优秀青年8个项目参加集团公司第五届勘探开发青年学术交流会和首届炼油化工科技创新青年论坛,获一等奖3项,二等奖2项,三等奖3项,为辽河油田公司做好"三篇文章"汇聚磅礴青春力量。

【青年教育强基工程】 2021年,辽河油田公司团委工作持续落实辽河油田公司党委关于党史学习教育安排部署,深入推进共青团"学党史、强信念、跟党走"学习教育,创新推出原创微团课10期,组织各层面"青春向党·奋斗强企"系列主题团日300余场次,开展青年网络答题赛,超6万人次参与,激发青年党史学习热情。辽宁共青团"学党史、强信念、跟党走"主题团日在辽河油田公司举办,辽河油田公司党委及共青团辽宁省委主要领导出席现场并对辽河油田公司共青团党史学习教育成果给予肯定。抓好党的十九届六中全会精神学习宣贯,开展各类学习交流750余场次,刊发学习心得34篇,掀起全会精神学习热潮。抓牢青年法治教育,举办"青年法治大讲堂",700余名关键岗位青年集中参与,基层教育专场陆续启动,青年法治意识进一步增强。把握意识形态工作主动权,全年"青春辽河"发布消息221期,阅读量超过24.3万人次,"报、台、网、微"累计发布团青类新闻1300余篇,关注人数、发稿总数创历史新高。

【青年创新创效工程】 2021年,辽河油田公司团委工作围绕打造提质增效"升级版"目标,组建168支"提质增效·建功辽河"青年突击队,全年参与保障创效7.9亿元,优选13个项目作为"青年突击队提质增效工程",纳入辽河油田公司提质增效总体方案,挖潜增效3029万元,完成既定目标的117%,共青团融入中心、服务大局的贡献度显著提升。聚焦"加油增气"目标,举办第37届青年油水井分析大赛,引导青年立足本职岗位,增强对标意识、效益意识,重点围绕控制递减率和提高采收率开展分析研究,助力油气生产由生产运行向生产运营转变。落实辽河油田公司科技与信息化大会精神,启动"青智汇"科技创新论坛,设立勘探、开发、采油工艺、地面工程四大板块,推进打造"产学研用"一体化模式,全年收集青年创新项目96个,青年科技创新氛围愈加浓厚。融入油田公司QHSE管理体系建设,持续抓好"一号四岗"(青年文明号、青年安全生产示范岗、青年节能降耗示范岗、青年创新创效示范岗、青年技能进步示范岗)青年集体创建,开展安全生产月"六个一"(即开展一次安全生产主题团日活动、开展一次安全警示教育活动、开展一次安全隐患排查整改活动、开展一次安全生产知识培训活动、开展一次安全技能岗位练兵及创新攻关活动、开展一次复核评议工作)和"青年文明号开放周"系列活动,工作经验被团辽宁省委推广宣传,青年岗位创优意识有效增强。

【青年成长成才工程】 2021年,辽河油田公司团委工作持续拓宽推优荐才渠道，开展辽河油田公司"双十优"评选，推动升级为党委表彰，为各领域竞赛中表现优异的青年加授辽河油田公司青年岗位能手称号。精准把握青年需求，开展青年和共青团工作专项调研，召开协作区座谈会5场，回收线上调查问卷6716份，收集整理意见建议五类143条，建立统计反馈台账，为辽河油田公司党委抓好青年工作提供决策支持。坚持问题导向，结合调研结果，推进"我为青年做件事"主题实践，累计为青年做好事办实事435件，广大青年"以辽河为荣"的归属感进一步增强。加强油地青年融合交流，与团盘锦市委联合举办盘锦市第二届石化及精细化工产业青年创新创效大赛、青年交友联谊、油地融合主题团日等活动，助力辽河油田公司打造"地企融合典范"。深化"四心"志愿服务体系，承担辽河油田公司民生改善工程"敬老青年志愿服务"项目，全年累计开展各类志愿服务150余次，时长超1.5万小时。

【共青团自身建设】 2021年，辽河油田公司团委工作坚持党建带团建，辽河油田公司党委保障支持，依托两级党委青年工作部，将工作触角延伸至全体青年。参与制定《关于加强辽河油田公司党建带团建工作的实施意见》，辽河油田公司党委青年工作部作为辽河油田公司青年工作领导小组办公室的职能作用更加明晰，辽河油田公司党建带团建工作走在集团公司前列。抓好团属信息化平台建设，运用平台开展团员教育评议、团员先进性评价等工作，"铁人先锋"共青团板块组织信息完整率100%，"智慧团建"团组织规范化建设率100%。抓好源头培养，全年新发展团员60人，新入职团员组织关系转接率、"学社衔接"率100%，获团辽宁省委通报表扬。加强团干部教育管理，向团辽宁省委、集团公司团委和团盘锦市委各推荐挂职团干部1名，对9名新任职团青组织负责人开展岗位轮训，举办线上团干部培训班2期，组织46名二级单位团青组织负责人进行述职评议，团干部能力作风有效提升。

【共青团与青年工作发展】 2021年，辽河油田公司团委增选为团辽宁省委委员单位和企业分委会副组长单位。作为省直企业团组织唯一代表，参加共青团中央在辽宁省举办的企业领域调研座谈会，向团中央书记处书记徐晓作工作汇报，辽河油田公司从严治团工作成效得到充分肯定。作为中国石油唯一代表，参加在井冈山举办的共青团中央青年发展工作会议，就青年创新创效工作作典型发言，辽河经验被现场点赞并推广。履行共青团中国石油辽宁协作区组长单位职责，组织11家成员单位高质高效完成学习研讨、微信轮值、文件起草、意见征集等工作，协作区工作合力不断提升。参与集团公司第一次团代会的材料组织、案例编审、宣传氛围营造等工作，得到集团公司团委通报表扬。

（刘培炎）

单位概览

上市业务单位

兴隆台采油厂

【概况】 兴隆台采油厂作为辽河油田的发祥地，是辽河油田公司组建最早的油气综合开发二级单位，勘探工作始于20世纪60年代。1964年，辽河油田第一井辽1井开始钻探；1972年，成立三二二油田采油指挥部；1973年6月，更名为辽河石油勘探局兴隆台采油厂。1973年9月，马20井求产，日产原油达2010吨、天然气40万立方米，成为我国第一口"双千吨"高产油井，为全国之最；1975年原油产量261万吨，达历史最高峰，此后22年持续稳定在100万吨以上。1998年，所属海外河油田和小洼油田划归新成立的辽河金马股份有限公司后，原油年产量降至80万吨，并连续10年保持在80万吨以上。1999年，重组分立为辽河油田公司兴隆台采油厂和辽河石油勘探局兴隆台工程技术处。2008—2012年，随着兴隆台潜山油田全面开发，兴隆台采油厂接连实现年产原油"重上百万""超越百万"和油气当量150万吨、160万吨的跨越，经济效益跃居辽河油田首位。2015年，兴隆台采油厂与兴隆台工程技术处部分业务重组整合，按照"两个牌子、一个领导班子、一套机关机构、一体化管理、分开核算、两本账运行"的模式，实施采油与井下作业业务一体化管理。重组调整后，兴隆台采油厂成为集勘探开发、工程技术服务、生产保障、多种经营等业务为一体的综合性生产单位。2018年，辽河石油勘探局兴隆台工程技术处更名为辽河石油勘探局有限公司兴采工程技术处（简称兴采工程技术处）。2020年10月，按照辽河油田公司对所属9个采油单位托管的工程技术业务进行重组整合的统一部署，撤销兴采工程技术处，将其留存的主营业务人员、资产及债权债务整体并入辽河工程技术分公司，将其留存的再就业业务划归新组建的公共事务管理部统一管理。2021年，兴隆台采油厂油气当量重上160万吨。2021年底，兴隆台采油厂辖区面积2240平方千米，开发兴隆台、大洼、黄金带、于楼、热河台、大平房、荣兴屯、新开、欧利坨、桃园10个油田及双台子（兴）、曙光（兴）、欢喜岭（兴）、冷家（兴）4个区块，横跨辽河盆地东西两个凹陷，地跨盘锦市、营口市、鞍山市3个市，油田与稻田、苇田相互交织，采油井站遍布城市中心区、经济建设区、城郊居民区。开发建设49年来，兴隆台采油厂累计生产原油5855.86万吨，天然气347.12亿立方米。设机关职能科室14个、直属部门5个，所属三级单位13个。员工总数3390人，其中，干部923人、工人2467人。有科级以上干部140人，其中处级干部11人、科级干部129人。具有专业技术职称887人，其中教授级专业技术职称2人、高级专业技术职称145人、中级专业技术职称599人、初级专业技术职称141人。有党员1667人。2021年，兴隆台采油厂生产原油125万吨，同比增产17.5万吨；外供天然气4.4亿立方米，同比增产0.99亿立方米（表1）；完成油气综合当量160万吨，实现账面利润13.69亿元。连续两年获辽河油田公司质量健康安全环保特殊贡献单位；获辽宁省"平安矿区"称号；获辽河油田公司2021年度先进单位。

表1 兴隆台采油厂2020—2021年油气产量表

年份	工业气产量（亿立方米）	天然气外供（亿立方米）	原油产量（万吨）
2020年	3.75	3.41	107.5
2021年	4.80	4.4	125

【油气勘探开发】 2021年，兴隆台采油厂坚持以老油田为依托，以富油洼陷整体勘探为抓手，按照"四老四新"工作思路，深化进攻评价增储量。部署各类探井26口，完成新老井试油16口，获工业油流6口。陈家洼陷带预探获新发现，圈闭新增资源量540万吨。洼18井区滚动勘探部署工作取得初步成果，落实新圈闭13个，新增加探明储量100万吨，带出开发井9口。欧利坨油田沙一段两口老井试气取得新突破，新增天然气资源量200亿立方米。集中力量推进大洼、兴20块、大平房、于楼油田等重点开发区块新井钻投组织，完钻新井132口，投产107口，建产周期同比缩短14天，生产时率提升7个百分点，累计产油7.5万吨。强化措施论证和经济评价，深入推进措施挖潜与油藏综合调整、长停井复产、套损井治理、低效井治理"四个结合"。实施各类措施388井次，增油14.4万吨，同比多增油1.9万吨，综合递减率2.6%。稳步推进局厂两级示范注水区块综合治理，实施各类注水工作量213井次，自然递减率14.4%，注水油田日产油稳定在2200吨以上。欧31、欧48等区块实施"整体降压、局部增压"注水运行模式，全厂注水单耗同比下降0.3千瓦·时/米^3。针对性开展偏磨、泵漏、砂卡等疑难井治理，通过加强"三项设计、作业质量、生产过程"三个环节管理，同步开展"优化举升热线及加热周期、强化低效井工作制度、转换无效井生产模式、优化地面生产参数"等4项管理对标，采油指标实现"四升三降"，其中泵效、系统效率同比分别提高2.7和2.5个百分点，检泵率、举升单耗同比分别降低7个百分点和6.8千瓦·时/吨，指标改善幅度创近年最好水平。

【提质增效】 2021年，兴隆台采油厂坚持以"成本构成"和"经济产量"双模型为导向，梳理影响要素，锁定提质方向，业财融合成效进一步凸显，单位完全成本、单位基本运行费分别比预算节降81元/吨和159元/吨。建立"双级双向"经营管理模式，按照归口负责、分级管理的原则，严把项目前期审核关。优化成本项目52项、资金1800万元，电费、作业费、材料费等重点费用比预算节降573万元。通过优化设计方案、产能结构、老井平台和设备利旧，节降各类投资3.6亿元。依据成本管控能力，将完全成本、基本运行费和可控成本逐级承包分解至作业区、班站和单井单台设备，进一步划小管理单元，推进班站从粗放型向精细化管理转变，实现"人人身上有指标、人人身上有压力"，促进成本管控由上至下压实责任、自下而上反馈经营成果。建立覆盖各系统的提质增效7大工程，创效3.45亿元。按照"整体冷输、局部加热"原则，停炉冷输871台次，节气创效2082万元。实施密闭集油改造45口井，密闭集油率达到92.1%，增效2000万元。通过优化脱水工艺流程、停运高能耗脱水设备、利用物理沉降替代化学沉降等举措，集输系统脱水吨液成本降至1.67元/米^3，降幅21%，污水处理成本降至0.55元/米^3，降幅43%。发挥劳模专家和技术骨干创新创效作用，开展油泥自主调剖、抽油机减速箱维修等自营业务，创效290万元。

【科技增产】 2021年，兴隆台采油厂坚持理念创新、技术创新，持续推动科技进步，获辽河油田公司科技进步奖6项。按照"储层分类定目标、深化机理证可行、优化设计提效果"思路，开展中高渗透砂岩老区应用微构造精细解释、沉积微相精细识别、隐蔽剩余油定量描述、精准注水体系设计等技术攻关，精耕细作深挖潜力，实现兴隆台油田连续5年保持60万吨有效稳产。双229块CCUS先导试验进展顺利，进一步验证深层特低渗透储层二氧化碳吸气能力，为后续混相驱替控窜及增油效果打下良好基础。介入马19储气库建设，优化制定利用现有地层能量，内部油气高效挖潜、边部适度排水腾空间方案，先期制定20口井措施，为储气库建设奠定基础。采油配套工艺日趋成熟。完善升级油井智能间抽、水井降压增注、气井柱塞排水采气等技术，助推采油管理指标持续提升；推广应用水窜井智能找堵水、多轮次单井调剖、气窜井封窜治理提档升级等技术，加速形成有效补能；加大机采井设计优化、偏磨井立体综合防治和城区井无杆举升技术应用，推动油井高效举升降能耗。通过开展投球暂堵压裂、多介质蓄能压裂及多级加砂压裂技术应用，提升区块低渗透厚油层增产效果和储层改造，提高老区剩余油动用程度，实施各类压裂措施52口，累计增油4.6万吨，吨油压裂成本622元，同比降低493元。

【安全环保】 2021年，兴隆台采油厂全面落实"四全""四查"要求，坚持"五个用心抓"，建立"层级管理、全员参与"安全理念，持续规范体系运行，突出"差异化、专业化、领导力"监督审核，建立安全责任清单812份，完善76项过程积分考核标准，QHSE体系更加健全清晰。各级领导带头践行"一岗双责"，各部门、各单位落实直线责任、属地责任，形成齐抓共管的整体合力。通过集团公司QHSE体系审核，保持良好B1级水平，量化审核得分同比提升1.05分。按照"能改立改、延改必防"原则，对油气井井控、管道完整性、电气隐患、"低老坏"及重复性问题等重点领域开展专项整治，投入资金2100万元，整改隐患问题189项，风险隐患有效受控。掌控承包商安全风险，累计检查承包商3054场次，黄牌警告10家，列入黑名单5家，承包商监管逐步完善。构筑防疫屏障，加强人员排查、疫情打卡、场所管控、疫苗接种等管理，守住"零疫情"底线。修订完善安全生产、环境保护、质量管理等制度11项，建立配套流程2个。加强风险隐患问题通报力度和重复性问题"举一反三"剖析检查，违章处罚23万元、管理扣分662人次。建立"一体化＋差异化""交叉—剖析式"监督模式，编制完成《QHSE对标管理》和《行为安全管控》双图册，逐步形成全面细致的安全检查标准。创新建设"无泄漏示范区"，有效提升管道和站场本质安全运行水平。推进新能源发展，率先开展8毫瓦光伏BOO模式建设，并网4.8毫瓦，预计年发电量600万千瓦·时。编制较大及以上环境风险治理方案；完成5年产能建设项目环评；通过中央、辽宁省生态环保督查审核。

【党建思想政治工作】 2021年，兴隆台采油厂突出政治引领，强化政治功能，形成"党建引领谋全局，凝心聚力促发展"新格局。深入开展党史学习教育、迎接建党百年系列活动和十九届六中全会精神宣贯，举办"学史明鉴、逐梦兴采"音乐讲党史活动，开展主题教育和形势任务宣讲140场次。运用"党建联盟""党建＋""党建项目化"等有形载体，在勘探开发、提质增效、技术升级、基础管理等领域提升融合实效，推进生产经营、安全环保、改革发展、民生改善等各项工作迈上新台阶。形成以"健康安全、环境改善、素质提升"为主要内容的民生理念，制定13类20项民生健康工程，投入资金681万元，持续完善一线饮用水、旱厕改造、矿区照明和公园修缮升级等福利设施。设置个性化体检项目，增配应急药箱和急救药瓶3460余个。走访慰问困难家庭，发放帮扶慰问金226万元，员工群众获得感、幸福感不断增强。狠抓"两个责任"落实和"三重一大"决策制度执行，开展"以案促改、以案促治"专项行动和反内盗违法犯罪"百日会战"，深化党内监督巡察，层层签订《党风廉政建设责任书》《廉洁自律承诺书》，员工队伍保持整体稳定，营造风清气正干事创业氛围。开展三级行政正职述评考核，完善后备干部、技术人才等不同序列管理流程，干事创业积极性有效激发。推行"门槛题""特殊工种""一岗多能"培训等方式，打造"兴一联"培训基地，在辽河油田公司采气工、青年油水井分析等各项比赛中摘金夺银，韩柏东创新工作室晋升为辽宁省劳模创新工作室。

【庆祝中国共产党成立100周年活动】 2021年，建党百年之际，兴隆台采油厂党委落实辽河油田公司党委建党百年活动方案规定动作，深度融合生产经营实际，突出亮点、展现兴隆台采油厂特色，制定出十五类26项具体活动方案。兴隆台采油厂党委领导班子带头深入基层讲授"不忘初心迎百年、牢记使命勇争先"专题党课7节，各级党支部书记讲授党课115节，开展红色教育基地参观学习28次，各项活动参与受教人数6000余人次。持续推出线上"党史百年周周考"答题活动，每周组织全厂党员参加答题。6月30日上午，"学史明鉴 逐梦兴采"兴隆台采油厂庆祝建党百年之音乐讲党史在厂文体中心演出。音乐讲党史通过朗诵的形式，串联起"黎明破晓""开天辟地""团结奋进""伟大转变""百年梦圆"五个篇章，舞蹈、歌曲、情景剧、诗朗诵等多种形式穿插其中，展现中国共产党百年奋斗历程和辉煌成就，展现在中国共产党领导下，中华民族从站起来、富起来到强起来的伟大飞跃，迎来实现伟大复兴的光明前景。将党史与新中国石油史、兴隆台采油厂厂史相结合，通过再次弘扬铁人精神和辽河会战精神唤起观众思想共鸣，激励广大党员干部为实现中华民族伟大复兴的中国梦不懈奋斗。开展建党百年送寄语活动，为全厂党员发放庆祝中国共产党建党100周年纪念徽章；制作党员专属寄语盘，将入党誓词、姓名和入党时间印刻在上面，激发党员身份认同感和自豪感。全面推行"党建联盟"工作，采油作业三区与盘锦市妇联组建党建联盟调研，开展有特色、有影响力的联建活动，将女子采油队精神更好地传播出去。开展"我为群众办实事"实践活动，制定《兴隆台采油厂2021年民生工程落实方案》，确定提升员工健康管理、全员健康大讲堂、全员运动健康、工作环境改善、推进网络办公5大项目15项工作，下发《我为幸福兴采献一策》意见征集表，收集整理意见建议75条。通过"走下去，带上来"的工作方式，走访基层自然站，与1805名员工面对面交流，发现并解决电动车充电桩、生活饮用水、小厕所、兴油矿区拥堵等实际问题20余项。

（李　晶）

曙光采油厂

【概况】　辽河油田公司曙光采油厂（辽河石油勘探局曙光工程技术处）的前身是辽河石油勘探局曙光采油指挥部。1975年4月，辽河坳陷西斜坡中段曙光地区杜家台构造上的杜7井获高产油气流，展示良好油气勘探前景。10月，石油化学工业部向国务院呈报《关于组织辽河地区曙光油田会战的报告》，并先后从玉门油田、新疆油田、大庆油田和石油地球物理物探局等单位调集1万余人的队伍，开展曙光油田勘探开发会战。12月，辽河石油勘探局党委决定组建曙光采油指挥部。1976年1月，曙光油田会战誓师大会在曙3—9—6井场隆重召开，曙光油区会战正式展开。1984年4月，辽河石油勘探局党委将曙光采油指挥部更名为曙光采油厂。1999年8月，曙光采油厂核心业务和非核心业务重组分立为中国石油天然气股份有限公司辽河油田分公司曙光采油厂（简称曙光采油厂）和辽河石油勘探局曙光油田工程技术服务公司。2000年3月，辽河石油勘探局将曙光油田工程技术服务公司更名为曙光工程技术处。2008年2月，曙光工程技术处划归辽河油田公司管理，列未上市业务二级单位管理。2015年5月，辽河油田公司对曙光采油厂和曙光工程技术处进行重组整合，按照两个牌子、一个领导班子、一套机关机构、分开核算、两本账运行的模式，实施采油与井下作业业务一体化管理，保留曙光工程技术处的机构名称、模拟法人、工商和税务登记资格及资质。重组整合后，曙光采油厂成为集勘探开发、工程技术服务、生产保障等业务于一体的综合性生产单位。2020年10月，按照辽河油田公司对所属9个采油单位托管的工程技术业务进行重组整合的统一部署，撤销曙光工程技术处，将其留存的主营业务人员、资产及债权债务整体并入辽河工程技术分公司，将其留存的社会保险、离退休（再就业）机构及人员划归新组建的公共事务管理部统一管理。曙光油田构造上位于辽河盆地西部凹陷西斜坡中段，是一个斜坡背景下发育起来的复杂断块油田，具有多种沉积体系，储层岩性、储集空间多样；油藏类型多，具有边、顶、底水等多种油水组合；开发层系多，自下而上共发育潜山、高升、杜家台、莲花、大凌河、兴隆台、馆陶等7套含油层系，油藏埋深530—3460米；油品性质多，按原油黏度可分为稀油、稠油、超稠油、特稠油；开发方式多，常规方式有注水、吞吐，转换方式有火驱、SAGD、蒸汽驱、化学驱等，并形成与不同油藏油品类型的配套工艺技术。累计探明含油面积171.5平方千米，地质储量42169万吨，动用含油面积146.3平方千米，地质储量38550万吨。投产油井3913口，开井

2358口，日产油水平5706吨，综合含水77.5%，累计产油9734万吨，采出程度25.3%，可采储量采出程度89.1%。有注水井311口，开井213口，日注水7094立方米。稠油区块年注汽772万吨，吞吐油汽比0.26。2021年底，曙光采油厂在册员工5068人。本科及以上学历1246人、大专学历1290人、中专学历587人、高中（技校）学历及以下1945人。在职科级干部171人、在职处级干部10人。具有专业技术职称1407人，其中高级技术职称140人、中级技术职称764人、初级技术职称503人。设机关科室14个，机关直附属部门6个、大队级单位17个。有党员1981人（含4名离休党员）。资产原值241.76亿元，净值33.66亿元。有计量接转站125座，热采注汽锅炉75台，联合站3座，配水间48座。2021年，曙光采油厂生产原油213.6万吨、超产1.6万吨，完成商品量210.5万吨、超交1.5万吨。考核利润对比油田公司底线目标超交0.78亿元，对比奋斗目标欠交0.33亿元（表2）。

表2 曙光采油厂主要生产经营指标

		生产量（万吨）	商品量（万吨）	利润（亿元）
2020年		218.2	216.2	-1.4
2021年	调整指标	212	209	8.66
	完成	213.6	210.5	8.92
对比	上年	-4.6	-5.7	10.32
	计划	1.6	1.5	0.78

【生产建设】 2021年，曙光采油厂贯彻辽河油田公司决策部署，应对洪潮、暴风雪等自然灾害，推动生产经营一体化管控，开展上产稳产各项工作。产能建设方面，深入开展油藏基础研究，杜813兴隆台等10个区块部署新井162口，择优实施106口，6月全部投产，生产时率同比提升12%，年产油6.7万吨。老井挖潜方面，强化剩余油分布规律研究，明确不同类型油藏潜力，稀油注水，以"提高动用、精细调控"为重点，稠油吞吐，以"调整结构、优化参数"为抓手，不断加强老区综合治理。老井自然产量同比增加10.8万吨，自然递减29.3%，同比减少3.7%。同时立足效益开发，优选有效措施，阶段实施各类措施2306井次，累计增油49.8万吨。同时超计划完成套损井治理工作，全年组织315口，年增油4.5万吨。方式转换方面，坚持对标调控、优化调整、注采研究、扩大规模，方式转换新转驱井组7个，总规模157个，洪涝影响火驱产量3.0万吨的情况下，全年产油71.1万吨（表3）。运行组织方面，以"提效率、重质量、保运行"为重点，推动一体化生产组织，加强生产指挥中枢建设，突出整体协调和系统联动，基本实现大运行格局；应对冬季低温、洪潮灾害、东北地区限电、天然气减供等不利影响，完善应急预案18项，有序组织实施，在辽河油田公司帮助下，面对洪潮挑战，全厂干部员工科学防汛，实现安全平稳度汛。采油系统，强化油井参数运行管理，泵效同比提高1.29%；精细掺液管理，掺水量同比降低28.8万立方米；优化管杆泵设计，平均生产周期延长28.5天。开展天然气专项整治，通过完善气管网互联互通等方式，实现自产气置换外来气量2154万立方米。注汽系统，通过提高系统热效率，严抓各流程管理，提高注汽质量，注汽干度平均达到75%。烟温同比下降11摄氏度，热效率同比上升1.9%。提前组织活动管线预连接，转注时间由4小时压缩为2小时，锅炉利用率86.9%，同比提高1.2%。集输污水系统，强化集输系统"分段控制、分段达标、分段优质低耗"管理，实现原油脱水及污水处理系统效率提升，污水外排单耗下降3.19元/米³。作业系统，优化设计方案，加强质量监督等，油井躺井率同比下降0.5%；强化管杆泵管理、加大防砂治砂力度，返工井39口，同比减少52口。

表3 曙光采油厂方式转换井组实施情况

开发方式	实施区块	实施年份	覆盖储量（万吨）	井组数（个）	年产油（万吨）
SAGD	杜84馆陶	2009	1835	19	44.3
蒸汽驱	杜80	2020	144	10	5.3
火驱	杜66	2005	4575	117	19.4
化学驱	曙三区	2017	189	11	2.1
合计			6743	157	71.1

【科技创新】 2021年，曙光采油厂通过加强精细储层评价、细分层系、测井二次解释等研究工作，实现产能建设规模和质量保持稳定，单井年产油同比提高112吨，百万吨产能建设投资控制在40亿元以内（表4），曙1104205块二三结合、杜80块细分层系开发、杜20块整体井网调整见到明显效果。通过加强基础研究、制定调控标准、针对性开展调控，方式转换效果持续提升，低成本方式转换产量同比增加3.1万吨。其中SAGD细化低物性段分类标准，重新划定注汽井射孔井段界限，开展边底水分布规律研究。蒸汽驱重点加强注采参数设计研究，建立级差射孔、集中预热及吞吐引效操作标准，为下一步规模实施提供技术支撑。火驱重点加强高效井培育、改善燃烧状态技术研究，探索小井距提高见效程度试验。化学驱重点开展合理的采液强度、注入强度、注采比、注入压力等注采关系研究，细化油藏出砂等级，初步建立化学驱注采参数操作标准。通过强化测井二次解释及四性关系研究，探索非解释层及薄、差层油层下限标准，开展水淹层智能找堵水、分层堵水试验，注水稀油自然递减率10.7%，同比下降5.8%。通过加强难采储量高干度注汽试验，完善不同油藏类型、不同吞吐周期注汽强度模板，吞吐稠油克服洪潮影响，产量规模继续保持在百万吨以上。建立问题井数据库，规模推广注塑杆、防砂泵，开展深抽偏磨、稀油出砂综合治理。依靠油井智能间抽、热流体替代电加热等技术手段，有效控制中频电加热使用数量、时长，吨液单耗由13.5千瓦·时下降至12.6千瓦·时。结合油品性质建立冷输指导意见，扩大冷输范围、延长冷输时间，非热注系统耗气量7035.8万立方米，同比下降1226.2万立方米，其中外购气下降449.4万立方米。开展集输污水一体化技术研究与攻关，通过关口前移、上下联动、技术优选、工艺优化，实现集输系统平稳、污水系统降本，年外排水量320.3万立方米，增加24.5万立方米，处理单耗由22.3元/米^{3}下降至20.2元/米^3。

表4 曙光采油厂2020—2021年新井效果统计表

年度	投产（口）	生产天数（天）	年产油（万吨）	单井年产油（吨）	百万吨产能投资（亿元）
2020年	152	174	7.9	520	40
2021年	106	215	6.7	632	39.8
对比	-46	41	-1.2	112	-0.2

【经营管理】 2021年，曙光采油厂通过注重成本涉及、强化业财融合、加强政策引导、推行精益管理、全员挖潜创效，运行成本持续向好，但受洪涝影响，年桶油运行成本25.22美元，同比上涨10%；桶油完全成本52.34美元，同比上升17%。统筹提质增效、对标提升专项行动，实施工程28项，圆满完成增效2.74亿元工作目标。强化预算管理，贯彻"六个优化"要求，加强前期精细论证，深挖自主优化控投潜力，坚持从严从紧、有保有压，对产能投资实行动态管理，全年优化新井投资1260万元。控降成本支出，贯彻"六个控降"要求，深入实施注汽优化、节能降耗、固废减量等12项降本节支措施；合理安排保产量、保安全、保民生各类资金，严控能耗及非生产性支出，刚性降本3900万元。以技术指标优化促进经营指标提升，深入推进采油系统提标降本、注入系统提效降损、集输系统整体优化、污水系统分段达标，举升总电量下降7%、检泵井次下降21%、掺水量下降16%、注汽单耗下降1米^3/吨、吨液处理成本降低0.28元/米^3、污水处理单耗降低3元/米^3，累计增效7360万元。通过参数优化、精细挖潜，增加SEC储量230万吨，减少油气资产折耗3.54亿元。加快资产轻量化步伐，推动设备再制造工程，盘活资产0.12亿元。优化劳动组织模式，增加承包站4座，挖潜用工26人，节约成本430万元。探索实施基建工程项目经理制、技术开发新型作业区、热注专业化管理团队、电气隐患专业化项目组。持续推进信息化建设、集中监控和无人值守，取得一批实质性成果。

【企业改革】 2021年，曙光采油厂按照辽河油田公司工作安排部署，开展电力业务优化调整，将生产保障大队电力工程中心电力队及配套业务除采油厂办公楼、火驱注空气1号站、各集输联合站以外的高压业务外，其余高压业务全部从曙光采油厂剥离，由电力分公司接收管理。随业务调整划出31人，资产所属权、管理权、运维权归属电力分公司，电力分公司承担电网安全、经济运行责任。组织辽兴油气开发公司采油作业二区整体业务转型，按照辽河油田公司"关于调整辽兴油气开发公司开发单元"会议精神及业务移交专项会议要求，辽兴油气开发公司采油作业二区划入曙光采油厂科级生产经营单位1个，划入下设机关1个及采油一班、采油二班、采油三班、采油五班采油班组4个，划入人员132人；组织辽兴油气开发公司采油作业二区整体业务转型。业务转型工作坚持"属地管理不丢失、专业人干专业事、责权利对等、人随业务走"的工作原则，明晰业务界面、明确管理职责、提高专业化治理水平。曙光采油厂将划入的辽兴油气开发公司采油作业二区更名为技术开发作业区，机构设置为科级生产经营单位。组建成立监测治理队、注聚队、化验中心；开展钻井职能优化调整。按照辽河油田公司《关于调整油田公司钻井管理职能的通知》意见，将地质研究所钻井室钻井工程管理职能划归采油管理科，地质研究所继续负责钻井地质设计、井位部署等钻井地质业务，将钻井工程的方案设计论证、钻前踏勘、钻机运行、钻井施工管理、钻完井资料收集与上报、合同签订、完井验收、工作量确认等钻井工程业务划归工艺研究所管理。

【员工队伍】 2021年，曙光采油厂严格执行辽河油田公司选人用人管理规定，着眼主营业务发展和干部队伍建设需要，新选拔任用正科级干部7人、副科级干部9人，交流21人。新选拔任用科级干部中，80后、90后11人，科级干部平均年龄下降1岁。动态梳理在职科级干部、后备干部、青年人才，充实三级青年人才库和后备干部库建设。围绕生产经营组织青年大学习行动、青年油水井分析等"青"字号活动，引导青年成长成才、建功立业。青年创新创效成果突出，3人获辽河油田公司第37届青年油水井分析大赛一等奖，曙光采油厂获团体第一名。地质研究所团队获盘锦市石化及精细化工产业青年创新创效大赛三等奖。

【安全管理】 2021年，曙光采油厂严格执行集团公司、辽河油田公司指示精神，按照"五个用心抓"工作要求，不断提升风险管控能力，不断加强体系运行建设。强化责任落实，履行QHSE职责，进一步压实"一岗一清单"，组织修订1158名管理人员、3926名岗位员工的责任清单和履职承诺卡。强化体系运行，制定下发各类管理方案及通知要求50项，召开联席会议24次，不断提升实现基础保障效力，在集团公司审核中，取得86.37分，获良好B1级的好成绩。强化教育培训，精心策划"安全生产月""6·5世界环境日""119消防宣传月"等主题教育活动，提升全员意识能力。曙四联"党建+安全"工作表现突出，代表曙光采油厂在辽河油田公司质量健康安全环保年度大会进行经验交流。强化双重预防，开展危害因素再辨识，确定重大风险7个、重点隐患治理项目18个，明确责任部门，制定落实管控方案，提升风险管控水平。组织各类演练66次，不断提升全员突发事件应急处置能力。强化重点管控，持续推进承包商专项整治，经济处罚38.8万元，挂黄牌10家，占比11%，高于辽河油田公司5%的指标。全力推进安全生产专项整治三年行动计划，查改问题303项。强化特殊时段升级管控，对动态施工作业"五升级"管理，累计升级管理682项。针对重点领域，持续从严监管，累计检查固定场所3069个次、动态施工现场1643个次，抽查车辆25866台次，通报监督问题2747项，查改低老坏、重复性问题1496项。对3家科级单位做管理剖析，对304人安全生产记分375分，提升现场安全管控水平。常态化开展疫情防控工作，针对张家界疫情，组织400名密接员工核酸检测，受到辽河油田公司及盘锦市高度认可。全年非生产亡人10人，同比下降55%，全员健康管理水平有效提升。曙光采油厂获2021年度辽宁省"健康企业"荣誉称号。严抓过程管控，油气水井质量和地面建设工程质量三年集中整治工作目标均达标，其中一次焊接合格率95%，完成300口套损井治理阶段目标，新井井身质量合格率达99%，完成20%的钻井入井流体和材料抽检化验。重点工程项目监督覆盖率达100%。发现不合格产品3批次，挽回经济损失20余万元。获油田公司质量健康安全环保特殊贡献单位。

【党建工作】 2021年，曙光采油厂坚持党建工作深度融合生产经营，以做实"五大党建工作"、开展"五大党建活动"为重点，推进党委"十项建设"，获辽河油田公司先进单位、安全环保特殊贡献单位和巡察工作先进单位，实现"十四五"良好开局。以学习贯彻习近平新时代中国特色社会主义思想为重点，落实"第一议题"制度学习18期，中心组学习17次，决策"三重一大"109项。把党史学习教育作为重大政治任务，将庆祝建党100周年系列活动融入其中，安排部署10个方面45项具体任务。落实意识形态责任制，整改清理门户网站信息、报刊材料14万份。做实党建融合载体，与11个单位结成党建联盟，在科研、生产、经营领域开展合作16次。党员立项攻关100项，创效1040万元。群众性创新20项，创效240万元。开展形势任务教育260场，在主流媒体发稿2600余篇。以两级班子为重点，落实全面从严治党主体责任，突出重点岗位，推进党风廉政建设。加强廉洁教育，案例警示2084人次，深化"纪律前哨"活动，开展廉洁责任落实调研，走访科室和基层班站104次。坚持以案促改、以案促治，发挥党内巡察作用，实现机关、基层2轮全覆盖。加强"三支人才"队伍建设，大幅提升班站长、科研人员待遇，拓宽双序列发展渠道，以鲜明导向激发队伍干事热情。开展"反内盗""雪亮工程"等专项行动，维护员工群众合法权益，信访案件数量创近五年最低。落实托管责任，监督指导盘锦辽河油田金宇集团有限公司，各项工作保持稳定。

【群团工作】 2021年，曙光采油厂开展"班组成本分析"等群众性岗位建功活动，"抽油机减速箱堵漏"等项目核实节约成本126.19万元，全员累计挖潜千余万元，整改隐患2123个，获辽宁省"安康杯"优胜单位。坚持维权益、讲民主，讨论审议涉及企业发展和员工切身利益事项3项，办理提案22件。常态化开展厂务公开民主管理工作，维护员工知情权、参与权、表达权和监督权。坚持精准化帮扶、普惠性服务，投入40余万元，改善基层班站生活条件。加大全员福利保障力度，累计发放各类慰问、福利资金267.98万元；为困难群体累计下发帮扶资金128.38万元。坚持展魅力、疏"心理"、释活力，持续推动女职工工作深入开展；研发EAP主题课程，开展"心理健康一线行"等专题活动，撰写《中石油员工心理健康促进调查》报告；开展各类文化体育活动，曙光采油厂获辽河油田公司建党百年系列文艺活动优秀组织单位。坚持服务改革发展大局和服务青年成长成才，通过专题学习、主题团日、形势任务教育等形式，深化青年员工思想教育，注重青年群体创新氛围培育、创新能力培养，建立健全助力青年快速成长的培养体系，获盘锦市第二届青年创新创效大赛三等奖1项，曙光采油厂团委获评辽河油田公司五四红旗团委、第37届青年油水井分析大赛团体第一名、"提质增效·建功辽河"青年突击队创建工作优秀组织单位，地质研究所综合室被命名为集团公司青年文明号。

【新冠肺炎疫情防控】 2021年，曙光采油厂将疫情防控工作纳入常态化管理工作，科学防治、精准施策、严密部署，确保疫情防控稳固有力。根据国家、集团公司及辽河油田公司防疫常态化文件，更新完善曙光采油厂疫情防控常态化管控方案，升级改善应急预案，下发会议管理、网络办公、门禁管理、错峰分餐、防疫消杀、物资保管等疫情防控规定10余项。超前采购口罩近4万只、消毒液500千克、酒精1000千克等防疫物资，以基层优先为原则有序发放。组织基层办公楼消杀8万平方米。组织员工接种全程新冠疫苗，配合开展全员核酸检测。发布177期防疫简报，在疫情最严重、物资最匮乏时期，保证员工工作、生活安全。

（高沣）

欢喜岭采油厂

【概况】 欢喜岭采油厂坐落在世界第一大苇田、亚洲最大的湿地之中，是集勘探开发、采油管理、工程技术、生产保障和多种经营等业务为一体的综合性能源企业，勘探工作始于20世纪70年代初。1976年9月，欢喜岭矿区筹建处成立，相继发现兴隆台、大凌河等高产油层。1978年8月，在欢喜岭矿区筹建处的基础上组建欢喜岭采油指挥部。1979年，由大庆油田公司一次性调入管理干部和工人706人，补充到欢喜岭指挥部各级班子、机关和小队。1984年4月，更名为辽河石油勘探局欢喜岭采油厂。1985年6月，欢喜岭采油厂原油平均日产达到10003吨，占全局原油产量五分之二，为全局争当"油老三"挑起重担。1999年8月，欢喜岭采油厂实施重组改制，划分为欢喜岭采油厂和欢喜岭工程技术处，实行"一级检举、两级管理"。2011年4月，欢喜岭采油厂、欢喜岭工程技术处重组整合，把建设百万吨大厂作为首要任务。2011—2017年，欢喜岭采油厂连续7年原油生产保持百万吨以上。2020年，欢喜岭采油厂改革，压减科级机构10个，撤并压缩辅助生产系统机关职能组5个、基层小队和班组74个，靠实采注输"扁平化"管理运行措施12项，调整和消化科级干部53人，压缩生产辅助单位干部定员32%，压缩两级机关编制26人，用工总量缩减290人，管理转技术岗位20人。开发建设40多年来，累计生产原油7325万吨，外供天然气131.53亿立方米。2021年底，欢喜岭采油厂在册员工3850人，劳务输出54人（输出至冷家油田开发公司、未动用储量开发公司等单位），劳务输入117人（其中石油化工技术服务分公司、电力分公司等劳务输入60人，整建制划辽河工程技术分公司未上市留存厂内57人）。按照用工性质划分：合同化员工2485人，市场化员工1365人。另有干部中具有正高级技术职称1人、副高级技术职称108人、中级技术职称547人、初级技术职称131人。工人中具有高级技师职业资格30人，技师职业资格102人、高级工1379人、中级工758人、初级工708人。设机关职能科室14个、直附属部门5个，大队级生产经营单位15个，扁平化班组102个。管理3座联合站，80座计转站，42座注汽站，3156口油水井。固定资产原值175.95亿元、净值26.07亿元，固定及油气资产共计37116项。2021年，生产原油88.2万吨，超考核目标8000吨。被评为辽河油田公司先进单位。

【油气勘探开发】 2021年，欢喜岭采油厂抓勘探增储，深层稀油、上台阶稠油多点突破，欢638块、欢30块、杜151块探井喜获高产，欢2-14-5井试采近5年最好水平，新增探明储量114万吨，完成计划114%。认真抓产能建设，欢2-25-307井创十年来百吨井新高，新井超产4000吨，产能贡献率达63%。抓效益开发，精细注水控递减，稀油保持24万吨效益稳产；齐40块创新变干度等方式，油汽比稳在0.13；齐108块分层、高干度注汽调控，油汽比提升至0.1；锦16块化学驱见效产量达3.6万吨。抓措施增产，土酸解堵、强负压解堵、套损井治理等规模效益"双提升"，超产2.8万吨，有效率保持辽河油田公司最好水平。

【生产组织运行】 2021年，欢喜岭采油厂组织上产竞赛，突出"奋战四个月，献礼百周年"等三个主题，提升产量近百吨，年产原油88.2万吨，超奋斗目标8000吨。完成商品量86.22万吨，超产天然气567万立方米。组织运行保障，新井、套损井生产时率创5年来新高，注汽运行效率大幅提升，日注汽量增加3500吨，储气库排液、保护区管线建设超额完成。精心组织战洪斗雪，齐40块终结逢汛必涝，第一时间完成锦16块抗洪复产并驰援曙光采油厂抗洪救灾，72小时清理强降雪实现复工复产，高效组织冬防、应急管理、天然气保供等工作。

【提质增效】 2021年，欢喜岭采油厂抓实提质增效，大力开展23项工程，累计创效3.2亿元。其中优化注汽、燃料消耗、稀油少掺多销项目创效超亿元。抓实改革推进，完成18项重点改革任务，全员劳动生产率、三项制度和深化改革工作被油田公司嘉奖。外部市场在辽河油田公司取得覆盖区域、人员输出、效益增长最好成效。抓细合规管理，年概算和计划审减4300万元，百万吨产能建设投资降低13%，合同管理更加规范，法律风险有效防范。抓细大额费用，燃料、作业、用电费用大幅下降，对比去年减亏1.18亿元，对比奋斗指标减亏0.14亿元，综合排名跃升至上市单位第3名。

【安全环保】 2021年，欢喜岭采油厂从严体系建设，通过全国安全文化建设示范企业复审和勘探与生产分公司QHSE体系审核，获国家安全管理标准化优秀组织单位，束滨霞采油站等3座井站获标准化班组。从严隐患治理，整改"低老坏"问题800余项，治理硫化氢、储罐腐蚀等隐患，承包商安全事件同比下降26%。从严健康管理，健康干预1100人次，中高风险人数下降20%，疫苗接种率100%，持续巩固"零疫情"态势。从严生态管控，实现历史遗留污泥、固体废物、剩余固相"三个清零"，处理费用下降22%，生态退出、环保"三同时"等工作完成四个100%。从严落实"四全""四查"，"五个用心抓"要求，获油田公司QHSE和井控管理先进单位。

【管理提升】 2021年，欢喜岭采油厂不断提升采油对标水平，9项指标创历年最好，检泵率、注汽单耗均由辽河油田公司倒数跃升至第二名。齐40块等区块串联集油改造井站34座，负荷率提至62.1%。不断提升管理晋级水平，召开管理现场会、推进会和论坛6次，细化11项管理清单，开展45个班站剖析指导，重奖前10名优秀站长和十佳管理班站，井站面貌焕然一新。不断提升技能素质水平，在油田公司级各项比赛中取得佳绩，获首届培训项目设计大赛奖6个，国家和省创新方法大赛奖3项，省部级现代化管理成果和国家专利授权18项。不断提升数字化水平，应用班站信息化设备实现127块物联网有效运维，组建厂数字化推进项目组，完成107个站点网络覆盖和8000余项，10多万条数据一键录入、智能管理，实现基层减负、降低劳动强度、减少用工、提升管理效能。

【党建工作】 2021年，欢喜岭采油厂党委全面开展党史学习教育，庆祝建党百年、"四史"宣传教育、"转勇高创"教育，组织两级班子专题学习、讲党课400场次，开展大宣讲、大讨论、大家谈190场。全面推进"党建+管理""双三基"融合、队伍建设、以案促治等重点工作，开展党建联盟，落实"1565"党建思路，深化"四个体系"建设，常态化班组成本分析。全面做好综治维稳工作，信访重点人清零，遵纪守法、见贤思齐成为队伍主流，员工牛红生获全国道德模范提名。有效发挥"把管促"作用，深入推进"党建+管理"六个融合，在辽河油田公司党的建设考核中排名前列。

【民生工程】 2021年，欢喜岭采油厂实施18项欢喜幸福工程，多渠道征集意见，多举措解决员工"急难愁盼"问题。推进健康升级，优化基层井站餐标、食谱，确保桶装水全覆盖，配备血压仪到94个班组，常态化开展全员健身活动。组织"四送"普惠，慰问艰苦岗位、外部市场2900人次、困难家庭47户、发放"爱心助考包"惠及167名考生。做好环境治理，开展文化广场美化、厂内道路互通等专项治理，5家基层单位搬入矿区，集中办公更加便捷高效，协调解决"三供一业"遗留问题200余个、周边空气污染34处，矿区更加亮化美化。回应员工几十年期盼，多方协调，反复优化线路，开通通勤车13条，日均运送1000人次，累计惠及员工4.4万余人次，最大限度降低员工交通成本和安全风险，被员工称为最实在民生工程。

（王　继）

高升采油厂

【概况】 1978年8月，辽河石油勘探局组建高升油田开发建设队伍，成立高升采油指挥部。1984年4月，高升采油指挥部更名为高升采油厂。1999年8月，高升采油厂核心业务与非核心业务重组分立为中国石油天然气股份有限公司辽河油田分公司高升采油厂（简称高升采油厂）和辽河石油勘探局高升油田工程技术服务公司。2000年3月，高升油田工程技术服务公司更名为高升工程技术处。2008年2月，高升工程技术处划由油田公司管理。2011年4月，油田公司对高升采油厂与高升工程技术处进行重组整合，形成两个牌子、一套领导班子、一套机关机构、一体化管理、分开核算、两本账运行模式，高升采油厂发展进入新时代。2020年10月，按照辽河油田公司对所属9个采油单位托管的工程技术业务进行重组整合统一部署，撤销高采工程技术处，将其留存的主营业务人员、资产及债权债务整体并入辽河工程技术分公司，将其留存的社会保险管理办公室、离退休管理中心（再就业管理办公室）机构及人员划归新组建的公共事务管理部统一管理。高升采油厂地处盘山、台安两县境内，构造上位于辽河盆地西部凹陷西斜坡北端，勘探面积近1000平方千米，发现高升、牛心坨2个油田，探明含油面积49.25平方千米，石油地质储量14001.21万吨。投入开发16个开发单元7套含油层系，动用含油面积35.44平方千米，石油地质储量12842.9万吨，可采储量3212.01万吨，标定采收率25.0%。探明天然气地质储量74.43亿立方米，其中气层29.26亿立方米，占39.3%；溶解气45.17亿立方米，占60.7%，可采储量59.5亿立方米，标定采收率79.9%。2021年底，用工总数2334人。其中，合同化员工1735人，市场化员工571人，非全日制用工8人，内部劳务用工20人。其中，油田公司级技能专家2人，首席技师3人，高级技师11人，技师78人。干部737人，科级以上干部196人。其中，处级干部13人（含副处级调研员4人）、科级干部183人（改作具体工作75人）。具有教授级专业技术职称2人，高级技术职称的101人，中级技术职称的448人，初级技术职称的260人（含以工代干）。设机关职能科室14个、直属部门4个、所属三级单位10个。油气及固定资产17629项，资产原值100.03亿元，净值14.29亿元。主要运转设备有抽油机939台，热采锅炉20台，加热炉1244台，车辆152台。

2021年，高升采油厂完成原油生产量51.3万吨，超产0.27万吨；实现原油销售商品量49.3万吨、超销0.1万吨（表5）。实施《厚层块状油藏火驱动态调控》《提高水平井产能技术研究与试验》等科研项目5项，获辽河油田公司及以上科技成果7项，实现科技增油3.2万吨。获辽河油田公司质量健康安全环保先进单位、生产运行先进单位称号。

表5 高升采油厂2021年原油、天然气生产情况统计表

年份	原油产量（万吨）	原油销售商品量（万吨）	天然气产量（万立方米）
2021年	51.3	49.3	2962

【勘探增储】 2021年，高升采油厂雷72井区滚动增储取得突破。针对该井区构造破碎、储层物性差、油水关系复杂，通过开展地震资料精细刻画、储层二次评价、压裂方案及钻井工程优化等研究工作，整体部署滚动探井3口，实施2口（雷65-30-12井、雷72-22-12井）。现场钻遇油气显示井段均达到350米以上，采用套管体积压裂方式实施储层改造，均获10吨以上高产工业油流，油品性质为稀油，新增含油面积0.67平方千米，新增探明地质储量157.9万吨，带动开发井位15口。高3628井区天然气评价见到好效果，评价井高3-7-29井于1月15日完钻，钻遇气层6.1米/3层。2月27日常规射孔，初期井口压力9.4兆帕，井口压力3.7兆帕，日产气0.3万立方米，累计产气138.8万立方米，预计新增天然气储量0.6亿立方米。雷64块状油藏针对控制含水和稳定压力矛盾突出问题，通过水井实施分段补能、油井选层引效，减缓产量递减；牛心坨潜山特殊岩性油藏针对裂缝发育，含水上升快问题，探索开展脉冲注水试验，不断调整注水强度、优化注水周期，驱替裂缝内滞留剩余油，提高开发效果。全年完成注水工作量224井次，完成计划的111%，其中转注4井次，细分重组4井次，酸化解堵4井次。按照"稀油增量提效、稠油减量提质"工作要求，深化措施结构调整，实施地质措施393井次，年增油7.1万吨，措施有效率86.8%。实施注汽措施330井次，年注汽70万吨，对比计划节约注汽量12万吨，吞

吐油汽比保持0.27不降。注水区块以改善水驱效果，挖潜剩余油为目标，在雷64块L7砂体上部解堵引效、L6砂体局部储量动用、牛心坨油田配套压裂等方面涌现出多口10吨以上高产措施井，取得显著效果。开展火驱平面分区、纵向分段治理，平面上结合不同区域受效特征，合理调整吞吐引效时机和注汽参数；纵向上结合井温剖面变化和隔夹层发育状况，优化注采井段配置，提高重力泄油效果。全年实施长停井复产8口，油井层位调整6井次，优化吞吐引效58井次，动态调配气35井次，火驱年产油6.0万吨，同比增加0.2万吨，节约年注空气量0.39亿立方米。

【油气开发】 2021年，高升采油厂完善储层压裂改造工艺，应用暂堵转向、多级加砂技术，改善支撑剖面，提高导流能力，改善重复压裂效果，增油量较常规压裂提高50%。开展五类介质组合辅助蒸汽吞吐试验，降低措施成本，减缓产量递减，初步形成选井原则，提高措施针对性，阶段油汽比提升0.06。升级地层深部防砂支撑剂性能，利用陶粒替代石英砂，运用端部脱砂工艺，提升近井地带人工井壁强度，阶段增油5209吨。持续完善维护技术，修订热循工艺管理制度及操作规范，明确各层级管理界限，保障热循工艺稳定运行，累计节电1145万千瓦·时，减少伴热成本537万元。规模推广低产井节能举升设备，综合考虑节能与产量关系，确定合理间开周期，吨液耗电降低62%。转变防偏磨措施的传统设计思路，优化杆柱配比，减缓杆管磨损，偏磨作业占比下降2.6%。持续优化油管、空心杆电加热加热深度，提升清防蜡、降凝效果，保障原油正常举升。储备技术探索攻关，油井防砂取得实质性突破，形成"远端压裂改造，近端封口充填"压裂防砂一体化技术，阶段增油807.8吨。浅表套漏喷井治理取得新进展，形成"新型高强度纳米堵漏、新型冷热双密封耐压热采封隔器隔热"配套技术，盘活油井控制储量68万吨。探索高凝稠油生物促升剂复合采油技术适用性试验，初步形成选井条件及设计方案，提升高凝稠油吞吐助排效果，阶段增油176吨，达到预期效果。

【生产管理】 2021年，高升采油厂突出油井生产过程管控，减少检泵井次，加强油井管理工作量实施及效果跟踪，规范油井加药、调掺、碰泵管理措施，提高针对性、实效性。完成油井管理措施25383井次，成功治理油井105口，避免维护检泵30井次，检泵率同比降低3.8%。开展水井验封和测试工作，缩短不正常水井的发现周期。开展水井地面验封42井次、测调22井次、吸水剖面测试37井次，成功治理问题水井24口，分层配注合格率同比提高4.2%。加强工艺设备设施清理维护，更换3000立方米污水缓冲罐罐顶1座、500立方米斜板除油罐斜板2座；更换过滤器滤料4座、开罐检查19座；酸碱罐壁厚检测8座，日常维护浮选机3台、污泥脱水机5台；大排量扰动冲洗注水管线89.91千米，投球物理清洗污水管线4.95千米。有效提升油水处理效果的同时，消减安全风险，延长工艺设备设施使用寿命。全年原油外输（销）含水达标率100%，污水处理水质达标率同比提高0.7%、井口水质达标率同比提高0.2%。动态调整生产参数、热洗周期，应用电加热、空心杆蒸汽洗井替代传统套洗，套洗同比减少269井次，减少返排占产1799.6吨，节约热洗费用44.3万元。推广成熟技术应用，安装应用节能电机75台，改造应用空心杆热水循环20井次，应用不停机间抽技术32井次，全年累计节电255万千瓦·时。降低注水单耗，通过提升单井增注泵效率、挖掘注水站节电潜力、降低注水沿程压降、减少增注泵启运时间等优化措施，改善注水系统低效高耗现状。全年累计注水耗电950.8万千瓦·时，注水系统单耗同比降低0.3千瓦时/米^3。

【科技工作】 2021年，高升采油厂科研项目获中国石油和化工自动化应用协会科技成果一等奖1项，辽河油田公司科技成果一等奖1项、二等奖3项、三等奖2项。申报发明专利5项，授权实用新型专利3项、制定标准1项、修订标准1项。完成厂级科研课题2项，《提高水平井产能技术研究与试验》是针对水平段采用笼统注汽，造成吸汽不均、排水期延长、吞吐效果差的问题，开展的水平井均匀注汽管柱的优化和均匀注汽配套技术研究。通过研究首次在深层稠油水平井运用均匀注汽技术，研制出一种耐高压（25兆帕）的注汽封隔器，形成均匀注汽配套技术。现场实施水平井均匀注汽2井次，配套技术4井次，周期内增油520吨。《高81块沙四段油藏富集规律及滚动勘探研究》主要是通过井震结合，开展精细地层对比，落实目的层微构造、砂体展布特征；利用测井、分析化验等资料，建立工区低熟烃源岩测井、地化评价标准，明确有效烃源岩的丰度、成熟度下限，确定生油门限，进而刻画有效烃源岩分布，总结成藏规律，实现低成熟度烃源岩层系隐蔽油气藏滚动勘探部署。课题通过研究达到预期计划指标，发现并落实有利圈闭3个，部署滚动探井井位2口；实现高81块整体探明储量增加60万吨。

【经营管理】 2021年，高升采油厂完成考核利润-1.11亿元，减亏1031万元。按"有保有压、从严从紧"编制原则，保证生产性投入，压缩非生产性支出，整体压缩预算需求9993万元。预算架构上，实行"执行+储备"预算配置模式，下达储备预算103项、审批资金4375万元，实际实施101项、结算额3300万元，资金有效利用率75.43%。全年完成油品外销15.6万吨，其中高凝油9万吨、稀油6.6万吨、超销1.6万吨，创效3200多万元。利用油井措施风险预评价图版，按照投入产出比降序排列措施井，调整措施方案，优选高效措施。开展措施前评价647井次，否决无效益措施24井次，减少无效措施成本投入552万元。加强统筹协调配合，推进企业治亏措施落地，完成"掺油成本核算模式调整""稀油分质分销减利因素分担"两项课题，核减账面完全成本1397万元。开展高升—牛心坨区块折耗率变动趋势分析，优化区块产量5000吨，减少折耗计提416万元。优化人工成本归集方式，降低评估期间操作成本，减少折耗525万元。

【员工培训】 2021年，高升采油厂完成厂级培训项目48个，培训员工1591人次。大队级培训项目76个，培训员工10615人次。组织员工外出参加辽河油田公司内培训项目95个，579人次。组织员工外出参加油田公司外培训项目16个，57人次。保障培训形式多样化，加强员工季节技能培训；从实用入手，以应知应会、现场操作、故障处理能力为重点，实施有针对性培训。开展线上线下培训相结合，微信答题、经验分享等。坚持专家、骨干授课，与岗位员工结对子、师带徒等方法，送教上岗，你问我答，现场教学。全年252人参加31个工种的技能鉴定报名考试。其中，第二工种125人，及格人数79人，及格率63.2%；转换工种76人，及格34人，及格率44.7%；正常晋升51人，及格33人，及格率65%。参与各类竞赛，培养技术型人才。员工刘建辉获全国第三届油气开发专业电工职业技能大赛银牌。集团公司首届实操培训室大赛，高升采油厂派出2名选手和曙光采油厂一起组队获企业上报团队第一名。辽河油田公司首届培训项目设计大赛，高升采油厂派出三个团队，获一等奖、三等奖、优秀奖各1个。

【安全环保】 2021年，高升采油厂构建隐患分级、限时治理管理模式，采用"隐患再排查—风险再评估—治理能力再辨识—最终确定整改层级"治理方式，对所有生产经营场所的动、静态隐患按照"班组级、科级、厂级、公司级"四个治理层级进行重新划分，分层级制定隐患整改方案。业务部门、属地单位、监督部门发挥监督、管理作用，发现问题1189项，全部制定责任人。突出抓好"低老坏"及重复性问题监督整改，有效查改问题386项。开展反违章专项整治活动，各系统分委会开展专项检查178场次，检查生产现场478个，查改问题416项，其中查改操作违章问题300项、管理违章问题116项。按照专业特点，完善职业健康、交通、消防、环保、特种设备等专项培训数据库，编制下发春季"八防"、雨季"十防"、冬季"八防"等季节性培训材料100余份。以"安全生产月"、职业病防治法宣传周、"11·9"消防宣传月为载体，广泛开展生产安全事故警示、应急预案演练、"送健康到一线"等活动，举办安全技能对抗赛、"微信答题"等群众性安全风险排查等特色活动。

【党群工作】 2021年，高升采油厂两级中心组组织党史、政治理论研读42场次，集中学习习近平《党的十九届六中全会讲话》系列重要讲话精神和上级党委重要工作部署175场次。为全厂党员干部配发《论中国共产党历史》等书籍13套，高升采油厂官微开设党史学习教育专栏，发布"党史每日学""百年党史100题"等党史学习教育内容100篇，实现线上线下融合学，视听结合学。在《辽河石油报》、掌上辽河App等各类媒体发布党史教育经验做法等报道151篇，交流推广"学党史、学典型"送党的故事到基层等8个经验做法。在辽河油田公司发表"我为员工群众办实事"活动等党史学习教育简报6篇。在《辽河石油报》发稿371篇，掌上辽河发稿417条，制作各类视频34个，油公司官微6个。其中，"掌上辽河"《新春谁在岗》专栏，发布高升采油厂春节坚守岗位新闻4条，成为油田公司新春系列上稿量最多单位。《高连军守雷平7井：此时无声胜有声》《杨天空：5公里雪夜巡井》分别以5.8万和4.6万的点击量位列辽河油田公司专栏影响力第2和第3名，作为辽河油田公司典型新媒体作品参加辽宁省2021年新媒体作品大赛。《阅来阅好》女工阅读栏目坚持不懈，全年累计推送"有书共读"音频290期，精读书籍50本，打造特色读书品牌，被中华全国总工会授牌命名"职工书屋"。

【庆祝中国共产党成立100周年活动】 2021年，高升采油厂党史文化主题公园6月底投入使用，是辽河油田公司唯一一家集党史文化与自然景观于一体的主题公园。设置党的光辉历程、中国精神、"十四五"规划和伟大祖国领导人等四大展区140个展板，全面呈现党的"红色历程"。优选12名讲解员现场讲解，全年接待盘锦市和部分油田兄弟单位参观学习22场次3000余人。以"石油工人心向党"为主题，开展京剧唱腔《没有共产党就没有新中国》"百人合唱"，获辽河油田公司大合唱一等奖。103名员工《没有共产党就没有新中国》获合唱比赛一等奖。庆祝建党百年系列活动快闪视频录制，500多名群众演员高唱《唱支山歌给党听》，获快闪视频一等奖、最佳艺术表演奖、优秀组织单位等多项荣誉。"迎建党百年、强健康体魄、展辽河风采"系列活动，高升采油厂获员工综合运动会第九套广播体操比赛一等奖、羽毛球比赛混合团体第六名、男子排球比赛第八名和乒乓球比赛体育道德风尚奖。十一前夕，迎建党100周年，庆建国72周年之际，举办高升采油厂"石油工人心向党"纪念建党100周年系列活动之"喜迎国庆"团建游园会，全厂11家单位30支队伍500余名干部职工欢聚党史文化主题公园，各支参赛队队员团结协作、激烈争夺，激发职工队伍的爱党、爱国、爱厂意识。

（郎静雅）

茨榆坨采油厂

【概况】 茨榆坨采油厂地处辽宁省沈阳市辽中区茨榆坨镇，所辖油区为辽河盆地东部凹陷北部地区，分布于沈阳市、辽阳市、鞍山市等，勘探面积1200平方千米，资源量2.5亿吨。1983年1月，辽河石油勘探局成立沈阳勘探指挥部采油一大队。1983年11月，辽河石油勘探局以沈阳勘探指挥部采油一大队为基础成立茨榆坨采油厂。1999年8月，茨榆坨采油厂核心业务与非核心业务重组分立为辽河油田公司茨榆坨采油厂和辽河石油勘探局茨榆坨工程技术服务公司。2000年3月，茨榆坨油田工程技术服务公司更名为茨榆坨工程技术处。2008年2月，茨榆坨工程技术处划归辽河油田公司管理，列未上市业务二级单位管理。2011年4月，辽河油田公司对茨榆坨采油厂与茨榆坨工程技术处进行重组整合，按照"两个牌子、一个领导班子、一套机关机构、一体化管理、分开核算、两本账运行"模式，实施采油与井下作业业务一体化管理，保留茨榆坨工程技术处的机构名称、模拟法人、工商及税务登记资格。2020年10月，按照辽河油田公司对所属9个采油单位托管的工程技术业务进行重组整合统一部署，撤销茨榆坨工程技术处，将其留存的主营业务人员、资产及债权债务整体并入辽河工程技术分公司，将其留存的社会保险、离退休（再就业）机构及人员划归新组建的公共事务管理部统一管理。2021年3月，为落实辽河油田公司区块划转要求，将外围油区的科尔沁油田开发公司和张强采油作业区成建制划转到辽兴油气开发公司。2021年底，茨榆坨采油厂有采油作业区3个，联合站2座，计量站35座，转油站7座，集气站2座，注水站3座。目前管理牛居、青龙台、茨榆坨、铁匠炉4个油田，探明含油面积119.29平方千米，探明石油地质储量1.24亿吨，已动用含油面积103.17平方千米，石油地质储量1.12亿吨，可采储量1981万吨，标定采收率17.6%，累计生产原油1519万吨，采出程度13.5%；探明含气面积29.36平方千米，探明天然气地质储量100.19亿立方米，累计生产天然气49.38亿立方米，采出程度49.3%。拥有油气及固定资产11076项，总原值68.64亿元，总净值24.85亿元，总净额22.21亿元。设机关科室14个，机关直属部门4个，下设大队级单位8个。在册员工1390人。其中，合同化员工919人、市场化员工471人。员工中具有专业技术职称511人。其中，具有高级职称64人，中级职称299人，助理级127人，员级21人（不含外借到其他单位）。2021年，茨榆坨采油厂生产原油30.51万吨，生产工业气8902万立方米，外供天然气商品量7610万立方米；油气综合商品量超产2.3万吨，账面利润-22337万元，考核利润-5331万元，比底线目标-9908万元减亏4577万元，比奋斗目标-6771万元减亏1440万元（表6）。

表6 茨榆坨采油厂2020—2021年主要生产经营指标对比表

指标	2021年	2020年	同比增减
原油产量（万吨）	30.51	43.5	-12.99
原油商品量（万吨）	30.38	42.3	-11.92
天然气产量（万立方米）	8902	7975	927
天然气商品量（万立方米）	7610	6948	662
油气综合商品量（万吨）	36.44	47.83	-11.39
利润（万元）	-22337	-59958	37621

【勘探开发】 2021年，茨榆坨采油厂组织勘探开发，全面完成产量任务。深化富油区带再评价，突出多目标、多层系、多类型勘探，牛居构造带北段实现持续增储，实施滚动探井3口，新增石油地质储量205万吨，天然气储量1.3亿立方米。坚持"勘探开发一体化建产、方式转换与深度开发相结合"，高效推进新井效益上产，投产新井44口，新建产能6.6万吨，年产油3.3万吨，单井年产量由671吨增加至756吨。坚持"油水并重、注水先行"理念，持续加大老区注水调整力度，重点打造三类注水示范区，实施注水工作量124井次、动态调配227井次，年增油1万吨，治理区块自然递减率同比下降2个百分点。按照"井网重建＋超临界注汽＋调驱注水"的开发方式，在茨13块实施新井35口、吞吐20口、转注和调驱10个井组，区块日产油由58吨上升至175吨，油汽比0.42，采收率提高12个百分点，可采储量增加165万吨；推动牛74块压驱先导试验，完成设计注入量1.5万立方米，有望盘活千万吨低渗透储量，开创辽河油田压驱技术应用先河。不断拓宽措施挖潜思路，实施压裂、补层等各类措施162井次、增油4.1万吨，全面改善增油量、有效率、吨油措施费等指标。开展龙气5块建库可行性分析，预计建设库容5.2亿立方米，工作气量3.3亿立方米，构建新的发展蓝图。

【生产管理】 2021年，茨榆坨采油厂持续强化生产运营，稳步提升管理水平。精心超前谋划、精准资源配置、精细督办落实，产能建设、重大项目等组织运行全面提速提效。科学应对罕见暴风雪天气，保障生产正常运行，实现矿区及时清理，全面提升应急处置能力。深挖老井潜力、强化自耗气管控、狠抓专项治理，提前2个月完成全年外供气商品量奋斗目标，担负起天然气保供重任。合规配备押运员33人，清除押运外雇工4人，降低涉油犯罪风险。严把用气审批，规范供气工艺，关停外供气用户7家。持续推进管道完整性治理，补强修复失效点52处。强化矿区用水管理，新装水表17块，实现精准计量。深化精细对标，强化基础管理，检泵率下降至26.4%，检泵周期延长至821天，举升单耗下降至13.5千瓦·时/吨，三项指标稳居辽河油田公司前列。坚持"一井一策""六定热洗法",动态调整清防蜡方式,减少热洗610井次,综合创效1080万元。规模实施茨13区块、茨32区块等零散区块半密闭平台集油,有效开展茨128块、龙11块降回压工程,集油密闭率提升4.1个百分点。强化过程参数管控,夯实站场基础管理,狠抓油水指标提升,两座联合站优质低耗工程再创佳绩。优化顶层设计,强化现场管理,小修平均单井作业费同比减少3万元、降幅37%,位列辽河油田公司先进水平。推广"免洗井、免试压"降本措施,应用"大修作业小修化、带压作业常规化"技术,节约作业费1500余万元。

【经营管理】 2021年,茨榆坨采油厂深入开展提质增效,经营管控规范有力。强化项目精细论证,通过修旧利旧、资源共享、方案优化等减少低效、无效投资1168万元。推行"钻井平台、资料录取、轨迹靶点、外委项目"四个优化,百万吨产能投资下降3亿元。落实三级会审制度,建立预算执行月度监控机制,促进预算刚性执行,真正变"财务"预算为"经营"预算,吨油完全成本、基本运行费实现硬下降。打造提质增效"升级版",高效推动污水系统停药试验、浮渣调剖、密闭集油、办公资源整合等重大项目,通过优化作业工序、强化用电管理,加大两项"大头费用"的压减力度,全年5类、18项提质增效工程实现挖潜创效9364万元。强化项目闭环管理,完善联合验收、联合补偿、联合议价制度,堵塞管理漏洞,严控经营风险。深入推进内控体系建设,提升合规执行力,持续加强合同、概预算、招投标、结算等工作,依法经营、依法管理成效显著。

【企业改革与科技进步】 2021年,茨榆坨采油厂稳准推进改革创新,不断增强动力活力。主动服务大局,高效完成区块划转,为辽河油田公司做好"流转区效益上产"贡献力量。坚持稳准原则,完成高压电业务移交,实现电力专业化重组,推动"油公司"模式改革向纵深发展。推动钻井、作业、土地业务整合,重新梳理岗位职责,做到责权明确。恢复采油区地质工艺室业务职能,加大技术人才培养力度,提升自主分析能力。制定井站工作量测算标准,开展全要素评估,科学调整班站管理模式17座,节省用工35人。优化劳动组织结构,调整专业技术人员30人,清理外雇工53人,实现减员增效、劳动效率进一步提高。建立完善"三位一体"的全员绩效考核办法,以工效挂钩为依托,实施滚动考核、月度兑现,激发企业内生动力。推动"双序列"改革,选聘二级工程师6人、三级工程师7人,进一步提升专业技术人员薪资待遇,调动科研人员的积极性和创造性。持续开展科研攻关,实施蓄能压裂3井次、水平井割缝分段压裂2井次,单井增油高达890吨,有效破解低渗透储层开发难题。研制双级温控密封装置,成功试验二氧化碳辅助吞吐,有效提高深层稠油热采效果,力争将茨榆坨采油厂打造成国内规模最大的超临界蒸汽吞吐试验基地。

【安全环保】 2021年,茨榆坨采油厂坚持严抓严管,安全环保态势平稳。学习贯彻新《安全生产法》,履行企业主体责任,突出落实"三个必须"等相关要求。围绕"党政同责、一岗双责、齐抓共管、失职追责",细化梳理质量安全环保责任清单,实现全员全覆盖。健全完善评估评价机制,推动全员履职尽责。落实双重预防机制,加强井控、重大项目等重点领域的监督检查,强力推动"牛辽"供气管道占压隐患治理,强化"油地企"三方联动,履行国企三大责任,分段停运、分期整改,彻底解决困扰茨榆坨采油厂近15年风险隐患。着力提升"三位一体""四不两直"监管效能,严查习惯性违章和"低老坏"问题,不断夯实本质安全基础。应用钻井液不落地、油泥减量化处理、浮渣调剖等技术,依法合规处置钻井液、油泥浮渣累计8.1万吨。开展VOCs达标治理、井站生活污水改造,推行井站工业及生活垃圾分类,形成绿色发展新格局。强化井筒质量管理,固井质量合格率、优质率分别提升10.3%和10.8%。严抓产品质量,抽检物资22类、183批次,处理不合格产品7批次,挽回经济损失11.8万元。

【党建工作】 2021年,茨榆坨采油厂坚持全面从严治党,发挥政治优势。落实"第一议题"制度与中心组学习双线并行，深入开展党史学习教育，将学习成果转化为推动茨榆坨采油厂高质量发展的强大动力。召开中国共产党茨榆坨采油厂第四次代表大会，谋划"小而精、规模增、多元化"前进路径，发挥出党委"把方向、管大局、促落实"作用。开展"转观念、勇担当、高质量、创一流"主题教育活动，开展专题宣讲、研讨200余场，引导职工认清形势，凝聚起"为生存而战"的思想共识。落实"三个三分之一"选人用人要求，突出年轻干部培养选拔，激发队伍活力。坚持"生聚理用"人才培养机制，探索内部轮岗和对外交流新模式，多渠道培养人才力量，加快人才强企步伐。坚持党建工作与生产经营深度融合，针对生产经营中存重点、难点问题，广泛实施共产党员先锋工程、党员义务献工、党员突击队等一系列活动，累计创效600余万元。组织召开"10·11"专案警示教育暨合规管理法制教育大会，引导广大干部职工算好人生"七笔账"。开展首轮厂级内部巡察，发现2个方面、100个问题，提出巡察意见和建议12条，初步形成廉洁风险防控体系。

【矿区和谐】 2021年，茨榆坨采油厂全员共享发展成果，油区保持和谐稳定。不断优化矿区环境，持续加强"绿化、美化、亮化、净化、硬化"建设，整改"三供一业"施工遗留问题1386处，协调解决垃圾倾倒点改造、排污设备维护等问题，打造矿区节日亮化，营造浓厚氛围，矿区更加和谐宜居。全面恢复社区医疗服务，全天候配备救护车，增加临终关怀，彻底实现"小病不出厂、大病及时治"，为职工家属生命健康保驾护航。保障职工权益，携手成立"茨采家园"党建联盟，协调解决子女就学、冬季供暖等民生问题，"大业主"作用充分彰显。加大精准帮扶力度，发放救助慰问金100余万元，组织在岗30年老党员外出参观交流，为退休职工举行荣退仪式，让特殊群体感受到组织的关怀和温暖。强化职工食堂管理，提升服务质量和伙食标准，维护全体职工群众的切身利益。营造和谐氛围，警企联合开展"反内盗"专项整治行动，全年巡逻100余次、检查重点领域90余次，进一步维护油区平安稳定的发展环境。处理阻挠事件26起，协调纠纷事件3起，拆除违章建筑12个，减少损失200余万元。

【外围区块划转】 2021年，按照辽河油田公司统一规划部署，茨榆坨采油厂科尔沁区块、交立格区块、张强区块三个外围区块于3月14日划转至辽兴油气开发公司，茨榆坨采油厂产量规模锐降近30%。面对严峻挑战，茨榆坨采油厂党委领导，全厂上下通过深入开展党史学习教育，不断坚定"产量减士气不能减，规模降斗志不能降，规模越小越要精细化，形势越困难越要团结担当"的胜利信念，创新思路、攻坚克难，圆满完成各项生产经营指标，取得油气产量双超，减亏一千余万元的优秀生产经营业绩，为实现"高质量五十万吨新茨采"宏伟战略目标打下坚实基础。

【第四次党代会胜利召开】 2021年，茨榆坨采油厂党委落实新时代党的建设总要求，9月29日召开中国共产党茨榆坨采油厂第四次代表大会。会上，茨榆坨采油厂确立"高质量五十万吨新茨采"战略目标，提出"12345"（把握"一个主题"：高质量发展；瞄准"两个目标"：提高企业经济效益、提升职工幸福指数；聚焦"三个重点"：精细管理、改革创新、技术进步；突出"四个环节"：统一思想、转变观念、强化作风、提升素质；打造"五项工程"：党建强基、人才强企、科技兴油、民生聚力、品牌引领）发展思路，把握高质量发展主题，瞄准提高企业经济效益和提升职工幸福指数两个目标，聚焦精细管理、改革创新、技术进步三个工作重点，突出统一思想、转变观念、强化作风、提升素质四个关键环节，全力打造党建强基、人才强企、科技兴油、民生聚力、品牌引领五项工程，为长期高质量和谐稳定发展指明方向。

【新冠肺炎疫情防控】 2021年，茨榆坨采油厂按照地方政府、辽河油田公司有关疫情防控工作要求，严格外防输入、内防反弹，突出做好"常态化"防控，与各驻矿企业协同合作、联防联控，累计传达贯彻疫情防控各类文件指令320余份，开展重点人员信息排查278人次，组织全员核酸检测1次，重点人员医学检测496人次，完成新冠病毒疫苗接种

1285人次，全厂职工疫苗接种率96.4%，联合纪检、人事部门加强监督执纪检查，守稳筑牢油区"零疫情"坚固防线。

【庆祝中国共产党成立100周年活动】 2021年，茨榆坨采油厂党委组织开展党史学习教育、慰问困难党员、党史知识竞赛、主题党日活动、在党30年老党员参观座谈、学习习近平总书记在庆祝中国共产党成立100周年活动大会上的重要讲话精神等一系列活动庆祝中国共产党百年华诞。6月30日召开庆祝中国共产党成立100周年表彰大会，回顾党的光荣历史和丰功伟绩，表达对党的热爱和践行初心使命的坚定信念。各基层单位组织开展主题演讲、知识竞赛、主题征文等庆祝活动。

（王文钢）

沈阳采油厂

【概况】 沈阳采油厂为国有大型现代化高凝油生产企业，位于辽宁省沈阳市西北35千米处，总占地面积11.53平方千米，驻地占地面积134.9万平方米。沈阳油区包含静安堡油田、边台油田、大民屯油田、法哈牛油田，构造上位于辽河断陷北部的大民屯凹陷，勘探面积800平方千米，蕴涵10.11亿吨石油资源量。油藏类型多而复杂，油品性质为高凝油和常规稀油。探明含油面积247平方千米，石油地质储量3.6亿吨。1955年地球物理普查，1956年2月开始物探，1971年3月开始钻探，7月沈1井首次发现高凝油。1972年11月成立沈阳勘探指挥部，1973年6月更名为沈阳勘探处，1974年10月沈阳勘探处与第二勘探处合并成立沈阳勘探指挥部，1984年4月更名为沈阳采油厂，1986年编制整体开发方案、全面开放建设，历经2011年4月重组整合，2019年8月重组改制，2020年11月"油公司"模式深化改革，是集团公司辽河油田公司重要的油气生产单位，担负着沈阳油区的油气开发经营管理任务。2021年底，沈阳采油厂设机关职能科室14个、直属部门5个，所属三级单位14个（其中直接从事油气生产单位7个）。基层队48个，其中联合站5个、轻烃站1个；基层班站203个，其中采油站62个。用工总量3352人，其中合同化员工2453人、市场化用工891人、非全日制用工8人。工人2421人，干部931人（其中高级职称123人）。固定资产原值12.71亿元，净值4.49亿元；油气资产原值228.57亿元，净值44.21亿元。在册设备8754台（套）（其中抽油机1688台、压力容器431台、锅炉6台、水套炉351台、起重机14台），设备原值6.86亿元，净值2.27亿元，新度系数0.33，综合完好率97.5%，综合利用率70%。油井总数2169口，开井1644口；水井总数661口，开井534口；气井总数113口，开井30口；观察井65口。高凝油油藏投入开发17个，动用含油面积142.6平方千米，石油地质储量22386.3万吨；稀油油藏投入开发10个，动用含油面积54平方千米，石油地质储量6111.3万吨。区块投入注水开发23个，注水面积186平方千米，石油地质储量27886.5万吨。沈阳采油厂获中国企业文化研究会"企业党组织引领企业文化建设典型经验成果"，被评为集团公司装备管理先进集体与安保防恐工作先进集体，辽河油田公司质量健康安全环保特殊贡献单位、史志工作先进单位、法律工作先进单位、党政领导重视报纸宣传工作先进单位部门、新闻宣传十佳单位、网络管理先进单位、最佳记者站与五四红旗团委。获辽河油田公司智慧油田采气工职业技能竞赛采气团队项目金奖、团体成绩（采气）二等奖，采油工职业技能竞赛采油团队项目铜奖、团体成绩（采油）二等奖；首届培训项目设计大赛优秀组织奖、技能组一等奖、管理组二等奖；青年油水井分析比赛优胜单位、最佳进步单位。集输大队沈一联合站党支部、集输大队沈一联合站，分别评为辽宁省先进基层党组织、巾帼文明岗；集输大队沈一联合站、机动采油大队机采二队党支部，分别评为集团公司先进HSE标准化站队、先进基层党组织；所属三级单位受到市局级表彰52个次。员工受到省部级表彰奖励8人次，市局级128人次。

【生产经营】 2021年，沈阳采油厂面对新冠肺炎疫情、低油价冲击、极端天气挑战，实施"打造百万吨油田、创建一流采油厂"战略，发挥党委领导作用，制定落实《2021—2023年降本行动方案》，推进项目化管理，超额完成年度目标任务，各项业绩指标在辽河油田公司名列前茅，创历史新高。完成原油产量102.19万吨，比计划超产2.19万吨，同比增长1.69万吨，原油产量连续5年超产。完成原油商品量102.19万吨，比计划增加2.19万吨，同比增长1.69万吨，原油商品量连续6年持续增长。完成天然气产量10598万立方米，比计划超产1198万立方米，同比增长276万立方米。完成天然气商品量7366万立方米，比计划超产5566万立方米，同比增长638万立方米，创21年新高。完成油气综合商品量107.2万吨，比计划增加5.77万吨，同比增长1.34万吨（表7）。油田注水计划950万立方米，实际完成1047万立方米，同比增长17万立方米。账面利润2.1亿元，同比增长7.34亿元，取得7年最好成绩。完成采购资金2.52亿元，其中成本1.27亿元、专项资金0.01亿元、投资1.24亿元。基本建设投资计划94322.96万元，实际发生95138.86万元。完钻预探、滚动、评价井7口，进尺2.43万米。完钻开发井80口，进尺20.78万米。完成大修、侧钻井7口，进尺0.4万米。投产新井94口井，全为油井。建成油气水井井口装置94套，铺设油气水井管线57.69千米，架设6千伏电力线2.08千米。

表7 沈阳采油厂2020—2021年主要生产经营指标对比表

指标	2021年	2020年	同比增减
原油产量（万吨）	100	98.8	1.2
原油商品量（万吨）	100	98.8	1.2
天然气产量（万立方米）	94000	6900	2500
天然气商品量（万立方米）	1800	1350	450
油气综合商品量（万吨）	101.43	99.88	1.55

【产能建设】 2021年，沈阳采油厂超额完成储量任务，立足富油区带，全区地质统层，构造连片解释，区域整体编图，储层立体评价，落实潜力类型，荣胜堡周边沙三段重评老区扩边部署潜力取得新突破，西坡及南部沙四段利用甜点预测、水平井体积压裂技术重识致密油可动用潜力取得新发现，安602井区太古界精细构造研究与储层预测相结合重认裂缝油藏勘探潜力取得新成效，完成9个目标区部署，部署实施探井13口，贡献原油产量0.7万吨。提质提速，效益建产，超前井位部署，区块效益排队，运行抢先抓早，效益倒逼投资，加大市场运作，产能建设呈现单井产量升、生产时率升、新井投资降、百万吨产能投资降的"两升两降"态势，投产新井79口，年产油7.4万吨，百万吨产能投资同比下降到56亿元。生产时率266天、同比提高10天，继续保持辽河油田公司领先水平。

【精细注水】 2021年，沈阳采油厂油水并重，高效注水，新区注采同步，老区注采平衡，注采联动分析，多元动态调配，实施注水措施305井次，自然递减率9.7%，同比下降0.3个百分点，综合递减率5.6%。深化油井措施论证，实施措施190井次，阶段增油4.2万吨。高凝油化学驱试验获成功，日增油24吨，年增油0.6万吨。油井、水井措施比例从1∶0.7提升至1∶1.0，年增油3.3万吨。加快新区井网完善，实施转、复注井65口，治理欠注井57口，新增水驱储量362万吨，水驱控制程度提升至79.5%。强化沈84—安12块示范区建设，实施油水井措施318井次，水驱动用程度提高到77.3%，自然递减率下降到11.6%，区块产量稳定在21万吨以上。潜山油藏强化多元调配，以关联井组为单元细化调配策略，建立不同区块主导调配技术，实施调配295井次，增油0.8万吨，自然递减率保持在7.0%以内。全油田产量综合递减率5.6%，自然递减率9.7%、含水上升率1.8%，同比分别下降0.4、下降0.3、上升1.5个百分点；油田阶段存水率0.21，较2020年保持不变；阶段水驱指数1.39、储采比10.63，同比分别提高0.06、下降0.88。

【降本增效】 2021年，沈阳采油厂制定落实《三年

2021—2023年降本行动方案》，严格投资审核，优化结构、强化审批、简化设计，论证取消或暂缓55项，压减投资1.67亿元，进一步提升投资质量。严格成本管控，严格预算执行，坚持以效益为中心的资金投入导向，划定控制单元、划小核算单元，完全成本、运行成本实现硬下降。成本结构得到优化，节电、控躺井措施，管控电费、作业费两大重点费用，优化基本运行费结构，同口径单位基本运行费785元，同比下降21元。剩余经济可采储量上升，折耗降低，完全成本结构得到优化。落实储量700万吨，剩余经济可采储量637万吨。百万吨规模持续稳定，自然递减率9.7%，原油产量102.19万吨。压减投资加速减值，投产新井79口，同比减少25口；年产油7.4万吨，对比计划增1万吨，生产天数达到266天，百万吨产能投资同比下降14亿元。报废减值1.4亿元，年末油气资产净值44.21亿元，同比减少6.7亿元。储量增、产量稳、资产减轻、成本结构优化并呈现下降趋势，同口径桶油完全成本48.85美元，同比下降2美元。

【老油田效益开发管理提升经验交流会】 2021年12月16日，辽河油田公司推广沈阳采油厂老油田效益开发管理提升经验交流会在沈阳采油厂召开。沈阳采油厂作"强化精益对标管理，全面提升发展质量"主题汇报。沈阳采油厂"老油田效益开发管理提升经验"主要内容：强化对标管理，突出问题导向，坚持横向对标找差距、纵向对标寻突破，建立"选标、对标、分析、提升、考评"闭环模式，一体化推进红旗支部和标杆站建设，打造沈一联等6个示范标杆站，形成"示范引领、比学赶超、争创一流、全员抓管理"的工作氛围。强化采油管理，健全油井健康档案，细化一井一策，严抓平衡率、泵效指标。聚焦躺井控制，优化防偏磨综合技术，开展抽油泵12项技术升级，解决泵漏瓶颈难题，维护性作业下降307井次，费用下降4640万元，间接增油3950吨。强化节电管理，坚持管理与技术并重，通过优化热线下深技术、实施平台热水循环工艺等措施，消化新增用电负荷2738万千瓦·时，电量下降223万千瓦·时、电量实现6年来首次下降，节省电费615万元，电费实现6年不增加。强化创新管理，围绕增储上产、节能创效等关键技术难题，超前立项研究，完成科技项目15项，科技支撑能力进一步提升。全员创新创效扎实开展，组织生产技术讲座51场次，发布先进管理成果15个，解决生产难题87项。

【质量健康与安全环保】 2021年，沈阳采油厂树牢"一盘棋"意识，联合22个驻油区单位和主要承包商，固化安全、防疫、应急一体化的联动模式，推进沈阳油区联盟式"QHSE管理大格局"。探索推进"自主化安全"采油站和"零隐患"联合站创建，沈一联通过集团公司"百千示范工程"标准化站队验收、采油一区6号站通过辽河油田公司自主化安全站队验收。突出履职尽责，全员责任制架构日益稳固。逐级签订责任书，加大问责力度，开展专业培训和QHSE履职能力评估，固化形成分级风险防控的责任架构，标准化创建达标率100%。推进机关科级干部承包点活动，协调解决基层安全环保和健康民生难题198项。科学遵循发展规律加强风险识别与评估，全员、全方位辨识作业活动、设备设施、管理风险2033项，实现分级管控。投资1300万元，治理法一联至沈二联气管线穿越蒲河、压力容器判废隐患项目13项，提升本质安全水平。推进安全生产三年整治行动，各专业领域风险实现稳控。围绕"工程、产品、服务"开展质量管理与监督工作，查处质量问题200项，处罚67550元，挽回经济损失169万元。加快绿色发展进程，源头压降落地油泥产生，即产即清，保持"零库存"。梳理固废管理脉络，新建污水收集装置158个。强化劳动保护和职业病防护，推进6项健康护航行动，治理站场噪声设备60余台（套），开展"无烟单位、健康食堂"创建，对130名高风险人群进行健康干预，有6名高风险人员转至中风险，守住员工群众生命安全和健康防线。突出从严监管，安全生产水平显著提升，连续6年获辽河油田公司质量健康安全环保特殊贡献单位。

【科技工作】 2021年，沈阳采油厂围绕增储上产、节能创效等关键技术难题，超前立项研究，开展科技研究和工艺攻关，承担各类科技项目14项，经费投入2191万元。其中承担"辽河油田公司科技项目"5项，经费投入40万元；承担"业务部室类科技项目"4项，经费投入1726万元；承担"二级单位自筹项目"5项，科研经费投入425万元。获各级单项奖励73项（国家级成果3项、省部级2项、市局级68项），获辽河油田公司科学技术奖8项（表8），评选出沈阳采油厂科技进步奖24项。获国家发明专利授权1项、实用新型专利授权3项（表9）。进一步提升科技支撑能力。辽河油田公司科技项目"高凝油开采节能技术研究与试验"，开展电加热间送时间优化81井次，空心杆热线下深优化40井次，平均单井次节电14%。揭榜挂帅项目"中低成熟度页岩油开发先导试验示范工程项目"，单井投资降至3146万元。沈67块出砂综合治理对策研究，明确出砂规律，为防砂方案的制定提供数据依据。抽油泵泵筒材质及固定阀材质的优化与改进，提高抽油泵耐磨性及抗刺漏性，延长抽油泵使用寿命。新型挡砂工具膨胀防砂筛管试验，为防砂工艺增添新技术手段。沈84—安12块小井距井组分注分采提高水驱效率试验，高含水井组得到有效治理。沈257块高效开发综合配套技术研究，实现低渗透砂岩增产增效。高凝油综合解堵技术研究与应用，保证油井高效生产。连续油管热水循环伴热工艺改进完善试验，单井节能14%。电加热油井转冷采，节电511.73万千瓦·时。针对各油藏及油藏不同部位存在问题，抓住主要矛盾，制定因块制宜、因井制宜、因层制宜对策，形成不同油藏的主导高效注水开发技术，年均注水措施增油1.7万吨；形成保温空心杆热洗清蜡技术，研制保温空心杆，探索热洗清蜡效果评价新方法；发展推广分布式光伏发电站，节约电费52.3万元，替代213.8吨标准煤。

【党建工作】 2021年，沈阳采油厂从实际出发，以落实党建责任制为（1条）主线，坚持项目化理念和方法，围绕改革发展、安全环保、提质增效等（N项）中心任务，一体化开展党建工作。有效提升领导班子凝聚力、党员干部执行力、员工队伍战斗力、企业发展成长力，不断提高党建科学化水平，形成沈阳采油厂党建"1+N"工作经验：必须坚持以高质量党建引领高质量发展不动摇，必须坚持党建与生产经营深度融合不偏离，必须坚持打造忠诚干净担当的干部队伍不变道，必须坚持建强基层党组织

表8 2021年度沈阳采油厂获辽河油田公司科学技术奖统计表

等级	成果名称	获奖人员
三等奖	沈84—安12块高凝油油藏高效注水技术研究与试验	王庆文 李春龙 杨 杰 梁武全 王鹏程 石兴海 王亚成 孙贵阳 高梦雪
三等奖	大民屯油田沙三段勘探开发一体化研究	鲁迎龙 杨美萍 赵 爽 骆 杨 王志勇 武升平 刘 畅 王宇华 曲文凯
三等奖	沈257特低渗砂岩油藏增产技术研究与应用	冷 彪 袁 武 黄双龙 秦 伟 马占军 徐文洋 王禹贺 彭继明 唐 平
一等奖	辽河油田水驱油藏潜力再评价及上产规划研究与实践	武 毅 阴艳芳 邱 林 王 强 石利华 刘 禹 罗鹏飞 付 强 史云鹏 鄢 菲 张 俊 王 强 高 亮
一等奖	低成本调剖调驱关键技术与工业化应用	王 浩 李学良 柳燕丽 郑晓松 李 峰 郭斌建 尹 华 袁 晖 陈银虎 毛 雪 刘 鹤 刘江玲 杨 洁
二等奖	蓄能压裂技术研究与应用	苏 建 张 伟 张文昌 林 健 关 伟 韩冬深 张洪彬 孙凤艳 段晓旭 刘生平 卜祥福
二等奖	辽河油田效益建产关键技术对策研究与应用	魏 耀 张子明 张 军 姜 越 郭子南 孙嘉鸾 刘永华 张 娟 王睿哲 郭 晶 白 杨
三等奖	电潜螺杆泵举升配套技术研究与应用	张红朋 陶 硕 张 硕 刘兴源 李立超 罗鹏飞 韩 锋 金姗姗 许宝燕

注：前3项为沈阳采油厂独立完成，后5项为沈阳采油厂与其他单位合作完成。

表9 2021年度沈阳采油厂获国家专利授权统计表

授予日期	名称	类别	专利号	发明人
2021年1月1日	双分支水平井换井底生产方法	发明	ZL201811306663.0	唐 平 钦焕光 刘斯迪 张继平 洪希志 赵旭光 王志刚 陈学亮
2021年3月30日	一种压控开关工具及找堵水管柱	实用新型	ZL202020566466.9	周学金 姜 伟 李鸿程 韩 锋 冷 彪 刘大伟 王 肖 刘俊峰 肖 冻
2021年3月30日	一种油井内电缆固定保护装置	实用新型	ZL202020793655.X	唐 平 姜 伟 刘斯迪 洪希志 唐晓波 郭道宏 于婷婷 张 震 黄双龙 陈银虎 于小山
2021年3月30日	井口耐压电缆密封装置	实用新型	ZL202020793017.8	唐 平 董绍刚 刘斯迪 于婷婷 张津睿 白建平 王 博 彭继明 陈学亮 王禹贺 杨 威

不懈怠，必须坚持弘扬石油精神不能丢，必须坚持全心全意为职工服务不减速。提高站位强信念，发挥政治引领作用，深入学习党的十九届历次全会精神和习近平总书记系列重要讲话精神，以党史为重点系统开展"四史"宣传教育。坚持与生产经营深度融合，确立10个提质增效项目组，累计创效约5.7亿元。创建深度融合项目75个，实施党建项目课题457个，组建党建工作联盟5个。强化培养严格考核，领导班子和干部队伍战斗力明显增强，机关干部井站承包，帮助基层解决问题234个，实施共产党员工程63项，创效1000万元。坚持人才强企，推进专业技术岗位序列改革，强化技能人才业务培训，职业技能竞赛奖牌数连续5届排名辽河油田公司第一。注重示范引领和质效并重，结合"油公司"模式改革，推进红旗党支部和标杆站队建设，不断加强基层党建工作，深化"共产党员先锋工程"等活动，2个党总支（支部）获辽宁省先进党组织。压实责任重合规，常态化推进"两个责任"落实，推进党风廉政建设工作，逐步形成不敢腐、不能腐、不想腐格局，工作经验得到辽河油田公司高度认可。铸魂育人聚合力，体现宣传思想文化作用，弘扬具有鲜明的沈采特色和时代内涵的高凝油精神，建设"沈1井"企业文化教育基地。坚持党建带群建，搭建青年油水井分析、安全成果发布、青工"五小成果"展示"青"字号平台，"双千双亿"工作经验在辽河油田公司推广。

【民生工程】 2021年，沈阳采油厂将民生改善列为战略工程，坚持统筹协调、整体联动，落实矿区联席会议制度，牵头召开民生推进会6场次，专题调研井站16个，实施立项销项管理，推进矿区"三供一业"（供水、供电、供暖、物业）改造、疫情防控等民生事项。安排215万元专项预算，用于绿化、美化、亮化工程，进一步完善矿区基础设施。创建健康企业，整合成立16个文体协会，依托室内外活动场馆，开展工间操、健步走等全民健身运动，日常参与人数超过800人。升级EAP工作室，开展心理健康一线行、阳光课堂等，全方位提高职工身心健康水平。推进电视网络升级改造、文体健身场地修缮、饮用水质提升等一系列民生工程。维护员工权利，组织召开两级职代会、民主恳谈会，职代会提案答复办结率100%。《改善沈采矿区生活用水质量》提案获评辽河油田公司重点提案，纳入《油田公司民生工程实施方案》推进落实，推荐至辽宁省总工会。超额完成业绩指标，员工收入同比增长8%。落实带薪休假、疗养、体检等福利待遇，保障员工合法权益。实施各类帮扶155人次，发放帮扶资金43.2万元，促进队伍和谐稳定。加强与地方党委、政府沟通，落实维稳责任制，开展法制教育和"反内盗"专项行动，推进矿区治安治理、油气水电整治等工作，油区生产稳定、矿区和谐宜居，增强职工群众获得感、幸福感。

【新冠肺炎疫情常态化管控】 2021年，沈阳采油厂实施矿区封闭管理和人员流动排查、审批管控，常态化组织驻矿单位联席会议，统一独立矿区疫情管控措施和应急方案。持续抓实人员流动报备、矿区门禁管理、场所通风消毒和常态化防疫督查管控措施。加强沈采街道及驻矿单位防控工作联动，组织隔离人员、驻沈阳市区人员摸底排查和场所门禁、消杀等防控督查，坚持对驻外员工和改做具体工作、休假等重点人员日打卡，收集防疫行程卡，完善员工住所和子女在校信息数据库。加强矿区封闭管理和食堂清洁消毒、餐饮加工、冷链食品管控。针对沈阳和营口地区突发疫情，立即组织疫情排查，升级矿区、站场封闭和人员流动管控措施，增发防疫物资，开展防疫工作督查，运用系统打卡、大数据行程码查验，督促落实各项管控措施。坚持"快一步、严一级"，超前部署并精准实施人员、矿区、场所升级管控，开展180轮次防疫排查，排查人员4600人次，落实核酸检测760人，疫苗应接尽接率100%，平稳化解沈阳地区疫情反弹风险，保持"零疫情"。

（孙金昌）

锦州采油厂

【概况】 锦州采油厂成立于1991年4月1日，是辽河油田公司下辖的油气生产二级单位。1991年4月，辽河石油勘探局将欢喜岭采油厂所辖的大凌河以西稠油区块的开发生产及管理划转并独立，成立锦州采油厂。1999年8月，按照辽河石油勘探局重组改制、分开分立的整体部署，以锦州采油厂的采油、采气、油气集输、采油工艺研究、地质开发研究等核心业务为基础，组建辽河油田公司锦州采油厂，隶属辽河油田公司管理；以非核心业务为基础组建锦州油田工程技术服务公司，隶属辽河石油勘探局管理。2000年3月，辽河石油勘探局将锦州油田工程技术服务公司更名为锦州工程技术处。2008年2月，锦州工程技术处划归辽河油田公司管理，列未上市业务二级单位管理。2011年4月，辽河油田公司将锦采厂与锦州油田工程技术处按照"两个牌子、一个领导班子、一套机关机构、一体化管理、分开核算、两本账运行"的模式进行合并重组，实施采油与井下作业业务一体化管理，保留"锦州油田工程技术处"企业名称及其独立法人、工商及税务登记资格。重组整合后，锦州采油厂成为集勘探开发、工程技术服务、生产保障、多种经营等业务一体化的综合性生产单位。2017年，锦州采油厂形成油气开采、勘探开发、工程技术服务、生产保障、多种经营等业务一体化发展格局。2018年3月，辽河油田公司将辽河石油勘探局锦州工程技术处更名为辽河石油勘探局有限公司锦采工程技术处，仍与锦州采油厂实行一体化管理。2020年10月，按照辽河油田公司对所属9个采油单位托管的工程技术业务进行重组整合的统一部署，撤销锦采工程技术处。锦州采油厂经过二十多年发展历程，创造出200万吨以上高产稳产12年辉煌业绩；螺杆泵采油、水平井采油等技术率先在油田应用和发展，蒸汽驱、化学驱两项集团公司重大试验项目取得成功；创新性实施"采油专业化管理""五位一体"经营承包、"模拟资产经营""单井效益分析"等管理模式，构建科学化、规范化、精细化管理格局。2021年底，锦州采油厂管辖有锦45块、锦25块、千12块等21个稠油区块，以及锦16兴隆台、锦99杜家台等34个稀油区块，探明含油面积73.8平方千米，探明地质储量20277.3万吨。有油井总井2897口，开井1626口，日产液30208吨，日产油2744吨，平均单井日产油1.7吨，综合含水90.92%，采油速度0.37%，采出程度33.11%，可采储量采出程度94.85%，剩余可采储量采油速度16.93%，剩余可采储量361.17万吨。开发方式有注水、蒸汽吞吐、蒸汽驱、化学驱、天然能量等，其中以稀油注水和稠油吞吐为主。员工3285人。其中合同化员工2387人，市场化898人。辽河油田公司技能专家6人，厂专家2人，首席技师6人，高级技师8人，技师93人。高级职称人员123人，中级职称人员598人。设机关职能科室14个、直附属部门4个，科级生产经营单位13个。固定资产34048项，原值1457726.21万元，净值127408.57万元。各类设备16948台（套），设备原值11.51亿元，净值3.02亿元，设备新度系数

0.26，设备综合完好率 93.56%，利用率 86.78%。采油自然站 55 个（含无人值守站），转油站 33 座，热注站 27 座，联合站 1 座，注水站 4 座，污水处理站 3 座。2021 年，锦州采油厂有油井 2897 口，开井 1626 口；水井 239 口，开井 156 口；气井 9 口，开井 5 口；蒸汽驱注入井 265 口，开井 173 口；火驱注入井 9 口，开井 5 口；化学驱井 78 口，开井 69 口。生产原油 73.54 万吨，超产 6000 吨；生产天然气 2596 万立方米，超产 839 万立方米（表 10）；超交商品量 0.52 万吨。获辽宁省思想政治工作先进单位、集团公司安保防恐工作先进集体、辽河油田公司质量健康安全环保先进单位、辽河油田公司宣传思想文化工作先进集体、辽河油田公司巡察工作先进单位、锦州市"安全生产工作优秀单位"、锦州市首家"省级健康企业"等荣誉称号；荣立辽河油区企业单位安全保卫工作集体三等功。

表 10　锦州采油厂 2020—2021 年主要生产经营指标

指标	2021 年	2020 年	同比增减
原油产量（万吨）	73.54	75.20	-1.67
原油商品量（万吨）	72.80	73.73	-0.93
天然气产量（万立方米）	2539.00	2205.00	334.00
天然气商品量（万立方米）	0.00	400.00	-400.00
油气综合商品量（万吨）	72.80	74.04	-1.25

【油气勘探开发】 2021 年，锦州采油厂利用辽河油田公司产能建设总承包机制，通过多布井、快运行，钻新井、侧钻井 98 口，新建产能 9.72 万吨，实现同样投资多打井 60 口多建产能 3 万吨的目标。实施侧钻、换井底、大修等措施 73 口，恢复日产能力 185 吨，年增油 3.1 万吨，弥补化学驱产量缺口。通过结构调整，减少 0.1 以下油汽比井吞吐注汽量 10 万吨，关停火驱效果差的井组 4 个，少注空气 1040 万立方米，停注蒸汽驱井组 12 个，少注汽 20 万吨。稠油区块精细开展水淹规律研究，实施侧钻、调补层等措施 121 次，单井年增油 312 吨，吞吐产量上升 2.3 万吨，油汽比稳定在 0.3，锦 607 块、锦 7 块等 6 个区块实现综合负递减。在锦 16 化学驱二层系工业化试验区加大注采两端调控，日产油从 100 吨上升至 130 吨，超产 6000 吨。

【生产建设】 2021 年，锦州采油厂发挥生产组织中枢职能，协同推进上产劳动竞赛、产能建设等重点工作。成立产能建设项目领导小组，实施"挂图作战"，加快各环节工作，组织开展"喜迎建厂三十年""冲刺 90 天，打赢抗洪复产攻坚战"等劳动竞赛，明确配产配注指标及上产保障措施，超前组织拆抽、小修挤灰、地面工艺、配电系统、地面设备、钻前准备等工作，加快投产运行组织，完成新井、侧钻井投产 121 口，增加日产油 379 吨。针对新井、侧钻井注汽压力高状况，组织酸化解堵、优先使用高压小炉子注汽保证注汽干度。根据修井工作量和油井产量，强化修井作业运行管理，提高运行时率。对四家采油作业区物联网软件及生产日报统一格式，实现厂级油井预警系统、数据采集对比系统、视频轮巡功能上线应用。按期完成锦 150 块、锦 99 块、锦 98 块转注水工程。按照"分段、限时"原则，检修电力线路 12 条 127.5 千米，保证用电安全平稳。修订完善防洪防汛专项应急预案，完成防汛演练、防汛物资储备、水位尺安装、防汛指挥图绘制、防洪闸维修保养及锦 45 块防汛护坡工程等工作，成功应对洪水和风暴潮侵袭。进行冬防保温部署，与盘锦辽河油田华联实业集团有限公司达成储备 7 台除雪车辆协议，成功应对罕见暴风雪，努力降低对修井、钻井生产影响。编制锦州采油厂《限电工作预案》《天然气保供应急方案》，进行拉闸限电、外购气限供应对准备。开展热注单炉定标对标工作，对燃气单耗、电单耗、烟温超标等 16 台锅炉进行跟踪调整，制定缩短注汽距离的锅炉规划方案，减少注汽压差，减少 70 万立方米天然气无效损耗。持续跟踪天然气热值变化情况，及时协调油气集输公司对气表进行校对，年挖潜天然气 200 万立方米。强化厂、区、站三级注汽质量监督、通报制度，注汽干度不低于 75%，注汽干度结算合格率 100%。对集输系统强化分段控制分段达标落实，年节约药剂费 306.35 万元。严格控制老化油量，严把入井流体进站关，外输含水控制在 1.5% 以下。优化水量平衡，开展减注增排工程，节电337万千瓦·时，日减少回注2000立方米。改造9座常规污水生化池过滤罐，更换160个反洗阀门，开展杀菌剂筛选和评价，注水水质得到改善。检测管道90千米，更新管线12.5千米，维护管道479处。更换辽河油田公司投资《锦采环境敏感区管道治理工程》站间级管道7条6.5千米。优化修井方案设计897口，群众性挖潜19701井次，措施治理48井次，维护性检泵降低49井次，作业返工率同比下降0.12%。采取"参数优化、方式替换、系统改造"等方式停降掺油，同期减少掺油15391吨。持续推进井站面貌提升工作，完成自主刷抽223台，标准化井场271个。完成361项操作规程制修订工作并开展操作规程培训19次，编制管道隐患治理三年规划方案并获审批，争取隐患治理资金1600万元，完成联合站天然气管道改造、集供气系统改造、敏感区域管线治理项目。购置COD监测仪、增加化验人员，实现外排污水平稳受控。细化提质增效方案，论证20项，涵盖中质油销售、引进CNG等20项措施，完成3799万元。完成65口新井投产地面抽油机垫层、井口工艺、配套动力设施、物联网接入端口、集油管线、高架罐的焊接、检测、试压和输油管线聚氨酯保温等工作，一次投产成功。完成集输注水高压变频器间改建、集输注水排泥系统改造；在欢三联四个区域建成光伏项目，一期工程6月26日并网发电，年底发电20.31万千瓦·时。二期工程12月31日并网发电。新建欢三联集中地热交换站一座，对欢三联稀油脱水岗、稠油脱水岗原油、注汽软化水和采暖水进行加热。进站水量100米/时，1号、2号两台热泵运行，稀油脱水岗原油温升17摄氏度，软化水温升18摄氏度，稠油脱水岗原油温升20摄氏度。

【安全环保】 2021年，锦州采油厂深入落实集团公司、辽河油田公司部署要求，强化QHSE责任体系建设，坚持对标管理，优化整合7个系统分委会职能，落实领导班子成员深入"党建+安全"班站承包点督导重点任务，帮助基层找问题、解难题。组织开展全员危害因素辨识，更新完善安全生产风险4424个，辨识生产异常56项。落实安全生产三年专项整治行动方案要求，围绕"两个专题，五个专项"，高质量推进集中攻坚阶段整治工作，118项工作任务有序实施并取得成效。按照制定的QHSE工作计划，修订管理技术岗位责任清单397个、操作岗位履职承诺卡1074个，重新梳理班站安全职责，实现责任清单签订率达到100%。深度推行安全记分制管理，累计记分380人次394分。领导干部开展承包点活动112次。推进"一岗双责"责任落实，采取"访谈+测试+集中答疑"方式，对119名在职科级干部进行履职能力诊断性评估培训，组织党总支书记HSE培训班，深度分析能力短板。依照QHSE管理制度、标准，采取各种形式开展监督管理工作，对发现不符合项开具整改单、进行通报，根据情况进行处罚，督促问题整改。检查生产场所1067个，发现安全隐患1214个，下发隐患整改通知单419份，通报典型问题132个，处罚近6万元。优选13个班站开展自主安全管理试点，采油19号站、33号站、43号站、88号站通过辽河油田公司自主安全管理班站验收，自主管理班站达到8座。开展QHSE体系审核3次，覆盖科室部门18个、作业区（大队）11个和基层班组22个，督导问题整改。在辽河油田公司年度量化审核中得分87.58，位居前列。迎接国家、省、市应急管理部门、生态环境部门执法检查38次，发现问题52项全部整改。面对强降雨、暴风雪等恶劣天气，绘制《锦州油区道路危险点源识别图》，发布恶劣天气预警，实施两级机关"双重"安全监护，排查危险路口、路段36个。采取路检夜查、GPS监控跟踪等方式开展车辆安全技术状况、司机守规情况检查。持续推行清洁生产技术，投入700万元对环境敏感区管线进行隐患治理，合规处置历史遗留油泥4386吨、井站工业垃圾488吨、废铅酸蓄电池8.9吨、废树脂76吨、废润滑油42吨。绿色修井率、钻井液不落地处理率100%。加强含油污泥源头控制，同比小修作业井次增加172井次，油泥减少121吨，减幅34%，单井油泥产生量符合考核指标。强化环境敏感区管道隐患治理，突出"以冬治夏"管线治理模式，组织更换、加固各类管桩359组，管线防腐保温修复43千米，预防性带压修复管道25处，回收修复管线10.4千米，修复管道缺陷点189处、井场围堰39个，敏感区管道腐蚀性检测40千米，削减管线运行隐患，管线泄漏同比减少15次，油泥量减少93吨。对21座班站卫生设施实施环保升级改造。依据《辽河油田公司生态环境保护管理办法》和井控实施细则开展日常环保监督检查，对发现的不符合项，及时督促整改，并根据情况作出处罚。

【科技工艺】 2021年，锦州采油厂投入科技项目5项（其中油田公司项目1项、厂项目4项），投入资金39.85万元，各项目均完成计划任务书规定的工作量和相关技术经济考核指标，分别通过辽河油田公司、锦州采油厂项目验收委员会组织验收。取得自主创新成果9项，其中"杆式泵强启闭在大斜度油井研制与试验"实现具备强启闭功能的杆式泵在井下55度以内油井试验应用，应用10井次，拓宽杆式泵应用范围。"投球选注工艺可溶式选堵球的研究与试验"成为改善稠油井注汽剖面、提高注汽效果的一项新技术。"液压换层采油技术"在锦采首次成功试验，可进行油井分层采油控制高含水。"注聚井返出物处理工艺的研制与试验"经现场试验满足处理需求。"复杂油藏蒸汽驱现场试验调控技术研究"填补了字形井网蒸汽驱调控方法的空白，通过4口井高温调剖试验证实，调剖后注汽压力上升，气窜通道得到有效抑制，层间矛盾得到一定程度改善。通过推荐申报、形式审查及评委打分，完成组织评定37项，其中一等奖8项，二等奖12项，三等奖17项。获油田公司级以上科技奖7项（其中获省部级1项，油田公司级6项）。获授权专利27项，其中发明专利19项，实用新型8项。申报发明专利5项。按照"稀油上产、稠油缓降"工作思路，实施工艺措施（如改进小井眼压裂防砂工艺，采用环氧树脂代替酚醛树脂填入改造层位；试验低密度高强度分散树脂固砂剂和低成本固砂剂；采用同曲率扶正器和注塑杆防止生产井抽油杆偏磨；对注水井细分重组和对超注欠注井开展治理等）20项430井次，增油4.2万吨，降水9万立方米。

【经营管理】 2021年，锦州采油厂围绕"增收、降本、控投"三个主题，部署《提质增效专项行动》，明确21项举措71个子项目，实现挖潜创效2.51亿元，较目标增加6900万元。围绕控亏6.72亿元目标，优化成本结构，压减折耗、财务费用、税费等固定成本1.24亿元，弥补生产成本、人工成本不足。与上级部门沟通反映价格调整、化学驱扩大和专项资金使用对厂效益影响情况，争取辽河油田公司资金支持1.03亿元。深挖自产气潜力，自产气较计划增加839万立方米，创效1513万元。强化分质分销和动态销售工作，实现稀油、凝析油分销4.9万吨，创效1470万元。按季度编制资金平衡预算表，从严审批，靠实资金使用情况，资金计划执行准确率在92%以上，同比提升5个百分点。开展票据池顺转业务（将票据全部集中入票据池，实施鉴别、查询、保管、托收等一揽子服务，可根据客户需要，随时提供商业汇票的提取、贴现、质押开票等融资保证企业经营需要的一种综合性票据增值服务），使用票据支付等资金工具手段压降资金成本，实现电票返息72.65万元。实现自有资金满足生产经营需求，减少资金占用2.68亿元，节约财务费用1113万元，同比下降8.5%。全面推进资产分类管理，制定差异化管控策略，促进资产质量和结构优化，年折耗同比下降1.94亿元，降幅32%。实现资产处置整体收益最大化，处置报废资产468项，实现处置收入341万元。持续落实税收优惠政策，加大研发费加计扣除工作力度，完成"三新"项目资料申报工作，增加净利润386.5万元。组织报送三批消费税返还申请，实现消费税返还收益120万元。落实开展"小金库"自查自纠专项行动、财务基础工作检查、整治财务会计信息虚假问题专项行动、财务大检查、零星收支资金自查等专项检查，及时发现并整改42项基础工作问题，剖析问题产生原因，建立财务巡检稽核机制，有针对性的拓展财务稽查业务范围，向业务端延伸。开拓外部市场，新增外部项目4个，输出劳务217人，创效1096万元。培育内部市场，挖掘基础潜力，提升盘锦辽河油田华联实业集团有限公司市场竞争力。推进资产轻量化，加大低效无效资产处置变现力度，处置报废资产2120

项，实现处置收入445万元。实施锅炉提效工程，开展低效无效井治理，减少注汽量20万吨，燃料费同比下降4300万元。实施作业效益联包和市场化运作，作业费同比下降4200万元。强化用电管理，综合运用10项节电举措，在新井及耗电设施增加的情况下，电费下降386万元。打造"优质、低耗、高效"集输系统，运行成本三年下降25%，外排污水处理能耗由5.8元/米^{3}降至2.7元/米^3，基本运行费较上年下降8432万元，降幅9.3%。突出效益建产，统筹安排投资计划，百万吨产能投资由33.2亿元下降至25.2亿元。严格控制一般技改性和非生产性投资，投资支出同比下降3800万元，降幅9.2%。严守投资回报"红线"，优选锅炉移动式改造等效益好的项目，综合投资回报率达到15%以上。完成《锦州采油厂"十四五"发展规划》，计划至2025年产量上升至80.4万吨。编制《地面系统2021—2023年专项规划》，规划项目31项，投资14168万元。突出"绿色低碳导向"，编制《锦州采油厂能耗结构优化和新能源发展"十四五"规划》，确立"地热+光伏+光热+风电"多能互补新能源开发利用模式。开展前期立项44项，落实投资27项9862万元，推广物联网功图量油+移动式计量器标产方式，核减固定计量器12台，节约投资84万元。利用老井场、管排工艺打井，压减征地费372.6万元。利旧抽油机28台、再制造32台，节约投资472万元。百万吨产能投资指标降至25.8亿元，对比上年降低11.2亿元，降幅30.3%。加强投资结构优化和总量控制，下达投资4.62亿元，油气主营业务投资4.16亿元，占比90%以上，争取安全环保节能专项投资1614万元。压投资规模，减折旧，统筹6口高投资新井改打侧钻。下达产能井98口、套损井治理侧钻39口、换井底26口，钻井规模达到近年最高，投资规模与往年持平。

【外部市场】 2021年，锦州采油厂加强与辽河油田公司外部市场项目管理部的沟通交流，实行"富余人员信息、技能人才储备、关键技术资源"共享。组织50人到吉林四平采油厂、长庆油田公司、西南油气田公司、中国石油云南石化有限公司、中国石油燃料油有限责任公司研究院等单位，开展10次考察调研、洽谈业务，编制调研报告5份，项目可行性分析报告3份，形成汇报材料5份，完成交接方案2份，第一时间拿到市场。其中，开发浙江油田公司苏北采油厂劳务服务项目，收入88.7万元，创效42.58万元。开发中国石油燃料油有限责任公司研究院部分实验业务技术服务项目，收入29.53万元，创效11.12万元。开发长庆油田公司第五采油厂采油业务承包项目，收入483.78万元，创效34.7万元。保持对口支持项目创效36万元。做好天然气压缩机操作项目创效251万元。

【质量监督】 2021年，锦州采油厂深入运行质量管理体系，完善《锦州采油厂质量管理实施细则》《井筒质量管理流程》，明确管理职责、工作流程，明确产品质量、工程质量、井筒质量、注汽干度等控制目标及质量问题处罚项，加强项目措施论证，对修井、钻井、工程项目等施工工序质量及注汽干度实行日常监督检查、关键工序把关，组织部门联合检查。通过套管补贴、下筛管加固、大修换井底等措施累计修复套损井128口。开展"工程项目质量提升专项行动"，施工现场监督检查588项，问题全部整改。工程材料抽检9批次27件，均符合标准。外输原油含水控制在1.5%以下，井身质量合格率100%，固井质量合格率89.2%，完成辽河油田公司下达质量目标。对承包商实施升级管理，落实"黄牌警告"及"黑名单"监管机制，在HSE合同中增添加倍处罚条款。严禁不合格承包商入厂施工，强化承包商入厂（场）许可证等8项管控措施，检查发现问题439项，挂牌警告4次，对承包商及相关人员下发处罚通知单31份，严控承包商施工风险。

【员工培训】 2021年，锦州采油厂制定《2021年员工培训工作计划》《教育培训管理办法》《年度人才培养工作实施方案》《专家库管理办法》等制度。组织各类培训266项2968人次（其中，厂外培训237项1609人次，追加计划4项培训74人次，厂内培训25项1285人次），外闯市场人才储备转岗培训采油工27人，辽河油田公司技师、高级技师、首席技师考核和聘任评定前培训36人。操作技能人员岗位培训率100%，新入厂员工、转岗人员培训率100%。288名员工报名参加20个工种职业技能等级认定（其中初级工207人，中级工24人，高级工57人），首次认定28人，晋升69人，转换工种104人，第二工种87人。组织开展采油工、热注运行工、集输工等14项主题技能竞赛。组织选拔参加集团公司首届实操培训师大赛集训选手和团队，组织员工参加集团公司电工职业技能竞赛、电工线上技能大练兵，员工魏星获银牌、刘晓明获铜牌。组织选手参加辽河油田公司采油工、采气工、首届培训项目设计大赛等职业技能竞赛，员工林月获银牌，房磊、杨亮获铜牌。举办锦州采油厂第十五届员工职业技能竞赛，13个大队级单位及机关科室232名选手参加5个专业9个工种比赛，采油作业一区等单位获各工种团体第一名，员工王欢等人分获各自参赛项目一等奖，授予39人技术能手等荣誉称号。

【党务群团】 2021年，锦州采油厂切实发挥党委把方向、管大局、促落实作用，坚持集体决策，推进党建与中心工作双促进、双提升，落实辽河油田公司党委部署，组织党委换届和"十四五"规划，着力抓基层、打基础，推动形势任务教育、党史学习和"党建+""党建联盟"工作新内涵，对选配干部、晋升职级、评先选优严格能力、业绩、廉政把关，提拔科级正、副职干部11人。完善后备干部、年轻干部管理办法，分层级推进党务行政干部综合培养、双向交流，加强"三支队伍"（领导人才队伍、专业人才队伍和管理人才队伍）建设，推进专业技术岗位改革，拓展专业技术人员职业发展通道。组建巡察组2个，完成大队级单位巡察督导工作6个，对两级领导班子进行政治画像和评价，督办资产设备管理、物资材料出入库、承包商监管、员工培训等问题。深化管理人员及其亲属违规经商办企专项治理，对奖金发放事项及年节放假、中高考升学等特殊时期进行廉洁和纪律要求，监督签订《不操办升学宴承诺书》56份。强化"监管责任执行年"工作落实，监督保障民情调解中心作用发挥，合规合理解决来访事项12件次。锦州采油厂党委加强中心组学习，组织22期88课时212项学习内容，形成研讨材料58篇。按照《锦州采油厂党委意识形态工作责任制实施细则》《锦州采油厂基层突发事件舆情危机应对工作指引》明确各级党组织主体责任，妥善处置化解舆情事件1起，收集基层网络舆情排查报告91篇。广泛开展"转观念、勇担当、高质量、创一流"主题教育。编制下发主题教育活动推进方案，摄制推出3期网络公开课。开办主题教育大讲堂，两级班子成员到基层班站进行宣讲42场次。开设庆祝建厂三十周年照片展。制作建厂三十周年庆典活动开篇专题视频。持续推进班站文化示范站建设，指导采油作业三区、工艺研究所创建基层文化班站；上报2号站、4号站、33号站及晓庆注汽站为企业文化阵地。在《辽河石油报》刊稿465篇，主页刊发稿件1643篇，"掌上辽河"等新媒体刊发稿件521篇，辽河油田新闻中心新闻报道播出169篇，锦州采油厂内电视台新闻制作播出450篇。

【民生工程】 2021年，锦州采油厂坚持发展为了员工、发展依靠员工、发展成果由员工共享理念，持续提升员工群众获得感、安全感、幸福感。开展"我为员工群众办实事"活动，制定《十四五矿区治理规划》。协调成立矿区管理委员会，提升民生保障能力。推行员工食堂改革，提高员工就餐补助，改善用餐方式，员工获得感进一步增强，就餐人数增加一倍多。关注住宅供暖问题，多次入户寻访、集中座谈，协调服务商加快采暖系统改造，提升供热能力，矿区住宅室内温度明显改善。多方协调，促成班车多线开通，让员工通勤更方便，提升员工自豪感。推动购买医疗健康服务，健康屋、救护车等相关设备设施及时到位，员工家属健康更有保障。进一步改善井站生产、生活环境，环保卫生间全面投入使用21座。打造"一室两厅十二墙"文化格局，丰富文体活动载体，修缮矿区运动场地7块，让员工业余生活更健康。增强员工幸福感，实施增强矿区排水能力、增加停电停水应急能力、加强矿区周边环境整治等一系列惠民工程。提升员工满意度，投入资金746万元，"升级"各项服务。发挥"一加、一提、一扩、一专项"的叠加帮扶救助效应，探视慰问416人次。开展应急、就学、就医等各类帮扶

123人次，发放帮扶资金94.73万元。组织职业病危害岗位健康疗养9批次，惠及员工310人次。投入37万元开展一线送清凉、送温暖等专项慰问，第一时间将组织关怀送到战风雪、抗洪涝等急难险重最前线。建立多部门维稳联盟，明确相关科室责任，化解"三供一业"、股权纠纷问题12次。深化"民情调解中心"和网络"民情直通车"职能作用，接待处理群众信访92件次，答疑解惑155人次。深入开展油气田及输油气管道安全保护专项整治和"反内盗"活动，巩固"省级基层平安示范单位"成果。

【信息档案】 2021年，锦州采油厂信息化建设，将办公网主交换机升级到万兆级别，实现厂、作业区、站办公千兆网络覆盖，部分专业员工计算机千兆网络到桌面。自主建成i-jincai无线网，实现办公楼宇、招待所、公寓全覆盖，手机用户实现自动漫游，满足员工对移动办公需求。建成会议室高清视频系统，安装部署防火墙系统，完成机房改造。物联网建设主体工程完工，完成建设生产井1976口、转油站33座、无人值守站55座、注汽站27座、联合站1座、两级生产指挥中心8个，建立以生产指挥中心为中枢，集协调运行、数据分析、生产预警、远程监控于一体的综合性、数字化管控平台。和阿里云计算公司合作，研究视频智能识别技术，石油开采现场实现视频智能分析，实现对人车闯入、盘根漏油、驴头停抽、悬绳器不同步、工服和安全帽等7种异常情况进行自动识别、报警、处置的视频安全巡检平台建设。自主研发"采集数据自动对比分析系统"，可快速查找问题油井，缩短问题应急处置时间。技术支持《员工交通车购票系统》，实施公寓地面数字电视改造技术，取消500多个传统电视机顶盒，实施"井站资料无纸化"工程，开发《数据综合查询系统》，实现不同油藏、措施油井的数据维护、查询、对比、分析、报表生成、数据跟踪等功能建立健全单井、单泵等设备的日常运行维护数据。运用最新计算机软硬件技术，实现磅房"无人值守"称重。自主研发生产调度系统，实现调度系统电子化、自动化办公。开发部署"集成平台"、预算系统、民情直通系统。接收各类档案6540卷/件。馆藏档案累计达到63721卷，49870件。提供利用档案105人次；588卷次，715件次，复印档案254页，拍照2213张。

【新冠肺炎疫情防控】 2021年，锦州采油厂实施6项防疫举措，严控人员流动，实施网格化排查，织牢排查网络。接收传达辽河油田公司疫情防控文件398份，把关审批外出3777人次，核酸检测1248人次，隔离管理178人次。开展疫情防控"四不两直"检查，查改各类问题41项，传递健康常识407次，发放疫情防控"明白卡"1000份，发放测温枪、口罩等防疫物资10万件。严格执行职业卫生法规，完善作业场所防护设施，职业病危害场所检测合格率、职业卫生"三同时"执行率和职业健康体检率均达到100%。投入资金179万元，依托盘锦辽油宝石花医院对厂中、高风险人群实施"一人一档"健康干预，指标降低244人次。与盘锦市中医医院合作，连续七年开展"国家级心血管病高危人群长期随访体检"，设置"健康角"15处，惠及员工及家属1568人。控烟行动初现成效，获"辽河控烟活动最佳组织奖"、锦州市唯一一家"健康企业"荣誉，并被推荐参评辽宁省"健康企业"，是油田公司首家通过地方政府验收的单位。

【庆祝中国共产党成立100周年活动】 2021年，锦州采油厂按照辽河油田公司党委有关部署，编制《锦州采油厂党委关于中国共产党成立100周年庆祝活动安排》，立足建党百年重要历史时期和十四五发展新起点，紧扣高质量发展主题，围绕辽河油田公司"三篇文章"，持续加强党的全面领导。落实"第一议题"制度，精心设计涵盖习总书记系列讲话、治理体系和治理能力现代化等内容，第一时间学习研讨习总书记重要讲话和重要指示批示精神29次220项，以"学党史、悟思想、办实事、开新局"为主题开展专题研讨，分层次、分阶段、有步骤开展系列活动。建设立体学习平台，用好"线上线下"音频、视频、报刊、网络、铁人先锋APP等各类学习素材，采取集中研讨、个人自学、辅导讲座等多种渠道，形成处处是课堂、时时学党史的浓厚氛围。投身"奋战四个月，献礼百周年"油气上产劳动竞赛。聚焦"党建引领",着力打造"党建+"品牌。推进党建与生产经营相融合,基层累计上报"党建+"项目35个,推行"一体两翼交叉互导",以党建为统领,促进党建"三基本"建设和"三基"工作同频共振,开启融合新模式。释放党建活力,全面推行"党建联盟"。锦州采油厂党委牵头,与车辆服务中心党委、辽河工程技术分公司党委、物资分公司党委、振兴服务分公司党委、消防支队党委、电力分公司党委联合构建"七位一体"区域联盟。开展"唱跳红歌秀"活动。通过"庆建党百年 建健康企业"系列活动,把"民生工程"办成"民心工程"。6月28日至9月27日,历时3个月时间,与驻矿单位紧密结合,4个承办组发动本单位员工联系街道、老年办、幼儿园等单位,组织100余名演员进行7场红歌秀表演,每场70分钟,累计104个红歌节目,累计观看人数2500余人次。推进"转观念、勇担当、高质量、创一流"主题教育活动,运用"网、报、端、微、视、屏"六位一体的全媒体模式,录制主题教育网络公开课3场次,领导班子结合业务工作深入基层宣讲9场,基层领导班子成员组织专题宣讲109场,基层班站宣讲146场。在锦州采油厂主页开设"冲刺·竞赛·献礼""主题教育""学党史 悟思想 办实事 开新局""三十而立 未来可期""向先进典型学习·扬帆奋进十四五"等专栏,并在内外宣各类媒体累计刊发相关报道100余篇。组织员工观看红色电影《1921》,观看人数260余人。驻足观史,7月22日组织百名"优秀共产党员""优秀党务工作者"和2021年新入党党员参观黑山阻击战纪念馆。在纪念馆门前合唱《没有共产党就没有新中国》《歌唱祖国》,在黑山阻击战"101"高地纪念碑,全体党员面对鲜红的党旗,重温入党誓词。组织开展"我和党旗合个影"活动,征集合影照片39张,优选12张照片在锦州采油厂主页、"掌上辽河"等平台发布。组织开展"一站到底"党史知识竞赛、重温入党誓词、唱红歌、建设党史学习角等系列举措,传承红色基因。采油作业一区党总支组织开展"学党史、知党情、跟党走,不忘初心,庆建党百年"主题党日活动,通过"重走长征路""入党流程接力赛""团结向前"等游戏关卡,学习党史、党建知识,充分展示全体党员的精神面貌,组织"党史红墙"学习教育。弘扬中国共产党发展过程中各个时期的"红色精神"主线,在矿区内绘制"红船精神、长征精神、延安精神……"等"党史文化红墙"10面,实现红色资源向发展资源的有力转变。

(王美娜 李树军)

金海采油厂

【概况】 金海采油厂成立于2016年3月22日,由原金马油田开发公司和原浅海石油开发公司整合成立,是集辽河盆地陆上、盆地滩海油气开发的采油生产单位。勘探开发区域分布于盘锦、鞍山、锦州、营口4个市。陆地辖有海外河油田、小洼油田、黄沙坨油田3个油气田,海上覆盖辽东湾北部,西起葫芦岛,东至鲅鱼圈连线以北,包括太阳岛、葵花岛、笔架岭、月海等4个油气田。2021年底,金海采油厂探明含油面积63.2平方千米,石油地质储量13625万吨,动用含油面积51.8平方千米,动用石油地质储量11816万吨,可采储量3114万吨,采收率26.4%,剩余可采储量304万吨。开发区域油品性质为普通稠油、特稠油、稀油等,生产方式以机械采油为主,开发方式包括注水、注汽、非烃类气驱和天然能量等。有油井1258口,开井748口,综合含水91.4%,年产油50.6万吨,累计产油2861万吨,采油速度0.43%,可采储量采油速度1.62%,采出程度24.2%,可采储量采出程度91.9%。注水井210口,开井106口,年注水372万立方米;注汽井12口,开井6口,年注汽27.9万吨。用工总量2220人(劳务用工31人),其中,专业技术人员138人,管理人员472人,技能操作人员1610人。操作人员中有高级工977人、中级工193人、初级工156人;有首席技师5人、高级技师30人、技师78人,其中集团公司技能专家4人、辽河油田公司技能专家5人。管理人员中具备教授级高级技术职称的3人、高级技术职称的164人、中级技术职称的504人。有处级干部14人（含副处级调研员4人）、科级干部155人（改做具体工作49人）；企业技术专家1人，一级工程师1人。设机关科室18个，下设大队级单位12个。有党员1023人。拥有固定资产原值108.27亿元，净值23.05亿元。在册设备数量17957台，设备新度系数0.21，生产设备综合完好率为91.15%，主要生产设备综合利用率85.94%，事故率0%。主要运转设备有抽油机938台，采油输油泵72台，热注柱塞泵24台，注汽锅炉19台，车辆85台。有采油站56座，海上平台2座，注水站3座，注汽站11座（其中：固定注汽站6座；活动注汽站5座），联合站4座。2021年，金海采油厂生产原油99.2万吨，其中，自营区产量50.6万吨，油气综合商品量51.48万吨，超考核指标0.48万吨。实现利润1.13亿元，超考核利润2137万元，吨油完全成本同比减少118元，降幅4.2%，吨油基本运行费三年降幅15%。

【勘探开发】 2021年，金海采油厂持续深入台47块评价研究工作，初步落实天然气储量5.6亿立方米、石油储量53万吨，开辟规模增储新战场。强化太阳岛油田滚动勘探，规划探井4口，预测新增石油储量200万吨，不断夯实老区资源基础。突出效益开发，利用窗口期政策，推动海外河高效区块快速建产，新井生产时率同比提高93天，年产油1.7万吨，平均单井当年产油1308吨。新增水驱控制储量33万吨，吞吐油汽比保持在0.32以上，立足中国石油首个稠油化学驱项目，开展海1块化学驱先导试验，日增油7.6吨，含水下降3.4%。持续改善注38块蒸汽驱开发效果，年产油稳定在3.2万吨，单位完全成本三年降幅28%。深化"先算后干"理念，择优实施措施作业185井次，措施有效率同比提升4.6%，年增油3.4万吨、增气332万立方米。全面加强井筒质量治理，年增油0.62万吨，油井利用率提高1.6%。持续深化天然气综合利用，同比降耗217万立方米，商品量增加472万立方米；海外河油田措施年增气68万立方米，实现15年来首次冬季天然气由购转输。项目化实施低泵效井专项治理，日增油159吨，平均泵效提高35.3%。

【生产组织工作】 2021年，金海采油厂践行"大运行"理念，加强与盘锦市环境保护局、盘锦市林业和湿地保护管理局的沟通协调，钻投组织、作业运行及时高效，水电讯三网运行保持平稳。超前研判保护区退出、套损井实施受限、重点区块建产目标落空等因素影响，组织两轮原油上产劳动竞赛，大幅提升海上开发、捞油产量贡献，海上开发同比增产0.15万吨，捞油产量突破6500吨，创效937万元。组织洼一联污水改扩建工程顺利投运，实现小洼油田污水达标外排，保障马19储气库排水工程高效运转。科学部署，有效应对多轮强降雨、风暴潮、特大暴雪等极端天气，生产组织能力和应急管理水平得到有效检验。强化生产管理指标对标，采油、集输、热注各系统指标持续向好，保持辽河油田公司先进水平。

【经营创效】 2021年，金海采油厂经营工作强化源头管控，实行全生命周期经济评价，优化控降投资800万元，百万吨产能投资27.9亿元，同比减少5.3亿元，产能贡献率80.6%，同比提高31.1%。牢固树立"一切成本皆可降"理念，坚持事前算赢，完善全成本、全要素的完全利润中心、"收支双线"的预算管理模式，将对标结果与预算结合，重新核定预算标准2863项，源头压减5826万元。深化经营分析机制，动态调整经营策略，完全成本同比减少6647万元，降幅5%。深入开展提质增效工作，注重顶层设计、优化业务结构、强化生产运行，探索建立"党建+提质增效"模式，细化落实14个系统、31个项目、81条措施，综合创效1.01亿元，完成年度目标的123%，在年初预算缺口达5000万元的形势下，超考核利润2137万元，实现账面盈利1.13亿元，占辽河油田公司盈利总额10%。优化经营管理机制，落实辽河油田公司法律工作会议精神，深刻吸取东郭苇场专案教训，落实落地"法治央企"工作要求。全面开展"小金库"问题专项治理，研究制定"人财物事"等重要岗位人员轮换机制，有效提升风险防控能力。优化市场资源配置，内部市场占有率、招标率实现"双达标"。规范业务管理流程，全面加强计划、合同、概预算、结算管理，审减支出3180万元。推动审计成果转化，查改问题15项，涉及金额111万元，持续改善合规运营环境。不断深化重点领域改革，加强多种经营企业联系监管，稳妥推进厂办大集体改革，全面完成辽河油田开元实业有限公司126人划转任务。月东外雇用工清退工作按计划落实，内部培训转岗29人投入项目运维，节省外包劳务支出49万元。

【科技创效】 2021年，金海采油厂实施数字化油田建设，试点单位智能化水平及生产管理效率大幅提升。小洼地区4.5兆瓦光伏发电BOO项目成功并网投运，预计年平均发电量610万千瓦·时，节约电费155万元，减少CO_2排放4800吨，实现清洁电能等量替代。突出地质工程一体化，着力推动油田开发技术升级，获油田公司科技进步奖2项，授权专利9件，增产措施同比提高7%，年增油3.8万吨。加强科研攻关提升吞吐效果，重点推进CO_2辅助吞吐规模实施，年增油5000吨，单井增油133吨，节约蒸汽1.3万吨，减少CO_2排放2000吨，实现增油、降本、减碳"三效合一"目标。深化精细防砂助力老区稳产，增油1.1万吨，检泵周期平均延长98天，单井费用同比下降35%，吨油成本同比下降26%。突出技术升级破解生产瓶颈，围绕水驱油田注入难题，开展液动负压脉冲、水力压裂解堵试验，阶段增注1.2万立方米；调驱井凝胶堵塞治理取得新突破，采用新型凝胶溶解剂，实施后注入压力降低3.5兆帕，日增注40立方米。不断完善科技管理体系。深化"四个一"管理机制，完善科研激励政策和保障措施，有序推进"双序列"改革实施，选聘二级、三级工程师12名，进一步拓宽科技人才成长渠道，有效激发创新活力。

【安全环保工作】 2021年，金海采油厂加强安全监管，狠抓基础管理、体系建设、过程考核、履职评估，一体化审核保持B1良好级。深化风险分级防控和隐患排查治理，开展安全生产"三项"整治活动，投入资金1013万元，整改较大安全隐患5个，一般隐患3765个，违章计分269人，黄牌警告承包商8家，黑名单清退施工人员12名。高标准推进清洁生产，健全完善环保管理机制，妥善处置宁海河环境事件，管道完整性治理、污染物总量得到有效管控。大力推行清洁生产，赔偿金额在上年下降81.6%的基础上继续下降44%，达历史最好水平。有序推进保护区退出恢复，加强敏感地区站容站貌和环境治理，依托物联网技术打造"数字化"绿色班站，形成"油游并举、井景相融"绿色发展优势，获地方政府和上级部门高度认可。完成年度QHSE工作目标，获辽河油田公司"质量安全环保先进单位"荣誉。常态化推进疫情防控，坚持把职工群众生命安全和身体健康放在第一位，严守"零疫情、零感染"底线，突出做好海上人员轮岗轮换和心理疏导，精确掌握3100余次人员流动轨迹，全员疫苗接种率96.7%。

【质量管控】 2021年，金海采油厂深化油气水井质量三年集中整治行动，严抓井筒、工程、产品质量监管，开展入井流体和材料抽检211批次，查改工程质量问题116个，获省部级QC成果三等奖2项。强化机采、注汽、集输系统对标，能耗总量同比下降6.7%，单位油气生产综合能耗下降5.8%，推动节能挖潜成为提质增效新增点。

【治安综合治理】 2021年，金海采油厂落实维稳责任，建立专班研判机制，重点场所、重点时段、重点人员防范到位。打击涉油气水电违法犯罪行为，开展"反内盗"专项整治，强化生产、运输、储存全过程监管，实现油品安全闭环管理。不断深化油地融合，履行天然气保供责任，建立健全征地、环保等油地协商机制，畅通交流渠道，增进油地感情。

【党建思想政治工作】 2021年，金海采油厂以政治建设为统领，坚持落实"第一议题"制度，党委理论学习中心组及时学、跟进学、专题学31次，研讨形成的关于学习习近平总书记"七一"重要讲话精神理论文章获集团公司一等奖。举办党史学习教育、学习贯彻习近平"七一"重要讲话精神及学习贯彻党的十九届六中全会等系列专题辅导班等23期1170人次，确立"建设高质量百万吨规模采油厂"的共同愿景和"陆海开发并进、油气产量同增"的发展路径。推进党建"三基本"建设和"三基"工作有机融合，持续加强和改进党建工作责任制考核，健全"述评考用"工作机制，73名党支部书记和14名党总支书记优秀率分别达到95%和100%。锻造"勇挑重担、勇打胜仗、勇创一流、勇当排头"金海铁军，持续完善"五色金海"文化体系，在中外企业文化武汉峰会上交流推广。丰富十个"金海之"文化载体，依托"讲腐败案例、悟清廉人生"、算好人生"七笔账"等活动，信访举报量和员工违法犯罪率大幅下降。创新开展"党建联盟"，全力提升井站管理水平，推进石油文化与红海滩文化有机融合。

【民生改善】 2021年，金海采油厂深化"我为员工群众办实事"活动，主动拓宽党建联系点，协调解决辽河油田开元实业有限公司欠薪、办公楼保暖防水、黄色禁停网格线等民生问题。全力打造海南2号站规范化治理样板，站容站貌和数字化程度明显改善。举办厨艺大赛、健步走、工间操比赛，为员工配备健康设备，有力保障员工身心健康。开展"当一天岗位工人"实践活动，评选"服务之星"，用心用情用力解决基层"急难愁盼"，发展成果惠及每一名员工。坚持"健康是最大的民生"理念，开设"健康金海·员工健康大讲堂"、膳食营养健康等专题讲座43次。强化员工健康风险评估和危机干预，207名高、中风险人员指标明显下降。多角度维护职工利益，公平公正考核兑现，员工收入在复杂发展环境中实现稳定增长。

（吕　静）

特种油开发公司

【概况】 特种油开发公司是辽河油田公司下辖的油气生产二级单位，生产区域是全国最大的超稠油生产基地。1994年12月，辽河石油勘探局以特殊油试采项目经理部为基础组建特种油试采开发公司，外雇施工队伍，拉开超稠油开发序幕。1996年5月，辽河石油勘探局对曙一区超稠油进行蒸汽吞吐试采试验，随着越泵电加热举升工艺的突破性进展，杜84块曙1-35-40井试采成功，开辟国内超稠油开发的先河，特种油试采开发公司进入先导试验扩大试验阶段。1997年1月，特种油试采开发公司更名为特种油开发公司，在曙一区杜84区块、杜229区块部署新井186口，建成50万吨生产规模的生产基地。1999年8月，辽河石油勘探局进行分开分立，特种油开发公司资源、资产纳入辽河油田公司。2000年，特种油开发公司年原油生产规模首次突破百万吨大关，全年生产原油108万吨。2015年5月，辽河油田公司决定成立辽河石油勘探局特种油工程技术处，与特种油开发公司按照"两个牌子、一个领导班子、一套机关机构、一体化管理、分开核算、两本账运行"的模式运行，实施采油与井下作业业务一体化管理。重组整合后，特种油开发公司成为集生产保障、工程技术服务、多种经营等业务一体化的综合性单位。2020年10月，按照辽河油田公司对所属9个采油单位托管的工程技术业务进行重组整合的统一部署，撤销特种油工程技术处，将其留存的主营业务人员、资产及债权债务整体并入辽河工程技术分公司，将其留存的社会保险、离退休（再就业）机构及人员划归新组建的公共事务管理部统一管理。2021年底，特种油开发公司管辖曙一区杜84块、杜229块、曙1-6-12块3个超稠油区块，探明含油面积6.76平方千米，探明地质储量6735万吨。拥有各类开发井1845口（其中直井1564口，水平井281口），采用70米井距正方形井网布井，开发方式以蒸汽吞吐、SAGD、蒸汽驱为主，采油速度1.94%，采出程度45.79%，可采储量采出程度88.81%，综合含水85.9%。设机关职能科室14个、直属部门5个，所属三级单位10个，托管多种经营企业1个。员工总数2600人。其中，合同化员工1064人，市场化员工927人，劳务员工609人。有科级以上干部144人。其中，处级干部10人（含副处级调研员1人），专家3人，科级干部131人（含改做具体工作35人）。具有专业技术职称695人。其中，教授级专业技术职称1人，高级专业技术职称108人，中级专业技术职称417人，初级专业技术职称169人。2021年，特种油开发公司生产原油124.7万吨（表11），百万吨规模稳产22年。拥有固定资产原值112.46亿元，净值17.51亿元。有联合站1座，计量接转站30座，热注站37座。主要运转设备有抽油机1282台，采油输油泵83台，热注柱塞泵82台，注汽锅炉78台，有机热载体炉110台，车辆110台。特种油开发公司获全国"最美工会户外劳动者服务站点"、集团公司先进基层党组织和油田公司质量安全环保先进单位等荣誉5项，110人次获局级以上表彰。

表11 特种油开发公司2020—2021年主要生产经营指标

指　标	2021年	2020年	同比增减
原油产量（万吨）	124.7	130.2	-5.5
原油商品量（万吨）	123.5	128.3	-4.8

【生产建设】 2021年，特种油开发公司战洪涝、保产量，优化生产组织。面对特大洪水，特种油开发公司干部员工科学防汛，保证曙一区主力区域1200余口油井正常生产，获辽河油田公司党委高度肯定。应对边水侵入风险，主动降低馆陶油藏产量，重新调整生产运行，挖掘产量增长潜力。48口新井5月份完钻、8月份投产，年产油超计划0.6万吨，生产时率达到46.9%，同比提高6.1%。组织进攻型措施、套损井治理、杜229块出水区治理等工作，年增油22.5万吨，开井数达到701口。按照"疏堵结合"原则，实施馆陶油藏综合治理，通过西部停注降产、北部加密挖潜、中部向上补孔、蒸汽腔前缘降温，在遏制产量递减的同时保障油藏开发安全，外侧3口观察井监测温度均呈下降趋势，初步控制边水侵入风险。围绕产量调整目标，合力应对洪涝、暴风雪、限电断电、来气波动等极端天气和突发事件，破解水平衡调整难题，强化生产协调和系统衔接，合理安排钻机运行、作业施工及注汽调整，高效完成防汛准备、复工复产、冬防保温及预案修订工作，提高生产组织效率和应急保障能力。

【科技创新】 2021年，特种油开发公司增强科技能力。扩大SAGD高温电潜泵应用规模，支撑井组提液上产，杜84—馆H61井日产油增加40吨。实施FCD现场试验6井次，开展气锚、砂锚采油等技术试验70井次，有效改善油井生产效果，砂卡检泵减少13%。加快推进超稠油冷输、锅炉热效率提升改造、湿法脱硫等重点项目，节能降耗的同时，降低安全风险。优化原油脱水工艺，改进树脂软化再生及酸碱废水回用方式，外输含水控制在指标之内，污水调剖费用降低130万元。开展注汽管线射频识别芯片研制与试验，年周转热采井口3200余套，日常发放、回收采用手工记账方式，该项目实现注汽活动管线全周期电子管控，为后续A11工作提供有力的技术支撑。开展螺栓清洗检测打标一体化装置研制与应用，年清理螺栓5万条以上，年节约成本20万元。针对污水处理工艺中沉淀池排泥工艺落后的问题，开展沉淀池新型负压自吸排泥装置研究，降低检修率和检修难度，节约维修费用，年节约成本15万元。开展集输滤料清洗装置研制与应用，针对污水处理工艺中产生的软化水处理报废滤料进行回收清洗再利用研究，完成新装置设计，预计年节约成本90万元。获国家级奖励1项、省部级奖励7项、局级奖励2项，科技增油14.2万吨。

【经营管理】 2021年，特种油开发公司多措并举控制成本，提质增效进一步升级。通过优化井位、优选方案、创新中频配置方式，控减投资1547万元，百万吨产能建设投资22.5亿元，同比下降0.8亿元。盘活闲置资产，利旧设备85台（套），新建管桩基础主材全部利用旧废油管，减少新增投资595万元。加强源头管控，从严立项把关，优先保证上产增效项目支出，坚决杜绝低效无效项目，审减成本585万元。突出精打细算，强化计划论证，大力压缩非必要支出，对于超预算项目，由内部审计及纪委介入核实，倒逼费用节降。全年单位完全成本1816元/吨，单位基本运行费976元/吨，均控制在预算指标之内。针对产量结构变化导致成本增加的现实，全方位挖掘控本降费潜能，在年初16项提质增效工程基础上，将市场招投标、材料费管控等5项工程纳入整体方案，实现提质增效"换挡升级"。21项工程全年挖潜创效1.3亿元，对比调整方案增效0.27亿元，为经营指标的完成作出重要贡献。规范项目运行管理，推行"项目跟踪管理系统"，实时掌控项目进展。加强市场管理，保证盘锦辽河油田辽海集团有限公司市场份额，内部市场占有率达到92.7%。加强"两金"压控和结算管理，顺利完成考核指标。发挥概预算职能，审查项目1149项，审减金额2195万元。开展重点项目合规管理监督审核，规避经营风险，挽回经济损失38.5万元。系统排查风险短板，堵塞管理漏洞，促进依法合规。

【企业改革】 2021年，特种油开发公司坚定不移推改革、谋创新。稳准实施采油、热注扁平化改革，在试点合并基础上，进行"第二批"班站整合，班站数量同比减少23%。推行大平台管理，创新管理模式及人员配置，将产量、成本指标分解到平台及单井，激发班站创效活力。率先启动新型采油作业区建设，以采油作业二区为试点，在作业区层面进行专业化重组，完成机关"两室一中心"设置和基层分岗试运行。优化人员配置，组建内部A11运维队伍，扩大"外活内干"范围，鼓励自主实施，零维费用同比下降31%。按期完成A11项目建设和利旧系统数据接入，油井、站场数字化覆盖率达到100%。组织项目预验收，同步整改存在问题，提高数据准确性，完善工况诊断、生产预警等功能。利用建成系统采集现场数据，实时远程监控，自动生成生产报表，降低员工劳动强度，数字化转型迈出实质性步伐。

【员工队伍】 2021年，特种油开发公司选人才、提素质，完善队伍结构。围绕生产经营管理实际，规范班子职数及岗位专业化设置，对3个领导班子调增职数。推进机关与基层、党务与行政干部岗位交流，对5个三级单位、5个机关科室（部门）的12名正职、7名副职进行调整交流。其中，3名党务干部交流到行政岗位，1名行政干部交流到党务岗位。优化领导班子年龄、专业、能力结构，加强整体功能。严格履行选拔任用程序，遴选16名优秀的干部人才成为辽宁省和辽河油田公司党代会代表，以及市（区）人大、政协委员。配合推荐二级正职2人、副职2人，选拔任用三级正职6人、副职6人，进一步使用三级正2人。组织推荐企业技术专家1人、一级工程师2人，选聘二级工程师2人、三级工程师5人。在合理使用各年龄段干部的同时，对5个基层领导班子结构性配备年轻干部，新提拔40岁以下三级正副职8人、二三级工程师3人，占总量的52.4%；80后中层干部增至37人，占比达37.3%。加强年轻干部培养，新选拔使用35岁以下基层单位职能组（班组）负责人2人，采取"业务调训"等形式锻炼业务骨干3人。开展维修电工、电焊工、气焊工、高压焊工、自动化修理等特殊工种培训9期247人次，组织员工考取特种作业操作证，145人通过特种作业考试并取得相关特种作业操作证，其中，维修电工9人、高压焊工15人、电焊工15人、司索指挥15人、自动化修理工91人。

【安全管理】 2021年，特种油开发公司抓安全、重环保，巩固稳定态势。按照新安法要求，修订完善安全生产责任制清单2442份、履职承诺卡1905份，固化风险防控分级责任架构。对标A2标准，组织体系内审3次，整改问题582项，改进体系运行绩效，在集团公司QHSE量化审核中保持良好B1级。开展"低老坏"及重复性问题专项整治、安全生产专项检查和"反违章"专项整治，查改各类隐患1622项、违章行为103项。突出井控风险防控，历经9次封堵成功解除杜84-56-152井喷隐患，实现安全平稳生产。从严承包商监管，黄牌警告承包商21家，黑名单清退违章作业人员10名，处罚金额28万元。加强作业监管力量，配备专职监督45人，实现小修和带压作业全程驻井监督，提高作业质量的同时削减安全风险。常态化执行疫情防控措施，守住"零疫情"工作底线。开展VOCs专项治理，完成锅炉降吨位改造及烟气在线监测，大气污染物总量持续下降。推进CCUS工程，加大CO_2辅助开发力度，全年回注地下2241万立方米，碳排放减少50.2%。狠抓固废减量，固废总量下降13%，环保补偿减少7%。在中央及辽宁省环保督察进驻期间，实现"零问题"。落实"健康辽河2030行动"要求,围绕制度、环境、服务、文化四要素,细化91项创建措施,开展控烟限酒、工间操等健康活动,对中高风险人群实施健康干预,风险人群下降63%。作为中国石油上游板块首家试点单位,在集团公司健康企业推进会和辽河油田公司质量安全环保工作会议上作经验交流,得到一致认可。通过中国职业安全健康协会、集团公司及盘锦市专项验收,被辽宁省推荐参评"中国健康企业优秀案例"。

【党建工作】 2021年,特种油开发公司强党建、促融合,彰显政治优势。落实"第一议题"制度,跟进学习习近平总书记"七一"重要讲话、胜利油田考察调研及党的十九届五中、六中全会精神,始终用最新理论武装头脑、指导实践。对标上级指示要求和行业先进水平,谋划确立"1145"中长远发展思路(聚焦"一个目标",即"建设世界一流示范企业";遵循"一个原则",即"系统规划、分步实施";打造"四个示范",即打造效益开发示范、打造改革创新示范、打造科技进步示范、打造健康企业示范;强化"五个保障",即强化党的建设保障、强化持续稳产保障、强化制度建设保障、强化安全环保保障、强化人才队伍保障。)及"五个特油"(责任特油、创新特油、智慧特油、绿色特油、幸福特油)建设目标,指引公司发展航向。组织党史学习教育、建党100周年活动,针对性开展形势任务教育,凝聚团结奋进、共克时艰的强大合力。深化推进党支部规范化标准化建设,广泛开展"一支部一品牌""党支部书记沙龙"等特色活动。着力构建"党建联盟""党建+"工作机制,抓实抓好"共产党员先锋工程""双百双联三互助"等载体活动,党建工作与生产经营实现相融互促。召开廉洁从业警示教育大会,启动"以案促改、以案促治"专项行动,开展油气重点物资、办公用房等专项检查及考勤管理合规监督,精准有效处理问题线索,巩固良好政治生态。开展作风建设年活动,严肃机关劳动纪律,推动全员作风转变,改善机关干部服务基层的意识、能力、作风。推进反盗油专项整治行动,开展全员法制宣传教育,强化人防、物防、技防"三防"建设,涉油、涉物资专项整治保持高压态势。落实信访维稳工作责任,加强矛盾排查和纠纷化解,完成建党100周年、党的十九届六中全会等重点时段稳控任务,保持特种油开发公司大局稳定。

【群团工作】 2021年,特种油开发公司办实事、惠民生。提升技术创新能力,实现节约创效150余万元,获辽河油田公司创新成果二等奖3项,三等奖1项,合理化建议"金点子"1项,"银点子"3项,先进工作法1项,获成果转化贡献奖10项。获辽河油田公司班组成本分析大赛"金算盘"奖1个、"银算盘"奖1个,承办并组织辽河油田公司采油工技能大比武工作,特种油开发公司获团体第一名和优秀组织奖,4名员工获大比武个人一等奖。落实职代会制度,组织召开特种油开发公司五届三次职代会。民主管理渠道畅通高效,全年提案立案24件,组织召开民主恳谈会11场次。加强特种油开发公司民主建设,发挥好首席职工代表作用,按期完成工会委员会、经费审查委员会换届选举,拍摄的《"小"提案里的"大"文章》微视频被辽宁省总工会送至全国总工会参评。围绕员工民心诉求,制定印发《特种油开发公司民生改善工程实施方案》。投资建设员工活动室、心理疏导室,配备健身器材,开展各类培训讲座10余场次,各项体育活动累计参与人数2600余人次。推进全员普惠工作,深化"冬送温暖、夏送清凉"服务机制,发放在职员工健康疗养费240余万元,各类慰问品307万元。全面升级特情群体帮扶,建立档案,精准运用各项帮扶政策,帮扶员工家庭84户次,发放慰问品及慰问金24.7万元。开展"团建+提质增效"活动,实现保障金额1909.9万元,增效686.8万元,"馆陶油藏高效开发综合调控"项目被列为油田公司青年突击队重点项目。持续增强青年油水井分析能力,获辽河油田公司采油工艺组一等奖,6名选手分别获4个组别二等奖,1名选手获优秀奖。不断深化青年志愿服务队伍建设,开展志愿服务30余次,帮助解决难题20余件,累计服务达120余小时。

【新冠肺炎疫情防控】 2021年，特种油开发公司及时关注并掌握最新疫情防控政策规定和风险预警，通过疫情防控联络员群，传达落实上级疫情防控各项通知要求，全面落实到每个基层单位和部门、每名员工。坚持"非必要不外出"，确需出行的，严格执行员工、承包商出行审批和亲友报备制度，利用"行程卡"和打卡小程序，全面排查员工及同住亲属、承包商外出返回等行动轨迹2900余人次，排查出密接、次密接6人，及时上报、及时采取隔离等措施，保证重点人员重点管理，做到排查彻底及时无遗漏。推进新冠疫苗接种，特种油开发公司员工疫苗接种率达到96%。加强宣传疫苗加强免疫接种，鼓励员工积极接种加强针，建立免疫屏障。办公场所、食堂、送班客车等高风险场所要严格落实消杀措施，严格按照《特种油开发公司常态化疫情防控工作方案》相关要求执行。食堂实行分餐、错时错峰打包取餐等措施，就餐时保持间隔至少1米以上。外来员工进入办公及生产经营场所测温、验双码。严格控制办会，落实"谁主办谁负责"的防疫责任，做好会场消毒通风等疫情防控措施。疫情常态化状态下，为保证及时、准确掌握全员动态，特种油开发公司与信息管理部合作，上线微信职工打卡小程序，有效保证疫情期间实时准确掌控员工动态，职工打卡注册2500余人，实现全员每天行踪排查。

【庆祝中国共产党成立100周年活动】 2021年，特种油开发公司党委贯彻辽河油田公司党委有关部署，开展强基固本系列活动，推动党建"三基本"建设走深走实。开展党史学习教育，举办专题培训班，学习中央指定书目，开展"铁人先锋"每日一考、党史知识快问快等学习活动，组织党史知识竞赛、参观红色教育基地等活动，广大党员干部"四个意识"更加牢固，"四个自信"更加坚定，"两个维护"更加坚决。举办庆祝中国共产党成立100周年座谈会，组织各级党组织书记、党员干部、优秀共产党员讲授"七一"专题党课，激发党员干部干事创业热情。开展"两优一先"评选，召开"两优一先"表彰大会，集输大队特一联合站党支部、热注作业一区102党支部获评辽河油田公司"红旗党支部"。实施"对标达标立标"强基工程，推进"一支部一品牌""党支部书记沙龙""党建联盟"等活动，提升基层党建工作质量。开展"建功特油发展、献礼百年华诞"岗位实践活动，通过设岗、划区、建队、立项等实践载体，解决各类生产经营急难险重问题，发挥党支部战斗堡垒作用和党员干部先锋模范作用。开展"最美特油人"评选活动，选树宣传"最美特油人"10名，全员为党奋斗、为油奉献的氛围更加浓厚。"七一"前夕，走访慰问获党内功勋荣誉表彰的党员、生活困难党员、老党员、老干部和烈士遗属、因公殉职党员干部家属，彰显组织关怀和温暖。参加辽河油田公司工会举办的《颂歌献给党——辽河油田庆祝建党百年红歌演唱会》和七月一日为党庆生庆祝活动，营造热烈庆祝建党百年的浓厚氛围。

（程 辉）

冷家油田开发公司

【概况】 冷家堡油田是1993年正式投入开发的稠油、特稠油油田。1998年3月，中国石油天然气总公司与中国（香港）石油有限公司正式合作开发冷家堡油田，合作开发期为20年，生产期限满之日起，其所有权归属于辽河油田公司。冷家油田开发公司（简称冷家公司）列为油田公司上市业务二级单位机构序列，作为一家以石油、天然气开发为主营业务的合作上市公司，所辖井站地跨盘锦市盘山县、大洼区和鞍山市台安县。冷家堡油田位于辽河断陷西部凹陷东部陡坡，紧邻中央凸起，西侧为陈家洼陷，沉积物源主要来自中央凸起，底层沉积受台安—大洼和陈家逆断层控制，沉积条件比较复杂，层组划分难度较大，既有西部凹陷所具有的普遍规律，又有独特之处。2021年底，冷家公司在冷家堡油田已探明26个区块单元。累计探明石油地质储量17794.6万吨，可采储量3475.2万吨。其中，特超稠油7个区块，地质储量为9329.9万吨，可采储量2046.2万吨；常规稠油9个区块，地质储量为5719.0万吨，可采储量942万吨；稀油10个区块，地质储量为2745.6万吨，可采储量487万吨。共投产油井1542口，开井745口，日产液7807吨，日产油1417吨，平均单井日产油1.8吨，综合含水81.8%，年产油52.2万吨，折算采油速度0.35%，累计产油2666万吨，采出程度18.1%，可采储量采出程度89.9%。稠油注汽量196.7万吨。其中，吞吐年注汽量120.8万吨，日注汽3607吨，累计注汽4030.6万吨。平均周期11.6轮，油汽比0.30，累油汽比0.46，回采水率138.2%。稠油转换开发方式年注汽量75.9万吨，日注汽1521吨，累计注汽728.5万吨，年油汽比0.14，累计油汽比0.12。投产注水井66口，开井28口，日注水量1424立方米，平均单井日注50.8立方米，年注水量49.2万立方米（其中清水31.3万立方米），累计注水量2053万立方米，月注采比0.3，累计注采比0.38。设置机关科室14个、直属部门4个、大队级单位10个。在册员工90人。其中，干部85人，工人5人；正处级领导2人，副处级领导9人，正处级调研员1人，副处级调研员3人。以劳务输出方式录用的劳务人员1409人，分别来自辽河油田公司所属9个单位646人、辽河石油勘探局所属21个单位690人、跨局2个单位73人。具有高级技术职称67人、中级技术职称270人、初级技术职称178人。首席技师3人、高级技师3人、技师30人、高级工664人、中级工295人、初级工167人。2021年，冷家公司原油计划配产50万吨，商品量计划配产47万吨，实际生产原油52.2万吨，完成原油商品量49.59万吨，分别完成辽河油田公司指标的104.4%，和调整指标的105.51%。完成原油销售量49.54万吨。实现账面利润1.18亿元，按预算油价45美元/桶计算，全年减亏1.54亿元。实现自由现金流2.66亿元，按预算油价45美元/桶计算，对比工作目标增加0.78亿元。实现销售收入13.68亿元，对比预算增加3.8亿元。全年上缴税费1.16亿元，同比增加0.37亿元。操作成本支出10.01亿元，对比预算降低0.49亿元；桶油完全成本54.63美元，同口径对比降低3.1美元。基本建设投资完成8456万元，结余678万元。固定资产原值增加8889万元。

【评价增储】 2021年，冷家公司强化低阻层再认识，持续"水中找油"，洼59新层再获新发现。通过开展低阻层"四重"精细评价，优选7口井潜力层试采累产油2.5万吨，新钻洼59侧平峰值产油15吨，预计老区内部新层增储108万吨。强化目标精细评价，重识油水分布，冷35扩边再获新突破。通过开展准构造解析、精细储层评价、精确剩余油描述，部署新井16口，滚动井34-60C井日产油8吨，预计增储126万吨。

【老油田综合管理】 2021年，冷家公司面对主力油藏压力低，效益开发难度越来越大的难题。通过换思路增动力，因块制宜、因井施策，以经济极限油汽比为界限，以"五减三增一提升"的注汽优化策略为指导，重点压减低油汽比井和低干度井注汽量，增加进攻性措施井注汽量，合理提升注汽速度，在优化减少8万吨注汽量的前提下，油汽比提高至0.30，稠油主力区块产量硬稳。坚持"先算后干、有效再干"原则，强化剩余油分布研究，建立停产井复产优选和潜力评价方法，形成弱水淹区长周期间歇注汽、强水淹区大修换底等六项复产技术，实现停产井复产由"单打独斗向整体治理"转变，累计增油5.6万吨。

【开发方式转换】 2021年，冷家公司受蒸汽超覆影响，洼59蒸汽驱油层下部低温段剩余油富集，创新重力泄水采取"封上、提液、采下"等蒸汽腔向下调控技术，促使汽腔径向扩展，垂向下移，低温段得到"有效驱替"，累计实施调控措施38井次，重力泄水区域年油汽比由0.14提高至0.19，日产油上升百吨台阶，新增可采储量105万吨。

【生产组织】 2021年，冷家公司超前落实侧钻、大修钻机协调及钻前准备，统筹组织注汽运行及配套地面工程建设，提高生产时效，生产运行符合率95%、到位率100%。克服燃料结构频繁调整、注汽管网改造和锅炉检测等诸多因素影响，科学组织注汽运行，紧凑协调锅炉搬家及注汽井切换，不断提高注汽质量、锅炉时率。为应对冬季"气荒"瓶颈难题，有效提高原油商品率，降低运行成本，提前调整后4个月注汽运行计划，在9月、10月加大注汽量，11月、12月减少注汽量，错峰调控天然气用量120万立方米，保障冬季注汽平稳运行。应对东北电网电力缺口，落实辽河油田公司总体限电部署，精细制定《冷家公司限电应急处置方案》，成立组织机构，明确职责分工。各基层单位能够顾全大局，提高政治站位，配合限电工作，在保证正常生产及基础生活前提下，最大限度停关空调、夜间照明等非生产用电，生产辅助类用电实施间开及错峰运行，减少用电负荷2073千瓦，做到对产量损失影响最小。受频繁强降雨、辽河上游下泄水量加大、下游拦潮闸阻碍泄洪等综合因素影响，冷家河段水位不断上涨，冷家公司及时启动《防汛防洪应急预案》，基层单位强化值班值守，关注上游流量及水位变化，此次洪峰未对原油生产造成影响。面对11月8日特大暴雪，提前梳理《冷家公司暴风雪灾害应急预案》，利用本单位人力、物力资源，组织道路疏通、井站、井场路恢复等应急处置工作，成为辽河油田公司第一家实现送班车辆正常通行的采油单位，于11月9日全面恢复生产运行。

【对标管理】 2021年，冷家公司稳步提高采油管理指标。以降低油井检泵率为切入点，通过采取精细油井日常管理，严控掺稀油密度，优化举升方案设计等措施，检泵率下降至26.3%，同比下降9.7%。持续改善热注汽效能。以专业化改革为抓手，以质量效能双提升为工作主线，持续做好"四节"工作，全年注汽锅炉热效率提升至86.8%，同比提升1%。持续优化集输控制参数。坚持"分段达标""分段控制"，及时跟踪调整运行参数，有力保障集输系统运行平稳。全年脱水单耗降至2.26元/米³，同比下降0.6元/米³。

【成本控制】 2021年，冷家公司坚持预算导向，实现引领增效。围绕利润考核指标，从财务预算入手，设计控投降本工作目标，设计成本可供使用额度，横向抓住重点费用项目管控，通过优化预算安排，保增长、调结构、提效率、增效益，安排基础性热采费预算4.3亿元，安排进攻性措施费预算4000万元，安排安全环保资金1800万元，确保重要项目支出在预算框架内稳步运行、有序推进。强化费用控降，实现提质增效。按照"观念转变与技术改变相结合"顶层设计理念，在费用控降上部署九大类十七项提质增效工程项目，着力打造提质增效"升级版"，全年实现效益挖潜5435万元，桶油完全成本下降3.1美元。突出检查督导，实现管控增效。配合审计工作，审计整改形成合力。迎接辽河油田公司对冷家公司原领导任期内履行经济责任情况审计、重大事项决策落实审计、注汽项目管理后续跟踪审计、集团公司对合作项目联合账簿的审计，相关部门积极配合、充分协作、严肃落实，审计问题14项，整改资金16万元；梳理完善合同、概算、结算管理流程3项，堵塞管理漏洞。树立效益理念，实现管理提效。强化价格管理，落实价格委员会定价要求，坚持公平、公正、公开原则，充分运用市场机制定价，实现价格引用可追溯，防范违规风险。全年审批各类价格840项，审减金额4529万元，审减率15%。落实辽河油田公司取消油价联动、明确预算执行原则的通知精神，研究制定冷家公司市场运作措施，按照工程项目及服务项目两个类别，区分主业单位、多种经营企业、外部承包商三个群体确定下浮比例，签订招标、可不招标、招标改谈判合同金额5350万元，节约资金737万元，签订商务谈判合同金额13608万元，节约资金1475万元，维护冷家公司中长期利益。

【科技推广】 2021年，冷家公司坚持措施"三级论证"制度，加大工艺、地质、作业区结合与论证力度，优化措施方案，措施有效率同比提高3.5%。加大措施工作力度，实施各类措施195井次，年增油2.7万吨，同比增加50井次，年增油增加0.12万吨，措施贡献率显著提高。完善推广多元复合吞吐技术，开展气体辅助作用机理研究，通过措施选井科学化、注入时机精准化、注入参数精细化、注入介质合理化四个方面，建立完善措施方案体系，综合集团注汽、分选注及调剖等技术，形成技术合理，保证措施效果。重点在洼83块、冷41块、冷124块实施集团多元复合吞吐措施，实施二氧化碳辅助吞吐23井次，注入二氧化碳1646吨，增油8200吨。开展冷42块边底水治理工作，通过完善调堵体系、注入方式，保证冷603井区堵水效果；扩大冷602井区堵水复产试验规模，保证冷602水淹区高效复产。累计实施堵水9井次，平均单井增油1617吨，平均含水由95%下降到77%，效果显著。加大力度推广稠油分选注技术，分析油藏特征基础上，优化方案、优选工具，全面推广分层定量、投球选注等稠油分选注技术，实现精准注汽，保证注汽效果。累计完成43井次，增油3871吨。

【节能减排及挖潜】 2021年，冷家公司着力将节能工作与"提质增效"深度融合，在原油产量同比超产的情况下，天然气用量减少1023万立方米，用电量减少1401万千瓦·时，清水用量减少7.34万立方米，综合能耗下降1.40万吨标准煤，单位油气生产综合能耗405.5千克标准煤/吨，同比下降31.92千克标准煤/吨。推进节能项目试验，优选实施《注汽锅炉炉膛内衬喷涂高温红外辐射涂料》项目，在冷3热注锅炉上完成试验，提升热效率2.0%。转变观念，推动管理挖潜，燃料费控调成果显著。在自产气上做好加法，持续开展零散井、捞油井、长停井套管气回收，新增套管气回收井126口，增气240万立方米，增幅为近年来最大。在外供气上做好减法，按照"应停尽停、应降尽降、应调尽调"工作思路，全面实施稀油冷输，探索稠油冷输，全年减少天然气用量1215万立方米，天然气费压降2483万元。

【质量健康安全环保】 2021年，冷家公司落实"四全""四查"要求，细化"五个用心抓"，深入开展"低老坏"、反违章等专项整治，QHSE业绩持续向好。开展反违章自检自查活动，强化"低老坏"问题整治，发现整改各类问题680个，经济处罚45.76万元。开展《新安全生产法》宣教工作，干部员工的安全行为更加规范。推进QHSE体系建设，在辽河油田公司QHSE管理体系量化审核得分86分，保持B1级水平。绿色清洁发展再上台阶。持续开展雨季汛期环保"拉网式"排查整治，实现"零污染"度汛。迎接生态环境专项检查，依法组织危险废弃物外委处置，全年处置油泥等1750吨。高质量开展国家级绿色矿山创建，以92分的成绩在辽宁省13家入库企业中排名第一。组织健康体检，配备药箱、药罐737个，完善健康监测干预设备设施，实施健康干预950人，持续改善员工健康状况。健全完善防控机制，落实保障措施，疫情防控严密周到。严格产品质量监督，完成抽检250批次，处罚0.4万元。对67项地面工程进行专项整治，处理质量问题20余个。开展油气水井质量三年集中整治行动，完成7口井，井身质量合格率100%，固井质量合格率86%，达到辽河油田公司要求。完成套损井治理20井次，成功率100%，增油0.8万吨。

【新冠肺炎疫情防控】 2021年，冷家公司坚持"外防输入、内防反弹"政策，严格执行核酸检测和隔离措施，建立一对一联络机制，逐一排查外出员工及亲属和承包商施工人员，落实"四清"要求。重点加强办公楼、食堂、电梯、送班车等公共场所及设施的防疫消杀力度，严控冷链食品、物流快递传播渠道，推进疫苗接种工作，接种率达96.04%，实现应接尽接。

【党群工作】 2021年，冷家公司深化党史学习教育，宣传思想工作走心走实。将党史学习教育与主题教育相结合，落实"第一议题"制度，组织两级中心组学习253次，撰写理论文章186篇，主题宣讲63场次。召开中国共产党冷家油田开发公司第四次代表大会，制定"十四五"期间党委工作思路，选举产生新一届党的委员会和纪律检查委员会。严格执行"三重一大"决策制度，召开党委会39次，决策"三重一大"事项102个，保证50万吨稳产、体制机制改革、干部提拔使用等工作部署落实到位。实行"党建+"项目化管理，党政工作融紧融深。将"共产党员核心工程"对接亏损治理三年行动方案，围绕压降燃料费、动力费、作业费等11类成本指标，分解为37个工程项目，实现降本增效860万元。深入开展"回头+探头"联动行动，发现并整改问题18个，追回资金3万余元。组建"小监事会",采取"三集中三规范"方式,公开监督综合治理、民生工程等工作,发现并整改问题62个。实施"新五小工程",民生建设解忧解难。贯彻落实辽河油田公司党委集中精力实施"民生改善"工程的工作要求,总结推出"新五小工程",精心组织"两站三组"实践活动,投入资金435万元,解决一线饮用水超标、采油站夜间巡井安全等问题23个,增强员工群众的获得感、幸福感。

【庆祝中国共产党成立100周年活动】 2021年,冷家公司以"开展红色教育、传承红色精神、树立红色榜样、重温红色经典、营造红色氛围"为主线,推进建党百年系列庆祝活动,举办党务干部、共产党员专题培训班4期,开展"红色观影"主题观影活动2期6场次,组织"学党史、感党恩、强党性"线上答题活动2期,带动广大党员学党史、懂党史、用党史。开展"石油工人心向党、我为发展作贡献"岗位实践活动,举行庆祝中国共产党成立100周年暨"旗帜领航 建功在岗"总结表彰大会,展示一批务实创新、成效突出的"党建+"深度融合成果,以实际行动和优异成绩向党的百年华诞致敬献礼。

(张洪波 朱跃红)

辽兴油气开发公司

【概况】 1997年1月和1998年4月,辽河石油勘探局先后成立试采油公司和试采气公司,分别负责组织协调辽河盆地及外围盆地特种油试采工作和采油单位零散井、长停井管理及停产气井的恢复、浅层天然气的勘探开发工作。1999年8月,辽河石油勘探局重组改制、分开分立后,试采油公司和试采气公司划归辽河油田公司管理。2000年10月,辽河油田公司将试采油公司与试采气公司合并成立油气试采公司。2006年3月,成立外围油气勘探开发项目部,隶属能源勘探开发事业部管理。2007年11月,成立试采油外围项目管理部,隶属油气试采公司管理。2008年4月,辽河油田公司与辽河石油勘探局重组整合后,辽河油田公司将油气试采公司的试采油外围项目管理部与辽河石油勘探局外围油气勘探开发项目部合并,成立外围能源勘探开发项目部。2011年7月,辽河油田公司将油气试采公司与外围能源勘探开发项目部合并,成立辽兴油气开发公司。辽兴油气开发公司作为油气生产单位,区域涉及两省(自治区)5市8区县(市)28个乡镇,东到台安、欧利坨,西到凌海、欢喜岭,南到营口水源,北到奈曼和元宝山,管理高一区、欧601、荣72、杜144、曙光低潜山、开38、奈曼等165个主要断块。2021年3月,辽河油田公司将科尔沁、张强等外围区块统一划归至辽兴油气开发公司。区块调整后的辽兴油气开发公司拥有陆家堡、奈曼、张强、龙湾筒、钱家店5个主力凹陷。2021年底,辽兴油气开发公司下设7个基层单位,14个职能科室。员工总数858人。其中,在册员工531人,辽河油田公司内部劳务人员327人。处级干部13人(含正处级调研员2人、副处级调研员2人)、科级干部93人(改做具体工作28人)。具备正高级专业技术职务任职资格的3人,副高级专业技术职务任职资格的46人,中级专业技术职务任职资格的236人,初级专业技术职务任职资格的72人,特级技师1人,高级技师2人,技师10人初级工192人,中级工163人,高级工163人。党员493名。固定资产原值62.67亿元、净值9.35亿元。其中,油气资产3074项,原值58.8亿元、净值8.12亿元;固定资产5835项,原值3.87亿元、净值1.22亿元。油水井1003口。其中,油井773口、水井222口,气井8口。

【勘探增储】 2021年,辽兴油气开发公司区块单元调整,由盆地内零散区块调整为外围整装低渗油藏,生产原油23.7万吨,工业气153万立方米(表12)。践行"老区不老、新区突破"的理念,强化勘探开发,为可持续发展奠定资源基础,部署各类探井21口,阶段完钻20口,试油试采16口,获工业油流12口,其中陆东凹陷交51井钻遇良好油气显示,新增预测储量7200万吨;后河地区河21块整体评价效果突出，新增探明储量2985万吨；包32块九下段油藏连片评价获成功，新增石油地质储量170万吨。优化新井井位部署，产能建设有序推进，通过采用近钻头导向等技术提高储层钻遇率（96%）、缩短钻完井周期，创造了水平段最长（2017米）、钻速最快（20天）、投资最低的辽河新纪录，实现钻井提速。优化方案及利用市场化机制实现单井投资从2900万元降至2025万，降幅30%，将百万吨产建投资降至50亿内，实现市场化降本。在河19等区块实施新井6口，全部投产，日产油35.6吨。因块施策精细注水，夯实油田稳产基础，推进注水专项治理工作，在奈曼、交2块开展行列式、直平组合注水试验，实施注水井工作量108井次，主力注水区块年产油上升0.5万吨，自然递减率由8.8%下降至7.6%。发挥科技支撑作用，措施增产效果突出，重点加强低渗油藏储层评价和"甜点区"识别，开展分段选层、工艺参数及材料体系优化，提升措施增产效果，实施压裂、大修等措施75井次，措施年增油1.8万吨，措施有效率94.7%。探索开发试验，稳步推进方式转换，庙5块火驱实施集团注汽、一次性管柱泵等技术改善吞吐预热效果，实施蒸汽吞吐34井次，注汽量4.2万吨。区块日产油17.3吨，累计产油0.33万吨，油汽比0.08。包1块按照"小段塞、低浓度、间歇驱"的调驱思路，配合完善注采井网、优化井组动态调整，调驱井组产量、含水保持稳定，日产油由38.7吨上升至85.6吨，含水由90.8%下降至83.3%，年累计增油1.3万吨。

表12　辽兴油气开发公司2020—2021年油气产量表

时间	工业气产量（亿立方米）	原油产量（万吨）
2020年	0.74	27.1
2021年	0.02	23.7

【科技增产】 2021年，辽兴油气开发公司迅速调整科技增产工作，围绕低渗透油藏经济高效开采主线，深入开展储层改造技术研究与应用、举升工艺优化、精细注水配套工艺完善等科技攻关工作，承接庙5火驱重大开发试验和包1块深部调驱开发试验项目，补充完善采油方式转化配套技术，实现科技增油1.62万吨，获辽河油田公司科技进步奖二等奖1项。储层改造方面，通过开展水平井体积压裂V2.0技术研究，成功完成11井次现场试验，基本实现对储层长、宽、高三个方向更高层次的立体改造。通过开展低渗透储层直井低成本压裂技术研究，提升压裂改造效果、降低压裂措施成本，实施直井压裂56井次，累计产油1.01万吨，实现储层低成本精细化改造。在有杆泵举升方面，不断提升重点井方案设计水平，开展举升工艺技术优化研究，检泵周期从925天提高至958天，推动低渗透油田降本增效。后河区块、科尔沁、包1块等油区水平井造斜点以下井段杆柱采用"注塑杆+柔性金属泵"采油工艺。大斜度偏磨油井，通过进行井眼轨迹模拟、全角变化率计算，判断拐点处弯曲程度，分析杆管柱接触应力大小，优选防偏磨工具，根据泵挂位置井斜情况优化抽油泵选型。稠油井中和点以下杆柱受压失稳产生偏磨井段采用注塑杆或加重杆，适当采用大泵径抽油泵。在精细注水方面，着力开展精细注水技术试验，推广精细分注、化学调剖、投球调剖、防膨等成熟注水工艺83井次，增油1300吨，促进低渗油田效益开发。

【提质增效】 2021年，辽兴油气开发公司坚持以效益为中心，加强经营策略研究，桶油完全成本从85美元/桶降到69美元/桶。推动提质增效，探索成本压控突破口，制定包括采油管理流程优化、市场化采购服务、科技增油降本、工程及设备自建自修、提升综合管理水平等5个方面11项提质增效工程，挖潜增效9595万元，优化投资3071万元。平稳推进重点项目改造，为有效解决由于现场工艺流程落后、密闭集输不完善等因素造成的高运行成本问题，统筹制定《地面生产系统优化方案》，共计9项重点工程，年创效能力6000万元以上。全面推进市场化改革，利用"五自"政策，制定《辽兴油气开发公司工程及服务采购管理细则》，打破固有垄断格局，形成有效竞争，采购效率大幅提高、采购价格大幅降低，全年完成市场化采购197项，采购价格平均降幅达到14.5%，采购资金节省5008万元。其中河

19-H201井、河19-H202井利用市场化谈判，单井投资从2900万元下降至2025万元，节约投资1750万元，降幅达30%。

【安全环保】 2021年，辽兴油气开发公司夯实安全环保基础，发展形势保持和谐稳定。落实直线责任、强化属地管理，坚持"四全"原则和"四查"要求，做好"五个用心抓"，实现过渡期安全环保形势稳定。开展隐患排查，区块调整后第一时间进行拉网式隐患排查，合并汇总8类98项隐患，按照轻重缓急制定整改方案和防控措施。强化重点领域监管，发布"低老坏"及重复性问题清单24项，发现并整改问题208个。编制反违章专项整治活动方案12个，梳理计划任务108项。开展井筒质量现场检查512井次，发现并整改问题62项。深入践行环保理念，排查需清理点位267处，处置、回填含油土壤（油泥）5.73万吨，彻底解决历史遗留问题。张强采油作业区完成绿色矿山创建工作。落实疫情防控要求。8月6日和11月28日通辽市两次疫情管控升级过程中，辽兴油气开发公司上下反应迅速、措施到位，生产经营各项工作有序进行，员工队伍保持稳定，得到辽河油田公司高度评价。有效防范交通安全风险。编制《交通安全管理实施细则》，修订《辽兴公司道路危险点源识别图》，辨识道路风险4项，危险道路5段，新增危险点源20项。全年车辆累计运行16005台次，安全运行里程超过195万千米。

【员工队伍】 2021年，辽兴油气开发公司践行以人为本理念，发展成果惠及全体员工。坚持"民生是最大的政治，发展是最大的民生"理念，全力维护员工利益，不断增强全体员工的幸福感、获得感、安全感。员工收入稳中有升，一线员工风沙补助由46元/日提高至90元/日，人均年收入平均增长近8000元，增幅排在辽河油田公司前列。针对生产一线自然环境恶劣、生活条件艰苦的情况，累计投入240余万元，用于加强基础设施改善。机关办公楼搬迁，为机关和科研人员提供更现代、更优质的办公环境。"健康驿站"广受好评，为解决前线医疗条件差、就医距离远的实际问题，辽兴油气开发公司与盘锦辽油宝石花医院开展合作，派驻全科医生在前线建立健康驿站，对303名中高风险员工开展线上+线下健康干预，为全体员工提供坚实可靠的健康保障。开展文艺轻骑兵基层巡演，创新推行"义务献工进班站、党史教育进心房、廉洁从业进岗位"青工"三进"工作模式，组建青年志愿服务队4个，开展义务献工12次，参与102人次。在辽河油田公司青年油水井分析比赛中获最佳进步奖。

【党建工作】 2021年，辽兴油气开发公司全面从严加强党的建设，党的领导更加坚强有力。发挥党委"把方向、管大局、促落实"作用，推进党建"三基本"建设与三基工作有机融合，为高质量发展提供政治保障。发挥党组织作用，各级党组织始终从大局出发，深入开展形势任务教育，确保重大改革过程稳定有序。划转人员去向，辽兴油气开发公司党委争取有力政策，最终包括在职人员、劳务人员等692人全部留在采油单位，并保留岗位。在抗击特大暴风雪灾害过程中彰显基层党组织战斗堡垒作用。辽兴油气开发公司党委与设备管理部、开发事业部、钻采工程技术部及勘探开发研究院组建"外围低渗油田上产"党建联盟，开展联建活动3次，人才共育2人，解决项目问题17个，创效3000余万元。推进"双序列"改革，向辽河油田公司推荐企业技术专家人选2人，一级工程师2人。强化人才储备，引进一级工程师1名，其他领域优秀人才5人，与勘探开发研究院双向挂职2人。创新开展优培计划，打造"青训营、优训营、精训营"，给予优秀青年干部更广阔的学习平台和发展空间。践行机关服务基层宗旨，抓落实、干实事、求实效，为基层解决实际问题上百件。选拔任用干部过程实现"两激励、两促进"，激励各身份层级干部，做到不问出处，激励各年龄段干部，既有70后、又有80后，择优选拔提拔科级干部14人。促进机关基层交流，基层、机关干部互补必要工作经历，生产干部转为党务干部2名，党务干部转为生产干部2名。辽兴油气开发公司在职科级干部67人，平均年龄46岁，其中80后干部20人，占总数的30%。

（李可新）

油气集输公司（油气工程技术处）

【概况】 油气集输公司前身是1976年1月辽河石油勘探局成立的油气管理处。1992年7月，辽河石油勘探局将油气管理处更名为油气集输公司。1999年8月，油气集输公司核心业务和非核心业务重组分立为中国石油天然气股份有限公司辽河油田分公司油气集输公司（简称油气集输公司）和辽河石油勘探局油气工程服务公司。2000年3月，辽河石油勘探局将油气工程服务公司更名为油气工程技术处。2008年2月，油气工程技术处划归辽河油田公司管理，列未上市业务二级单位管理。油气集输公司作为辽河油田公司所属上市业务二级单位，机构规格为正处级。2020年4月油气集输公司与油气工程技术处重组整合，按照"两个牌子、一个领导班子、一套机关机构、一体化管理、分开核算、两本账运行"的模式，实现上市与未上市业务一体化管理。油气集输公司主要负责原油储运和天然气处理，是连接辽河油田与下游炼化企业的枢纽，主要拥有管道与站场管理、大型油库管理、轻烃生产三大主营业务。管理输油管道11条总长416.58千米，有输油首或末站6个，输油中间站10个，设计年输油能力1390万吨；2000立方米以上储罐27座，储油能力40万吨。输气管道15条，长461.28千米，年输自产气能力18亿立方米，年供外来气能力35亿立方米。拥有日处理天然气80万立方米轻烃回收装置1套。承担中国石油国际事业有限公司的大连420万立方米国际储备库生产运行服务管理。托管盘锦辽河油田金东实业有限公司、盘锦鼎盛燃气有限公司、辽宁福松科技实业有限公司。设备总台套数4848台（套），主要生产输油机泵44台（套）、加热炉36台、蒸汽锅炉6台、储罐32座、轻烃回收装置1套，设备新度系数0.33。资产原值37.77亿元，净值11.89亿元。开发建设46年来，累计输送原油37833万吨（其中2000—2015年期间代输大庆原油1061万吨），输送天然气308亿立方米，转供天然气150亿立方米，完成轻烃商品量313.32万吨。2021年底，油气集输公司设机关职能科室13个、直附属部门6个，科级生产单位12个。在册员工总数1580人（干部570人、工人1010人），托管多种经营单位162人。有科级以上干部605人，其中处级干部15人（含正处级调研员2人、副处级调研员3人），科级干部165人（改做具体工作62人）。具有高级专业技术职称88人，中级专业技术职称411人，初级专业技术职称94人。工人中有技师45人、高级技师10人，首席技师3人。有党员859人。2021年，输送原油676万吨，输送天然气4.04亿立方米，转供天然气14.67亿立方米；完成轻烃商品量7.23万吨；实现利润4090万元，超额完成奋斗目标（表13）。油气集输公司第三次通过全国文明单位复查，获集团公司先进基层党组织、安保防恐工作先进集体，被评为油田公司先进党委及信息化、生产运行、设备管理等先进单位，获油田公司安全生产特殊贡献单位荣誉。

表13 油气集输公司2020—2021年产量数据指标对比表

	输送原油（万吨）	输送天然气（亿立方米）	转供天然气（亿立方米）	轻烃商品量（万吨）	实现利润（万元）
2020年	679	3.49	13.29	7.32	-1295
2021年	676	4.04	14.67	7.23	4090
对比	-3	0.55	1.38	-0.06	5385

【生产管理】 2021年，油气集输公司管道管理彰显专业化，稳妥接管曙四联（曙四联—曙光站）管道，帮助指导兄弟单位开展设备监测、管道内检测和失效分析，凸显公司专业化管理与技术能力。以"三联三防"靠实管道保护，以"两防一保"强化天然气保供，完成高渤线（高一联—渤海站）、锦沥线（锦沥A、C段）等6条管道内检测，连续6年新增违法占压为零、已实施内检测管道泄漏率持续为零。优化改进管网工艺流程，优质完成沈抚线（沈山铁路穿越段）穿越段缺陷维护、海坨线（海一联—坨

子里站）内检测工艺改造等 7 项管道工程，保障油田"加油增气"战略深入实施。轻烃月产再创新纪录。创新党建联盟检修模式，启用数字化监管平台，精准实施装置检修项目，协同调整检修停机时段，提前 15 天优质完成年度检修。通过实施脱水系统工艺改造、解决轻质油外销、精细关键参数操控等举措，及时扭转生产不利局面，创造月产量 7260 吨历史最高值。在油田遭受洪涝灾害导致原油降产的不利形势下，始终在辽河油田公司劳动竞赛中保持超线运行，以稳固轻烃上产贡献油气力量。大连油库持续稳运营。探索构建"油品物性参数数据库""储罐一二次密封主动注氮防护系统"，促进原油仓储集输作业更为精细化、专业化。高效组织收发油作业 35 次 225 万立方米，连续 10 年优质完成储备库生产运行管理任务。

【科技创新】 2021 年，油气集输公司打破关键技术依赖，自主掌握管道内检测缺陷量化分析、剩余寿命预测核心技术，首次独立实施欢曙线（欢一联—曙光首站）、坨曙线（坨首站—曙光首站）漏磁检测，全过程自行开展可检性评估、现场组织实施和缺陷评估验证，实现"依靠外委"向"自主检测"的直线跨越，填补油田管道内检测技术自主运用的空白。突破瓶颈技术壁垒，完成欢兴 820 管道（欢净化—轻烃厂）内检测，成功攻克大口径、小曲率半径低压输气管道内检测行业技术难点。创建"管道失效数据库"，应用"缺陷评估预测系统"，升级"内检测数据记录分析系统"，为管道检测评价和完整性管理提供新的技术支撑。科技成果获辽河油田公司科技进步奖二等奖，首次获中国石油炼油化工科技创新论坛一等奖、三等奖。

【提质增效】 2021 年，油气集输公司面对未上市大幅亏损、人工成本增加等沉重经营压力，采取变革举措，优化经营策略，成功扭转未上市长期亏损局面，超额完成油气集输公司总体奋斗目标。精耕市场开源创效，再度承接锦州、大庆两个站计量监督业务，新增合同额 200 万元，东北销售中心 8 个站场全年增加收入 733 万元。完成安徽项目合同续签，成功开拓浙江油田公司天然气销售服务项目，市场规模持续巩固扩大，油气集输公司全年外部市场总合同额达 6307 万元。精打细算降本增效，通过"项目池"管理、完全成本核算等举措，硬性压减非生产性支出 453 万元。坚持先算后干、严格核实工作量，审减项目支出 1170 万元。落实储气库管输费结算、盘活闲置资产设备、靠实减税降费政策，实现增收 1351 万元。外部市场输出消化、新接管道安置分流、内部单位调剂转岗，盘活人力资源 119 人。精准帮扶解困扭亏，竭力扶持托管企业，协调解决辽宁辽河油田五格自动化工程有限公司历史诉讼案件，新增油区业务项目 1227 万元，超额完成三年解困扭亏任务目标。妥善破解长达 8 年的"两金压控"历史难题，支持盘锦辽河油田澳维检测工程有限公司股权转让，解决盘锦辽河油田金东实业有限公司员工工资和历史欠款问题。

【安全环保】 2021 年，油气集输公司明确主要矛盾，找准安全最大风险，强化关口前移防风险、超前管控除隐患，提升安全自主管理水平。从现场人、机、环关键要素（人即人员的不安全因素，包括指挥不当、操作不当等。机即机器的不安全因素，包括设备不符合要求、保养不到位等。环即环境的不安全因素包括自然地质条件因素和工作环境因素）着手，从生产作业全过程流程着力，依托"风险点源数据库""风险管控系统"，试点探索坨子里"无隐患站队"、轻烃厂"无泄漏装置"创建，系统组织体系审核"回头看""四强"班组创建、"安全管理帮服"等活动，排查整改站场装置风险隐患 279 项，推动风险隐患向"源头自主管控"迈进。深入组织新《安全生产法》学习、警示教育分析会等活动，采取"分委会牵头组织＋属地自主治理"方式，固化"全时现场督查＋月分析通报＋季追责处罚"督查模式，形成反违章专项整治、"低老坏"问题整改的高压态势，督查现场问题 298 项，查改违章行为 295 项，安全记分 342 人次，累计处罚 6.89 万元，对 1 家承包商给予"黄牌警告"，实现作业监管向"倒查缺陷问责"延伸。从严从快应对营口、大连、黑龙江等地突发疫情，妥善有序组织外部项目员工倒班轮换，严格执行驻外、改做具体工作人员一对一联络机制，疫苗接种率达95.41%，促进疫情防控向"常态从严联防"升级。在建党百年的特殊政治大年，保持全年安全生产"零事故"、疫情防控"零感染"的良好态势。

【新兴业务自主开发】 2021年，油气集输公司统筹内部资源，应势而为自主开发，无人机管道巡测业务实现从无到有、逐渐走向成熟。从培训取证到规范建制打造新的专业团队。历经4轮人员选拔、半年理论培训、5次取证考试，11人取得多旋翼驾驶证、2人一次取得垂起固定翼驾驶证，成功办理油田市场准入手续，成为油田无人机管道巡护专业队伍。调整机构设置，明确管理方式与工作职责，再次招聘人员8名，无人机巡测队管理日渐规范、步入正轨。从现场试飞到自主巡飞开启新的巡护模式。历经3个月飞行训练和半年多常态巡飞，摸索创建管道巡飞标准化操作规程，自主应用管道巡护智能分析系统，基本具备管道自主巡护专业能力。高效完成特殊时期、复杂地段巡飞任务，累计对高渤线（高一联—渤海站）、海坨线（海一联—坨子里站）等管道巡飞2.36万千米，及时发现违章占压、第三方施工等隐患123处，减少外委费用200余万元，助力管道管理向专业化、智能化、数字化升级，开启辽河油田管道自主无人机巡护新模式。

【党群工作】 2021年，油气集输公司深入学习党的十九届五中、六中全会精神，召开油气集输公司第四次党代会，层层压实全面从严治党责任，推进"以案促改、以案促治"专项行动，强化"六位一体"监督和专项监督等检查，发现整改问题384个。实施"五融五同"工程、"3+2"党建联盟协作，完善责任文化体系，开展"转观念、勇担当、高质量、创一流"主题教育。实施"年轻干部挂职培养"机制，完善《专业人才选拔、管理实施方案》，提拔领导人员7人，交流、改做具体工作26人次，年轻干部挂职锻炼2人，选聘高级业务专家3人、管理骨干20人，选拔专业人才15人、优秀班组长10人、责任员工23人，聘任高级技师、技师11名，实现企业与员工同发展、共成长。开展群众性安全监督、班组成本分析等活动，发现隐患746个、节支创效364万元。抓好信访维稳，强化安保防恐，全年接访242人次，坚决维护和谐稳定大局。

【民生工程】 2021年，油气集输公司高标准建成5个健康小屋，一次性通过辽宁省健康企业建设评估验收。一对一实施中高风险人群健康干预，干预有效率达54%，整体健康指数明显提升，助力员工职业健康安心。协调延长油气岗信号灯时间，有效缓解油气集输公司正门上下班交通拥堵状况。改善一线生活质量，完成所有班站水质检测整改，提高外部市场、边远站队伙食标准，添置小伙房设备25项。拓宽纾困帮扶领域，精准组织大病、医疗、应急等各项帮扶33人次，确保员工岗位工作暖心。紧扣员工多元化生活需求，统筹组织综合运动会，新建塑胶跑道、五人制足球场、室外篮球场，广泛开展桥牌、足球、马拉松、广播体操等文体活动，油气集输公司获油田公司篮球赛冠军、羽毛球赛双打冠军，促进员工业余生活舒心。

【庆祝中国共产党成立100周年活动】 2021年，油气集输公司聚心党史学习教育，谋划实施党史学习教育重点工作36项，以党史为重点系统开展"四史"宣传教育，注重专题学、集中学、研讨学、实践学，创新组织开展党史读书班、党的知识竞赛、党史征文、"党建+"演讲比赛等庆祝建党百年系列活动。

（李 莉）

勘探事业部（勘探部）

【概况】 勘探事业部成立于2015年7月21日，由原辽河油田公司勘探项目管理部、新区勘探项目管理部、海洋勘探项目管理部合并而成。2016年7月20日，经油田公司党政班子研究决定，按照"一个领导班子、一套机构、一本财务账套"模式，将辽河油田公司勘探处、勘探事业部合并，重组整合为辽河油田公司勘探事业部（勘探部），列为油田公司上市业务二级单位，保留辽河油田勘探处（现为勘探部），兼承机关勘探业务管理职能。2021年3月28日，辽河油田公司将海南油气勘探分公司南海勘探管理职能划入勘探事业部（勘探部）（简称勘探事业部），勘探事业部加挂"海南油气勘探分公司"牌子，增设深水勘探科。勘探事业部主要承担辽河油田公司石油控制、预测两级储量任务和天然气探明、控制、预测三级储量任务。主要负责辽河油田公司整体勘探工作的组织协调及考核；组织编制勘探规划和年度计划、勘探部署总体设计，组织勘探部署方案审查；申报勘探项目及矿产资源勘查项目的登记管理；勘探前期项目的立项论证，勘探投资综合管理；组织制定油气勘探管理规章制度、技术规范、技术系列配套方案和工程质量标准；勘探工程项目组织实施、运行管理以及质量安全环保管理；组织勘探资料归档、成果总结，以及勘探信息管理。2021年底，勘探事业部下设科室18个，现有员工72人，其中高级职称人数42人（含教授级高级工程师2人），中级职称人数28人，初级职称人数2人。2021年，勘探事业部党委被评为辽河油田公司先进党委，勘探事业部被评为辽河油田公司先进单位。2021年，勘探事业部部署探井94口，采集二维地震500千米、三维地震470平方千米。完成探井38口、进尺12.2万米。完成试油18口/47层，获工业油气流井19口/19层，综合探井成功率59.26%。年度新增石油控制储量5120万吨、新增天然气控制储量104亿立方米，新增石油预测储量7200万吨、新增天然气预测储量208亿立方米，控制储量及预测储量分别完成奋斗目标的119%、148%。开鲁盆地陆家堡、西部凹陷东部陡坡带勘探成果，分获集团公司油气勘探重大发现二等奖、三等奖。

【东部凹陷勘探成果及认识】 2021年，勘探事业部在东部凹陷完成探井6（驾深1井、驾102井、开63井、茨137井、小46井、永3-1井），完成进尺12634米。完成探井试油6口，完成试油层数13层，获工业油流4口（小47井、龙78井、欧31-H7井、欧48-22-24井）。新增探明含油面积1.71平方千米，新增探明石油地质储量127.67万吨，新增预测含气面积32.5平方千米，新增预测天然气地质储量208.39亿立方米。

1.东部凹陷中浅层天然气获重要发现

2021年，针对欧利坨子沙一段、小龙湾沙三上亚段开展生物气攻关均获突破。欧利坨子构造位于东部凹陷中段，2020年开始对欧利坨子进行老井复查，重新解释气层井92口（复查385口），优选5口老井进行试气均获高产。其中，欧31-H7井，在沙一段1632.1—1785.3米井段，7毫米油嘴自喷求产，日产气6.5万立方米；欧48-22-24井，在沙一段1586.9—1591.3米井段，初期日产气2.6万立方米。2021年在该地区整体上报预测天然气储量208.39亿立方米。小龙湾地区位于东部凹陷中南段，采用SMI高精度反演，追踪落实有利砂体4套，部署实施的小47井，在沙三上亚段1321.6—1409.6米井段，5毫米油嘴自喷求产，初期日产气13.98万立方米。

2.持续探索东部凹陷深层天然气

2020年，在桃园—大平房地区新增预测含气面积54.9平方千米，预测天然气地质储量607.44亿立方米。2021年，持续开展深层天然气探索，完成探井2口（驾深1井、驾102井），正试井3口（驾101井、驾102井、驾深1井），试采井1口（驾探1井）。

【东部凸起勘探成果及认识】 东部凸起位于辽河坳陷东部凹陷东侧，面积约2680平方千米，是辽河坳陷勘探程度最低地区，为储量空白区。2021年，勘探事业部在东部凸起完钻探井1口（佟古1井），完钻井深2600米。佟古1主要探索东部凸起上古生界石炭系山西组、太原组、下古生界奥陶系马家沟组含油气情况。

【西部凹陷勘探成果及认识】 2021年，勘探事业部在西部凹陷完钻探井11口（雷121井、曙古197井、曙页1井、冷210井、马探1井、锦350井、洼135井、雷125井、冷10-52-50井、冷212井、雷123井），进尺28533.81米，完成探井试油7口，完成试油层数18层，获工业油流井5口（马古25井、陈古16井、马古6-6-22井、冷10-52-50井、雷121井），新增探明含油面积0.78平方千米，新增探明石油地质储量50.23万吨，新增控制含油面积47.5

平方千米，新增控制石油地质储量5120万吨。

1. 西部凹陷东部陡坡带取得重要进展

2021年，按照"新老井结合，差异化部署"勘探思路，优选老井试油4口（冷95井、冷94井、兴北9井、马古6-6-22井），均获工业油流。其中，马古6-6-22井在2754.9—2813.0米井段，地层测试日产油12.1立方米，3毫米油嘴自喷求产，日产油5.6吨。部署实施新井5口（冷210井、雷121井、冷212井、雷125井、冷10-52-50井），获工业油流2口（雷121井、冷10-52-50井）。冷10-52-50井在3220.9—3264米井段试油，压后日产油7.6立方米；雷121井在3674.5—3781.4米井段压裂，日产油14.88立方米。在西部凹陷东部陡坡带中深层砾岩体油藏中新增含油面积36.2平方千米，控制石油地质储量4234万吨。

2. 兴隆台中生界储量实现连续四年增储

2021年，在兴隆台中生界Ⅰ组火山岩开展岩相、岩性控储精细评价研究，实施马古25井、陈古16井均获工业油流。马古25井在3364—3399.8米井段试油，压后日产油7.25立方米；陈古16井在3633.6—3701米井段试油，压后日产油13.9立方米。新增控制面积11.6平方千米，控制石油地质储量886万吨。

3. 西部凹陷深层天然气、页岩油展现良好苗头

2021年，辽河油田在西部凹陷深层天然气、页岩油等领域，部署风险探井2口（马探1井、曙页1井），实施2口，均在目标层系解释油气层。马探1井在目的层均见良好油气显示，测井解释气层12.6米/5层。曙页1井对3345.8—4113.2米井段实施13段压裂改造，压后放喷日产液26.1立方米，日产油0.38立方米。

【大民屯凹陷勘探成果及认识】 2021年，勘探事业部在大民屯凹陷完钻探井2口（荣探1井、沈224-H302井），进尺1.3万米，探明含油面积7.61平方千米，探明石油地质储量413.57万吨。针对荣胜堡洼陷深层原生油气藏，部署实施风险探井荣探1井。该井仅钻遇扇体边部，测井解释油气层10.5米/4层，通过对取心井段4550.5—4554.5米烃源岩地化分析结果表明，荣胜堡洼陷沙四段源岩有机质类型以Ⅱa、Ⅱb为主，达到成熟—过成熟阶段，以生气为主，为原生油气藏奠定物质基础。

【中央凸起勘探成果及认识】 中央凸起位于辽河坳陷三大凹陷结合部，面积约2750平方千米。2021年，勘探事业部在中央凸起未发生实物工作量。

【辽河滩海勘探成果及认识】 辽河滩海西起锦州、东至营口一线以北，原矿权面积3253平方千米，近年来划定自然保护区564平方千米，剩余矿权面积2689平方千米，其中有效面积仅为985.8平方千米，勘探开发范围受限。2021年，勘探事业部在辽河滩海未发生实物工作量。

【辽河外围勘探成果及认识】 2021年，勘探事业部在辽河外围完成探井9口（交49井、交51井、广13井、交50井、奈30-1井、交53井、奈33井、交54井、河页-H231井），进尺25340米，完成探井试油2口，完试层10层，获工业油流井6口（奈30井、奈30-1井、强1-40-17井、河25井、交51井、河28井）。在陆东凹陷新增探明含油面积23.97平方千米，探明石油储量3154.41万吨，新增预测含油面积78.3平方千米，预测石油储量7200万吨。

1. 整体评价陆东凹陷低渗透油藏，实现亿吨级储量发现

陆东凹陷勘探面积1740平方千米，资源量1.28亿吨，是辽河外围开鲁盆地中面积最大、待探资源量最高的凹陷。2021年按照"评价升级后河扇体、预探发现交力格"思路，开展整体研究，并通过水平井+体积压裂提产，实现低品位油藏有效动用。后河扇体，2021年实施评价井4平5直，规模实施9个零偏VSP、14个方向Walkaway-VSP，水平井油层钻遇率均达80%以上，对标体积压裂工艺V2.0，差异化设计参数、量身定制压裂材料、实时优化焖井时间，4口水平井放喷即见油，新增探明储量2984万吨。交力格扇体，2021年在九上段Ⅳ油组、Ⅴ油组，九下段Ⅱ油组重新落实有利扇体叠合面积150平方千米，整体实施5口直井控制含油范围，均解释油层，交47井、交51井、交53井均获工业油流。其中，交47井在2114.8—2280米井段

压后日产油4.25立方米。该地区整体上报预测储量7200万吨。

2. 奈曼凹陷勘探取得新发现

2020年部署实施奈30井，在九下段1505.6—1559.1米井段，压后日产油13.7立方米。2021年，为继续深化成果，扩大含油气范围，同时立足西部陡坡带，在奈1块北侧渔场扇体九下段开展攻关研究，部署实施2口井（奈33井、奈30-1井）。其中奈30-1在义县组1855.8—1876.6米井段，获日产油22.1立方米，取得重大突破，证实辽河外围义县组及深层具备较大勘探潜力。

【鄂尔多斯矿权区勘探成果及认识】 尔多斯矿权区矿权面1.29万平方千米，2021年，勘探事业部按照"勘探开发一体化，实现效益上产"工作思路，优化组织机构、强化资料重建、深化地质研究、一体化运行，实现古生界天然气快速突破、中生界石油快速增储建产。

1. 地震资料重建

股份公司支持，宁县—正宁地区整体部署三维地震1380平方千米（完成采集750平方千米，正在采集630平方千米）。利用2020年采集的260平方千米新资料，开展双复杂区地震处理攻关，地震资料品质显著提升，主频提高8—10赫兹以上，地质现象更为丰富，为勘探开发部署实施提供有力支撑。

2. 中生界地层格架重建＋一体化实施

通过整体研究，分层系评价，在正宁地区落实含油面积856平方千米，估算预测资源规模2亿吨。按照"部署研究一体化、方案设计一体化、组织实施一体化"工作模式，借鉴长庆大平台—大井丛—工厂化集约勘探开发经验，整体部署各类井351口，目前已建成乐63块长2、宁175块、宁218块长8段、正161长7段等4个试验区，平台20个，实施新井61口，探评井试油15口，获工业油流12口，正试油4口。其中，宁218-H1井，日产油12.3吨。

3. 古生界叠前—叠后联合反演

依托"两宽一高"三维地震资料，开展岩石物理分析，优选敏感参数，预测盒八段、山西组、太原组、马家沟组叠合含气面积330平方千米，圈闭资源量770亿立方米。在此基础上部署新井20口，完钻17口井均钻遇气层，测井解释气层厚度12—36.7米，盒8含气砂岩储层预测吻合率达84%。目前完试5口井（宁古3井、宁古4井、宁古3-20-16井、宁古3-20-18井、宁古3-18-18井），均获工业气流；正试气井5口（宁古14井、宁古11井、宁古18井、宁古19井、宁古3-1井）。宁古4井在盒八油层组3739.2—3742.7米井段，压后5毫米油嘴放喷求产，日产气1.19万立方米。2021年，宁县—正宁地区新增探明含油面积20.54平方千米，探明石油地质储量385.3万吨；新增控制含气面积180.1平方千米，控制天然气地质储量104.29亿立方米。

【顶层设计管理】 2021年，勘探事业部强化顶层设计引领作用发挥，通过优化勘探选区选带，加大部署基础研究和全过程质量管控，开展矿业权优化配置，实现勘探工作优质高效展开。年度突出部署研究顶层设计，系统梳理勘探瓶颈问题，强化基础地质研究，优选稀油、高凝油、天然气等优质资源，锁定陆东凹陷交力格洼陷等六大增储区，成立重点增储区带项目组，确保年度储量任务的超额完成，雷121井、冷10-52-50井、欧31-H7井等多口探井喜获高产油气流。加强部署研究全过程质量管控，辽河油田公司由企业专家牵头，成立勘探地质资料审查小组和圈闭审查小组，强化圈闭评价、基础资料准确性及井位落实程度审查，从源头上降低地质风险。优化矿权管理工作，完成柴达木矿权区块的退出和鄂尔多斯盆地3215平方千米探矿权的取得，实现辽河油气矿权优化调整；充分利用自然保护区抵扣和同盆地置换政策，编制探矿权核减预案，确保未来三到五年辽河坳陷勘探开发主体基本无损，外围有利探区整体保留。

【新技术推广应用】 2021年，物探工程推进黄土山地无线节点＋井震双源高效激发采集技术，实现黄土山地"两宽一高"三维优质高效采集，《双复杂目标区"两宽一高"精细地震勘探技术研究》成果获辽河油田公司科技进步奖二等奖。钻井工程优选抗高温高性能钻井液工艺技术，应用控压固井技术，解决常规钻井液体系抗温能力不足、窄密度窗口固井过程气侵和大排量循环顶替漏失等难题，保证驾102井、马探1井等井施工质量。录井工程应用自动捞砂机、岩屑自然伽马能谱录井、元素录井等技术，提高资料录取、解释准确率和油气显示落实及时性，为准确评价油气层提供有力依据。测井工程应用FMI电成像、DSI偶极横波、核磁共振和元素测井等新技术，为辽河火山岩、致密砂岩等复杂岩性油气藏解释评价和试油选层提供技术支撑。试油及储层改造工程引进"射孔APR地层测试联作"和"压裂生产—体化大直径气密管柱"工艺技术，实现驾102井等4口井压后不压井连续生产，显著提升深层气井压前作业施工效率和安全性。信息工程不断加大勘探数据入库审核，推进勘探数据库应用，促进数据向价值转化，加强动静态信息管理，为勘探研究、管理决策奠定坚实的信息基础。

【勘探成本管控】 2021年，勘探事业部探井综合成本同比下降5%，勘探费用节约2300万元，持续提升合规管理水平，控投降本效果显著。坚持事前算赢，倒排投资计划。通过强化投资项目前期论证，对总投资进行模块化管理，确保投资效益最大化，优化勘探投资14727万元。加大市场化运作力度，利用市场化政策，全力搭建市场化运行平台，3口预探井的钻探工程和1口老井试油以市场化平台机制运作，节约投资288万元。实施全面议价制度，测井、录井工程总包成本同比下浮10%，压裂车组费全面执行市场化计价标准，特殊物料外的其他费用实现下浮5%。强化工程技术保障，灵台—宁县北部地震工程，勘探开发整体部署，辽河长庆共建共享，实现降本2180万元。应用高精度无人机航拍，预案实施率达96%以上，直接降本130万元。利用老井场7个、铺设管排12口、开展老井试油14口，节省勘探投资8217万元。强化施工过程中全方位动态精细管控，14口井在计划周期内完成施工任务，节约投资1012万元。直井压裂采用水平井桥塞分段工艺，推广"变黏滑溜水"压裂液体系，提高工程质量和实施效率，节省压裂改造费用537万元。

【生产组织管理】 2021年，勘探事业部持续优化项目组织运行，倒排运行、靠前指挥，提升生产组织效率。倒排生产运行大表，明确各项目周期和时间节点，推进各环节前移融合，由串联式管理改为并联式管理，加快管理决策，提高整体运行效率。强化钻前组织运行，发挥探井属地采油厂地域优势，优选井场、优化进井道路，合理利用老井场，全力解决征地及施工中的各类阻碍，探井准备周期同比缩减3.3天。坚持"预防为主、处理为辅"原则，落实地质交底和风险提示制度，关键环节人员驻井靠前指挥，坚决杜绝事故复杂情况发生，有效提高施工质量，探井生产套管固井质量合格率提高17个百分点，井身质量合格率达到100%。

【安全环保】 2021年，勘探事业部深入学习宣贯新《安全生产法》《环境保护法》，推进绿色低碳施工，着力防范化解系统性风险，安全环保形势稳定向好，实现零伤害、零污染、零事故、零疫情。强化风险管控，年度组织线上安全培训53人，井控证取换证12人，开展全员安全生产警示教育，进行各类风险预警提示9次，升级管理压力80兆帕以上压裂施工作业等重点管控项目，组织开展重要时段期间专项检查11次，覆盖井率100%，发现并整改专项问题31项。强化承包商管理，加强隐患排查，坚持"四全"原则，按照"四查"要求，开展"低老坏"重复性问题、反违章专项整治等活动，首次开展夜查巡检。坚持"喊破嗓子，不如问责一次"的工作态度，对4家承包商进行黄牌警告、约谈、核减工程款等，提高承包商安全意识。实施全过程环保监管，全面推进钻井液不落地、隔音墙、管排等，完成环评28口井、协调纠纷井14口，解决19.08吨历史含油废物遗留问题，支撑勘探工作平稳运行。科学实施疫情防控，落实疫情防控常态化机制，排查人员流动轨迹，强化隔离及核酸检测，疫苗接种率达97.2%，超过辽河油田公司平均水平。

【党建工作】 2021年，勘探事业部坚持以习近平新时代中国特色社会主义思想为指导，着力学党史、强党建，发挥政治引领作用。深化理论武装，年度组织领导班子中心组学习13次、专题研讨4次。持续开展形势任务教育，党政主要领导主题教育宣讲4场次、班子成员深入支部宣讲5场次。不断夯实党建基础工作，及时优化调整党支部，梳理规范党建制度10项，组织集中学习、主题党日30余次，举办地质工程系列大讲堂10期。深入落实全面从严治党，年度《岗位廉洁承诺书》签订率100%，"三重一大"民主决策43项，深入开展廉洁教育和警示教育，组织员工警示约谈，廉政约谈制度实现常态化。组织党建联盟，与开发事业部成立党建联盟，效益增储、效益建产快速推进。与勘探开发研究院、庆阳勘探开发分公司等单位成立"宜庆探区效益上产"党建联盟，高效完成探井实施工作。发挥共产党员先锋模范作用，组织开展党员先锋工程7项、勘探战例分析8项，有效提升勘探管理水平。落实保密、综治维稳责任制，营造良好发展氛围，推进民生工程，持续提升员工获得感、幸福感。

（郝强生）

勘探开发研究院

【概况】 勘探开发研究院坐落于辽宁省盘锦市兴隆台区。主要承担着辽河油田油气勘探、油气田开发、地震资料处理解释、地质与开发实验、中长远规划、对外技术支持等科研生产任务，是辽河油田公司勘探开发核心技术的研发中心和战略决策的参谋部，是国家能源稠（重）油开采研发中心的重要组成部分。勘探开发研究院的前身最早可追溯到大庆六七三厂的地质队。1967年3月，大庆石油会战指挥部从其开发研究院、地参部和钻井指挥部地质大队等单位抽调地质技术人员，组建大庆六七三厂地质队。1970年4月，辽河石油勘探指挥部将大庆六七三厂地质队、大港油田冀中会战指挥部地质连和3个测井队进行整合，成立地质团。1970年10月，三二二油田将地质团更名为地质指挥部。1973年6月，辽河石油勘探局将划出地震大队的地质指挥部更名为地质处。1976年1月，辽河石油勘探局撤销地质处，成立科学技术研究院。1990年6月，辽河石油勘探局将划出钻井工艺、采油工艺等相关业务的科学技术研究院更名为勘探开发研究院。1993年3月，辽河石油勘探局将数据处理解释中心与勘探开发研究院合并，称辽河石油勘探局勘探开发研究院。1999年9月，辽河石油勘探局实施重组改制，勘探开发研究院实行分开、分立，保留油气勘探开发核心业务的勘探开发研究院划归辽河油田公司管理。2007年5月，辽河油田公司在勘探开发研究院成立稠油开发试验技术研究中心，业务上由辽河油田公司稠油开采先导试验基地管理中心领导。2015年4月，辽河油田公司成立国家能源稠（重）油开采研发中心，其下属的稠油勘探开发技术研究中心挂靠在勘探开发研究院。2021年底，勘探开发研究院下设主体科研所17个，机关职能科室9个，机关直属部门1个，科研辅助单位3个。现有员工1259人。其中，处级干部10人、科级干部62人；管理人员127人、专业技术人员915人（企业技术专家6人、一级工程师26人、二三级工程师728人）、技能操作人员145人。共有资产设备5898台套，其中大型服务器及并行机124套，处理解释及数模软件187套，高性能工作站634套，试验仪器设备800余套，固定资产原值近6.8亿元。2021年，勘探开发研究院部署风险探井2口、预探井77口、滚动评价井77口、开发井859口，编制各类重大方案43项。完成新增探明可采储量1037万吨、探明储量4131万吨、控制油储量5120万吨、预测油储量7200万吨、控制气储量104亿立方米、预测气储量208亿立方米，SEC修正量552万吨。各项费用控制在预算指标之内，质量安全环保、党风廉政建设、计划生育、信访稳定、治综保密全面达标。勘探开发研究院被评为辽宁省先进基层党组织、辽河油田公司先进单位。

【油气勘探】 2021年，勘探开发研究院坚持资源为王，加大风险勘探、加强老区精细勘探、新区效益勘探。新领域风险勘探扩大部署。聚焦辽河坳陷深层油气，锁定四大主力生烃洼陷，构建走滑构造体系，在太葵构造带低位潜山部署葵探1井。重建荣胜堡洼陷沙四段沉积体系，落实西南物源扇三角洲砂体，部署荣探1井，证实荣胜堡洼陷深层碎屑岩具备油气成藏条件，进一步拓展勘探领域。富油气凹陷精细勘探规模增储。西部凹陷东部陡坡带重构走滑断裂控砂模式，重建地层格架，冷10-52-50井等3口探井日产油超10立方米，在中—新生界整体上报控制储量5120万吨，成果获股份公司重大发现三等奖，探索出一条富油气老区精细勘探研究新思路。东部凹陷欧利坨子探索浅层生物气新类型，3口老井试油均获工业气流，整体上报预测天然气储量208亿立方米，释放200平方千米勘探领域。外围区集中勘探快速突破。宜庆地区转变断块油气藏研究部署思维，由"单层、单块部署"转变为"立体评价、多层兼顾、整体部署"，宁218-H1井、宜157井获高产油气流，累计上报探明石油储量385万吨，控制天然气储量104亿立方米。陆东凹陷交力格、后河、库伦塔拉等地区勘探开发一体化、地质工程一体化，建立满凹含砂新认识，首次在外围开鲁地区实现亿吨级规模增储，新增探明储量2984万吨、预测储量7200万吨，成果获股份公司重大发现二等奖。地震资料处理解释一体化攻关。攻关黄土塬双复杂区地震资料处理方法，重新认识正宁长3—长7楔形体地震反射特征，打破传统"地层等厚对比"认识。加大地震资料重新处理与勘探开发部署间的交流与应用，年处理三维资料2450平方千米，二维资料3650千米，新发现和重新落实圈闭36个。

【油田开发】 2021年，勘探开发研究院聚焦问题导向，产研融合精准施策，井位部署、方案编制提速提效。井位部署成效显著。老区采用大比例尺整体编图、多层系区域相带研究、井震藏一体化三维建模，新区采用叠前薄储层连片预测、储层整体分类评价、大平台立体式水平井部署、压裂补能驱油一体化设计，37个区块部署开发井859口，创历年新高。方式转换再获突破。不断拓展开发技术经济界限，精细部署、精准调控，全生命周期系统评价，化学驱实施对象由稀油拓展至高凝油和普通稠油，SAGD蒸汽腔实现米级精细描述，蒸汽驱实施黏度界限突破至20万厘泊。曙光油田稠油300万吨稳产方案规划转驱井组724个，预计提高采收率25%，高水平稳产再延10年。科研生产一体融合。组建科研生产一体化专家团队，全年下现场369人次，巡诊114次，解决突出问题4大类65项，提出增产调控措施123项662井次。其中，针对兴采产能接替不足，在兴古、陈古等区块部署新井40余口，兴古7-10块2口新井当年产油4173吨，见到明显效果。建库技术再次升级。创新水淹油气藏多轮排水达容建库技术，马19储气库进入现场试验，双6储气库、雷61储气库个性化逐井优化注采气量，实现日调峰能力3000万立方米，支撑冬季保供。新能源业务有序拓展。发展碳驱油协同埋存技术，攻关深层特低渗透混相驱提高采收率机理研究，按照"源汇匹配"设计思路，优化双229块洼128井区先导试验区设计，预计提高采收率30%以上。攻关热储大尺度三维地质建模、热储温度预测、精细热储描述3项技术，初步完成辽河油区地热潜力评价与筛查。

【科技创新】 2021年，勘探开发研究院围绕辽河油田公司发展目标及现场需求推动科技进步，获省部级科技成果奖2项，辽河油田公司科技进步奖24项，授权专利6项，软件著作权12项。不断突破关键技术。深化西部凹陷"走滑断裂体系控储控藏"、陆东凹陷"浅水湖盆连续型油藏成藏模式"、东部凹陷"煤系源岩成烃成藏模式"、宜庆地区中生界"楔形体"油气聚集模式等理论认识，攻关形成鄂尔多斯古生界叠前有效储层预测、页岩油甜点评价及刻画、深层天然气资源评价等勘探配套技术，科技增储近2亿吨。完善油田级构造储层精细解剖、低渗透压驱一体化设计、超稠油"四场"描述、SAGD蒸汽腔均衡扩展、化学驱全过程精细调控等开发关键技术，支撑老油田效益建产与提采接替，科技增油240万吨。不断创新组织管理。推行项目全过程专家把关制，赋予专家技术审批权、团队管理权，提高工作时效。推行量体裁衣培养机制，开放实验室，地质实验岗位交流15人、勘探开发交流21人，脱产培训37人，培养复合型人才。创新攻关模式，设立11项院级"揭榜挂帅"项目，构建"生产、学术、党建"3类27个产学研用一体化攻关联合体，加快瓶颈技术攻关。不断升级科研平台。获批筹建集团公司纳米化学重点实验室——特种油藏纳米技术应用研究室，致力攻关纳米注水、纳米压驱等技术。建成"实验信息管理系统"，实验流程、试验数据实现信息化集成，实验效率提高1倍。作为辽宁省勘探开发专业技术创新中心被省科技厅评估为优秀创新平台，获中央引导地方科技发展专项经费。扩展升级地震资料处理设备，年处理能力提升30%。加快数字化建设步伐，RDMS搭建试应用环境，GPT、Geoworks、Resform三款软件实现对数据库6类资料的一键获取。《特种油气藏》加强与采油单位交流，拓展业务领域，期刊获辽宁省出版政府奖，入选2021年度世界影响力科技期刊。

【方案编制】 2021年，勘探开发研究院完成《大民屯页岩油开发先导试验开发概念设计》《杜124-杜144块杜家台油层综合调整方案》《沈273块S4开发部署方案》《陈古6潜山开发井位部署方案》《曙光油田曙二三四区杜家台油层开发部署方案》《千12块兴隆台油层井位部署研究》《欢17—欢20杜家台油层开发部署方案》《辽河油田2021年注水实施方案》《锦150中低渗油藏补能试验方案》《荣72块注水开发方案》《奈曼油田精细注水调整方案》《荣18—荣24井区精细注水调整方案》《牛心坨油层精细注水综合调整方案》《包1块精细注水调整试验方案》《双229块S2段注水开发方案》《曙三区化学驱扩大实施方案》《龙11块S32化学驱试验方案》《双229块S1段CCUS-EOR开发试验方案》《杜古潜山碳埋存协同驱油提高采收率试验方案》《兴马潜山天然气驱与储气库联动实施方案》《沈358特低渗油藏提高采收率试验方案》《杜813—212块兴隆台油层蒸汽驱开发方案》《杜84块兴隆台油层蒸汽驱开发方案》《齐108块莲花油层蒸汽驱调整方案》《锦94块于楼油层蒸汽驱调整方案》《高3块重力泄水辅助蒸汽驱先导试验方案》《馆陶SAGD整体调控方案》《锦91块于楼油层火驱先导试验调整方案》《黄金带油田d2—S1段储气库可行性方案》《马19块兴隆台油层储气库可行性方案》《双台子储气库群排液扩容方案》《鄂尔多斯长6、长2评价部署方案》《宁175井区延长组长8油层井网调整部署方案》《宜川—上畛子矿区天然气评价开发一体化部署方案》等重大勘探开发方案，为辽河油田增储上产发挥重要作用。完成《辽河油田2021年度油藏评价项目部署方案》《后河油田水平井部署方案》《冷35块扩边部署方案》《辽河油田2021年度探明储量研究》《辽河油田2022年度油藏评价项目部署方案》《辽河油田公司2022年度新建原油产能项目论证》《辽河油田公司2021年度SEC储量评估研究》《辽河油区2021年度已开发油田原油可采储量标定研究》等储量与规划方案编制，为辽河油田公司持续有效稳产提供决策和技术支撑。

【提质增效】 2021年，勘探开发研究院项目化推进5个方面10项提质增效工程，全年考核利润对比年度奋斗目标超交1319万元。优化成本结构。年初统筹科研经费和成本支出，将材料、维修、物业费等470万元纳入科研经费核算。优化零修费用，用于安全隐患治理和民生工程，试验中心危废间整改升级、稠油所楼梯整体加固、人才公寓管线漏水、地质所、岩心库楼顶漏水等问题逐一解决，消除安全隐患，回应员工期盼。挖潜创效更加扎实。依靠技术品牌稳定外闯市场规模，完成外部项目16个，创收2740万元。开展54个"三新项目"加计扣除，为辽河油田公司节税增利2045万元。开展设备利旧挖潜，调剂各类设备286台，结余资金70余万元。控降外委项目，车位划线、院区除草、设备修理、卫生扫除等工作自己完成，节约费用50余万元。企业管理更加合规。梳理岗位职责76个、业务流程92项，出台勘探开发一体化工作方案、工作督促检查实施方案、机关管理多维度监督实施方案，提高工作效率。规范计划管理，实施投资"一本账"管理，将科研费、福利费、教育经费等十余项费用全部纳入投资计划归口管理，每月统一论证投资成本支出。

【安全环保】 2021年，勘探开发研究院加强疫情防控和安全环保管理，全院安全环保形势稳中向好，体系运行保持良好B1级。打好疫情防控阻击战。落实"外防输入、内防反弹"要求，推行行程备案管控机制，及时提示风险。安装门禁系统27套，实现门户智能化管理，严控外来人员，守住"零疫情、零感染"底线。强化风险隐患管控。加强地质设计、方案编制的风险识别，设计变更时及时提示风险变化，全年地质设计868份，提示风险千余次。开展设备设施、危险化学品、消防等专项检查，建立台账、闭环查治、跟踪复查，消除风险隐患问题96项。提升安全环保管理水平。开展安全培训送教上门活动17次，提升员工安全意识。严格落实承包商"黑名单""黄牌警告"制度，基建维修项目返工整改4项，外协项目整改验收2项。加大质量监督检查力度，完成计量器具检定859台，工程项目监督5项，7项QC小组活动成果获省部级表彰。

【庆祝中国共产党成立100周年活动】 2021年，勘探开发研究院党委以"百年路、百年情、新使命、新作为"为主题，开展"十百工程"系列活动，以"沉浸式"课堂推动庆祝建党百年活动走"新"又走"心"。打造可看、可听的声入人心式立体课堂，运用图版展览、融媒体矩阵等方式，强化新媒体手段，创新开展"百名党员讲党史""百年记忆述传承""百米图板学党史"等活动，以培养百名基层宣讲员、宣讲百个党史知识点为目标，推送党史学习材料382期，点击量超过20万次，参与辽河油田公司"党建+"演讲获一等奖。打造可讲、可演的感同身受式融入课堂，从"用户导向"设计教育载体，以全景式展示、沉浸式情景剧、红色文创作品引导全体党员群众达到情的共鸣、理的认同、精神上的震动。推出"百人登台秀才艺""百米长卷颂党恩""百名工程师健步行"等多样化系列活动，员工自编自导演绎"绣红旗"等红色片段，传唱10余首红色经典、"我与党旗同框"留影拍照，精心编导《我是明星》MV，记录500余名科研人员在平凡的工作岗位上不忘初心、追逐梦想、拼搏奋斗的身影，为庆祝建党百年增添丰富的情感体验、引发强烈的情感共鸣。打造可比、可学的情景交融式实践课堂，开展"百项工程结硕果""百名党员展风采""百人带动树新风"活动，700余名党员率先垂范，学有所获、学为所用，带动科研人员在科研攻关中展现红色力量。注重党员建功与"开新局"目标有机融合，以"党建+岗位实践"为主题，聚焦"五个一体化"、提质增效，瞄准75个急难险重岗位开展"党员—岗位代言人"实践，"亮身份、做表率"，推动党员领衔10个一体化项目，15项提质增效项目。每月评比科研、管理、服务、青年、女工5个层面"科研榜样·党员先锋"，累计宣传选树25人，集中报道提质增效基层经验10期，让各领域党员群众对标有目标、学习有方向。

（崔春雨）

钻采工艺研究院

【概况】 1990年4月，辽河石油勘探局将科学技术研究院的钻井工艺、采油工艺业务划出，成立钻采工艺研究院。1999年8月，按照辽河石油勘探局重组改制的整体部署，钻采工艺研究院重组分立为辽河油田公司采油工艺研究院和辽河石油勘探局钻采技术服务公司。2001年4月，辽河油田公司将采油工艺研究院更名为钻采工艺研究院。2007年5月，辽河油田公司成立稠油开采先导试验基地管理中心，其下属的稠油钻采工艺试验技术研究中心设在钻采工艺研究院。2015年4月，辽河油田公司成立国家能源稠（重）油开采研发中心，其下属的稠油钻采工艺技术研究中心挂靠在钻采工艺研究院。钻采工艺研究院是辽河油田公司工艺技术核心支持单位，肩负着科研攻关、科技成果推广、钻采工程设计、技术监督与检验检测"四大职能"，发挥着保储量发现、保产能建设到位、保转换开发方式实施、保油水井增产增注、保储气库建设运营、保绿色低碳转型"六大保障"作用，依靠技术进步与管理创新为辽河油田公司增储稳产、降本增效提供高质量的科技支撑。2021年底，钻采工艺研究院员工总数816人。其中，合同化员工784人、市场化员工10人、子女劳务用工22人。有科级以上干部132人。其中，处级干部14人（含正处级调研员1人、副处级调研员3人）、科级干部117人（改做具体工作41人）。

具有专业技术职称719人。其中，具有教授级专业技术职称11人、高级专业技术职称266人、中级专业技术职称398人、初级专业技术职称44人。有企业技术专家3人、一级工程师15人、二级工程师149人、三级工程师246人。拥有固定资产原值3.89亿，设备3221台（套），科研楼群建筑面积7.2万平方米。2021年，钻采工艺研究院完成各类技术支持6477井次、钻采工程方案50份、工程设计4075井次、工程监督1037口（表14至表16）、检验检测9904样次，三级储量贡献率90.3%，科技增油21万吨，设计降本9043万元，提质增效1.82亿元，完成辽河油田公司下达各项业绩考核指标，获辽河油田公司生产运行系统先进单位、辽河油田公司科技工作先进单位等称号；钻修技术研究所员工王斌获辽宁五一劳动奖章。

【科技攻关】 2021年，钻采工艺研究院围绕辽河油田公司"三篇文章"核心工作，瞄准"五大工程"科研领域，持续加大科研攻关力度，不断突破关键核心技术。在重点创新成果方面，承担各级科研项目/课题45个，下达经费4539万元，获市局级及以上科技成果21项（其中省部级6项、市局级15项）。高温高盐油藏调剖调驱关键技术获集团公司技术发明奖三等奖，连续5年获辽河油田公司钻井作业、采油工程专业组一等奖项。授权国家专利156件（发明专利23件），占辽河油田公司授权总量的50%，《一种防窜堵窜剂及其施工方法》首次获集团公司专利银奖。发表科技论文45篇（核心期刊论文5篇）、专著1部。在关键技术突破方面，国内首例直径127毫米套管侧钻技术在锦7-049-360C井试验成功，电缆输送电控打铅印技术在洼16-18井开创国内作业技术先河，高压水射流复合解堵技术实现海6-23井降压增注，FCD蒸汽流量控制技术在杜84-兴H3338井周期增油3800吨，AICD控水防砂技术在曙3-04-511井实现防砂、稳油、控水"全自动化"，智能分注与分采联动技术在洼20块试验见效显著。在科研管理成效方面，以"技术产品、人才队伍、硬件基础"等六个一流为目标，对标先进、规划启动"建设国内一流院所"行动方案。企业技术专家张子明揭榜挂帅《水平井低成本体积压裂》专项，领衔攻关"卡脖子"技术难题。柔性金属泵、投球调剖获集团公司科技成果转化创效奖励。高质量建成稠油工艺技术展厅，正式打开辽河油田稠油钻采工艺技术对外展示与交流窗口。

【科技成果推广】 2021年，钻采工艺研究院加强科技成果转化，不断提升技术支持作用。实现科技增油21万吨，三级储量贡献率达到90.3%。高效勘探。驾102井建立东部凹陷深层火山岩高效安全钻井标杆。辽河油田第一深井马探1井创下6项辽河钻井新纪录。雷121井压裂见效标志着陈家洼陷中深层角砾岩体勘探获得实质突破。全程试验变黏滑溜水在奈30井成功应用打开曼凹陷连续14年勘探停滞局面。单日压裂5段、射孔6段的包32-H1井压后突破外围薄层油藏产能极限。"精细分段+少段多簇+缝内暂堵"体积压裂技术在沈232块、沈273块、宁218块接连获高产评价井。应用快速试油技术在河25井页岩段获新发现，在欧31-H7井开拓辽河煤系生物成因气新领域。效益开发方面。河21块提前9天完成4平3直，共7井53层段压裂改造，打造低渗透油藏"大平台工厂化"增储建产示范样板。解决曙三区化学驱配液水硫离子浓度超标问题，恢复注聚黏度、降低药剂用量、化解停注危机。在沈84—安12、大洼等5个注水示范区推广桥式同心/偏心注水技术155井次，增加水驱动用储量11.2万吨。高砂比端部脱砂防砂工艺有效治愈高18块砂患顽疾。应用高温测试技术有效监测杜84馆陶边水侵入情况。绿色低碳方面，大剂量酸化解堵工艺成功破解双6扩容井注不进气问题，单井注气日增28万立方米。推广二氧化碳精细注入技术11井次，投入产出比1:2.5、创造可观经济效益。辽河油田首口二氧化碳蓄能压裂技术在欧37-72-32井试验见效，探索出一条减碳增油新路径。密封防腐二氧化碳注入工艺力保双229-36-62井试注成功，为辽河油田CCUS-EOR项目顺利启动保驾护航。老井治理方面。围绕辽河油田公司套损井三年治理规划，完成第一批495口套损井治理计划中的473口修井工程设计，推广液压整形等大修作业小修化技术50井次、节约作业成本1620万元。

【钻采工程设计】 2021年，钻采工艺研究院完成区块方案50项、单井工程设计4075口、工程监督1037口，节约投资9043万元，保障辽河油田公司储气库建设、钻压采一体化、产能建设、方式转换、综合治理等重大项目顺利实施。支撑"千万吨油田稳产"，完成曙光油田稠油300万吨稳产开发总体方案、辽河油田首个CCUS——双229块特低渗透及杜古潜山碳驱油碳埋存先导试验方案，顺利通过股份公司审查，首口二氧化碳试注井双229-36-62井顺利实施。超前完成雷72块大平台钻压采一体化等产能建设方案22个，保障辽河油田公司效益建产。编制齐40块蒸汽驱注汽管柱更换、沈67块延长检泵周期示范工程、天然气老井挖潜等综合治理方案，提前超额完成495口套损井治理工程设计任务，从设计源头提供油气生产保障。持续推进"百亿方气库建设"，总结梳理前期建库经验，编制辽河油田首批大尺寸注采井——双6储气库调整井位部署钻采工程方案，设计采用7英寸注采管柱，大幅提高调峰能力。针对国内首个水淹油气藏建库需求，优化大排量电潜泵排水举升设计，完成马19储气库先导试验钻采工程方案，均通过股份公司审查。有效助力"外围区效益上产"，践行地质工程一体化理念，高效完成鄂尔多斯盆地宜川地区天然气开发、辽河外围地区页岩油先导试验等钻压采一体化方案，实现大平台、工厂化、低成本、低能耗高效实施。完成集团公司钻井工程设计甲级资质复核，继续保持方案设计权威地位。按照"全生命周期效益最优"理念，建立化学驱、蒸汽驱、SAGD、火驱、二氧化碳驱等不同开发方式采油工程标准化设计模板及方案后评价模板，提高方案编制效率，建立深层天然气安全钻井标准井设计与标准化监督模板，综合提速5.54%。围绕有效监督的工作目标，健全监督工作体系，重点与外围区块对接，靠前指挥，加密巡井。积极推广"表单化"监督工作方法，钻井监督增加提速导航仪、智能试压仪等技术手段，马探1井创造辽河垂深最深、地温最高等6项纪录，后河标杆工程创出水平段2000米"一趟钻"新纪录。强化"风险分析、对策研究、专家论证、回退通报、跟踪回访、改进提高"井控设计"全链条"管理，牢牢把住井控安全关口，从设计源头识别削减井控风险500余项，深入开展"井控警示月"活动，提升井控管理履职能力，确保井控工作万无一失，被评为油田公司井控工作先进单位。

表14 2021年钻采工艺研究院完成各类区块方案数量表

储气库（份）	产能建设（份）	转换方式（份）	综合治理（份）
7	22	16	5

表15 2021年钻采工艺研究院完成各类单井设计数量表

钻井（井次）	压裂（井次）	修井（井次）	防砂（井次）	测试（井次）	试油（井次）	注采（井次）	注入（井次）	举升（井次）	调堵（井次）
1101	380	928	83	1149	60	32	173	56	113

表16 2021年钻采工艺研究院完成各类工程监督数量表

钻井监督	作业监督	试油监督	压裂监督
889	112	25	11

【经营管理】 2021年，钻采工艺研究院坚持质量第一、效益优先，统筹提质增效、对标提升专项行动，深化生产经营、投资成本一体化，打造提质增效"升级版"，全面完成经营业绩指标。将"程序不能逾越、节奏可以加快"落实落地。推进提质增效专项行动，突出计划管控，以计划的必要性、赢利能力为红线，杜绝各类低效、无效项目，确保每项计划符合科研生产实际。下达12批次合同计划，共217项，3.36亿元。优化投资结构，争取辽河油田公司消除短板瓶颈项目、提升服务支持能力和市场竞争力项目的投资力度，提升软硬技术实力。组织完成《压裂酸化中心设备设施与软件购置》和《辽河油田工程技术与监督管理系统》两个投资项目的可行性研究和初步设计报告编制工作，完成前期工作准备。推进全要素降本增效，从市场采购、预算审批、结算审减多维度开展降本增效工作。充分运用"竞争性谈判、单一来源谈判"新采购模式，让多家供应商进行"背对背"竞价，在满足技术、质量

要求的条件下，价低者优先中标。累计上报 12 批次市场交易计划，共计 112 个项目，市场交易总额 2.1 亿元。审查机加工标底和新产品价格 2780 项，预计节约成本 2000 万元。细化项目成本分析，精密测算项目价格，办理概算项目 1 项（120 万元），预算 2 项（审减金额 1.2 万元），结算项目 131 项，审核金额 1.47 亿元，审减 1812 万元。推进重点专项工作，利用"辽河油田内部市场交易平台"，完善技术服务项目"双重响应机制"，更好地把关技术服务项目，做到应响应尽响应，坚决杜绝项目流失。累计响应项目 431 项，市场交易金额 2.39 亿元。将落实"院 28 项重点工作"作为管理提升重点，推行框架招标等管理模式，对框架内的合格供应商开展保质竞价。框架协议批次订单 86 项，交易金额为 8908 万元。全面推广"一级制度、两级流程"制度管理新模式，树立制度权威，规范业务操作，减轻基层负担。梳理整合优化规章制度体系，提高制度建设的系统性、规范性和针对性。新建制度 3 项，修订 4 项，废止 31 项，现行有效制度 18 项，适用辽河油田公司制度 260 项。将主动作为作为管理提升手段，将新增 172 项技术服务价格与财务资产部沟通协调，争取年底实现新增项目结算由财务资产部与采油单位协商划转，让科研人员能够少跑一回路、少排一次队、少等一分钟。将依法合规作为管理提升准则，不断强化"事前防范"理念，强化合同全过程管理，加大规范性审查力度，杜绝合同条款瑕疵等问题，严控合同风险，签订各类合同 255 份，合同金额 3.79 亿元，其中包括支出合同 181 份，合同金额 2.94 亿元，收入合同 74 份，合同金额 0.85 亿元。加大法治宣传教育力度，坚持为领导班子中心组学习提供普法资料 18 份，举办法治教育专题讲座 2 次。开展 2020 年度事后合同专项检查，发现问题 31 个，均完成整改。对 2020 年 5 项例外事项的改进措施落实情况和效果进行评价，从问题产生的根源入手，坚决堵塞管理漏洞，实现内部控制闭环管理。

【安全环保】 2021 年，钻采工艺研究院坚持"四全""四查"和"五个用心抓"工作要求，加强 QHSE 体系建设，对标辽河油田公司体系审核标准，梳理审核内容 235 项，完善新背景、新环境下的体系框架，通过辽河油田公司 QHSE 管理体系审核，体系评分稳中有升。强化 QHSE 监督检查，开展各类检查等 54 次，发现并消除隐患问题 160 项。承包商施工现场监督检查 112 次，检查发现并整改问题 139 项。全力推进健康干预工作，排查中高风险人群，建立健康档案 149 份，同时对 13 个毒物接触岗、2 个噪声岗进行职业危害因素检测，保证生产工作环境符合职业健康标准。强化环保合规管理，实现全过程准确计量、分类贮存，累计处理危险废弃物 17.3 吨。严格射线装置管理，完成辐射安全许可证法人变更及装置数量变更工作。细致开展安全培训，确保关键岗位人员持证上岗，开展安全宣传教育活动 32 次。

【质量节能】 2021 年，钻采工艺研究院持续推进质量管理体系有效运行，通过认证公司监督审核，保持质量管理体系资质。组织井筒质量工作，开展全生命周期质量控制。牵头开展油水井井筒质量三年整治行动，促进井筒质量技术支持水平逐步提高。参与井筒质量事故调查，助力辽河油田公司提升井筒质量管理水平。加强检验检测职能建设，组织入井流体质检中心完成换证审核工作，履行质量监督检验职能，完成检验检测 9057 样次，发现不合格产品 116 样次。加强标准管理，承担国际标准培育项目 1 项、制修订集团公司企业标准 2 项、辽河油田公司企业标准 24 项，报审行业标准 2 项、集团公司标准 1 项、辽河油田公司标准 26 项。规范机加工过程管理，签订机加工合同 125 项，金额 10164 万元，预计可节约机加工成本 400 万元。

【队伍建设】 2021 年，钻采工艺研究院按照高素质专业化要求，推进素质培养、选拔任用、从严管理、正向激励工作，打造坚强有力的领导班子和忠诚干净担当的干部队伍。优化班子年龄、专业和能力结构，交流调整科级干部 10 人，改做具体工作 4 人，考核测评机关科室 12 个，科级生产经营单位领导班子 14 个、科级干部 74 名，班子和个人平均优秀率保持在 85% 以上。注重健全完善各负其责、协调配合、互相补台的决策运行机制，提高科级领导班子内生动力和整体功能。树立重实干、重实绩的选人用人导向，严把程序环节，实施全过程纪实，提拔使用科级干部8人，形成总量充足、专业齐全、梯次合理的干部梯队。推进管理人才梯队建设、操作岗位员工技能晋级和专业技术人员序列改革，搭建技能专家作用发挥平台和技术技能交流平台，214名青年干部员工纳入两级青年人才库，26人晋升中高级职称，进一步加强人才队伍建设。建立"严考核硬兑现"常态化机制，修订完善分层级绩效考核和薪酬分配激励机制，加大对产量效益指标完成好、科技贡献突出的班子和基层骨干的奖励力度，实现干与不干、干多干少、干好干坏不一样，营造"为敬业奉献者点赞、为苦干实干者加油、为勇于担当者担当"的浓厚氛围。

【深化改革】 2021年，钻采工艺研究院深化干部制度改革，探索干部进出新方式。强化精准考核，持续传递压力。推进"集中述职+多维度测评"考评机制，扩大公开述职人员范围，设置5类考评群体10余项指标及权重，采取公开"亮相"、分档打分、综合评价、整体排序方式，切实做到考出区别、评出差距。研究分级分类管理，构建动态管理机制。持续推进"双序列"改革，创新人才机制。突出科学刚性考核，任期增加基层50%考核权重，压缩B档留任比例，为年轻技术骨干预留晋升空间。聘任二级、三级工程师395人。实施3轮精准激励，奖励重点项目56项、311人次，总奖金额度103万元。成立由企业技术专家领衔的18人宜庆技术支持项目组，定向支持西部勘探开发研究中心。实现特车业务基层一体化管理，22人通过双选或竞聘方式调整到新岗位。完善推进电子考勤试运行工作，为各项人事制度的有效落实创造基本条件。

【基层党建】 2021年，钻采工艺研究院党委围绕党建工作与科研生产经营工作深度融合，加强工作谋划和组织落实，切实发挥党建引领作用。党建结对作用初步彰显。以采油工艺研究所、矿场机械研究所、油井防砂中心3个党支部与特种油开发公司、欢喜岭采油厂、高升采油厂工艺所党支部结对为试点，推行"科研+生产"党建结对共促发展协作机制，通过五项机制与三家采油厂建立全方位交流合作、共促共建，得到辽河油田公司党委高度认可。开展活动9次，达成联合立项攻关意向26个，针对15个问题形成解决方案7项，精准开展技术支持160余井次，互动式开展人才培养12人次，依托主体工艺技术优势提供增值服务，实现合作共赢。推进党建项目化管理，结合具体工作，明确科级班子"一岗双责"任务清单，推动党建工作和中心工作同步落实，提升党建工作标准化规范化水平。持续推进党支部工作品牌化、特色化，引导基层党支部提炼特色工作法，涌现出采油工艺研究所党支部五"XIN"文化、油田化学技术研究所党支部"三化三学"等特色工作载体。党建质量逐步提升。开展党的建设工作考核评价，采用"定性+定量"评价方式，重点对党支部建设、党员教育管理等基础工作加强督导考评，倒逼党建责任落实，推动基层党建从"做没做"向"好不好"转变。全年新发展党员8人，按期转正党员8人，完成支部改选10个。

【党风廉政建设】 2021年，钻采工艺研究院党委履行主体责任，听取纪委专题汇报6次。分13个层面组织签订党风廉政建设责任书343份，将科研双序列人员纳入签约范围，开展党风廉政建设责任量化考核3次，严格党风廉政意见回复。组织召开工作会议，表彰采油工艺研究所、油田化学技术研究所、压裂酸化技术中心、仪器仪表研究所、注采工艺研究所等2021年度党风廉政建设先进集体5个。钻采工艺研究院纪委坚决贯彻执行辽河油田公司纪委和钻采工艺研究院党委决策部署，围绕中心工作，监督执纪问责。更新处级干部、专兼职纪检干部、建全科级干部及关键岗位人员廉政档案248人。召开东郭苇场专案警示教育大会，举办法纪教育大讲堂，特邀辽河公安局高莲分局领导"以案说法"、辽河油田公司纪委领导专题辅导纪法衔接相关知识。创新开展"四个一"+"周·月·季"+"一网一微"组合式教育，开展新提任科级干部"六个一"廉洁从业教育、纪检工作专题培训、基层所长讲廉洁党课。打造"清风扬正气、廉洁伴我行"文化走廊展厅，编发系列风险提醒提示卡，送"课"下基层，自创《廉洁之声》周刊。配合辽河油田公司纪委违反中央八项规定精神专项监督及辽河油田公司审计部实施的4个审计项目。组织实施"以案促改、以案促治"专项行动方案并迎接辽河油田公司纪委专项督导，开展办公用房检查，规范婚丧喜庆报告，持续关注治理经商办企业情况，落实制止餐饮浪费重要指示精神，监督28项重点工作开展情况，完成树脂砂包覆业务合规监督、提质增效专项行动监督，合同管理及"小金库"专项治理联动监督，巩固拓展好贯彻中央八项规定精神成果。开展安全环保事故事件责任追究、监督检查工作，加强反违章专项整治监督工作。落实油田公司纪律检查建议书和审计意见书，对相关责任人进行问责，维护纪律严肃性。

【思想文化宣传】 2021年，钻采工艺研究院党委深入学习贯彻习近平新时代中国特色社会主义思想，落实"第一议题"制度，党委理论中心组学习研讨25期，两级班子撰写心得体会156篇，在庆祝中国共产党成立100周年大会、党的十九届六中全会胜利召开等关键节点将党史学习教育推向高潮，各级党员领导干部进一步增强"四个意识"、坚定"四个自信"、做到"两个维护"。坚持民主集中制，全过程、全要素集体研究决策党的建设、科研生产、经营管理等涉及钻采工艺研究院改革发展和长远利益的事项71个，集体决策率100%，做到充分酝酿、程序规范、科学民主。坚决肃清流毒影响，清除有害敏感信息23条，销毁相关书籍资料2000余册。加强阵地管理，发挥网评队伍政治舆论导向作用，全国上下喜迎建党百年、深入党史学习教育等关键时期，营造良好舆论氛围。围绕发展形势，有针对性地做好思想政治工作，引导树立正确的人生观、价值观、成才观。深入开展"转观念、勇担当、高质量、创一流"主题教育，扎实组织"支撑当前、引领未来，加快突破关键核心技术"专题学习教育，党委班子成员深入基层单位调研宣讲30场，制定对标举措25项，努力将广大干部员工精气神、注意力聚焦在科研攻关上。以微电影、事迹展播等方式，广泛宣传辽宁五一劳动奖章获得者王斌，以第一人称视角讲述企业技术专家张子明；以榜样就在我们身边为切入点，分享标兵、劳动模范的典型事迹，引导广大干部员工比学赶超。深入挖掘工作中的感人事迹和突出成绩，全年刊发新闻稿件818篇，其中人民网、《科技日报》《中国石油报》15篇，集中展示科技支撑作用和科研攻关实力。钻采工艺研究院记者站获辽河油田公司十佳记者站称号，党群工作部获油田公司宣讲思想文化工作先进集体。

【群团工作】 2021年，钻采工艺研究院召开群团工作会议，并制定工作计划及进度安排。建立工会线上办公平台、累计接受咨询和政策指导200余次。上报群众性经济技术成果13项。成功申报辽河油田公司劳动模范2名，辽河油田公司先进工作者6名，树立王斌同志作为辽宁五一劳动奖章获得者，打造"王斌创新工作室"。制定《钻采工艺研究院2021年健康工程实施方案》，组织责任部门确定3大类工程，11个项目。发放纯钛密封瓶及心脑血管应急药品。制定《钻采工艺研究院干部退职员工退休关怀制度》。慰问外部市场人员及一线长期作业人员104人。建设乒乓球活动中心11个。为钻采工艺研究院门前设置交通信号灯，将钻采岗单行右拐车道规划为双向车道。慰问探视住院职工33人，去世慰问12人，丧葬补贴5人，走访慰问劳模及困难家庭12户。开展院男子篮球比赛、男女混合排球排球比赛、工间操比赛，选拔队员参加辽河油田公司男子排球赛获亚军，参加辽河油田公司男子足球赛，获第五名。开展"巾帼建功·激情绽放"微视频创作展播评选活动。成功举办"永远跟党走·奋进新征程"伴我成长这一年青年展演竞报会。1人获辽河油田公司第八届"十大优秀青年"荣誉称号，1个集体获集团公司级青年文明号，1个集体获辽河油田公司级青年文明号，1个集体获辽河油田公司十佳青年突击队称号，1人获中国石油勘探开发学术交流会一等奖，2人获油水井分析比赛二等奖。计划生育、综合治理、信访稳定等工作平稳有序。

【庆祝中国共产党成立100周年活动】 2021年，钻采工艺研究院党委组织系列活动，热烈庆祝中国共产党成立100周年。依托党史学习教育，在七一前夕召开庆祝中国共产党成立100周年表彰大会暨专题党课。开设7个视频会场，在七一当天组织全院干部员工共同收看庆祝大会现场实况。组织系列征文活动，矿场机械研究所党支部书记靳建光撰写的征文获辽河油田公司二等奖。发放《四史》和《加油增气》等书籍1000余册。

【新冠肺炎疫情防控】 2021年，钻采工艺研究院做好疫情防控和健康防护工作。全年疫情呈多点散发态势，面对多地爆发的疫情，不麻痹、不厌战，及时做出应急响应，开展重点场所和疫情防控制度落实情况专项检查32次，督促整改问题48项。坚持每日传达"疫情防控工作要求"落实"零报告"反馈政策，严格控制人员流动，贯彻执行出行审批报备、返回隔离检测制度，保证科研生产与疫情防控"两手抓、两不误"。

（周　宁　丁　薇）

经济技术研究院

【概况】 经济技术研究院（简称经研院）成立于2021年3月，整建制划入原概预算管理中心、经济评价中心和咨询中心（与全资子公司"盘锦辽河油田技术经济咨询有限公司"一家单位两块牌子）的业务及人员，同时承接海南油气勘探分公司非勘探业务人员、结算部分流人员以及企管法规部软科学课题及政策研究职能，列为行使机关职能的上市业务科研二级单位管理。经研院设机关职能科室3个，整体业务划分为4个板块、22个业务部门，职责范围主要涵盖油田工程造价管理、经济评价管理、项目技术经济咨询、经济政策研究、新能源研究支持、软科学管理等内容。经研院确立"做专做精存量业务，打造辽河系列品牌；做大做强增量业务，发挥辽河智库职能"发展主线，"研、学、服、管、办"业务框架，"聚焦能源经济，贡献思想力量；建设企业智库，服务油地发展"价值目标，厚植能源行业经济技术管理和研究的体系化能力，为辽河油田公司及所属单位改革发展及经营管理重大专项提供决策支持和智力支撑，致力建成服务辽河油田公司改革创新、经营管理、油地融合的实体智库。2021年底，经研院在册员工118人。其中，博士研究生5人，硕士研究生20人，大学本科88人，大专及以下5人；正高级职称3人，副高级职称63人，中级职称43人，助理级及以下9人。2021年，经研院获辽河油田公司及以上集体荣誉3项：造价板块获评集团公司物探钻井工程造价管理先进集体；经济评价板块获评辽河油田公司科技进步奖三等奖、优秀标准奖三等奖。个人荣誉19项：4人获评集团公司物探钻井工程造价管理先进个人；11人获评集团公司石油工程造价管理先进个人；1人获评辽河油田公司劳模；1人获评辽河油田公司先进个人；2人分获辽河油田公司青年油水井分析大赛效益组一、二等奖。

【经济发展研究】 2021年，重组整合后，经研院增设经济发展研究业务，面临研究主体团队从深水勘探向经济研究大跨度转型的现实状况，克服专业壁垒和严重缺员的实际困难，迅速转型、主动出击，梳理业务范围、定位人员角色，直面辽河油田公司改革发展中面临的难点、热点问题，融入油气核心业务，对标学习先进，甄选研究课题，深入调查研究，推动各项研究工作稳中有进，为辽河油田公司提供决策支持。承担集团公司《油气田归核化发展配套机制研究》、辽河油田公司《资产管理数字化研究与应用》《储气库全生命周期经济评价体系建设研究》课题，开展院级课题研究6项，形成组织科研运行基本能力。前瞻性开展新能源政策研究，制定《新能源信息调研检索日常工作制度》，编写《新能源基础知识手册》，收录新能源术语273条，分发给辽河油田公司相关单位使用，对现有的200个CCER方法学进行分类分析，明确13个适用于油田碳资产开发的CCER方法学，初步形成碳核算、碳资产管理的专业能力，启动《辽河油田信用碳资产开发实施方案》编制工作，碳资产、碳交易研究取得阶段性成果。在软科学研究管理方面，2021年实现管理职能交接，完成2020年5个课题验收与考评，组织2021年课题运行，编制《2021年辽河油田公司软科学研究课题成果择要汇编》，促进研究成果共享、应用，修订《辽河油田公司软科学研究管理办法》，组织2022年软科学研究课题选题征集，征集课题52项，大幅提升单位参与度和研究覆盖面。

【工程造价管理】 2021年，经研院围绕提质增效工作主线，坚持价格市场化方向，下放结算审核权限，补充完善定额，发布计价标准，加大概算审核力度，审查概算620项，概算金额51.09亿元，审定金额47.42亿元，节约投资3.67亿元。运用市场机制，细化造价管控，缩短审核中间环节，调整概算由工程造价（定额）中心集中审核，非招标项目的预算（标底）由建设单位自行审核，下放所有结算审核权限，下放部分设备、材料价格由建设单位自行审核。推进市场化价格，发布小修作业市场化价格、钢材执行价格、印刷品、标牌类指导价格。制定发布计价依据，针对钻前工程井场、进井路铺垫及相关工程项目，按照建立市场化价格体系的相关要求，编制相关市场化计价标准，对柴驱注氮、扫线服务价格进行测算，发布辽河油田公司柴驱注氮、扫线服务最高限价。审核物采拦标价格，参加集中采购招标方案会审165包8000余项物资，从采购物资名称的准确性、型号的完整性、技术参数的实用性、拦标价格的竞争性等方面提出意见，审核物资采购15442项，成交金额8.72亿元，节约金额8477.97万元。审批工程物资价格，完成工程物资价格审核7534项，施工方申报金额15332.38万元，二级单位审核金额12937.92万元，审减金额2394.46万元，审减率15.62%，审定金额11501.16万元，审减金额1436.73万元，审减率11.1%，两级审减金额3831.19万元。发布物资价格信息，收集整理集团公司一级物资中标价格1.2万条目，辽河油田公司二级物资采购中标价格6.3万条目，在信息门户及《辽河油田公司造价管理信息系统》发布物资价格信息，关注国内大宗商品价格走势，收集整理发布国内十几个地区大宗商品价格日报、周报、月报数据100余份，准确定额、科学计价，为结算提供价格参考依据。

【经济评价管理】 2021年，经研院坚持"一切以效益为中心"的理念，组织完成多项重大方案评价，在储量申报、投资和成本控制等方面，发挥积极专业作用。勘探评价方面，完成新增三级储量及SEC扩边新发现储量经济评价，增加石油控制、探明经济可采储量728.5万吨和440.87万吨，三级储量通过集团公司审查。开展油藏评价项目部署方案8个、评价井部署方案16个、未动用储量区块分类评价34个、已开发储量区块171个、页岩油先导试验方案经济评价工作6个，助力辽河油田公司实现提质增效目标。开发评价方面，组织完成产能建设新井1139口、侧钻井51口和套损井556口的经济评价和效益审核工作，累计投资优化114口，暂缓25口，压降投资2904万元，实现经济评价覆盖率100%。组织完成2022年投资建议框架计划原油、天然气、侧钻和套损井113个区块1111口井，开展庆阳十四五规划方案、宜川—上畛子和宁县13个区块619口井的经济评价，实现单井投资压缩8%，操作成本降低18%目标，为流转矿区效益建产奠定基础。重点推进《曙光油田稠油300万吨稳产开发总体方案》等项目，完成化学驱、SAGD和蒸汽驱三大类共10项49轮次的优化和调整工作，提交20个方式转换项目跟踪评价月报48期，季报53期，从源头把控方式转换项目的经济效益，为辽河油田公司效益开发提供决策依据，为实现稠油300万吨稳产奠定基础。通过采油评价提升效益，与采油单位共同组织开展无效井治理工作，跟踪治理效果，全年治理无效井826口，开展6167井次措施前评价，否决无效措施195井次，减少风险性成本支出4227万元。新能源评价工作方面，完成辽河油田CCUS顶层设计方案、《辽河油田双229块及杜古潜山CO_2驱油与埋存先导试验方案》经济评价，优先捕集辽河油田内部碳源，运用经济指标指导技术方案优化，在45美元/桶下实现效益达标，开展《高升稠油区块清洁能源替代工程可研》等四个项目经济评价审查，保障项目效益获批。组织开展《辽河油田稳产攻关技术效益评价研究与应用》等研究项目，获评辽河油田公司科技进步奖三等奖，《油田效益配产方法》入围2021年辽河油田公司优秀标准奖,选派代表参加辽河油田公司青年油水井分析大赛,获效益分析组一等奖、二等奖,代表全国油气田开发分标委,主持行标《石油可采储量估算方法》修订工作并通过预审,持续发挥专业作用,不断扩大行业影响力。

【经济技术咨询】 2021年,经研院坚持稳中求进的工作总基调,加大经济技术咨询业务力度,加强项目前期评估论证,加大方案和投资优化力度,在改革过程中实现发展新局面。完成《曙二区地热利用工程》《辽河油田2021年注水初设审查》等各类方案评估、初步设计审查30项,不断强化后评价工作力量,检验项目评估和投资管理工作质量,完成《辽河油田公司2018年原油产能建设项目(自营区)》《辽河油田低成本油气生产物联网系统A11独立后评价》等5项大型后评价项目,组织辽河油田公司"十四五"总体规划报告的编制工作,为辽河油田公司今后发展描绘宏伟蓝图,完成《长城钻探苏里格风险作业区块调整方案》等项目技术经济评价论证,精准测算效益指标,确保项目经济更具有可行性,完成可行性研究项目编制20余项,各类咨询项目均得到委托方认可和好评。持续发挥工程单位甲级咨询资质优势,及时收集跟踪活源信息,掌握第一手资料,成功办理外部市场多家单位市场准入与备案,参与招投标共计16项,中标率75%,在稳固现有市场的基础上,不断开发业务新范围,拓宽发展新空间,完善市场新布局,迎来事业新发展,市场开发额1500万元,实际结算收入873万元,成本支出739万元,利润134万元,经营业绩创历史新高。聘请集团公司、辽河油田公司各级专业专家200余人次,其中油田开发类150余人次,经营管理类50余人次,制定《专家管理办法》,完善专家管理制度和专家库建设,为用活专家资源打好制度性基础,发挥智库参谋作用,为辽河油田公司重大项目建设提供决策支持。

【党建思想政治工作】 2021年,经研院党委按照"三基本"建设要求,高效建立起基层党建的组织、队伍和制度体系,严格落实党群工作例会、"三会一课"制度,开展"以案促改、以案促治"专项行动,搭建意识形态工作机制,全面落实党建责任。制定《党政领导班子议事规则》《"三重一大"决策制度》《党委主体责任清单》等9项制度,规划议事决策、责任落实的基本运行框架,召开党委会9次,加强对重大事项的民主决策和集体领导。落实"第一议题"制度,组织中心组集中学习16次,加强班子政治理论和政治素质建设,召开党史学习教育专题民主生活会2次,查找各项业务和班子存在的突出问题,进一步统一思想、规范作风、改进工作。围绕油田公司党委工作要点,制定16条贯彻措施并按季度督促落实,出台主题教育、党史学习教育、庆祝建党百年、民生工程等专项方案。按照"四同步、四对接"原则,紧跟辽河油田公司党委部署,组织参加党史知识竞赛、"党建+"演讲比赛、征文大赛、庆祝建党百年篮球、乒乓球、排球大赛、"颂歌献给党"红歌演唱会等庆祝中国共产党成立100周年系列庆祝活动,在集团公司"铁人先锋"平台组织的"永远跟党走"健步走活动中,全部四项指标获辽河油田公司第一名。

(杨 楠)

辽河油田消防支队(中国石油消防应急救援辽河油田支队)

【概况】 1978年11月,辽河石油勘探局成立辽河油田公安消防支队,为县团级单位,是以防火灭火为中心任务,按部队要求成立的组织机构。1985年5月,辽河油田公安消防支队改制为企业专职消防队伍,更名为辽河石油勘探局消防支队。2006年3月,集团公司将辽河石油勘探局所属的消防支队划归辽河油田公司,并于4月更名为辽河油田消防支队,列为辽河油田公司上市业务二级单位管理。2020年4月,辽河油田消防支队加冠中国石油消防应急救援辽河油田支队名称,更名为辽河油田消防支队(中国石油消防应急救援辽河油田支队)(简称消防支队),实行"一个机构、两块牌子"管理模式。消防支队主要担负着辽河油田公司、辽河石化分公司、长城钻探公司辽河分部、东方地球物理公司辽河物探处和辽宁销售公司盘锦分公司等石油企业以及内蒙古科尔沁油区的防火、灭火和应急救援工作，同时承担着冀东油田公司和长庆油田公司的消防保卫任务和消防安全监督管理。2021年底，消防支队在册人数553人，干部206人，工人347人，劳务用工260人。消防支队下设科室9个、科级生产经营单位10个、基层站队25个。具有专业技术职称225人。其中，具有高级专业技术职称的16人，中级专业技术职称的107人，初级专业技术职称的91人。固定资产原值2.75亿元，各种资产3108台（套），建筑总面积5.8万平方米。实现消防安全重点单位监督检查覆盖率100%，火灾隐患督促整改率100%，实现辽河油田公司安全生产先进单位"十二连冠"，获全国政府（企事业）专职队执勤训练工作先进单位。

【防火工作】 2021年，消防支队强化服务质量，消防监督迈上新台阶。消防安全监督有效融入辽河油田公司"监管一体化"安全管理运行机制，查找的典型消防问题纳入《辽河油田公司QHSE管理月报》。制定消防安全重点单位界定标准，梳理消防安全职责界面，强化责任落实。制定实施防火工作管理办法，统一两级防火组织工作流程和标准，推进消防安全监督制度化、规范化。站位集团公司，履行监督职能，开展209家消防安全重点单位全覆盖式隐患排查，发现问题1157项，经济处罚11.4万元，对相关责任人记101分。开展2021年消防安全专项考核，查找8大类270个问题。完成104个工业动火、高危井作业、装置投产、紧急抢修、大型会议活动等消防备案和分级监督。指导5家驻辽河中国石油企业落实消防安全工作，查找、反馈隐患184项。对13个二级单位477个出租房屋进行消防条件确认审批。发挥专业优势，加大宣传培训力度，围绕季节性灾害特点和燃气、电器使用等精准、开展消防安全宣传，借势"119消防宣传月"加强消防减灾知识普及力度，制定并印发《消防应知应会手册》《家庭消防安全手册》等宣传品2000余份。开展辽河油田公司应急管理、QHSE管理人员资格证、硫化氢气体防护证等消防安全培训，累计授课240学时，培训2500余人次。

【灭火工作】 2021年，消防支队坚持实战实训，提升救援能力，完成曙采特油地区抗洪抢险、"1.11"兴和市场火灾、"5.5"积葭生态有限公司火灾等应急救援任务。全年出动火警205次（油田火场12次），出动车辆283台次，出动指战员1329人次，保护价值20728万元，抢救价值3278万元。执行现场监护任务165次，出动车辆200台次，出动指战员818人次。执行抢险救援任务176次，抢救遇险人员24人，出动车辆222台次，出动指战员977人次。执勤战备规范有序，牵头组织召开集团公司专职消防队专业化建设考核评估标准现场会，推进队伍专业化建设。强化指战员战备意识，加大日查、夜查力度，常态化电话抽查基层执勤干部在岗率。强化器材装备管理，全面核查测试器材装备。强化预案体系建设，修订完善支队级、大队级、中队级应急预案和灭火战斗预案725份。训练演练贴近实战，组织开展队与队技能对抗赛、各岗位战训业务培训班、战训业务研讨会。抓实训练考核，结合岗位特点、年龄结构科学制定训练科目，突出综合体能和装备"五知一能"（知器材名称、技术参数、功能用途、操作程序、保养方法，能熟练操作使用）训练，开展灭火救援预案实战演练196次。

【队伍管理】 2021年，消防支队改革创新，释放队伍发展活力。优化人员结构配置，落实"油公司"模式改革要求，以突出防火灭火业务、提高管理效能为目标，对3个消防大队实施具有消防队伍特点的扁平化管理模式，充实基层一线执勤力量。对6个部门、6项业务重新调整，迸发发展活力。发挥绩效考核作用，坚持效益、效率导向，完善绩效考核管理办法，科学制定业绩考核指标，突出贡献奖励，坚持分配政策向外部市场和一线倾斜，合理拉开油区内外、一二线员工收入差距。夯实合规管理基础，按照油田公司"一级制度、两级流程"管理模式，组织梳理适用制度239项，逐步开展符合支队实际流程绘制工作，推动各项工作流程更加清晰、职责更加明确、管理更加规范。加强合同管理，签订各类合同58份。新选拔任用正科级干部1人、副科级干部8人，新选拔任用科级干部中，40岁以下干部占88.9%，科级干部平均年龄下降2岁，调整4个基层大队和3个机关部门正职，交流副职以上干部43人次。推荐年轻干部到团省委挂职锻炼1人，推荐选拔新一轮三级副职后备干部30人。

【安全环保】 2021年，消防支队严抓严管，安全防疫见成效。夯实基础管理，落实"四全"（全员、全过程、全天候、全方位）"四查"（查思想、查管理、查技术、查纪律），突出"五个用心抓"（用心抓四全、四查工作落实落地，用心抓QHSE体系建设和责任清单管理，用心抓风险识别和隐患排查治理，用心抓低老坏、重复性问题整治，用心抓承包商的监督管理），深入推进QHSE体系建设，调整专业委员会机构，修订QHSE职责清单，落实风险排查和隐患治理双重预防机制，严抓节假日、特殊时期升级管理，提升本质安全水平。监管隐患风险，通过"四不两直"检查、季度体系审核、安全联系点活动等形式抓隐患排查治理，将"低老坏"及重复性问题、承包商施工监管列入重点监督内容。累计发现隐患问题482项，争取辽河油田公司治理费用838万元，完成个人防护装备更新、基层站队电气线路改造2项隐患治理项目。严密疫情管控，紧跟疫情形势变化，动态把握分阶段防控重点，突出人员流动管控，加强员工考勤和职工动态打卡管理，加大全员疫苗接种力度，支队接种率达95.51%。

【经营管理】 2021年，消防支队开降举措，提质增效。突出顶层设计，开展"转观念、勇担当、高质量、创一流"主题教育，升级《提质增效专项行动实施方案》，明确3大类14项具体指标，支队领导班子带头领责，层层压实各项业务工作，实现管理费用等指标全面受控。强化精细管理，发挥规划计划职能，严控项目规划立项，审查项目10448万元。加强预算管理，强化指标分析，严格跟踪督促，燃料费、材料费等支出均得到有效控制。合理安排保战备、保安全、保民生各类资金，压降其他各项支出248万元。发挥概预算、市场职能，审减金额350万元，市场下浮22.5万元。有效益外闯市场，中标广东石化消防服务项目，提供消防监督、应急救援等消防服务，收入415万元，完成利润118万元。与辽河石化分公司、辽河润滑油厂签订消防服务协议，升级各项消防服务，收入451万元，增收51万元。做好对口支持煤层气公司消防安全管理及山西大宁工区消防保卫工作，收入260万元。全年实现收入1865万元，完成利润–15423万元，减亏835万元，广东石化项目收入415万元，实现利润118万元。

【党群工作】 2021年，消防支队从严治党，开创和谐稳定局面。抓思想、强武装，落实"第一议题"制度，学习党的十九届五中、六中全会精神和习近平总书记系列重要讲话精神，高质量开展党史学习教育和主题教育，弘扬伟大建党精神，用党的光荣传统和优良作风坚定信念、凝聚力量，教育和引导党员干部明晰形势、转变观念、锁定目标、真抓实干。落实意识形态工作责任制，拓展宣传工作覆盖面，传递好声音，引领好导向，鼓舞好士气。抓基层、打基础，推动基层党建"三基本"建设和"三基"工作有机融合，依托"党建联盟"大平台，运用"党建+"新模式，围绕消防安全稳定，从"党委、总支、支部"各个层面与多家单位开展党建联盟，携手共筑油区消防安全防线。抓基层党建工作考核，落实"三会一课"、主题党日等制度，统筹推进庆祝建党100周年系列活动。坚持党建带团建，支队团委获辽河油田公司"五四"红旗团委。抓作风、扬新风，践行"马上就办、办就办好"理念，抓机关作风建设，建立督办机制，提升工作效率。开展"以案促改、以案促治"专项行动，深入油料费管理合规监察，组织廉洁专题宣贯30场次，发布廉洁警示教育小贴士60余条。抓民生、增福祉，推进民生工程，干部成长进步，职工收入增加，伙食补助提高，建立健康小屋，组织"一体化"健康体检，联合宝石花医院科普健康知识。开展全员岗位大练兵，举办第十九届职业技能竞赛。组织各岗位培训。

【集团公司专职消防队专业化建设考核评估标准现场会召开】 2021年5月8日，集团公司专职消防队专业化建设考核评估标准现场会在辽河消防支队召开，

燃气集团公司

【概况】 2004年6月，辽河石油勘探局成立天然气工程筹备办公室。2005年9月，辽河石油勘探局撤销天然气工程筹备办公室，成立燃气事业部。2008年2月，燃气事业部划归油田公司。2010年11月，辽河油田公司成立燃气集团公司，与燃气事业部实行一个机构、两块牌子、合署办公。2011年9月，辽河油田公司将燃气事业部与燃气集团公司重组整合，成立燃气集团公司（简称燃气集团）。主要负责外来天然气的经营、下游市场开发以及辽河油田气代油管理、自产气销售业务。2021年底，投产管线9条，总长339千米，在建2条，总长21千米；运营CNG母站3座，在建1座；运营子站7座，在建2座。在册员工597人。其中合同化员工401人、市场化员工196人。处级干部14人（含副处级调研员4人），科级干部120人（其中改做具体工作32人、借调1人）。设机关职能科室13个、直属部门5个，下设三级单位16个。燃气集团党委有党员416人。拥有各类设备2418台（套），资产原值151227万元，净值121836万元，设备新度系数0.8。2021年，燃气集团全年输销天然气20.36亿立方米，实现收入28.45亿元，账面利润5405万元，对比奋斗目标超交利润2677万元。

【市场开发】 2021年，燃气集团依托朝阳、海城支线，开发朝阳黑猫伍兴岐炭黑有限责任公司、海城华润燃气有限公司等大用户，管道输销2.9亿立方米，同比增幅163%。深入落实区域化管理，一体化开发的工作思路，扩大母子站辐射半径，CNG销量0.86亿立方米，同比增幅36%。以贸易业务为切入点，克服LNG价格高位运行、气源受限等不利因素，实现LNG销量1.78万吨。落实"加油增气"战略，组织队伍常驻庆阳，理顺产运销链条，打通市场脉络。加大油区自产气扩销，实现销量1.12亿立方米，同比增销60%。深入开展非气业务，开发海城市后英经贸集团有限公司、内蒙古超越饲料有限公司等大客户，开办便民超市，非气业务全年创收155万元。

【工程建设】 2021年，燃气集团海城支线牌楼段于6月22日投产运行，每天新增销量5.3万立方米。沈阳开发大路LNG项目于8月1日投产运行，成为燃气集团第一座CNG/LNG混合站，填补沈阳市LNG销售空白。滨河北路加气子站于8月5日投产运行，中国石油天然气股份有限公司辽河油田本溪燃气分公司形成了双子站支撑。朝阳支线建平段于9月29日投产运行，标志着朝阳支线全线建成投产，具备为凌源、赤峰等下游地区供气条件。锦州CNG母站于11月3日投产运行，中石油辽河油田（葫芦岛）燃气有限公司形成辽西区域双母站格局。

【经营管理】 2021年，燃气集团坚持"先算后干、事前算赢"双算管控机制，聚焦增销增效、造价审核等7项提质增效工程，挖潜增效9246万元，优化投资254万元，调剂和处置积压物资78万元，完成提质增效目标。坚持做到项目实施前有评估、中有监督、后有考核，确保项目全流程受控，全年签订各类合同411份，概预算审减金额209万元。坚持把"先款后气"作为经营铁律，连续4年未形成新增欠款。铁岭公交欠款清零，中国石油天然气股份有限公司辽河油田沈阳燃气分公司清回土地款530万元，辽宁正丰实业有限公司清欠二审赢得胜诉。

【科技创新】 2021年，燃气集团加大科技创新力度，完成电磁阀电路改造攻关，实现自动切断功能，推广应用后可节约阀门更新费300万元。攻克盘锦母站加气柱数据库采集存储壁垒，节省了系统维护费。研发4G无线网络传输技术，实现光缆意外中断状态下的画面和数据回传。燃气集团牵头的《燃气管道运行动态智能分析与控制研究》通过辽河油田公司项目验收，管道总控平台、智慧巡检、远程指挥系统搭建完成，智慧燃气框架初见雏形。

【安全环保】 2021年，燃气集团以落实安全专职化、垂直化"双化"管理为主线，压实安全生产主体责任，修订完善QHSE责任清单、履职承诺卡，促进自主管理提升，芳烃基地调压站通过辽河油田公司自主安全管理站队验收，代表辽河油田公司迎接勘探和生产板块QHSE管理体系审核，总得分86.37分，提升0.27分。开展安全生产专项整治行动，组织各运营站场对岗位风险再辨识、再评价，发现不符合项135项，全部整改闭环。制定城镇燃气安全排查整治工作方案，召开管道完整性问题推进会3次，组织处级演练4次、科级演练31次、站队级演练131次。依据员工健康状况，为全员配备便携式药盒，设置个性化体检套餐，对310名中高风险人员进行健康干预。组织新冠疫苗接种，疫苗接种率97%，守住"零疫情、零感染"底线。

【党的建设】 2021年，燃气集团党委落实"第一议题"制度，深入学习贯彻党的十九届五中、六中全会精神和习近平总书记系列重要讲话精神。严格执行"三重一大"决策程序，决策重大事项59项。深入落实辽河油田公司领导体制改革要求，在5家股权公司推行董事长和支部书记由一人担任，总经理分设的管理模式。完善双向锻炼、交叉任职机制，13名干部进行党务和行政岗位双向交流。落实组织生活制度，持续规范"三会一课"、组织生活会、主题党日等活动。创建数字化联合党建阵地，发挥"智能1+N"党建效能。创建共产党员先锋工程24个、责任区28个、示范岗33个、突击队12个。"党建+"演讲比赛作品登上辽河油田公司展演舞台，展示燃气集团风采。落实全面从严治党主体责任，深入推进"以案促改，以案促治"专项行动，集中观看《苇海迷途》等警示教育片，加强党员干部廉洁自律意识。发挥机关职能部门监督作用，组织开展接待费、"小金库"等专项检查，发现问题18项，清退不合规费用3.76万元。深化厂务公开和民主管理，8件职工代表提案办复率100%。组织广播操评比，拔河比赛、书画展等文体活动，广播操展演获辽河油田公司三等奖。

【庆祝中国共产党成立100周年活动】 2021年，燃气集团党委贯彻中央精神和集团公司党组安排部署，围绕"学党史、悟思想、办实事、开新局"目标要求，成立领导小组，制定《党史学习教育推进实施方案》，编制党史学习教育及庆祝中国共产党成立100周年系列活动任务分解表，明确具体任务、责任部门、时间节点。举办3期党史学习教育读书班和学习七一讲话读书班，在燃气集团公司主页、微信公众号开展"百年党史百天讲""党史征文展""声音刻录百年，我是讲述人"等活动，领导班子成员深入基层党建联系点讲授专题党课，由两位主要领导亲自讲授的党史故事讲述片《不忘初心迎百年、马上就办勇争先》获辽河油田公司一等奖。深入开展"我为群众办实事"实践活动，编制民生工程实施方案，落实员工活动室、自行车棚及充电桩等28项办实事举措。

（徐泾源）

储气库公司（储气库项目部）

【概况】 2009年3月，辽河油田成立储气库项目管理部，列入直属部门管理。2010年5月，更名为天然气储供中心，列入直属公司管理。2014年9月，辽河油田公司党委决定成立中共辽河油田分公司天然气储供中心委员会，同年10月，天然气储供中心正式列为辽河油田公司二级单位管理。2018年7月，更名为储气库公司，天然气储供中心委员会更名为中共储气库公司委员会。2019年6月，辽河油田公司成立储气库项目部，列入直属部门管理。2019年12月，成立辽宁辽河储气有限公司。2020年4月，辽河油田对储气库项目部、储气库公司两家单位进行重组整合，成立储气库公司（储气库项目部），行政级格为正处级，列为辽河油田公司二级单位管理，保留"储气库项目部"牌子，履行辽河油田公司机关储气库管理职能。2021年1月，撤销储气库公司的"储气库项目部"牌子，将油藏及方案设计等管理职能划入开发事业部（开发部）归口管理，将井筒及地面管理职能划入采油工程技术部管理。储气库公司作为"东北储气中心"不仅担负着辽宁省的天然气供应，更通过反向输气保证京津冀地区的调峰用气。2021年底，储气库公司在册员工555人。其中，二级领导干部11人（二级正调研员1人，二级副调研员2人），三级干部59人（改做具体工作4人），一般管理干部130人，专业技术干部95人，操作技能岗位员工260人。具有博士研究生学历1人、硕士研究生学历43人、大学本科学历352人。具有教授级高级专业技术职称2人，高级专业技术职称44人，中级专业技术职称209人，助理级专业技术职称35人。全年注气19.75亿立方米，采气20.87亿立方米，最大日调峰能力达到3180万立方米；最大日采气量3000万立方米。生产原油5.88万吨。实现收入10.58亿元。2021年"辽河储气库群"被纳入国家"十四五"规划重点建设工程。储气库公司获辽河油田公司先进单位、质量健康安全环保先进单位、井控工作先进单位、信息化先进单位、档案史志工作先进单位。14个部门获辽河油田公司级先进集体，44人获油田公司级先进个人等荣誉。

【气库建设】 2021年，储气库公司在双6储气库实现"八注六采"（8轮注气、6轮采气），创造"五个最"（采气周期最长、高位安全运行天数最多、日均采气量最高、周期采气量最大、创效最多）历史佳绩。双6储气库扩容上产工程历时460余天优质高效完成施工任务，11月12日正式投产运行，创国内同等规模储气库建设周期最短新纪录。雷61储气库实现180万立方米高峰日产，马19储气库先导试验方案取得批复全面启动，辽河首批大尺寸注采井开钻，双6储气库扩容上产工程及双台子储气库群公用配套工程成功投产，双台子储气库群完钻新井26口，完成老井处理30口，完成集团公司下达的储气库建设责任目标。

【调峰保供】 2021年，储气库公司完成双6储气库新井临时注气工程、雷61储气库排水工程，有效提高单井注采气能力，提升双6储气库扩容上产、雷61储气库达容达产效果。完成注气19.75亿立方米，完成采气20.87亿立方米，创下年度采气最长、高位安全运行天数最多、日均采气量最高、年采气量最大四项新纪录，特别是11月保供以来，日采气量接连迈过1400万立方米、1800万立方米、2000万立方米、2200万立方米、2800万立方米等几个重要关口，不断刷新最高日采气纪录，12月29日一举突破2900万立方米，实现双6储气库扩容上产工程满负荷试运。圆满完成阶段调峰保供任务。

【安全管理】 2021年，储气库公司严格执行国家政策法规和集团公司、辽河油田公司健康安全环保工作要点，贯彻落实辽河油田公司质量安全环保工作部署，定期召开储气库公司安委会、系统专业会，宣贯解读各级会议精神、标准规范，协调解决难点问题，完成18类65项工作任务。制修订机关科室安全环保职责17个，管理岗位QHSE责任清单198份，操作岗位履职承诺卡161份，逐级签订《健康安全环保责任书》25份，健全完善"党政同责、一岗双责、失职追责"的责任网络。结合业务生产实际建立履职评估题库，全年履职评估科级干部及安全员59人。编制发布井喷、火灾爆炸等5项公司级重大风险防控措施，制定储气库安全生产"十大"禁令。编写《启动前安全检查方案》，开展双6储气库、雷61储气库等储气库注、采气投产前安全检查9次。组织大型消防联合演习5次，开展日常消防安全检查13次，出动消防车车保52台次，保护出勤92个班次，为工程顺利投产提供消防保障。完成双台子储气库群一期工程项目管线穿越安全与质量评价1项、水土保持评价1项、防洪评价3项。完成马97井和马215井封井项目环境影响评价。完成双6储气库调整井位部署方案项目生态影响评价、安全预评价。完成老井封堵项目生态影响评价和环境影响评价。开展双49井、双24-36井封井的涉路涉桥质量与安全评价，上述项目全部取得地方政府批复。完成雷61储气库工程、双6储气库扩容上产五口井竣工环境保护验收工作。严抓"安全生产专项整治三年行动""重点领域安全风险隐患问题集中整治"和"消防百日攻坚"等专项活动，组织各业务主管部门开展综合检查53次，收集整理相关计划总结47份，形成危害因素识别清单和检查问题清单38份。对照"低老坏"和重复隐患清单开展全面排查。将"反违章承诺书"签订范围扩展至承包商"三类人"。准备中央环保督察、辽宁省环保督察和"绿盾2021"自然保护区专项行动迎检工作。两级督察期间开展23次环保专项检查，通过自检自查，强化保护区内施工单位的环保管理工作，保证环保措施落实到位，确保环保督察、绿盾行动期间建设项目有序开展。按照抽检计划及工程物资采购实际及时开展重点物资抽检37批次，抽检计划完成率100%，采购物资抽检合格率100%，对集团公司通报的不合格产品开展排查6次。悬挂质量提升标语及宣传海报28个，开展井筒质量问题培训1次，组织焊接质量、固井质量专项检查各1次，征集"我为质量管理献言献策"建议362项，活动参加率100%。聘请行业领域内专家开展HSE管理提升活动，对QHSE量化审核进行大数据分析，追溯规章制度适用性和工具方法实用性，组织审核2次、作业许可培训2次，指导梳理工作任务清单32份、责任清单78份，修订完善操作规程6项，规范作业许可审批流程7类。制定并实施QHSE培训计划项目17项，开展新《安全生产法》专题培训，培训合格率100%。组织双重预防、职业病管理、作业许可培训班3期85人。倡导全员参加注册安全工程师考试，组织考前培训22人，完成6人延续注册工作和重新注册工作。结合储气库新库建设人员增加情况，严格组织入场三级安全教育，累计培训175人。编制《雷61储气库标准化建设指导手册》，推广"我的安全，我做主"理念教育，精心组织"安全生产月""6·5世界环境日"等主题活动，印发宣传品800余份，开展宣教培训33次，征集警示教育视频、漫画作品6个，推广"小、实、活、新"的群众性质量成果6项，储气库公司领导班子在周生产会、季度工作会议等会议上亲自授课，营造浓厚的自主安全文化氛围。全年未发生一般C级以上生产安全责任事故。污染物排放达标率100%，钻井现场钻井液不落地处理全覆盖，绿色修井技术现场应用率100%，井身质量合格率100%。完成注气系统升级整改6项，采气系统升级整改13项，整改后注采系统运转正常，有效保障储气库本质安全，确保安全环保形势总体稳定。强化QHSE管理，实现零伤害、零污染、零事故、零疫情管理目标，QHSE管理体系量化审核继续保持B1级。

【经营管理】2021年，储气库公司深入贯彻辽河油田公司高质量发展要求，强化两金管控，深入推进提质增效专项行动，全面完成辽河油田公司下达的各项经营目标。参与186项招（议）标项目文件审查及监督工作，发布制度4项，新建执行流程15项。组织全员合规基础培训，实现在岗职工新版《诚信合规手册》学习和签订率100%，集团公司合规培训完成率100%。参与协调完成与辽宁环渤海天然气投资有限责任公司《储气库租赁协议》、与BECKBURY国际有限公司《补偿协议》等重大或特殊合同拟定，明确双方权利义务，对非标准文本合同逐字逐句推敲斟酌，维护合同作为企业与外部经济往来纽带的合法合规性。《2021版内控手册》发布后，组织机关各部门识别业务流程672项，确认适用储气库公司内控流程386项，其中属于辽河油田公司重要业务流程101项。完成各部门内控流程培训工作，确保员工全面及时了解适用流程的具体内容和最新变化。完成426个内控关键流程的全部数据录入和审查工作。储气库建设过程中，从物资采购、建设施工等方面严控投资，加强管理创新，优化工程方案，控制投资成本。钻井过程中，不断科学论证钻井方案，优化井位部署、严控施工环节，控制钻采投资成本。基建过程中，着力推进标准化、集成化、一体化、模块化和橇装化，严格控制地面工程成本。从项目管控、外委维护、技术升级等方面持续降本，开展提质增效工程5项。开展6项"扩大内部自修"项目。开展注气压缩机改造，提高压缩机入口压力，有效提高压缩机的利用率和注气效率，降低压缩机的用电单耗。开展采气系统各级分离器改造，有效提升原油分离效果，降低乙二醇用量，大幅提升水露点、烃露点、组分等指标控制水平，单位采气成本下降3.2%

【科技创新】 2021年，储气库公司成立智能化储气库建设小组，建立双6储气库井口压力远程监测及雷61储气库移动式出砂监测系统，实现智能化储气库建设的全面启航。申报发明专利4项、发表专业技术论文31篇，获辽河油田公司科技进步奖三等奖1项，盘锦市自然学术成果奖1项。针对注气量低于预期的单井，开展井史及生产情况普查，系统剖析原因，制定"清井筒，疏地层"的技术思路，采用"连续油管冲洗 + 酸化解堵"复合措施解决问题。通过分析和室内实验，优选化学解堵配方。措施后单井平均日注气量由7万立方米提高至68万立方米，累计增注气2964.7万立方米。开展数值模拟研究，优化设计锚瓦结构，设计的国产化封隔器对套管损伤降低57.9%。通创新设计组合式密封结构，气密封性能达到V0级别，单价较进口减少42%。依托中国石油大学（北京）科研团队，模拟不同管材在实际环境中的腐蚀情况，结合井下力学条件、注采参数和设计寿命等因素，形成防腐—力学设计图版，指导井下管柱安全设计。完成注采气方案5套，各类地质设计80井次，完成科技攻关11项，实现成果转化6项。

【党建工作】 2021年，储气库公司党委贯彻落实新时代党的建设总要求，做深"党建联盟"模式，探索形成"166545"（"1"是坚持党的领导这一政治原则，将党建工作贯穿始终到储气库群建设；"6"是明确以联盟促质量、促安全、促效益、促进度、促廉洁、促服务的"六促"工作目标；第二个"6"是采取理论联学、事务联商、工作联动、活动联办、队伍联建、品牌联创的"六联"工作法；"5"是建立项目、区域、油地、专业系统、兄弟储气库"五种联盟模式"；"4"是联盟要突出把关定向、教育引导、监督考核、沟通协调"四个作用"；第二个"5"是建立"一体化"运行、"互帮化"共享、"整合式"联动、"标准化"管理、"关联式"考核"五项保障机制"）工作体系，组建由储气库公司、辽河油田建设有限公司、中油辽河工程有限公司等参建单位参加的双台子储气库群项目"党建联盟"，组建由金海采油厂、兴隆台采油厂、欢喜岭采油厂等单位参加的辽河储气库群"党建联盟"。开展主题劳动竞赛、联合党课、党史知识竞赛、技术交流、主题党日、党员示范岗等活动。开展"攻坚奋战100天、全力以赴保冬供"劳动竞赛，组织交流活动307次，解决实际问题1631项。党建联盟经验作为油田公司党建典型案例做会议交流，获辽宁省思想政治工作优秀研究成果二等奖。按照"第一议题"制度，以"关键少数"为重点，系统参加党史学习教育专题学习，落实《党委（党组）理论学习中心组学习规则》实施办法，坚持每月一学习、每季一研讨，实现机关科室业务研讨全覆盖，集体学习12次、"三个为什么"（"中国共产党为什么能""马克思主义为什么行""中国特色社会主义为什么好"）之问等研讨发言24人次。以提高"九率"（提升方案措施知晓率、提升学习任务完成率、提升专题党课落实率、提升理论研究参与率、提升宣传教育覆盖率、提升培训内容到位率、提升员工群众满意率、提升党员评议优秀率、提升学习成果转化率）为核心，开展党史故事100讲。学习习近平总书记"七一"重要讲话、党的十九届六中全会精神等内容，中心组学习12次。《圆梦辽河二次腾飞》获辽河油田公司党史学习教育征文一等奖。开展建党百年活动，制定"四百"系列活动方案，召开庆祝建党百年暨"两优一先"表彰大会，开展支部书记讲党课、党史知识竞赛、参观红色基地、观看红色电影、我与党旗合个影、"党建 +"演讲等活动。制定《主体责任清单》24类58项，签订党风廉政建设责任书65份，整改

23项巡察反馈问题。储气库公司党委督办生产经营重点工作800多项，修订实施意识形态工作细则，落实"三重一大"制度、研究议题75个。严肃党内政治生活，民主生活会、组织生活会、"三会一课"等工作有序开展。强化基层党建工作，配齐配全政工干部。强化基层党建阵地建设，打造雷61"六气"党支部展室、双台子库群"党建联盟"展厅等特色阵地。储气库公司地质工艺研究所党支部与兴隆台采油厂地质所党总支建立"储兴联动"党建联盟，有力推动新库建设。以解决热点难点问题为突破口，以"共产党员先锋工程"为载体，设立共产党员先锋岗8个，责任区5个，先锋工程项目5个，突击队3个，带动党员群众143人次，解决难题数量11个，累计挖潜745.3万元。聚力提升党建形象，推进党的建设与生产经营深度融合。

【组织人事】 2021年，储气库公司创新思路，严格执行"动议关""推荐关""考察关"流程，规范干部选任工作。通过辽河油田内部招聘等形式录用193人。公开选聘二级工程师、三级工程师，打破专业技术人员晋升"天花板"，调动和发挥科技人才的聪明才智和创新潜力。完善《储气库公司基层党支部党建工作规范手册》和《储气库公司基层党支部工作记录本》，配备党建工作电子"工具箱"。加强机关和基层干部的交流使用，选派优秀年轻干部参与到项目组跟踪培养，组织外出培训13期/79人次，辽河油田公司内部培训52期/144人次，基层自主培训42期/823人次，引进管理、技术人员13人。选举新一届中共储气库公司委员会，配备专职纪委书记，增设纪委办公室，成立机关党总支、双台子储气库群党支部。新建党建基地4个，建立人才梯队，辽河油田公司采气工大赛获团体三等奖、团队项目铜牌和3枚个人银牌。新增机关职能科室2个、直属科室1个、基层单位2个，基层单位机关科室更名12个，调整班组机构12个。推进"两学一做"学习教育常态化制度化，组织各级党组织集中学习68次、专题学习研讨15场，开展专题党课16节次，收看专题节目10次，召开专题组织生活会9场次。修订完善《储气库公司科级领导班子及科级干部考核方案》，完成科级管理干部、副高级以上技术职称人员复审核查、一般管理干部、专业技术人员人事档案专项审核154人、文件约15000个，退休人员人事档案文件800多个。完成储气库公司机关科室和科级生产单位职责梳理和员工岗位描述工作。完成组织史资料企业卷的征编和基层卷编纂工作。

【群团工作】 2021年，按照储气库公司一届二次职代会暨2021年党的工作会议部署，储气库公司在重大项目、重要工程、重大事件的重要时间节点，主动策划新闻，增加媒体曝光率，双台子储气库群——双6储气库扩容上产工程投产仪式登上新闻联播节目，辽河储气库群建设项目先后62次登上《中国新闻网》《中国日报》《工人日报》等网上客户端以及《辽宁日报》《辽宁卫视》等媒体。辽河储气库群展厅接待国家、辽宁省、集团公司、盘锦市等各级相关部门参观70多场800多人次。发表新闻动态、基层新闻动态160篇。两个"大气辽河"微信公众号发表推文213篇，累计转载2443次、阅读32611次。与新闻中心战略合作，开设《走进储气库一线》专栏，从库群建设伊始，跟踪拍摄最艰苦的工作场景，无人机跟拍工程建设各阶段大场面被央视采用。《冲刺53小时》《百亿气库铸辉煌》视频片在中国石油官方微信播发。《风雷正起·气壮辽河》获集团新媒体内容创作大赛三等奖。建立群众性安全监督队伍，设立安全监督员25名，其中油田公司级首席安全监督员1名，作业区级首席安全监督员1名。开展安全隐患排查52次，查找安全隐患18个。提高职工的风险识别和隐患排查能力，员工王瑞平、刘凯被评为2021年辽河油田公司安全风险辨识"金眼睛"，员工刘永为获油田班组成本分析比赛二等奖。每周组织团员青年参加青年大学习活动，活动参与率在辽河油田公司位列第4名。成立"团建联盟"、阀门注脂维护保养、注采气工艺技术升级等提质增效青年突击队项目，其中"团建联盟"提质增效项目被列为辽河油田公司提质增效重点项目。举办储气库公司第二届青年油水井分析论文答辩赛，6名选手进入辽河油田公司决赛，均获三等奖。共青团各项工作不断升级，获辽宁省五四红旗团支部，雷61作业区获辽河油田公司青年文明号荣誉称号。不断改善基层生产生活条件，新建、扩建基层作业区食堂，配备冰箱、烘干型洗衣机等物资。开展"暖心"健康行动，配备血压计、血糖仪、救心丸等健康医疗用品。组织高考志愿填报指导、增进亲子关系快乐沙盘等EAP课堂。开展"悦心"文体活动，先后举办羽毛球比赛，与盘锦市林业和湿地保护管理局、安全环保技术监督中心、土地公路管理部联合开展徒步活动，参加辽河油田公司男子足球赛。参加辽河油区公司计划生育干部知识竞赛，获金奖2名、银奖6名、铜奖1名。开展无人机、GoPro培训、"大气辽河"微信公众号编辑培训。

【新冠肺炎疫情防控】 2021年，储气库公司深入贯彻落实《辽宁省秋冬季新冠肺炎疫情防控方案》《辽河油田公司新冠肺炎疫情防控常态化工作方案》，坚持"三防"（防松劲、防漏洞、防反弹）"四早"（早发现、早报告、早隔离、早治疗）"四清"（人员底数清、流动轨迹清、身体状态清、防控措施清）要求，将疫情防控管理常态化。编制《疫情防控、安全环保升级管理实施方案》，动态调整疫情防控升级管控措施41项，召开疫情防控、安全环保升级管理专项部署会议。推广微信定位、二维码小程序等数字化、信息化手段，推进疫情数据排查程序化、精准化，动态排查"三类人"（员工、亲友、承包商）178次，确诊病例、风险地区预排查、涉疫食品排查178次，组织核酸检测438人，全员应接疫苗接种率100%。保障全年疫情管理平稳受控。

【庆祝中国共产党成立100周年活动】 2021年，储气库公司为庆祝中国共产党成立100周年，按照国家档案馆和集团公司统一部署，中国石油档案馆组织开展主题为"凝百年之辉、筑兰台之梦"档案工作微视频征集活动，储气库公司推送的《国步轨迹、档案尽藏》微视频获集团公司建设类档案作品一等奖。储气库公司召开庆祝中国共产党成立100周年暨"两优一先"表彰大会，会上新党员宣誓、老党员重温入党誓词，优秀共产党员、先进基层党组织经验交流，表彰优秀党员20人、党务工作者5人、基层党组织3个。开展"学百年党史、庆百年华诞、建百亿气库、铸百年工程"（四百）活动，组织开展我来说党史活动，"学党史、强党性、跟党走"党史知识竞赛、观看红色电影、参观红色基地、"我和党旗合个影、百年百语送祝福"、向全体党员发送一封慰问信、"强党建提素质赠书"、重温入党誓词等活动，激发和凝聚基层党组织和广大党员的工作激情和干事热情。

（曲　静）

销售公司

【概况】 1989年11月，辽河石油勘探局成立销售公司，列为辽河石油勘探局直属公司，负责辽河油田所产原油的计划销售、调度储运等。1999年7月，销售公司划归油田公司管理。2000年12月，集团公司将辽河油田公司销售公司的成品油销售业务划归东北销售公司。2010年9月，销售公司除辽河油田矿区居民自用液化气业务外，其他液化气业务划归中石油昆仑燃气有限公司。2014年1月，辽河油田公司将销售公司纳入上市业务二级单位管理。主要负责油田原油、轻烃液化气的销售、结算和统计工作；负责油品市场开发和营销信息的收集整理、分析研判并提出销售建议；负责油品销售过程管理及驻厂监督，协调解决销售过程中发生的相关问题；参与辽河油田公司油气产品价格领导小组的油气产品价格制定工作。2021年底，销售公司下设6个职能部门（科室），现有员工69人，其中处级干部5人，科级干部12人，一般管理人员5人，内部劳务人员36人。2021年，销售公司累计完成销售量995.08万吨（含合作区块47.65万吨，青海庆阳区块2.73万吨），其中原油924.27万吨（含合作区块47.65万吨，青海庆阳区块2.73万吨），凝析油61.61万吨，液化气9.2万吨。销售统计收入部分为944.7万吨（不含合作区块47.65万吨，青海庆阳区块2.73万吨），实现销售收入278.09亿元，实现账面利润1232万元，超奋斗目标116万元。

【提质增效】 2021年，销售公司推进提质增效，开展市场化销售，努力挖掘创效潜力，持续提升营销能力。持续做好分质分销，以高凝油、中质油、黑凝析油等高价油品销售工作为重点，尽可能少掺多销，并通过内部倒运和混输的方式，将高价油品的销量维持在最高水平。加大动态营销力度，加强油价走势预判，在不同结算周期内，按照"价高多销、价低少销"的动态策略营销。找准市场定位精心准备，全面评估明确流程，紧跟客户精准营销。对全油田原油进行全方位分析，选择规模稳定、品质稳定、配套设施完善的站点组织实施市场化销售工作。深入了解客户需求，及时掌握客户的加工能力、原料库存、进货渠道、出货情况等信息，择优选取客户购买积极性高、可生产高附加值产品的原油品种组织竞价销售。挖掘液化气增销潜力，与中国石油昆仑燃气有限公司、北方华锦化学工业集团有限公司、油气集输公司建立联合工作小组，通过细化销售过程管理实现乙烷全产全销，实现创效。实现动态调整原油销售18.8万吨，创效4434万元；超销液化气1.4万吨，创效2061万元；市场化销售原油24.89万吨，创效4465万元，合计创效10960万元。

【营销工作】 2021年，结合辽河油田公司全年工作重点及自身业务调整，销售公司发挥营销职能，不断提升保障能力和增收创效能力，在确保合规经营的前提下，努力贡献销售力量。精心组织油品销售，不断提升保障能力。严格执行"全产全销"工作要求，密切跟踪管输运行情况和公路拉运进度，及时督促未按进度运行的下游客户，确保销售计划有效落实。建立销售日报制度，合理安排销售品种和销售流向，有效保障产销平衡。加强驻厂监督管理，全过程检查付油手续、核实付油量，发挥计量监督作用，保障油品销售安全有序。妥善协调解决销售过程中出现的问题，妥善处理好炼化厂设备检修、油品质量不达标、下游炼厂接货困难、恶劣天气公路运输受阻、疫情管控等销售过程中遇到的问题，确保销售进度按计划运行。持续强化合规管理，有效规避经营风险。坚持"零客存"管理制度。坚持拉运量即为销售量，坚决杜绝出现"客存"现象，有效保障油田生产平稳运行。坚持"先款后货"原则不动摇，严格执行货款不到不开票、货款不足不开票，有效保障油田资金安全。持续加强营销过程管理，定期梳理现有流程，确保所有业务在合规范围内运行。持续加强合同管理，按照股份公司最新下发的《原油销售管理办法》和《轻烃液化气乙烷销售管理办法》要求，重新起草油品买卖合同内容，依法保障油田整体利益。规范经营管理，确保销售业务在合规范围内运行。切实提升创效水平，提高辽河油田公司整体收益。销售公司作为辽河油田公司对外销售单位，承担保障生产顺畅运行的责任，也是把产量转化成效益，生产价值实现的最终环节，主动作为，持续提升营销能力，不断优化油品销售结构，动态调整油品销售节奏，积极开展市场化销售，努力在营销环节增收创效，实现辽河油田公司整体收益最大化，为辽河油田公司高质量发展贡献销售力量。

【质量安全管理】 2021年，销售公司强化油品质量安全，定期开展油品化验工作。与质量部门结合，定期对外销油品抽样化验，跟踪油品品质变化，严把油品质量关。加强下游企业比较关心的重金属含量、含盐等指标抽查工作，减少纠纷事件发生，保障辽河油田公司整体利益。加强外付站点监管工作，发挥油品交付监督作用，与生产运行、质量安全环保等部门形成齐抓共管的协同效应。加强产品质量监控工作，对产品质量波动较大、短期内无法整改到位的站点暂停外销，进行整改，确保外销油品质量符合合同约定质量标准，防止发生合同违约风险。

【党建工作】 2021年，销售公司党支部学习贯彻习近平新时代中国特色社会主义思想，落实党中央和集团公司党组、辽河油田公司党委各项决策部署，巩固深化党史学习教育成果，推进"两学一做"学习教育常态化制度化，使党员、干部坚定政治信仰，树牢"四个意识"、坚定"四个自信"，把对党忠诚、做到"两个维护"，引导党员干部自觉在思想上、政治上、行动上同以习近平同志为核心的党中央保持高度一致。通过学习《党章》，重温入党誓词，对照党员必须履行的义务，查摆在理想信念、宗旨意识等方面存在的不足。严肃党的组织生活，落实"三会一课""主题党日"等制度，加强党的领导，以强大组织力保障各级决策部署落地见效。结合业务特点，突出关键岗位严格规范、依规依纪履职，筑牢拒腐防变思想防线。深化"党建+"模式创新，研究推进"销售+生产""销售+炼化"党建联盟，通过党建载体，促进工作融合，共同做好销售大文章。聚焦销售计划执行、销售监督、市场化销售、信息化建设等年度重点、难点开展"共产党员示范岗"创建活动，以点带面，推进销售工作更上新台阶。引导广大党员干部在党史学习中汲取力量，打破固有计划销售的思维，向生产和市场两端延伸，重新构建好生产、销售、效益关系，实现营销工作新突破。

【疫情防控工作】 2021年，销售公司按照辽河油田公司疫情防控工作要求，牢固树立抓好疫情防控是当前所有工作的重中之重思想。重点对疫情防控期间物资的使用调配、应急处置、内部防控等工作进行安排部署，确保防疫措施全覆盖、无遗漏，推进防疫和销售工作相结合。销售公司下游客户比较复杂，涉及辽宁省外中国石油吉林石化公司、中国石油江苏燃料沥青有限责任公司和辽宁省内中国石油抚顺石化公司、中国石油锦州石化公司等多家单位，每个月需要进行三次结算，人员往来频繁，疫情防控面临的困难成倍增加，为做好疫情防控工作，对疫情危险地区炼化厂实行严格审查，及时调整销售流向，暂停对风险地区炼化厂付油，同时持续做好常态化疫情防控工作。

（姜明明）

安全环保技术监督中心

【概况】 中国石油天然气股份有限公司辽河油田分公司安全环保技术监督中心（简称中心）成立于2017年6月，由原辽河油田安全环保处、质量节能管理部、矿区服务事业部、工程服务中心和钻采工艺研究院所属QHSE监督、检验、科研评价机构重组整合而成，列为辽河油田公司上市业务二级单位管理，是集团公司第一家实现监督检查、检验检测、科研评价"一体化"管理的技术监督机构。中心主要负责辽河油田公司安全、环保、质量、职业健康特种设备、节能、节水、计量、标准化、抗震、防爆等监督工作；承担特种设备、防雷防静电装置、环境、节能、职业卫生、流量计量器具、产品质量检验检测业务，以及安全生产、职业卫生和环境影响三项评价、技术咨询、科研攻关和职业病预防与治理的实施等工作。此外还负责监督辽河油田公司机关和各二级单位的QHSE履职、风险防控措施的落实情况，归口指导考核各单位安全环保技术监督机构。中心设机关职能科室7个，分设HSE监督、质量技术监督、检验检测、特种设备检验、科研与评价五大业务板块，下辖QHSE监督、检验检测、科研评价站所25个，托管全资子公司1个。2021年底，有在册员工332人，其中高级职称94人，中级职称179人，研究生学历28人。实现收入4493.15万元，成本支出13027.74万元，利润-8534.59万元，对比底线目标减亏475.41万元，对比奋斗目标减亏92.41万元。拥有2092台（套）仪器设备，各级各类资质541项，其中国家级资质283项，省级资质214项，企业级资质44项。2021年，中心贯彻党的十九大和十九届历次全会精神，全面落实辽河油田公司决策部署，以服务辽河、保障发展为己任，锚定建设"集团公司一流技术机构"目标，全力发展三大核心业务，完成年度任务目标，先后获盘锦市文明单位、辽河油田公司先进单位、先进党委、抗洪复产先进单位、质量健康安全环保先进单位、生产运行先进单位。

【监督、检验、科研评价】 2021年，中心高站位推进QHSE监督。贯彻落实"四全""四查""五个用心抓"，牢牢抓住储气库群建设等国家级、公司级重点项目，燃气使用等重点领域，环境敏感区域等重点部位，钻修井作业等关键环节，建党百年大庆活动、洪潮暴风雪等特殊时段，强化驻站监督、旁站监护、专项督查，检查生产场所5213个次、工程项目820个次、动态施工2723场次，监控车辆3.8万台次，抽查产品1456批次，督促整改问题10302个（表17），挽回直接经济损失5206万元。高标准推进实验室建设，服务辽河油田公司生产经营全局，原油天然气全项检验追赶同行水平，持续推进实验楼改造工程。牢牢把握大型容器等特种设备检验，水气声渣排放等环境监测、职防检测，为辽河油田公司本质安全管理、环境超标场所治理、民生工程建设提供决策依据。产品检验、计量检定、节能监测紧密围绕外销油气质量、贸易交接计量、耗能设备提效，为辽河油田公司提质增效提供技术支持。全年检验特种设备2416台（套），检定仪器仪表9721台（套），检测场所1124场次、产品1342批次，监测耗能设备1167台（套）、环境数据17782个、饮用水数据13238个。高水平推进科研评价规划，服务辽河油田QHSE监管布局，顺利通过安评执业考核、职评晋级验收。全年高效完成重大环境风险等评价评估项目112个、服务项目18个，完成辽河油田公司首次大规模产能项目竣工环保验收，实现8个单位、2300口井全覆盖。紧追新能源领域变革，率先着手碳排放监测评价与QHSE风险评估技术研究，稳步推进员工安全心理大调研等4项课题，编制形成"十四五"科研规划。热注站噪声治理技术开发、岗位强噪声防治技术应用项目分获石油化工行业创新成果、科学技术奖二等奖，申报发明专利1项，发表论文14篇。

【运营管理】 2021年，中心经营管理实现成本和利润指标"双完成"，统筹实施主营业务创收、节能评估等外闯业务增收，深度推进十项提质增效工程，超额完成奋斗目标。运行管理实现协调运行和专业能力"双提升"，优化改进党政融合、绩效考核，规范管理流程11项。广泛开展技术交流、能力比对、轮岗实训，参与各类审核检查，员工专业素养整体上升。薪酬管理推行基础激励和差异考核"双模式"，精准激励大型项目监督、科技攻关优秀团队，精心选树金牌监督等先进典型，员工收入保持稳步增长。

【民生保障】 2021年，中心践行"以人民为中心"的发展思想，压实安全环保工作，强化实验室安全环保风险管控，销项用电安全、危险化学品、燃气等问题232个。健全畅通沟通渠道，答复员工建议25项，评先选优首先倾向基层，妥善解决员工诉求，稳定和谐氛围浓厚。强化民生工程建设，投入487万元用于员工疗休养、健康体检、医药补贴等福利费用，同比上浮11.5%，职工权益得到保障。推进"全民健康"，开展控烟限酒、急救培训、健康干预、体育锻炼等多项主题活动，落实健康小屋创建、活动场馆改善、体检项目优化措施，员工健康意识得到提升。强化疫情常态防控，精准排查行程轨迹400余人次，核酸检测216人次，疫苗应接尽接率100%。

【党群工作】 2021年，中心确定"11166"党建工作思路（坚持"一个政治原则"：坚持党的全面领导这一重大政治原则，切实发挥党委把方向、管大局、促落实作用。推进"一个深度融合"：推进党建工作与生产经营深度融合，用改革发展成果和员工幸福指数检验党建工作效果。锚定"一个发展目标"：建设集团公司一流技术机构奋斗目标。实施"六项党建工程"：围绕"十四五"期间中心总体发展战略，全面实施"政治领航"工程、"固本强基"工程、"文化引领"工程、"人才强企"工程、"清风筑廉"工程和"惠民聚心"工程。打造"六型企业党委"：在新思想引领下推进中心党建工作向纵深发展，全力打造"引领型""效能型""学习型""创新型""廉洁型""服务型"党委），全力推

表17　2018—2021年监督检查情况表

年份	固定场所（个次）	工程项目（个次）	动态施工（场次）	抽查产品（批次）	问题数量（个）	产品不合格（批次）	经济处罚（万元）
2018	4585	600	951	1702	8898	61	46.78
2019	4921	601	1554	1889	9258	48	68.34
2020	4814	757	1923	1611	7883	16	1019.15
2021	5213	820	2723	1456	10302	58	218.3

进党建工作与生产经营工作深度融合。坚持政治引领，将学习贯彻习近平总书记在庆祝中国共产党成立100周年大会上的讲话等重要讲话和重要指示批示精神作为"第一议题"的首要政治任务，多维度宣贯党的十九届六中全会精神，中心党委理论学习中心组集中学习研讨25次。聚焦中心任务，明确27大类52项具体活动内容，统筹推进庆祝建党100周年、党史学习教育和"转、勇、高、创"形势任务教育。规范党委议事决策的各个环节，决策"三重一大"事项32项。坚持党政融合，将解决生产经营、队伍建设难点、堵点问题作为党建工作切入点，高标准完成常态化疫情防控、抗洪复产、天然气保供以及储气库群建设监督等急难险重任务。坚持固本强基，推广党员"积分制管理"，靠实党支部达标晋级管理，建优建强基层党组织。持续优化基层党组织设置，形成领导干部"双向进入、交叉任职"和"支部+板块"协同化、"党小组+科站"一体化工作格局。围绕"党建+QHSE隐患防控"开展共产党员立项攻关30项。采取举办党务干部培训班、组织百年党史知识竞赛、选派机关党群干部挂职基层党支部副书记等措施，有效提升专兼职党务干部综合素质和履职能力。中心党委与辽河油田环境工程公司党委建立"党建互补"联盟，中心支部间开展"支部联建"，形成"问题导向、优势互补、精准施策、改进提升"工作链条。坚持相融共进，严格排查敏感信息，规范微信办公群和即时通群管理。把握舆论阵地，全年刊发稿件401篇。选树辽河油田公司红旗党支部、先进集体以及集团公司优秀党务工作者，辽河油田公司劳动模范、先进个人、优秀党员等先进典型。选拔优秀选手参加辽河油田公司党史学习教育"党建+"演讲决赛并获"绿色低碳"组二等奖。坚持正风肃纪，压实党风廉政建设和反腐败工作主责，持续跟踪辽河油田公司党委巡察反馈问题整改落实，层层签订《党风廉政建设责任书》，班子成员有效落实"一岗双责"。深入推进"以案促改、以案促治"专项行动，增强党员干部、管理人员廉洁从业意识。加强党员干部能力作风建设，用好干部"选育管用"机制，通过发挥考核导向作用促进科级干部能力素质提升。

【庆祝中国共产党成立100周年活动】 2021年，按照中心党委整体安排部署，中心制定庆祝建党100周年庆祝活动实施方案，给党支部和党员配发党史学习教育方面书籍。筹备并组织开展中心成立以来首次大规模党史知识竞赛，形成中心上下学习党史的浓厚氛围，对党史学习教育起到积极推动作用。组织红色观影党课，观看《长津湖》等影片，搭建爱国爱党教育平台。督促并指导各基层党支部在七一前后完成重温入党誓词、就近参观红色教育基地、与党旗合影等活动，丰富主题党日的内涵和形式。

【新冠肺炎疫情防控】 2021年，中心持续抽调防疫专业力量，配合辽河油田公司疫情防控办开展各项工作。坚持一手抓疫情防控督导、一手抓QHSE监督检查，加强疫情防控工作的"四不两直"督查，适当采取"回头看"检查形式跟踪验证，传导抗疫压力，严防防疫工作"上热中温下冷"，筑牢辽河油田公司疫情防控和安全生产"双重防线"。中心内部强化疫情常态防控，防疫相关部门忠诚履职，及时传达落实疫防文件和快递消杀、外来人员登记等要求，各科站所严格执行外出审批、核酸检测、隔离监测等要求，精准排查行程轨迹，疫苗应接尽接率100%，筑牢"零疫情"防线。

（丁宜宁）

未动用储量开发公司（未动用储量开发项目部）

【概况】 未动用储量开发公司（未动用储量开发项目部）（简称未动用储量开发公司）2018年3月由原未动用储量开发项目部和油气合作开发公司重组整合而成，是"两新两高"政策指导下实践市场化经营方式的采油生产单位。主营业务是通过市场化模式开发难采储量和为相关业务（实施勘探井和评价井、与采油单位合作进行新井建产和通过风险模式实施老井措施、引进新技术和队伍储备）搭建平台。

所属区域的油藏类型复杂（薄层超稠油、低渗透、致密油），开发动用难度大，需要采取蒸汽吞吐、直井大型压裂、水平井压裂等方式进行开采，包括探井评价井在内，投资高、产能低。2021年底，未动用储量开发公司动用储量3197万吨，投产油井267口，分布在曙光采油厂、欢喜岭采油厂、沈阳采油厂等六个采油矿区26个区块单元，开井163口，日产油458吨。除杜813块油井进曙光采油厂系统，其他均属单井点拉油。固定资产原值0.71亿，净值0.36亿；油气资产原值18.23亿元，油气资产净额6.27亿元。未动用储量开发公司设机关职能科室11个，科级生产经营单位1个，基层小队3个，用工总量228人，其中，处级干部9人（改做具体工作2人）、科级干部28人。现有党员122人。2021年，是"十四五"开局之年，也是未动用储量开发公司高质量发展起步之年，全体干部员工锚定生产经营目标，紧紧围绕效益勘探增储、难采储量开发、市场化规范建设，成功应对洪潮及暴风雪冲击，安全环保态势稳定，圆满完成各项业绩指标，全年生产油气当量16.2万吨，油气综合商品量15.9万吨，超计划0.5万吨。实现利润856万元，实现扭亏为盈；QHSE体系审核保持B2级。年度相继被评为辽河油田公司先进党委和先进单位荣誉称号。

【油气勘探】 2021年，未动用储量开发公司面对新冠肺炎疫情持续影响，发挥市场化优势，降投入，提效益，助力辽河油田公司完成增储目标。打造效益增储"样板工程"。克服路途遥远、自然环境恶劣、油地协调难度大等困难，按照"项目组运行、大平台钻井、工厂化压裂、市场化运作"的新模式推进后河地区增储建产。实施水平井4口、直井5口，完成钻井进尺2.3万米，打破钻井纪录5项，压裂53段，工期提前26天，节约投资5055万元，规模增储2984万吨。探索致密油评价获突破。利用市场化机制，部署实施的雷77—H7井，完钻井深5000米，水平段长1045米，压裂17段，加砂1277立方米，用液2.95万立方米，投产后效果较好，预计可新增动用储量370万吨。杜124块滚动评价形势喜人。按照"滚动扩边、老区调整、低效动用"思路，在杜124块部署滚动井2口、开发控制井3口，产能井103口。已投产的双北32-46井获高产油流，预计新增探明储量160万吨。

【开发生产】 2021年，未动用储量开发公司超前谋划、协调联动开展上产劳动竞赛，成功应对洪潮及暴风雪冲击，实现原油产量连续三年正增长。精心组织产能建设。采取市场化运作模式降投资，强化组织运行提效率，全力推进产能建设。全年完钻29口，投产28口，日产油114.8吨，年产油2.09万吨，节约投资3726万元，超额完成产能建设总承包工作目标。充分盘活老井资源。突出"问题井治理、措施井优化"，大力开展综合治理，实施老井措施207井次，增油3.95万吨，复产长停井22口，恢复日产能力66吨。全力应对自然灾害。洪潮和暴风雪期间，超前谋划、科学应对，全体员工齐心保生产、抗灾害，经受住严峻考验，确保油气生产平稳正常。有序推动重点项目。统筹协调运行组织，完成坨子里改扩建和前13外销点建设，扩大分质分销规模，高效推动小47收气，增加天然气产量和销售收入。

【经营管理】 2021年，未动用储量开发公司坚持"质量第一、效益优先"经营理念，深化生产经营、投资成本一体化，打造提质增效"升级版"。狠抓提质增效，瞄准关键环节，狠抓重点领域，持续深挖潜力，成立水资源利用、群众性创新创效、注汽稳产等9个项目组，征集14个金点子，累计创效3420万元。牢固树立"一切成本皆可降"理念，通过优化生产方式、加强用电管理，有效降低动力费支出。强化吞吐井动态分析，优化注汽参数，降低注汽量，减少注汽费用。发挥市场化平台作用。以合规管理为基础，"三方共赢"为原则，发挥市场化平台作用，为兄弟单位搭建平台实施效益勘探、效益评价、风险措施。与勘探事业部、沈阳采油厂、茨榆坨采油厂等6家单位签订内部协议17份，节省资金1768万元。

【安全环保】 2021年，未动用储量开发公司坚持"四全""四查""五个用心抓"，QHSE各项指标稳中向好，安全环保形势持续稳定。强化体系运行，紧密结合新《安全生产法》，组织开展QHSE"一岗一清单"岗位责任制修订，启动科级干部履职能力评估，不断完善岗位责任制建设。落实《辽河油田公司全员安全生产记分实施细则》，持续加压安全管理责任。组织管理干部安全技能培训，提升安全管理和隐患治理水平。严格风险管控，将典型"低老坏"隐患治理纳入重点督办内容，纳入科室业绩考评。严格承包商监管，落实"黄牌警告"和"黑名单"制度，挂"黄牌警告"承包商8家。严格执行疫情常态化防控要求，有序组织全员疫苗接种，持续巩固疫情防控成果。注重绿色环保，落实《辽河油田公司生态环境保护管理办法》，通过油泥减量化处理，全部得到有效利用，油泥控源头成效明显。

【合规管理】 2021年，未动用储量开发公司转变观念，以"市场化的前提是依法合规"为基本原则，市场化经营管理更加规范。完善管理制度，重新梳理业务流程，在法律法规和辽河油田公司合规管理框架内，出台市场化招标、选商、价格等3项管理办法，实现市场化运作制度化、规范化、流程化。建立常态化机制，建立月度计划论证、产量波动分析、重点工程立项、市场交易三级审查等常态化机制，以制度规范促合规管理，以合规管理促健康发展。优化机构设置，调整标准化管理、危险化学品管理、油气监察管理、钻井管理等职能配置，整合资产装备和物资管理部门，进一步改进管理架构，厘清工作职责。

【员工队伍】 2021年，未动用储量开发公司紧紧把握辽河油田公司人才强企工作要求，以整体思维推进队伍建设。进一步优化干部队伍结构，选拔培养科级后备干部20人，其中35岁以下年轻干部12人，占比60%。提拔40岁以下经理助理1人、副科级干部2人。实施"青年人才培养工程"，采取"线上与线下并行，选拔与推优并施，培训与竞赛并重"的多元化员工培训模式，广泛开展岗位练兵、采油工技能竞赛、技能鉴定培训等活动推动员工队伍提素，员工培训率100%，晋升高级职称3人，技师1人。推荐、指导选手参加油田公司各类活动，选派的6名青年选手分别获"党建+"演讲比赛金奖、铜奖，党史知识竞赛第四名的好成绩。推进"专业技术岗位序列"改革，首次聘任二级工程师1人、三级工程师1人。

【党建群团】 2021年，未动用储量开发公司党委促进党建与各项工作深度融合，营造和谐人企环境。加强"三基"建设，调整配备基层专职党支部书记3名，新建各具特色的党建活动阵地3个，精心打造机关"党史文化墙"，与欢喜岭采油厂组建"党建联盟"，探索构建互帮互促、共创共赢的党建工作新模式。深植个人价值与企业价值同步增长理念，组织开展班组成本分析、安全风险辨识等群众性创优创效活动，提出各类合理化建议45项，排查整治安全生产隐患78项，3名员工分获油田公司合理化建议"金点子"、安全生产"金眼睛"、班组成本分析"铜算盘"荣誉。深入开展"我为员工群众办实事"实践活动，为一线班站解决生活用水改善、进站路面硬化、楼宇板房修缮等问题26项，制定下发《2021年健康工程实施方案》，建立健康中高风险人员信息档案，组织篮球赛、广播体操比赛、健步走等多项体育活动，开展"送温暖、送清凉""帮扶慰问"等工作，累计发放各类援助金、慰问款28.08万元。

【庆祝中国共产党成立100周年活动】 2021年，未动用储量开发公司党委紧紧把握建党百年重要节点，开展党史学习教育，组织中心组学习研讨24期，党员集中学习200余期，开展百人"大党课"、百人"读书班"营造浓厚学习氛围，举办"石油工人心向党、我为发展做贡献"岗位实践，结合9个年度重点项目，形成"长停井复产""原油分质分销及天然气回收"等共产党员先锋工程9项，开展红色朗诵、红色知识竞赛、红色基地参观等主题活动，为庆祝建党百年掀起活动热潮。

（彭 凯）

车辆服务中心（辽河石油勘探局有限公司车辆服务中心）

【概况】 1999年7月，辽河油田公司成立机关车队。2008年4月，辽河油田公司机关车队与辽河石油勘探局机关车辆管理中心重组整合，成立辽河油田公司机关车辆管理中心。机关车辆管理中心作为机关附属机构,主要负责辽河油田公司机关领导和处室值班用车。2014年10月,辽河油田公司结合机关公务用车实施集中管理的实际,将机关车辆管理中心从辽河油田公司机关分离独立,更名为车辆服务中心。车辆服务中心(简称车服中心)作为辽河油田公司提供专业车辆服务的二级单位,主要为辽河油田公司各单位提供生产保障用车、生产指挥用车、送班车、公务用车、对外接待用车、急救驾驶等运输服务,业务范围覆盖整个辽河油区,并延伸至内蒙古、青海、陕西等多个省份。2021年底,车服中心员工总数2261人。其中,合同化员工1795人、市场化员工461人、劳务员工5人。有科级以上干部70人。其中,处级干部10人(含副处级调研员3人)、科级干部60人(含改做具体工作7人)。具有专业技术职称230人。其中,高级专业技术职称15人、中级专业技术职称153人、初级专业技术职称62人。车服中心设机关职能科室10个、直属部门2个,科级基层单位10个,基层班组33个。车服中心党委有党员980名。拥有固定资产原值11.24亿元,净值3.2亿元。有车辆2000台。其中,送班车539台(含大客车319台,中客车220台),特种大型车辆948台(含油水罐车351台,卡车108台,吊车78台,半挂车37台,牵引车41台,水泥车88台,随车吊86台,洗井清蜡车45台,工程机械装载机17台,锅炉车20台,地锚车7台,高空作业车19台,压风车8台,注水井洗井车12台,其他特种作业车型31台);小型车辆513台(含轿车164台,吉普车128台,轿货87台,客货68台,商务车66台)。2021年,车服中心践行"党建融合"新使命、落实"深化改革"新举措、聚焦"安全环保"新要求、贯彻"服务至上"新理念、展现"经营管理"新作为,持续发力、久久为功,各项工作任务平稳推进,实现"十四五"良好开局。完成出车51.81万台次,行驶里程3549万千米。

【运输服务保障】 2021年,车服中心锁定流程优化、区域联动、资源整合,通过提高运行效率、强化统筹能力,促进内部市场占有率和较大幅度提升运行保障能力。累计出车台数41.18万台,同比增加4.8万台,增长12.7%。车辆出勤率达92.07%,同比增加11.2%。在辽河油田公司组织开展的历次劳动竞赛关键时期,及时组织精干人员、车辆,做好生产保障。通过参加甲方单位生产会、双方调度室合署办公等形式,及时掌握生产重点和工作需求,有序、高效完成各项生产任务,提升辽河油田公司整体运行效率。9月曙光抗洪抢险"保卫战"、11月油区迎战风雪"阵地战",圆满完成各项应急保障任务。区域联动行之有效,曙光特车大队和欢采特车大队、高茨特车大队和兴采特车大队分别形成区域联盟,在自身保障能力和工作量方面做到双提升。营造"资源共享、统筹规划、深度协作、全面共建"发展氛围,对口支持,向缺员单位调剂驾驶员,深度盘活人力及设备资源。成立挤注灰项目组,完成挤注灰业务420井次,同比增加100井次,增幅达24%。成立茨采项目部,实现员工自主管理目标,单月出车由1500余台次增加至1800余台次。成立维修项目部,积极承接兴渤地区、曙光地区车辆二级维护,减少外委费用支出约200万元。按照"内部市场不流失、外部市场齐发力"要求,积极开发油区外部市场,完成中国石化江汉油田彰武项目部、长城钻探、浙江油田公司等外部市场收入近200万元。拓展与石油化工公司的煅烧焦拉运业务以及与物资分公司的物流配送业务,盘活卡车、挂车等低效车型的经营资产,为企业外闯市场创效开好头。

【安全管理】 2021年,车服中心以"五个用心抓"工作要求为指引,紧密围绕生产经营、深化改革两大核心任务,压实全员责任、完善体系建设、突出专业整治、提升监管效能,安全环保态势总体稳定。科学谋划质量健康安全环保工作思路,规划年度工作任务5项,建立工作流程27项,取得安全生产许可证。吸取事故教训,开展道路交通安全专项整治活动,制定并实施《安全管理提升方案》,形成专业化管控运行模式。实施安全过程积分考核,全年各级领导开展安全生产承包点活动617次,解决问题232项,督办落实安委会决议9项。修订《机关部门质量安全环保职责》,健全责任清单315份。开展管理干部、岗位员工QHSE履职能力评估1781人次。

完成监护档案建立工作，筛查调整健康管理高中风险人群1701名。完善风险管理机制，开展特殊敏感时段安全专项检查活动10次，查改隐患问题391项，发布预警信息、安全风险提示126次。提升监督管理效能，整治"低老坏"及重复性问题75项，根治违章行为142个。成立综合监督站，建立QHSE违章处罚适用清单，组织开展作业现场检查990次，查车2059台次。实施路检夜查、"三交一封"检查152次，查车5938台次。通报各类违章违规行为388个，处罚28.22万元。给予相关责任人安全生产积分处罚53人次，给予承包商"黄牌警告"15次。

【经营管理】 2021年，车服中心精打细算，强化提质增效、预算执行、成本管控，建立以预算管理为主导的财务管理模式，把"精、准、细、严"的要求落实到经营管控的每一个环节，圆满完成年度经营指标。账面总收入45186万元，同比增长7441万元。实现账面利润-20479万元，对比考核指标减亏862万元，同比减亏2404万元。运用对标管理，通过预算申报、月度成本计划、单车成本核算等数据比对，实现全过程预算管控，夯实精细化管理基础，提质增效卓见成效。结合生产经营形势，以重点业务、重点要素、重点费用为突破口，确定"开拓市场、管理提升、优化资源"的增效工程，明确提质增效目标2.25亿元，实现2.58亿元，对比年度目标超额完成0.33亿元。不断压实成本管控，在油料管理方面，通过建立单车耗油台账，从计划、配油、加油等方面精准统计，降低单车油耗标准，年度对比预算指标节余22万元。修理费用管理方面，成立维修项目部，挖掘内修潜力，完成内部修理劳务404万元。物资采购方面，发挥规模优势，与供应商沟通洽谈，在优化物资品级的前提下，年度对比预算指标结余157万元。市场管理方面，推进工程和服务采购项目市场化，通过加大采购竞价谈判力度，节约成本500余万元。

【企业管理】 2021年，车服中心精准施策，围绕顶层设计、规范管理、队伍整合，各项改革举措见到实效。结合辽河油田公司生产经营要求，组织召开专项研讨会和推进会，从干部管理、薪酬管理、经营承包政策、人力资源管理、员工思想建设、党建融合等方面集思广益、群策群力，编制符合企业发展实际的改革方案，明确重点工作任务53项，细化保障措施，确保改革方案有效落实。全面加强合规管理，按照"一级制度、两级流程"管理要求，制修订并下发实施管理制度31项，制定业务执行流程52项。开展内部党委巡察、财务大检查等工作，持续加强市场管理、合同管理、内控等工作，取得预期效果。优化干部队伍，补齐、配强基层领导班子，将勇于创新、担当作为的领导干部充实到重要岗位，全面提高队伍改革攻坚能力。树立选人用人导向，公开竞聘、提拔、交流三级正副职干部47人次，40岁以下年轻干部比例提高9.7个百分点。开展机关改革工作，压缩管理人员18名，达到职能优化、人员精干、运行高效的目的。有序开展机构整合，按照辽河油田公司"社会通用车辆萎缩退出"的改革方向，完成运输二大队、运输四大队两个业务属性相近科级单位的专业化重组整合；成立维修项目部，杜绝外委维修发生扩大故障范围、虚列损坏配件、以换代修、私车公修等现象，全年压降维修成本407万元。推进扁平化改革，对原有班组优化整合，将44个班组压减至33个。缓解大型车辆缺员压力，动员通用车驾驶员向特车、大客驾驶员岗位流动。做好特车人员接续准备工作，组织开展增驾培训55人。

【党建工作】 2021年，车服中心党委贯彻落实辽河油田公司党委各项工作部署，推进党建工作与生产经营深度融合，把党建"软实力"转化成生产经营"硬指标"，团结带领广大干部员工锐意进取、开拓创新，为企业改革发展作贡献。深入学习习总书记建党百年系列讲话精神，开展庆祝建党100周年系列活动、党史知识竞赛活动。开展形势任务宣讲36次，引导员工认清形势、转变观念、抢抓机遇、创新发展，确保改革期间各项工作平稳推进。落实主题党日、承诺践诺、结对帮扶和党员先锋工程，开展会前"一刻钟"党史学习26期。推动基层党建"三基本"建设和"三基"工作有机融合，创新"党建联盟"模式，丰富"党建+"载体，把党的政治优势转化为企业的竞争优势和发展优势。多维度构筑联盟堡垒，在"锦州采油厂油区、高升采油厂油区、沈阳采油厂油区、兴渤地区"四个区域联创"红色"朋友圈，产生"1+1>2"的化学效应。开展"三亮三争创"活动，解决生产经营"卡脖子"问题，挖潜600余万元。

【群团工作】 2021年，车服中心发挥群团作用，引导干部员工统一思想、开拓创新、提质增效，为企业改革发展贡献智慧力量。组织开展青年学习50余场，参加宣讲人员达166人次，推送成果分享专题宣传稿件12篇。组建青年志愿者服务队和青年增效增产突击队，通过自修车辆实现增效32.5万元。开展群众性安全生产监督活动，做到查隐患、堵漏洞、保安全，助力岗位隐患排查治理，确保安全生产形势整体向好。落实"首席职工代表制度"，完善履职机制，提高基层民主管理实效。深化厂务公开建设，全面维护员工知情权、议事权和监督权，确保改革关键时期队伍和谐稳定。推进"我为员工群众办实事"和民生改善工程，为一线配备净水器，配发防寒马甲、保温饭盒、加热坐垫3000余件。慰问劳模先进、艰苦岗位及困难家庭，福利惠及216人。2021年辽宁省仓储物流行业技能大赛，派出参赛选手7人，员工陈军、宋友剑分别获冠、亚军。制定《车辆服务中心员工健康促进工作方案》，围绕"健康知识普及、健康行为规范、健康指标干预"三项行动，建立"员工健康管理档案"，做好全员健康状况调查。搭建女性建功平台，开展"最美女职工"评选活动，展示女职工丰硕成果和时代风采，发挥先进典型的示范引领作用。

【纪检监督】 2021年，车服中心正风肃纪，坚持执纪监督与生产经营同频共振，开展人事薪酬、油料管理、设备维修专项监督，规范权力运行，进一步发挥监督保障作用。强化两级机关作风建设，使干部队伍作风问题得以改变，党员干部担当作为、向善向上的正能量持续上升。依托"1+1+N"监督架构，纠治私家车"五不进"、公车私用、办公用房超标等问题。对油料管理、设备维修等核心业务立项监督，完善工作机制，改进业务流程，堵塞管理漏洞，提升治理效能。加强承包商监管，实行廉洁共建，防范腐蚀围猎，净化营商环境。

【新冠肺炎疫情防控】 2021年，车服中心围绕辽河油田公司疫情防控工作要求，研判防疫形势，持续完善常控、预控、速控工作机制，坚守零疫情底线，保障生产经营平稳有序。提升员工防控意识，组织开展全员疫情防控知识答题活动，员工参与率达100%。严格控制举办各类大型聚集性活动，压减会议次数，控制参会人数。强化办公场所管理，持续做好病毒消杀工作。严格执行人员流动审批报备、核酸检测和隔离措施等规定，加强外来人员管控，核查"两码"、核酸检测结果及疫苗接种信息，组织开展疫情排查246次，监控疫区返还人员325人次。推进疫苗接种工作，人员接种率达96.42%。

（乔琦）

审计中心

【概况】 2019年4月，为贯彻落实集团公司党组关于审计体制改革的工作要求，加强对辽河油田公司审计工作的统筹管理，优化审计队伍的专业及人员结构，辽河油田公司决定，撤销审计处附属的审计室和矿区工作管理部审计中心及所属二级单位审计机构，将上述二级审计队伍及职能进行整合，组建辽河油田公司审计中心（简称审计中心），机构规格为正处级，列为辽河油田公司上市业务二级单位管理。辽河油田公司审计管理体制由两级审计变为一级审计管理体制，审计中心与审计部合署办公。审计中心主要职责：根据辽河油田公司审计部下达的年度审计计划，编制审计项目运行计划，并组织实施；负责辽河油田公司四类以上工程项目竣工决算审计工作；负责辽河油田公司各类专项、管理效益、财务收支和领导干部经济责任审计工作；负责辽河油田公司股权单位风险管理审计工作；负责集团公司委托的各类工程、专项等审计工作；负责审计中心和审计分中心内部管理制度、工作制度建设，党建群团工作，队伍建设等工作；负责对五个审计分中心的领导。2021年底，审计中心员工总数142人。其中，合同化员工139人，市场化员工3人。有科级以上干部42人。其中，处级干部4人（不含改做具体工作2人），科级干部38人（不含改做具体工作3人）。具有专业技术职称142人。其中，高级专业技术职称12人，中级专业技术职称106人，初级专业技术职称24人。2021年，审计中心完成各类审计项目56个。审计发现问题金额5.8亿元，取得直接审计成果1.3亿元。向辽河油田公司纪检监察部门移交审计线索7个，提出并被采纳审计建议165条，4个审计报告得到辽河油田公司主要领导批示，通过审计促进部门及二级单位建立规章制度22项。审计中心厘清与审计部的管理界面，实行管办分离。

【审计业务】 2021年，审计中心贯彻落实辽河油田四届二次职代会精神，紧紧围绕"三篇文章"，全面落实集团公司、辽河油田公司审计工作的新要求，坚持监督与服务并重，逐步提升审计监督效能。维护油田公司经济利益，推动全面深化改革，促进依法依规治企，推进廉政建设作出积极贡献。围绕"增储上产""生态环保""解困扭亏""民生改善"四方面重大决策部署落实情况开展专项审计调查，发现存在原油报产不实、部分项目进度滞后、绿色低碳部分工程进展迟缓等问题。组织实施辽河油田公司社会保险基金及公积金审计调查、宝石花物业管理财务收支情况等审计调查。审计成果进一步转化为管理行为，推动政策落地，促进管理提升。对沈阳采油厂、曙光采油厂、兴隆台采油厂等9家采油厂实施全面审计。全年审计工程项目6080项，审计金额37.31亿元，审减金额1亿元。完成辽河油田公司土地管理审计，发现土地管理部门基础工作薄弱、多缴纳土地使用税、土地被非法侵占等问题，涉及金额3029.05万元。完成辽河油田公司物资管理审计，发现资产管理不到位、账外资产、自有资产闲置还另行租赁、资产转资不及时等问题，涉及金额2.63亿元。组建辽河油田公司建设有限公司历史问题专班，按照时间节点解决问题4项，其余问题已归纳成6类制定具体解决意见，按照辽河油田公司要求持续解决。对二级单位20个行政正职、12个总会计师开展离任审计工作。开展专项审计9项，管理效益审计5项，财务收支审计和风险管理审计各1项。提出经营、内控、质量安全环保等方面管理问题21个，取得直接成果1074.59万元。开展储气库群等3个项目的全过程跟踪审计，挽回损失345.44万元。开展建设项目竣工决算审计5项，审减不合理费用59.96万元，并对投资效果进行全面评价，提高工程项目建设水平（表18）。

表18　审计中心主要业务数据

	2019年	2020年	2021年	同比增减
结算前审计数目	1419	1401	6080	334%
审计金额（亿元）	12.23	13	37.31	187%
审减金额（亿元）	0.58	0.76	1	32%
事后审计数目	41	78	56	−28%
审计金额（亿元）	2.37	1.9	1.3	−32%
发现线索	4	9	7	−22%
审计建议	105	160	165	3%

【质量健康安全环保】 2021年，审计中心修订QHSE监督管理办法，将QHSE监督工作融入工作各领域、各环节。组织安全隐患排查8次。专题学习《生命重于泰山——学习习近平总书记关于安全生产重要论述》，开展"安全生产月""六五环境日""反违章专项整治""119消防宣传月"等主题活动11次。举办心血管病防治、常规急救技能（心肺复苏）和健康生活方式等方面健康知识讲座，为员工配备应急药箱、便携式应急药盒和血压仪等检测设备。建立中高风险人群健康档案，进行健康干预。

【党建工作】 2021年，审计中心严格落实"第一议题"制度，系统学习党的十九届五中、六中全会精神和习近平总书记系列重要讲话精神，始终把党的政治建设摆在首位，集中学习27次。开展党史学习教育23次，大讨论9次，查摆问题13项，征集学党史心得体会14篇。开展两级主题教育宣讲12次，全员大讨论18次，征集意见建议40条。坚持党建工作与审计业务同步推进、同步考核，深度融合，实现双促进、双提升。完成各党支部两委换届选举工作，党委委员推荐率100%，基层党组织健全率100%。评选出共产党员先锋工程9项、责任区9个、先锋岗17个，党员创先争优效果突出。全年发展党员5人，预备党员转正5人。深化作风建设为工作重点，全年"三重一大"决策43项，有效发挥党委把关定向作用。强化党风廉政建设责任制，落实"两个责任"，逐级签订《廉洁从业承诺书》142份。召开廉洁警示教育大会和新提拔干部"六个一"廉洁从业教育，组织观看《苇海迷途》《私利》等警示教育片，教育覆盖500多人次。全年举办廉洁党课36课时，专题教育58课时。开展"四不两直"纪律检查、专题调研调查、专项监督复查和岗位廉洁风险排查，建立全员廉洁档案，累计集中检查23次，通报问题13项，提醒谈话29人次。

【新冠肺炎疫情防控】 2021年，审计中心始终严格按照集团公司、辽河油田公司和盘锦市安排部署，确保疫情防控工作全面落实，不留死角。坚持把员工生命安全和身体健康放在第一位，将疫情防控工作融入日常工作中，坚持疫情防控常态化，保证防控过程平稳有序，实现全年"零接触""零感染"。随时根据国内外疫情形势升级管理，更新疫控制度和管理措施，妥善处理发生的聚集性疫情扩散事件。组织新冠疫苗接种，接种率达97.89%。坚持疫情排查"零报告"制度。强化疫情防控宣教，普及疫情防控知识，教育员工了解疫情、保持卫生、远离病源，增强员工自我防控意识和防护能力，有效落实"戴口罩、勤洗手""不握手、不走访、不聚会、不传谣"等防护方法和政策指令。

【庆祝中国共产党成立100周年活动】 2021年，审计中心组织开展庆祝建党百年系列活动，明确责任分工，强化责任落实，制定下发《审计中心党委关于中国共产党成立100周年庆祝活动安排》，开展系列庆祝活动6项。面向全体党员开展"心里有话对党说"暨学党史谈感悟图文征集活动，征集党史心得体会122篇。组织"学党史、迎百年、庆七一"主题观影活动，观看革命电影《1921》，观影人数126人次。举办"学党史、强党性、跟党走"党史答题，"学党史、谈感悟、转观念、促提升"党员学习评比活动，以答促学、以比促学效果突出。召开庆祝中国共产党成立100周年表彰大会暨专题党课，开展"两优一先"推荐评选工作。为庆祝建党100周年、审计中心成立两周年，围绕先锋榜样、铁军精神、审计案例三个篇章，编撰发放启航纪念册，通过回顾新时期审计中心发展历程，展现辽河审计人忠诚、干净、担当的铁军队伍精神风貌。

（杨 雪）

宜庆勘探开发指挥部（庆阳勘探开发分公司）

【概况】 2019年5月，为贯彻落实《中国石油天然气股份有限公司2018年矿权内部流转与合资合作方案》文件精神，结合流转给辽河油田公司矿权实际，发挥辽河油田公司技术和人才优势，实现油气增储上产，经辽河油田公司党委会议研究，成立庆阳勘探开发分公司。主要负责鄂尔多斯盆地辽河矿权区的勘探开发及生产经营管理工作。区块横跨3省（甘肃、陕西、山西）、8市（庆阳、平凉、咸阳、宝鸡、铜川、渭南、运城、延安），矿权范围包含灵台—宁县和河津—永济2个区块，探矿面积达1.3万平方千米。庆阳勘探开发分公司注册地点位于甘肃省庆阳市宁县新宁镇马莲路6号，机关办公地点设在甘肃省庆阳市西峰区。肩负辽河油田"第三篇文章"使命任务，庆阳勘探开发分公司聚焦"十四五"奋斗目标，贯彻落实市场化运作模式，探索建立新型"油公司"管理体制，利用辽河油田公司勘探开发技术优势，不断汲取长庆油田公司低渗透油藏的开发实践经验，加速谱写辽河油田公司"外围区效益上产"文章。

2021年，辽河油田公司党委决定将庆阳勘探开发建设指挥部更名为宜庆勘探开发指挥部，作为矿权区各项工作组织领导和统筹协调的主体，指导监督庆阳勘探开发分公司及相关项目组，与庆阳勘探开发分公司实行"一个机构、两块牌子"管理。撤销青海分公司及内设机构，成立宜川项目部，负责2021年新获宜川—上畛子矿权区勘探开发工作，隶属庆阳勘探开发分公司管理。将派驻庆阳勘探开发分公司纪检组移至宜庆勘探开发指挥部，更名为派驻宜庆勘探开发指挥部纪检组，负责矿权区参建单位的监督执纪工作。至2021年底，庆阳勘探开发分公司设立机关职能科室7个：勘探开发科、生产技术科、质量安全环保科、安全环保技术监督站、经营管理科、财务资产科、党群工作部（综合管理科）。在册员工68人，其中科级干部34人。拥有大专及以上学历67人，其中高级职称22人，中级职称42人。2021年，庆阳勘探开发分公司生产原油2.32万吨，生产天然气39万立方米，折合油气当量2.35万吨，圆满完成全年生产任务指标。

【油气勘探开发】 2021年，庆阳勘探开发分公司坚持油气并举，着力夯实矿权区资源基础。中生界石油勘探成果喜人，立足宁218块等6个潜力目标区，完钻评价井3口，开展压裂试油5口，试采4口，日产油23吨，其中宁218-H1井试采日产油稳定在11吨以上，宁218块新增探明石油地质储量385吨；乐208块等3个区块落实待上报探明储量677万吨；宁179块长6勘探、正161块页岩油评价试验均展示良好勘探前景。古生界天然气勘探取得新进展，加快推进天然气规模增储建产，庆阳区块以盒8为主力层、兼探马家沟组和太原组，实施各类气井18口，完成压裂试气11口，落实日产气能力9.5万立方米，新增天然气控制储量104亿立方米，迈出宁县区域高质量"争气"坚实步伐。三维地震采集高效推进，高质量完成1120平方千米三维地震采集，为下一步勘探开发部署提供技术支撑。

【产能建设】 2021年，庆阳勘探开发分公司坚持产建提质提速。提升井位部署规模及速度，全面调整部署思路，部署各类井383口，满足快速建产钻前征地手续批量办理及规模上钻需要。加快油气建产规模及速度，乐63块、乐208块长2特低渗透油藏通过加快滚动开发产建节奏，完钻新井16口，新建产能1.7万吨，投产油井20口，日产油45吨；宁175块超低渗透油藏由长水平井开发优化调整为短水平井+注水开发，完钻新井5口，新井投产后区块日产油达到24.8吨。天然气开发取得初步进展，宁古3井区4个平台8口开发井新建产能0.2亿立方米，落实日产气能力6.6万立方米，宜川完成老井试采5口，落实日产气能力8.3万立方米。压裂组织管理及效果有所提升，召开低渗透油藏技术交流会，多次到陇东页岩油项目部等调研学习，按照应用成熟压裂技术保效果，优化施工参数+新工艺技术提产能，开展暂堵转向、稠化水清洁压裂液等新技术试验，实施压裂34口，新井压裂效果有所提升。对比2020年，2021年原油产量翻番、天然气产量实现零突破。

【生产运行】 2021年，庆阳勘探开发分公司优化生产组织，提高运行效率。提高生产时率，对标长庆油田产建节奏，同区块同类平台井建产周期同比缩短22天，有效生产时率增加30天。优化压裂技术，实施压裂33口，实施压裂配液31口，实施射孔35口，增油效果显著提升。细化采油基础管理，执行"ABC分类管理制度"，落实"一井一策、一块一法"，实现抽油机平衡率大于92%，检泵周期大于700天，平均泵效达到49%，躺井率低于3%。完善地面配套，完成宁1站卸油台、单井点橇装脱水装置、乐63块伴生气回收系统建设，推进宁218井区、乐208井区、宁古3井区及宁175井区地面建设及返排液处理系统建设，确保地面建设和投产同步进行。洪灾应急处置反应迅速，面对40年一遇特大洪灾，全体干部员工不离不休，迅速开展"抢、抓、保"救灾复产工作，修复进井路、井场51处，抢建临时生产管线2条，加固设备基础15处，在最短时间内迅速恢复生产，将产量影响降到最低。

【安全环保】 2021年，庆阳勘探开发分公司强化风险管控，保障安全环保态势稳定。全面落实安全环保责任，建立以庆阳勘探开发分公司为主导，采油项目部、承包商共同参与的QHSE责任体系，发布A版QHSE管理手册，落实一体化监督考核。抓实抓细承包商管理，实行承包商《隐患销项清单》制度，杜绝重复隐患发生；完善《公司承包商安全监督管理规定》，强化一级承包商管理。严控六项主要风险，明确安全环保核心工作，严控采油现场、原油拉运、井喷、现场施工、道路交通、塬地环保风险，各类风险点源全面受控。全面排查治理安全隐患，编制《外围区块遗留隐患整改方案》，筹措专项资金对地沟充油、管线腐蚀垢堵等现场隐患进行集中整改治理，本质安全水平得到提升。强化疫情防控管理，实行疫情防控区域负责制，采取"网格化"管理，动态跟踪承包商人员信息，实现"零疫情、零感染"。全年组织监督检查260余次，发现隐患问题620项，下发隐患整改通知单92份，追究隐患责任罚款5.4万元。领导干部承包点检查督导48次，解决问题33项。发布疫情防控文件6份、启动紧急响应4次、排查1700余人次。

【经营管理】 2021年，庆阳勘探开发分公司坚持规范经营管理，促进市场化水平不断提升。全面深化提质增效专项行动，实施优化投资管理、生产运行等8项工程，打造提质增效升级版，实现降本节支1068万元、优化投资2021万元。突出刚性预算，以财务收支预算、投资计划安排为目标统领资源配置、运行管控，增强资金预算的组织、调度和平衡能力。提升合规管理能力，加强市场管理、物资采购等关键点风险识别，强化制度建设、优化管理流程、提高履约能力，建立健全合规管理机制。强化价格管控，以长庆油田价格体系为基准，有的放矢开展钻井及地面"概算编制、投资估算、市场招标、商务谈判、竣工结算"等工作，针对部分非标项目，引入第三方询价机构，制定合理价格依据。对标实施灵活采购，利用长庆油田公司市场化管理成果，实现工程、服务与物资采购与长庆油田深度融合，减少项目招标和采购环节，提高采购管理水平。

【土地外协】 2021年，庆阳勘探开发分公司开展土地外协，确保生产关系满足生产能力。转变外协思路，努力营造良好外部发展环境，转变思想观念，本着"政府多小都大，企业多大都小，协调无小事"原则，多渠道、全方位构建油地关系。转变体制思维，本着合作共赢、求同存异原则，努力寻求外协工作突破口。转变工作理念，本着整体效益最大化原则，根据不同地域、不同理念、不同需求制定外协方针。转变方式方法，面对长庆地区的复杂环境和具体疑难杂症，加强多层面沟通，从坐着管转变成站着管、追着管、赶着管，提升外协工作主动权。克服重重阻碍，快速推进钻前手续办理，通过区块环评与单井环评同抓，庆阳勘探开发分公司领导、科室长、主管业务人员层次化参与协调，实现前期手续办理提速，形成人人都是协调员的"大协调"格局。协调各方资源，高效推进土地办理使用，在临时借地办理方面，提前办理2022年52宗临时借地手续；在永久性征地办理方面，新办理临时借地转永久性征地35宗。

【党的建设】 2021年，庆阳勘探开发分公司强化党建引领，增强政治引领力与发展推动力。有效发挥党委政治核心作用，严格落实"第一议题"制度，结合党史学习教育，开展党委理论中心组学习17次，班子深入物探现场、钻井现场调研60余次，守初心担使命成为领导班子的"共同行动"。在完成辽河油田公司党史学习教育"八项内容"基础上，依托南梁革命老区红色教育资源优势，开展"学习南梁革命精神"主题党日活动，让党史学习教育越学越深，越学越强。基层党组织建设扎实有力，结合勘探开发、地面建设、提质增效等工作热点难点，创建《党员带头查隐患》《党员包井提产量》等"党建+"工程4项。依托党建联盟共商老井挖潜，节约钻井投资1500万元。有效推进全面从严治党，逐级签订党风廉政建设责任书与廉洁自律承诺书，开展各类警示教育9次，强化"不能腐、不敢腐"的震慑。民生工程建设成果显著，开展员工座谈交流会3次，征集"我为员工办事"需求10项，员工生活办公条件差、充电难、应急难、洗衣难等问题得到有效解决。和谐稳定局面不断巩固，深入推进"反内盗""百日攻坚"及治安整治等专项行动，强化内外综治工作，维护矿区内正常生产生活秩序。

（訾绍凯）

中国石油天然气股份有限公司东北原油销售中心

【概况】 2020年4月，根据国家油气管网运营机制改革后管道企业经营范围变化，为确保原油销售业务有序衔接，股份公司决定，调整原油销售业务运行管理方式，将中国石油天然气管道分公司管理的中国石油天然气股份有限公司管道沈阳结算站更名为中国石油天然气股份有限公司东北原油销售中心（简称东北原油销售中心），作为勘探与生产分公司（原油销售分公司）的派出机构，纳入辽河油田公司二级单位机构序列，行政上由辽河油田公司管理，业务上由勘探与生产分公司（原油销售分公司）领导为主，接受股份公司生产经营管理部指导，东北原油销售中心主要领导任免征求勘探与生产分公司（原油销售分公司）意见。6月，辽河油田公司正式下发成立东北原油销售中心机构文件，并在沈阳市进行工商注册，机关办公地点设在辽宁省沈阳市皇姑区金沙江5号。7月，东北原油销售中心正式开展原油统购、统输、统销业务。东北原油销售中心主要负责按照集团公司原油配置计划，对大庆油、管道进口俄油等实行统购统销；负责统购统销原油的管输运行衔接协调；负责统购统销原油的计量质量管理；负责统购统销原油的油款和管输费结算；负责统购统销原油的信息统计等工作；负责完成勘探与生产分公司（原油销售分公司）安排的其他工作。业务范围辐射东北三省全境，主要客户有16家。其中上游客户3家：大庆油田公司、吉林油田公司、中国石油国际事业有限公司。下游客户13家，包括哈尔滨石化分公司、吉林石化分公司、抚顺石化分公司、大连石化分公司、辽阳石化分公司、锦州石化分公司、锦西石化分公司、大连西太平洋石油化工有限公司、华北石化分公司、丹东输油气分公司等10家股份公司所属地区企业，吉林省新大石油化工有限公司、丹东石油化工有限公司2家地方企业，以及中国中化集团有限公司。2021年，东北原油销售中心采购原油4535.7万吨，销售原油4532万吨。代输原油（俄油）411万吨。库存30.6万吨，较年初库存26.9万吨增加3.7万吨。总收入1536.8亿元。实现利润1.64亿元。上缴税费2939万元。拉动沈阳市批发行业销售额增速17.7%，为沈阳市商业贸易提升作出重要贡献。

【生产建设】 2021年，东北原油销售中心统筹协调炼厂检修，确保生产运行平稳顺畅。抚顺石化分公司和吉林石化分公司分别于4月和6月停产检修，这是中国石油两座千万吨级炼厂首次在同一年度开展检修且时间重叠。东北原油销售中心提前部署，多次组织管道沈阳调度中心、抚顺石化分公司和吉林石化分公司召开检修期间运行安排会议，就炼化装置停开工时间节点、管道输量、装车安排等问题进行沟通协商，牵头制定两个炼厂检修期间管网运行方案，跟踪检修方案落实情况，及时协调处理检修过程中遇到的问题，确保检修期间生产运行平稳。加强关键计量点管控，派驻人员监管成效明显。围绕重点计量站点，以劳务输出形式委托辽河油田公司向太阳升站、小松岚站、松山站、南三油库等站点派驻计量监督员34人，加强交接计量管控，取得较好效果；及时发现交接点含水大范围波动10次，处理装车突发应急情况5次，改进交接计量核对方法3次，确保原油物性参数准确和总体损耗为负，保证原油计量交接凭证及时报送。推进原油产销系统应用，原油产销综合管理系统作为版块开展原油销售业务的主要工作平台，员工边学边用，针对系统应用中的问题和使用需求，向项目组提出四个方面11个问题和建议，均被采纳，为原油产销系统开发运行提供了可靠的现场实践支持。全年完成购销数据审核确认15000余条，维护ERP数据1200余条，保证了与上下游用户财务结算顺利进行。

【企业管理】 2021年，东北原油销售中心持续夯实基础工作，推进依法合规治企。建立健全规章制度，组织制定适用于实际的原油销售、计量、计划和结算等11项管理办法，形成一套简单实用、完整有效的规章制度架构和依法经营管理机制，筑牢管理基础。加强内控与风险管理。辽河油田公司指导开展内部控制测试，排查成立以来存在的风险漏洞，及时进行整改，理顺和规范业务行为，防范规避业务风险，促进各项管理工作规范化、合规化。建立和完善工作机制。建立与中国中化集团有限公司清欠协调机制、与上下游企业常态化生产运行对接机制、资金结算保障机制和内部考核评价机制等，为生产经营各项工作顺利开展提供机制保障。加快遗留问题清理，全面完成沈阳结算站注销工作。加大"两金"压降力度，持续加快回笼资金。与中国中化集团有限公司、商务部等部门建立常态化协调机制，指定专人持续跟进，将拨款次数增加至5次，回款周期由1年半缩短至11个月，全年清理中国中化集团有限公司欠款15.99亿元，减少付息资金利息2181万元。铁路部门占用运输抵押金问题取得新突破，克服疫情影响等困难，将铁路部门占用运输抵押金全数追回，在维护与铁路部门合作关系的同时，有效控制欠款风险，及时回笼资金，切实维护集团公司利益。

【经营计划】 2021年，东北原油销售中心发挥计划平衡协调作用，按照"保障油田生产后路，满足炼厂加工资源"原则，发挥计划综合平衡职能，与上下游及管道企业沟通，优化计划内原油资源组织和配置，细化分解管输计划，指导并监督计划执行，维护计划的权威性的同时，保持原油盘盈。推进商储油采销模式，保障下游企业资源供应。结合抚顺石化分公司、吉林石化分公司、辽阳石化分公司等企业申请增加原油进厂量计划需求，参考商储资源量充足且国际原油市场价格处于高位运行，制定中国石油炼油化工和新材料分公司商业储备油分公司储备的大庆油和俄油购销流程，动用东北原油销售中心购买中国石油炼油化工和新材料分公司商业储备油分公司的大庆油和俄油以满足下游企业需求的建议方案，被集团公司生产经营部采纳。动用实施商储油15万吨，保障炼厂资源供应。增强大局意识，向炼化板块传导价格。严格落实原油销售分公司关于向炼化企业让利的要求，建立调价保障机制，在集团公司财务部每个调价周期前一天（每10个工作日调整一次价格），测算俄油让利价格，保持俄油盈亏平衡，保障下游企业利益，全年调整价格22次，累计向下游企业传导2.06亿元。稳步推进原油市场化销售，首次实现市场化提价外销和收取原油管输管理费，全年原油市场化销售增收创效4500万元。

【党群工作】 2021年，东北原油销售中心深入学习习近平总书记系列重要讲话精神，学习党章党规等内容，学习集团公司重要工作会议精神。引领员工树牢"四个意识"、坚定"四个自信"、坚决做到"两个维护"。以"党建联盟"形式举办"学百年党史，明苦难辉煌"宣讲报告会，邀请国防大学教授金一南作"中国共产党百年寻梦之路"专题宣讲，推进学史明理、学史增信、学史崇德、学史力行目标要求落实落地。组织开展全员业务知识培训，树立"培训就是企业给员工最好的福利"理念，参加集团公司、辽河油田组织的财务、办公系统、人事组织管理等业务培训，提高员工业务能力和业务素养。加大员工绩效考核力度，树立"以实绩论英雄"理念，落实工效挂钩，激发员工干事创业原动力，提高员工执行能力和创效能力，展现干部队伍新形象。先后3人获辽河油田公司工会优秀积极分子、青年管理能手等荣誉称号，1名员工被评为油田公司优秀共产党员，2名员工晋升高级职称，总经理刘洪涛当选辽宁省沈阳市第十七届人大代表。开展"增强体质 抗疫有我"健步走、义务献血等活动，开展节日慰问，为员工发放消费扶贫物资，及时缴纳工会会费，保障工会各项工作落实落地。

【新冠肺炎疫情防控】 2021年，东北原油销售中心坚决落实集团公司和辽宁省沈阳市疫情防控工作要求，开展疫情防控宣传教育，做好员工及其共同生活亲友的行程轨迹排查。进行疫情轨迹排查120余次，准确掌握员工行程轨迹，严格执行出行报备审批制度，完善个人防护用品管理办法，组织12批次个人防疫用品发放，保证防疫物资储备充足。

（唐贵鹤）

未上市单位

辽河工程技术分公司

【概况】 1999年8月,辽河石油勘探局将兴隆台采油厂的井下作业、特车管理、机械修理、公用事业、离退休管理等非核心业务、资产、人员划出,成立辽河石油勘探局兴隆台油田工程技术服务公司,主要从事小修作业施工任务。2000年3月,辽河石油勘探局将兴隆台油田工程技术服务公司更名为兴隆台工程技术处。11月,扩大作业修井市场区域,小修队伍增加到36支,修井6505口,年创效能力达1.7亿元。2002年,主营业务进入新领域,以国内市场保发展,国外市场保接替的阶段式发展战略扩大主业队伍,开展大修、侧钻、试采油(气)、能源合作开发、天然气压缩回收等与油气生产相关业务。2008年2月,兴隆台工程技术处划归油田公司管理,列未上市业务二级单位管理。同时接收离退休职工、再就业职工等各类人员1.1万人。截至8月,历经11年,兴隆台工程技术处已由单纯的大小修作业发展为集作业、油气回收及综合利用、海上油气田合作开发、集体经济、多种经营于一身,区域内外、国内外作业市场同频共振的综合型企业。主营业务实现收入7.4亿元,多种经营企业创效5.5亿元。2009年,受国际金融危机影响,各个油田关井限产,作业市场萎缩,产值规模由2008年的8.3亿元递减到2.9亿元。兴隆台工程技术处扩展侧钻、海上平台、天然气回收销售等新兴业务,累计创效4505万元。2015年5月,辽河油田公司对兴隆台工程技术处和曙光工程技术处的井下作业业务进行重组整合,成立辽河工程技术处。6月,辽河工程技术处正式成立。围绕重组后的企业新定位和发展新形势,辽河工程技术处开展热采井带压作业、地层测试、大勘探试采和压裂一体化服务等新兴业务,开发长庆、塔里木等国内油气田市场,推动油区内外市场开发多元化,2015年,修井1415口,完成天然气压缩产量986.97万立方米,实现产值4.61亿元。2019年,移交天然气回收、海上油井维护、铀矿钻井、物资供应等业务,完成辽河油田公司修井作业业务专业化重组,整合形成25个作业大队、200余支作业小队的队伍规模,完成多元业务综合发展向工程技术服务专业化发展的本质转变。2020年10月,辽河油田公司对所属9个采油单位托管的工程技术业务进行重组整合,将曙采工程技术处、兴采工程技术处、特种油工程技术处、欢采工程技术处、沈采工程技术处、锦采工程技术处、高采工程技术处、茨采工程技术处、金海工程技术处的作业队伍、资产及债权债务整体划入辽河工程技术处,并将辽河工程技术处更名为辽河工程技术分公司。2020年,修井1.86万口,实现收入13.7亿元。2021年底,辽河工程技术分公司作为辽河油田公司唯一从事修井作业的主体单位,主要开展油气水井大修、小修、带压、试油(试气)、连续油管等业务。具备年修井2万口以上的施工能力。企业建立以来,累计修井4.4万口(表19),压缩回收天然气2.1亿立方米。设机关职能科室13个,直属部门7个,所属三级单位22个,员工总数6884人。2021年,交井1.9万口,实现收入19.1亿元,控亏1.72亿元,同比减亏1.43亿元。获辽宁省先进基层党组织、集团公司先进基层党组织和集团公司基层党建百面红旗称号。

【企业改革】 2021年,辽河工程技术分公司出台"五自"经营方案、扁平化改革方案、高质量发展规划等指导性文件,持续推进机构和人员"专业化",为改革发展明确目标方向。优化组织机构,调整外

表19 2021年辽河工程技术分公司修井完成情况

单位\项目	小修（口）	零活（口）	小修小计（口）	带压小修（口）	弃置井（口）	大修（口）	试油（层）	合计（口）	完成全年指标（%）	与2020年同期对比（口）
锦州作业大队	2700	18	2718	—	—	—	—	2718	109.60%	233
欢喜岭作业一大队	2163	102	2265	—	—	—	—	2265	100.22%	-145
欢喜岭作业二大队	10	—	10	—	24	97	—	131	87.43%	-3
试油大队	38	2	40	—	1	—	46	87	87.09%	13
曙光作业一大队	2568	89	2657	—	—	—	—	2657	99.55%	189
曙光作业二大队	2629	138	2767	—	—	—	—	2767	99.57%	101
曙光作业三大队	3	—	3	—	16	58	—	77	82.80%	25
曙光作业五大队	1802	74	1876	—	—	—	—	1876	98.32%	47
应急救援大队	269	6	275	—	—	—	—	275	91.67%	230
沈阳作业一大队	1455	71	1526	—	—	—	—	1526	87.45%	-358
沈阳作业二大队	242	9	251	—	1	45	—	297	79.95%	135
茨榆坨作业大队	422	11	433	—	1	—	—	434	102.12%	25
高升作业大队	1168	40	1208	—	—	—	—	1208	105.78%	29
带压作业大队	23	4	27	191	—	—	—	218	99.00%	43
兴隆台作业一大队	945	131	1076	—	1	—	—	1077	101.03%	57
兴隆台作业二大队	760	31	791	—	—	—	—	791	116.32%	124
兴隆台作业三大队	15	—	15	—	17	69	—	101	92.66%	30
海上作业项目部 陆上	525	18	543	16	—	—	—	559	129.64%	-15
海上作业项目部 月东	229	4	233	—	—	—	—	233	87.59%	10
生产准备大队	10	1	11	—	—	—	—	11	122.22%	11
大庆项目组	—	—	—	—	—	5	—	5	—	5
四川项目组	—	—	—	21	—	—	—	21	—	21
长庆项目组	38	6	44	17	—	—	—	61	—	61
新疆项目组	34	—	34	—	—	—	—	34	—	—
合计	18048	755	18803	245	61	274	46	19429	101.70%	868

部市场项目部业务范围，恢复海上作业项目部建制，指导推进生产准备大队重组，为广东石化劳务输出储备49人，业务划转110人，返岗一线18人，自愿办理分流57人；依据大庆油田大修、长庆油田庆阳地区小修、带压作业、试油和作业监督、西南采气厂气井带压作业以及新疆依奇克里克油田小修等业务合作需要，动态调整队伍和输出人员58人，实现机构设置与改革发展相适应。开展辽河工程技术分公司机关"瘦身"，利用调剂平台、分流安置政策、劳务输出项目盘活人力资源，在册员工总量同比稳步下降，人力资源创效2000万元以上。深化"五定"工作，制定内部人力资源调剂平台管理办法和分流安置激励政策，鼓励不适合一线作业等富余人员进行分流安置和提前退休，新增分流103人、提前退休62人，累计节省人工成本支出5500万元。

【生产运行管理】 2021年，辽河工程技术分公司坚持"做优做精修井作业"理念，坚定履行保障"三篇文章"政治责任，以"安全第一、产量至上、效益优先、保障有力"为方针，主导小修作业"大运行"管理，与多种经营企业合作推动修井作业"市场化"，组织开展大规模劳动竞赛3次，与4家采油单位实行效益联包，强化工程质量与井筒质量管控，实施"当班起下管杆根数"等专项考核，在减少13支队伍的情况下，同比交井数增加798口，创日交井88口的最高纪录。小修和大修的平均单井施工周期分别缩短0.43天和3.11天。大修成果井率达到95%，提高7个百分点。常态化开展"有效零点班"等四项专项考核，从作业效率、盈利能力、质量技术和成本控制4个维度，推行"生产时效"等五项对标考核，通过开展月度考核评比，查找短板，树立标杆，有效提升队伍管理水平，同比生产时效达72.72%、提高4.5个百分点。坚持防灾、消灾、减灾应急工作原则，重新编修总预案和专项预案13项，组织应急物资专项检查7次，整改问题11项。加强井控应急抢险队建设，开展应急培训和演练活动2次。及时发布风险预警26次，与8家托管的多种经营单位建立应急联动机制，与储气库公司在双23-38井联合开展井下作业井控联合应急演练，提高区域联动应急处置能力。

【经营管理】 2021年，辽河工程技术分公司围绕改革部署和发展规划，以提升企业经济效益为中心，以实现企业高质量发展为目标，从优化投资计划，科学推进绩效考核，加强对标管理，系统推动提质增效工程，理顺"五自"经营后内部业务关系，推进各项工作有序开展。按照严格审查、过程优化程序、竣工保证质量的管理模式，争取到投资计划8535.98万元。坚持以利润指标为核心，兼顾安全、市场等营运类关键环节，将效益类考核权重由以往的60%提高到70%。持续挖潜创效项目、深研创效目标，增设井口密闭性检测增收创效工程、人力资源管理降本增效工程、教培管理挖潜创效工程，修正收入结算增收创效工程及降本增效项目创效目标，形成3个方面25项具体提质增效工程，全年提质增效目标1.5亿元，开源增收4643万元，降本增效6370万元，挖潜保障创效3996万元。

【质量健康安全环保】 2021年，辽河工程技术分公司完善责任体系、统筹风险防控、深入健康管理、科学疫情管控、提升员工素质、建设绿色企业，为企业高质量发展奠定基础。制修订《安全生产责任制管理细则》《合作队伍、转型队伍和跨区域队伍安全生产强化措施》等制度11项，梳理QHSE管理流程42项。开展党组织生态环境保护重大事项议事24次，完善质量安全环保责任清单1156份。开展夜间、季节转换期检查448井次，精准落实变量风险防范措施。派驻外围监督121人次，提出风险提示6707条，强化外围队伍监督指导。突出查隐患、查要害，累计检查场所5804个次，提出指导性意见8966条。协调建设单位与承包商工作流程，处置各类固体废弃物、危险废弃物260吨，实现绿色修井作业覆盖率100%。完善《在册人员疫情防控网格化管理台账》，编制《疫情防控应急预案》，建立健全"常控、预控、速控、联控"机制，做好消毒查杀、宣教培训、物资保障、排查隔离等工作，每日全覆盖检查修井作业、生产保障、生活服务等场所。落实疫苗接种11104剂次，抽查场所11处，管控流动人员1656人次，保持工作生活场所零疫情、零感染。组织辅导讲座等健康活动19项，开展职业健康培训3175人次，完善职业健康档案3442份，推进健康企业建设。

【井控管理】 2021年，辽河工程技术分公司突出源头管控、过程监管，强化技术管理，规范装备管理，升级应急管理，实现"双控制、双杜绝"工作目标。规范大、小修施工设计模板，对施工设计严格执行"三级"审批制度，审批施工设计18623井次，退回不合格设计681井次，从源头规避井控风险。修订《井下作业井控风险量化及评估管理系统》，精准辨识静态井控风险，提前判别施工动态井控风险，识别并防范架11-9井浅层捞封等重大井控风险8次。组织城区一级风险井开工验收28口，在雷64井、双21-42井等高风险施工井实施公司级盯井25井次，确保高危地区施工井控安全。编制《辽河油田井下作业井喷及井口刺漏应急抢险处置推荐做法》《井下作业井控开关井操作规范》，配合辽河油田公司完善《井下作业作业井控实施细则》，实施精细化井控措施。购置内防喷工具（旋塞阀）259套、FH18-35环形防喷器2套、SFZ18-21手动防喷器40台、双翼压井节流管汇2套，实现井控装备的高效有序更新。检修井控装置1819台（套），提升井控车间检修能力。开展现场试压7421井次，保证现场防喷器试压的规范实施。购置超高压水力切割装置等四项应急装置，优化集装箱物资配备，实现应急物资集装快速调运。组织井控应急抢险队开展实战训练53天，为突发井控险情的处置提供指导及借鉴。连续14年被评为油田公司井控管理特殊贡献单位。

【科技管理】 2021年，辽河工程技术分公司重点科研项目攻关与应用取得积极进展，高温带压作业技术在杜84-56-152风险井治理中发挥关键作用，技术可靠性得到认可，为全面应用打下良好基础。完成集团公司专项推广任务，应用连续油管挤注灰、水力切割等工艺技术120井次，有效促进作业提质、提速、提效。围绕辽河油田公司重点治理及建设项目加强技术攻关，完成套损井治理、弃置井封井和储气库施工437井次，同比大幅增长。稳步推进自动化作业技术现场试验，开展大修二层台自动化操作、小修井口无人化操作等应用32井次，取得良好效果。组织科技创新评选和国家专利申报工作，《连续油管挤注灰配套技术研究与应用》等11个项目获辽河工程技术分公司科技进步奖，《小修作业功能提升关键技术研究与应用》《储气库配套作业技术研究与应用》《井口风险控制技术研究与应用》分别获油田公司科学技术进步奖一等奖、二等奖和三等奖，新增国家授权专利6项。

【党建思想政治工作】 2021年，辽河工程技术分公司建立落实"第一议题"学习制度，第一时间学习贯彻习近平总书记重要讲话、指示批示精神和党的十九届六中全会精神，为各项事业发展提供坚强思想保证和强大精神动力。创新实施"党建+""党建联盟"等载体，不断加强基层党组织建设、企业文化建设和意识形态工作，党建水平明显提升。加强干部员工队伍建设，严格选人用人，突出优秀年轻干部培养，打造高素质后备干部梯队，提拔中层领导人员23人、交流61人，其中提拔40岁以下年轻干部7人，占新提拔三级副职63.64%。深化纪律教育，送纪送法到基层案例宣讲活动，宣贯人数达到1400人次；通过铁人先锋APP对全体党员干部开展"以案促改、以案促治"线上警示教育知识测验，参与率达到95%以上，增强党员干部政治意识、纪律意识、规矩意识。坚持前移监督关口，对合同签订、现场施工、工程质量、验收结算等重点环节进行全程审核监督，审核640项，审减金额566万元，提高合规管理水平。

【和谐矿区建设】 2021年，辽河工程技术分公司以服务企业发展、服务职工群众、服务基层一线为宗旨，与生产经营工作深度融合，开展提质增效、群团维稳、民主管理、惠民帮扶等工作，构建团结和谐正能量企业氛围，提高企业职工满意度和幸福感。开展群众性经济技术创新工程，征集职工技术创新项目11项，合理化建议198条，在降低劳动强度和提升工作效率等方面发挥积极作用。推进群众性经济技术创新工程，组织187支基层队参与"班组成本分析"，其中2名选手分别获辽河油田公司基层班站组"金算盘"和管理组"银算盘"。严格执行民主管理程序，开通"幸福热线"解答职工维权问题300余人次，基层单位答疑400余次。坚持精准识别、精细管理、精心服务，传播企业温暖关爱，帮助各类困难群体252人次，帮扶资金使用142.1万元，安排女性非职工健康体检541人次，办理安康保险734人次，投入保健费210多万元，员工健康体检率100%，469名健康管理重点关注人员的风险指标硬下降。完成疫情形势严峻期、全国"两会"、国庆节和中秋节等特殊敏感时段安保防恐维稳任务，快速准确掌控矛盾问题，消除不安定因素，控制网络平台负面舆情，跟进法规教育和思想疏导，有效控制负面敏感舆情。

【庆祝中国共产党成立100周年活动】 2021年，辽河工程技术分公司党委组织庆祝建党百年系列活动，推进形势任务教育。围绕党史学习教育、"七一"讲话、《摆脱贫困》六中全会精神进行学习研讨。举办专题大党课、宣讲报告会和读书班3期，提升理论素养和工作水平。建设党史文化长廊、开展"百支队伍领学百年党史"视频接力、党史征文征集、网络答题、百人快闪等活动，组织优秀党员参观辽沈战役纪念馆，观看红色电影，追忆红色历史，传承革命精神。组织开展"学党史、强党性、跟党走"党史知识竞赛。为各党总支、党支部配发《党史年志》《论中国共产党历史》《中国共产党简史》《中国共产党组织建设一百年》《苦难辉煌》等党史教育书籍1000余册。组织召开庆祝中国共产党成立100周年表彰大会暨专题党课，明确党委工作"强化七种担当、推动七度提升"目标任务，促进党的建设与高质量发展同频共振。

（李晓晨）

辽河油田建设有限公司

【概况】 辽河油田建设有限公司是具有综合承包和专业施工能力的大型国有建筑安装施工企业，在油气田地面建设、管道工程建设、储气库建设、大型储罐建设、金属结构加工、防腐保温、海洋石油等方面有着施工技术优势。前身最早可追溯到1969年4月由大庆油建指挥部抽调43人组成的大庆六七三厂油建队。1970年4月，在大庆六七三厂油建队基础上，经辽河石油勘探指挥部批准成立油建团。10月，油建团更名为三二二油田建设指挥部。1973年6月，三二二油田建设指挥部更名为辽河石油勘探局油田建设处。1979年1月，辽河石油勘探局将油田建设处更名为油田建设指挥部。1982年2月，辽河石油勘探局成立第二油田建设指挥部。1984年4月，辽河石油勘探局将油田建设指挥部、第二油田建设指挥部分别更名为油田建设工程一公司、油田建设工程二公司。2008年2月，油田建设工程一公司、油田建设工程二公司划归辽河油田公司管理，列未上市业务二级单位。2015年4月，辽河油田公司将油田建设工程一公司与油田建设工程二公司重组整合为辽河油田建设工程公司，列未上市业务二级单位。2017年10月，辽河油田建设工程公司进行公司制改制，改制后机构名称为辽河油田建设有限公司，为一人有限责任公司，产权结构设置为辽河石油勘探局独资公司，占100%股权，原辽河油田建设工程公司债权债务由改制后企业承继。11月，在辽宁省盘锦市完成工商登记注册，注册地址为辽宁省盘锦市兴隆台区渤海街，注册资本为12.54亿元。2020年1月，辽河油田建设有限公司（简称油建公司）与盘锦辽河油田华油工程有限责任公司（简称华油公司）进行业务整合，华油公司主营业务为油田注汽锅炉维修改造，辅营业务为加热炉、水套炉维修改造、注汽管线连接、塔架式抽油机修理、热力自控仪表维修等。2020年5月，辽河油田公司将辽河石油勘探局筑路工程分公司（简称筑路公司）筑路主体业务及托管矿区保险、离退休、再就业业务等相关机构、人员，整体划入油建公司。整合后成立了市政分公司，保留调整新疆、南宁、路桥三个项目部，负责油区井场路、土地复垦、路桥等业务。2021年底，油建公司在册员工3894人，其中合同化员工2450人，市场化用工1444人。员工中有硕士研究生学历28人，大学本科学历1364人，大专学历1159人。干部中具有高级专业技术职称的182人，中级专业技术职称的672人，初级专业技术职称的168人。有一级建造师91人，二级建造师151人。操作工中有高级技师27人，技师89人，高级工1069人，中级工699人，初级工396人。设机关职能科室13个、直附属部门4个，下设大队级单位17个，多种经营企业1个。油建公司党委有党员1565名（含离退休党员3人）。拥有固定资产6938项，固定资产原值164651.74万元，净值62873.93万元，拥有设备6626台（套），设备原值112401.74万元，净值40566.36万元，设备新度系数0.36。主要设备综合完好率达97%。2021年，油建公司承担实施各类工程项目493项，（油区内296项，油区外197项），完成施工产值53.71亿元。施工完成各类管道852千米，其中长输管道646千米；架设外电线路24.66千米。完成定向钻穿越18处，进尺18.55千米。建设大型场站6座，施工金属储罐18具/8.56立方米。

【生产建设】 2021年，油建公司贯彻辽河油田公司党委工作部署，始终保持油建人的红色底蕴、战斗情怀，强力推进一流企业创建，大力实施"七项重点工程"（党的建设，市场开发，生产运营，深化改革，提质增效，质量安全环保，和谐稳定和民生保障）。全年新签合同额53.35亿元，完成施工产值53.71亿元，实现收入37.66亿元，完成辽河油田公司生产经营业绩指标，实现"十四五"开局之年高质量起步。建成中国石油首座"近零排放"污水处理厂，承担的6项冬奥保供工程全部顺利按期投产。全年建成长输管道852千米、大型场站6座。"辽河铁军"赢得各级领导和业主的广泛赞誉，再次获评国家管网年度优秀承包商。

【提质增效】 2021年，油建公司坚持精打细算提效益，提质增效取得显著成果。项目化推进24项提质增效措施，经营审减控降支出3342万元，物资余缺调剂、修旧利废降本308万元，争取让利节约油料费用456万元，全年提质增效9000万元以上。将"两金"压降作为政治任务，每周听取汇报、按月严格考核、部门联合督办，采取法律诉讼、离岗清欠等强力措施，全年压降5亿元。审核修订443项管理制度和流程，规范签证索赔、结算会签，全覆盖推行收入类合同交底，完善内控体系，堵塞管理漏洞。成立工作专班，努力推动历史遗留问题解决。积极开展法律维权，诉讼结案21起，依法挽回经济损失2342万元。

【企业改革】 2021年，油建公司改革步伐更加坚定，企业发展再赋新能。组织机构进一步精简。撤并经营不善的基层单位2个，撤销低效施工队2个，整合成立市场开发中心、车辆后勤服务中心。考核分配进一步严格。实行"过程预兑现、年终严考核"，切实维护政策严肃性，合理拉开分配差距，体现团队和岗位价值贡献。试点检测试验业务集体承包，新增4项许可资质，实现扭亏为盈。人才强企进一步推进。执行中层干部管理办法，交流调整干部101人次，外部项目岗位挂职、交流培养26人次。制定技术质量人员岗位管理办法和考核细则，开展技术带头人遴选。全年新增注册建造师、安全工程师等执业资格32人，晋升高中级专业技术职务53人，员工张金平被评为"盘锦工匠"。

【安全环保】 2021年，油建公司更加重视质量安全，防患除险再构新局。学习贯彻新《安全生产法》，全面落实"三个必须"要求，强化分委会建设，开展履职能力评估，深化落实岗位责任清单，加大追责问责力度，进一步落实安全生产责任。风险隐患平稳受控。遵循"四全"原则，深入开展风险辨识，分级落实防控措施。重点开展低老坏、承包商、城镇燃气等专项整治，高度重视巡查问题整改，有效防范化解风险隐患。高度重视并做好环保工作。第二轮国家环保督察，油区内外17省、414个项目实现"零问题、零督办"。疫情防控扎实有力，克服项目分布广、人员流动多、感染概率大等困难，科学研判形势，精准轨迹排查，织密防范网络，严守防疫纪律，在人员流动近万人次的情况下，坚守"零疫情"底线。质量水平稳步提升，严格管控工程实体质量，狠抓焊接工艺纪律执行，焊接一次合格率96.5%。强化物资质量管理，把好检查验收关，材料一次入库合格率99.5%。推动全员质量创优，获评国家优质工程金奖和国家优质工程奖各1项，全国优秀焊接工程2项，国家级QC成果1项。晋升辽河油田公司年度量化考评B2级，获辽河油田公司质量安全环保先进单位。

【党建工作】 2021年，油建公司严格落实"第一议题"制度，深入学习习近平新时代中国特色社会主义思想和党的十九届六中全会精神，开展党史学习教育，组织庆祝建党百年系列活动，谋划"十四五"发展规划，政治执行力不断提高。隆重召开第二次党员代表大会，选举产生新一届党委班子，落实"两个一以贯之"要求，严格执行"三重一大"决策制度，组织召开党委会44次，党委决策科学有力。加强普法教育，先后开展"法治教育进基层进项目""法律知识小讲堂"以及防范电信网络诈骗"春雨"行动、禁毒宣传月等活动，增强员工守法意识。做好重点人群排查摸底工作，加强对重点人员以及上访人员的稳控，防止进京访、越级访和闹访等非访事件发生。进一步加强与政法委和辽河公安局的沟通协调，保障油区内外项目建设顺畅有序。

部署四大类十项民生工程，全员慰问、外部市场关怀14000余人次，救助帮扶困难群体198人次，为一线配备生活物资368台（套），健康屋、暖心餐、净化水落地见效，提升员工归属感、获得感。通过开展体检筛查、建立风险档案、实施健康干预、加大设施投入、倡导健康生活方式等一系列措施，有效提升健康管理水平，作为辽河油田公司6家试点单位之一，率先通过辽宁省健康企业评审。广泛开展群众性技术创新、班组成本分析等活动，大力推进"青年文明号""青年突击队"等团队创建，适时组织劳动竞赛，员工岗位建功热情进一步迸发。扎实开展平安企业创建、"反内盗"专项行动，协调政法机关深入一线项目维稳维权。严格落实信访工作责任制，综合运用教育、管理、帮扶、法治等手段，确保生产有序、队伍稳定、矿区和谐。

【新冠肺炎疫情防控】 2021年，油建公司持续抓好常态化疫情防控工作。持续关注疫情发展态势，及时传达学习并落实省市、辽河油田公司疫情防控领导小组下发的各项文件及会议指示，时刻保持对疫情的警惕性与敏锐性，持续从严从细从实抓好常态化疫情防控，巩固"零疫情"防控成果。

【庆祝中国共产党成立100周年活动】 2021年，油建公司党委广泛开展建党百年庆祝活动，召开庆祝大会，营造浓厚氛围，激发广大员工爱党、爱国、爱企热情，以实际业绩庆祝党的百年华诞。高质量推进党史学习教育，组织集中学习436期、专题讨论118次，开展党课、微党课273场次，积极组织党史知识竞赛、百名党员"画心愿"、参观红色基地等系列活动。开展"我为员工群众办实事"主题实践活动，改善生产生活环境，通过辽宁省健康企业评审，有序组织送温暖、送健康、送文化等活动，用心用情用力办实事办好事，累计投入资金2000余万元。开展"石油工人心向党、我为发展作贡献"岗位实践活动，推进"联建共建""党建联盟"，深化实施"党建+"和党内创先争优等实践活动，累计创效1300多万元，在双台子储气库、俄气东线、西三线等项目实现党建工作同步对接、合力促进。强化思想引领，大力开展"转观念、勇担当、高质量、创一流"主题教育，广泛组织基层宣讲、员工座谈、群众性大讨论500余场次。总结凝练"忠诚担当、奋斗自强、五湖四海、勇创一流"的新时代油建精神，固化企业核心经营理念，发扬"四特"优良作风，坚持用企业精神铸魂育人。广泛宣传重点工程建设、抗击新冠疫情、推动提质增效、应对洪潮暴雪等先进事迹，20个先进基层党组织，150名优秀共产党员，25名优秀党务工作者受到表彰，发挥典型示范引领作用。

（刘　敏）

中油辽河工程有限公司

【概况】 1974年9月，辽河石油勘探局成立油田建设规划设计院，先后更名为辽河石油设计研究院、中国石油天然气总公司辽河设计院、辽河石油勘探局勘察设计研究院。2000年3月，辽河石油勘探局勘察设计研究院改制为辽宁辽河石油工程有限公司。5月，在辽宁省盘锦市完成工商注册，注册资本3000万元。其中辽河石油勘探局持股75%，辽宁辽河石油工程有限公司工会代表会员持股25%。改制后，辽宁辽河石油工程有限公司由原来单一功能的勘察设计研究院转变为同时具有勘察设计和工程总承包能力的工程技术公司。2002年10月，中国石油集团工程设计有限责任公司（英文机构简称为CPE）向辽宁辽河石油工程有限公司出资2000万元。增资后，辽河石油勘探局持股45%，中国石油集团工程设计有限责任公司持股40%，辽宁辽河石油工程有限公司工会代表会员持股15%。2003年3月，辽宁辽河石油工程有限公司更名为中油辽河工程有限公司，5月，在工商部门完成法人变更，股权结构不变。2008年2月，中油辽河工程有限公司划归辽河油田公司，列未上市业务二级单位，机构规格为正处级。12月，辽河石油勘探局以现金形式收购中油辽河工程有限公司工会代表会员所持股权。调整后，辽河石油勘探局持股60%（其中固定资产出资2250万元、以货币出资750万元），中国石油集团工程设计有限责任公司持股40%。2011年8月，辽河石油勘探局和中国石油集团工程设计有限责任公司按照持股比例向中油辽河工程有限公司进行增资，增资后总资本为8000万元。中油辽河工程有限公司具有工程勘察、工程设计业务9个甲级资质、12个乙级资质和A1、A2、A3、SAD级类压力容器以及GA、GB、GC、GD类压力管道设计资格证，是油气田地面建设工程研发、咨询、勘察、设计、采购、施工和项目管理等全功能工程公司，集团公司稠油、高凝油、凝析油集输工艺指导性设计院，国家能源稠（重）油开采研发中心——稠油地面工程技术研究中心，国家高新技术企业。2021年底，中油辽河工程有限公司设主体设计所16个，机关职能科室8个，直属部门2个，工程管理单位5个，辅助生产单位2个，分公司1个，驻外项目部1个，员工总数699人。拥有固定资产原值1.36亿元，净值0.43亿元，设备401台（套）。实现收入2.87亿元，实现考核利润2123万元。主营业务实现收入2.87亿元，利润总额2123万元。

【主营业务】 2021年，中油辽河工程有限公司完成油区勘察设计909项，其中前期方案500项，施工图409项，工作量同比增加26.5%。完成提质增效项目87项，节约工程投资2亿元，降低工程投资12.1%，降低运行成本3.3亿元/年，平均内部收益率33.9%。完成新井设计700口，标准化设计率100%，平均缩短设计工期30%以上。完成曙光特油地区抗洪和根治水患等洪灾治理专项12项。组织开展"增产保供"劳动竞赛，集中力量完成油田注水、安全隐患治理等专项工程设计59个。编制曙光油田300万吨稳产方案，优化投资近4亿元，编制曙光采油厂、茨榆坨采油厂、金海采油厂等物联网（A11）建设方案7项。双台子储气库一期高速建设、安全顺利投产，马19先导试验站完成可行性研究和初步设计。成立西部勘探开发研究中心地面规划室，派遣骨干技术人员驻前线完成宜庆、开鲁区块设计任务57项。编制完成辽河油田低碳示范区建设方案、沈茨锦风光发电可行性研究、双229、欢喜岭采油厂、特种油开发公司CCUS方案等64项，施工图设计11项，欢三联地热应用工程成功投产。

【技术创新】 2021年，中油辽河工程有限公司承担辽河油田公司重大科技专项1项、参与2项，完成课题研究9个。组织完成"十四五"科技规划、基础研究报告2套、总体规划和行动方案6项。获集团公司、辽河油田公司科技进步奖7项。参与行业和企业标准制修订5项。获油田公司级以上优秀勘察设计奖25项、优秀QC成果奖7项。组建新能源领导小组，开展CCUS技术研究，确定以变压吸附和燃烧后MDEA捕集技术为基础的技术路线。依托辽河油田公司重大科技专项，形成火驱伴生气处理、稠油污水低成本达标外排和弱碱三元驱污水处理与回用技术路线。探索适应辽河油田开发中后期稠油冷输关键技术，形成欢喜岭采油厂齐40、特种油开发公司杜84、杜229区块集输新模式。攻关稠油低成本密闭脱水技术，确定重质稠油电脱水可行性，自主完成关键设备结构设计。深入推进"五化"工作，储气库及产能项目标准化设计成果应用率达到100%。撬装化应用广泛推广，双台子储气库群采用23类共135个注采撬块，井场工艺装置区成橇率100%，集注站工艺装置区成橇率达80%。

【市场开发】 2021年，中油辽河工程有限公司市场开发额1.2亿元，西部市场完成牙哈、东河塘2座储气库可行性研究，实现辽河油区外地下储气库业绩新突破，新签合同额4700万元。成功入围国家管网（预）可行性研究报告编制服务商，中标广东、福建省网设计监理项目，为进入国家管网勘察设计市场打开突破口。中标江苏沿海管网工程、安徽管网干线等项目，承揽盘锦港、营口港技改、华锦新炼厂两条输油管廊项目，行业市场新签合同额5800万元。承揽山东德州武城县235万平地热供暖项目设计，开拓建筑、测绘、非标设计等专业领域市场，承揽北方华锦化学工业集团有限公司新炼厂地形控制测量等项目，新能源及其他市场新签合同额1500万元。辽河油区实现设计收入9800万元。

【经营管理】 2021年，中油辽河工程有限公司全面实施提质增效"升级版"，落实5个方面19项具体措施，挖潜增效2292万元。清回应收款3.5亿元。利用抵减、扣除等政策，累计降低所得税费315万元。严格结算审核，取得审核成果300万元。统筹员工内部调配，全员劳动生产率同比增加7%。加强风险管控，针对专项审计、合规监督等发现的问题制定整改措施10项。修订发布执行流程31项，自查整改合同管理问题11类224个。制定《工效挂钩办法》等制度，制定科级干部、一般员工考核评价细则和薪酬分配指导意见，基层单位和中层干部考核指标细化明确，激励约束作用有效发挥。完成厂办大集体企业注销2家，妥善安置待岗人员。

【质量安全环保】 2021年，中油辽河工程有限公司完成反违章专项整治、安全生产专项整治、"低老坏"问题专项治理和燃气风险隐患排查等工作11项。组织全覆盖全要素QHSE体系内、外审，发现和整改问题87个，实现闭环管理。开展辽河油田公司和中油辽河工程有限公司两级质量讲评64次，覆盖1600余人次，宣贯和整改52个项目1089项评审问题，辽河油田公司年度QHSE管理体系量化审核成绩继续提升，保持B1级。

【员工队伍】 2021年，中油辽河工程有限公司统筹基层单位超编人员内部调配，推动员工外部市场流动66人，员工内部有效流动50人。加大12项分流措施实施力度，分流安置人员总量达33人。围绕需求开展公司级和专业所级培训233期。推动职称评审向专业技术人才倾斜，23人晋升高级工程师。稳妥推进"双序列"，选聘120名二、三级工程师，打通人才成长通道。优化干部管理，配合辽河油田公司党委选拔辽河油田公司首席技术专家1人、选拔中层领导人员二级正职1人、交流中层领导人员二级正职2人，交流使用干部4人，中层管理人员总量减少5人。

【党建工作】 2021年，中油辽河工程有限公司落实第一议题制度，跟进学习党的十九届历次全会精神和习近平总书记系列重要讲话精神。深入开展党史学习教育活动，召开中油辽河工程有限公司第三次党代会，形成党委"五个三"党建融合工作机制，进一步明确党建融合引领发展的战略思路。深化党建联系点制度，推广党支部建设"十抓"工作法，推动"三基本"建设与"三基"工作有机融合。组建双台子储气库等7个党建联盟，支持50个重点增产保供项目。落实辽河油田公司党委要求，开展"转观念、勇担当、高质量、创一流"主题教育，增强全员责任意识、改善作风形象、提振精神士气。抓实意识形态工作，弘扬主旋律、传播正能量，全面展现辽河设计新形象，采写各类宣传稿件600余篇，在《辽河石油报》"掌上辽河""辽河设计"等媒体上刊发300余篇。创新"党建+专家"模式，发挥专家技术引领和创新作用，专家领衔承担科研生产项目74项，主持参与各级评审131次，审核图纸2000余张。严抓两个责任落实，开展"以案促改、以案促治"专项行动和警示教育，巩固风清气正环境。

【群团工作】 2021年，中油辽河工程有限公司召开四届四次职代会和一届二次工代会，征集处理议案8条、职工代表意见建议21条。深入开展"我为员工群众办实事"实践活动，制定民生工程实施方案，确立四大类12项工程38项任务。召开民生工程推进会及民主恳谈会，征集处理落实会员意见建议29条，会员评家满意率100%。组织开展纪念五四运动102周年系列活动，召开"青春心向党·筑梦新蓝图"青年成长论坛。开展困难帮扶、"夏送清凉、冬送温暖"外部市场及一线员工慰问、会员"七项慰问"等1100余人次，累计发放慰问金、慰问品105.5万元。推进健康企业创建，开展禁烟行动，在办公楼、食堂等公共场所安装自来水净水设备37套，按照干检标准开展全员健康体检，心脑血管风险人群健康干预率达到100%，组织心理健康大讲堂线上线下培训18场，开展工间操、跳绳、健身操、拔河、健步走等健康促进活动20余场次。组织开展风险隐患"大摸底、大排查、大整改"活动，防范治理电信网络新型违法犯罪集中宣传暨"春雨"行动，员工违法犯罪专项教育整治活动，加强管理打击内勾外联盗窃油气物资违法犯罪专项行动以及"反内盗"综合整治"百日攻坚"专项行动，员工队伍保持稳定。

【新冠肺炎疫情防控】 2021年，中油辽河工程有限公司严格出行返回审批报备和动态管控，各部门包保，加强对60余名重点人员管控，消除管理"盲区"。针对国内疫情发展，开展全员排查120轮次，推进全员疫苗接种，落实人员进出、会议活动等防疫要求，始终保持高效精准防控。

【庆祝中国共产党成立100周年活动】 2021年，中油辽河工程有限公司党委组织召开庆祝中国共产党成立100周年表彰大会。对先进党支部、优秀共产党员、优秀党务工作者及"石油工人心向党、我为发展做贡献"岗位实践活动先进个人进行表彰。组织集中学习集团公司、辽河油田公司庆祝中国共产党成立100周年表彰大会会议精神，党委书记讲授专题党课，结合党的百年历史和中油辽河工程有限公司发展实际提出六个坚持、六个回答。7月1日，党委班子成员集中收看庆祝中国共产党成立100周年大会，在线观看中共中央总书记、国家主席、中央军委主席习近平发表重要讲话。组织开展庆祝中国共产党成立100周年宣传活动，利用中油辽河工程有限公司各处展板粘贴宣传画，组织制作伟大建党精神和建党百年等宣传图片在电子屏幕循环展播。

(陶文玲)

物资分公司（物资管理部）

【概况】 1967年3月，大庆六七三厂成立供应服务队。1970年4月，辽河石油勘探指挥部将供应服务队更名为供应营。10月，撤销辽河石油勘探指挥部供应营，成立三二二油田供应处。1973年6月，三二二油田供应处更名为辽河石油勘探局供应处。1976年1月，辽河石油勘探局将供应处更为供应指挥部。1984年4月，供应指挥部更名为物资供应处。1993年3月，物资供应处更名为物资公司。2000年8月，辽河石油勘探局进行物资管理体制改革，明确物资公司同时行使辽河石油勘探局物资采办、物资管理两种职能，其中物资采购实行集中采购为主、部分采购权下放各二级单位政策，同时与辽河油田公司实行物资关联交易。2008年2月，物资公司划归辽河油田公司管理。2010年12月，辽河油田公司对物资公司和油田化学工业公司实施重组整合，机构名称沿用物资公司，业务上接受辽河油田公司物资管理部的指导和管理。2018年3月，辽河石油勘探局物资公司更名为辽河石油勘探局有限公司物资分公司。2021年12月，辽河油田公司将物资管理部与物资分公司整合为物资分公司（物资管理部）（简称物资分公司）。物资分公司主要负责油田生产建设物资的采购供应和物资系统的管理工作。2021年底，物资分公司用工总量2068人（主业1553人，多种经营企业515人），其中，合同化职工1128人，市场化用工940人。干部636人（其中处级干部10人、科级干部102人）。干部中具有专业技术职称的675人。其中，具有高级技术职称的75人、中级技术职称的386人、初级技术职称的214人。工人有高级技师5人，技师28人。高级工522人、中级工228人、初级工233人。设置机关职能科室10个、直附属部门7个、科级生产经营单位29个、基层队（站）16个、多种经营单位1个：盘锦辽油晨宇集团有限公司。固定资产原值2.75亿元，净资产0.89亿元。占地面积187.4万平方米，库区仓储面积94.19万平方米；正式库房153栋8.65万平方米，料台9.95万平方米，料场74.25万平方米；库区内铁路专用线21条，16.11千米。2021年，物资分公司实现收入40.96亿元、账面利润223万元，对比油田公司下达的奋斗利润目标超交1399万元。

【物资保障】 2021年，物资分公司聚焦油田生产建设，履职尽责抓保供、优服务，物资保障坚强有力。供应物资37.44亿元，保供及时率达98%。组织"大干3个月、力保储气库"攻坚战，成立现场工作组，采取集中管理、统一组织、协同运行的模式，实现采购服务贴近现场，仓储服务延伸链条，产品质量提前锁定。推行问题清单机制和例会制度，抓早抓小，及时化解各类问题120余项。建立交货风险排查预判机制，提前制定多套保供策略，克服疫情、限电等不利影响，保证储气库投产所需关键物资安全及时到货，供应重点工程物资6561项。面对辽河油田公司"百日劳动竞赛"、抗洪复产、暴风雪恶劣天气等急难险重任务，集中人力、物力、运力、智力，立足一线提供优质服务，保证生产零星采购、紧急采购需要，得到辽河油田公司高度评价。针对业务运行中存在不足和短板，开展"大排查、大讨论、大提升"活动，举一反三，拾遗补阙，制定出台《物资质量仓储业务操作手册》，提升专业化、规范化水平。针对集中到货、料场紧张、开发市场等工作实际，主动开展库房、料场扩容扩建，共享共用生产作业资源，保证24小时不间断供应，入库物资33.21亿元。严谨采购合同条款设置，提前明确驻厂监造、工厂质量控制、工厂检验测试要求，加大延迟交货处罚力度。严格到货验收标准，坚持按照采购合同及技术要求开展到货验收和理化抽样报检。对设备、管材等重要物资按照"一物一策"原则开展工厂质量控制，及时掌握加工制造进度，提前解决质量问题。通过全过程从严管控，避免经济损失1621.61万元、挽回经济损失11.45万元。

【经营业绩】 2021年，物资分公司聚焦提质增效目标，多措并举挖潜力、控成本，经营业绩稳中有升。严格执行一级物资集采结果，实施二级物资集中采购，全面推进"框架协议+订单""工厂到现场""领料变送料"等采供模式，科学合理制定采购价格，严谨合规组织商务谈判，节约采购资金4.23亿元。加大制造商采购力度，采购制造商产品32.13亿元，占比85.8%，优选油田内部产品，采购多种经营企业产品11.59亿元，占比30.96%，有效促进互利共赢、共同发展。推进返库套管等闲置积压物资处置，全力协调解决各单位库存积压，年末辽河油田公司原材料库存对比两金指标超额压降1323万元，收到财务资产部感谢信。推进采购标准化，开展游梁式抽油机"一张图"采购模式，统一产品设计和加工图纸，实现同种机型零部件互换互用，以14型游梁式抽油机为例，一次性节约采购成本达到17%。长城钻探仓储物流服务项目、东北化工销售仓储服务项目、国家管网西气东输采购技术服务项目顺利中标和续签，辽河石化仓储物流服务业务、北方沥青铁路牵引作业服务业务持续巩固，西气东输南昌中心库、煤层气韩城项目、辽河油田公司庆阳项目仓储服务作用有效发挥，稳步开展产品检验服务业务，实现外部收入2598万元。建立"一对一"物资保障机制，既为"两新两高""五自"经营单位提供优质服务，又实现主营业务内部市场挖潜增效，创收8.17亿元。合理利用对外付款政策获取利息收入，实现财务价值创效利润3388万元。推进"低成本"战略，实施24项提质增效工程，全员挖潜创效3180万元，支撑全年业绩指标超额完成。

【公司治理】 2021年，物资分公司聚焦依法合规治企，坚定不移抓改革、打基础。加强依法治企及普法教育，全面落实领导人员法治建设职责，重大决策法律审核率100%。狠抓合同履行管理，强化合同信息系统优化和应用，实现合同全过程闭环管理。优化制度体系架构，修订完善"一级制度、两级流程"68项。全面开展合规风险排查，聚焦辽河油田公司专项监督和审计反馈问题，召开产品质量事件警示教育大会，一体推进监督整改治理，助推全供应链业务整体高质量运行。突出价值贡献，加大对生产一线、基层单位业绩考核兑现力度，让创效者有效益，贡献者有收获，基层干部员工获得感成色更足。优化完善采购管理信息系统，优化10个业务流程和部分审批节点，实现工程服务招标项目全业务流程线上运行。试点推广仓储条形码技术，赋能仓储优化运行，服务品质持续提升。全年采购盘锦辽油晨宇集团有限公司产品、工程、服务8.22亿元。承担盘锦辽油晨宇集团有限公司"厂改"分流人员各项费用1671万元，承担盘锦辽油晨宇集团有限公司内部员工"五项费用"305万元，助力盘锦辽油晨宇集团有限公司持续稳健发展。盘锦辽油晨宇集团有限公司实现总收入22亿元，净利润-15万元。

【健康安全环保】 2021年，物资分公司聚焦安全环保基础，持之以恒防风险、重管控。常态化开展QHSE监督检查，加大问题通报和责任追究力度，发现并整改问题301项，不断提升体系运行水平，晋升良好B1级。全面强化动态作业、交通运输、承包商等重点领域、要害部位监管，突出做好"国庆""两会"等敏感时段和汛期特殊时段升级管理，安全生产平稳受控。投入健康安全环保专项费用600万元，开展库区消防泵房维护、消防水管线更换、成品油库规划治理等，筑牢本质安全。常态化开展新冠肺炎疫情防控，坚持"三个并重"原则，建立三级联防联控机制，有序组织全员疫苗接种，守住工作生活场所"零疫情、零感染"底线。深入落实健康辽河行动，建立员工健康档案、推广工间操、举办健康讲座、开办健身培训项目、开展控烟行动，组织职业性健康体检114人次、普通员工体检1250人次，守护员工健康安全。

【党建工作】 2021年，物资分公司聚焦党史学习教育，强党建、促融合，政治优势彰显。坚持以习近平新时代中国特色社会主义思想为指导，深入学习贯彻党的十九届五中、六中全会精神，开展党史学习教育，政治理论学习入脑入心、效果突出。压实政治、经济、发展责任，领导班子集体决策重大事项71项，发挥把方向、管大局、促落实的领导作用。坚持以"+党建"思维引领"党建+"实践，组建物资采购系统党建联盟，开展"六化强基"行动，推动党的领导与基层治理全面融合、党建工作与生产经营深度融合、党建"三基本"与"三基"工作有机融合，发挥党的政治优势、组织优势。坚持把人力资源开发培育放在最优先位置，实质推进双序列改革，拓宽专业技术人才发展通道。11名西气东输项目部采购人员充实到物资分公司关键岗位，新选拔10名人员接替轮岗到位，专业人才"驻外轮训"模式初见成效。坚持以案促改、以案促治，强力督导辽河油田公司党委专项监督、审计反馈问题整改，组织开展内部巡察2轮、合规管理监督2项，精准运用"四种形态"，严肃处理违规违纪问题，持续增强广大干部员工纪律意识、合规意识。

【群团工作】 2021年，物资分公司聚焦员工福祉提升，用心用情办实事、惠民生。全面推进十大民生工程共33项具体惠民措施，兑现"我为员工办实事"承诺。筹措资金，提升偏远地区健康饮水和伙食条件，优化升级除尘降噪和消防救援设施，员工群众急难愁盼问题得到基本解决。针对性开展"夏送清凉""冬送温暖""重点工程慰问"活动，加大困难群体帮扶力度，人文关怀更加深入人心。实现无线网络全覆盖，进一步便捷基层、一线单位生产生活。改善外围地区办公、食堂条件，通过发展保障和改善民生。

【庆祝中国共产党成立100周年活动】 2021年，物资分公司制定并下发《物资公司党委关于中国共产党成立100周年庆祝活动安排》及《物资公司党委关于中国共产党成立100周年庆祝活动安排运行表》。组织召开庆祝中国共产党成立100周年庆祝大会，以多媒体形式现场交流分享6家基层单位和个人先进事迹。组织开展"学党史、强党性、跟党走"党史知识竞赛，分6期组织79名党务干部进行"大学习大提升"党务实训，分3批组织407名党员进辽河油田培训中心学习"四史"等内容。以"党建项目化"管理推进共产党员先锋工程，设立书记项目45个、委员项目163个，开展突击活动183次。开展"四联一帮"结对共建活动，统筹谋划"内部结对"11个、"外部结对"13个，共同推进业务工作26项。组织走访慰问公司8名老党员、老干部和困难党员，并为其中4名老党员代表颁发"光荣在党50年"纪念章。利用党建信息化平台组织"学党史、知党情"答题活动6期。组织开展"不忘初心跟党走牢记使命勇争先"专题党课活动，制作精品党课视频《光辉的历程》获辽河油田公司精品党课优秀奖。

（王 丽 陈 君）

辽河油田环境工程公司

【概况】 辽河油田环境工程公司是辽河油田公司所属的唯一专业从事环保业务的二级单位，其前身为1993年成立的辽河石油勘探局供水公司。2008年7月，辽河油田公司上市业务二级单位工业用水业务划归供水公司管理后，供水公司加挂辽河油田供水公司牌子，按照"两块牌子、一个领导班子、一套机关机构、分开核算、两本账运行"的模式，实施未上市业务与上市业务专业化、一体化管理。2018年3月，供水公司更名为辽河石油勘探局有限公司供水分公司。2018年12月，供水分公司完成"三供一业"供水业务分离移交（兴隆台主城区供水业务移交盘锦水务集团，外围矿区居民用水业务移交盘锦辽河智慧城市发展集团有限公司）。2019年12月，根据"油公司"模式改革总体安排，将油田注水和生产用水的水源井站业务移交辽河油田公司所属各采油单位管理。同时，供水分公司有序接收辽河油田公司含泥砂原油回收处理、工业清洗、钻井废弃泥浆及岩屑不落地处理等业务。2020年1月，供水公司实行"五自"经营试点改革，向专业化环境工程公司转型发展。2021年6月，上市业务辽河油田供水公司更名为辽河油田环境工程公司（简称环境工程公司）。12月，按照集团公司剥离企业办社会职能工作收尾要求，环境工程公司存续的民用供水业务完成彻底分离移交。经过一系列重组整合和接收移交，环境工程公司建设成为集油泥处理、钻井液处理、地热综合利用、污水处理、工业清洗及水务技术服务等多元业务协同发展的环保企业。2021年，环境工程公司完成供水业务商品水量1745.9万立方米、油泥处理量8.2万吨、钻井液处理量58万立方米、污水处理量795万立方米。总收入5.41亿元，对比辽河油田公司下达调整预算奋斗目标减亏4850万元。员工总数1086人（不含多种经营企业金辉公司121人），其中主业在册在岗员工802人，外借外派员工179人，在册不在岗分流人员105人。有二级正副职领导7人，调研员（二级副）2人，三级正副职领导79人。具有专业技术职称332人，其中，国家能源局地热标委会专家2人，高级专业技术职称45人、中级专业技术职称224人、初级专业技术职称61人。设机关科室10个、直属部门4个，下设基层单位12个（含1个勘探局下属子公司），托管多种经营B级企业1个。拥有固定资产原值5.89亿元，净值2.05亿元。管理油泥处理站8座、钻井液处理站11座、地热供暖站和供热站5座、污水处理站2座。拥有机械清罐设备2套；租赁油泥处理设备4套，钻井液处理设备5套，其他设备9套。获辽宁省保卫系统先进单位、辽河油田公司党风廉政建设、质量安全环保、生产运行、法律、档案、史志、组织史先进单位等荣誉称号。环境工程公司员工白景新获集团公司2021年优秀共产党员荣誉称号。

【生产建设】 2021年，环境工程公司围绕"生产运行向生产运营转变"工作要求，优化运行维管，提高组织效率，降低运行成本，实现生产平稳有序开展。针对供水业务萎缩实际，在茨榆坨采油厂、锦州采油厂、曙光采油厂矿区5个水源站推行区域承包管理模式，采取多项措施降低供水用电单耗，通过冲洗管网、改善工艺、水质监测等措施提升供水品质，累计清洗水池水罐275座次，冲洗管网2次，出厂水综合合格率100%，管网末梢水质合格率99.66%。加强油泥、钻井液、污水等项目部精细生产管理，提升生产效率和运行质量。把依法合规处置、保证质量效益放在首要位置，做"深"油泥业务，做"优"钻井液业务，做"强"污水业务，做"稳"工业清洗业务，做"实"地热综合利用业务，欢三联地热利用示范工程顺利投产，保障辽河油田公司上游生产建设有序运行。开展标准化创建活动，健全完善标准化管理体系，制定油泥处理站、污水处理站及钻井液处理站等环保业务的标准化管理细则。加强应急管理工作，有效应对雷雨天气断电、防洪防汛、冬季风雪等各项突发事件，持续提升应急处置能力。开展"奋战一百天，献礼百周年""冲刺60天，打赢突破奋斗目标攻坚战"两轮劳动竞赛，激发全员工作热情，助力企业经营奋斗目标顺利完成。

【科技创新】 2021年，环境工程公司将科技创新创效作为工作重点，围绕油泥处理、污水处理、钻井液处理、地热综合利用等业务开展实用性、导向性专项攻关，坚持技术创新和科研成果转化，打造企业核心竞争力。依托集团公司重大科技专项、股份公司及辽河油田公司科技项目，开展关键技术攻关，组织开展3个类别6个项目技术研究。地热井提高采灌效率技术研究项目，形成提高砂岩热储层采灌效率的工艺技术方案，确立合理采灌速度评价体系，为实现地热资源可持续高效利用奠定基础。成功申报集团公司科技部"十四五"技术攻关项目《绿色油气田污染防治及生态保护研究》（2021—2025）。完成股份公司重大科技专项《含油污泥处理与利用关键技术研究及示范应用》（2016—2020）研究内容并通过专家验收。"揭榜挂帅"项目《曙光污水外排厂降低运行成本技术》，确定低成本处理工艺技术路线，现场中试取得阶段性成效。首次将地热能研究成果应用到油气生产领域，在欢三联建成中国石油首个地热能工业利用示范站。开展热洗工艺污水净化回用技术研究，建立废弃钻井液及岩屑中12种重金属检验检测方法，保证油泥处理与钻井液处理生产连续稳定运行。申报发明专利2项，《供水系统生物防治技术研究与应用》项目获辽河油田公司科技项目二等奖。

【经营管理】 2021年，环境工程公司坚持效益导向，聚焦提质增效，加强预算统筹，深化对标管理，全面改善经营业绩，超额完成年度业绩目标。强化全面预算管理。结合企业改革和业务调整，实施零基预算管理，高效衔接计划、生产、财务三大预算，树立基层完全成本利润中心定位，动态跟踪预算执行，10项预算考核政策倒逼增收节支，确保预算执行均衡受控。坚持精益管理，采取机关结对承包基层联薪联创、全员参与劳动竞赛共同上产等措施，打造提质增效"升级版"。37项具体工程实现提质增效6051万元。地热利用、检验检测、工业清罐等项目抢占6省外部市场创收3096万元。自主招标、变动成本率对比预算指标下降4个百分点。加速收入资金回笼，电子商业票据支付款项1.5亿元，财务费用同比减少276万元。坚持特种设备带病运行零容忍，聘请第三方开展设备设施完整性审核和资产管理人员履职能力评估，注重设备设施全生命周期管理，确保设备设施安全完好、经济高效。新购置资产设备57台（套），内部调剂资产38项。开展财务大检查、小金库专项治理、财务会计信息虚假问题整治专项行动，整改各类审计问题2项，上交问题金额52.62万元。注重加强法治宣传教育，开展形式多样普法宣传活动，推进"管业务管普法"责任制落实，提升全员法律意识和法律素质。

【企业改革】 2021年，环境工程公司深化企业改革，完成劳务、科研及外部市场等12个机构重组整合，四分之三基层单位业务转型为环保业务，环保业务收入占比总体收入达78%，实现传统供水业务向多元环保业务实质转型。推进"三供一业"分离移交收尾工作，解除与盘锦水务集团有限公司、盘锦辽河智慧城市发展集团有限公司的"委托经营"协议，签订劳务总包协议，实现"三供一业"供水业务彻底分离移交。强化治理能力建设，修订完善环保业务、生产经营等规章制度和管理细则12项，构建公司"一级制度、两级流程"，建立多维度协作联控"自我约束"机制。开展综合、专业、基层三个层面对标提升工作，实施基础管理工作考核，打造四个标准化示范站队。机关科室与基层单位通过工效挂钩和联薪联创，实现考核创优与标准升级同步共建，夯实基础管理根基。坚持市场化运营，物资、服务、工程项目实现自主招标、自主采购，累计节约资金2427万元。修订工效挂钩办法，完善绩效联薪机制，实施差异化管控，保证艰苦岗位分配系数，同时设立提质增效专项奖、特殊贡献奖、奖励基金、加大外部市场利润奖励力度，真正实现干与不干、干多干少、干好干坏不一样。

【员工队伍】 2021年，环境工程公司推进选拔任用、从严管理、正向激励工作，打造坚强有力的领导班子和忠诚担当的干部队伍，持续推动形成"能者上、优者奖、庸者下、劣者汰"正确导向，激励各级干部干事创业积极性。坚持党管干部原则，制定《环境工程公司所属领导班子和领导人员综合考核评价办法》，严把选拔任用程序，强化考核激励作用，树立重实干、重实绩、重担当的鲜明用人导向。注重优化基层班子结构，基层党政正职全部实现交叉任职。优化年轻干部成长路径，突出基层工作经历，不拘一格提拔优秀年轻干部。交流43人，提拔三级正副职干部9人，其中80后青年干部占比62.5%。

实施人才强企战略，健全"生聚理用"机制，畅通人才成长渠道，突出在生产现场和科研一线培养人才，17名技术骨干输送至环保业务和科技研发一线。利用人力资源线下调剂平台，促进用工单位与员工双向选择，实现员工调剂82人次，有效解决环境工程公司内部人才富裕与短缺并存矛盾。结合新业务发展需求和队伍素质现状，加大岗位操作、安全履职、技术创新等培训，有效提升"三支队伍"素质，组织各类培训班101个，培训1844人次。

【安全管理】 2021年，环境工程公司把安全环保作为头等大事，全面履行企业绿色低碳责任，落实"四全""四查""五个用心抓"工作要求，实现企业二次创业风险可控。全面强基础、查隐患、控风险、补短板、防事故，持续提升体系建设，坚持闭环管理，实行差异化管控，构建双重预防机制，形成"管业务管安全、管工作管安全、管生产经营管安全"良好局面。开展低老坏重复性问题、反违章和环保隐患等专项排查，隐患整改900余项，投入治理资金1000余万元。强化环保管理，实现依法运营，推进剩余固相处置，配合辽河油田公司做好4次环保督察迎检。质量健康安全环保实现零事故、零伤亡、零污染、零缺陷，获辽河油田公司年度质量健康安全环保先进单位称号，QHSE管理体系审核保持B1级管理水平。

【党建工作】 2021年，环境工程公司党委发挥"把方向、管大局、促落实"领导作用，以"党建质量提升年"为抓手，履行"五大责任"（党建提升责任、改革发展责任、解困扭亏责任、绿色低碳责任和民生保障责任）。强化政治建设，高质量推进党史学习教育。开展专题学习264次、研讨14场、讲党史54期，覆盖党员群众2000余人次。召开第六次党代会，进一步明晰打造石油行业一流环保企业定位和肩负的"五大责任"。深化思想引领，高标准开展形势任务教育。做好党的十九届五中、六中全会精神学习宣贯，常态化推进形势任务教育。严格网络环境治理和新闻发布管理，加强敏感信息管控，规范微信群组使用，确保意识形态阵地受控可控。发挥党建优势，高效率推进"党建+"工作模式。深化"党建+安全""党建+基础""党建+创效"，实现党建与生产经营有机融合，助推企业管理升级。履行主体责任，高站位提升依法合规治企能力。围绕改革、经营、党建等重要决策重大事项，召开党委会49次、研究议题110项。加大重点领域、关键环节监管力度，防范经营风险，结合"以案促改、以案促治"专项行动，排查廉洁风险点源，强化两级班子和领导干部警示教育，累计受教育1700余人次。制定出台《首问负责制》《限时办结制》《机关工作人员行为规范十条》等制度。

【群团工作】 2021年，环境工程公司以"坚持服务中心工作、服务员工群众、服务基层一线"为宗旨，切实解决员工群众实际需求，增强员工群众获得感、幸福感、安全感。加强党对群团工作领导，把握群团工作时代主题，打造新时期基层群团组织升级版。抓好民生工程、健康工程，落实会员"七项探视慰问"制度，编制民生工程实施方案，结合"我为员工群众办实事"实践活动，对矿区生产单位站内员工生活用水开展普查，做好中高风险员工和接害岗位人员健康跟踪，举办健康大讲堂和微课堂，推进困难群体帮扶向普惠服务延伸，开展"春送问候、夏送清凉、秋送助学、冬送温暖"四季服务活动，落实民生工程27项。围绕企业生产经营工作，开展职工技术创新、班组成本分析、群众性安全监督等活动，发动全员挖潜创效。加强民主管理，完善企业与员工沟通机制，推行两级民主恳谈会制度，及时了解员工诉求。通过举办"凝聚巾帼力量·共谱发展新篇"系列活动、"玫瑰书香·巾帼奋进"女职工读书等活动，发挥女员工半边天作用。发挥文体协会作用，成立班组长、瑜伽等各类协会，开展"情系供水 执梦远航"线上春晚、"畅享健康 同心同行"职工健步走、工间操比赛、全员法治大讲堂等活动，增强队伍凝聚力、战斗力。推进治安综合治理，开展"三防"示范建设，深化水电油气监察，开展"反内盗"专项行动，强化员工法治教育和八小时以外监管，营造和谐稳定发展环境。严格落实信访稳定和保密工作责任，加强特殊时段维稳安保工作，严厉打击涉油、水、气、电违法犯罪，保证涉油、涉气重点环节安全稳定。

【新冠肺炎疫情防控】 2021年，环境工程公司落实上级疫情防控精神和辽河油田公司疫情防控指令，抓好常态化疫情防控工作。第一时间将疫情防控通知和要求传达落实到单位及员工，引导员工和亲友自觉遵守政府疫情防控政策，及时准确报告个人疫情防控信息，落实好个人防疫责任。利用行程卡和打卡小程序加强人员管控，严格执行出行审批和亲友报备制度，跟踪员工身体健康情况，排查员工及同住亲属、承包商外出返回行动轨迹1400余人次，返回及次密切接触隔离者71人次。推进新冠疫苗接种，完成应接尽接工作，遏制疫情传播。编制《环境工程公司新冠状疫情应急预案》，开展公司级应急培训和演练，从严做好公共场所疫情防控，确保疫情风险有效防控。加强宣传抗疫知识坚定战"疫"信心，通过微信公众号和各类工作群、安全群等及时做好疫情防控知识宣传，及时公布防控疫情工作安排部署，密切监控疫情发展情况，实现疫情常态化管控，全力打好疫情防控攻坚战。

【庆祝中国共产党成立100周年活动】 2021年，环境工程公司党委通过组织开展岗位实践、"党课开讲啦"、群众性庆祝活动等13项重点工作庆祝中国共产党成立100周年。组织"唱支山歌给党听"音乐视频录制、"学党史、感党恩、跟党走"职工书法美术摄影展、"供水员工心向党——最美歌声"系列展播活动、制作《红色印记——辽河地热的绿色发展路》融媒体、百名党员讲党史故事、开展"迎建党百年、强健体魄、展供水风采"系列文体活动等，追忆红色历史，传承革命精神。围绕党史学习教育、《摆脱贫困》、"七一"讲话、六中全会精神开展学习研讨，开展处级党委班子理论学习12次，基层党组织专题学习249次，"三个为什么"专题学习研讨14次，党员领导干部理论思想体会文章118篇，讲授专题党课60场，开展主题党日84次，组织志愿服务56次，提升党员干部理论素养。组织党员干部、共青团员和员工群众参加"全国党史知识竞赛"网上答题活动，答题1196人次。为各支部配发《论中国共产党历史》《中国共产党简史》《中国共产党组织建设一百年》《苦难辉煌》等党史教育书籍500余册。召开庆祝中国共产党成立100周年表彰大会暨专题党课，明确环境工程公司党委工作任务，促进党的建设与企业高质量转型发展同频共振。

（翟洪江）

电力分公司

【概况】 1970年10月，三二二油田革命委员会以三二二油田油建团下属的水电营为基础组建三二二油田水电厂。1973年6月，更名为辽河石油勘探局水电厂。1976年3月，辽河石油勘探局在曙光友谊地区成立电厂筹建处。1977年7月，大庆曙光油田水电指挥部划归辽河石油勘探局管理，并更名为辽河石油勘探局曙光水电指挥部。1978年2月，曙光水电指挥部、水电厂、电厂筹建处重组整合为辽河石油勘探局水电指挥部。1984年4月，水电指挥部更名为水电厂。1985年1月，东北电业管理局直属企业盘锦热电厂划归辽河石油勘探局管理，并更名为辽河石油勘探局热电厂。1993年10月，辽河石油勘探局水电厂分设为辽河石油勘探局供电公司和辽河石油勘探局供水公司。2007年5月，辽河石油勘探局对电力业务实施集团化、专业化重组，将辽河石油勘探局供电公司和辽河石油勘探局热电厂重组整合为辽河石油勘探局电力集团公司。2008年2月，辽河石油勘探局电力集团公司划归辽河油田公司，列未上市业务二级单位管理。2014年12月，经集团公司批准，电力集团公司热电厂退出生产运行，转入供暖备用状态。2015年4月，热电厂正式关停。电力集团公司由集发电、供电、供暖、供热为一体的专业化管理单位转变为专业化供电管理单位，主要承担辽河油田矿区生产、生活用电转供任务。2018年3月，辽河石油勘探局电力集团公司更名为辽河石油勘探局有限公司电力分公司（简称电力分公司）。电力分公司所辖变电所和输配电线路形成以盘锦为中心，东至锦州采油厂，北至科尔沁，包括鞍山、沈阳等周边市区，覆盖辽河油田各生产井站和职工生活基地的供电网络。2021年，辽河油田公司电力一体化业务调整后，电力分公司接收上市企业采油配电线路361条，杆塔82050基，配电变压器8663台、总容量为1777.13兆伏安。2021年底，电力分公司负责管辖辽河油田电网内变电所69座，负责运行维护变电所64座，其中66/6千伏变电所58座。负责管辖维护油田电网66千伏输电线路106条，总长度1321.273千米，运行维护油田电网内主变126台，管辖电网中6千伏配电线路536条，总长度5300.8千米。电力分公司用工总量2326人。其中，合同化员1675人、市场化用工637人、内部劳务用工13人、非全日制用工1人。按三支队伍划分为管理人员406人、专业技术人员27人、操作服务人员1893人。管理人员中有科级以上干部187人。其中，处级干部2人，副处级干部7人（在职6人），科级干部178人（改做具体工作72人）。干部中具有专业技术职称的623人。其中，正高级专业技术职称1人，副高级专业技术职称71人，中级专业技术职称423人，初级专业技术职称128人。电力分公司党委有党员997名。有未上市固定资产5440项，原值13.94亿元，净值3.31亿元。其中，主要生产设备（动力设备、传导设备）3612台，原值12.09亿元，净值2.85亿元，新度系数0.23；上市固定资产12621项，原值16.45亿元，净值1.96亿元，其中，主要生产设备（动力设备、传导设备）台数12220台，原值15.83亿元，净值1.89亿元，新度系数0.12。2021年，电力分公司供电31.21亿千瓦·时，平均日供电量855.07万千瓦·时，销售电量30.68亿千瓦·时（表20）。电力分公司获辽河油田公司先进单位、质量安全环保先进单位称号，电力分公司党委被集团公司党委授予"先进基层党组织"荣誉称号，被辽河油田公司党委授予先进党委称号；被盘锦市授予盘锦市精神文明单位称号。

【供电服务】 2021年，电力分公司瞄准创一流工作目标，坚定贯彻辽河油田公司决策部署，全面履行

表20　电力分公司主要生产经营指标

指标	2021年	2020年	同比增减
年供电量（亿千瓦·时）	31.21	32.75	减少1.54
年销售电量（亿千瓦·时）	30.68	31.84	减少1.16
成本支出（亿元）	21.11	21.20	减少0.09
实现收入（亿元）	24.41	24.43	减少0.02
上缴利润（亿元）	2.56	3.23	减少0.67
超额利润（万元）	3460		

"做精主业、为油保电"发展使命，面对电力业务优化调整后的新期望和新任务，全面强化生产运行组织，打造坚强可靠电网，坚持纵深推进一体化管理，全面摸清划转设备设施情况，全过程抓好供电保障，全要素追求服务优质，保证在管理范围倍增、设备设施状况参差不齐的背景下，供电可靠度保持在99.98%以上。不断规范电网管理，迅速分析电网设备设施状况，有针对性地加强重点区域、关键部位、敏感时段的生产管理，集中整治线路交叉跨越距离不够、杆根基础腐蚀严重等隐患，及时清理树障1.2万余棵、处置各类缺陷500余处。突出抓好重点工程项目建设，累计完成230余口产能井配套电力线路建设、双台子储气库变电所具备送电条件。紧密结合油气产能部署，精心组织30余座变电所、3000余千米输配电线路检修，稳步提升设备健康水平。全面加强极端天气、特殊敏感时段升级管理，有针对性地落实生产强化措施，保证历史罕见洪水雪灾以及建党百年等特殊时段电网稳定。发挥专业管理优势，妥善处理安全生产与经济运行、采油单位与电力分公司之间关系，有效建立配电线路供电量与采油液量的紧密联系。坚持强化用户诉求快速响应，高效处理电网障碍和故障348次，最大限度降低停电时间、提升服务质量。紧密对接油气上产总体要求，科学制定限电方案，在日均限电5000千瓦左右的情况下，保证油气生产重要负荷未受影响。

突出抓好工程项目建设，优质完成双台子储气库群电力建设工程以及258口产能井配套电力线路建设等工程任务。深入开展用电节能服务，锦州采油厂抽油机"错峰"自动控制等节电措施初见成效。迅速响应地方政府限电安排，科学制定有序限电方案，较好地应对了拉闸限电对油气生产的冲击，为辽河油田连续36年千万吨稳产提供可靠的动力保障。

【科技创新】 2021年，电力分公司进一步强化技术支撑，全面实施科技创新发展战略部署，为企业进一步提升"为油保电、为企创效"能力提供技术支撑。坚持提升电网技术标准，严格执行各类技术标准规范的同时，结合油田电网各区域地理环境、气候特点和设备状况，组织技术团队进行研究分析，编制电网定检方案。规范电网检修技术管理标准，对设备更新、工艺变更、新建改建、操作新要求、巡检新规范、安全新标准、工作循环分析结论等重新梳理讨论，完成修订现场运行规程70项，完成《电力公司2021年新修订现场运行规程》，完成新标准增补替换128类706本，大幅度提升供电生产实际操作标准化、作业标准化、管理标准化程度。发挥技术优势，做好重大项目技术支持工作。对海一变电所、沈五变电所改造，以及立冷立电线建设、储气库配套电力建设等重点项目提供重要的技术支持和保障，制定科学技术方案，推进项目进行。在首次承建双台子储气库配套供电工程项目中，做好技术评审、方案研讨和施工设计，对项目初步设计进行多次论证，确保油田电网利益最大化，精益求精、科学评判，促进项目稳步实施。电力一体化改革后，采油新井、探井、采气井等项目需要配套建设电力电源，为及时提供生产电源，电力分公司科学研究工作流程，反复调整工作程序，建立科学合理的工作模式，按计划及时进行委托设计和现场落实工作，完成采油新井、探井、采气井等上产井的配套电力设计项目47项。紧跟油田绿色低碳发展步伐，在油区新能源建设方面提供专业技术支持，推进光伏发电项目上马落地，克服诸多困难完成锦州采油厂、兴隆台采油厂等光伏项目并网发电，累计发电量达到90余万千瓦·时，完成高升采油厂、兴隆台采油厂、金海采油厂光伏发电BOO项目的桩基础部分项目，推进"锦茨沈风光发电"项目的前期工作，为油区新能源建设作贡献。加强技术革新，大力开展电网系统降损、无人值守变电所建设、井场低压用电标准化等研究攻关，加快形成依靠创新驱动引领企业发展的局面。深化职工创新创效活动，员工谭明、车延伟、丁立新等研究的《架空裸导线喷涂机器人的研究与应用》项目喜获2021年全国能源化学地质系统优秀职工技术创新成果三等奖。通过技术研究，在输电损耗、变电损耗、配电损耗、计量损耗等四个方面采取的一系列降损措施取得良好效果，其中科尔沁电网通过电源调整，缩短供电半径54千米，年节约损耗费用40余万元。优化配电网结构，通过采用大截面导线、无功就地补偿等措施，解决安全隐患，降低线路损耗，提高电网可靠性和经济性。科技创新取得丰硕成果，员工白照东、夏长生、赵宝军、王炜等研究的《电力公司降低网损措施的研究与应用》项目获辽河油田公司科技进步奖三等奖。

【安全环保】 2021年，电力分公司狠抓风险防控和基础管理，QHSE体系建设成功晋升至B1级，为安全稳定供电提供基础保障。深入推进QHSE体系审核问题整改，修订完善QHSE制度7项，持表整改内审问题200余项，全力补齐规章制度、承包商和作业许可等管理短板，发布《配电变压器吊装作业标准化操作指南》，进一步规范日常生产作业行为，稳步提升生产作业规范化水平。注重提升关键岗位人员安全管理意识，推动"查思想、查管理、查技术、查纪律"要求落地生根，组织科级单位（部门）主要负责人在视频办公会上进行"五个用心抓"交流分享17次。抓严安全监督检查，围绕施工作业、承包商管理、特种作业许可等重点领域和关键环节，突出抓好施工作业、办公场所低压用电等领域监督检查和隐患排查治理，开展安全监督检查和服务260余场次，有效整改安全隐患300余项，较好地遏制了重复性和"低老坏"问题。组织开展办公场所火灾隐患专项检查，累计整改共性问题14类。坚持问题导向，全面推进安全生产专项三年整治、生态环境隐患排查治理以及质量领域三年整治活动，组织反违章专项整治等8项安全专项整治活动，收到良好效果。做好迎接中央生态环境保护督察、辽宁省生态环境保护督察工作，定期反馈生态环境工作相关信息与资料，组织开展生态环境隐患排查治理，对辖区内生活污水、雨水排放口明确公司、工区两级责任人以及排放口所属单位制定管控措施，加强现场监督，确保无环境污染事件发生。注重质量管理，开展QC小组活动，征集课题30项。狠抓严抓工程质量控制，对97项工程进行监督检查，加强材料进场验收、施工现场质量管控，检查验收物资116批次，有效提高工程质量。持续推进标准化建设，4座变电所、14个专业化班组标准化建设达标，60座有人值守变电所中标准化建设达标变电所达57座，占比95%。31个专业化班组中有16个班组便转化班站建设达标，达标率51.6%，其中，欢一变电所、兴四变电所、基地变电所、沈一变电所、兴七变电所、曙一变电所、欢四变电所7座变电所通过电力分公司自主安全管理班站建设验收，有4座变电所连续安全运行超万天。电力分公司安全运行超万天变电所累计达31座。

【经营管理】 2021年，电力分公司面对电量电费双降、利润指标调增近5000万元的叠加挑战，全面贯彻"四精"要求，打造提质增效"升级版"，再次超额完成大幅调增的经营利润指标，为辽河油田未上市企业全面盈利贡献重要力量。深入推进提质增效，挖潜创效成果显著，从5个方面确立12项具体提质增效工程，开创全员参与、全业务协同、全过程管控的提质增效新局面。把握主业主责，着眼实施四项业务专业化战略，增设"加强应急抢修和检维修工程"锻炼队伍，推进电力设施建设专业化。增设"采油节电技术服务工程""强化科技创新工程"增强技术储备，推进节能（新能源）服务专业化。增设"强化营销管理增效工程"积累竞价经验，推进购售电业务专业化。增设"深化电网改造降损工程"科学构建电网，推进高压电网运维专业化。为保证年度提质增效工作和具体项目按计划预期、时间节点稳步推进，统筹整合各方因素，及时协调解决工程推进中的实际问题。建立双周通报机制，切实将提质增效工作摆在突出位置，防范项目推进时松时紧。注重发挥纪委部门督查督导作用，围绕增收、降本、挖潜狠抓措施落实，全年实际创效9511万元，优化投资355万元。按照各工程完成情况及贡献大小分档级设立提质增效专项奖励，有效激发各层级提质增效活力，调动各方面积极性、主动性，形成全员全过程提质增效浓厚氛围，促进提质增效工作常态化。坚持以强化预算统筹和刚性执行管控成本，大幅压减年度预算，科学减少外委工作量，实现整体运行成本再下降。调整预算资金使用结构，在从严从紧的基础上有保有压，对人工成本、折旧费、安全资金、各项税费留出足够成本空间，压缩材料费、燃料费、绿化费、办公费等支出5%—10%，同时对倒排电网投入资金，实现质量效益与资金使用两者兼顾的管理要求。强化预算分解工作，在总体预算框架下，对专项费用及单项承包指标进行分解，明确责任部门。深化预算滚动分析工作，结合生产规模、业务变化等因素，做好旬、月、季预算执行情况分析，总结经验，查找差距，预判经营形势，有效发挥预算监督作用。持续深化投资项目管理，严把计划审查关，投资与成本计划项目从前期立项、论证、设计到资金估算、下达计划再到组织实施、结算，狠抓全过程工程项目管理与监管。进一步完善项目例会制度，新增项目进展公报机制，进一步提高投资项目完成率。持续深化"大用户"直购，累计降低购电成本3320万元。强化营销管理，完善转供电用户计量装置，稳步提升远程抄表上线率，促进综合供电商品率达到98.07%。把握"三供一业"分离移交契机，逐户清缴居民历史欠费，实现经营收益最大化。开展电网降损，有效通过缩短供电半径、加装无功补偿装置、淘汰110台高耗能变压器、加强电力监察、规范转供电管理等措施，实现电网损耗降低190余万千瓦·时。深挖电网经济运行潜力，全力克服电网可靠性降低带来的巨大压力，深入推进25台主变季节性减容和15台主变永久性减容，精细管控44条66千伏线路功率因数，累计节约电费3664万元，同比增加

19.8%。深化依法合规经营，持续规范合同、招投标管理，全面增强经营风险防范能力。推广节电工艺和节能设备，重点围绕采油厂抽油机、注水泵等主要耗能设备，开展用电和单耗分析，锦州采油厂抽油机"错峰"自动控制等节电措施初见成效。开展全员创效工程，群众性挖潜增效230万元。

【企业改革】 2021年，电力分公司面对改革创新新形势，坚定落实改革创新部署，推动一系列重点难点任务落实落地。坚定推进电力业务优化调整，圆满完成人员资产划转、内部机构设置、薪酬分配规范、供电价格调整等事宜，实现业务顺利交接、平稳过渡。创新机制重优化，持续修订完善工效挂钩办法，激发全体职工创造价值、追求效益的积极性。以规范薪酬管理、完善薪酬分配制度为出发点，形成《关于明确部分基层单位机构设置及薪酬待遇的通知》，明确、规范检修岗位津补贴发放标准及相关要求，保障员工个人利益，调动一线岗位员工工作积极性和主动性，发挥薪酬分配的激励作用。强化绩效考核导向作用，修订完善《电力公司工效挂钩办法》，调动员工创效积极性和主动性。做实履职能力评估，修订完善履职能力评估实施细则，制定班组长履职评估评价标准，促进员工履职能力评估的专业化、标准化和规范化。主动盘活人力资源，严格控制员工总量，持续推进富余人员分流，动员职工向外部市场流动，有效释放职工队伍活力。加强员工总量控制，统筹各层次、各途径新增用工，以需求为主，储备为辅，从严控制新增用工。严格执行岗位调整审批程序，鼓励员工向一线艰苦岗位流动，控制一线艰苦岗位员工向二线回流。强化队伍管理，按照辽河油田公司考勤信息化推进要求，与考勤信息化项目开发组协调配合，实现全员考勤信息化，提高人力资源管理水平。加大转岗培训力度，推进"六个一批"分流措施，实现富余人员有序分流、妥善安置：向金海采油厂月东项目部海上平台劳务输出电工10人；将茨榆坨采油厂劳务退回29人纳入人力资源调剂平台进行转岗培训，挖潜一线检修缺员岗位，按照"岗位需求公开、考试结果公开、考核成绩优先"的原则竞争择岗，缓解一线检修岗位缺员现状；组织广东石化项目劳务输出人员报名23人。紧密围绕发展需要和生产经营实际，对组织结构和队伍结构适时进行调整优化。按照机构编制要求，撤销运输大队机构编制，人员业务划入低压供电工区管理，机构编制达到辽河油田公司设置要求。根据外部市场发展需要，申请成立外部市场项目部临时机构，并将人员调整落实到位，保障发展和生产经营实际需要。按照电力业务优化改革工作部署，统一接收管理7家采油厂6千伏高压线路业务人员140人，并将划转人员按照对应区域纳入相应基层工区进行管理，组建区域专业化队伍，明确划转业务机构职能、岗位人员设置，推进落实"五定"工作常态化。坚定推进"三供一业"分离移交，克服时间紧、欠费催缴难等困难，完成油区7.2万余户居民用户、3500余户非居民用户移交工作。把握电力行业深化改革等契机，取得四级承装（修试）电力设施许可证和无人机业务经营许可，为进一步拓展新业务、开拓新领域创造条件。宏泰电力有限公司深入整合内部资源，全面推行精细化管理，稳步提升企业经营业绩和发展质量。

【员工队伍】 2021年，电力分公司依据企业改革发展需要选配干部，推动形成崇尚实干、注重实绩、担当作为的用人导向。严格执行民主推荐、组织考察、集体讨论、任前公示、任职前谈话等基本程序，严把人选政治关、品行关、廉洁关、能力关、作风关，坚持正确的用人导向，选好党政正职，配强班子副职。选拔任用、调整交流三级领导人员57名，其中新提拔三级正职1人、三级副职8人、进一步使用4人、退出领导岗位18人，"80后"比例由7.1%提升到11.8%，进一步优化领导班子年龄结构和专业结构。从严干部管理考核监督，运用综合测评、定量考核与定性评价、分析研判等方法突出年度综合考核，发挥考核的导向和助推作用，考核测评领导班子32个、领导人员76名，召开测评会33场次，领导人员综合测评平均信任率99.87%。续加强专业技术干部队伍建设，做好技术技能人才评选推荐及聘任工作。按要求开展年度职称评审工作，推荐4人参加辽河油田公司高级专业技术职务评审，申报

9人晋升中级专业技术职务。全面开展技术技能人才选拔，经评选推荐、辽河油田公司评定，10名员工晋升技师，3名员工晋升高级技师，4名员工晋升首席技师。完成43名聘期届满、采油厂划转、转岗及新晋升技师、首席技师的聘任工作。结合生产经营及可持续发展实际，举办80后非电专业青年干部培训班，为人才梯次配备打下坚实基础。组织开展电力分公司第一届"十佳优秀青年人才"评选活动。注重电力专业技术技能人才的选拔培养，加强电力专业技术技能人才培训和岗位练兵。组织开展青年操作技能骨干推荐工作，46名青工入选辽河油田公司青年操作技能骨干储备库。组织安排31名技师、高级技师、青年技能骨干参加辽河油田公司技师能力提升学习，安排5名技能专家参加技能专家能力提升学习，安排28名青年技能骨干参加青年技能骨干培训学习。举办线上线下培训班29期，累计培训1886人次。其中，电力分公司内部举办培训班12期、培训600人次，其中，管理人员10期431人次、操作岗位人员2期169人次，包括三级安全教育1期培训140人次、转岗人员培训1期29人次；组织线上培训班3期，培训1800人次。面对新能源业务迅猛发展的人才需求，强化顶层设计，建立新能源人才培养组织体系，组织选拔培养优秀专业技术、技能人员，制定以六项措施为重点的多载体人才培养方案，建立新能源领军人才库8人，建立储备新能源人才库67人，为新能源业务的快速发展提供人才保障。

【党建工作】 2021年，电力分公司党委面对全面从严治党的新常态和新要求，坚持强党建促发展，把握高质量发展主题，持续推进党建与生产经营深度融合，全力增强领导班子凝聚力、党员干部执行力、职工队伍战斗力，为生产经营各项工作取得新成绩、迈出新步伐提供坚强保证。坚决落实"第一议题"制度，深入学习贯彻习近平新时代中国特色社会主义思想，全年理论中心组学习23场次、领导研讨交流74人次。推进党史学习教育，深入开展庆祝建党百年系列活动，坚决把党史学习教育作为重大政治任务，组织"党建+"演讲比赛、党史图片展、三级领导干部培训等系列活动，激发干部员工攻坚克难、担当奉献的思想自觉。谋划发展方向，科学编制电力分公司"十四五"发展规划。落实党委工作规则等制度，集中研究基层党建等事项88项，集体决策深化改革等事项37项，推动辽河油田公司重大部署在电力分公司落地生根。持续加强基层党组织建设，牢牢抓住党建工作责任制"牛鼻子"，开展基层党组织书记抓基层党建述职评议，进一步提升党（总）支部书记落实党建责任的思想自觉和行动自觉。按照"四同步""四对接"原则，调整设置基层党组织23个、组建临时党支部1个。持续推进党支部达标晋级，有效把握"红旗党支部"审核验收契机，深化党支部"六位一体"考核，稳步提升示范党支部和优秀党支部的数量。坚持以"党建+安全"、党员立项攻关、党员责任区为抓手，不断丰富党建活动载体，全年完成党员攻关项目23个、组建内外部党建联盟8个，推进党建工作与生产经营的深度融合。落实"三会一课"、组织生活会、主题党日制度，推广典型工作经验6个，征集表彰精品党课15个，进一步提升基层党组织组织力。召开电力分公司第一次党代会，完成"两委"及基层党组织换届。开展"转观念、勇担当、上台阶、创一流"主题形势任务教育，组织集中宣讲10余场次、基层党组织结合实际"见缝插针"式宣讲300余场次，增强干部员工立足岗位、履职尽责的使命感和责任感。加强内外宣传，突出宣传电力业务优化调整、提质增效专项行动等新业绩、新进展，加大宣传先进典型苦干实干、积极进取的精神风貌，全年在辽河石油报等主流媒体发稿450余篇。坚决抓好意识形态工作，全覆盖组织敏感信息清查清除，累计清除电子敏感信息14条、集中销毁《中石油员工基本知识读本》等各类纸质书籍200余本。参与"文明城市创建"主题宣传活动和志愿者文明劝导行动，获盘锦市精神文明单位称号。持续加强党风廉政建设，细化压实全面从严治党主体责任，加强对党风廉政建设和反腐败工作的谋划和指导，坚持定期听取情况汇报、做出综合分析研判，坚决支持监督执纪问责，大力推进电网春检、疫情防控、储气库群电力代建工程等专项监督，持续巩固作风建设成果。汲取东郭苇场专案教训，开展"以案促改、以案促治"专项行动，着力针对巡察指出的落实"两个责任"不力、基层组织建设薄弱等问题开展"回头看"。系统加强政治生态分析研判，持续深化纪律教育，落实中央八项规定精神，深化纠治"四风"，进一步强化党员干部纪律规矩意识。精准运用监督执纪"四种形态"，坚持抓早抓小、防微杜渐，持续推进担当作为、干事创业的政治生态建设。

【惠民共享】 2021年，电力分公司落实民生工程部署，想方设法办好惠民实事，推动企业发展成果更多惠及职工群众。有效应对诸多困难挑战，超额完成年度业绩指标，职工收入实现稳定增长。持续改善基层一线生产生活条件，集中投入50余万元用于解决边远矿区一线职工最关心、最直接、最现实的"饮水难、洗澡难、买菜难、出行难"四大难题。为内蒙古供电工区等边远的基层一线职工生活基地升级保鲜柜、电热水器、厨房用具等生活设施。为基层办公楼外墙加装保温层，更换封闭不严的窗户。为基层一线班站购买合格的桶装饮用水、定期对饮用水进行检验、更换储水净化装置，提升广大职工的幸福感和满意度。为基层一线配发生活电器、炊事机具、文体用品、生活净水四大物资300余件。开展健康企业创建，优质完成全员健康体检，组织2354名职工进行健康体检，实现职业健康体检和非职业健康体检一体化管理。合理安排200余名职工疗休养。开展"健康大讲堂"活动，利用电力分公司官微、电力分公司主页等多种媒体定期发布健康常识、宣传健康理念，稳步实施中高风险人群健康干预，推进食堂"三减"措施落地，为基层完善配备各种运动器材，为职工运动健身创造良好条件。持续加强职工福利保障力度，完善"春送祝福、夏送清凉、金秋助学、冬送温暖"长效服务机制，推进实施会员"七项"探视慰问举措，确保会员集体福利全面落实。开展"清凉送一线"活动，覆盖全部基层班站，发放清凉茶、降温饮料等价值17万元消暑降温物资。开展会员消费扶贫活动，投入资金38.18万元。组织职工投保专项团体安康保险496余人次。开展会员探视，慰问职工301人次，帮扶困难家庭10余户、金秋助学6人次，开展"战疫情战严冬送温暖奔小康"低收入困难职工一次性应急帮扶、就医帮扶6人次，做好困难职工家庭的节日走访慰问，支出送温暖资金19.6万元。完成4000余人次员工医疗保险报销及1910名退休人员的养老待遇发放，保障职工利益。全面丰富职工精神食粮，精心组织文体活动，班组成本分析、职工羽毛球比赛等取得历史最好成绩。开展举办"留丹岁月印迹百年"摄影美术书法集邮作品展等庆祝中国共产党成立100周年系列活动，在电力分公司范围内营造歌颂党、热爱党、忠于党的浓厚氛围。组织200余名干部职工拍摄快闪《唱支山歌给党听》，获辽河油田公司最佳创作奖。选派职工参加辽河油田公司《石油工人心向党》线上云歌会和"七一"群众性庆祝活动。设计组织职工羽毛球赛、乒乓球赛、春节对联征集、元宵节线上猜灯谜和读一本好书等活动，参与人数达2000余人次。选调队员参加辽河油田公司"迎建党百年，强健康体魄，展辽河风采"职工篮球赛、足球赛、排球赛、乒乓球赛、羽毛球赛、运动会、工间操比赛等活动，均取得优异成绩，羽毛球队获辽河油田公司团体第一名。开展离退休职工服务，解决老同志关心关切的每一件事情，保证过渡时期离退休工作服务标准不降。依法开展信访工作，做好教育引导和调解疏导，完成庆祝建党100周年等重要阶段的维稳信访工作，保持企业稳定和谐的发展局面。档案史志、机要保密、民兵武装等工作，均为企业改革发展稳定作出重要贡献。

【新冠肺炎疫情防控】 2021年，电力分公司坚持一手抓生产经营、一手抓疫情防控，跟进落实上级疫情防控指令。及时传达贯彻落实国家、地方政府和集团公司、勘探与生产分公司、辽河油田公司关于疫情防控的工作要求，按照保护员工生命健康、保障企业正常生产经营的总体部署，明确组织机构和职责，为疫情防控提供组织保障。根据阶段疫情防控重点，逐步完善疫情防控工作机制，制定并落实疫情防控常态化工作方案和防控措施，确保信息报送上下渠道畅通。加强员工出行监控管理，加强办公、生产、作业场所外来人员管控，利用健康绿码、大数据行程卡等信息确认手段，实现人员基本信息清、健康状况清、流动情况清，根据疫情发展情况，落实政府和辽河油田公司最新要求，及时组织开展疫情信息排查并上报。规范食堂、小伙房疫情防控，制定防控方案，严格落实就餐人员验码登记，错峰分批就餐，降低就餐人员密度，加强从业人员出行管控，规范食材采购渠道等措施。严格执行疫情防控信息日报表、辽河油田公司疫情防控系统同时录入、防控办核查制度，与街道、社区建立联络沟通机制，做好疫情信息确认、预警跟踪。开展疫情防控工作日常监督检查和专项督查，重点做好各单位办公场所、生产现场外来人员（包括承包商）管理（验码、验疫苗接种凭证、测温、登记）、常态化工作方案和疫情防控措施、承包商项目疫情防控方案、应急预案的制定和落实、防疫物资储备、食堂就餐、食材采购、人员培训等防控方案的制定、落实、日常监督检查等作为重点，对检查发现问题督促相关单位进行整改。规范疫情管控处罚追责管理，编制《关于进一步做好疫情管控工作的强化措施》《关于加强疫情防控信息填报管理措施》，针对日常疫情排查出现的员工亲友返回未按要求报备、被辽河油田公司防控办追查发现的出行"营口""大连"未按要求报备、私自出行等行为，纳入责任单位绩效考核，按照规定对责任单位和个人进行追责。起草编制《电力公司疫情防控违纪违规行为处罚暂行规定》，细化对违纪违规员工及单位的处罚追责条款。贯彻执行上级疫情防控政策、要求，健全完善"平战结合"常态化疫情防控工作机制，落实疫苗接种等158项措施，员工疫苗接种率为94.4%。妥善应对国内35轮多点散发疫情，结合疫情防控阶段重点，制定、落实人员排查、场所管控、承包商管理等各项防控措施，固守"零感染、零扩散"全员防线，为辽河油田公司疫情防控工作作贡献。

（张荣平）

信息工程分公司（信息管理部）

【概况】 1990年4月，辽河石油勘探局将水电厂通讯总站业务划出，成立通讯总站。列为处级单位，主要承担为辽河油田矿区生活提供通信和网络信息服务。1991年12月，通讯总站更名为通信公司。2008年2月，通信公司划归油田公司管理，列未上市业务二级单位。2015年8月，辽河油田公司将通信公司、信息管理部（数据管理中心）、辽河油田有线广播电视台的传输网络业务合并，重组整合为辽河油田信息工程公司（辽河油田公司信息管理部），保留辽河油田公司信息管理部牌子，仍列未上市业务二级单位管理。2018年3月，辽河石油勘探局信息工程公司更名为辽河石油勘探局有限公司信息工程分公司（简称信息工程分公司）。主要经营范围包括通信服务（在辽河油田专网范围内凭文件经营），移动电话销售，代理中国联通经营移动电话放号业务，代收话费业务，代理中国电信经营通信产品及服务，网络远程教育业务，销售电脑及相关产品业务，电子工程服务（不含卫星电视广播地面接收设施），网络视频点播，网上贸易代理（法律法规政策允许范围内经营），技术业务咨询，因特网信息服务，因特网接入服务，通信设备购销及修理，房屋租赁，设备、线路租赁，广告经营，软件开发，信息系统集成服务，信息技术咨询服务，数据处理和存储服务，集成电路设计，计算机制造，通信设备制造，电子元器件制造，计算机和办公设备维修，输配电及控制设备制造，家用电器修理及普通货物道路运输（依法需经批准的项目，经相关部门批准后方可开展经营活动）。2021年底，信息工程分公司用工总量991人，其中主业878人，多种经营113人，主业合同化750人，市场241人，干部392人，干部中具有教授级高级工程师职称2人、高级专业技术职称64人、中级专业技术职称225人、初级专业技术职称79人，工人中有首席技师1人、高级技师4人、技师25人。有固定资产4154项，固定资产原值 4.18 亿元，固定资产净值 6167.65 万元，新度系数 0.15；无形资产 33 项，原值 1665.3 万元、净值 16.14 万元。2021 年，信息工程分公司完成物联网建设任务，助力 D1 项目通过国内权威院士及国家部委验收。获先进集体 2 个、油田劳模 1 人、先进 4 人。

【生产运行】 2021 年，信息工程分公司作为集团公司 D1 项目组参与国家级技术国产化进程，自助办公平台升级为数据中台，以视频会议、ERP、门户、桌面、网络、智能监控等为核心的信息化运维全部价值化。作为辽河油田第一家整体承包物联网建设的单位，一期建设获"集团优秀数字化建设项目奖"。提高物联网建设效率，延续物联网试点建设"低成本""高效率"传统，提高二期高升采油厂和辽兴油气开发公司奈曼采油作业区的物联网建设速度。提高标准，严把设计关，增加与采油厂协作深度。严控施工质量，同步开展旁站监督和信息化管理，拓宽工程管理维度。提升总承包中的自我施工比例，加大参与广度。推进锦州采油厂视频建设及优化三期物联网建设方案。不断提高运维质量，物联网运维纳入生产运行，建立运维流程和服务规范，做到"两主动、两服务"，主动排查、预检预修，力保锦州采油厂、特种油开发公司物联网运行平稳、数据可靠可信，经受了防汛和抗暴风雪考验。不断提高价值意识，靠实运维细节，强化沟通，做到运维人、财、物"三落实"，实现工作价值公开透明显现化。以运维促培训，建设物联网运维模拟环境，"以老带新"深入分析故障案例，组织专项业务培训 25 次。收到表扬信 20 余封。编制辽河油田公司数字化转型总体架构和十四五信息化专项规划，在辽河油田公司党委会上获得首肯。代表辽河油田公司首次参加集团公司统建系统建设投标，联合中标 1 个。参加 2021 全球工业互联网展览，展台内容得到盘锦市领导关注。服务内容见效，开展无纸化会议示范工程建设，在辽河油田公司机关常态化应用。开展考勤系统建设，在辽河油田推广应用。开展辽河宾馆视频会议改造，视频会议服务 488 次。服务体验升级，ERP 运维助力辽河油田公司深化改革，实现 91 家单位"横向联动、纵向贯通"。门户运维工作量同比增加 4 倍，有效发挥门户网站宣传引领作用。办公平台新开发流程 57 个。全面服务辽河油田公司党委办公室日常办公，常态化运维质量安全环保部、工会等辽河油田公司机关部门自建系统 5 个，持续升级贴身用户服务功能，逐步形成数据可视化大屏展示，发挥技术优势，即时开发建设党委信箱系统、党史知识竞赛、人事调研投票等功能。提升市场营销能力，精细筹备采购计划，编制下达 81 批次 730 余项甲供物资采购需求计划，完成采购交易计划 73 项 3210 余万元，全年平均下浮率 4.9%，通过商务谈判下浮市场机制累计结余成本约 158.27 万元。市场开发工作 78 项，累计收入 97.27 万元，实现利润 524 万元，实现信息化运维项目增值利润 970 万元。外闯市场持续创收，D1 项目圆满完成年度技术服务任务，收入 1200 万元。

【经营管理】 2021 年，信息工程分公司实现账面正利润，助力辽河油田公司未上市业务单位 2008 年重组整合以来首次实现全面盈利。贯彻辽河油田公司打造提质增效"升级版"工作部署，聚焦投资、勘探开发、生产经营、改革创新、精细管理等各业务环节，开展全油田无纸化办公提质增效项目，为辽河油田公司机关提质增效 230 万元，全面完成经营指标。制定 7 个方面 15 项提质增效工程，挖潜增效 1780 万元，确保各项指标任务实现，弥补正常预算与奋斗目标之间差额，12 项提质增效工程全年挖潜增效 2212 万元，完成年度目标的 127%，超额完成目标任务。经营态势平稳向好，生产经营平稳受控运行，财务状况总体稳健，自由现金流持续为正。全年实现总收入 25293 万元，人均产值 28.8 万元；实现账面利润 2348 万元，全面完成年度业绩指标（表 21）。

表 21 信息工程公司主要生产指标

指标	2021 年	2020 年	同比增减
总收入（亿元）	2.53	2.82	-0.29
人均产值（万元）	28.8	32.2	-3.4
利润（万元）	2348	2736	-388

【安全环保】 2021年，信息工程分公司推进实施安全生产三年整治行动，开展电气隐患、设备设施隐患排查治理，推进班前讲话制度和全员安全生产记分办法，对43人实施安全生产记分处理。重拳整治"低老坏"和重复性问题，根治各类违章336项，解决现场"低老坏"问题166项。对标B1良好级标准，QHSE管理体系量化审核得分提升2分，QHSE管理体系运行持续有效，处于稳步上升阶段。严细疫情常态化防控，员工疫苗接种率达到95.85%。对标健康企业创建，增强"安全就是民生、健康是首要民生工程"观念，中高风险人群减少59人，对员工的健康关爱由物质向本质转变。确保14项全网指标全部合格，网络运行安全畅通，主干芯线完好率96.1%，整改春秋检问题3524个，有效落实预检预修项目6个，机线设备预检预修100%覆盖。确保基础设施稳定运行，建立机房感知系统，实现自动化监控管理。优化网络，降低设备能耗，闲置设备利用率达12%。确保生产应急响应迅速，对36项操作规程开展循环分析，完善形成16大类60项操作规程体系。闻汛而动，第一时间抽调骨干力量组建防汛抗洪突击队，助力曙光地区防洪、复产。

【党群工作】 2021年，信息工程分公司坚持机制护航，严格履行"一岗双责"，建立重点工作党群部门联系点制度，推行"党建+责任"融合长效机制，把党的建设考核同领导班子综合考评、基层单位经营业绩考核挂钩，把党建工作"探头"延伸到生产经营各个环节。聚焦民生工程，常态化推进扶贫帮困送温暖，开展经济技术创新、基层民主管理、群众安全监督、青字号工程等活动。聚焦维稳信访，紧盯重点时期，法制教育与严厉打击同频，"三防"建设与综合治理同力，风险排查与矛盾化解同拍，维护平安和谐的发展环境。

【庆祝中国共产党成立100周年活动】 2021年，信息工程分公司坚持党建引领，强化责任担当，落实"第一议题"制度，持续推进党史学习教育，高标准完成9个方面30项具体任务，"我为员工群众办实事"落地落实，营造庆祝建党100周年活动的浓厚氛围。推动工间操活动常态化，为各基层单位配备便携式音箱22台，举办"迎建党百年、强健康体魄、展员工风采"工间操比赛暨全民健身日活动。获辽河油田公司"迎建党百年、强健康体魄、展辽河风采"职工线上第九套广播操比赛三等奖。坚持政治领航，持续跟进学习习近平新时代中国特色社会主义思想。坚持组织保航，组织开展庆祝建党100周年"葆初心、彰本色"系列活动，举办"党建+"演讲比赛、"党史知识接力赛"。开展重温入党誓词、过政治生日、我向党来唱支歌等特色主题党日活动13项。

（王 宇）

石油化工技术服务分公司

【概况】 2020年8月，辽河油田公司对辽河石油勘探局有限公司石油炼化工程分公司和辽河石油勘探局有限公司石油技术服务分公司进行重组整合，成立辽河石油勘探局有限公司石油化工技术服务分公司（简称石油化工技术服务分公司）。按照"一个机构、一个领导班子、一本财务账套"的模式，石油化工技术服务分公司成为从事稠油注气、石油化工助剂、生产技术服务、天然气回收、等业务于一体的综合性单位，现具备稠油注气实施作业7千井次/年，提捞纯油2000吨，钻井进尺7千米；为采油厂各联合站供应药剂832吨，具备废弃钻井液无害化处理能力30—40万吨/年，防冻打压液技术服务919吨；注汽生产量85万吨/年；CNG转供达到7000万米³/年；输送超稠油135.1万米³/年。列为未上市二级单位管理，机构规格为正处级。2021年底，石油化工技术服务分公司设机关职能科室11个、直附属部门5个，科级生产经营单位13个。在职员工2876人，其中合同化1300人，市场化1576人，退休职工136人，家属986人。具有专业技术职称793人。其中，高级技术职称74人，中级技术职称436人，初级技术职称283人。2021年，石油化工技术服务分公司面对重组整合机构调整、市场变化错综复杂、安全环保持续升级、历史包袱沉疴积重、洪潮暴风雪严重冲击等不利局面，贯彻辽河油田公司各项工作部署，推进党建与生产经营深度融合，全面实施"五自"经营改革，团结带领广大干部员工砥砺奋进、拼搏进取，完成年度各项目标任务。实现主营业务收入6.33亿万元，固定资产原值9.21亿元、净值2.61亿元。完成辽河油田公司下达的考核指标。

【生产经营】 2021年，石油化工技术服务分公司始终坚持开发内外市场，保持规模效益增长力。以服务辽河油田公司增储稳产为中心，巩固油区业务，拓展外部市场，持续增强企业发展能力。健全完善产品体系，发布辽河油田公司企业标准64项，35项产品顺利通过集团公司产品质量认可。全面铺开特一联采出液处理项目，海一联干剂中试取得较好效果，累计销售药剂1.14万吨，收入4301万元。开拓科尔沁、茨榆坨采油厂等新增市场，保障冷家油田开发公司、特种油开发公司、曙光采油厂等现有市场，强化对标管理，吨汽单耗降低至62.8立方米，完成注汽工作量226万吨，收入1.35亿元。克服生产方式转换、收气站点撤销等影响，优化现有天然气站场布局，日产气量由13万立方米升至17万立方米。新增宜川、合川区外市场，回收天然气5956万立方米，收入9305万元。租赁3套全新PSA制氮设备，提升自主施工能力，注氮浓度达到98%以上。合理调增柴驱注氮价格，提升创效能力，完成注氮量2377万立方米，收入4338万元。稠油降黏、暂堵冲砂、提高油井采收率等技术取得突破，工作量实现翻倍，完成油水井测试294井次，试踪剂监测88井组，收入1695万元。合理调整车辆配备，新增辽兴油气开发公司捞油市场，试捞377井次，创收95万元。优化生产组织运行，全年在冷家油田开发公司、欢喜岭采油厂等区块施工1.14万井次，收入3081万元。有效组织管线检测，完成外环路西等5地14处管线修复工作，平稳输送超稠油143万方，收入5724万元。稳步推进排水采气、氮气服务等原有业务，新增含硫天然气净化处理、回收回注、减氧空气驱等业务多点开花，签订合同1.28亿元，同比增加1425万元，实现收入7284万元。铀矿钻井业务累计完井154口、进尺6.35万米，收入3240万元。中标广东石化公司硫黄成型、煤焦储运及灰渣处理项目，合同金额2732万元。内衬油管业务完成加工车间改造，年加工销售1.5万米。完善套管筛管业务资质，年加工销售3200米。黄金带炼油厂于楼储运库代储，实现收入330万元。辽河宾馆创新营销渠道，收入同比增加737万元。多种经营企业开拓市场，实现收入2.86亿元，员工、外雇工工资保险全部发放，队伍保持稳定。

【企业管理】 2021年，石油化工技术服务分公司始终坚持深化内部改革，释放企业发展驱动力。围绕企业发展，推进企业内部改革，发挥人力资源效能，完善绩效考核机制，不断增强企业核心竞争力。落实辽河油田公司持续深化改革总体部署，将注汽业务移交至各采油单位，将射孔业务划入中国石油集团测井有限公司辽河分公司，企业发展格局更加优化。持续深化"五定"工作，三级单位由21个压缩至13个，压缩比38%；一般管理和专业技术人员由302人压缩至252人，压缩比19%；用工总量由1484人压缩至1362人，压缩比8.3%。成立广东石化项目部和深圳市辽河油田南方投资有限公司工作组，分别负责广东石化公司业务筹备和深圳市辽河油田南方投资有限公司法人清理工作。人力资源效能充分发挥。细化对标管理，出台《人员分流安置的补充意见》等5项制度，落实平台和人员分流安置政策，通过"外部新增""内部挖掘""减少外雇"等方式，最大限度发挥人力资源效能。举办内部招聘会15场，实现转岗84人；办理"11条"分流安置112人，节省人工成本327万元；清退外雇用工58人，节省劳务费用179万元。推进人力资源共享业务，全面筛查维护薪酬系统数据1.9万人次，确保业务流程顺畅高效。修订完善《绩效管理办法》，将产值利润率、利润贡献率、人均劳动创效率等指标纳入绩效考核。优化调整薪酬结构，完成工资调标和补发，金额506万元。按照辽河油田公司制度标准，调整外部市场员工薪酬待遇，与劳动生产率相适应、与经济效益相匹配的薪酬激励机制逐步完善。以"互联网+"为手段，构建线上线下、内训外训相结合的培训新模式，组织实施两级培训132项、5750人次，逐步提高培训的精准性、差异性和有效性。

【安全管理】 2021年，石油化工技术服务分公司始终坚持严控各类风险，增强安全环保执行力。以宣传贯彻新《安全生产法》为契机，强化"五个用心抓"，突出隐患排查治理，安全环保形势保持稳定。顺利通过辽宁省、盘锦市、辽河油田公司安全生产资质审核，测井、陆上采气和井下作业3项业务获安全生产许可。完成二级安全生产标准化取证，不断完善能力资质。修订《QHSE量化审核标准》，健全完善HSE管理委员会和专业分委会建设，高质量完成体系审核工作，体系运行保持在良好B2级。构建严抓严管的安全监督格局。深入推进"反违章、低老坏"问题专项整治，监督检查生产作业场所498处、动态施工现场168处，叫停违规作业18次，查找整改隐患问题967项，查处违章行为376个。投入隐患治理资金687万元，整改安全隐患问题43项。加大责任追究处罚力度，下发隐患整改通知单328份，发布HSE监督通报49期，安全生产记分138分，经济处罚8.45万元，8名科级干部、85名员工受到问责处理。践行以人为本的健康防护理念。健全完善常态化疫情防控机制，升级特殊敏感时段管控措施，精准排查中高风险、关注地区驻留员工5300余人次，分级审批外出油区人员1632人次，员工疫苗接种率100%。组织职业危害场所检测85处、测量噪声点位592个，开展非职业健康体检3926人次、职业健康体检990人，场所检测合格率、职业健康体检率均达100%。

【党建工作】 2021年，石油化工技术服务分公司全面加强党建思想政治工作，构建"五化"工作机制，全面加强"七项建设"，确保职工收入稳中有升，职工队伍和谐稳定。坚持强化政治引领，融合生产经营，提升党建工作谋发展。全面加强党的领导，按照党委重点工作部署，明确职责分工、细化保障措施，促进党建与生产经营深度融合再上新台阶。坚持以党的政治建设为根本，刚性落实"第一议题"制度，完善两级班子理论学习模式，不断巩固拓展党史学习教育成果。深入学习贯彻党的十九届六中全会精神，学习、宣传贯彻党的二十大精神，学深悟透党的创新理论，持续增强"四个意识"、坚定"四个自信"、做到"两个维护"。落实全面从严治党主体责任清单，高质量完成内部巡察工作，排查整治制约企业质量效益发展的深层次问题。坚持以党风廉政建设为前提。一体推进"三不"机制，坚持有案必查、绝不手软，深化"以案促改、以案促治"，拿出"当下改"举措，形成"长久立"机制，加大追责问责力度，强化"不敢腐"的震慑。注重问题导向，推进廉洁风险防控，构建大监督格局，扎牢"不能腐"的"笼子"。注重理想信念教育，推进廉洁文化建设，推动作风建设向常态化治理转化，增强"不想腐"的自觉。坚持以人才队伍建设为重点。着眼石油化工技术服务分公司战略发展需要，统筹规划领导班子配备，持续优化班子结构，增强驾驭复杂局面和引领高质量发展的能力。坚持正确的选人用人导向，制定"选育管用"制度和规范，把政治上强、业务上精、干劲上足的年轻干部选出来、用起来。抓好人才培养引进，组织好岗位技能培训竞赛，充分发挥"一赛五金""一号四岗"等建功创效平台作用，让更多人才骨干脱颖而出。坚持以基层基础建设为保障，全面推进基层党建"三基本"建设与"三基"工作有机融合，丰富拓展"党建联盟""党建+"、党建项目化管理等载体作用，共享党建资源，提升党建服务保障发展水平。围绕"七个一体化"强化系统推进，明确"20个关键点"抓好日常落实，坚持"六位一体"考评对标提升，推动基层党建与基层管理全面融合、全面进步、全面过硬。坚持以和谐稳定建设为载体，发挥群团工作桥梁纽带作用，深化重点民生工程建设，努力解决职工"急难愁盼"问题，实现好、维护好、发展好职工群众根本利益。深入开展健康企业创建，以"健康辽河2030行动"为抓手，健全完善责任架构，提升全员健康水平。综合施治管控变量风险，严防涉油气、涉物资等违法犯罪，坚决守住进京访、越级访和群体访刚性底线，切实维护好发展稳定大局。

【新冠肺炎疫情防控】 2021年，石油化工技术服务分公司疫情防控慎终如始。面对国内多点散发的疫情，领导超前部署、靠前指挥，落实防控举措158项，妥善应对35轮突发疫情，形成平战结合、严丝合缝、联防联控、网格化信息的良性机制。两级防疫人员奋战在抗疫最前沿，精准排查行程轨迹5300余人次，应隔尽隔、应检尽检486人次，接种率100%，坚守"零疫情、零扩散"防线。

【庆祝中国共产党成立100周年活动】 2021年，石油化工技术服务公司党委筹划组织开展"忆党史、跟党走"主题党日、"学党史、强党性、跟党走"党史知识竞赛、"石油工人心向党、我为发展作贡献"岗位实践活动等庆祝建党100周年系列活动，回顾党的光辉历史、缅怀革命先辈丰功伟绩，继承共产党百年来创造的理论成果、积累的宝贵经验、铸就的伟大精神，进一步激发广大干部职工投身"十四五"建设的工作激情。

（郭祥方　丁海燕）

石油化工分公司

【概况】 石油化工分公司前身是1970年3月成立的盘锦炼油厂。1984年4月，盘锦炼油厂划归辽河石油勘探局。1985年4月，盘锦炼油厂更名为辽河石油勘探局沥青厂。1993年，沥青厂更名为石油化工总厂。1999年8月，辽河石油勘探局对石油化工总厂进行重组改制、分开分立，将公用事业公司、保险管理中心、离退休职工管理中心等非核心业务划出，并与辽河油田大力实业总公司进行重组整合，成立辽河石油勘探局石化工程服务公司。2000年3月，石化工程服务公司更名为石化工程技术处。2002年8月，大力实业总公司完成企业股份制改造，更名为盘锦辽河油田大力集团有限公司，仍为辽河石油勘探局多种经营企业，与石化工程技术处管理模式不变。2005年6月，石化工程技术处更名为石油化工总厂。2008年2月，石油化工总厂划归辽河油田公司管理，列为所属未上市二级单位管理。2018年3月，辽河石油勘探局石油化工总厂更名为辽河石油勘探局有限公司石油化工分公司（简称石油化工分公司）。主要从事煅烧焦、二氧化碳、除盐水的生产和销售及污水处理业务。2021年底，石油化工分公司有在册员工304人，其中，合同化员工189人，市场化就业员工115人。干部139人，其中，具有正高级专业技术职称1人，副高级专业技术职称26人，中级专业技术职称93人，初级专业技术职称21人。工人165人，其中，工人技师2人，高级工54人，中级工32人，初级工84人。党员144名。设机关职能科室9个、直附属部门5个，科级生产经营单位2个。拥有资产原值3.37亿元，固定资产净值0.55亿元，主要运转设备1392台。有10万吨/年煅烧焦装置、3万吨/年二氧化碳装置、450米^3/时污水回用装置。2021年，石油化工分公司获辽河油田公司"先进单位"荣誉称号。

【生产管理】 2021年，石油化工分公司生产经营形势异常严峻，石油焦价格大幅波动，造成生产成本迅速上升，导致煅烧焦库存积压严重，蒸汽、软化水季节性需求下降，煅烧焦二期施工打乱原有装置的生产节奏。大风、强降雨、强寒潮等恶劣天气出现频繁，一定程度上影响生产负荷。石油化工分公司领导及生产系统干部职工克服重重困难，有序推进各项生产指标进度，累计生产煅烧焦13.78万吨，生产蒸汽37.81万吨，生产软化水123.78万吨，三种产品均超计划指标完成。严格执行生产装置操作变动及工艺纪律管理，强化特殊敏感时段生产组织，实现全过程生产受控。生产、财务、销售部门三方联动，科学测算装置生产赢亏平衡点，优化生产方案，保证装置的创效能力。科学组织二期建设与一期生产，确保建产同步、平稳。高质量组织装置检修。统筹安排检修材料采购、工序确认及开停工组织等各环节，煅烧焦装置检修创装置投产以来检修时间最短纪录，装置运行时间同比增加378小时，为超额完成生产指标奠定基础。煅烧焦车间与辽河石化公司沟通协调，增加蒸汽供应。加强对标管理，煅烧焦主要技术经济指标持续向好。水气车间克服设备老化、工艺落后和罕见的多雨季带来的困难，科学组织生产运行，开拓用水市场，全力遏制产品下滑趋势。全年煅烧焦超产9100吨，蒸汽超产3.54万吨，软化水超产5400吨，煅烧焦及蒸汽产量均创历史新高。围绕全年产量指标，全面强化生产管理与考核，持续提升管理水平。严格执行生产装置操作变动及工艺纪律管理，全年装置平稳率达98.5%以上，有效保证装置运行可控。强化生产、财务及销售部门三方联动，加强成本、利润测算，用测算结果指导生产，及时调整生产方案，制定以蒸汽供应来确定煅烧焦产量的调整措施。紧密结合辽河石化公司生产需求，尽最大努力提高蒸汽、软化水外供量，进一步提高冷焦机出水温度，节约锅炉除氧蒸汽用量，有效确保主要生产装置创效能力。逐步提高产品质量，煅烧焦真密度稳定在2.03左右，基本达到负极材料、铝用阳极及部分出口业务的质量要求，高效完成从设备改造、生产加工、质量控制到交货的全部环节。

【提质增效】 2021年，石油化工分公司持续打造提质增效"升级版"，全面宣贯、全员参与，统筹推进，落实责任机制，从十方面入手，深入打造业财融合，实现提质增效成果2832万元，有力助推年度奋斗目标的实现。结合《石油化工公司2021年提质增效专项行动方案》，优化生产调整，有针对性地对生产情况进行提前把控，全年蒸汽提产增效687万元。应用新型节能环保煅烧焦冷却技术，创效226.4万元。通过开展"奋战四个月，冲刺总目标"劳动竞赛活动，助力增效139万元，激发和调动广大干部职工的工作热情，调动全员生产积极性。

【新项目建设】 2021年，石油化工分公司把新项目开发建设作为企业发展的支撑点，落实"绿色发展"理念，利用原料及区域优势，不断提升创效增收能力。截至12月底煅烧焦二期项目和煅烧焦装置烟气脱硫脱硝除尘项目相继投产运行，均达到预期目标。为有效解决蒸汽放空、资源浪费问题，拟建设热电联产项目，该项目的可行性研究通过集团公司评审并获项目可行性研究批复文件，正开展项目初步设计工作，推进项目实施，预计2022年破土动工。各新建项目的有效开展，进一步提升创效增收、自主发展能力。

【市场经营管理】 2021年上半年，由于原料石油焦价格持续上涨以及销售区域环保原因大幅限产减产，市场主体对产品煅烧焦需求减少，煅烧焦销售市场承接能力有限，导致5月末石油化工分公司产品库存2.8万吨，达到建厂以来历史峰值。面对新形势、新挑战，市场营销中心在石油化工分公司党委领导下，转变思路，攻坚克难，通过开发域外大客户，带动本地客户，6月份实现销售煅烧焦3.16万吨，创装置投产以来单月销售之冠；同时远销日本2500吨煅烧焦，开拓海外市场"第一单"。为探索直接贴近终端销售，先后走访8家钢铁企业进行需求调研，配合负极材料公司进行技术实验，取得初步进展，为拓展产品应用市场打下基础。为进一步开拓市场，增加客户，增加产品销量，市场营销中心加强与老客户的沟通回访，改进服务方式，为满足不同客户需求，筛分4种新粒径产品，扩大销售范围。经过大量艰苦细致的工作，客户由2020年底7家发展至24家，全年销售煅烧焦13.56万吨，实现销售收入5.03亿元。石油化工分公司梳理编制执行流程，涉及机关科室10个，共计80项，直接升级为个性化制度29项。全年进行中心组法律学习9次，组织全员观看2集合规培训视频，进行全员答题，增强员工对合规的理解。组织13个业务科室梳理本业务领域适用的法律法规清单，组织合规性评价、梳理，更新法律法规清单434项，均进行合规性评价。密切关注税收法律法规变化，与财务资产部、税务局沟通，做好蒸汽和软化水退税工作，按期落实退税额度，实现退税金额477万元。开展基层基础考核工作，各考核部门和基层单位对上季度问题整改情况共同签认，通过签认，增加基层单位领导对整改问题的重视，低老坏问题得到一定遏制，全年考核发现问题998项，扣456.5分。

【企业改革】 2021年，石油化工分公司落实"用工总量只减不增"要求，推进"五定"工作，完成人员分流91人次，其中，机关人员到基层一线11人，为基层一线增配倒班人员12人，辞退外部保安保洁人员12人，新转岗培训保安保洁人员11人，退回劳务人员5人，办理十二项分流措施6人，外部转移分流34人，人员充分显性化，人工成本有效降控，有效盘活人力资源。

【安全环保】 2021年，石油化工分公司落实辽河油田公司质量健康环保工作要求，深入贯彻"五个用心抓"，坚持"四全"原则、落实"四查"要求，完成"零伤害、零污染、零事故、零疫情"工作目标，连续获辽河油田公司"质量健康安全环保先进单位"称号，实现建党百年等敏感时段安全稳定。全年未发生一般C级及以上生产安全责任事故和交通安全同等责任事故；未发生较大及以上环境事件，二氧化硫、氮氧化物排放总量受控；未发生职业病病例，工作场所检测率和职业健康体检率100%。强化防污减排，废水排放量同比减少622吨，COD减排3.84吨，二氧化硫减排31.04吨。应缴环境税81.52万元，减免22.77万元，实缴58.75万元。及时处理产废，处置一般固体废弃物14.36吨，危险废弃物0.72吨。推进煅烧焦二期及烟气脱硫脱硝除尘项目环评变理、环保验收、排污许可证变更、环保应急预案编制备案等级项目。编制修订《动火作业安全管理办法》等五项管理制度，废止四项管理制度，确保制度适用性、有效性。组织开展"百日攻坚"消防安全专项行动及"119"消防宣传月活动，组织消防培训2次、消防演练2次，开展电器隐患专项排查2次，燃气隐患3次，查改消防安全问题57项，有效提升消防安全水平。以强化QHSE体系管理为抓手，在辽河油田公司体系量化审核中被评为B2级，得分较上一年有所提升。迎接炼化板块审核2次，组织内部审核2次，有效利用审核追溯公司QHSE管理体系运行短板，提升体系管理水平。组织质量、健康、环境三体系认证，进一步完善石油化工分公司QHSE体系管理架构，为煅烧焦产品注册商标。重视质量与安全、与效益的关系，采购产品送检率100%、合格率100%，各产品一次交验合格率100%。利用"质量月"开展质量管理提升活动，开展焊接过程质量专项检查，查改质量问题13项。加强对承包商的入厂资质审查，严把安全资质关，严把HSE业绩关，严把人员素质关，对准入的承包商人员，做到入厂安全教育全覆盖，全年完成承包商培训20家835人次。严格落实承包商"黄牌、黑名单"管理要求，挂"黄牌"承包商队伍1个，列入"黑名单"作业人员5人，从源头把控风险。

【党群工作】 2021年，石油化工分公司推进党史学习教育，学习贯彻党的十九届六中全会精神，组织"七一"重要讲话精神学习班、党史读书班、参观红色教育基地等活动，教育引导全体党员增强"四个意识"、坚定"四个自信"、做到"两个维护"，坚决拥护"两个确立"。持续开展"转观念、勇担当、高质量、创一流"主题教育活动，成立宣讲团深入基层宣讲3场次，组织开展"争先锋、创一流·党建+"演讲比赛，引导员工认清形势任务，坚定信心、攻坚克难。深入推进"两学一做"学习教育常态化制度化，学习宣贯"两个条例"，深化党支部达标晋级管理。常态化开展共产党员先锋工程、党支部结对共建、主题党日等活动，设立共产党员先锋工程18个、责任区16个、示范岗26个。组建青年党员突击队7个，牵头开展技术创新项目9个，累计创效90余万元。定期督导检查，考核评比，助力提质增效。严格发展党员程序，全年发展党员11名。组织开展科级后备干部民主推荐，为企业中长期可持续发展提供人才支撑。开展"以案促改、以案促治"专项行动，受教育500余人次。开展合规监督、专项治理5个。建立科级干部和重要岗位人员廉政档案334人。宣贯《案件处理纪法适用若干问题指导意见》28场次。对13名新提任科级干部开展"六个一"廉洁从业教育。精准发力重在实效。开展重要业务前廉洁风险提示机制，对9个部门、25个重点项目开展廉洁风险提示106条，签订廉洁从业承诺书300余份。开展"微腐败"匿名调查，涵盖人员77名，反映提出建议14项。以"苦干加实干，项目建设做贡献"和"奋战四个月、冲刺总目标"为主题，开展劳动竞赛活动和班组成本分析"金算盘"、合理化建议"金点子"、技术创新"金果子"、安全监督"金眼睛"一赛四金活动。开展职工技术创新和合理化建议征集活动，累计征集合理化建议25项，全年完成科技成果13项，先进工作法4项，获辽河油田公司银点子成果1个。1项成果获辽河油田公司班组成本分析比赛"铜算盘"奖。开展群众性安全监督活动，共查找事故隐患和职业危害430个，发放安全监督奖励1.72万元。4人被评为辽河油田公司安全监督"金眼睛"，4个优秀安全监督案例受到表彰，1人被评为辽河油田公司优秀首席安全监督员。解决职工群众"急、难、愁、盼"问题，制定《石油化工公司民生工程实施方案》，确定石油化工分公司8个重点实施项目四大类55个问题，推进落实率100%。投入20余万元用于民生工程，将企业发展成果惠及职工群众，提升员工的幸福感、满意度。全面宣传企业改革创新、提质增效、党的建设等经验业绩，累计在各类平台刊发稿件300余篇。深化企业文化建设，开展安全文化漫画展、"主播带你进现场"等活动。提升煅烧焦品牌价值，广泛征集商标注册名称，制作产品手册，提高市场产品竞争力。弘扬石油精神，注重典型选树，员工方力获盘锦五一劳动奖章、张春光被评为辽河油田公司"劳动模范"。鼓励青年创新创效，员工张宝雷、姜英鹏在中国石油首届炼油化工科技青年论坛中获三等奖，刘九言在盘锦市第二届石化及精细化工产业青年创新创效大赛中获三等奖。

【新冠肺炎疫情防控】 2021年，石油化工分公司落实"外防输入、内防反弹"方针，及时跟踪国家、地方政府、油田公司的疫情防控信息，抓好常态化精准防控，层层落实，排查到人。发挥石化区域联动联防机制作用，加强统筹调度，及时应对处置局部风险。11月11日，石化地区突发事件，启动应急预案，开展全员核酸检测，检测262人，检测结果全部为阴性。组织员工进行新冠病毒疫苗接种工作，在册职工疫苗接种率100%。配备防疫物资口罩31000副，测温枪24把，84消毒液375瓶，酒精消毒液1000升，免水洗洗手液100瓶，各类喷雾器40个。健全完善常态化疫情防控工作机制，将疫情防控工作领导小组设立为长期固定组织机构，由主要领导担任组长。工作机制涵盖人员防疫管理、场所防疫管理、聚集性活动防疫管理、承包商防疫管理、防疫应急处置、关注员工八小时以外生活等，保障员工生产、生活安全稳定，确保疫情防控稳定受控。

（兰德英）

大连分公司

【概况】 大连分公司前身是1993年8月成立的辽河石油勘探局大连办事处，2006年3月更名为大连分公司，列为辽河石油勘探局二级单位，是辽河油田唯一地处大连地区的二级单位。大连分公司在大连保税区（自贸区）注册，主要经营业务：原油（凝析油）仓储销售、油品现货线上交易、石油石化会员企业业务咨询服务和资产租赁等。大连分公司机关设置7个职能科室，下辖科级生产单位3个（油品运销公司、大连石油交易所有限公司、资产租赁服务中心），托管单位1个（金石高尔夫有限公司）。2021年底，大连分公司在册员工96人。其中，合同化员工69人、市场化员工27人。具有中级及以上技术职称49人，本科及以上学历69人。大连分公司党委有党员71人。有固定资产原值2810万元，净值1157万元。其中，资产总计0.62亿元，非流动资产1827万元。有原油储罐5个，储量8000立方米。2021年，大连分公司实现收入14754万元，超奋斗目标305万元。油品销售、资产租赁和石油产品网络交易等工作均取得较好成绩。

【生产经营】 2021年，大连分公司围绕提高效益主线，积极应对改革调整和政策变化，抓机遇、拓市场，在困难形势下，实现油品销售、资产租赁和石油产品网络交易等工作顺利推进。做精油品销售业务，全年销售指标油4.21万吨，实现收入1.4亿元，利润1579万元，吨油利差达到375元。6月28日，按照集团公司政策要求，暂停配置大连分公司油品销售指标，对比年初预算销量减少2.54万吨。做强石油交易业务，克服体制机制短板，稳定发展线下会员业务，新招商各类石油石化企业116家，现有会员超480家，实现线下会员企业缴税返还531万元。借助集团公司原油市场化销售机遇，有效发挥网络平台公开、公平、透明竞价优势。自3月5日首单原油线上竞价销售以来，完成56场竞价交易，销售辽河油田公司、大庆油田公司、长庆油田公司等中国石油内部6家单位油品42.44万吨，为集团公司累计增效10746万元，同时收取线上交易费106万元，其中网络交易辽河油田油品13.4万吨，增加溢价效益2626万元。做好资产租赁业务，借助媒体加大招租宣传，提升资产利用率，确保闲置资产效益最大化，全年实现资产租赁收入249万元。

【合规管理】 2021年，大连分公司牢固树立合规意识，创新管理方式，深挖管理潜力，推动各项工作规范高效运行。加强计划管理，全年下达计划9批次，便函3份，有效杜绝无计划或超计划现象发生。加强概预算管理，办理工作结算49项，审减金额59.9万元。抓实法规普及，有效落实"一级制度，两级流程"管理模式，不断优化工作制度，新编制适用法律法规清单94项，签署合同77份，确保合规经营。加强信息管理，推动信息化建设与生产经营有效结合，推进财务共享、电子公文、ERP系统、无纸化办公等平台的使用。

【提质增效】 2021年，大连分公司围绕经营任务目标，科学编制预算安排，制定提质增效措施9项，挖潜增效247万元，完成全年计划指标的111%。开展资产盘点清查工作，逐一进行摸底统计，做到资产种类和数量清晰准确，充分发挥闲置设备余热，最大限度降低运行成本。规范物资采购管理，全部经过比价咨询后择优采购，全年采购物资9批次，金额4.5万元。

【深化改革】 2021年，大连分公司推进企业改革，有序调整机构设置和人员编制工作。调整油品运销公司业务结构，注销其非法人营业执照，油品销售由大连分公司统一管理，利用自贸区退税政策创效。油品销售业务暂停后，及时清退劳务用工40人、值班车辆2台，节约运行成本36.71万元。创新绩效考核管理模式，修订完善岗位职责和绩效考核办法，发挥薪酬的激励约束作用，调动员工工作积极性。

【安全环保】 2021年，大连分公司全面加强安全生产管理，夯实安全基础，推进体系建设，严抓疫情防控，强化监督检查和教育培训，实现全员明红线、守底线、知敬畏。围绕"四全、四查"精准施策，逐级签订安全环保责任书，完成岗位责任清单33个，逐级压实责任。强化安全监管，开展常规检查42次，发现隐患问题96项，全部落实整改完毕。迎接辽河油田公司检查17次，累计提出问题110项，落实整改107项。推进QHSE体系建设，聘请专家指导，不断完善规章制度和操作规程，强化监督检查和应急管理，重视职工健康干预和岗位培训，按照体系建设要求，逐条逐项对照落实、查缺补漏，体系考核取得79.05分的成绩，继续保持在C1级水平。加大安全资金投入，全年投入65万元完成机关办公楼电气隐患、西山小区、青岛房产等隐患整改工作。

【党建工作】 2021年，大连分公司把党的建设作为首要任务，强化政治担当，坚决做到党委"把方向、管大局、保落实"，全方位引领大连分公司高质量发展。全面贯彻落实上级部署要求，严格落实"第一议题"制度，制定两级理论学习中心组学习计划和内容，全年党委中心组学习24次，两级领导班子累计学习96次。巩固深化"不忘初心、牢记使命"主题教育成果，推进"两学一做"学习教育常态化，利用铁人先锋等平台持续推进学习走深走实。抓好党史学习教育，举办"追寻红色印记，赓续革命精神"党史学习教育培训班，参观抗美援朝纪念馆和观看爱国主义电影，开展"学党史、讲党史、懂党史、用党史"征文活动、"学党史、强党性、跟党走"党史知识竞赛和"石油工人心向党"新媒体主题创作大赛。全力提升基层党建工作水平，推动基层党建"三基本"建设与"三基"工作有机融合，制定"五个一体化"具体举措。推动党建与生产经营深度融合，设立先锋岗、责任区15个，组建突击队4支，确保生产经营任务中始终有党建的声音和身影。严格党支部考评，从标准化建设、党建生产融合等8个方面，发现并解决各类问题16项，全力提升基层党组织责任意识和能力水平。加强民主集中制建设，召开"三重一大"会议26次，决策议题41项。注重人才选拔和培养，提拔科级干部3人。开展困难群众普查和帮扶，第一时间投入5万元资金，对患重病职工进行帮扶。更新完善大连分公司门户网站，各类应用平台和信息展示布局更科学直观。职工队伍始终保持和谐稳定态势，呈现人心齐、士气旺、执行力和战斗力强的精神面貌。

【新冠肺炎疫情防控】 2021年，大连分公司落实辽河油田公司和地方政府疫情防控工作措施，坚持不懈抓好疫情防控工作。大连地区3次疫情期间，召开疫情防控专项会议3次，组织全员核酸检测8次，及时发放口罩、消毒湿巾、消毒洗手液等防疫物资，逐一排查中高风险及重点关注地区人员，及时掌握职工及家属动态，做到精准防控。采取轮班倒班、居家办公的形式确保业务工作正常运转，实现疫情防控和生产经营两不误。

【庆祝中国共产党成立100周年活动】 2021年，大连分公司围绕庆祝中国共产党成立100周年，采取党组织书记讲主题党课和"倚山里的宝石花"微党课等多种形式，教育引导广大党员发挥党的优良传统，展示新时代共产党员良好风貌，累计开展微党课学习88期，党组织书记讲党课14堂。

（刘　莹）

新能源事业部

【概况】 2010年7月，为加强特种矿藏、油页岩、煤层气、页岩气等新能源勘探开发管理，辽河油田公司成立辽河油田新能源开发公司，2021年8月正式更名为新能源事业部，是辽河油田公司下辖的二级单位，负责辽河油田公司新能源项目的具体组织实施。2021年底，新能源事业部有员工53人，其中合同化员工49人、市场化员工4人。有科级以上干部22人，其中处级干部6人（含副处级调研员4人），科级干部15人（含改做具体工作4人），专业技术人员1人。具有专业技术职称42人，其中，高级专业技术职称17人、中级专业技术职称25人、初级专业技术职称1人。新能源事业部党支部有党员31人。2021年，新能源事业部围绕"新能源效益工程"，在铀矿勘探、风光发电、地热利用、科技发展等新能源领域取得成效。《开鲁坳陷油气探区多矿种综合勘查理论、技术创新及找矿重大突破》项目获2021年度中国石油和化工自动化应用协会科技进步奖特等奖，《重点盆地砂岩型铀矿富集规律研究及资源发现》项目获辽河油田公司科技进步奖二等奖，申报发明专利3项，《提高油田水热型地热井采水量》被评为辽河油田公司2021年优秀QC成果。

【铀矿勘探】 2021年，新能源事业部加强地质工程一体化，系统开展三维地震精细解释和构造编图，提出沿构造沟槽和断层走向是有利成矿区带的认识。深化层序底层格架与沉积体系解剖，进一步明确有利铀储层的物性特征和沉积微相。针对性取样分析，建立矿化分带的地球化学指标和蚀变矿物序列。明确钱家店铀矿成矿主控因素、建立成矿模式，对钻孔部署起到有效指导，钻孔工业见矿率38.8%，同比提高6个百分点。全年完成钻孔80口，新增控制储量2600吨，工业见矿率38.8%，同比提升6个百分点。探明吨铀完全成本1.34万元，比核工业系统同行业完全成本压缩33%。铀矿勘探伴生铼、钪资源评价和开采研究科技项目取得阶段性成果。钱Ⅲ块和钱Ⅴ块矿床详查，储量升级同时扩边勘探取得新发现。钱家店其他地区普查，新落实整装矿化区块2个，同时新发现潜力区1个。外围龙湾筒和陆家堡铀矿预查，初步落实成矿有利区1个。

【风光发电工程】 2021年是辽河油田公司布局风光发电业务的第一年。新能源事业部推进"三大工程"前期，完成工作目标。推进"沈茨锦风光发电工程"。2021年9月，项目可行性研究通过集团公司发展计划部组织的专家审核。新能源事业部组建风光发电项目推进工作小组，全员配合开展为期3个月的风机及光伏选址排查落实工作，累计动用150余人次现场排查，踏勘位置127处，最终落实44台风机位置及光伏区位，为项目实施奠定坚实基础。截至2021年底完成沈茨锦风光发电工程水保、环评、安评等10个项目的合同编制和系统申报工作。有效落实油区内风光发电工程。全年调动属地单位、设计单位等相关人员130余人次，现场踏勘210余处，初步落实风光发电资源潜力245兆瓦，预计投资11.5亿元，建成后年发电3.7亿千瓦·时、节约标准煤11.3万吨、减排二氧化碳29万吨。项目可行性研究基本完成，结合"沈茨锦风光发电工程"进行方案优化，计划于2022年中启动，2023年底前陆续建成。组织开展驻辽炼化企业用电负荷及风光资源调研。完成驻辽石化企业清洁替代规划方案。通过开展与炼化企业对接会和现场结合，完成规模用电增量提供绿电解决方案。完成驻辽石化风光发电工程可研。结合清洁替代规划，组织设计单位开展驻辽石化企业现场排查，辽阳、抚顺、锦州、锦西4家石化公司可用空地面积281万平方米，预计可装光伏141.5兆瓦，风机9台39.5兆瓦，合计181兆瓦。

【地热技术开发】 2021年，新能源事业部争取到集团公司科技课题2项，总经费1298万元。开展中深层地热井换热技术研究，厘清换热机理，研发高效换热管材，实现"取热不取水"换热技术的突破。超前储备储能技术，利用曙光基地地热利用工程开展地面储热试验，同时开展地下储热理论研究，初步掌握含水层储热技术机理，做好技术储备。曙光基地地热利用工程：设计利用曙光采油厂5口废弃油气井改造为地热井（2采2灌1备用）作为低温热源，总流量90米^3/时，地热水通过换热器与供暖回水一次换热后，经压缩式热泵机组二次提温后供给曙光基地6.5万平方米办公楼供热。本项目于2021年8月获板块可行性研究批复，11月通过板块初步设计审查，12月份上报初步设计，预计投产后年节约标准煤2200吨，年减排二氧化碳5800吨。洼一联地热余热利用工程：利用洼一联站内余热及马19储气库排水热能，开展地热及余热综合利用的方案论证。通过综合研判，初步确定利用洼一联污水生化前余热，通过热泵技术为洼一联脱水及原油外输加热，实现余热再利用。盘锦市地热供暖项目：拓展本地市场，对大洼城区及康桥社区720万平方米地热供暖项目进行前期论证，估算项目总投资6.7亿元，初步确定具备可行性。与勘探开发研究院选定地热开发靶区，开展热储精细描述，制定前期开采试验方案。

【科技攻关】 2021年，围绕中央决策部署和集团公司"绿色低碳"发展战略，新能源事业部立足消耗减量，加快效益清洁替代的发展目标，完善《科技管理办法》，持续加强科技攻关，梳理瓶颈难题13项，加快突破关键技术2项。完成钱家店地区铼产业化研究》《钱家店地区钪资源综合评价及开采可行性研究》结题汇报，通过辽河油田公司科技部验收。申报《辽河油田如何实现双碳目标的思考与对策研究》和《辽河油田生产环节碳盘查及减碳研究》软课题研究项目2个。合算2020年碳排量，形成吨油碳排放指标，落实东部凹陷煤资源储量154亿吨，建立深层煤炭地下气化资源评价方法，优选小龙湾界10井区为辽河煤炭地下气化先导试验区，初步完成张强地区精细构造解释工作。高效完成《超深层超临界水气化制氢技术》汇报材料编制，加大外闯市场步伐。《柴西南铀矿成矿条件研究及有利区预测》项目通过院、局四级验收工作，资料完成归档，结回全部款项。

【生产经营一体化】 2021年，新能源事业部牢固树立"一切成本皆可降"的效益挖潜理念，通过采取退租房屋和车辆、停办小伙房、精减一线倒班值守人员等举措，多措并举大幅度压减管理成本。通过采取开拓外部市场、优化生产运行等举措11项，实现增效145万元，节约投资237万元。全年实现利润704万元，超底线目标304万元，超奋斗目标209万元。密切跟踪计划执行，严控投资费用，加快推进投资清理，提高投资完成率，全年累计下达投资4588.4万元，完成4405.8万元，完成率96%，确保重点项目有效实施。

【质量安全环保管理】 2021年，新能源事业部贯彻落实集团公司发展战略和辽河油田公司各项工作部署，秉承"以人为本、质量至上、安全第一、环保优先"理念，坚持"四全"原则和"四查"要求，突出"五个用心抓"，夯实质量安全环保基础工作。强化钻探施工过程监督管理，落实钻前安全检查、施工单位自查、安全员复查、工程监督审查制度，固化日常、夜间等检查，实现钻探现场安全检查全覆盖全年巡井检查240余次，发现典型、重复性问题6项，基本消除"低老坏"问题。深入开展反违章专项整治，每月至少到现场一次进行"四不两直"监督检查，事业部级安全大检查3次，项目部级检查36次，项目自检自查33次。发现违章问题25项，经济处罚1.05万元。有效减少承包商人员违章行为。风险防控关口前移。严格落实沈阳采油厂、茨榆坨采油厂、锦州采油厂风光发电项目和曙光地热项目的安全预评价、环境影响评价和职业卫生评价等工作，做好设计阶段和施工阶段风险识别并制定防范措施。铀矿勘查项目环评文件获国家生态环境部批复，环境风险防范措施获核行业专家认可。

【党的建设】 2021年，新能源事业部组建，选举产生支部委员会。落实"第一议题"制度，组织编制党员政治理论学习材料40期。组织党史学习教育，采取双周讲"习"班、月度研"习"会的方式，组织党员干部领学、体会交流促学，让党员干部理想信念更加坚定。深入开展党建与业务深度融合，始终把增强企业效益、拓宽业务领域、提高工作效率、激发员工活力作为党建工作的出发点和落脚点，推进铀矿勘探开发等业务与保密工作的有效融合。落实"一岗双责"，班子成员带头履责，学习遵守党规党纪，强化廉洁从业教育，全面落实党风廉政建设责任制，促进业务管理主体与业务监督主体的有机融合。

【新冠肺炎疫情防控】 2021年，新能源项目部严格落实"四控""四早""四清"，严格人员流动审批报备和核酸检测、隔离措施。是严格排查中、高风险地区人员。疫情防控小组及时通报风险地区变化情况，排查员工、家属及来访亲友，特别是年终结算时期重点关注承包商人员行程轨迹和接触情况。新能源事业部根据疫情发展及时调整防控方案，特殊敏感时段启动联管联控程序，实行升级管理。全年实现疫情"零感染、零扩散"。

（郝丽伟）

能源管理分公司

【概况】 2012年5月，为完成昆仑能源有限公司委托的LNG（液化天然气）运销、新能源技术研发及相关技术咨询服务等工作任务，成立辽河油田能源管理公司，列为油田公司未上市业务二级单位机构序列，机构规格为正处级。2018年3月，辽河油田能源管理公司更名为辽河石油勘探局有限公司能源管理分公司（简称能源管理分公司）。2021年底，能源管理分公司设机关职能科室9个、所属生产经营单位11个。在册员工78人。有大专及以上学历78人、高级职称26人、中级职称36人。2021年，面对新冠肺炎疫情的严峻考验，市场大幅震荡的不利影响，能源管理分公司超前研判形势，抢抓机遇，实现各项工作健康平稳发展，销售天然气1.49亿立方米，收入4.98亿元，利润控亏936万元，同比减亏3880万元。

【主营业务】 2021年，能源管理分公司坚持精准营销，深挖区域市场潜力，科学统筹资源调配，天然气终端、贸易、管道气及油田井口收卸气业务共同发力，市场开发取得新成果。新开发终端客户30个，加液车辆568台，实现销量5697万立方米。与盘山盛泰燃气有限公司开展合作，发挥双方气源和经营资质优势，共同开发区域管道市场，新开发管道气用户2个。顺应市场形势，扩大贸易规模，新开发贸易客户22个，贸易业务销量8631万立方米。立足油田内部天然气利用市场，拓展井口收卸气业务，小47收气站、大平房收气站和欢623卸气站相继投产运行，日收卸气规模从2.9万立方米增长至5.8万立方米。全年收卸气1649万立方米。

【经营管理】 2021年，能源管理分公司坚持把依法合规作为推进各项工作的刚性约束条件，不断强化合规意识，严守法律红线和制度底线，运营管控更加规范，持续提升管控能力。开展重点案件专题研讨，找准案件突破口，完善处理方案，处理纠纷案件13起，避免或挽回损失613万元。坚决落实压减工作三年行动，分类梳理压减项目，明确压减方式，强化措施保障，确保压减工作落地见效。昆仑能源（阜新）有限公司完成管理人变更，组织召开第一次债权人会议，处置工作取得实质性进展。推进昆仑能源有限公司（天然气销售分公司）关于法人压减的指导意见，确定昆仑能源（铁岭）有限公司吸收合并处置方案，统筹协调压减批复和资料准备，高效办结工商注销，按时完成压减任务。

【提质增效】 2021年，能源管理分公司以"经营增效""优化增效""降本增效"为着力点，深入推进25项提质增效举措，实现挖潜创效4065万元。持续开展"五定"工作，两级机关管理人员充实到一线11人，清理长期不在岗人员，实现分流休假26人，总量冗员、结构缺员问题有效缓解。推行"百人转岗"，建立劳务输出奖励机制，大幅提升劳务人员收入，向燃气集团公司劳务输出69人，实现创收515万元。紧盯国家税收新政策，争取各项财政补贴和政策减免106万元。严控非生产性支出，采取错峰生产等措施降低生产能耗，节省销管费用237万元。引入多气源竞争，优选低成本方案，节省气源采购费用155万元。调整LNG配送模式，招标外部承运商，降低安全风险，节省运输费用32万元。盘活闲置资产，实现外租车辆5台、橇装加气设备3套，创效76万元。

【安全环保】 2021年，能源管理分公司突出风险管控，安全生产实现平稳运行。强化监督责任落实，牢固树立"只有规定动作，没有自选动作"理念，深入推进"五个用心抓"，严格落实"四全""四查"要求，安全生产形势持续向好。坚持"严监管、零容忍、全覆盖"，推进安全生产三年专项整治行动，强化特殊敏感时段的安全检查，"四不两直"开展现场检查128次，发现隐患问题382项，按时整改完成370项，其余12项均制定防范措施，坚持做到隐患问题闭环管理。落实常态化疫情防控措施，严格执行外出审批报备制度，实现全员出行轨迹受控，组织疫苗接种，员工接种率98.4%，守住疫情防控"双零"底线。

【党群工作】 2021年，能源管理分公司落实"第一议题"制度，深入学习贯彻习近平总书记系列重要讲话，组织开展中心组扩大学习15期，专题研讨6次。坚持民主集中制，严格执行"三重一大"决策制度，决策重大事项53项，不断提升班子整体合力，进一步增强"两个维护"的政治自觉、思想自觉和行动自觉。制定实施"三基本"建设与"三基"工作有机融合三年推进落实方案，以提高全员素质能力为目标，开展"能源大讲堂"4期。开展"以案促改、以案促治"专项行动、违规经商办企业专项治理核查、公务车辆和资产管理合规监督等工作，重点抓实党委专项监督检查整改落实工作，完成问题整改298项，建立负面清单189条。实施"党建+安全""党建+营销"等活动，创建党员先锋工程6个、责任区8个、示范岗7个，与盘锦客运公交集团有限公司、规划计划处等单位建立"党建联盟"3个，推动党建与业务同频共振。以"五抓、五突出"为主线，统筹谋划推进党史学习教育，组织开展党史知识竞赛、"实现低成本高质量发展"大讨论等活动，发放各类学习书籍材料700余本。落实意识形态工作责任制，建立员工思想动态月报告机制，组建能源管理分公司门户网站和"辽河能源之声"微信公众号，发布宣传报道70余篇，拍摄微视频2部，推进宣传思想文化工作。践行"我为群众办实事"，推动实施民生工程9项，申请专款为227名自招市场化员工购买节日慰问品，成立乒乓球、书画等文体协会9个，举办各类文体活动14项，创新开展工间"乒羽球"活动，大幅提升员工获得感、归属感、幸福感，形成和谐稳定的良好局面。

【庆祝中国共产党成立100周年活动】 2021年，能源管理分公司党委围绕建党百年主题，由党委书记讲授专题党课，观看红色爱国主义电影，组织开展主题征文，召开表彰大会等庆祝建党百年系列活动，拍摄"闪光的党徽""唱支山歌给党听"微视频2部、摄影作品9幅、图文作品3篇，获辽河油田公司第五届新媒体大赛三等奖2项，党员干部学党史、感党恩、跟党走氛围更加浓厚，在党爱党为党信念更加坚定。

（葛阳阳）

辽河油田培训中心

【概况】 辽河油田培训中心的历史从1973年辽河石油勘探局技工学校开始，历经辽河石油学校、辽河油田党校等12所油田职业学校，先后四次大规模重组，2011年5月整合成立。2015年高职学历教育停止招生，2019年12月更名为辽河油田培训中心（辽河油田党校、中国石油辽河技师学院、辽河石油职业技术学院）（简称培训中心），是辽河油田唯一综合性培训基地和辽宁省三家企业党校之一。有机关和渤海2个校区。建有井控、采集输、装备制造等实训基地，有国际IADC井控培训资质、集团公司甲级井控培训资质、国家安全生产培训机构等专项培训资质8项，有辽河油田工程施工技能鉴定站和辽河油田交通运输职业技能鉴定站2个。2021年，培训中心有职工416人，下设三级机构17个，其中机关职能部门及直属部门7个，教学培训部门9个，后勤保障部门1个。有专兼职教师161人，占职工总数的38.7%，教师平均年龄47.4岁，其中副高级职称47人、中级职称103人。

【职业培训】 2021年，培训中心完成各类培训911个班次，培训规模达38.8万人·天。实现培训收入1.19亿元，首度实现盈亏平衡。坚持"党校姓党"的原则，高质量完成处级干部党史学习教育，习近平总书记建党100周年讲话读书班、党的十九届五中、六中全会等重点培训项目，开发制定重温入党誓词、参观党史墙、观看纪录片、红色基地现场教学等体验式活动。按照"项目设计高标准、培训管理高水平、培训效果高质量"要求，强化培训教学设计和培训方式，形成课堂教学+现场红色教育、理论讲授+读原文谈体会、线下培训+线上学习、请进来+走出去、内部典型学习+外部对标管理、"党建+安全"等一系列培训新模式，推进一系列重点培训项目。探索"请进来、走出去"开放办学，引进、设计开发高端培训项目。处级干部能力提升培训，油气勘探、油气开发方面系列专题培训，党委书记素质能力提升培训，"发动红色引擎构筑坚强堡垒"提升支部合力培训，处级领导人员卓越商道与创新经营培训，新型作业区管理人员培训，新型作业区班站长进阶培训，辽河工匠培训，健康100培训等一系列培训项目，推动培训设施设备数字化转型升级。开发外部培训市场，塔里木油田公司、吉林油田公司培训份额大幅度增加。参加集团公司实操培训师大赛选手集训、培训项目设计大赛和集训和集团公司新入职员工培训，培育优质培训项目，塑造一批优秀的设计团队，形成高标准承办赛事的新模式。承担集团公司涵盖辽河油田公司、辽河石化分公司、辽宁销售公司、东北销售公司和东方物探5家企业97名员工新员工入职培训任务，采取"一课一催化"方式，培训目标明确、特色鲜明、效果显著。加快培训体系建设，推进平台优化升级。编制完成《辽河油田培训中心培训管理细则（暂行）》。健全完善培训项目研发、培训项目管理、质量效果评估、质量督导检查、培训基地管理、培训师管理、培训管理师管理等制度体系，按照完整的培训项目管理流程，明晰管理职责界面，工作流程、工作标准，为推进培训项目规范化、科学化、数字化管理夯实基础。在辽河油田公司培训平台1.0版本设计开发的基础上，启动2.0版本建设，完善培训需求分析、运行管理、质量评价、后勤服务等模块，培训平台的优化转型升级为推动培训管理、组织与实施全流程数字化管理，提升培训精准度、高效培训、精准施训、科学管理提供有力支撑。

【教学科研】 2021年，培训中心聚焦党史学习教育，开展理论研究和实践探索，"加强党史学习教育，坚定理想信念研究"课题，被确立为集团公司、辽宁省党建研究课题。开发设计党史学习教育、学习习近平总书记"七一"重要讲话精神系列课程16门，累计62学时。持续提升教学水平，开展教学培训岗位竞赛活动。拓展教师晋升通道，启动一级、二级培训管理师、培训师选聘。创新教学模式，广泛推进案例式、模拟式、行动教学法纳入课堂。加大教师科研力度，完成科技项目（课题）15项，专题立项30项，加深教学科研一体化优势。

【经营管理】 2021年，培训中心制定亏损治理方案，通过提高培训费、食宿费价格多途径扩大增收渠道。完成北校区无偿划转给盘锦市，完成闲置资产划转333项，直接创效355万元，培训中心的功能定位更加明确、资源布局更加合理、资产使用效率更加提高。争取辽河油田公司预算补亏、考核减债政策，节省财务费用481万元。两金压控成效显著，通过多种方式，摘掉亏损的帽子，实现赢利222万元。坚持依法决策、依法管理，重视法治，厉行法治。加大财务管理，发挥预算的资源配置作用和计划的刚性控制，实现"非必要不实施、非关键不采购"。构建培训中心"一级制度、两级流程"管理模式，各项管理运行规范高效。持续加强审计、内控等工作。加强重点工作督办力度，对重要会议安排的重点工作、巡检调研发现的问题下派督办任务单，对工作推进不力的亮黄牌警告，持续不完成工作任务的给予红牌问责，有效提升工作执行力和工作质量。

【企业改革】 2021年，培训中心为推进改革，严格管理，经过民意调查、征求意见、党委研究，打破40多年教师不坐班的历史传统，实施教师坐班的管理机制，促进规范管理，严格劳动纪律，提高工作效率，成为推进培训中心一系列改革的敲门砖和助推器。执行"12条"分流政策36人，外借外派3人，派驻对口支持21人，节约人工成本100万元。严格考勤管理，考勤系统和闸机双轨运行，组织和纪检部门联合抽查，劳动纪律明显改观。严肃分配导向，制定并实施《工效挂钩实施细则》，严考核硬兑现。推行岗位写实，为"三定"改革打好基础。

【员工队伍】 2021年，培训中心强化领导班子建设，工作勤沟通、讲合作，班子团结务实高效。坚持党管干部原则，提拔三级正职干部1人、副职干部2人，进一步使用干部1人，交流干部1人，促进中层干部结构合理化、使用年轻化。加快师资队伍建设，推进教师转型成长。根据教学需求，选派多名教师到大庆油田铁人学院、北京石油管理干部学院、中国石油广州培训中心等地培训学习，将选聘的培训管理师、培训师集中力量培养自己的"名师""大师"。修订《辽河油田公司兼职培训师管理办法》，启动外聘师资库建设，以"433"模式全面整合师资资源。

【提质增效】 2021年，培训中心落实"四精"要求，打造提质增效"升级版"，构建2个措施类别、7个项目的提质增效工程。深化项目全生命周期管理，严格落实"五个一"工作机制，推进提质增效专项行动，18条措施全面落地，全年增效1333万元。

【安全管理】 2021年，培训中心全面升级安全管控和疫情防控管理，严格落实"一岗双责"，确保"直线责任、属地管理、有感领导"履行到位，实现全年安全环保无事故。在安全体系量化审核中，取得79.43分的成绩，距离B2级目标更近一步。开展安全专项大检查，宣传安全文化，严格执行控烟行动，完善健康文化体系，推进"党建+安全"建设，安全管理更加规范。

【后勤工作】 2021年，培训中心把追求最优质的服务作为后勤保障第一原则，积极应对突增的培训工作量，为全体干部职工和培训学员提供优质高效服务。食堂不断完善饮食标准，菜品更齐全、营养更丰富、服务更周到，在迎接各类高层次培训班广受赞誉。加强住宿、保安、绿化人员管理力度，加班加点满负荷工作，全年完成住宿接待8万人·天，体现责任担当，作出应有贡献。

【校园建设】 2021年，培训中心加强硬件建设，构建优美环境。对于多方筹措的1500多万元的投资，精打细算，全面论证，合理进行投入使用。渤海校区改造、党建公园建设、VR安全实训基地建设基本完成。持续投入新的培训设施设备，新增LED大屏4台，现代化桌椅268套，标准化教室建设正在设计中，为推进现代化培训提供优质平台。

【党建工作】 2021年，培训中心坚持"第一议题"制度，持续利用集中领学、教师解读、跟班听课等方式精研细读习近平总书记系列重要讲话和党的十九届历次会议精神，在学思践悟、力行力促中解决发展难题，激发实践动力。以党史为重点，系统开展"四史"宣传教育，大力弘扬伟大建党精神。成功召开培训中心第一次党代会。坚持党委重大事项前置程序，全年共决策"三重一大"事项35个。加强意识形态领域管理和保密工作，坚守舆情防控，全年没有发生任何例外事项。以"我是宣讲员""全员大讨论"等方式推进形势任务教育入脑入心，凝聚共迎挑战、共克时艰力量。加强基层党组织建设，实现党务干部与行政干部交叉任职，支部工作与行政工作同部署同落实。完善考核机制，将党建工作与业务工作融入科级干部考评、经营业绩考核、支部书记考核，实现互相检验、互相拉动的效果。开展党建工作调研和指导，建立党建联盟3个，党建项目28个，党建质量提升。抓好党委巡察"后半篇"文章，梳理完善制度6项，精细管理举措87项。发挥纪委监督职能，"十个聚焦"贯穿一条线，强化提质增效、重大工程合规监督，对小金库、办公用房、劳动纪律等重点工作进行检查和抽查，管理更加规范。加大重点工作督办力度，全年督办54项重点工作，促进重大决策落地见效。

【民生工程】 2021年，培训中心落实辽河油田公司"我为员工群众办实事"实践活动工作方案，推进落实民生改善具体举措。做强高端人才、紧缺人才、专家复合人才、"石油工匠"培训。为基层量身定制培训清单，构建"线上""线下"培训新格局。全面挖掘内外部优势资源，实现名师办校，培训成为辽河员工的一份福祉。针对企业发展建议、民生工程期盼、个性化需求等五个方面，征集意见建议375条，制定安全促进、健康干预、员工福利政策普惠等重点工作任务22项。推进党史学习教育与深化民生工程联动、群众性经济技术活动与提质增效联动、服务"全员"与弱势群体帮扶联动，开展"春送关爱""夏送清凉""秋送健康""冬送温暖"四季服务活动，使员工感知企业组织的关怀。聚焦员工健康、食堂品质提升，为基层配备净水机10台，改善办公饮用水质。开展食堂精品菜工程，守护员工营养膳食。开展"慧眼杯"岗位安全诊断，促进员工职业健康。为基层配备小型健身器材120台（套），开展球类赛、健走赛等，降低文体活动门槛。组织运动指导、心理调适、营养膳食、美学鉴赏四个精品课堂，开展健康、礼仪、书法、绘画等专题讲座7场次。

【庆祝中国共产党成立100周年活动】 2021年，培训中心党委按照辽河油田公司党委党史学习教育方案要求，第一时间召开动员大会，全面动员、总体部署、层层推进。采取科级干部和机关干部集中收看、基层党员干部自行收看的方式，收听收看"七一"庆祝大会实况，两级党组织开展专题学习50次。党委书记落实第一责任人责任，班子成员落实"一岗双责"，全校12个党支部、4个党小组紧密配合，推动各项工作落实落地。将党史学习教育与培训教学经营管理相结合，将学习成效运用到培训中心部署重大任务、推进重大工作的实践中去。对照辽河油田公司党史学习教育方案要求制定培训中心党史学习教育实施方案，部署9个方面27项具体措施。丰富完善中心组学习计划，突出党史学习内容，为基层党支部配发党史书籍240套，实现党员全覆盖。派4名教师深入辽河油田一线单位开展专题宣讲15场次，录制学习总书记"七一"重要讲话精神、"四史"学习教育10余门线上课程，利用辽油学苑培训平台开展宣讲，为辽河油田公司党委党史学习教育提供理论支持。用好校内百米党史长廊、宣誓墙和石油精神墙这三道承重墙开展现场教学培训，让这些红色资源成为党史"教室"、党史"教材"，做精党史学习教育特色鲜明的党务培训。"七一"前，党委主要领导、党建与政治理论教研部教师分别讲授"解读三个为什么""学党章沿革、悟初心使命""读毛诗、学党史"三场次专题大党课，班子其他成员、基层党支部书记讲授专题党课15次，带动、督促党员干部切实提高政治站位，开展党史学习教育。利用好"铁人先锋""党史学习教育专题网页""辽河微训"公众号等平台阵地，发挥"指尖""耳边""眼前"学习优势，打造党史学习"微课堂"，组织党员每天登录"铁人先锋"，签到、答题，开展明星评比。通过"辽河微训"公众号、校园广播聆听红色党史、红色歌曲。开设"党史学习教育专题网页"栏目线上学习。抓住庆祝建党百年在员工中激发出的自豪感、成就感、幸福感，举办"党建+"主题演讲、"石油工人心向党"新媒体大赛创作、"唱支山歌给党听"百名党校人快闪拍摄、"学党史、讲党史、懂党史、用党史"征文和书法美术展活动，以石油工人心向党为主题的"党校教师心里有话对党说"微记录视频被推荐参加集团公司新媒体大赛。组织基层党组织开展重温入党誓词、与党旗合影、党章书写、党史诵读、党史知识竞赛，"石油工人心向党、我为发展作贡献"实践活动。

（邱　晨）

辽河油田招标中心

【概况】　为进一步规范招标管理，按照集团公司建立"统一管理、管办分开、专业实施"的招标管理体制和运行模式要求，2015年11月，辽河油田公司结合改革发展实际，整合成立集工程、物资、服务招标业务于一体的辽河油田招标中心。辽河油田招标中心（简称招标中心）列为未上市业务经营性二级单位管理。2021年底，招标中心内设科室7个，员工总数54人，其中合同化员工54人。有科级以上干部19人，其中，处级干部5人（含副处级调研员2人），科级干部14人（改做具体工作4人）。具有专业技术职称54人，其中，高级专业技术职称9人，中级专业技术职称37人，初级专业技术职称7人。2021年，招标中心围绕油田公司级市场化招标节资降本增效工程立项主动作为，持续净化招标环境，实现资源市场化配置，实现收入5712万元，同比增加1372万元，盈利3779万元，对比进度底线目标1253万元超额完成2526万元，对比进度奋斗目标1293万元超额完成2486万元，招标时效同比压缩1天，全面完成提质增效各项指标。

【招标工作】　2021年，招标中心实现资源市场化配置，通过开拓集团公司以及社会招标业务量，实现外部市场开发23.5亿元，创收1794.5万元。规范招标采购管理，强化招标制度流程管理，为辽河油田公司节约采购资金3.9亿元，资金节约率达6%。持续提升招标服务质量，积极拓展外部市场份额，为潜在客户制定满足招标需求的具体措施，完成与11家外部单位的委托代理合同签订。推进储气库等重点工程项目运行，对每一个项目进行全程跟踪，从接收方案开始到开具中标通知书结束，把控每一个工作节点，招标全流程平均缩短2个自然日。发挥招标优势完成原油市场化销售工作，构建简化操作流程、缩短招标周期、投标方便快捷的招标新模式，完成原油销售41标段、原油销售13.04万吨，为辽河油田公司创效2026.7万元。开展服务框架竞争性谈判，完成四家单位（兴隆台采油厂、金海采油厂、特种油开发公司、电力分公司）框架下竞谈项目82包，估算金额3315.97万元，平均价格下浮率3.98%，在招标人自行组织竞谈平均下浮率1%基础上又下浮2.98%，最高价格下浮率达到13%。开展业务专题培训，先后对纪委办公室、石油化工技术服务分公司、国际合作部、天时集团能源有限公司、车辆服务中心5家单位开展培训，加强招标行业自律规范，促进油田公司采购系统健康发展。

【安全管理】　2021年，招标中心安全管理工作坚持谁管工作谁负责原则，对招标采购工作中所排查出的安全隐患做到一级对一级，层层抓落实的指导思想，严格控制全过程风险，对所负责科室办公区域风险和业务中所涉及的泄密风险进行全方位实时防控。强化落实直线责任，组织全员签订质量健康安全环保责任书9份，制定岗位责任清单30个，开展节假日、疫情、中央重要会议等特殊敏感时段安全大检查5次。切实筑牢疫情防线，开展疫情敏感时期动员会议6次，制定并下发防疫重点工作要求8份，建立招标中心一对一联络制度，落实全员排查和零报告制度，签订《评标现场疫情防控有关规定及承诺书》123份。防范化解风险隐患，组织开展危险源辨识工作，累计汇总管理风险及4种工作环境中的危险源36项，运用LECD危险源评价法对各项危险源进行分析并确定级别，通过开展隐患问题研讨会制定防范措施共25条，组织制定《辽河油田招标中心评标及开标会场公共聚集场所事件应急预案》，实现风险管控水平稳步提升，逐步增强应急处置能力。监督检查全覆盖，利用24小时不间断全方位视频监控系统对6个评标室、2个评委抽取室进行实时监督，组织业务骨干、科室负责人定期开展安全大检查5次，发现安全隐患问题7个，按期整改7个，检查覆盖率、员工参与率、问题整改率均达到100%。健康管理上台阶，组织编制《招标中心健康管理实施方案》，对28名中高风险人员，252项健康指标进行统计分析，为14名高风险人员制定健康干预计划，在办公区5个关键区域配备急救箱，并为每名员工配备便携急救应急包。宣传教育促管理，周例会学习近年来习近平关于安全生产的重要论述，组织全员观看《生命重于泰山》电视专题片，组织招标中心QHSE管理小组、讲师团开展针对评标及开标会场等公共聚集场所应急知识的安全教育活动，以引导全员更加重视安全工作，创新宣传教育方式方法，提高全员安全意识和风险防控能力。

【党群工作】 2021年，招标中心聚焦主责主业，细化目标任务，加快推进落实，着力提升党的建设质量，协调推进企业改革发展和党的建设，统筹推进党建和业务工作"相融合、相促进"。加强思想政治建设，始终把学习贯彻落实习近平新时代中国特色社会主义思想和党的十九大精神作为首要政治任务，确保集团公司、辽河油田公司各项决策部署落地落实。严格落实"三会一课"制度，持续深化"两学一做"学习教育和"不忘初心、牢记使命"主题教育，党员干部"四个自信""四个意识"更加坚定。开展"转观念、勇担当、强管理、创一流"主题教育，掌握对意识形态工作的领导权和主导权，对外宣传有声有色，网信舆情管控有力，思想引领和阵地建设得到加强。巩固深化党风廉政建设，履行主体责任，始终将党风廉政建设与生产经营发展同步，坚持"谁主管、谁负责"原则，落实"一岗双责"，抵制"帮圈文化"，杜绝破坏政治生态行为，树立风清气正的干事氛围。自觉遵守党的纪律和中心《十大禁令》《十大要求》，始终将对党的政治纪律、组织纪律、廉洁纪律、群众纪律、工作纪律、生活纪律的学习和宣传贯穿于工作、生活中，贯彻执行《中国共产党纪律处分条例》《中国共产党问责条例》等党内条例，把问责作为管党治党利器，坚持失责必问，问责必严，将全面从严治党融入各项工作。释放群团组织活力，发挥群团组织作用，在青年员工中开展"中心高质量发展我该怎么干""新青年、耀青春"大讨论活动，聚焦经营管理重点难点，创建共产党员工程、责任区、示范岗5项，激发干部员工积极建言献策、同心共谋发展的热情。

【新冠肺炎疫情防控】 2021年，招标中心落实国家、地区、集团公司、辽河油田公司防疫工作部署，快速响应，有序开展疫情防控工作，取得明显成效。招标中心作为采购组织部门积极承担起疫情防控的重担，按照辽河油田公司防疫办工作部署和要求，严格执行《招标中心疫情防控实施工作方案》《招标中心新冠肺炎疫情防控应急处置预案》《关于强化招标中心今冬明春新冠肺炎疫情防控工作的通知》等相关文件要求，将防控工作落实到每个基层单位和部门、每个家庭和每名员工，全员投身疫情防控阻击战。围绕组织评标、接待投标人等工作，成立新冠肺炎防控工作领导小组，制定防控方案，明确每个科室的职责，并责任到人。疫情严重时期，定期组织全员排查，汇总防疫健康码，按照相关政策采取相应的防控措施，全体人员严格落实外出审批报备制度，实时掌握全员出行轨迹。针对外来人员聚集工作场所，持续强化评标楼防疫管控，严禁有风险地区行动轨迹人员进入评标区域，要求评标现场人员做好个人防护，确保评标现场防疫要求常态化运行。

（王薪浩）

国际事业部

【概况】 2016年，国际事业部由工程技术部、进出口公司、华油公司国际项目部合并而成，按照辽河油田公司未上市二级单位进行管理。对托管的辽河油田国际油气技术有限公司、辽油国际（哈萨克斯坦）有限责任公司、加拿大乐迪公司三家子公司实施统一管理。国际事业部是集团公司一级物资贸易商和物流服务商，是集团内部最早从事国际业务的单位之一。作为辽河油田公司走向海外的实施组织单位，主要负责参与编制并组织实施海外市场开发战略、中长期规划和年度计划；负责海外市场开发相关信息的搜集、整理、传递工作；负责海外市场前期研究分析、评估论证、风险预防及项目的组织协调工作；负责组织海外项目开发和管理，项目备案登记前期工作；负责对海外市场营销推广、技术交流的组织实施工作；负责海外先进技术的引进和组织推广；负责事业部所属境外机构的管理；负责海外油气勘探开发、油气工程服务、产品进出口贸易、国际物流服务、知识产权、劳务输出等业务的合同管理工作；负责稠重油技术中心的日常工作；负责海外技术支持人员日常管理。国际事业部成立以来，累计实现收入15.01亿元。2021年底，国际事业部在册员工184人。处级干部6人、处级调研员2人，设机关职能科室6个，生产经营单位7个（包含境外注册公司2个）。资产总计21365.45万元，净值21365.45万元。2021年，国际事业部实现营业收入11447万元，奋斗目标-2415万元，实际完成-1848万元，减亏567万元，实现预定减亏目标。国际业务社会安全与HSE实现"零伤害""零污染""零事故"。

【市场开发及项目运行】 2021年，国际事业部深入树立"市场是生命线"经营理念，累计签订合同额25916万元，其中新增市场6950万元。美洲市场麦凯河项目的技术支持为集团公司重点治亏项目完成年度计划任务的134%作出突出贡献，辽河油田在SAGD井组精细动态调控、地质研究及区块综合评价的实战经验获项目公司和中国石油国际勘探开发有限公司认可，中国石油国际勘探开发有限公司将辽河油田纳入钻采标委会成员单位。非洲市场全年累计跟踪30余个项目信息，最终实现签约额1486万元，实现收入318万元，创效107.63万元。区域市场劳务输出，与长城钻探和中国石油化工集团有限公司构建合作关系。中亚市场与业主公司反复沟通，分析项目成本与底线价格，实现KMK合同注汽单价上涨8%；拓宽注汽服务市场，肯基亚克新注汽项目实施有效解决现有注汽设备运行时效低问题。中东市场在地区市场几乎停滞的情况下，仍维持100万美元的签约额，做好后续100万美元的市场储备，完成1700万两金压控任务。持续推进北阿MPS系统采购、流量计、CPF控制柜、工程技术服务等项目，参与各地区项目论证，积累相关工作经验。贸易公司通过提高收费标准争取更高收益率，谋求提高单个项目盈利能力，全年中标项目3个，累计合同额500万元，利润33万元，项目综合利润率6%；与国际品牌爱默生达成合作意向，获CPECC在俄罗斯、东西非的业务代理权。延伸业务优势发展新业务新领域。国际物流业务是2021年市场开发新的增长点，物流业务小组取得承接集团公司内部单位国际物流服务项目和口岸报关业务，成立半年签约合同18个，合同签约总额2635.17万元，利润57.07万元。主动变"危"为"机"，为来自疫情中高风险地区物资及进口物资外包装，提供新冠病毒预防性消毒服务，拓宽新冠病毒消杀市场规模。

【对外合作】 2021年，中国石油海外稠（重）油技术支持中心正式挂牌，办公室设立在国际事业部，邀请中国石油国际勘探开发有限公司高层来辽河油田公司参与稠重油中心揭牌仪式，为辽河油田在中国石油国际市场开发指明方向。"地质工艺一体化、部署实施一体化、商务技术一体化"将成为辽河油田公司走向海外的新模式，利用中国石油海外稠

（重）油技术支持中心与中国石油国际勘探开发有限公司开发部、科技部的日常沟通，更加细致了解区域公司的技术需求，提前实施技术储备，为抓住商机，实现区域市场的突破提供保障。

【提质增效】 2021年，国际事业部秉承"过紧日子"思想，以改革创新为动力，以完善机制体制为手段，以刚性预算为抓手，积极开展全员、全过程、全方位降本增效活动，压缩非生产性支出712万元，经营管理增效280万元。有效盘活人力资源创效。与辽河油田公司领导、机关处室和兄弟单位沟通，向内部单位输出劳务用工14人，减少人工成本150万元。对海外派出46名员工进行统一归口管理，获取项目信息。规范资产轻量化增效。加速闲置资产报废和闲置资产的租赁。全年实现租赁创效120万元，加速闲置资产处置形成潜赢300多万元。政策与专业性研究增效。用好国家免税政策，通过与大连海关、盘锦海关协调沟通，实现储气库进口物资关税减免90万元；结合出口退税政策规定，研究历史项目的账务信息，及时将100万元的退税款项进行账务处理。利用法律维权核销坏账，争取辽河油田公司费用支持190万元。

【安全管理】 2021年，国际事业部按照"立足于防、从严管理、全面覆盖、以人为本"的理念，QHSSE压紧压实责任，全面防控风险，安全管理和疫情防控取得实效，较好完成各项任务。落实管理程序，按照质量安全环保工作计划及重点工作运行安排，与各部门签订安全环保责任书，努力实现全员QHSSE履职与岗位履职同时实施、同步考核，将监督职责落实到部门到岗位。营造安全氛围，利用主题宣教固化日常安全意识，组织开展"职业病防治法宣传周""安全生产月""6.5世界环境日""11.9消防日"等活动，牢固日常安全管理防范意识。组织相关人员参加"防恐安全培训班"5期，培训合格31人次。落实健康监管，完善职工职业卫生管理档案，对事业部6名重点关注、26名中等关注人员开展健康指导。邀请专家开展心血管和健康急救知识讲座，定期跟踪中风险以上人员健康情况并上报健康月报。

【新冠肺炎疫情防控】 2021年，国际事业部秉持国内外防疫并重原则。严密监控海外归国人员和出国人员的疫情防控工作。从机票购买、路线跟踪、核酸检测、行程防护到落地隔离等均做到实时监控，随时掌握归国人员的动态信息。全年办理出国备案人数23人，完整掌握人员的行踪。完善《辽哈公司疫情防控方案》《辽哈公司KMK、KBM项目疫情防控应急预案》，严格员工外出审批单制度，收集、核对本单位人员外出信息，全年累计外出报备人数达到350人次，确保人员行动轨迹可追溯。

【党群工作】 2021年，国际事业部落实"第一议题"制度，及时跟进学习上级指示精神，累计开展中心组学习23次，基层党组织专题学习59次。开展党史学习教育，班子成员上专题党课6场，学习总书记"七一"讲话11场，开展专题学习3次，撰写心得体会29篇。开展"转观念、勇担当、高质量、创一流"主题教育，组织全员开展"疫情出不去，我们怎么办"大讨论，采取一系列举措助力市场开发。开展"党建联盟"，选派业务骨干到欢喜岭采油厂开展技术交流和现场实践，持续增强海外市场开发的专业基础。启动"新增市场5000万，立足岗位做贡献"市场开发劳动竞赛，对提供有效市场信息、为拓展市场作出积极贡献的人员和团队给予鼓励，累计实现新增市场6950万元。落实"我为员工办实事"工作要求，与盘锦辽油宝石花医院沟通协商，对海外员工家属，启动帮扶措施，开通"绿色就医通道"。向上级工会申请建立员工"健康小屋"，申请海外员工专项慰问金，在重大节假日，到海外员工家中走访慰问，送去米面油等生活物资，尽全力解决合理诉求，有效缓解海外员工心理负担。

【庆祝中国共产党成立100周年活动】 2021年，国际事业部党委成立党史学习教育领导小组，设立办公室，立足实际制定党史学习教育实施方案，在党的工作要点中明确6种活动载体，规划实施时间和具体措施，划分责任区和责任人，确保活动开展。党委、基层党支部上下联动，学习宣贯习近平总书记在党史教育动员会上的重要讲话精神，进一步统一思想、提高认识，层层宣贯此次活动的深度和意义，覆盖面实现100%，积极营造浓厚活动氛围。举办庆祝建党100周年系列活动，开展党史知识竞赛、红歌合唱比赛、参观"辽沈战役"指挥部等一系列庆祝活动，增强党员干部爱党爱国意识。

（刘欢欢）

辽宁恒鑫源工程项目管理有限公司

【概况】 2020年5月，辽宁恒鑫源工程项目管理有限公司（简称恒鑫源公司）列为正处级二级单位管理，主要业务涵盖建设工程监理、项目管理、招投标咨询、工程技术咨询、人防工程监理、设备监理、油田钻井、测井、物探、井下、录井监理技术服务、信息系统工程监理。根据对外开展业务需要，下属托管盘锦辽河油田无损检测有限公司（简称无损检测公司），系辽河石油勘探局有限公司全资子公司。2021年底，恒鑫源公司在册员工195人。其中，合同化员工165人，市场化员工30人。处级干部6人（含副处级调研员2人）、一般管理人员92人、专业技术人员50人、技能操作人员47人。具有高级专业技术职称30人、中级专业技术职称94人、初级专业技术职称27人。取得国家注册监理工程师46人、一级注册建造师13人、注册造价师3人、注册安全工程师2人、石油监理工程师24人。有固定资产原值475.66万元，净值19.68万元。其中，车辆原值300.28万元、净值15.01万元。有办公设备406台（套），其中车辆11台。设备新度系数0.04。办公楼为油田公司资产无偿借用。设机关职能科室7个，基层单位6个：项目管理中心、PMC管理中心、储气库项目管理部、数字化管理中心、生产保障中心、无损检测公司。2021年9月，无损检测公司完成对盘锦辽河油田恒维工程质量检测有限公司吸收合并事宜。注册资本由316.05万元增加到816.05万元。2021年，恒鑫源公司实现收入9341万元，同比增加1283万元（其中，监理业务5293万元、无损检测业务收入4048万元）。克服年初外部市场萎缩不利局面，消化固定成本刚性增加500万元基础上，实现利润335万元，超出奋斗目标177万元，创历史最好水平。恒鑫源公司被评为辽河油田公司股权管理先进单位，无损检测公司获集团公司中俄东线天然气管道工程（黑河—长岭）2021年度石油优质工程金奖，恒鑫源公司各系统工作获集团公司荣誉4项、辽河油田公司荣誉24项。

【生产建设】 2021年，恒鑫源公司稳定扩大油区市场，完成监理业务大小项目312项，收入3788万元，占监理业务全年产值收入的72%。完成油区内检测业务大小项目438项，收入3653万元，占检测业务全年产值收入的90%。煅烧焦二期PMC项目于2021年12月试运行，得到甲方认可。"三供一业"项目增加PMC合同额97万元，取得较好经济效果。根据设备管理部要求和渤海装备辽河热采机械公司抽油机再制造实际，加班加点配合再制造单位进行全方位质量控制和全过程安全管理。入厂再制造抽油机222台，完成监造179台，出厂151台，库存28台，正在监造43台。油区外监理业务先后在大港油田公司、浙江油田公司、中国雄安集团有限公司、国家石油天然气管网集团有限公司等单位参与投标67项，中标45项，金额合计2158万元，同比增长70%。外部项目遍布内蒙古、浙江、四川、河北等15个省（自治区）43个市。无损检测公司设立新技术部，引进相控阵、脉冲涡流、数字射线、光谱、硬度、应力测试、地下管线探测等非常规检测技术，在储气库球罐TOFD检测、超厚壁管漏磁内检测、罐底板漏磁检测等技术在使用中逐渐成熟，完成年产值1000万元，创新发展初具规模。

【经营管理】 2021年，恒鑫源公司推行"总监负责制"，签订经营责任状23份，下达指标4660万元。实行"全要素、全成本、全过程"管控，每月经营分析会，进行成本核算。全年兑现按项目规模、品质、属性确定目标利润，以效益考核兑现奖金。全面改善主要成本指标，外聘人工费、车辆运输成本、油料成本、房屋租赁费同比分别下降8%、13%、24%、31%。通过实施提质增效工程、深化亏损治理，经营业绩不断向好。劳动用工改革降本创效146万元，车辆运输成本优化创效25.74万元，数字化增效45万元，党建经营融合创效20万元，累创效236.74万元，无损检测增收1135万元，完成全年增效目标的109%。优化资源配置，加快资金回笼，年末应收款余额为273万元，较年初压减327万元，压减幅度为55%，连续两年压减幅度超过50%；"两金"综合完成率为100%，结算回款率达99.46%。无损检测公司清理账龄长达19年的库存商品64万元，完成辽河油田公司下达指标。

【企业改革】 2021年，恒鑫源公司盘活人力资源配置，形成内部劳动力市场。发挥人力资源潜力，机关人员由32人减至28人。一人多岗，兼职监理、文控、门岗值班等岗位。持续优化队伍结构，加大外雇劳务用工清理，实施竞聘上岗，加强管理考核，年劳务服务平均用工由232人降至175人。

【员工队伍】 2021年，恒鑫源公司举行公开竞聘2批次，选拔任用三级正副职干部12人，7人充实到生产一线。在职科级干部平均年龄43.9岁，与2020年重组整合同期相比降低4岁，80后科级干部15人，占比36.6%。采取自学提升、考训结合、专兼结合等方式，实施全员培训。组织参加国家注册监理工程师、无损检测渗透与磁粉检测培训班，累计培训300余人次。

【安全管理】 2021年，恒鑫源公司完善组织机构，成立QHSE管理委员会、分委会，规范工作议事流程。修订体系管理手册和岗位职责，组建电子标准文库平台，收集配备电子标准、规范187项。辨识风险因素117项，开展监督检查65次，查改问题115项，下发处罚决定5份，严格落实敏感时段、关键环节安全升级管理。推动实施三年整治行动，重拳出击"低老坏"和重复性问题，签订反违章承诺书182份，提升全员防控意识。机关与基层协同配合，优化资源配置，开展用户满意度调查。项目管理推陈出新，储气库项目部创新采用无人机巡视、视频监控技术，优质高效完成超大型项目监理任务，实现业绩和利润双丰收。煅烧焦项目精心组织、攻坚克难，解决狭小场地大型单体设备吊装高危作业技术难题，实现单机试运、装置联运一次成功。

【党建工作】 2021年，恒鑫源公司党委全面发挥"把方向、管大局、促落实"作用。落实"第一议题"制度，组织中心组学习20次。坚持党委前置研究讨论，决策"三重一大"事项41个。压紧压实主体责任，意识形态领域、统一战线、机要保密等工作更加扎实。迎接辽河油田公司党委工作巡察，抓好问题整改。落实党风廉政建设"两个责任"，推动履行"一岗双责"，开展"以案促改、以案促治"专项行动，常态化开展警示教育和监督检查。签订《党风廉政建设责任书》140份，开展警示性约谈6人次、提示性约谈50人次，针对298个廉洁风险点制定防控措施315条。运用信息化建设成果，采取"互联网+国企党建"模式，对外闯市场实现线上组织生活，跨区域完成"三会一课"，做到生产经营与党建工作"两不误"。苏里格项目部开展"党员之家"建设，组织"忆党史、跟党走"主题党日教育活动，全年收入307万元。无损检测曙光项目部克服洪潮灾害影响，攻坚克难，收入629万元，创历史新高。西气东输监理项目部战高温、斗酷暑，成功打开浙江分公司市场，收入269万元。

【庆祝中国共产党成立100周年活动】 2021年，恒鑫源公司统筹建党100周年系列活动，开展主题党课、党史知识竞赛及"石油工人心向党、我为发展作贡献"岗位实践等活动，建立共产党员先锋工程5项、党员责任区10个、共产党员示范岗21个。

【新冠肺炎疫情防控】 2021年，恒鑫源公司落实防控举措158项，妥善应对35轮突发疫情，形成平战结合、严丝合缝、联防联控良性机制。防疫部门和防疫人员忠诚值守、奋战在防疫最前沿，精准排查行程轨迹105余人次，应隔尽隔、应检尽检181人次，疫苗接种195人，坚守"零疫情、零扩散"防线。

（范　莹）

资本运营事业部

【概况】 1993年3月，辽河油田公司设立多种经营处，行使多种经营业务的机关管理职能。2008年5月，成立多种经营事业部，设立二级党委，与多种经营处合署办公，承担原钻探重组等分离单位相应职能。2017年9月，多种经营事业部（多种经营处）列为二级单位建制，行使机关管理职能。2019年5月，更名为多种经营事业部（多种经营部），列为未上市业务二级单位管理。2021年1月，按照辽河油田公司《关于财务资产部资本运营管理职能与多种经营部职能整合的通知》要求，资本运营管理职能从财务资产部剥离，与多种经营部职能整合，组建资本运营事业部，列为油田公司未上市二级单位管理，行使油田公司资本运营管理职能（机关职能），多种经营事业部原有职能并入资本运营事业部。2021年3月，按照辽河油田公司党委《关于成立中共辽河石油勘探局有限公司资本运营事业部委员会的通知》要求，成立中共辽河石油勘探局有限公司资本运营事业部委员会，隶属辽河油田公司党委管理。2021年，资本运营事业部内设职能科室12个，派驻纪检组1个，在职员工45人，其中，二级正副职5人（含派驻纪检组组长1人），三级正副职24人，一般管理人员16人。中共党员50人（含改做具体工作党员）。主要负责归口管理本系统中长期规划、年度工作计划、股权投资、股权行权、股权收益、股权处理等；负责依法建立健全完善股权公司"财务核算、资金管理、债务管理"的集中共享管理模式；负责股权公司法人压减、重组整合、高管人员业绩考核、薪酬管控、油田派出员工权益维护、人员调剂、信访维稳等；负责配合辽河油田公司对股权公司开展人员管理、党委巡察、纪律检查、党风廉政、财务审计、质量安全环保等工作。2021年，股权公司实现收入22.8亿元，实现净利润6817万元，投资收益5412万元，超出年初预算指标4412万元，同比增加2121万元；改制企业实现收入121.5亿元，同比增长3.4%，利润总额4074万元，同比增加1.02亿元。

【深化改革】 2021年，资本运营事业部持续深化改革，加强顶层设计，全面完成集团公司和辽河油田公司考核任务。完成股权业务管理体制机制优化、混合所有制企业差异化管控、股权公司职业经理人制度试点和股权项目混合所有制改革等4项改革方案。5月25日辽河油田鞍山天然气有限公司完成工商注销，9月2日盘锦辽河油田恒维工程质量检测有限公司被盘锦辽河油田无损检测公司吸收合并，提前3个月完成集团公司2021年法人压减工作任务，9月底完成盘锦日隆物业管理有限公司和盘锦辽河油田恒维工程质量检测有限公司2家"两非"剥离企业注销工作，对比集团公司工作计划超额完成1家，提前完成河珠海工贸实业公司、北海辽珠工贸公司和海南辽海房地产开发总公司3家全民所有制企业公司制改革，按时完成38家停产歇业集体性质企业"出清"改革，如期完成集团公司改革任务。修订完成《辽河油田公司股权管理办法》《辽河油田公司股权投资管理细则》《辽河油田公司股权处置管理细则》等6项制度，不断完善"1+N"制度体系。

【提质增效】 2021年，资本运营事业部大力推进提质增效升级版工程，落实21项提质增效工作措施，严格控成本、压投资、降费用，改制企业平均非生产性支出降幅超5%，管理费用降幅8%。强化业绩考核，及时处置辽河石油勘探局持有的中国太平洋保险（集团）股份有限公司股票，对比2021年初账面价值实现增值3435万元，增值率9.83%；对比原始投资成本转让收益3.7亿元，投资收益率为3279%。

【股权管理】 2021年，资本运营事业部严格按照集团公司要求，做好各项股权管理工作。按时完成股权公司2020年股利分配。5月31日前分红资金到账，符合条件的15家股权公司分红1620万元，超出集团公司规定的最低分红额392万元。统筹推进深圳市辽河油田南方投资有限公司破产及涉诉工作。成立工作专班，全力推动资产清查、专项审计、财产执行、法律诉讼等工作，依法提出破产申请、执行债务人及担保人财产，排除人格混同风险，辽河油田公司利益得到最大程度保全。优化辽宁中油产业发展有限公司股权结构，原有的辽宁宝来资本管理有限公司和盘锦辽油晨宇集团有限公司两家股东退出，辽河石油勘探局持有的51%股权无偿移交给盘锦市兴隆台区国有资产监督管理局所属的辽宁福汇隆发展有限公司和辽宁福隆文化旅游发展有限公司，形成兴隆台区国资平台控股、辽河石油勘探局参股的股权结构。

【股权投资】 2021年，资本运营事业部秉持"战略性资本运营、价值性股权管理"理念，围绕辽河油田公司发展战略，聚焦主责主业及战略新兴产业，优选合资对象，加快推进储气库、新能源和天然碱等新兴产业合资合作。落实国家战略，推进储气库合资合作。根据国家发改委和集团公司要求，结合前期与盘锦市政府签订的战略合作协议，设立从事储气库业务的上市子公司——辽河油田（盘锦）储气库有限公司，确定纳入合资范围的资产及人员边界，以及未来各方的持股比例，即辽河石油勘探局有限公司持股50.49%、国家石油天然气管网集团有限公司持股48.51%、盘锦市国有资本投资运营集团有限公司持股1%。立足绿色能源，推进新能源合资合作。按照辽河油田公司新能源建设规划，与远景能源有限公司开展合资合作，在油区建设风光发电示范工程。突破政策制约，推进资源利用公司增资扩股。解决交易资源，推进大连石油交易所混合所有制改革。按照大连市清理整顿交易场所要求，大连石油交易所有限公司需要实缴出资达到1亿元。为实现该目标，先后到上海石油天然气交易中心、重庆石油天然气交易中心实地调研，多方寻求合资意向方，多途径开展混合所有制改革，破解发展难题。

【董监事管理】 2021年，资本运营事业部准确把握新定位新使命，从管企业向管资本转变，加快构建以国有股权为纽带的集中统一管理体制，修订《辽河油田公司所投资公司股东会、董事会和监事会议案管理细则》《辽河油田公司专职董监事管理细则》，制定《辽河油田公司独立董监事管理细则》。完成恒鑫源公司等6家企业的董事会、监事会换届，中油辽河工程有限公司等20家企业的董事、监事调整，调整委派董事监事192人次、股东代表17人次。全年组织股权公司召开股东会44次、董事会37次、监事会26次；审查股东会议案83项、董事会议案124项、监事会议案30项。专职董事实地调研7次，提出管理建议36条，配合审计部门对3家参股公司[营口银龙港务股份公司、中核通辽铀业有限责任公司、中石油辽河油田（朝阳）燃气有限公司]的审计调查。

【协调服务】 2021年，资本运营事业部多次到集团公司争取政策支持。协助改制企业参加一级物资招标，进入中国海洋石油集团有限公司、中国石油集团测井有限公司等行业市场。依托一体化优势，持续开发长庆油田公司、塔里木油田公司、浙江油田公司等行业市场，全年改制企业增收2亿元以上，实现外部市场收入87.1亿元，同比增加12%。利用地方政府支持政策，帮助改制企业申请盘锦市停产歇业、以工代训补助资金1240万元。

【党风廉政建设与监督管理】 2021年，资本运营事业部实施"以案促改、以案促治"专项行动，召开改制企业党风廉政建设警示教育培训班，对306名经营管理者开展警示教育，建立规范运行长效机制。组成党委巡察工作小组，内嵌到辽河油田公司党委第二轮巡察组，对振兴服务分公司托管的盘锦辽河油田圣泰实业集团有限公司党组织开展"嵌入式"巡察。协助辽河油田公司审计部对29家股权公司开展风险管理审计。

【安全环保】 2021年，资本运营事业部履行QHSE经营专业分委会办公室职责，定期召开分委会工作会议，强化钻修井作业、危化品运输、火灾爆炸、出租场所等风险管控，严格监督检查和隐患排查治理，检查生产场所176个，发现隐患问题440项，全部销项整改。开展反违章专项整治活动，监督检查1052次，查处"三违"行为791项。落实井控工作计划，强化监督检查，改制企业作业队伍，连续三年在集团公司井控检查中成绩突出。自2018年以来，全系统未发生一般C级以上生产安全事故和一般以上环境事件。严格落实新冠疫情防控要求，员工疫苗接种率达到100%。

【党建工作】 2021年，资本运营事业部党委学习习近平总书记"七一"等系列讲话精神，贯彻落实"第一议题"制度，深入开展党史学习教育和建党100周年系列活动。持续推动托管改制企业的党建工作落实落地，推进"双向进入、交叉任职"领导体制调整，制定党组织前置研究讨论示范清单，设立共产党员先锋工程，利用党建联盟、"党建+"等平台载体，推进党支部达标晋级，党建工作与生产经营进一步深度融合。在抗洪抢险中，一批优秀党员不惧危险，身先士卒，体现"关键时刻冲得上、打得赢"的使命担当。

【队伍稳定】 2021年，资本运营事业部高度重视信访维稳工作，坚持员工至上，着力破解事关员工利益的矛盾问题。会同辽河油田公司财务资产部实施"点对点代发代缴"1亿元，涉及11家改制企业3358人次。及时妥善安置盘锦鼎实实业集团有限公司、盘锦万顺实业有限公司等企业的73名富余油田派出员工。有效解决盘锦辽河油田华联实业集团有限公司等企业的离岗员工退股和盘锦辽河油田泰成实业有限责任公司的农用地资产补偿等问题引发的上访问题。多次协调处置厂办大集体改革平台人员的集体访、进京访，有效化解矛盾问题。"一人一事"做好思想政治工作，厂办大集体改革平台人员减量化工作取得进展，由年初79人降至5人，确保重点时段敏感时期队伍整体稳定。

【庆祝中国共产党成立100周年活动】 2021年，资本运营事业部党委组织党员学习党史，通过观看《党史故事100讲》、党史故事周讲堂、党史学习云课堂等形式，组织学习400余场次。参加辽河油田公司党史知识竞赛和"党建+"演讲比赛，获赛区第四名和总决赛银奖。组织学习习近平总书记"七一"讲话精神，撰写心得体会50余篇。召开党史学习教育专题组织生活会，举办"忆党史、跟党走"主题党日活动，通过重温入党誓词、与党旗合影、参观红色教育基地等活动，进一步坚定党员为企业奉献的价值追求。以开展"我为职工办实事"实践活动为契机，重点帮扶38户困难家庭，改进职工食堂、配备特色工装、组织健康大讲堂等措施，提升职工获得感、幸福感。

（史更新）

辽河油田公共事务管理部

【概况】 2020年10月，辽河油田公司将矿区工作管理部附属机构劳务管理中心从矿区工作管理部划出，并将矿区工作管理部、社会保险管理中心、离退休管理中心（老干部处）3家单位重组，将曙采工程技术处、兴采工程技术处、特种油工程技术处、欢采工程技术处、沈采工程技术处、锦采工程技术处、高采工程技术处、茨采工程技术处、金海工程技术处9家工程处托管的社会保险、离退休（再就业）机构及人员整体划入，整合为辽河石油勘探局有限公司公共事务管理部（简称公共事务管理部），机构规格为正处级，列为未上市业务二级单位序列。成立中共辽河石油勘探局有限公司公共事务管理部委员会，党组织关系隶属于辽河油田公司党委。公共事务管理部行使机关相应管理职能，归口管理后勤服务业务。负责移交业务协调和服务质量监督；医疗卫生社会化改革组织协调；后勤专业市场归口管理；油田住房维修资金及油田居民住宅维修管理；房产、公积金、社保、离退休服务管理；辽河油田计划生育委员会、爱国卫生运动会与辽河油田绿化委员会日常管理。负责牵头联系振兴服务分公司。设机关职能科室6个，设房产交易、住房公积金、社会保险、离退休4个板块业务管理中心，在册人员450人，在岗人员374人，其中处级以上干部20人、科级干部94人、一般管理人员202人、操作服务人员58人。

【民生工程建设】 2021年，公共事务管理部统筹挖掘民生改善可为空间，一体推进员工伙食提质、物业服务质量提升、敬老连心、子女福利关爱等四项民生工程，推行"三减"营养配餐，探索机关食堂合作运营模式，食堂服务水平有新的提高。畅通440便民服务，使职工家属投诉有门，协调解决各类急难问题166个。推介社会优质养老机构，与社区联办活动104场，缓解退休人员移交政府的情感落差。推进26个托幼园所移交政府，纳入普惠制管理，降低员工子女托幼费用支出。协调外围矿区购买医疗服务，有效发挥医疗保障作用，将企业发展成果更多惠及广大员工群众。争取困难企业稳岗补贴，累计为辽河油田公司创效3.23亿元。执行公积金新标准提取政策，累计释放资金28亿元。规范统筹外费用发放标准，保障老同志待遇不降。推进集团公司重病保障项目，将一般门诊补助、乙类先行支付费用等纳入油区企业补充医疗保险范畴，员工医疗保障质量远高于城市平均水平。公积金、社保、离退休等多项业务实现互联网、APP"一键办理"。将服务延伸至"最后一公里"，各中心简化流程和经办资料32项，工作效率稳中有升，房产交易中心完成不动产业务办理2万余件，占盘锦市总量的1/4；公积金管理中心办理提取2.9万人次，金额19.92亿元，发放贷款3.7亿元，实现增值收益1.12亿元；社保中心邀请辽宁省人力资源和社会保障厅到企业现场办理退休审批，代办发放医疗、养老保障待遇40.4亿元；离退休管理中心精准服务"三大群体"，帮扶慰问320.5万元，发放各类群体补贴及待遇2亿元。履行油区绿化委员会职责，投入绿化资金711万元，新增绿化覆盖面积1.17万平方米。倡导公共场所控烟，开展"无烟单位"创建，推进控烟宣传常态化，健康生活理念赢得全员共鸣。

【房产交易及公用房屋管理】 2021年，公共事务管理部建立健全不动产登记制度办法11项，制修订五大类19项业务流程，优化完善各项工作职能职责100余条，提供预约、上门、绿色通道、"继承公告"服务等便民、利民举措，不断提升窗口服务形象和能力。完成不动产登记8025件、抵押登记656件、注销登记626件、其他登记65件，业务咨询近2万人次。规范房产档案管理，完成不动产交易档案归档6015件，查询并出具各类查询证明5723件。9月28日正式印发《辽河油区住宅专项维修资金管理办法》。摸底排查办公及生活类用房3033项、274万平方米，全部实现台账式管理。建立管控流程，合规审批房屋维修改造项目322项、维修费0.49亿元，审批房屋租赁672项、租金1.2亿元，督办回收拖欠租金14.64万元。

【公积金业务管理】 2021年，公共事务管理部住房公积金管理中心建立跨省通办工作机制，在服务大厅设立专门窗口，并开通线上渠道，明确由骨干担任全国住房公积金监管服务平台跨省通办联系人。全程网办业务单位信息变更142项、退休提取125人、个人信息查询333191次、个人信息变更471项、贷款提前还清3笔，涉及金额950万元。高效使用12329服务热线，按照辽宁省营商环境建设局要求，将12329并入政务热线12345，与盘锦市公积金中心沟通业务处理方式，编制《公积金业务应知应会》。8月，辽宁省下发《关于推进设区城市住房公积金统一管理工作方案》，方案要求设区的市公积金管理机构与分支机构实行"统一决策、统一管理、统一制度、统一核算"。

【社会保险管理】 2021年，公共事务管理部社保中心深入开展党史学习教育和形势任务教育，机关党支部获"先进基层党组织"称号。邀请辽宁省人力资源和社会保障厅专家组到辽河油田现场审批拟退休人员档案2次。11月9日社会职工平均工资公布后，组织工作人员利用双休日到辽宁省社会保险事业服务中心现场加班办理退休人员养老金核定审批，11月13—14日完成上半年退休1238人、12月11—12日完成下半年退休1332人。全年代办省级基本养老保险待遇34.6亿元，发放各类企业统筹养老保险待遇4.8亿元，及时准确落实退休人员、离休干部、提前退休人员等各类群体调整待遇政策，发放调整待遇1100.2万元。企业补充医疗保险、离休人员、二等乙级伤残军人及新中国成立前老工人等特殊群体医疗保障资金支出9300万元。推进集团公司重病保障项目。安排现场讲解19场次，发放宣传手册4.5万份。协商中意人寿保险有限公司在社保中心设置服务座席。至12月13日，完成审核申报1130人，油区参保人员获赔付3232笔2001万元。研究政策，落实辽河油区2.54万续保人员企补保费待遇，将一般门诊补助、乙类先行支付费用等项目纳入油区企业补充医疗保险范畴。通过争取困难企业稳岗补贴、缴费基数核减、工伤保险费率下浮等举措，为辽河油田公司创效3.23亿元。两级社保经办部门做好政策宣传解释，月均业务咨询解答量近3000次，全年无越级上访情况。

【离退休管理】 2021年，公共事务管理部离退休管理中心积极传递组织关怀，有效保持群体稳定。走访慰问离退休老干部、遗属及退休处级干部等5789人次，发放慰问金、慰问品345万元。为1.69万名老同志进行健康体检。为老同志进行大病专项、医疗、光明康复行动、节日等各项精准帮扶78人次，帮扶资金47.22万元。发放退岗家属生活补贴1.3亿元，支付再就业人员劳动报酬4898万元。对困难家庭帮扶125万元。

【剥离移交业务】 2021年，公共事务管理部成立工作专班，紧密联动配合，攻坚啃硬遗留问题，销项"三供一业"收尾和维修改造工作任务。厘清移交界面，加速相关资产、土地划转进程，完成资产划转1391项、净额0.2亿元，土地划转225万平方米，减交土地税400余万元。理顺退休人员社会化过渡期责任界面，加强油地沟通协调，24个活动场所实现政府直管运营，移交业务总体运行平稳、有序过渡，如期完成集团公司考核目标。

【后勤服务】 2021年，公共事务管理部优化后勤服务"十四五"发展规划，全面分析增效业务和挖潜渠道，研究完善后勤业务归核化发展路径。按照"油公司"模式改革要求，形成未上市业务进一步整合方案，探索生产区办公庭院协调机制，为后勤服务业务统筹管理、高效运行夯实基础。统筹研究管理机制、业务范围、服务群体，探索形成油区文体场馆资源共享方案，社保、离退休一体化管理、区域化服务方案，推广中央厨房管理模式，公共服务一体化管理思路更加清晰。严格市场审批，严控业务外委，开展工作量调研，研究建立服务质量与价格结算联动机制，实施外围采油厂工业采暖、供水专业化管理，指导振兴服务分公司完成民用物业劳务人员1916人平稳划转，全面完成油田上市、未上市单位后勤服务业务归口管理。强化公建、民用物业管理，在集团公司率先推进并完成外围办公庭院业务社会化运营。厘清政府、企业、单位间的责任界面，有序应对外围矿区突发疫情。

【党建工作】 2021年，公共事务管理部落实新时代党的建设总要求，坚持政治建设，打牢基础，深度融合，党委核心作用全面显现。全面学习贯彻落实习近平新时代中国特色社会主义思想，党的十九届五中、六中全会精神，开展党史学习教育和庆祝建党100周年系列活动，广大党员干部深学笃行，弘扬伟大建党精神，在辽河油田公司改革发展和民生改善的实践中，践行"两个维护"，忠诚担当奉献。密切党建与管理联动，立项开展共产党员先锋工程、"我为员工群众办实事"岗位实践活动等45项，"党建促发展"的工作导向更加鲜明，四个业务中心成为辽河油田公司保障民生、联系群众的名片和窗口。深入开展"转观念、勇担当、高质量、创一流"主题教育活动，各部门、各中心积极面向油区、面向群众提供服务、回应关切、答疑解惑，形成转作风、提质量、重规范、做示范、勇担当、有风范，严监管、树新风的广泛共识。建立"机关服务基层、全员服务群众"的双服务机制，领导干部示范引领，各级干部履言践诺，服务导向更加靠实。坚持从严监督执纪，加大纪律教育力度，党员干部讲政治、守规矩、强落实、保质量，为事业发展提供坚实纪律保障。

【安全环保】 2021年，公共事务管理部完善"外防输入、内防扩散"防控体系，开展公共卫生治理，组织疫情专项排查241次，审批员工外出731人次，隔离人员74人，守住"零疫情、零感染"底线。统筹推进反违章专项整治、安全生产专项整治、"低老坏"问题专项治理等工作，开展办公场所、租赁资产、非生产类办公用房等安全监督检查22次，整改各类问题230项，实现安全环保事故事件"零报告"。制定清雪除冰方案，加强协调督导，矿区有序应对暴风雪极端天气。针对燃煤供应紧张、市场价格高的情况，配合政府帮助热源企业解决问题，实现按期达标供暖。多次与市区政府沟通协调，攻坚历史遗留问题，前进小区搬迁列为油田联席会重要议题，明确解决路径。落实维稳信访安保防恐责任，接访群体、政策答疑千余人次。配合辽河油田公司深化油区、油地协作，企地融合达到新高度。

（魏 慰）

振兴服务分公司

【概况】 振兴服务分公司前身为振兴公用事业公司，成立于1994年7月。2017年6月与渤海公用事业处部分业务重组整合。2018年3月更名为辽河石油勘探局有限公司振兴公用事业处。2020年10月更名为辽河石油勘探局有限公司振兴服务分公司（简称振兴服务分公司）。主营业务包括餐饮服务、物业管理、家政服务、礼品花卉销售、非居住房地产租赁、房屋租赁、园林绿化工程施工、办公用品销售、计量服务、谷物种植等业务。2021年底，振兴服务分公司设机关科室10个、直属部门4个，下设大队级单位21个和委托管理多种经营企业1个。有员工2548人。其中，主业2318人，多种经营230人，合同化员工1139人，市场化员工1409人。具有高级技术职称40人，中级技术职称458人。振兴服务分公司党委有党员937人。2021年，振兴服务分公司获集团公司2021年度先进基层党组织、辽河油田公司2021年度先进单位、辽河油田公司2021年度质量安全环保先进单位、2021年度辽宁省保卫系统先进单位；组织人事、生产运行、企管法规等工作均获油田公司级奖项，得到上级部门的认可。

【后勤服务】 2021年，振兴服务分公司夯基础、强管理、筑保障，稳步提升服务品质。推动服务标准化汇编实施落地，打造特种油开发公司前线食堂标准化"示范站"，建立基础数据动态管理机制，业务管理更加规范。专注服务提质提效，开展服务质量"大提升"问卷调查活动，征集问卷3500余份，各类问题得到有效整改。加强对标管理，选派优秀骨干赴中国石油华油集团有限公司、长庆油田公司学习，提升服务管理水平。制定食堂餐饮业务"九个统一"改进措施，"中央食堂"模式建设平稳起步。梳理汇总"低老坏"问题清单，集中开展6轮150次服务品质监督抽查，问题总量同比下降64.4%。结合甲方需求延伸服务范围，开展10余项"增值业务"，优质服务获好评，总体服务满意度同比增长1.73%。持续跟进业务改革，有序承接储气库有限公司、经济技术研究院、劳务管理中心后勤服务，完成后勤服务市场化价格核定，形成办公庭院业务指导建议和文体场馆共享实施方案。在抗洪涝、斗暴雪、战疫情中超前谋划，有效应对，在"急难险重"面前彰显强有力的后勤保障力量。

【经营管理】 2021年，振兴服务分公司提效益、闯市场、挖潜力，提高管理水平。坚持质量效益并重，围绕归核化发展方案和亏损企业治理目标，持续加强预算收支管控。实现账面收入5.95亿元，超交利润731万元，超额完成辽河油田公司下达的奋斗目标。注重顶层设计，科学分析亏损企业治理中面临的"三大矛盾"，稳步推进治理措施6项。着力打造提质增效"升级版"，取得1206万元成果，超额度完成目标任务。注重服务管理提效，建立"四统一"房屋管理机制，有效盘活闲置房屋20套，实现增收100万元。规范土地税费管理，减少费用支出113万元。外部市场项目持续创效，累计安置员工近百名。优化农业投资，着力改善基础设施、创新管理方法，稳步实施"四区一基地"建设，实现水稻产量1.15万吨。强化资金管控，加大结算力度，完成预算收入104.4%，减少资金使用利息49万元。清退外部用工118人，新增分流转岗70人，实现增效355万元。压减非生产性支出，减少五项费用55.75万元。

梳理规章制度和工作流程，加大普法和重大事项法律审查，以党委巡察、合规检查、内控测试、专项审计为契机，有效堵塞管理漏洞，提升企业合规管理、风险防控水平。

【安全管理】 2021年，振兴服务分公司防风险、守底线、保稳定，发展环境持续向好。落实"四全""四查"要求，严格执行"五个用心抓"，持续推进全员岗位责任清单化管理，修订责任清单248份，签订QHSE责任书116份。组织分委会内审及专项审核，累计发现并整改问题582项，体系运行水平始终保持B1级。实施安全生产问题专项治理，组织"电气、消防、出租房屋、城镇燃气"隐患大排查以及"百日攻坚"专项行动，累计解决疑难问题1852个。开展反违章专项整治行动，查改问题542项，违章行为与重复问题发生率显著下降。健全完善11类299项QHSE现场检查清单，坚持"四不两直"安全监督，全年开展固定场所检查432次，下发安全隐患整改通知单206份，安全计分105人次。严格承包商监管，持续加大现场安全监督、隐患排查和问题整改力度，落实敏感时期和节假日升级管理，施工现场安全受控。组织环境风险大排查和排污排涝现场环境问题专项治理，重点环保工作有效落实。严格执行疫情防控管理制度，突出重点场所，关键部位升级管控，员工疫苗接种率达97.1%。学习宣贯新《安全生产法》，组织10期安全轮训和履职能力评估，干部员工安全环保责任意识和履职技能实现"双提升"。

【党的建设】 2021年，振兴服务分公司学党史、抓融合、促发展，彰显党建优势。全面学习贯彻党的十九届六中全会精神，开展党史学习教育和庆祝中国共产党成立100周年系列活动，发挥党委"把方向、管大局、促落实"作用，持续加强自身政治建设，时刻把牢政治方向。落实"第一议题"制度，开展两级中心组学习522次，专题研讨133次，决策"三重一大"事项102个，全体党员干部在学习实践中不断增强"四个意识"、坚定"四个自信"、拥护"两个确立"、做到"两个维护"。坚持把党的领导融入各项工作，将党建工作与重点工作有机融合，以4大类10项内容开展党建项目化管理，推进"党建+3+X"工作模式，创新自选动作15个。建立基层党建联盟18个，组织联建活动60余次，形成项目共推、难题共解、资源共享的良好局面。推动基层党建"三基本"建设与"三基"工作有机融合，设立"党员先锋工程"26项，示范岗、责任区、志愿服务队125个，全年节约挖潜700余万元。开展示范党支部现场交流，通过互学互促，党支部达标率100%。实施党员干部能力素质提升工程，突出年轻干部选拔培养，开展党员干部专题培训、党务干部培训班、党支部书记述职评议，全年交流三级领导人员53人次，"80后"三级管理人员占比近1/4。建立与托管企业党总支联动机制，对托管企业严格监管、真情帮扶，确保不欠薪、不欠险，最大限度保证队伍稳定。制定"以案促改、以案促治"专项行动方案，总结梳理廉洁案例和共性问题，全年开展廉洁警示教育400余场次，撰写心得体会600余份，全面强化纪律规矩意识。制定廉洁风险防控措施，突出重大部署专项监督66次，锁定重要节点廉洁谈话200人次。

【员工队伍建设】 2021年，振兴服务分公司紧扣民心增福祉、惠民生、聚合力，和谐建设成果丰富。制定落实4大类12项民生工程，组织开展"我为员工群众办实事"活动，解决员工群众"急难愁盼"问题21项。推进"健康辽河2030"行动，出台食堂合理膳食标准，实施"三减"行动，油盐糖人均用量同比减少12%。与盘锦辽油宝石花医院建立健康管理联盟，中高风险人群实现"一人一档"和健康跟踪。有效开展办公场所控烟、职工工间操、EAP项目帮扶等活动，提升员工健康管理意识。组织开展"送党课到基层""党员朗读者""每日微课堂""出彩振兴人"评选等活动，参加"党建+"演讲比赛、班组成本分析大赛、庆祝建党100周年大合唱等活动，展现振兴人的奋斗姿态和时代风采。开展"转观念、勇担当、高质量、创一流"主题教育，围绕7个专题研讨项目，开展调研宣讲30次，形成对标报告10份，较好凝聚全员思想共识。召开民主恳谈会72场次，收集合理化建议129条，形成创新项目报告9个，群众性创新创效活动成果丰富。突出抓好关键部位和重要节点维稳安保防恐工作，整体环境保持和谐稳定。

【疫情防控】 2021年，振兴服务分公司成立疫情防控专班，各级主要领导亲自挂帅、亲自部署、亲自督办，专班成员落实直线责任，对口负责，各部门围绕重点场所、重点单位、重点人群，及时评估完善防控措施，堵塞防控漏洞，实现疫情防控目标。工作人员配备、防控物资调配、应急机制完善等方面给以保障，确保防控措施有效落实，发现问题及时整改。针对振兴服务分公司人员多、承包商多，点多面广的特点，严格梳理排查流程，开展"党建+安全"，推行"网格化"管理，以959名党员以工作区域为重点联系周边员工，从班组排查细化到小组排查，做到各项排查工作全员覆盖无遗漏。指导员工安装和使用打卡小程序，利用网络大数据定位统计功能，让疫情防控做到底数清、数据实。强化人员管控，严格落实员工及亲友出行审批报备制度，加强对201名"五类"人员的日常管理工作。将1746名长期承包商纳入员工一体化管理，项目外来人员严格执行入场前"测温""查码""验卡"、登记和轨迹排查制度。突出办公场所、食堂、活动场馆等高风险场所的管理，负责辽河油田公司机关和各二级单位办公楼宇、公寓、食堂、门岗、通勤车辆等公共区域的防疫工作，重点要求保安、保洁、餐饮服务人员等公共事务服务人员在岗服务期间全程佩戴口罩。公建服务场所严格落实消杀、扫码测温登记、快递消毒、疫情风险预警表上墙等硬性措施。38家食堂按照"一食堂一方案，一食堂一带班领导"负责制，建立食材物料进货渠道定期排查，暂停冷冻冷藏食品采购，规范做好食堂食品采买、加工人员的个人防护、日常监测。配备充足的口罩、测温枪、消毒液等疫情防控物资，及时有效地发放到基层，满足一线员工防护需求，并按照满足30日满负荷运转需要做好防疫物资储备。严格窗口人员晨检制度，窗口人员出行返回执行7天自我监测，每14天完成一轮窗口人员核酸检测。为确保防疫工作在基层落实落地，成立疫情防控督导组，对科级单位进行全覆盖督导，强化疫情防控专项督查。开展疫情防控专项检查，重点检查员工流动性管理和外来人员管理、防疫物资储备、疫情防控措施落实、核酸检测等内容，确保疫情防控工作的措施落实、落地。组织梳理本单位疫苗接种情况，一针接种率98.1%，承包商接种率98.3%，加强接种率96.2%。将42名未接种疫苗的保安、保洁、食堂服务人员等员工调离窗口岗位，有效降低疫情防控风险。

（王　晶）

辽河油田新闻中心

【概况】 2016年3月，为进一步理顺辽河石油报社和电视台管理体制，推进报纸、电视优势互补，发挥规模效应，辽河油田公司决定对辽河石油报社、辽河油田有线广播电视台进行重组整合，成立辽河油田新闻中心（简称新闻中心）。对外继续保留"辽河石油报社""辽河油田有线广播电视台"牌子，对内保留"辽河油田有线广播电视管理处"牌子，按照"一个机构、一套领导班子、一体化管理"的管理模式运行。辽河石油报社前身最早可追溯到1970年6月三二二油田筹建的三二二战报社。1973年，辽河石油勘探局将三二二战报社更名为辽河石油战报社。1982年，辽河石油勘探局将辽河石油战报社更名为辽河石油报社。创刊发行《辽河石油报》，是辽河油田公司党委机关报，国内统一刊号CN21-0033。辽河油田电视台始建于1984年8月，1986年正式建台试播自办节目，是我国最早形成规模的有线电视台之一。新闻中心主要职责是负责辽河油田新闻宣传工作；承担《辽河石油报》编辑、出版、印刷、发行任务；承担辽河油田有线广播电视台新闻采、编、制、播任务；承担辽河油田公司有线电视网络的运行管理。同时承揽《中国石油报》辽宁地区印刷工作；油田和社会印刷品印刷；报纸、电视广告承揽发布。主要业务范围包括报纸出版发行、有线电视节目播出、有线电视收费、广告及广告制作、图片制作、印刷品印刷、房屋租赁等业务。2021年底，新闻中心有员工343人，其中，在职处级干部5人，在职科级干部45人，改具科级27人，一般管理人员33人，专业技术人员76人，技能操作人员141人，分流人员11人。设机关职能科室6个、直附属机构14个、三级单位2个。资产总额为3237万元，主要资产有房屋、印刷设备、通信设备、传导及动力设备等1963项；固定资产原值11561万元，累计折旧7905万元，净值3656万元，减值准备620万元，净额3035万元。新旧系数0.26，设备运行状况良好。成本费用总额9672万元，其中，人工成本6590万元、变动成本2038万元、折旧及财务费用等1014万元。2021年，新闻中心积极发展主营业务，做好新闻宣传。在传统媒体的基础上发展新媒体宣传，加大在微博、微信公众号、抖音、客户端等新兴媒体的工作力度，构建"报—台—站—网—新"全媒体发展新格局。全面完成各项业绩指标，其中发行收入349万元、广告宣传收入689万元、印刷收入633万元、电视收费收入1466万元、房屋租赁收入385万元，实现收入3523万元，利润-6150万元，超奋斗目标25万元。

【新闻宣传】 2021年，新闻中心围绕辽河油田公司重点工作，做好主流新闻宣传，高标准高质量完成各级领导活动、会议新闻、重大活动报道300多次。基本实现无间断报纸专栏、专题报道，各类专版80块以上。电视全年播发《油田新闻》242期、各类稿件1700余条，播发《辽河论谈》51期，播发《油城视线》42期，电视网内传输150套电视节目。记者站全年在中国石油报刊发稿件约260篇，多篇稿件得到辽河油田公司主要领导批示。掌上辽河APP、油田新媒体矩阵在节假日等传统媒体"空窗"之时，确保每天正常更新、推送，全面实现365天不断更。不断优化新运行模式，集中精力抓好新闻宣传，围绕时政报道，突出一个"准"字；围绕重大时间节点，突出一个"快"字；围绕领导和部门关注，突出一个"深"字；围绕全年和阶段工作重点，突出"精"字。针对天然气保供、外围区效益上产，以走基层形式，纪录讲述新闻故事；重要专题精心制作，高标准完成多部专题片、纪实片、微纪录的制作任务；论谈栏目契合重点，内容形式更加丰富。"十一"期间，面对突如其来的洪潮灾害，报纸、电视、辽河油田官微、微博、抖音以及掌上辽河APP多平台联动，全体编辑24小时在线坚守岗位，第一时间编发防汛前线"战况"，全景呈现不分昼夜抗洪抢险的辽河人的拼搏精神，新媒体各平台累计编辑发布防汛报道212篇，引发广泛关注和强烈反响，受到辽河油田公司领导和广大干部职工的广泛关注，初步展现新模式运行下新闻中心较强的战斗力和执行力。

【经营管理】 2021年，新闻中心立足实际，推进依法合规管理，促进管理提升，加速媒体融合，推进精干转型，打通管理难点、症结，应对经营难题、挑战，提质增效，逐步理清既有业务收入渠道，取得初步成效。畅通依法合规管理通道，强化管理提升，规范企业经营。以流程化管理、规范化运营保障各项业务顺利开展。按照辽河油田公司一级制度、二级流程管理办法，完成制度流程梳理工作，形成报纸、电视、新媒体、企业形象宣传等一系列的内部价格体系。加速媒体融合，推进精干转型。打破原有新闻机构设置，实现队伍融合，成立采访、编辑、新媒体、营销四个中心，同时建成新闻信息采编播发布的策划指挥工作流程，为传统媒体提升宣传效果、新媒体扩大影响力提供工作支持和内容支撑。开展提质增效专项行动，加大传统业务创收力度，征得辽河油田公司同意提高报纸发行价格，印刷厂主动对接客户需求推动内部市场回暖。加强印刷、广告、发行、电视收费等业务。

【提质增效】 2021年，新闻中心按照辽河油田公司统一部署，强化政治意识、危机意识、责任意识，在做强宣传报道主业的同时，成立以党政主要领导为组长的提质增效工作领导小组。以年初预算为基础，制定10条措施、488万元提质增效行动方案。实际运行过程中，各项措施实行项目化管理，按照"五个一"机制推进，把思想和行动统一到辽河油田公司各项工作部署上来。主要领导亲自抓、分管领导具体抓、科室部门主动抓，层层分解指标，传导压力，激发动力，做到新闻宣传不放松，生产经营加压力，管理水平再提升，确保工作取得实效。全年完成提质增效金额506万元，完成率104%，完成新闻中心提质增效目标。

【安全管理】 2021年，新闻中心贯彻落实上级各项工作部署，围绕新闻中心发展目标和工作要求，认真履行质量安全环保工作职责，强化直线责任落实、做好疫情常态化管控、现场风险防控，推动QHSE风险防控和隐患排查治理工作，在管理岗位、技术岗位推行QHSE责任清单，操作岗位推行QHSE履职承诺卡。夯实基层基础工作，加大监督检查力度，进一步提升管理能力，为新闻中心安全发展奠定坚实基础。

【党建工作】 2021年，新闻中心党委全面加强党的领导，党委"把方向、管大局、促落实"作用有效发挥，在组织建设、制度建设、队伍建设、党建活动创新工作上水平稳步提升。推进基层党组织"三个基本"建设，按照有关规定重新组建党支部，完成换届选举工作，选优配强党支部书记。修订完善党建工作制度14项，梳理党建工作流程12项，建立党务工作模板及党务记录规范58项，编纂《新闻中心党支部规范化建设指导手册》，开展党建课题研究1项。举办党务工作者培训班，选派支部书记、青年骨干参加辽河油田公司党务干部培训。开展党史读书班、党史知识竞赛、主题征文等庆祝建党100周年系列活动。新发展预备党员5名，按期转正预备党员6名。开展"三联三帮"党建联盟活动、"党建+营销服务""党建+安全环保""党建+经营效益"共产党员先锋工程，加快创新成果向生产力转换。新媒体中心党支部、采访中心党支部荣获辽河油田公司先进基层党组织、优秀基层党组织称号。

（文莉娜）

劳务管理中心

【概况】 2020年10月，辽河油田公司将原矿区工作管理部劳务管理中心与兴隆台公用事业处整合，将曙光采油厂工程技术处、兴隆台采油厂工程技术处、特种油工程技术处、欢喜岭采油厂工程技术处、沈阳采油厂工程技术处、锦州采油厂工程技术处、高升采油厂工程技术处、茨榆坨采油厂工程技术处、金海采油厂工程技术处托管的多种经营人员，以及没有托管单位的厂办大集体改革中办理"十一条"分流人员划入，成立辽河石油勘探局有限公司劳务管理中心（简称劳务管理中心），列未上市业务二级单位机构序列，纳入矿区服务系统组织机构。劳务管理中心主要负责民用物业人员、盘锦辽油宝石花医院出劳务人员的人事、档案、党群管理；中止劳动合同多种经营人员的人事账册、人事信息变更、档案管理；办理"十一条"分流人员的全面人事管理，打造辽河油田人力资源调剂平台。2021年底，劳务管理中心现有各类性质员工共计7497人。两级机关在编管理人员238人，其中处级干部8人、科级干部90人（含在宝石花物业管理有限公司盘锦分公司、盘锦辽河智慧等单位出劳务人员33名科级干部）、一般管理人员140人。设机关职能部室7个、直属部门3个；设项目协调部18个。

【员工队伍】 2021年，劳务管理中心以转岗分流为中心，围绕亏损治理工作，将低劳务收入的在宝石花物业管理有限公司盘锦分公司出劳务的员工，向高劳务收入的辽河油田公司内部单位和外部市场转移，与辽河油田公司概预算管理中心和财务资产部确定劳务价格，动员年龄较大或身体不好的职工办理"十一条"分流措施。同比，到辽河油田公司内外部市场的各个劳务项目上新增425人，创效3500万元，新增"十一条"分流人员172人，续办162人，节约成本1375万元，在宝石花物业管理有限公司盘锦分公司出劳务人员从年初2100人下降到1528人。人事部支持，按照用工单位有关要求，开展吉林四平采油厂劳务、长庆油田采油五厂劳务、常规劳务转岗储备、新能源技能储备培训项目4个，培训1698人次，其中常规劳务转岗储备培训时间为9—11月，分三期，储备培训员工192人，使这支相对低端的人力资源队伍更多地适应高端需求，为有价值有效益转岗分流创造条件。完成常规鉴定和转岗鉴定工作，组织原物业系统从业人员开展常规技能鉴定工作，鉴定报名196人，考试合格人数为127人，合格率64.8%。与辽河油田公司技能人才评价中心结合，开展小批次鉴定3个，包括吉林四平采油厂劳务、长庆油田采油五厂劳务、常规劳务储备采油工岗位鉴定，取证1049人次，平均取证率94.08%，通过鉴定取证，提高劳务人员转岗技能，取得新单位新岗位从业的敲门砖。

【安全环保】 2021年，劳务管理中心贯彻落实辽河油田公司质量安全环保工作部署和要求，坚持安全隐患排查整治，严格执行疫情防控管理，确保安全生产形势平稳。完善职业健康档案，教育引导员工注重自身防护和职业危害。按规定为职工发放防暑降温费和保健费，组织接触职业危害职工参加职业健康体检162名。组织7名员工参加注册安全工程师继续教育培训，对持有电工、电焊工、司炉工等操作证书的158人进行复审培训。针对留存车辆存放地点进行逐一现场核实，封存不使用车辆，完善车辆移交的车辆登记证、保险单。对车辆GPS监控系统、视频监控系统账户及系统中车辆进行调整，确保原有车辆清零。做好与车辆服务中心对接，完成对外围项目协调部日常用车的统一调派。及时传达盘锦市、辽河油田公司疫情防控文件和要求，定期发布防疫知识，提示员工注重个人防护。结合辽河油田公司疫情防控管控要求，制定《劳务管理中心应对违反疫情防控工作措施的管理规定》，明确机关部门、基层单位在疫情防控中的工作职责，理清管理范围内的员工数量，严格执行辽河油田公司有关疫情防控工作部署，坚决抓好疫情防控，严密防范聚集性疫情。为基层单位配备测温仪、消毒液等防疫物资，加强办公区域"门禁"管理，落实外来人员扫码验证、体温检测及邮件包裹消杀等常态化防控措施。采取行程卡验证、手机"线上"打卡，有效查验员工出行申报信息真实性。坚持非必要不出行原则，严格执行重点关注地区升级管理，严格落实外出人员各级审批、报备及返回人员核酸检测、隔离等各项工作要求，确保人员流动、健康状况全面管控。克服人员管理数量大、不在岗人员占比大等诸多因素，群策群力、多措并举，新冠疫苗应接尽接比率达98.67%。保卫部严格按照辽河油田公司维稳信访工作办公室年度工作部署和要求，结合工作实际，紧密围绕生产经营管理和保平安护稳定工作重心，强化组织领导和责任落实，加强职工普法宣传教育、重点时期安保维稳工作。生产经营秩序平稳运行、职工队伍稳定。劳务管理中心被辽宁省企业事业单位内部治安保卫协会授予安防先进单位。

【信息档案】 2021年，劳务管理中心做好两会期间、"中国共产党成立100周年"重要时间节点的网络安全保障工作，落实《关于开展辽河油田公司2021年网络安全检查工作的通知》《关于做好"庆祝中国共产党成立100周年"网络安全保障工作的通知》要求，信息人员坐班值守，手机24小时开机，配合上级部门处理突发事件。为配合上级信息部门开展计算机敏感信息清查工作，劳务管理中心成立专项领导小组，专门召开专项培训会议，部署此项工作，清理计算机210台，清查敏感信息71000条。坚持抓基础、抓制度、抓管理，完善档案工作内在质量，审核、接收来自13个单位的划转人事档案4039卷。有序推进干部人事档案专项审核工作，初审干部人事档案596卷，复审干部人事档案598卷，装订补充材料400余份，干审工作完成率100%，划转接收干部档案的干审完成率80%。全年查（借）阅人事档案154人次，复印档案材料700余页。接收、整理和归档装订零散材料843份；转出零散材料8人次38份。档案审核准确，向拟退休职工耐心解答、解释政策，对需要提供材料的拟退人员，指导其提供有效材料。审核、复议2021年退休职工人事档案470卷，预审2022年退休职工人事档案568卷。数字化扫描2017年以前死亡人员人事档案和2020年退休人员人事档案共计408卷，其中140卷移交盘锦市，另268卷待移交。收集整理各门类综合档案，其中会计凭证395卷，各类报表51卷，文书类档案 632 件，照片 33 张。按照辽宁省盘锦市建设智慧城市的整体部署，在全面盘库、核实确认的基础上，将馆藏辽河油田矿区基建档案移交盘锦辽河智慧城市发展集团有限公司管理 5051 卷、移交振兴服务分公司管理 33 卷（表 22）。

表 22　2021 年人事、综合档案工作情况统计表

内容＼项目	人事档案	会计档案	文书档案	基建档案
接收档案	4039	446	632	—
转出档案	140	—	—	5084
审核退休档案	2232	—	—	—
提供利用（人/次）	154	35	23	10

【党的建设】 2021 年，劳务管理中心结合实际讲授"不忘初心迎百年，牢记使命勇争先"专题党课，重点围绕党的历史、党的成就、党史学习教育的意义等内容，不断激发党员干部干事创业热情。采取现场集中和视频连线方式，深入到分管单位开展内容丰富、形式多样的讲党课活动。坚持从严管理干部，聚焦领导班子和干部队伍建设，将从严从细落实落地，推动班子和队伍建设良好，干部干事创业动力十足。遵循"以事择人、人岗相适"原则，合理优化科级领导班子年龄结构、专业结构和知识结构。全年干部调整 2 次，科级干部岗位交流调整 2 人，撤职降级 1 人。在疫情防控期间做好 2020 年、2021 年度科级领导班子及科级干部考核测评工作，进一步优化完善科级领导班子和领导人员考核评价机制，改进年度考核方法，实现结果科学运用。建立三级青年人才库，按照优中选优原则，梳理并统计厂处级人才 29 人、大队级人才 11 人，不断激发干部队伍活力。对在职、劳务、"十一条"分流等党员进行归类统计，梳理铁人先锋、全国党员系统、单机版党员系统三个软件中的党员数量，确保党员底数清、情况明。建立微信群线上沟通联系，个别问题线下协调解决，建立不在岗党员微信群组 53 个，形成人人都有"群"、一人管多人、点对点服务、线上线下相互嵌套的管理矩阵。实现各个群组有效联动、不落一人，居住在国内外不同地区党员的疫情防控、政策宣贯、党费缴纳、线上"三会一课"等各项工作均平稳运行，逐步形成大部分不在岗党员可控可管的良好模式。结合企业工作范畴，组织实施共产党员工程 19 项，划定共产党员责任区 33 个，设立共产党员示范岗 53 个。深入开展以党建提升、民生改善为主要内容的"石油工人心向党、我为发展做贡献"岗位实践活动，不断增强党员责任意识，彰显党员形象。

【党群工作】 2021 年，劳务管理中心组织开展党委理论学习中心组集中学习研讨 16 次，基层单位班子集中学习研讨 140 次。集中组织收看庆祝中国共产党成立 100 周年大会直播，围绕习近平总书记重要讲话精神进行专题学习研讨。各级党组织书记共讲授专题党课 52 场，征集党史学习教育征文 36 篇，新媒体作品 18 件，发布音频作品 21 期，发表党史学习教育理论文章 2 篇，党史教育知晓率、覆盖面达到"两个 100%"。组织 215 名党员分批开展为期 5 天四期的党史学习教育专题培训，推动党史学习教育走深走心走实。以支部为单位，召开专题组织生活会 52 场，深入查摆和剖析问题 220 个。在辽河油田网页、《辽河石油报》、掌上辽河 APP 等外部媒体发稿 60 余篇。

【庆祝中国共产党成立 100 周年活动】 2021 年，劳务管理中心党委举办庆祝建党 100 周年活动，召开庆祝中国共产党成立 100 周年表彰大会暨专题党课。各级党组织和广大共产党员高举习近平新时代中国特色社会主义思想伟大旗帜，贯彻党的十九大和十九届二中、三中、四中、五中全会精神，坚持党的领导、加强党的建设、全面从严治党，围绕油田公司党委、劳务管理中心党委工作主线，实施党建与中心工作深度融合工程，推进基层党组织规范化建设，开展形势任务教育和党史学习教育，开展"转观念、勇担当、高质量、创一流"主题教育活动，在疫情防控、改革转型发展、劳务输出等具体工作中迎难而上、攻坚克难、无私奉献、奋勇争先，涌现出一批优秀共产党员、优秀党务工作者和先进党组织。

（张春艳）

机构、人物与荣誉

辽河油田公司组织机构

2021年辽河油田公司组织机构名录

序号	单位	地址
一、机关职能部室（15个）		
1	党委办公室（总经理办公室）	辽宁省盘锦市兴隆台区石油大街98-2号机关综合楼
2	生产运行部（应急管理中心 生产运行指挥中心）	辽宁省盘锦市兴隆台区石油大街98-2号机关综合楼
3	钻采工程技术部（井控应急办公室）	辽宁省盘锦市兴隆台区石油大街98-2号机关综合楼
4	质量安全环保部（海洋石油安全生产监督管理办公室中油分部辽河监督处、集团公司健康安全环保专业标准化技术委员会油气田及管道分标准化技术委员会秘书处、技术监督部、环境保护部）	辽宁省盘锦市兴隆台区石油大街75号工会大厦
5	科技部	辽宁省盘锦市兴隆台区石油大街98-2号机关综合楼
6	基建工程部	辽宁省盘锦市兴隆台区石油大街98-2号机关综合楼
7	设备管理部	辽宁省盘锦市兴隆台区石油大街92号勘探开发研究院院内
8	规划计划部	辽宁省盘锦市兴隆台区石油大街98-2号机关综合楼
9	财务资产部	辽宁省盘锦市兴隆台区石油大街98-2号机关综合楼
10	企管法规部	辽宁省盘锦市兴隆台区石油大街98-2号机关综合楼
11	审计部	辽宁省盘锦市兴隆台区石油大街98-1号原芳华宾馆B座
12	党委组织部（人事部、组织员办公室）	辽宁省盘锦市兴隆台区石油大街98-2号机关综合楼
13	党委宣传部（企业文化部、新闻办公室、机关党委）	辽宁省盘锦市兴隆台区石油大街98-2号机关综合楼
14	纪委办公室（党委巡察工作领导小组办公室）	辽宁省盘锦市兴隆台区石油大街98-2号机关综合楼
15	群团工作部（工会 团委[青年工作部]）	辽宁省盘锦市兴隆台区石油大街75号工会大楼
二、机关附属单位（2个）		
1	辽河油田公司档案馆	辽宁省盘锦市兴隆台区惠宾街90号
2	技能人才评价中心	辽宁省盘锦市兴隆台区石油大街89号
三、机关直属机构（4个）		
1	土地公路管理部（油地协调办公室）	辽宁省盘锦市兴隆台区石油大街98-2号机关综合楼
2	国际合作部	辽宁省盘锦市兴隆台区石油大街98-2号机关综合楼
3	纪检中心	辽宁省盘锦市兴隆台区石油大街98-2号机关综合楼
4	维稳信访工作办公室（政法委办公室、综合治理办公室、防范和处理邪教问题办公室、武装部、保卫部）	辽宁省盘锦市兴隆台区石油大街75号工会大厦

续表

序 号	单 位	地 址
四、上市业务二级单位（28个）			
1	兴隆台采油厂	辽宁省盘锦市青年路102—8号
2	曙光采油厂	辽宁省盘锦市兴隆台区曙光街
3	欢喜岭采油厂	辽宁省盘锦市兴隆台区欢喜街
4	高升采油厂	辽宁省盘锦市兴隆台区高升镇境内
5	茨榆坨采油厂	辽宁省沈阳市辽中区茨榆坨街道内
6	沈阳采油厂	辽宁省新民市兴隆堡镇
7	锦州采油厂	辽宁省凌海市西八千乡
8	金海采油厂	辽宁省盘锦市兴隆台区香稻路91号
9	特种油开发公司	辽宁省盘锦市兴隆台区石油大街86号
10	冷家油田开发公司	辽宁省盘锦市兴隆台区石油大街83号
11	辽兴油气开发公司	辽宁省盘锦市兴隆台区芳草路172号正西方向96米
12	未动用储量开发公司（未动用储量开发项目部）	辽宁省盘锦市兴隆台区石油大街88号
13	宜庆勘探开发指挥部（庆阳勘探开发分公司）	甘肃省庆阳市宁县新宁镇马莲路6号
14	油气集输公司（油气工程技术处）	辽宁省盘锦市兴隆台区泰山路169号
15	勘探事业部（勘探部、海南油气开发勘探分公司）	辽宁省盘锦市兴隆台区石油大街100号信息大楼
16	开发事业部（开发部）	辽宁省盘锦市兴隆台区石油大街96号A座
17	勘探开发研究院	辽宁省盘锦市兴隆台区石油大街92号
18	钻采工艺研究院	辽宁省盘锦市兴隆台区惠宾街91号
19	经济技术研究院（工程造价中心、盘锦辽河油田技术经济咨询有限公司）	辽宁省盘锦市兴隆台区石油大街96号
20	燃气集团公司	辽宁省盘锦市兴隆台区石油大街85号
21	辽河油田（盘锦）储气库有限公司	辽宁省盘锦市兴隆台区石油大街93号 中油辽河工程有限公司西配楼
22	辽河油田消防支队（中国石油消防应急救援辽河油田支队）	辽宁省盘锦市兴隆台区兴油街74号东70米
23	外部市场项目管理部（塔里木项目管理部）	辽宁省盘锦市兴隆台区石油大街88号
24	安全环保技术监督中心（中国石油天然气集团有限公司辽河特种设备检验中心、中国石油天然气股份有限公司辽河特种设备检验中心、勘探与生产分公司HSE东北工作站、中国石油天然气集团公司东北油田节能监测中心、中国石油天然气股份有限公司油田节能监测中心、石油天然气辽河工程质量监督站）	辽宁省盘锦市兴隆台区惠宾街91号
25	销售公司	辽宁省盘锦市兴隆台区石油大街94号 油田报社办公楼
26	中国石油天然气股份有限公司东北原油销售中心	辽宁省沈阳市皇姑区金沙江街5号
27	审计中心	辽宁省盘锦市兴隆台区石油大街98-1号原芳华宾馆B座

续表

序号	单位	地址
28	车辆服务中心	辽宁省盘锦市兴隆台区振兴路 133 号

五、未上市业务二级单位（22 个）

序号	单位	地址
1	辽河工程技术分公司	辽宁省盘锦市兴隆台区兴隆街 141 号
2	辽河油田建设有限公司	辽宁省盘锦市兴隆台区兴隆大街 130 号
3	中油辽河工程有限公司	辽宁省盘锦市兴隆台区石油大街 93 号
4	物资分公司（物资管理部）	辽宁省盘锦市兴隆台区芳草路 172 号
5	供水分公司	辽宁省盘锦市兴隆台区兴隆台街 140 号
6	电力分公司	辽宁省盘锦市兴隆台区迎宾路 30 号
7	信息工程分公司（信息管理部）	辽宁省盘锦市兴隆台区石油大街 78 号
8	土地资源开发分公司	辽宁省盘锦市兴隆台区石油大街 98-2 号机关综合楼
9	石油化工技术服务分公司（石油技术服务分公司）	辽宁省盘锦市兴隆台街 84 号
10	石油化工分公司	辽宁省盘锦市兴隆台区新工街 133 号
11	辽河油田培训中心（辽河油田党校）	辽宁省盘锦市兴隆台区泰山路 107 号
12	大连分公司	辽宁省大连市开发区倚山里东北四街 168 号
13	招标中心	辽宁省盘锦市兴隆台区芳草路 172 号东 80 米
14	国际事业部［辽河油田国际油气技术有限公司、中国石油海外稠（重）油技术支持中心］	辽宁省盘锦市大洼县田家镇 总部生态城总部花园 A 区 1 号办公楼
15	辽宁恒鑫源工程项目管理有限公司（盘锦辽河油田无损检测有限公司）	辽宁省盘锦市兴隆台区迎宾路 111 号
16	新能源事业部（通辽铀业分公司）	辽宁省盘锦市大洼县田家镇 总部生态城总部花园 A 区 1 号办公楼
17	资本运营事业部	辽宁省盘锦市兴隆台区石油大街 98-2 号机关综合楼
18	能源管理分公司	辽宁省盘锦市兴隆台区石油大街 180 号东楼
19	公共事务管理部［社会保险管理中心、离退休管理中心（老干部处）、矿区维修改造监督协调办公室、住房公积金管理中心、房产交易中心］	辽宁省盘锦市兴隆台区石油大街 96 号 E 座
20	劳务管理中心	辽宁省盘锦市兴隆台区石油大街 180 号
21	振兴服务分公司	辽宁省盘锦市兴隆台区人民路 185 号
22	辽河油田新闻中心	辽宁省盘锦市兴隆台区石油大街 94 号油田报社

注：本篇资料为 2021 年 12 月 31 日辽河油田公司组织机构设置情况

2021年辽河油田公司组织机构图

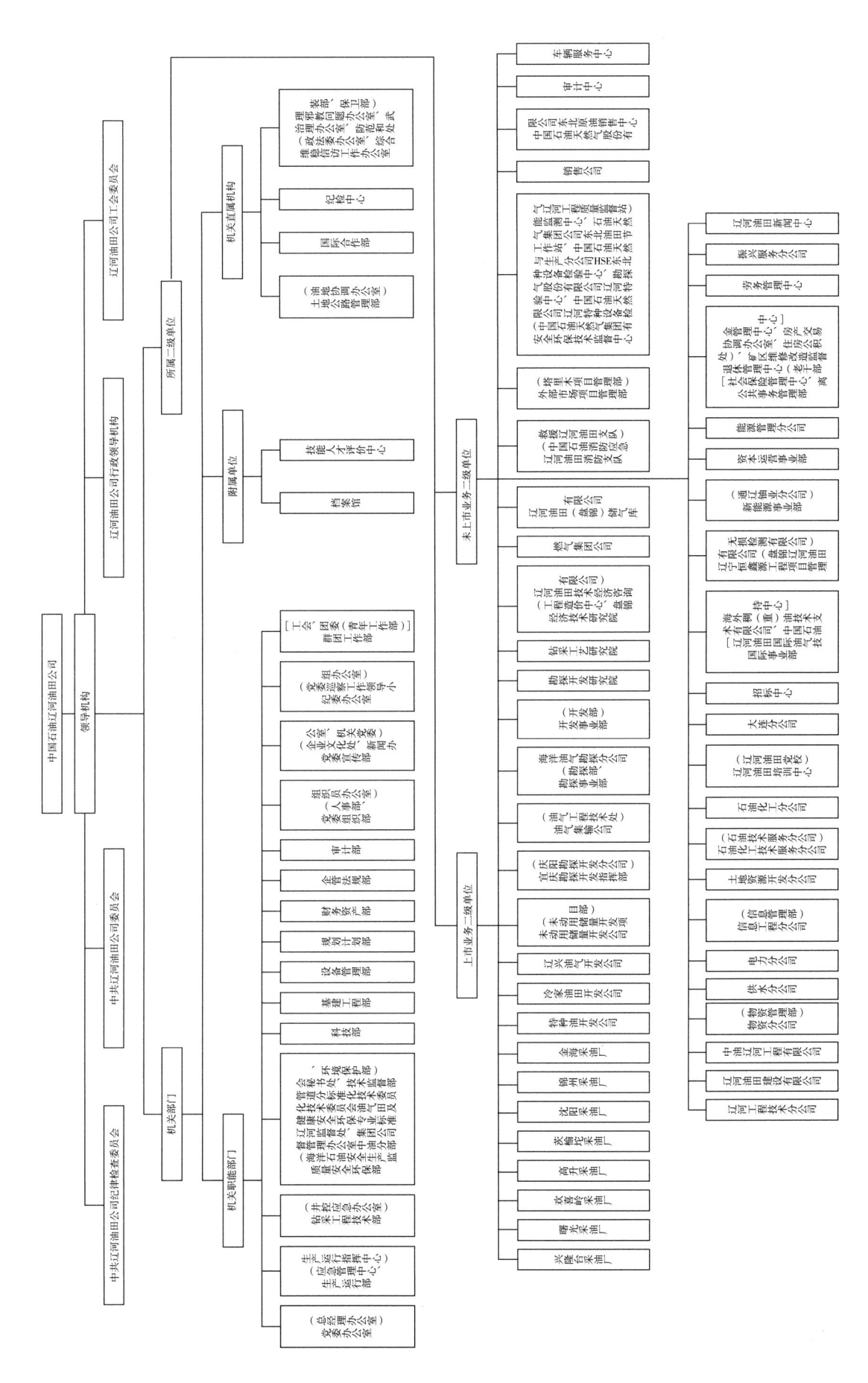

2021年底辽河油田公司中层以上领导干部名录

2021年底辽河油田公司党政领导班子

李忠兴　辽河油田公司执行董事、党委书记，辽河石油勘探局有限公司执行董事、总经理，中国石油驻辽西地区企业协调组组长

孟卫工　辽河油田公司总经理、党委副书记，盘锦市委常委

张金利　辽河油田公司党委副书记、工会主席

孙义新　辽河油田公司党委委员、总会计师

卢时林　辽河油田公司党委委员、副总经理

裴　勇　辽河油田公司党委委员、纪委书记

于天忠　辽河油田公司党委委员、总地质师

王海生　辽河油田公司党委委员、副总经理

刘建峰　辽河油田公司党委委员、副总经理、安全总监

宫卫东　辽河油田公司党委委员（挂职），辽河公安局党委书记、局长

毛宏伟　辽河油田公司总经理助理

孟　平　辽河油田公司副总经济师，公共事务管理部主任、党委副书记，矿区维修改造监督协调办公室主任

李忠诚　辽河油田公司总经理助理，党委办公室主任，总经理办公室主任

潘良革　辽河油田公司副总经济师

2021年底辽河油田公司中层领导干部名录

机关职能部门			
序号	部门/单位	职务	姓名
1	党委办公室（总经理办公室）	主任	李忠诚
		总经理办公室副主任（二级正）	丛伟东
		保密办主任	刘璋
2	生产运行部（应急管理中心生产运行指挥中心）	主任	王家帮
3	钻采工程技术部（井控应急办公室）	主任	王宝峰
4	质量安全环保部（海洋石油安全生产监督管理办公室中油分部辽河监督处、集团公司健康安全环保专业标准化技术委员会油气田及管道分标准化技术委员会秘书处、技术监督部、环境保护部）	主任	卢　敏
5	科技部	主任	周大胜
6	基建工程部	主任	张国军

续表

7	设备管理部	主任	徐宪胜
8	规划计划部	主任	冉 杰
9	财务资产部	主任	邓江红
10	企管法规部	辽河油田公司总法律顾问、企管法规部主任	袁广平
11	审计部	主任	马洪涛
12	党委组织部 （人事部组织员办公室）	部长（主任）	赵万辉
13	党委宣传部（企业文化部、新闻办公室、机关党委）	部长	邹 君
14	纪委办公室 （党委巡察工作领导小组办公室）	纪委书记	李海彬
15	群团工作部 （工会团委[青年工作部]）	部长	陈永和
附属机构			
1	档案馆	馆长	刘长江
2	技能人才评价中心	主任	朱立明
直属部门			
1	土地公路管理部 （油地协调办公室）	主任	滕立勇
2	国际合作部	主任	宋天辉
3	纪检中心	主任	李海彬
4	维稳信访工作办公室 （政法委办公室、综合治理办公室、 防范和处理邪教问题办公室、 武装部、保卫部）	主任	甄占彪
上市业务二级单位			
1	兴隆台采油厂	厂长	杨立龙
		党委书记	尤洪军
2	曙光采油厂	厂长	周 鹰
		党委书记	辛向忠
3	欢喜岭采油厂	厂长	孙学本
		党委书记	黄耀华
4	高升采油厂	厂长	王伟林
		党委书记	郑兴波
5	茨榆坨采油厂	厂长	赵 春
		党委书记	姚文涛
6	沈阳采油厂	厂长	张继平
		党委书记	高树林
7	锦州采油厂	厂长	赵志彬
		党委书记	李 湃

续表

8	金海采油厂	厂长	宋福军
		党委书记	李树华
9	特种油开发公司	经理	吕树新
		党委书记	王晓达
10	冷家油田开发公司	经理	王　振
		党委书记	李玉庆
11	辽兴油气开发公司	经理	周立国
		党委书记	赵　汉
12	未动用储量开发公司 （未动用储量开发项目部）	经理	王佩虎
		党委书记	李彦安
13	宜庆勘探开发指挥部 （庆阳勘探开发分公司）	宜庆勘探开发指挥部（庆阳勘探开发分公司）总指挥、党工委书记	于天忠
		宜庆勘探开发指挥部（庆阳勘探开发分公司）副指挥	李春宝（二级正）
		宜庆勘探开发指挥部（庆阳勘探开发分公司）经理	张国龙
		宜庆勘探开发指挥部（庆阳勘探开发分公司）党委书记	单俊峰
14	油气集输公司 （油气工程技术处）	经理	郑　起
		党委书记	刘　岩
15	勘探事业部	经理	胡英杰
		党委书记	李士成
16	开发事业部 （开发部）	经理	武　毅
		党委书记	吴安东
17	勘探开发研究院	院长	户昶昊
		党委书记	季东民
18	钻采工艺研究院	院长	孙守国
		党委书记	安晓峰
19	经济技术研究院	院长	苏　超
		党委书记	刘铭生
20	燃气集团公司	执行董事党委书记	李　威
		总经理	冯中申
21	辽河油田（盘锦）储气库有限公司	经理	檀德库
		党委书记	沈　冰
22	辽河油田消防支队 （中国石油消防应急救援辽河油田支队）	支队长	潘建华
		党委书记	常宝新
23	外部市场项目管理部 （塔里木项目管理部）	经理	马新民
		党委书记	马新民

续表

24	安全环保技术监督中心（中国石油天然气集团有限公司辽河特种设备检验中心、中国石油天然气股份有限公司辽河特种设备检验中心、勘探与生产分公司HSE东北工作站、中国石油天然气集团有限公司东北油田节能监测中心、中国石油天然气股份有限公司油田节能监测中心）	主任	武俊宪
		党委书记	霍长军
25	销售公司	经理	张洪军
26	中国石油天然气股份有限公司东北原油销售中心	经理	刘洪涛
27	审计中心	主任	孙德群
		党委书记	任 莅（二级正）
28	车辆服务中心	主任	高文全
		党委书记	任文才
未上市业务二级单位			
1	辽河工程技术分公司	经理	刘胜杰
		党委书记	李守东
2	辽河油田建设有限公司	经理	赵明波
		党委书记	梁永宏
3	中油辽河工程有限公司	总经理，董事长	孙雁伯
		党委书记	崔德忠
4	物资分公司（物资管理部）	经理	郭占文
		党委书记	纪明云
5	供水分公司	经理	张吉昌
		党委书记	丛淑飞
6	电力分公司	经理	黄东维
		党委书记	赵连永
7	信息工程分公司（信息管理部）	经理	张文坡
		党委书记	张文坡
		常务副书记	景耀军
8	土地资源开发分公司	经理	滕立勇
9	石油化工技术服务分公司（石油技术服务分公司）	经理	江汉军
		党委书记	陈 琨
10	石油化工分公司	经理	张志江
		党委书记	安家忠
11	辽河油田培训中心（辽河油田党校）	主任、党委书记	索长生
		党校常务副校长	索长生
		常务副书记	赵润旭（二级正）

续表

12	大连分公司	经理、党委书记	周志军
		常务副经理	闻 讯（二级正）
13	招标中心	主任	付新增
14	国际事业部 ［辽河油田国际油气技术有限公司中国石油海外稠（重）油技术支持中心］	经理	罗宪法
		党委书记	朱颖超
15	辽宁恒鑫源工程项目管理有限公司 （盘锦辽河油田无损检测有限公司）	总经理	刘松涛（二级正）
		党委书记	李建民
16	新能源事业部 （通辽铀业分公司）	经理、通辽铀业经理	高永志
		中核通辽铀业有限公司党委书记	陈振岩（二级正）
17	资本运营事业部	执行董事 兼党委书记	张广台
		主任	巩建忠
18	能源管理分公司	经理	李 威
		党委书记	胡春满
19	劳务管理中心	处长	包良勇
		党委书记	张文武
20	振兴服务分公司	经理	赵宇光
		党委书记	吴涵斌
		党务副经理	赵国龙（二级副）
21	辽河油田新闻中心	主任	张建凯
		党委书记	吴彩云
公共事务管理部			
1	公共事务管理部	主任	孟 平
		党委书记	杨忠军
矿区业务板块			
1	房产交易中心	主任	王洪权（二级副）
2	住房公积金管理中心	主任	刘保卫（二级副）
3	社会保险管理中心	主任	张 明（二级副）
4	离退休管理中心 （老干部处）	主任	赵明庆
矿区临时性机构			
1	矿区维修改造监督协调办公室	副主任	孙绍春（二级正） 郭洪平 吴 鹏 孙大勇
		盘锦辽河智慧城市发展集团有限公司 董事长	郭洪平

续表

	参控股多种经营企业		
1	盘锦辽河油田资源利用有限公司	董事长、党委书记	孙培刚
		总经理	徐延广
2	中核通辽铀业有限责任公司	总会计师	李 鹏
3	营口银龙港务股份有限公司	财务总监	王 询
4	辽宁中油产业发展有限公司	董事长	薛海晖
		党委书记、监事会主席	杜维甲

2021年辽河油田公司中层以上干部退休名单

副总师级退休人员	张方礼
二级正退休人员	张洪君 刘 剑 赵政超 曾嘉树 刘海洋 程显东 李洪博 孟庆学 庄园林 柴向春 赵晓强 黄 强 李忠林 孙力文 秦世伦 王凌云 陈秀芬 祁晓明
二级副人员	刘 勇 范增安 李忠涛 顾万庆 孙成威 荣耀森 曲永洲 刘晓明 张福生 牛文金 李春余 蔡文双 范广富 张卫东 王心章 涂建福 郑吉来 孟凡杰 李艳霞 王玉红 张学东 王海凤 程缃蓉
首席技术专家	尹万泉

专家队伍

享受国务院政府特殊津贴人员

刘德铸　李晓光　赵奇峰　龚姚进　温　静

企业首席技术专家

祝永军　刘德铸　李晓光　李明辉

企业级技术专家

刘宝鸿　蔡国钢　李铁军　刘其成　温　静　　　一级工程师
孔令福　孙厚利　张子明　张福兴　尹继红　　　郭彦民　高树生　金　科　冉　波　吴炳伟
刘广东　刘贵满　许国民　孟庆学　王立军　　　鞠俊成　雷安贵　张瑞斌　江　明　高　源
李海龙　李　爽　雷　刚　孙绳昆　　　　　　　卢明德　裴家学　韩宏伟　王奎斌　赵庆辉

荐　鹏　司　勇　王中元　史际忠　于　军
程建平　李　蔓　杨彦东　闫忠顺　肖传敏
梁　飞　闫　峰　梁　兴　吕　民　马昌明
王智博　袁爱武　魏　凯　许宝燕　于　雷
朱　静　苏　建　杜新军　寇　微　何金宝
高富成　孙　卉　李清春　戴　民　项　忱

阴艳芳　吴　爽　高忠敏　张崇刚　高荣杰
王庆文　支印民　王德伟　管恩东　刘　涛
孟　强　袁　武　周庆林　李泽勤　窦玉明
崔　欣　郭廷顺　姚　磊　刘志刚　王　勇
王　玲

2021年度辽河油田公司晋升高级专业技术职称人员

高级工程师

顾峰硕　刘　鑫　李成博　王子杰　郭守贵
梁保生　那慧玲　党　巍　丁纯雷　高立新
李艳艳　李忠喜　刘伟成　张　川　郭晓艳
张　皓

2021年度辽河油田公司晋升中级专业技术职称人员

工程师

高广威　鞠建平　罗福梅　钱　侃　杨　逊
吴　微　邢广益　王楠楠　崔婷婷　尹　煊
汤　力　高　洋　司马双　石　威　赵春元
刘　禹　高倩芸　王　晶　李京雨　肖　潇
汪雨蒙　杨陞楠　韩光甫　高　鹏　李龙飞
王吉喆　谢嘉溪　李炳辉　曾志强　吴　迪
高茄惠　徐　凡　袁　鹏　尹雁南　门琦溟
肖长永　郭小天　赵春雷　姜　永　于璟琦
毛　忠　马凡林　徐伟光　温亚军　吕智博
那国锋　白振东　燕　游　吴仁超　杨彧荣
张颖楠　王　韧　邵伯骁　盛忠良　张松松
魏家琴　杨　萍　任学成　王　英　李静峰
贾紫薇　李槟男　崔文潇　姚雅琼　张达的
张子豪　袁吉阳　吴　鑫　邓昀泽　刘首政
盛　宝　王恩博　张胜楠　赵小雨　薛健飞
郝　铎　徐如锦　陈思陈　田思畦　马　驰
杜　森　刘　倩　刘　薇　张　鹏　里清扬
赵丽媛　张　宁　孙　艺　田滨海　郭许燕
向　骁　朱智源　黄绪明　成东倩　王　磊
刘长亮　齐　悦　郑　瑶　祁　辉　刘玉莹
徐　喆　孟祥龙　闫建满　杜婷婷　苏　峻
于云峰　李瑞东　冷　琨　谢　佳　张　青
王心慧　柳　姝　高　原　王　猛　李素芹
于泓滢　刘红力　张腾达　李彩霞　刘东伟
刘忠昌　王　昊　武　俊　苏　心　裴晓龙
陈思璇　王晓磊　蒋格格　刘雪荻　高梦雪
石兴海　王宇华　王　戬　季学文　母　健
赵　斌　王禹贺　李　群　陈　艳　赵建国
张福力　戚春梅　包家祥　方　华　郭艳丽
秦　晟　蒋　鸢　陈　明　李　帅　邱姗姗
解　峰　郝君研　焉宇婷　张　媛　钟　华
王增伟　高　奇　张泰来　宋　毅　刘　军
信　念　王志勇　刘成伟　张伟艳　申　伟
桂大河　李　健　李延军　林　帅　刘　进
冉　霞　卢　军　魏秀艳　孙文惠　康宸博
张哲洋　张　振　赵　江　蔡　峥　杨宝华
马铭远　王　璐　王韫哲　陈飞洋　黄瑶瑶
王诗灏　于铁铭　孙小茜　唐　平　刘斯文
杨　晨　唐　硕　宋雨赢　杨　勇　马　瑄
李　卫　牟美佳　钱友文　王　永　朱诗语
王　茁　熊伟良　张芷维　付志勇　庞　博
李宏极　汪　瀚　李　蒙　王雅琳　刘相君
刘兴欢　王音严　王德盛　刘　丹　孙健明
李　艺　马婉玉　温宏军　刘　燕　张香伟
吴起峰　侯德慧　杨　勇　张振东　白　杨

崔筱杭	马振邦	姚师林	田雨佳	杨 昱	于一鸣	张庆庚	左 祎	关景顺	刘 飞
古 力	朱晋弘	郭译浓	王大庆	潘 皓	徐振强	赵 裕	潘 赫	薛珑格	赵振峰
王 琨	李冰冰	熊烁斌	高晓瑜	刘 军	李 想	张 涛	付 强	邓 旭	刘锦宁
马 涛	商秀梅	岳 妍	马 涛	沈 阅	胡凯捷	寇 洋	何柏成	王 红	王 艳
刘 洋	黄 勇	张洪光	吴 桐	栾 爽	周 滨	毕新连	季洪波	肖英杰	王言宁
蒋广磊	权 勇	佟建东	曾 鑫	刘 瑀	于 鹏	张梦娇	郑庚晖	杜丽娜	韩伟志
王希春	向 军	吴 英	石 磊	赵世卓	石如杉	魏蒲文	尹 域	张子瑜	袁 帅
刘展硕	吴 瑞	邢天汇	刘安琪	闫倩露	丁 宇	卞 宇	高 娇	孟依承	高河民
王 树	隋 勇	郭伟宏	田 宇	陈赫然	孙 娜	刘 伟	张 楠	董长富	李微微
石 玉	刘凤花	李纯军	任航佐	孙嘉鸾	崔 影	王一滨	代海东	田瑞杰	李文刚
王欣桐	蔺 鹏	郭美伶	苑晓娇	陈星州	李晓东	龚 杰	高哲绪	万 航	孙泉咏
姜思盟	周宇峰	王 洋	王伟成	何浩瑄	邓 辉	马庆松	尹凤英	熊 斌	罗 迪
李 铁	王一鸣	马 驰	石山雨	唐玮爽	陈 亮				
刘成君	王立东	匡 薇	韩 竹	白 冰	**政工师**				
王雨杭	秦 飞	智春峰	张翔宇	李思瞳	常书豪	董秀娜	李 强	李 想	刘 娜
黄思琪	于湘琦	毕英爽	牛思凯	张晨剑	刘 媛	马丽丽	宋春霞	王冠男	王 辉
姜 铄	刘 燊	刘 航	卢晓英	何姝婷	王 越	许 心	张 莹	陈 伟	贾志辰
张 默	韩晋宁	刘 爽	吴享远	刘宏伟	刘 鸿	刘 涛	孙振禄	王 革	张春光
吴文琳	刘福顺	周杨淇	王 伟	李一鸣	贾 爽	孟令君	姜旭沐	姚景滨	王富斌
王志付	张 帅	王维维	于伟东	董 刚	王大玮	张 楠	刘蓓森	刘 昕	田 勇
罗纯鹏	冷立华	叶成准	陈 卓	李昕宇	曲 梦	虞秀华	张建国	许 明	徐 静
范广华	张珏华	石浩明	李宏涛	李秋熠	刘翠翠	孔文胜	黄 鹏	庄镕泽	石 群
李胜宏	王伟康	秦 宁	程显淞	高一蓉	刘可欣	张 波	李洪伟	郑 煊	陈 星
韩 月	丁宜宁	王晨龙	张力骁	王 松	石 萌	周 艳	银玉红	刘 敏	苏志坤
王 晓	张思阳	佟 霖	徐志勇	朱 涛	孙明阳	蔡 锐	姜佳毅	盖晓磊	刘诗慧
詹庆宇	刘 爽	崔 刚	张 婷	何佳欢	李 杨	孙明明	杨 雪	王丽军	贺婷婷
季楷曼	迟晓丹	尹 航	董 良	尤 勇	刘 妍	张婷婷	任 重	史环宇	张子涵
滕锋林	黄 轶	李 鑫	王春燕	王 佟	盛文权	赵旭光	刘德昊	刘 源	王 蕊
张思博	张乾璐	陆 蔷	施 洋	王 顺	杨 鸿	李焕哲	董静雅	万满义	杨 芳
高 岩	王 群	孙 畅	周 刚	李蕧原	翟太广	马冬雪	黄胜兵	刘喜军	郑 伟
邢 路	李泓润	苏祝乾	孙语晗	张桓铭	王晓庆	陈文彦	姚洪彪	董 莹	吕永宁
黄 强	张立群	靳 新	王 强	郑 磊	凌志勇	李忠文	张洪波	高 锐	张 昕
冯 帅	刘锡子	周海龙	于洪飞	朱荣光	高 阳	周丽平	安宝全	韩 伟	潘 峰
王启泓	戴 敏	王 宇	王晨光	柏运涛	班允杰	李 慧	刘 聪	曹玉华	王家辰
于 泽	毕建罡	耿晓冬	华 刚	陶 礼	翟一卜	王 辉	魏洪昌	徐兆彪	程思雨
蒋转业	王陆野	钟治国	张建刚	何 谦	杨晶晶	王佳琳	孙启元	郝 骥	李腾飞
冯 丞	宫铭江	韩 啸	姜 迪	刘品艳	张雨萌	齐 跃	王 帅	高艳梅	吴 卓
宋 扬	王呈辅	王锦程	王志彬	姚良彬	高维洋	赵 峰	王 泽	杨 丽	王亚莉

郭旭颖	张 丽	宋 洁	苏鹏涛	苏荣琦	刘 利	王雅英	郑 伟	金日威	赵振喜
田冬梅	张希英	胡迪蛟	富伯宇	李俊亚	刘程程	赵 健	李忠军	艾 博	鲁 明
杨雨浓	金 莹	王 喆	韩 丽	杜海薇	王莉娟	于国际	张德智	何铁良	张 松
郝莉莎	刘博远	陈 倩	王添博	金明华	陈永伟	杨迎春	张宗军	张兴晨	周爱华
徐若卫	张 波	刘冬旭	张恩泽	谢桂森	周 莹	沈 晨	李 潇	孙鹏云	石 杨
何 帅	孙超业	任 飞	王东利	刘 阳	王 平	杨 磊	赵 燕	李建梅	孙少永
高健鑫	王 璐	周 旭	孙祥智	赵 哲	周国华	马立凯	迟千淳	廉乐乐	王 众
闫成林	谭 奇	周 旭	宋 晶	于 琦	张 明	庄军芝	赵春玲	王 延	赵晓宇
王明洁	李国庆	刘广旭	郭子辉	党璐璐	张 晰	赵世雄	杨金陵	周子龙	朱 玫
刘忠正	于大江	李大勇	杜文杰	单南乔	范恩强	徐 玲	薛 辉	温玉影	赵 伟
康 旭	徐明慧	万鹏程	唐 嬰	何元丽	高 佟	赵宁徽	吴 昊	何 吉	郑欣欣
康 鑫	车立军	袁 彬	吕 玲	李 铎	许 诺	史雪松	李冠玖	崔 原	黄 岩

先进集体

国家级先进集体

全国工人先锋号
曙光采油厂采油作业五区地质室
辽河油田建设有限公司中俄东线天然气管道工程（长岭—永清）第三标段项目部

中央企业青年文明号
兴隆台采油厂采油作业三区女子采油队党支部兴60站

全国企业文化优秀成果奖二等奖
兴隆台采油厂

第三届全国油气开发专业电工职业技能竞赛优秀教练团队
辽河油田公司

2019—2020年度中央企业青年文明号
兴隆台采油厂女子采油队兴60站

中国机械工业科学技术奖科技进步二等奖
储气库公司

中央企业先进基层党组织
兴隆台采油厂采油作业三区女子采油队党支部

全国最美家庭
关长军家庭

全国最美工会户外劳动者服务站点
特油公司前线服务基地

市级工会财务会计工作先进单位
辽河油田公司工会

2017—2020年度全国群众体育先进单位
辽河油田公司工会

首届全国工业原创公益歌曲大赛一等奖
辽河油田公司工会

国家优质工程金奖
辽河油田建设有限公司中俄东线天然气管道工程（黑河—长岭）

国家优质工程
辽河油田建设有限公司陕京四线输气管道工程

优秀焊接工程奖
辽河油田建设有限公司盖州压气站工程

优秀焊接工程一等奖

辽河油田建设有限公司西气东输三线长沙支线工程

石油优质工程奖

辽河油田建设有限公司兰州石化—中川机场航煤管道工程

健康企业创建示范单位

特种油开发公司

一星级全国青年文明号

金海采油厂集输大队洼一联合站

"十三五"石油和化工行业节能优秀服务单位

中国石油天然气股份有限公司节能监测中心（辽河油田公司安全环保技术监督中心节能监测站）

全国"最美工会户外劳动者服务站点"

特种油开发公司站

行业部级先进集体

2020年度组织人事信息报送工作先进单位

辽河油田公司人事部（党委组织部）

2020年度组织史资料征编工作先进单位

辽河油田公司

全国最佳企业电视台

辽河油田公司电视台

全国企业电视优秀团队

新闻中心要闻编辑部

新闻中心要闻采访部

欢喜岭采油厂电视台

2020年度辽宁省广播电视安全播出先进集体

新闻中心

2020年度《中国石油报道》《石油新闻快讯》优秀组织单位

辽河油田有线广播电视台

2020年度辽宁省广播电视安全播出先进集体（技术类）

新闻中心

保密密码工作先进单位

辽河油田公司

2020年度集团公司宣传思想文化工作先进集体

储气库公司党委

省部级先进集体

辽宁省五一劳动奖状

辽河油田建设有限公司

辽宁工人先锋号

兴隆台采油厂采油作业二区

辽宁泰利达信息技术有限公司城市大脑项目组

辽宁省先进团委

辽河油田公司团委

辽宁省先进团委

辽河石化公司团委

辽宁省优秀班组

兴隆台采油厂女子采油队兴60站

辽宁省五四红旗团支部

勘探开发研究院稀油开发所团支部

兴隆台采油厂采油作业二区团支部

辽宁省学雷锋活动示范点

驻辽宁阜新市阜蒙县苍土乡西苍土村工作队

2021年辽宁省职工网络正能量微视频征集活动优秀组织奖

辽河油田公司工会

辽宁省安康杯竞赛活动优胜单位

曙光采油厂

辽宁省安康杯竞赛活动优胜班组
高升采油厂工会
兴隆台采油厂
辽宁省脱贫攻坚先进集体
辽河油田公司党委组织部（人事部）
辽河油田驻辽宁阜新阜蒙县苍土乡西苍土村工作队
辽宁省安康杯优秀组织单位
高升采油厂
辽宁省职工创新工作室
辽河工程技术分公司——熊瑾职工创新工作室
金海采油厂——单忠利职工创新工作室
茨榆坨采油厂——曹建新职工创新工作室
锦州采油厂——韩锁职工创新工作室
辽宁省劳模创新工作室名单
兴隆台采油厂——韩柏东劳模创新工作室
2021年辽宁省保卫系统安防先进单位
兴隆台公用事业处
辽河工程技术分公司
辽宁省安全保卫工作先进集体（二等功）
燃气集团公司
辽宁省先进基层党组织
物资分公司渤海储运公司党总支
冷家油田开发公司采油作业三区第二党支部
勘探开发研究院
沈阳采油厂集输大队沈一联合站党支部
曙光采油厂集输大队曙四联党支部
辽宁省党支部标准化规范化建设示范点
燃气集团公司盘锦母站党支部
2021年度辽宁省内部审计理论研讨组织奖
辽河油田公司审计部
2020年度辽宁省学雷锋活动示范点
辽河油田公司驻阜蒙县苍土乡西苍土村工作队
石油优质工程金奖
辽河油田建设有限公司中俄东线天然气管道工程（黑河—长岭）
石油优质工程奖
辽河油田建设有限公司兰州石化—中川机场航煤管道工程
2021年辽宁省用户满意企业
辽河油田建设有限公司
2021年度辽宁省健康企业
特种油开发公司
辽宁省绿色矿山
冷家油田开发公司
辽宁省优秀质量管理小组
金海采油厂工艺QC小组
辽宁省优秀质量管理小组
金海采油厂热注机关QC小组
辽宁省仓储物流大赛个人第一名
车辆服务中心
辽宁省仓储物流大赛个人第二名
车辆服务中心
2021辽宁省思想政治工作先进单位
茨榆坨采油厂
辽宁省内保行业先进单位
环境工程公司
2020年度省级基层平安示范单位
高升采油厂
辽宁省抗击新冠肺炎先进集体
质量安全环保部（辽河油田疫情防控办）
2020年度平安辽宁建设先进单位
辽河油田公司

集团公司级先进集体

2019—2020年中国石油天然气集团有限公司安保防恐工作先进集体
维稳信访工作办公室
油气集输公司

2021年度油气田管道和站场完整性管理优秀单位
钻采工程技术部
宣传思想文化工作先进集体

储气库公司

优秀模块化建设项目

辽河雷61储气库地面工程

集团公司先进基层党组织

油气集输公司党委

油气集输公司坨子里输油分公司党总支

辽河石油勘探局有限公司电力分公司党委

储气库公司党委

锦州采油厂采油作业一区第一党支部

辽河工程技术分公司党委

辽河工程技术分公司沈阳作业一大队113队党支部

辽河工程技术分公司曙光作业二大队208队党支部

辽兴油气开发公司

燃气集团公司盘锦母站党支部

特种油开发公司热注作业一区第二党支部

振兴服务分公司

勘探开发研究院稠油开发所党支部

沈阳采油厂机动采油大队机采二队党支部

审计中心欢喜岭分中心党支部

曙光采油厂采油作业一区

曙光采油厂采油作业一区党总支

曙光采油厂地质研究所综合室

兴隆台采油厂采油作业三区总支委员会

兴隆台采油厂集输大队兴二联合站党支部

2021年度中国石油天然气集团有限公司安保防恐工作先进集体

锦州采油厂

庆祝中国共产党成立100周年档案工作微视频评选建设项目类一等奖

储气库公司

集团公司青年文明号

储气库公司雷61储气库作业区

辽河宾馆接待服务部

锦州采油厂采油作业二区33号站

2021年度质量健康安全环保先进基层单位

储气库公司雷61储气库

2021年度集团公司维稳先进集体

兴隆台采油厂

集团公司级巾帼建功先进集体

锦州采油厂采油作业一区第四党支部女子采油站

集团公司先进HSE标准化站队

锦州采油厂采油作业一区4号采油站

沈阳采油厂集输大队沈一联合站

中国石油天然气集团有限公司2020—2021年装备管理工作先进单位

辽河油田公司

辽河油田公司设备管理部

曙光采油厂

沈阳采油厂

中国石油天然气集团有限公司装备管理先进集体

沈阳采油厂

"十三五"技能人才培养开发工作先进单位

辽河油田公司

中国石油天然气集团有限公司脱贫攻坚先进集体

辽河油田公司驻辽宁阜新市阜蒙县苍土乡西苍土村工作队

中国石油天然气集团有限公司青年文明号

曙光采油厂地质研究所综合室

锦州采油厂采油作业二区33号站

中国石油天然气集团有限公司青年文明号

储气库公司雷61作业区

钻采工艺研究院油田化学技术研究所调剖堵水室

石油化工技术服务分公司辽河宾馆接待服务岗

中国石油天然气集团有限公司2021年度先进HSE标准化站（队）

兴隆台采油厂集输大队兴二联合站

储气库公司雷61储气库作业区

曙光采油厂集输大队曙四联合站

中国石油天然气集团有限公司2021年度质量先进基层单位

欢喜岭采油厂生产保障大队准备一班

曙光采油厂采油作业五区 507# 站

中国石油天然气集团有限公司 2021 年度节能计量先进基层单位

特种油开发公司集输大队

2021 年健康企业建设达标单位

特种油开发公司

财务工作先进集体

特种油开发公司财务资产科

集团公司青年文明号

曙光采油厂地质研究所综合室

集团公司五四红旗团委

沈阳采油厂团委

中国石油天然气集团有限公司 2021 年度油气勘探重大发现成果二等奖

辽河探区开鲁盆地陆家堡凹陷石油勘探取得新成果

中国石油天然气集团有限公司 2021 年度油气勘探重大发现成果三等奖

渤海湾盆地辽河西部凹陷东部陡坡带精细勘探取得新成果

2019—2020 年度集团公司物探钻井工程造价管理先进集体名单

经济技术研究院

"十三五"财务工作先进集体

金海采油厂财务资产科

2021 年度中国石油天然气集团有限公司质量信得过班组

欢喜岭采油厂生产保障大队准备一班

曙光采油厂采油作业五区 507 站

2020 年度信息工作先进单位辽河油田分公司保密密码工作先进集体

辽河油田公司

集团公司 2019—2020 年安保防恐工作先进集体

锦州采油厂

集团公司先进 HSE 标准化站（队）

锦州采油厂采油作业一区 4 号站

集团公司青年文明号

锦州采油厂采油作业二区 33 号站

集团公司维稳信访工作先进集体

物资分公司

高升采油厂

集团公司 2020 年度维稳信访工作先进集体

维稳信访工作办公室

中国石油天然气集团有限公司青年文明号

石油化工技术服务分公司辽河宾馆接待服务岗

集团公司先进党委

辽兴油气开发公司党委

中国石油天然气集团有限公司基层党建百面红旗

辽河工程技术分公司曙光作业二大队 208 队党支部

兴隆台采油厂采油作业三区女子采油队党支部

集团公司"十三五"财务工作先进集体

辽河工程技术分公司财务资产科

集团公司 2018—2020 年审计工作先进集体

辽河油田公司审计部

中国石油天然气集团有限公司 2019—2021 年度工程技术金牌队

辽河工程技术分公司曙光作业二大队 208 队

辽河工程技术分公司带压作业大队 4 队

辽河工程技术分公司应急救援大队 1 队

辽河工程技术分公司锦州作业大队 111 队

辽河工程技术分公司兴隆台作业三大队 303 队

中国石油天然气集团有限公司 2019—2021 年度工程技术银牌队

辽河工程技术分公司海上作业项目部 7 队

辽河工程技术分公司海上作业项目部 11 队

辽河工程技术分公司海上作业项目部 1 队

辽河工程技术分公司兴隆台作业一大队 110 队

辽河工程技术分公司高升作业大队 111 队

辽河工程技术分公司曙光作业三大队 305 队

辽河工程技术分公司欢喜岭作业二大队 203 队

辽河工程技术分公司曙光作业三大队 303 队

辽河工程技术分公司试油大队 3 队

中国石油天然气集团有限公司 2019—2021 年度工程技术铜牌队

辽河工程技术分公司曙光作业二大队 213 队

辽河工程技术分公司兴隆台作业三大队305队
辽河工程技术分公司兴隆台作业二大队206队
辽河工程技术分公司锦州作业大队102队
辽河工程技术分公司曙光作业五大队509队
辽河工程技术分公司欢喜岭作业一大队102队
辽河工程技术分公司曙光作业五大队506队
辽河工程技术分公司茨榆坨作业大队101队
辽河工程技术分公司兴隆台作业一大队108队
辽河工程技术分公司欢喜岭作业一大队111队
辽河工程技术分公司兴隆台作业一大队107队
辽河工程技术分公司锦州作业大队105队
辽河工程技术分公司沈阳作业一大队113队
辽河工程技术分公司欢喜岭作业一大队109队
辽河工程技术分公司欢喜岭作业二大队208队
辽河工程技术分公司曙光作业三大队301队

集团公司质量健康安全环保先进战队

辽河工程技术分公司曙光作业二大队213队

2020年度集团公司宣传思想文化工作先进集体

辽河油田公司党委
新闻中心

2020年度集团公司网络评论工作先进集体

辽河油田公司党委宣传部

集团公司信息化工作先进集体

辽河油田公司信息管理部

集团公司物资采购管理先进单位

辽河油田公司采购管理部

辽河油田公司级先进单位、先进集体

先进单位（15个）
曙光采油厂
兴隆台采油厂
欢喜岭采油厂
冷家油田开发公司
金海采油厂
未动用储量开发公司
勘探事业部
勘探开发研究院
燃气集团公司
储气库公司
安全环保技术监督中心
辽河工程技术分公司
电力分公司
石油化工分公司
振兴服务分公司

先进集体（180个）

曙光采油厂
采油作业五区采油作业六区工艺研究所
污水处理大队生产运行科生产保障大队

特种油开发公司
热注作业二区生产保障大队安全环保技术监督站
党委组织部（人事科）

兴隆台采油厂
采油作业四区采油作业五区
地质研究所
工艺研究所

欢喜岭采油厂
采油作业一区热注作业二区地质研究所
庆阳采油管理项目部财务资产科

沈阳采油厂
采油作业三区
地质研究所
机动采油大队
生产运行科
采油管理科

锦州采油厂
采油作业一区采油作业四区集输大队
生产保障大队安全环保技术监督站

高升采油厂
热注作业区生产保障大队工艺研究所

冷家油田开发公司
采油作业一区工艺研究所

金海采油厂
月海项目部地质研究所热注作业区
茨榆坨采油厂
集输大队采油作业三区生产运行科
辽兴油气开发公司
交力格采油项目部
油气集输公司
大连石油储运项目管理部储运技术中心
勘探开发研究院
新区勘探开发研究所
钻采工艺研究院
采油工艺研究所
燃气集团公司
中石油辽河油田海城后英燃气有限公司
储气库公司
双台子注采作业区
消防支队
防火科
外部市场项目管理部
青海项目部
吉林项目部
安全环保技术监督中心
环境监督站
车辆服务中心
运输三大队
纪委办公室
信息工程分公司
集团业务技术中心
中油辽河工程有限公司
机械工程所
辽河工程技术分公司
井控管理科
概预算管理中心
海上作业项目部

安全环保技术监督站
沈阳作业一大队
茨榆坨作业大队
油田建设有限公司
管道工程第三项目部
管道工程第五项目部
工程安装第三项目部
华东分公司
石油化工技术服务分公司
天然气回收利用公司
外部市场开发公司
集输工程公司
环境工程公司
泥浆项目部
电力分公司
检修试验工区
电网自动化所
石油化工分公司
党群工作部
物资分公司
渤海储运公司
大连分公司
油品运销公司
能源管理分公司
昆仑能源（盘锦）液化天然气有限公司
振兴服务分公司
公建服务六公司
劳务管理中心
运行协调部
医院项目协调部
油田公司机关
质量安全环保部安全生产管理科
钻采工程技术部作业工程科

先进个人

国家级先进个人

全国五一劳动奖章
韩　冰　辽河油田建设有限公司施工作业管理中心工程施工十五队电焊工

全国五一巾帼标兵
李　杰　辽河油田公司特种油开发公司集输大队特一联合站党支部书记

全国优秀共青团干部
张　静　辽河油田公司金海采油厂团委书记

第八届全国道德模范提名奖
牛红生　辽河油田公司欢喜岭采油厂采油作业三区齐7站站长

全国优秀工会工作者
贺传强　辽河油田公司锦州采油厂党委副书记、纪委书记、工会主席

全国计生协先进个人
许　诺　辽河油田公司公共事务管理部公益事务科计划生育管理

第五届中国石油勘探开发青年学术交流会二等奖
李　龙　辽河油田公司勘探开发研究院油藏评价所三级工程师

全国最佳企业电视台台长
张建凯　辽河油田公司新闻中心主任、党委副书记，中国石油报辽河记者站站长

全国企业电视优秀记者
申思明　辽河油田公司新闻中心要闻采访部记者

全国企业电视优秀编辑
袁　圆　辽河油田公司新闻中心要闻采访部记者

全国企业电视优秀工作者
魏　恺　辽河油田公司新闻中心要闻采访部记者

全国企业电视优秀主持人
何　杨　辽河油田公司新闻中心要闻编辑部编辑

全国企业电视优秀融媒体工作者
姚　薇　辽河油田公司新闻中心新媒体部主任

"十三五"石油和化工行业节能先进个人
王　东　辽河油田公司安全环保技术监督中心节能监测站

2021年全国最美家庭
关长军家庭　燃气集团公司

全国维护妇女儿童权益先进个人
王亚萍　燃气集团公司管道分公司

2021年度中央单位网评工作优秀个人
宋　阳　辽河油田公司党委宣传部

行业部级先进个人

第五届中国石油勘探开发青年学术交流会二等奖

李　龙　辽河油田公司勘探开发研究院油藏评价所三级工程师

集团公司2020年度组织人事信息资料报送工作先进个人

史凤立　辽河油田公司党委组织部（人事部）综合管理科综合管理主管

全国最佳企业电视台台长

张建凯　辽河油田公司新闻中心主任、党委副书记，中国石油报辽河记者站站长

全国企业电视优秀记者

申思明　辽河油田公司新闻中心要闻采访部记者

全国企业电视优秀编辑

袁　圆　辽河油田公司新闻中心要闻采访部记者

全国企业电视优秀工作者

魏　恺　辽河油田公司新闻中心要闻采访部记者

全国企业电视优秀主持人

何　杨　辽河油田公司新闻中心要闻编辑部编辑

全国企业电视优秀融媒体工作者

姚　薇　辽河油田公司新闻中心新媒体部主任

2020年度辽宁省广播电视安全播出先进个人

房海宁　辽河油田公司新闻中心技术部主管

中国石油报道优秀一线记者

陈奕中　辽河油田公司新闻中心

中国石油网络电视优秀一线编辑

闫晓敏　辽河油田公司新闻中心

省部级先进个人

辽宁省五一劳动奖章

徐乃基　盘锦辽河油田裕隆实业集团有限公司小修作业队队长

王　斌　辽河油田公司钻采工艺研究院钻修技术研究所 所长助理

夏洪刚　辽河油田公司欢喜岭采油厂采油作业二区14站采油工

李　伟　盘锦辽河油田天意石油装备有限公司总工程师、副总经理

张　亮　辽宁泰利达信息技术有限公司 副总经理、技术总监

陈　军　辽河油田公司车辆服务中心欢喜岭采油厂特车大队

2020年度全省企业事业单位治安保卫工作先进个人

张允琇　辽河油田公司茨榆坨采油厂保卫科

辽宁省优秀共产党员

陈安宁　辽河油田锦州采油厂采油作业一区第五党支部书记

辽宁省脱贫攻坚先进个人

姜　革　辽河油田公司群团工作部副部长兼工会副主席

辽宁省优秀共青团干部

张云宁　辽河油田公司群团工作部（工会、团委）青年工作科副科长

张　尤　盘锦辽油宝石花医院团委书记

辽宁五四荣誉奖章

赵万辉　辽河油田公司党委组织部（人事部）部长、主任

辽宁省抗击新冠肺炎疫情先进个人

吴　华　辽河油田公司机关党委副书记、工会主席（正处级）

辽宁省健康达人
赵衍军　辽河油田公司锦州采油厂
蔡晓红　辽河油田公司锦州采油厂质量安全环保科
赵春雷　辽河油田公司特种油开发公司质量安全环保科副科长

辽宁省"安康杯"竞赛活动先进个人
李　杰　辽河油田公司特种油开发公司采油作业一区安全监督员

辽宁省最美志愿者
刘红军　辽河油田冷家油田开发公司热注作业区热注1站冷1#炉长

辽宁省岗位学雷锋标兵
夏洪刚　辽河油田公司欢喜岭采油厂采油作业二区14站采油工

辽宁省道德模范
牛红生　辽河油田公司欢喜岭采油厂采油作业三区齐7站站长

辽宁省优秀共青团员
石天志　辽河油田公司欢喜岭采油厂采油作业三区采油工

辽宁省创新方法大赛二等奖
朱　闯　辽河油田公司欢喜岭采油厂采油作业三区齐15站采油工

2021年辽宁省创新方法大赛暨2021年中国创新方法企业专项赛二等奖
王　涛　辽河油田公司欢喜岭采油厂热注作业一区25站运行工

2021年辽宁省创新方法大赛暨2021年中国创新方法企业专项赛二等奖
孙　宁　辽河油田公司欢喜岭采油厂热注作业区13站运行工

辽宁省定点扶贫先进工作者
宋茂元　辽河油田公司欢喜岭采油厂纪委（巡察办）办公室副主任

《油气田企业生产经营一体化管理模式研究与应用》评为辽宁省企业管理创新成果2020年度二等成果
许　鑫　辽河油田公司规划计划部投资管理科副科长
隗英博　辽河油田公司规划计划部项目一科科员
安　欣　辽河油田公司规划计划部投资管理科科员

《产能地面建设标准化管理体系研究与应用》评为辽宁省企业管理创新成果2020年度二等成果
隗英博　辽河油田公司规划计划部项目一科科员
许　鑫　辽河油田公司规划计划部投资管理科副科长

2021年度省级职业健康达人风采展示作品
蔡晓红　辽河油田公司锦州采油厂质量安全环保科

辽宁省内保行业优秀保卫工作者
苏艳芝　辽河油田公司锦州采油厂保卫科（维稳信访工作办公室）信访维稳管理主管

2021年度辽宁省保卫系统先进个人
鹿　勇　辽河油田公司劳务管理中心保卫部（维稳信访工作办公室）副主任

辽宁省安全保卫工作先进个人
冯景波　燃气集团公司保卫科
韩艳梅　辽河油田公司兴隆台采油厂厂机关

辽宁省安全保卫工作个人二等功
刘延胜　辽河工程技术分公司保卫科（维稳信访工作办公室）科长

2020年度辽宁省人力资源服务大赛个人优胜奖
陈施宇　辽河油田公司社保中心征缴科科员

辽宁林业科学技术奖QC成果奖
胡良伟　辽河油田公司欢喜岭采油厂质量安全环保科

2021辽宁省职工技能大赛暨全省仓储物流行业技能大赛仓储运输（货车司机）第一名
陈　军　辽河油田公司车辆服务中心欢喜岭采油厂特车大队

2021辽宁省职工技能大赛暨全省仓储物流行业技能大赛仓储运输（货车司机）第二名
宋友剑　辽河油田公司车辆服务中心兴隆台采

油厂特车大队

2021辽宁省职工技能大赛暨全省仓储物流行业技能大赛仓储运输（货车司机）第六名

李建卓　辽河油田公司车辆服务中心欢喜岭采油厂特车大队

2021辽宁省职工技能大赛暨全省仓储物流行业技能大赛仓储运输（货车司机）第八名

莫冬冬　辽河油田公司辆服务中心高升采油厂特车大队

2021辽宁省职工技能大赛暨全省仓储物流行业技能大赛仓储运输（货车司机）第十一名

王继斌　辽河油田公司车辆服务中心兴隆台采油厂特车大队

2021辽宁省职工技能大赛暨全省仓储物流行业技能大赛仓储运输（货车司机）第十二名

刘明海　辽河油田公司车辆服务中心曙光采油厂特车大队

2021辽宁省职工技能大赛暨全省仓储物流行业技能大赛仓储运输（货车司机）第十四名

丁明聪　辽河油田公司辆服务中心高升采油厂特车大队

2020年度调研课题优秀成果二等奖

盖　慈　辽河油田公司储气库公司

辽宁省"玫瑰书香　芳心向党"女职工主题阅读活动摄影类二等奖

韩　旭　辽河油田公司储气库公司

2021年度辽宁省内部审计论文一等奖

方海峰　辽河油田公司审计中心风险管理审计科

2021年度辽宁省内部审计论文二等奖

王　帆　辽河油田公司审计中心兴隆台三分中心

2021年度辽宁省内部审计论文三等奖

沈　磊　辽河油田公司审计中心财务收支审计科

耿　岩　辽河油田公司审计中心党委组织部（人事科）

张　弛　辽河油田公司审计中心兴隆台三分中心

陈连方　辽河油田公司审计中心基建审计科

付浩轩　辽河油田公司审计中心兴隆台二分中心

孙逸民　辽河油田公司审计中心茨榆坨分中心

全省"五级书记抓信访"推动信访矛盾减存控增三年攻坚工作先进工作者

王运东　辽河油田公司维稳信访工作办公室副主任

集团公司级先进个人

集团公司2021年度信息化先进个人称号

回　岩　辽河油田公司勘探开发研究院信息工程所二级工程师

集团公司先进工作者

高怀玺　辽河油田公司兴隆台采油厂地质研究所副所长

李可忠　石油化工技术服务公司天然气回收利用公司经理

刘兆鹏　特种油开发公司采油作业一区

周　鹰　辽河油田公司曙光采油厂机关

高怀玺　辽河油田公司兴隆台采油厂地质研究所

集团公司先进党务工作者

闫书芹　辽河油田特种油开发公司采油作业三区301中心站

集团公司优秀党务工作者

姜海涛　辽河油田油气集输公司党委组织部（人事科）

赵　巍　辽河油田公司物资分公司党群工作部部长

沈　冰　辽河油田公司储气库公司

贺传强　辽河油田公司锦州采油厂党委副书记、

纪委书记、工会主席
陈拥军　辽河油田公司锦州采油厂热注作业一区第一党支部书记
王　辉　辽河油田公司冷家油田开发公司采油作业二区
赵振喜　辽河工程技术分公司副总师兼党委组织部（人事科）部长
孙　佳　辽河工程技术分公司兴隆台作业一大队党总支书记
尚春风　燃气集团公司党委组织部（人事科）
哈　宁　石油化工技术服务公司党委组织部（人事科）部长
代云鹏　辽河油田公司特种油开发公司党委组织部（人事科）
张　毓　辽河油田公司勘探开发研究院党委办公室（院长办公室）主任
陈巧英　辽河油田公司审计中心党委组织部（人事科）
苏延东　辽河油田公司曙光采油厂集输大队
臧旭峰　辽河油田公司曙光采油厂采油作业六区
谭　明　辽河石油勘探局有限公司电力分公司
梁　芳　振兴服务分公司公建一公司书记
张跃军　辽河油田公司沈阳采油厂党委办公室（厂长办公室）主任兼机关党总支书记
董北生　辽河油田公司沈阳采油厂采油作业一区104党支部书记
黄承胜　辽河油田公司沈阳采油厂采油作业三区党总支书记
王冰寒　辽河油田公司兴隆台采油厂采油作业二区第三联合党支部
杜新发　辽河油田公司兴隆台采油厂党委组织部（人事科）
王宝峰　辽河油田公司钻采工程技术部

2021年度集团公司网络评论工作先进个人

宋　阳　辽河油田公司党委宣传部

集团公司优秀共产党员

赵　阳　辽河油田公司油气集输公司大连石油储运项目管理部
刘　军　辽河油田公司油气集输公司五格公司
史旭鹏　辽河油田公司物资分公司电子商务公司副经理
张　喆　辽河油田公司物资分公司机电仪表公司经理
周继军　辽河石油勘探局有限公司电力分公司
刘洪波　辽河石油勘探局有限公司电力分公司
郭丽丽　辽河油田公司锦州采油厂党委组织部（人事科）部长、科长兼厂机关总支书记
韩　宁　辽河油田公司冷家油田开发公司采油作业一区
张　晋　辽河工程技术分公司带压作业大队党总支书记
于长亮　辽河工程技术分公司兴隆台作业二大队兴206队队长
王　东　辽宁恒鑫源工程项目管理有限公司
吴庆奇　石油化工技术服务公司机关
孔大军　振兴服务分公司生态农业书记
贾连峰　振兴服务分公司茨采公建经理兼书记
金春孝　辽河油田公司金海采油厂采油作业三区
宫振超　辽河油田公司勘探开发研究院新区勘探开发所所长
梁　飞　辽河油田公司勘探开发研究院稀油开发所主任二级工程师
王梓行　辽河油田公司沈阳采油厂财务资产科副科长
许　杰　辽河油田公司沈阳采油厂采油作业四区25号站采油工
孟　涛　辽河油田公司曙光采油厂采油作业三区
徐长亮　辽河油田公司曙光采油厂采油作业二区
李峻宇　辽河油田公司曙光采油厂采油作业一区
齐庆鹏　辽河油田公司曙光采油厂地质研究所

李维祎　辽河油田公司兴隆台采油厂采油作业三区女子采油队党支部

　　李新荣　辽河油田公司财务资产部综合管理科

集团公司优秀共青团干部

　　张利阳　辽河油田公司物资分公司党群工作部副部长兼青年工作部部长

中国石油勘探与生产分公司2020年度质量、计量、标准化先进工作者

　　罗福梅　辽河油田公司科技部

　　王楚媛　辽河油田公司质量安全环保部

勘探与生产分公司2020年度安全生产先进工作者

　　冯再晨　辽河油田公司质量安全环保部

　　郑赛男　辽河油田公司质量安全环保部

　　赵紫谦　辽河油田公司质量安全环保部

勘探与生产分公司2020年度环境保护先进工作者

　　柴　源　辽河油田公司质量安全环保部

勘探与生产分公司2020年度能效标兵

　　孟　进　辽河油田公司质量安全环保部

集团公司2020年度质量管理先进个人

　　唐金贵　辽河油田公司质量安全环保部

中国石油天然气集团有限公司工程技术业务一体化协作先进个人

　　王宝峰　辽河油田公司钻采工程技术部主任

集团公司井控工作先进个人

　　王宝峰　辽河油田公司钻采工程技术部主任

　　陈福军　辽河油田公司钻采工程技术部钻井设计科副科长

　　巩永丰　辽河油田公司钻采工程技术部

　　蒋晓波　辽河油田公司钻采工程技术部井控管理科

　　付　尧　辽河油田公司钻采工程技术部井控管理科

2020年度集团公司宣传思想文化工作先进个人

　　邹　君　辽河油田公司党委宣传部部长、企业文化部部长、新闻办公室主任

　　杨忠军　辽河油田公司曙光采油厂党委副书记、工会主席

　　黄　艳　辽河油田公司高升采油厂集输大队政工组宣传干事

集团公司脱贫攻坚先进个人

　　姜　革　辽河油田公司群团工作部副部长兼工会副主席

　　黄　琦　辽河油田公司特种油开发公司保卫科（维稳信访工作办公室）科长

2020年度组织史资料征编工作先进个人

　　沈明军　辽河油田公司档案馆史志办公室副主任

2020年度组织人事信息报送工作先进个人

　　林忠宇　辽河油田公司党委组织部（人事部）主管

　　史凤立　辽河油田公司党委组织部（人事部）综合管理科主管

2020—2021年天然气冬季保供工作先进个人

　　檀德库　辽河油田公司储气库公司经理

中国石油天然气集团有限公司2020—2021年装备管理工作先进个人

　　李吉阳　辽河油田公司设备管理部综合计划科科长

　　高立江　辽河油田公司金海采油厂

　　张承志　辽河工程技术分公司

　　李亚彤　辽河油田公司高升采油厂

　　张春江　辽河油田公司油建公司

中国石油勘探开发青年学术交流会一等奖

　　陈　昌　辽河油田公司勘探开发研究院西部勘探所主任二级工程师

　　刘双亮　辽河油田公司钻采工艺研究院注采工艺研究所机械找堵水技术研究室副主任

中国石油勘探开发青年学术交流会二等奖

　　沈　群　辽河油田公司特种油开发公司地质研究所SAGD室工程师

中国石油炼油化工科技创新青年论坛一等奖

　　徐　派　辽河油田公司油气集输公司储运技术中心专业技术岗

姜锦涛　辽河油田公司油气集输公司储运技术中心专业技术岗

中国石油炼油化工科技创新青年论坛三等奖

堵志鑫　辽河油田公司油气集输公司轻烃厂技术组组长

张宝雷　辽河油田公司石油化工分公司水气车间安全员

姜英鹏　辽河油田公司石油化工分公司水气车间工程师

2021年度集团公司先进工作者

卞　勇　辽河油田公司茨榆坨采油厂采油作业三区文建明注水站 站长

集团公司法制工作先进个人

刘庆学　辽河油田公司车辆服务中心企管法规科科长

朱剑飞　辽河油田公司茨榆坨采油企管法规科

中国石油天然气集团有限公司安保防恐工作先进个人

王少卿　辽河油田公司车辆服务中心保卫科（维稳信访办公室）科员

中国石油天然气集团有限公司2021年度QHSE先进个人

刘　洋　辽河油田公司兴隆台采油厂质量安全环保科副科长

孟小东　辽河油田公司沈阳采油厂质量安全环保科科长

杨晓巍　辽河油田公司安全环保技术监督中心安全监督一站站长

冯再晨　辽河油田公司质量安全环保部安全生产管理科科员

刘克铭　辽河油田公司质量安全环保部环保管理科科员

祝成超　辽河油田公司曙光采油厂质量安全环保科副科长

蒋　阔　辽河油田公司安全环保技术监督中心技术监督站科员

唐金贵　辽河油田公司质量安全环保部质量管理科科员

王　东　辽河油田公司安全环保技术监督中心节能监测站站长

杨　亮　辽河油田公司曙光采油厂安全环保技术监督站副站长

付元丽　辽河油田公司质量安全环保部健康管理科副科长

叶连新　辽河油田公司安全环保技术监督中心职业病防治所所长

黄松磊　辽河油田公司锦州采油厂质量安全环保科副科长

刘铁健　辽河油田公司安全环保技术监督中心环境监督站副站长

栾　菲　辽河油田公司油气集输公司质量安全环保副科长

郭　宁　辽河油田公司高升采油厂安全环保技术监督站副站长

尹　超　辽河油田公司金海采油厂质量安全环保科副科长

邵殿涛　辽河油田公司燃气集团公司质量安全环保科副科长

郑赛男　辽河油田公司质量安全环保部QHSE体系管理科科员

王立军　辽河油田公司安全环保技术监督中心安全监督二站站长

周　舒　辽河油田公司安全环保技术监督中心HSE东北工作站科员

中国石油天然气股份有限公司安保防控工作先进个人

吴　华　辽河油田公司机关党委副书记、工会主席（正处级）

2020年度集团公司优秀外事专办员

刘佳鹏　辽河油田公司国际合作部外事管理科副科长

集团公司《企业年度工作报告》（2019）编报突出贡献者

刘金才　辽河油田公司财务资产部预算二科高级主管

2020年度安全生产先进工作者

林　琳　辽河油田公司消防支队防火科副科长

集团公司先进工作者

刘兆鹏　辽河油田公司特种油开发公司采油作业一区党总支书记、副经理

2021年度中国石油报道优秀一线记者

陈奕中　辽河油田公司新闻中心要闻采访部记者

集团公司2019—2020年度安保防恐工作先进个人

赵鹊桥　辽河油田公司冷家油田开发公司党委副书记、纪委书记、工会主席

集团公司先进工作者

周　鹰　辽河油田公司曙光采油厂厂长

中国石油天然气集团有限公司2018—2020年审计工作先进工作者

佟兴哲　辽河油田公司审计中心副总审计师兼欢喜岭分中心主任

焦永红　辽河油田公司审计中心副总审计师兼专项审计科科长

李志东　辽河油田公司审计中心经济责任审计科科长

赵金鑫　辽河油田公司审计中心审理科科长

任秋怡　审计中心管理效益审计科科员

于海萍　辽河油田公司审计中心财务收支审计科科员

吴卫红　辽河油田公司审计中心兴隆台二分中心科员

王　洋　辽河油田公司审计中心兴隆台三分中心科员

张殿宇　辽河油田公司审计中心欢喜岭分中心科员

边少卿　辽河油田公司审计部综合管理科

周德勇　辽河油田公司审计部专项审计管理科

白　明　辽河油田公司审计部工程审计管理科

中国石油天然气集团有限公司先进工作者

李传民　辽河油田公司沈阳采油厂采油管理科副科长

2019—2020年中国石油天然气集团有限公司安保防恐工作先进个人

龚　明　辽河油田公司维稳信访工作办公室副主任

赵鹊桥　辽河油田公司冷家油田开发公司党委副书记、纪委书记、工会主席

张允琇　辽河油田公司茨榆坨采油厂

朱　明　辽河油田公司维稳信访工作办公室综治管理科科长

王婧姝　辽河油田公司维稳信访工作办公室综治管理科副科长

2016—2020年度石油工程造价管理先进个人名单

冯少华　辽河油田公司经济技术研究院造价中心副主任

侯新华　辽河油田公司经济技术研究院造经济发展研究中心科员

霍文达　辽河油田公司经济技术研究院造价中心地面建设造价部科长

刘　刚　辽河油田公司经济技术研究院院领导

刘润广　辽河油田公司经济技术研究院造价中心系统工程造价部副科长

孟德斌　辽河油田公司经济技术研究院院领导

王　昆　辽河油田公司经济技术研究院造价中心系统工程造价部科长

王　睿　辽河油田公司经济技术研究院造价中心地面建设造价部副科长

吴　巍　辽河油田公司经济技术研究院造价中心定额管理部副科长

张　博　辽河油田公司经济技术研究院造价中心价格管理一部科员

邹本有　辽河油田公司经济技术研究院造价中心采油作业部科长

2019—2020年度集团公司物探钻井工程造价管理先进工作者名单

邹本有　辽河油田公司经济技术研究院造价中心采油作业部科长

徐贤伟　辽河油田公司经济技术研究院造价中

心钻井造价部科长

黄焕雨　辽河油田公司经济技术研究院造价中心钻井造价部副科长

赵　潞　辽河油田公司经济技术研究院造价中心钻井造价部科员

中国石油天然气集团有限公司HSE管理体系审核先进个人

郭守贵　辽河油田公司金海采油厂安全环保技术监督站现场监督管理

集团公司技能专家

张　云　辽河油田公司金海采油厂热注作业区热注4站副站长

中国石油首届实操培训师大赛集输大工种最佳培训课件制作奖

郝振洲　辽河油田公司金海采油厂集输大队洼一联合站集输工

王莹莹　辽河油田公司金海采油厂集输大队洼一联合站集输工

李峻峰　辽河油田公司金海采油厂集输大队洼一联合站集输工

2021年度油气田管道和完整性管理先进个人

伞国辉　辽河油田公司欢喜岭采油厂采油管理科科员

2020年度信息工作先进个人

史　婕　辽河油田公司党委办公室秘书一科科员

周　扬　辽河油田公司党委办公室信息科科员

2021年度集团公司优秀科技工作者

孟　涛　辽河油田公司曙光采油厂采油作业三区

郝　爽　辽河油田公司兴隆台采油厂地质研究所

姚长江　辽河油田公司科技部

2021年度集团公司维稳先进个人

尤洪军　辽河油田公司兴隆台采油厂厂机关

马建红　辽河油田公司兴隆台采油厂厂机关

集团公司保密密码工作先进个人

王　铎　辽河油田公司党委办公室机要保密科科长

集团公司2020年度维稳信访工作先进个人

张继东　辽河油田公司纪委办公室信访案管科科长

段有强　辽河油田公司维稳信访工作办公室副主任、党委政法委副书记

桂　峰　辽河油田公司维稳信访工作办公室信访督办科科长

集团公司2020年度安全管理先进个人

刘　鑫　辽河油田公司质量安全环保部

集团公司2020年度环境保护先进个人

白　天　辽河油田公司质量安全环保部

集团公司2020年度节能节水先进个人

陈秀梅　辽河油田公司质量安全环保部

集团公司2020年度优秀审核员

曹莹辉　辽河油田公司质量安全环保部

修士今　辽河油田公司质量安全环保部

唐金贵　辽河油田公司质量安全环保部

刘克铭　辽河油田公司质量安全环保部

吴　岑　辽河油田公司质量安全环保部

集团公司2021年度维稳信访工作先进个人

陈海军　辽河油田公司沈阳采油厂保卫科（维稳信访工作办公室）副科长

集团公司青年岗位能手

贾财华　辽河油田公司锦州采油厂工艺研究所所长

集团公司2021年度统计先进个人

刘晓妍　辽河油田公司锦州采油厂经营计划科统计管理

集团公司信息化工作先进个人

朱海东　辽河油田公司锦州采油厂信息档案科科长

新媒体大赛图文二等奖

苏　斌　辽河油田公司锦州采油厂党委宣传部企业宣传管理主管

翁　颖　辽河油田公司锦州采油厂党委宣传部副部长

中国石油天然气集团有限公司 2020 年度维稳信访工作先进个人

刘延胜　辽河工程技术分公司保卫科（维稳信访工作办公室）科长

物资采购管理先进个人

刘宝勋　辽河油田采购管理部质量仓储管理科副科长

李　晶　辽河油田公司采购管理部二级物资采购管理科化工产品采购管理主管

吕晓莉　辽河油田公司物资分公司电子商务公司经理

授权集中采购管理先进个人

杨　松　辽河油田公司采购管理部一级物资采购管理科科长

丁　磊　辽河油田公司采购管理部一级物资采购管理科授权集中采购管理主管

2021 年油气田管道和站场完整性管理先进个人

汪生平　辽河油田公司储气库公司

2020 年度油气田地面工程建设施工先进个人

禚月平　辽河油田公司储气库公司

辽河雷 61 储气库地面工程优秀模块化建设项目

秦　震　辽河油田公司储气库公司

辽河雷 61 储气库地面工程优秀模块化建设项目

范广华　辽河油田公司储气库公司

巾帼建功先进个人

盖志敏　振兴服务分公司公建二公司项目三班班长

中国石油天然气集团有限公司"十三五"内控与风险管理工作先进个人

段美宇　辽河油田公司沈阳采油厂企管法规科高级主管

"十三五"中国石油天然气集团有限公司技能人才培养开发工作先进个人

孙世义　辽河油田公司曙光采油厂教育培训部

2021 年度集团公司论文三等奖

李　特　辽河油田公司审计中心兴隆台三分中心

吴卫红　辽河油田公司审计中心兴隆台二分中心

王飞虎　辽河油田公司审计中心兴隆台三分中心

辽河油田公司级劳动模范、先进个人

劳动模范（50 人）

董志涛　曙光采油厂采油作业三区火驱注空气站站长

魏　东　曙光采油厂热注作业二区维修班工人

杨宝学　特种油开发公司热注作业一区经理

曹小杰　特种油开发公司生产保障大队维修队队长

黄　海　兴隆台采油厂采油作业四区大一站站长

李　健　欢喜岭采油厂生产保障大队准备三班班长

李向晖　沈阳采油厂采油作业一区 13 号站副站长

沈英凯　锦州采油厂生产保障大队大队长

惠晓永　高升采油厂集输大队高一联合站队长

王　振　冷家油田开发公司经理

普富亮　金海采油厂采油管理科科长

牟　勇　茨榆坨采油厂地质研究所所长

周世彬　辽兴油气开发公司科尔沁采油作业区党总支书记

王玉国　未动用储量开发公司采油管理中心主任

徐晓辉　庆阳勘探开发分公司生产技术科科长

梁守才　油气集输公司兴隆台输气分公司经理

陈　昌　勘探开发研究院西部勘探所二级工程师

康武江　勘探开发研究院勘探综合所二级工程师

张晓文	钻采工艺研究院钻修技术研究所所长
黄　鹤	（女）经济技术研究院天然气与新能源评价部主任
沈　冰	（女）储气库公司党委书记
王　鑫	储气库公司双6储气库作业区区长
关玉宝	消防支队广东消防大队大队长
田晓东	外部市场项目管理部质量安全环保部主任
王　庆	安全环保技术监督中心建设工程质量监督站质量监督工程师
于　鑫	车辆服务中心沈采特车大队生产协调管理员
陈　凯	信息工程分公司经营计划科副总师兼科长
李志岩	中油辽河工程有限公司油气储运所所长
马　驰	中油辽河工程有限公司油气管道所副所长
孙蕴海	辽河工程技术分公司兴隆台作业一大队生产组组长
刘洪泽	辽河工程技术分公司曙光作业三大队大队长
王　浩	辽河油田建设有限公司工程安装第一项目部经理
陈勇飞	辽河油田建设有限公司云南分公司施工队队长
代超奇	石油化工技术服务分公司集输工程公司技术员
白景新	环境工程公司泥浆项目部曙光泥浆处理站站长
周继军	电力分公司低压工区生产技术组组长
张春光	石油化工分公司煅烧焦车间党支部书记
安柏峰	物资分公司生产保障中心主任
马　雷	辽宁恒鑫源工程项目管理有限公司储气库项目管理部经理
刘　冰	资本运营事业部企管法规科科长
才　斌	（女）辽河油田培训中心油田党校培训部主任
雷凤颖	（女）新闻中心中国石油报驻辽河记者站副站长
郭战喜	公共事务管理部后勤服务科科员
杨永维	振兴服务分公司沈采公建服务公司经理
王振龙	劳务管理中心党委组织部（人事科）部长
周洪义	生产运行部副主任
华志勇	财务资产部预算管理科科长
赵锁永	企管法规部改革研究室科长
张继东	纪委办公室信访案管科科长
杨光磊	（女）盘锦辽油宝石花医院健康管理中心主任

先进个人（320名）

曙光采油厂

王利新　戴　骏　李云翱　贾铁伟　王京平
高　彬　田文杰　解金良　向　进　门琦淏
赵　刚　赵　东　史红涛　孙付营　闫爱辉
刘国彬　胡　蓉（女）鞠　峰　何少英
刘庆贵　邰　宇　张慧超　周忠可

特种油开发公司

韩　朝　张　勇　孙旭东　马　威　韩文斌
田鹏超　王彦卫　王建波　王　磊　赵广华
赵梓涵　闫海峰　倪有权　刘　妍（女）

兴隆台采油厂

倪　宁　杨荣帅　李维祎（女）王振久
叶　飞　王　彬　刘　帅　李静峰　张洪彬
李月明　沈　浮　李明阳　杨丽莉（女）
王立亚（女）李　鹏　潘　强

欢喜岭采油厂

王君华　赵景钟　田　博　黎　营　肖　勇
邓　斌　乔长发　吕英建（女）姜艳艳（女）
王建伟　周　亮　王怀东　董成洋
孔祥玲（女）王继伟　李　勇　李岚旭（女）

沈阳采油厂

杨　杰　于立辉　董静雅（女）文向涛
孙立杰　李雪峰　李成斌　高　珊（女）

朱铭君　贾焕春　任玉伟　叶　静（女）
王　帅（女）于振涛　李红军

锦州采油厂

娄维宁　李润富　苏春武　朱立军
丁雅君（女）黄海涛　刘　涛　巩其跃
刁爱军　李　焊　李　明　刘广友　程彦符
陈　亮　李洪民

高升采油厂

于云来　金　涛　李兆宾　白伏龙　乔春平
康建伟　王远红　张朝升　王玉伟
吴　丹（女）杨伟华

冷家油田开发公司

周　黎　王　巍　付鸿昶　徐大军
徐　冲（女）洪海燕（女）张　印
李小燕（女）

金海采油厂

韩鹤松　李　影（女）李建平　于蓬勃
薛　刚　朱寰宇　刘哲伟　冯　涛
栾海琴（女）刘雪雪（女）范广振

茨榆坨采油厂

汤敏娜（女）逄元春　张　伟　吴庆莉（女）

辽兴油气开发公司

孙　凯　张　虎　代立可　秦　闯　陈明明

资源再利用公司

贾　伦

未动用储量开发公司

杜立刚　刘　岩

庆阳勘探开发分公司

武文涛

油气集输公司

郭文海　邱履彪　翟辽宁　宋婉婷（女）
杜伟君　王　洋

勘探事业部

李宗刚

开发事业部

薛成钢

勘探开发研究院

孙兆宽　张　高　张甲明　徐大光　樊佐春

高　丽（女）高　静（女）李　滨

钻采工艺研究院

杜昌雷　童群英（女）陈　楠　何　强
贾俊敏　陈　鹏

经济技术研究院

张光扬

燃气集团公司

朱　磊　张　波

储气库公司

王军飞　王广军　李洪军

消防支队

宋白冰　王　忠

外部市场项目管理部

姜　波　郭　锋　秦　宁（女）黄兆海

安全环保技术监督中心

石伟海　马自力

审计中心

李　慧（女）

车辆服务中心

胥广涛　殷红强　苏力成　秦世龙
李莉莉（女）何　凡　宋友剑　徐　君（女）
赵　斌

信息工程分公司

王　洋（女）鞠　峰　喻明岳　王红雨

中油辽河工程有限公司

贺艳花（女）王　乐（女）郭　振　邵刘杰
时冬冬　陈　华

辽河工程技术分公司

闫浩明　张胜飞　王　萍（女）李明新
金子譲　余晓晨　陈洪涛　张　虎　陈冬健
宋文革　李福生　于长亮　李俊杰　王全亮
赵大阔　双文龙　郑达理　张连斌　王丙勇
张　斌　罗亚魁　李安君　李璐安　李立鹏
王　东

油田建设有限公司

李文杰　张皓添　唐英哲（女）韩金旭　梅宏林
王　民　孙　彬　骆其琦　魏　伟　李德君
李欣泽　王诚志　余志明　江远芳（女）

李 涛　丛 超　刘云梁　张庆远

石油化工技术服务分公司

王 岳　潘轶欧（女）　王 波　孙绪昌

高 博　刘 伟　孙鹏云　姜丹丹（女）

周 宇（女）　张 丽（女）　任 燕（女）

环境工程公司

左国雄　孙长利　滕新强　王晓红（女）

电力分公司

王 涛　徐 枫　郭金华（女）　刘 飞（女）

蔡志达　刘洪波（女）　王洪鹏　李朝辉

刘 磊

石油化工分公司

袁星海　张绍良　刘 焱（女）　刘九言

物资分公司

张博骁　孙振勇　樊金明　李纯强

王 戬（女）　李 水　卢 菲（女）　朱云翔

大连分公司

贾惠淇（女）

能源管理分公司

王志刚

国际事业部

张 岩

辽宁恒鑫源工程项目管理有限公司

刘 雨

资本运营事业部

尹和卿

辽河油田培训中心

唐代全　林洪义

新闻中心

王 远（女）　姚 微（女）

公共事务管理部

金 巍

振兴服务分公司

管志峰　李庆列　高 娟（女）　高 娇（女）

梁丽艳（女）　柳克良　王一滨　李海燕（女）

周立国

劳务管理中心

赵 磊　史美琴（女）　徐宝强　陈 军

张 莹（女）

盘锦辽油宝石花医院

陈国栋　王 旭　姜彩红（女）　王福斌

宝石花物业盘锦分公司

王忠伟　张 威（女）

油田公司机关

师海涛　郝秋娟（女）　张林林　廖耀辉（女）

白 明　姜明明（女）

辽宁省辽河公安局

闫 兵　叶航廷（女）

辽宁省人民检察院辽河分院

孔俊华（女）

辽宁省辽河中级人民法院

赵建峰

QC 小组活动成果

国家级 QC 小组活动成果

全国优秀奖（1 项）

1. 课题名称：缩短陡坡段运管时间

小组名称：辽河油田建设有限公司四分创新 QC
小组

小组成员：谭永亮　韩佩君　于立江　郭 帅
　　　　　王 翀　王晓江　李纪运　姜冰冰
　　　　　谢晨光　王春华

辽宁省QC小组活动成果

一等奖（5项）

1. 课题名称：缩短陡坡段运管时间
小组名称：辽河油田建设有限公司四分创新QC小组
小组成员：谭永亮　韩佩君　于立江　郭　帅　王　翀　王晓江　李纪运　姜冰冰　谢晨光　王春华

2. 课题名称：提高稠油井机械卡封堵水有效率
小组名称：曙光采油厂修井室QC小组
小组成员：曾立桂　向　峥　孙世义　饶德林　侯林孜　许　鑫　梁珊珊　林年玥　全　振　吕英磊

3. 课题名称：提高宁县—正宁地区二维地震构造解释成图精度
小组名称：勘探开发研究院新区所勘探QC小组
小组成员：徐　敏　聂文彬　白鲁山　薛　辉　徐　淼　迟润龙　王晓辉　徐　宇　赵　佳　李月月

4. 课题名称：降低集输管道失效率
小组名称：高升采油厂生产技术科QC小组
小组成员：王　茁　庞　博　王延全　陈　岩　张景鑫　钱友文　辛　慧　杜亚峰　王新颜　李　皓

5. 课题名称：降低强1块油井躺井率
小组名称：茨榆坨采油厂张强采油作业区QC小组
小组成员：程大志　田　丹　孙旭升　吴玲玉　张　俊　李月月　武建凌　孟　新　黄文真　陆美玲

二等奖（1项）

课题名称：多级离心式注水泵密封填料取出器的研制
小组名称：沈阳采油厂启航QC小组
小组成员：刘　辉　董绍刚　任学东　王　帅　张　腾　张涛涛　陈　冲　张　群　贾广民　金春玲

三等奖（14项）

1. 课题名称：提高50T注汽锅炉热效率
小组名称：特种油开发公司SAGD攻关QC小组
小组成员：吕洪超　王人成　石达志　于小洋　肖　宇　陈　亮　李　东　曹　微　韩　帅　崔　宇

2. 课题名称：抽油机光杆辅助装置的研制
小组名称：曙光采油厂曙光初现创新QC小组
小组成员：柳转阳　饶德林　郑　军　狄　强　武连永　杨金昆　张孝宁　林年玥　李月月　侯林孜

3. 课题名称：降低火驱区块油井检泵率
小组名称：曙光采油厂方案室QC小组
小组成员：刘冬雷　崔春秋　曲淑贞　蒋　川　黎俊良　李　宁　徐振宇　程　乐　林年玥　高云彪

4. 课题名称：降低柱塞泵维修频次
小组名称：石油化工技术服务分公司热注QC小组
小组成员：孙延芳　周胜利　郭晓艳　胡庆宇　郭祥方　刘锦宁　李超跃　王红刚　徐一丹　顾俊杰

5. 课题名称：新型高效省力配水泥浆装置的研制
小组名称：辽河工程技术分公司作业大队QC小组
小组成员：程　骥　张　玺　谢　宁　王潇男　马　腾　宫　雪　李纯栋　侯庆波　陈洪涛　章心林

6. 课题名称：缩短网络故障信息发布时长
小组名称：冷家油田开发公司网络达人QC小组

小组成员：张万强　安新蕾　回　洁　洪海燕
　　　　　马　开　陈　妍　黄瑶瑶　李　霖
　　　　　张　建　刘　尧

7. 课题名称：提高荣北滚动勘探及开发井部署实施成功率
小组名称：勘探开发研究院油藏评价第三 QC 小组
小组成员：吕盈萌　崔成军　郭　东　宁金华
　　　　　马　哲　闫守成　吉明艳　张丽环
　　　　　吴一平　徐春阳

8. 课题名称：提高锦 612 块二氧化碳吞吐技术增油效果
小组名称：锦州采油厂工艺油化 QC 小组
小组成员：吴松毓　刘长环　张淑颖　赵彦宇
　　　　　王　群　王纯贺　林　丽　肖家宏

9. 课题名称：降低注汽锅炉燃气压力波动
小组名称：金海采油厂热注机关 QC 小组
小组成员：邓治家　张　云　张孝宁　詹　琪
　　　　　薛　刚　郭崇华　武建凌　付　颖
　　　　　徐振民　吴环宇

10. 课题名称：提高 CO_2 复合吞吐措施有效率
小组名称：金海采油厂工艺 QC 小组
小组成员：乞迎安　杨　开　邹　运　陈志会
　　　　　齐　鹏　王　薇　李　默　付宏雨
　　　　　李　鹏　李东旭

11. 课题名称：新型加药控制阀的研制
小组名称：欢喜岭采油厂采油作业四区 18# 站创新 QC 小组
小组成员：陈树勇　侯庆波　张孝宁　饶德林
　　　　　姜　全　白成玉　邹黎明　艾　兵
　　　　　全宝东　于　泳　田　丹

12. 课题名称：延长高泥质细粉砂油藏出砂井检泵周期
小组名称：高升采油厂工艺研究所防砂 QC 小组
小组成员：张　硕　张映霞　张朝升　万　云
　　　　　李月月　张建新　王　潇　张　俊
　　　　　宋　驰　刘　旭

13. 课题名称：提高幼儿体育活动的参与率
小组名称：振兴服务分公司泰山幼儿园 QC 小组
小组成员：曹　红　李　锦　王　萱　阎晓娟
　　　　　高艳喆　朱秀玲　桑久强　崔　影
　　　　　秦天志　关常志

14. 课题名称：研发稠油水平井分段完井工艺技术
小组名称：钻采工艺研究院稠油水平井分段完井技术 QC 小组
小组成员：郭玉强　王　鸿　施　玉　杨淑英
　　　　　龚润民　李奕缘　任艳子　张宝疆

集团公司 QC 小组活动成果

一等奖（1 项）
课题名称：**降低原油含水延时达标比例**
小组名称：特种油开发公司马到功成 QC 小组
小组成员：卢云峰　韩　帅　顾红伟　东　楠
　　　　　吕　亭　杨伟丽　于小洋　许　鑫
　　　　　郑艳梅　李　宁

二等奖（7 项）
1. 课题名称：提高牛居油田侧钻挖潜年增油量
小组名称：茨榆坨采油厂战疫上产 QC 小组
小组成员：张　俊　石　鹏　田　丹　吴玲玉
　　　　　程大志　王荣娟　涂伟伟　马　涛
　　　　　王梦圆　曲　鑫

2. 课题名称：提高外围油田水驱储量动用程度
小组名称：茨榆坨采油厂不忘初心 QC 小组
小组成员：吴玲玉　阮文俊　张　俊　张海洋
　　　　　侯庆波　田　丹　程大志　吴环宇
　　　　　马　涛　孟　新

3. 课题名称：提高热采井口配件修复率
小组名称：曙光采油厂生产保障大队机关 QC 小组

小组成员：王洪颖　孟令军　刁振国　蓝宗军
　　　　　孙一史　文　娟　宋成盛　刘会东
　　　　　李新野　林年玥

4. 课题名称：提高冷 42 块冷 42 井区采油速度

小组名称：冷家油田开发公司冷家油田动态分析 QC 小组

小组成员：马　开　周　璇　张万强　高宏宇
　　　　　洪海燕　王秋汐　解　巍　王　培
　　　　　康宸博　李　化

5. 课题名称：提高探明储量报告编写效率

小组名称：勘探开发研究院储量室 QC 小组

小组成员：孙　旭　张兴文　倪志发　花　明
　　　　　韩明伟　郭辛欣　徐　宇　许　晶
　　　　　王振胜　王延全

6. 课题名称：安全阀螺栓专用拆卸工具的研制

小组名称：欢喜岭采油厂热注作业一区 22 站 QC 小组

小组成员：鲜林祥　李洪光　李宜森　沈少林
　　　　　肖　勇　王　涛　刘丹丹　朱延鹏
　　　　　赵晓明

7. 课题名称：降低油管报废率

小组名称：高升采油厂机关 QC 小组

小组成员：陈龙堂　李有栋　刘海林　杨　波
　　　　　於小红　张　悦　丁立业　徐明芳
　　　　　庄敏敏　吴振宇

三等奖（2 项）

1. 课题名称：降低调剖措施成本

小组名称：沈阳采油厂工艺研究所油田化学室 QC 小组

小组成员：陈学亮　易　琳　陈银虎　李　爽
　　　　　杨　霜　王　红　李　雪　于永伟
　　　　　董绍刚　钦焕光

2. 课题名称：缩短淤泥地段管道施工工期

小组名称：辽河油田建设有限公司四分创新 QC 小组

小组成员：谭永亮　韩佩君　于立江　梁　宏
　　　　　刘　邦　谢晨光　黄鹤楠　章　洋
　　　　　张　强　白　帆

质量信得过班组（2 个）

小组名称：欢喜岭采油厂生产保障大队准备一班
小组名称：曙光采油厂采油作业五区 507# 站

辽河油田公司 QC 小组活动成果

一等奖（30 项）

1. 课题名称：提高牛居油田侧钻挖潜年增油量

小组名称：茨榆坨采油厂战疫上产 QC 小组

小组成员：张　俊　石　鹏　田　丹　吴玲玉
　　　　　程大志　王荣娟　涂伟伟　马　涛
　　　　　王梦圆　曲　鑫

2. 课题名称：提高外围油田水驱储量动用程度

小组名称：茨榆坨采油厂不忘初心 QC 小组

小组成员：吴玲玉　阮文俊　张　俊　张海洋
　　　　　侯庆波　田　丹　程大志　吴环宇
　　　　　马　涛　孟　新

3. 课题名称：降低强 1 块油井躺井率

小组名称：茨榆坨采油厂张强采油作业区 QC 小组

小组成员：程大志　田　丹　孙旭升　吴玲玉
　　　　　张　俊　李月月　武建凌　孟　新
　　　　　黄文真　陆美玲

4. 课题名称：降低油管报废率

小组名称：高升采油厂机关 QC 小组

小组成员：陈龙堂　李有栋　刘海林　杨　波
　　　　　於小红　张　悦　丁立业　徐明芳
　　　　　庄敏敏　吴振宇

5. 课题名称：降低集输管道失效率

小组名称：高升采油厂生产技术科 QC 小组

小组成员：王　苗　庞　博　王延全　陈　岩
　　　　　张景鑫　钱友文　辛　慧　杜亚峰
　　　　　王新颜　李　皓

6. 课题名称：延长高泥质细粉砂油藏出砂井检泵周期

小组名称：高升采油厂工艺研究所防砂QC小组

小组成员：张　硕　张映霞　张朝升　万　云
　　　　　李月月　张建新　王　潇　张　俊
　　　　　宋　驰　刘　旭

7. 课题名称：安全阀螺栓专用拆卸工具的研制

小组名称：欢喜岭采油厂热注作业一区22站QC小组

小组成员：鲜林祥　李洪光　李宜森　沈少林
　　　　　肖　勇　王　涛　刘丹丹　朱延鹏
　　　　　赵晓明

8. 课题名称：新型加药控制阀的研制

小组名称：欢喜岭采油厂采油作业四区18#站创新QC小组

小组成员：陈树勇　侯庆波　张孝宁　饶德林
　　　　　姜　全　白成玉　邹黎明　艾　兵
　　　　　全宝东　于　泳　田　丹

9. 课题名称：降低注汽锅炉燃气压力波动

小组名称：金海采油厂热注机关QC小组

小组成员：邓治家　张　云　张孝宁　詹　琪
　　　　　薛　刚　郭崇华　武建凌　付　颖
　　　　　徐振民　吴环宇

10. 课题名称：提高CO_2复合吞吐措施有效率

小组名称：金海采油厂工艺QC小组

小组成员：乞迎安　杨　开　邹　运　陈志会
　　　　　齐　鹏　王　薇　李　默　付宏雨
　　　　　李　鹏　李东旭

11. 课题名称：提高锦612块二氧化碳吞吐技术增油效果

小组名称：锦州采油厂工艺油化QC小组

小组成员：吴松毓　刘长环　张淑颖　赵彦宇
　　　　　王　群　王纯贺　林　丽　肖家宏

12. 课题名称：提高探明储量报告编写效率

小组名称：勘探开发研究院储量室QC小组

小组成员：孙　旭　张兴文　倪志发　花　明
　　　　　韩明伟　郭辛欣　徐　宇　许　晶
　　　　　王振胜　王延全

13. 课题名称：提高宁县—正宁地区二维地震构造解释成图精度

小组名称：勘探开发研究院新区所勘探QC小组

小组成员：徐　敏　聂文彬　白鲁山　薛　辉
　　　　　徐　森　迟润龙　王晓辉　徐　宇
　　　　　赵　佳　李月月

14. 课题名称：提高荣北滚动勘探及开发井部署实施成功率

小组名称：勘探开发研究院油藏评价第三QC小组

小组成员：吕盈萌　崔成军　郭东宁　金　华
　　　　　马　哲　闫守成　吉明艳　张丽环
　　　　　吴一平　徐春阳

15. 课题名称：提高冷42块冷42井区采油速度

小组名称：冷家油田开发公司冷家油田动态分析QC小组

小组成员：马　开　周　璇　张万强　高宏宇
　　　　　洪海燕　王秋汐　解　巍　王　培
　　　　　康宸博　李　化

16. 课题名称：缩短网络故障信息发布时长

小组名称：冷家油田开发公司网络达人QC小组

小组成员：张万强　安新蕾　回　洁　洪海燕
　　　　　马　开　陈　妍　黄瑶瑶　李　霖
　　　　　张　建　刘　尧

17. 课题名称：新型高效省力配水泥浆装置的研制

小组名称：辽河工程技术分公司作业大队QC小组

小组成员：程　骥　张　玺　谢　宁　王潇男
　　　　　马　腾　宫　雪　李纯栋　侯庆波
　　　　　陈洪涛　章心林

18. 课题名称：缩短淤泥地段管道施工工期

小组名称：辽河油田建有限公司四分创新QC小组

小组成员：谭永亮 韩佩君 于立江 梁 宏
　　　　　刘 邦 谢晨光 黄鹤楠 章 洋
　　　　　张 强 白 帆

19. 课题名称：缩短陡坡段运管时间
小组名称：辽河油田建设有限公司四分创新 QC 小组
小组成员：谭永亮 韩佩君 于立江 郭 帅
　　　　　王 翀 王晓江 李纪运 姜冰冰
　　　　　谢晨光 王春华

20. 课题名称：降低调剖措施成本
小组名称：沈阳采油厂工艺研究所油田化学室 QC 小组
小组成员：陈学亮 易 琳 陈银虎 李 爽
　　　　　杨 霜 王 红 李 雪 于永伟
　　　　　董绍刚 钦焕光

21. 课题名称：多级离心式注水泵密封填料取出器的研制
小组名称：沈阳采油厂启航 QC 小组
小组成员：刘 辉 董绍刚 任学东 王 帅
　　　　　张 腾 张涛涛 陈 冲 张 群
　　　　　贾广民 金春玲

22. 课题名称：降低柱塞泵维修频次
小组名称：石油化工技术服务分公司热注 QC 小组
小组成员：孙延芳 周胜利 郭晓艳 胡庆宇
　　　　　郭祥方 刘锦宁 李超跃 王红刚
　　　　　徐一丹 顾俊杰

23. 课题名称：提高热采井口配件修复率
小组名称：曙光采油厂生产保障大队机关 QC 小组
小组成员：王洪颖 孟令军 刁振国 蓝宗军
　　　　　孙 一 史文娟 宋成盛 刘会东
　　　　　李新野 林年玥

24. 课题名称：提高稠油井机械卡封堵水有效率
小组名称：曙光采油厂修井室 QC 小组
小组成员：曾立桂 向 峥 孙世义 饶德林
　　　　　侯林孜 许 鑫 梁珊珊 林年玥
　　　　　全 振 吕英磊

25. 课题名称：抽油机光杆辅助装置的研制
小组名称：曙光采油厂曙光初现创新 QC 小组
小组成员：柳转阳 饶德林 郑 军 狄强
　　　　　武连永 杨金昆 张孝宁 林年玥
　　　　　李月月 侯林孜

26. 课题名称：降低火驱区块油井检泵率
小组名称：曙光采油厂方案室 QC 小组
小组成员：刘冬雷 崔春秋 曲淑贞 蒋 川
　　　　　黎俊良 李 宁 徐振宇 程 乐
　　　　　林年玥 高云彪

27. 课题名称：降低原油含水延时达标比例
小组名称：特种油开发公司马到功成 QC 小组
小组成员：卢云峰 韩 帅 顾红伟 东 楠
　　　　　吕 亭 杨伟丽 于小洋 许 鑫
　　　　　郑艳梅 李 宁

28. 课题名称：提高 50T 注汽锅炉热效率
小组名称：特种油开发公司 SAGD 攻关 QC 小组
小组成员：吕洪超 王人成 石达志 于小洋
　　　　　肖 宇 陈 亮 李 东 曹 微
　　　　　韩 帅 崔 宇

29. 课题名称：提高幼儿体育活动的参与率
小组名称：振兴服务分公司泰山幼儿园 QC 小组
小组成员：曹 红 李 锦 王 萱 阎晓娟
　　　　　高艳喆 朱秀玲 桑久强 崔 影
　　　　　秦天志 关常志

30. 课题名称：研发稠油水平井分段完井工艺技术
小组名称：钻采工艺研究院稠油水平井分段完井技术 QC 小组
小组成员：郭玉强 王 鸿 施 玉 杨淑英
　　　　　龚润民 李奕缘 任艳子 张宝疆

二等奖（30 项）

1. 课题名称：提高环境监测质量管理水平
小组名称：安全环保技术监督中心监测质量保障 QC 小组

小组成员：李宗强　马跃军　韩雨彤　明楷曼
　　　　　徐　宇　李欣宇　沈凌云　郑　毅

2. 课题名称：降低龙一联外输原油密度调节次数
小组名称：茨榆坨采油厂集输生产指导 QC 小组
小组成员：高晓瑜　梁　建　王　辉　王兴凯
　　　　　杨　丽　王　彬　王前进　马　涛

3. 课题名称：降低油井吨液耗电
小组名称：茨榆坨采油厂降本增效 QC 小组
小组成员：张小敏　张瞳瞳　梁光迅　李咏声
　　　　　孙立杰　张丽君　刘　焕　刘　瑾

4. 课题名称：提高高 3618 块火驱井组平均日产油量
小组名称：高升采油厂火驱管理 QC 小组
小组成员：王远红　李树山　丁军涛　杜亚萍
　　　　　李广博　吴明芳　刘兴欢　孙德臣

5. 课题名称：降低兴东水源供水单耗
小组名称：环境工程公司（原供水公司）工区 QC 小组
小组成员：刘明秀　张骥飞　李　杨　汤　涛
　　　　　左国雄　郭　靓　张　肃　卢凤敏

6. 课题名称：降低油泥处理蒸汽单耗
小组名称：环境工程公司（原供水公司）锅炉节能降耗 QC 小组
小组成员：李新宇　李新昌　于向东　张　力
　　　　　吴庆斌　郭　靓　陈英杰　于　彤

7. 课题名称：提高齐 40 块蒸汽驱长停井复产率
小组名称：欢喜岭采油厂地质工艺技术队 QC 小组
小组成员：赵新怡　于　泳　刘玉莹　孙梦圆
　　　　　徐　喆　王　林　沈少林　王　云
　　　　　冯会中

8. 课题名称：降低天然气耗损量
小组名称：金海采油厂联合 QC 小组
小组成员：郎成山　马广刚　赵新法　许秀珍
　　　　　翟丽影　杜　健　毕　波　吴环宇

9. 课题名称：减少维护性检泵井次
小组名称：金海采油厂生产技术 QC 小组
小组成员：马广刚　杨智金鹏　许　博
　　　　　韩有祥　刘建宁　齐　鹏　王　宇

10. 课题名称：提高综合生化池污水悬浮物去除率
小组名称：锦州采油厂污水处理工程 QC 小组
小组成员：吴召辉　伊爱玉　孙　俊　赵　苇
　　　　　胡娟华　张　帆　赵　辉　王丽阳

11. 课题名称：提高锦 98 块杜家台油层储量动用程度
小组名称：锦州采油厂开发一室小组
小组成员：宋思泉　张玉梅　王传良　于立明
　　　　　韩佳欣　刘　鹤　张元东　王立新

12. 课题名称：提高注采一次管柱井筒热效率
小组名称：锦州采油厂锦采工艺综合 QC 小组
小组成员：徐纪彬　肖家宏　刘广友　陈素娟
　　　　　徐立清　张玉增　王立新　黄亚萍

13. 课题名称：提高双 229 块储量探明程度
小组名称：勘探开发研究院油藏评价 QC 小组
小组成员：范　锋　李渔刚　谷　团　崔成军
　　　　　李　龙　常敬德　荆　涛　张　斌

14. 课题名称：提高鄂尔多斯盆地井位测量精度
小组名称：勘探开发研究院鄂尔多斯盆地井位测量 QC 小组
小组成员：林　雪　戴　兵　陈　辉　秦　飞
　　　　　刁克山　智春峰　郭长军　顾永来

15. 课题名称：提高 PE 管熔接一次合格率
小组名称：辽河油田建设有限公司群策 QC 小组
小组成员：苏　威　苏玲玲　毕红忠　许朝辉
　　　　　蒋　洁　杨宇星　李　锴　韩晓东
　　　　　李海权

16. 课题名称：山地（大坡度）管线自动焊工艺的研究
小组名称：辽河油田建设有限公司自动焊 QC 小组

小组成员：王汉石　董芳芳　栗　佳　赵广臣
　　　　　甄云峰　梁　才　刘　邦　李纪运

17. 课题名称：石油炼化检修换热容器电动抽芯机设计制作
小组名称：辽河油田建设有限公司金属检修QC小组
小组成员：鞠兴永　李　莉　商建营　刘　庚
　　　　　窦向杰　杨　兵　王　涛　马　雷

18. 课题名称：提高13计低压水自身热洗合格率
小组名称：沈阳采油厂13计QC小组
小组成员：李向晖　程　斌　张景志　王英楠
　　　　　刘耀玉　王艳萍

19. 课题名称：缩短中频控制柜维修时间
小组名称：沈阳采油厂中频控制柜维修QC管理小组
小组成员：刘丽敏　刘　蕊　邹振涛　崔　勇
　　　　　杨　威　张涛涛

20. 课题名称：降低热洗对油井产量的影响
小组名称：沈阳采油厂现场试验QC小组
小组成员：唐　平　刘斯迪　王禹贺　李　爽
　　　　　马文天　彭继明

21. 课题名称：提高污水回用装置反洗水BOD/COD的比值
小组名称：石油化工分公司水气车间QC一组
小组成员：刘维建　李建伟　张　呈　刘金东
　　　　　陈晓宗　韩晓东　董希艳　杨丽丽

22. 课题名称：降低割缝筛管的坏缝率
小组名称：石油化工技术服务分公司钻采服务QC小组
小组成员：张　涛　王艳梅　杜蜀辉　王丙刚
　　　　　王小华　杨　峰　张宏伟　周　宇

23. 课题名称：降低杜80兴隆台低效井比例
小组名称：曙光采油厂超稠油QC小组
小组成员：姚　颖　周启龙　汤　力　肖　潇
　　　　　赵衡珺　杨陲楠　金　瑞　张　钊

24. 课题名称：提高高温固砂工艺一泵到底率
小组名称：曙光采油厂防砂室QC小组

小组成员：殷　伟　孙红杰　徐子淳　徐振宇
　　　　　胡庆榆　刘　洋　吕英磊　程　乐

25. 课题名称：降低采油井场污油残液回收处理
小组名称：特种油开发公司费用创优QC小组
小组成员：邹洪超　唐　亮　包　波　张言威
　　　　　张艳伟　杨振东　靳庆凯　秦　恒

26. 课题名称：降低光杆密封器填料更换频次
小组名称：特种油开发公司七站QC小组
小组成员：杨振东　靳庆凯　苗　壮　刘　浩
　　　　　邹洪超　张　璐　袁显辉　明　迪

27. 课题名称：减少柱塞泵机油用量
小组名称：特种油开发公司生产技术QC小组
小组成员：韩文斌　武雅慧　张雪峰　姜源明
　　　　　李　钢　李永旭　王　建　庞玉欢

28. 课题名称：延长螺杆泵检泵周期
小组名称：兴隆台采油厂工艺综合室QC组
小组成员：孙小杰　林　健　吕哲勇　梁　晗
　　　　　毛智禄　郝晓宇　贾紫薇　于万琦

29. 课题名称：降低交通事故发生率
小组名称：兴隆台采油厂安全管理QC小组
小组成员：刘湘子　张世友　刘光亮　王子民
　　　　　蒋金莲　崔文潇　黄丽晨　赵　娜

30. 课题名称：提高车辆智能视频设备安装调试效率
小组名称：信息工程公司智能技术中心QC活动小组
小组成员：刘丙涛　商博雯　吴文哲　张　辉
　　　　　袁金辉　张洪义　陈维亮　王　宏

三等奖（28项）

1. 课题名称：降低特种车辆油料消耗量
小组名称：车辆服务中心高采特车QC小组
小组成员：马　强　赵　静　车天一　葛兴华
　　　　　孙向阳　秦世龙　张百合　张达远

2. 课题名称：提高投球调堵措施经济有效率
小组名称：茨榆坨采油厂分层注水QC小组
小组成员：吴庆莉　瞿瑞松　刘　颖　孙桂生
　　　　　刘　涛　刘子辉　岳　妍　田　丹

3. 课题名称：降低低压配电系统故障次数
小组名称：电力公司低压QC小组
小组成员：杨 波　刘 飞　郑德军　刘乃明
　　　　　张雪冰　匡海军　党勇军　卢绪军

4. 课题名称：提高VS1真空断路器"防跳"保护动作准确率
小组名称：电力公司变检队QC小组
小组成员：费 铮　史立军　高 飞　丁立新
　　　　　梁宝成　赵 军　王鹏程　严普科

5. 课题名称：提高油井增产措施经济有效率
小组名称：高升采油厂经济评价QC小组
小组成员：韩钰萍　郑晓旭　吴 昊　李元杰
　　　　　李广博　杜亚峰　程丽娟　张金光

6. 课题名称：降低兴南油泥处理站运行成本
小组名称：环境工程公司（原供水公司）兴隆台油泥项目部QC小组
小组成员：赵 勇　田象悦　李 赓　马 猛
　　　　　张建波　王立东　王文玫　杜丽军

7. 课题名称：研制高温密封接头拉拔装置
小组名称：欢喜岭采油厂赵奇峰技能专家工作室QC小组
小组成员：赵奇峰　郭发德　林平平　邹黎明
　　　　　王艳军　李 健　夏洪刚　全宝东

8. 课题名称：提供齐202井区储量动用程度
小组名称：欢喜岭采油厂地质气驱室QC小组
小组成员：孙 聪　孙作海　郑利民　刘 闯
　　　　　常琳清　王欢欢　刘春辉　李丽丽

9. 课题名称：提高蒸汽驱开发油井套管结晶处理效率
小组名称：欢喜岭采油厂赵奇峰创新工作室QC小组
小组成员：董 娟　赵奇峰　郭发德　朱孔飞
　　　　　夏洪刚　鲜林祥　梁俊祥　李洪光

10. 课题名称：辽河油田天然气老区挖潜提质增效
小组名称：开发事业部天然气挖潜QC小组
小组成员：冯禹龙　王栋明　唐雪枭　徐建通
　　　　　仇宇第　曹 超　王睿哲　周 璇

11. 课题名称：提高雷61储气库有效工作气量占比
小组名称：勘探开发研究院储气库QC小组
小组成员：朱 婵　李 滨　刘 洁　尹德喆
　　　　　郭泽萍　蔡洪波　赵国光　毕英爽

12. 课题名称：提高冷35块低渗注水油藏采油速度
小组名称：冷家油田开发公司稀油动态室QC小组
小组成员：王 硕　黄瑶瑶　马 开　高 赫
　　　　　陈 妍　张万强　刘 尧　康宸博

13. 课题名称：降低边际效益井生产成本
小组名称：冷家油田开发公司地质研究所综合QC小组
小组成员：洪海燕　马 开　张万强　安新蕾
　　　　　陈 妍　蔡媛媛　付云博　李 化

14. 课题名称：提高奈曼油田水驱储量动用程度
小组名称：辽兴油气开发公司地质突击QC小组
小组成员：钱 玲　杨霄霞　鄢 菲　李 新
　　　　　邢天汇　闫 菲　杨大齐　于 凯

15. 课题名称：降低热35块清防蜡费用
小组名称：辽兴油气开发公司采油作业三区生产管理QC小组
小组成员：杨荣帅　付 昊　岳秋玲　周 鑫
　　　　　王松伟　沈欣欣

16. 课题名称：前置捞油器一体化改造
小组名称：石油化工技术服务分公司捞油效率提升课题组
小组成员：王 寅　王国锋　孙炳鸿　李超跃
　　　　　赫 颖　徐一丹　代超奇　韩政君

17. 课题名称：提高油套管螺纹检验效率
小组名称：物资公司物资检验中心管材QC小组
小组成员：李瀚涛　姚 斌　孙昌生　王子阁
　　　　　李瑞钊　杨 洋　孙 颖　毕鉴辉

18. 课题名称：降低普通钢材库存
小组名称：物资公司器材库QC小组

小组成员：张博骁　李　水　陈丽波　关　丽
　　　　　张家兴　陈军明　王丽华　王翠萍
19. 课题名称：自制安全警戒防护栏
小组名称：物资公司能源 QC 小组
小组成员：袁　野　郭　丽　李　刚　王　博
　　　　　张　伟　杨靖红　王立刚　邢　健
20. 课题名称：提高云桌面安装调试成功率
小组名称：信息工程公司系统运维中心 QC
　　　　　小组
小组成员：孟繁奇　樊建国　董　良　方　涛
　　　　　喻明岳　李　爽　尹　航　霍正阳
21. 课题名称：提高污水处理设备效率
小组名称：兴隆台采油厂兴二联 QC 小组
小组成员：高佳兴　王　键　张　琦　张英琦
　　　　　刘　超　邢福宁　刘乐平　王美大
22. 课题名称：降低五区空心杆电加热清防蜡
　　　　　电费
小组名称：兴隆台采油厂兴采五区生产 QC
　　　　　小组
小组成员：邵　帅　张　毅　王　俊　滕国威
23. 课题名称：降低输油泵机械密封失效率
小组名称：油气集输公司沈抚输油分公司 QC
　　　　　小组
小组成员：王荣红　张路路　孙　皓　陈前宇
　　　　　杨　阳　张卓宇　陈姝汐　赵晶鑫
24. 课题名称：降低装车过程中产生静电风险
小组名称：油气集输公司曙光输油分公司 QC
　　　　　小组

小组成员：李政正　尚路野　孙　超　钟一鸣
　　　　　杨志辉　刘　坤　刘　磊　尹　航
25. 课题名称：降低原油储备库能耗成本
小组名称：油气集输公司大连油库 QC1 小组
小组成员：张明鹿　杨　东　关照其　杨滨宇
　　　　　王文峰　孙泽男　孙永华　计　平
26. 课题名称：新型高效三相分离器研究
小组名称：中油辽河工程有限公司中油辽河设
　　　　　计 QC 小组
小组成员：宋　诚　高　岩　伊　军　李　迪
　　　　　郝广娃　钱　媛　王　欣　史传麒
27. 课题名称：注汽管线经济保温厚度研究
小组名称：中油辽河工程有限公司热力工程所
　　　　　第一 QC 小组
小组成员：马铭泽　赵兴罡　张　馨　张　洁
　　　　　刘　庆　于海滨　王禹智　周乐乐
28. 课题名称：低成本砾石充填防砂技术完善
　　　　　与应用
小组名称：钻采工艺研究院砾石充填 QC 小组
小组成员：于晓溪　陈大钊　丛志新　周杨淇
　　　　　石　磊　任艳子　孙加元　李　晗

组织奖（6 个）
1. 茨榆坨采油厂
2. 曙光采油厂
3. 油田建设工程有限公司
4. 勘探开发研究院
5. 高升采油厂
6. 沈阳采油厂

辽河油田公司其他荣誉

辽河油田公司第五届"班组成本分析"获奖名单

优秀组织单位（10 个）
兴隆台采油厂　欢喜岭采油厂
锦州采油厂　金海采油厂
勘探开发研究院　茨榆坨采油厂

辽河工程技术分公司　石油化工技术服务分公司

电力分公司　振兴服务分公司

"金算盘"奖（5人）

辽河工程技术分公司　刘　晟

特种油开发公司　石　群

金海采油厂　闫　亮

沈阳采油厂　徐博文

茨榆坨采油厂　胡玲玲

"银算盘"奖（10人）

沈阳采油厂　刘　双

特种油开发公司　韩　帅

欢喜岭采油厂　石天志

高升采油厂　樊泽辉

锦州采油厂　韩　炎

燃气集团公司　黄占强

储气库公司　刘永为

锦州采油厂　李　帅

金海采油厂　朱寰宇

辽河工程技术分公司　周瑞琦

"铜算盘"奖（15人）

石油化工分公司　刘九言

冷家油田开发公司　王伊慧

电力分公司　王洪鹏

未动用储量开发公司　刘　晶

油气集输公司　李海涛

茨榆坨采油厂　刘　利

振兴服务分公司　白　璐

兴隆台采油厂　苏　杭

曙光采油厂　黄殿瑜

曙光采油厂　孙　宇

高升采油厂　方琬硕

石油化工技术服务分公司　张欣楠

金海采油厂　苏新雨

冷家油田开发公司　周　璇

茨榆坨采油厂　田　蜜

辽河油田公司安全风险辨识"金眼睛"名单

曙光采油厂

柳转阳　黄殿瑜　朱　亮　杨东辉　袁　野

兴隆台采油厂

索大立　王志朋　何　川　张闻喆　王媛媛

特种油开发公司

李　杰　邹洪超　易双林　蒋庆华　葛　磊

欢喜岭采油厂

王君华　高常军　王　涛　吕英建　郭　健

沈阳采油厂

朱明哲　范立明　张景志　张牧石　蔡英雄

锦州采油厂

李广龙　郑雅各　方　文　王小兵　林　超

高升采油厂

孟凡柱　刘博文　王小兵　李　波　张　骅

冷家开发公司

魏忠亮　盛寒秋　黄装显

金海采油厂

戚　勇　范　俊　董　航　李晓辉　张　峰

茨榆坨采油厂

李宜明　刘继彪　赵庆国　王前进　曹建新

辽兴油气开发公司

吴　桐　李长顺

未动用储量开发公司

李营良

储气库公司

刘　凯　王瑞平

油气集输公司

陈前宇　邓　明

勘探开发研究院

孙　倩

燃气集团公司

杨　光　李立新　王添博

外部市场项目管理部

陈国泉

消防支队

米　山

安全环保技术监督中心

金　阳

车辆服务中心

张鲁军　袁朝川　娄新凯

信息工程分公司

孙怀来　刘亚军　王学松

中油辽河工程有限公司

刘雪冰

辽河工程技术分公司

薛华飞　贺　海　白永利　于立勋　张　军

油田建设有限公司

谭永亮　赵利娜　李　军

石油化工技术服务分公司

刘伟明　方　香　白　云

环境工程公司

马　娜　王晓红　张建波　张　力

电力分公司

徐业龙　赵　锐　张　峰

石油化工分公司

宋洪园　刘　可　周信宇　周　巍

物资分公司

张海涛　麻登霞

能源管理公司

孙　程

辽河油田培训中心

赵敬党

振兴服务分公司

魏婷婷　曹　猛　邱　枫

劳务管理中心

刘　莉

辽油宝石花医院

李兆林

统 计 数 据

表1　2017—2021年辽河油田公司原油生产完成情况表

单位：万吨

项目\年份	2017年	2018年	2019年	2020年	2021年	累计
石油液体产量	1000.10	995.11	1007.56	1004.26	1008.01	5015.03
1. 欢喜岭采油厂	100.07	87.30	90.19	86.69	88.20	452.44
2. 锦州采油厂	79.90	79.08	78.84	73.91	73.34	385.07
3. 曙光采油厂	209.43	211.70	215.60	215.53	212.45	1064.72
4. 兴隆台采油厂	104.00	101.85	104.78	107.50	123.93	542.07
5. 高升采油厂	54.30	55.46	54.84	52.25	51.17	268.03
6. 沈阳采油厂	91.03	94.68	97.60	98.99	100.57	482.87
7. 茨榆坨采油厂	40.74	43.10	44.00	42.50	30.05	200.39
8. 金海采油厂	53.19	49.13	49.93	50.80	50.48	253.54
9. 冷家油田开发公司	53.33	51.91	51.73	51.80	52.20	260.97
10. 海南油田勘探分公司	—	—	—	—	—	—
11. 未动用储量开发公司（未动用储量开发项目部）	9.54	10.32	13.13	14.72	15.36	63.07
12. 辽河油田青海分公司	—	3.98	3.50	1.50	0.42	9.40
13. 特种油开发公司	128.04	130.54	129.78	129.27	124.75	642.39
14. 辽兴油气开发公司	24.30	25.76	26.88	27.10	24.55	128.58
15. 月东项目部	45.73	44.96	39.51	43.00	49.02	222.22
16. 庆阳勘探开发分公司	—	—	—	0.89	2.32	3.21
17. 液化气	6.49	5.33	7.26	7.80	9.20	36.07

表2　2017—2021年辽河油田公司原油收拨情况表

单位：万吨

项目\年份	2017年	2018年	2019年	2020年	2021年	累计
1. 原油生产量	993.61	989.78	1000.30	996.47	998.81	4978.96
其中：稀油	273.14	291.45	295.35	294.01	299.35	1453.30
稠油	629.39	603.32	607.10	602.80	597.67	3040.29
高凝油	91.08	95.01	97.85	99.66	101.79	485.38
2. 期初库存	13.30	27.15	25.37	24.64	23.28	113.74
3. 销售量	965.97	977.84	990.38	986.22	985.88	4906.30
4. 自用量	13.78	13.72	10.65	11.60	12.94	62.69
5. 损耗量	—	—	—	—	—	—
6. 期末库存	27.15	25.37	24.64	23.28	23.27	123.27

表3 2017—2021年辽河油田公司原油销售量情况表

单位：万吨

项目		年份	2017年	2018年	2019年	2020年	2021年	累计
原油销售			965.97	977.84	990.38	986.22	985.88	4906.30
按运输方式	1. 管输		713.92	760.95	783.73	766.99	757.98	3783.58
	2. 铁路		—	—	—	—	—	—
	3. 公路		249.62	216.88	206.65	219.23	227.90	1120.29
	4. 海运		2.43	—	—	—	—	2.43
销售区域	1. 锦西		176.48	190.17	195.64	176.19	179.86	918.34
	2. 锦州		176.49	190.28	195.42	196.92	180.09	939.20
	3. 辽阳		—	—	—	—	—	—
	4. 鞍山		—	—	—	—	—	—
	5. 抚顺		84.65	89.97	90.57	85.49	85.76	436.44
	6. 石化厂		407.69	410.20	432.34	451.18	464.31	2165.72
	7. 其他		120.67	97.22	76.41	76.45	75.86	446.60

表4 2017—2021年辽河油田公司天然气产销情况表

单位：亿立方米

项目	年份	2017年	2018年	2019年	2020年	2021年	累计
天然气生产量合计		4.60	5.69	6.04	7.24	7.90	31.48
气井气		0.91	0.87	0.72	0.85	1.23	4.58
油井气		3.70	4.83	5.32	6.39	6.67	26.90
1. 欢喜岭采油厂		0.14	0.41	0.24	0.17	0.21	1.17
2. 锦州采油厂		0.13	0.21	0.24	0.22	0.25	1.05
3. 曙光采油厂		0.10	0.10	0.10	0.10	0.15	0.55
4. 兴隆台采油厂		2.51	2.57	2.68	3.42	4.54	15.72
5. 高升采油厂		0.13	0.30	0.32	0.29	0.30	1.33
6. 沈阳采油厂		0.35	0.83	0.89	0.80	0.89	3.76
7. 茨榆坨采油厂		0.45	0.47	0.64	1.03	1.03	3.63
8. 金海采油厂		0.28	0.38	0.36	0.43	0.41	1.86
9. 海南油田勘探分公司		—	—	—	—	—	—
10. 辽兴油气开发公司		0.50	0.41	0.53	0.74	0.02	2.20
11. 庆阳勘探开发分公司		—	—	—	0.01	—	0.01
12. 未动用储量开发公司（未动用储量开发项目部）		—	—	—	0.04	0.10	0.14
13. 其他		0.01	0.01	0.04	—	—	0.06
天然气外供量合计							
天然气商品量合计		2.51	1.83	2.01	0.92	0.61	7.88
天然气外供量合计		2.51	1.83	2.01	0.92	0.61	7.88

表5 2017—2021年辽河油田公司注水量情况表（不含污水回注）

单位：万立方米

项目 \ 年份	2017年	2018年	2019年	2020年	2021年	累计
合计	3190	3224	3266	3235	3160	16074
1. 欢喜岭采油厂	410	394	387	350	333	1874
2. 锦州采油厂	432	452	446	440	383	2153
3. 曙光采油厂	259	248	217	245	259	1228
4. 兴隆台采油厂	302	337	328	299	332	1598
5. 高升采油厂	153	143	125	134	132.8	688
6. 沈阳采油厂	923	894	998	1030	1047	4892
7. 茨榆坨采油厂	196	215	240	248	201	1100
8. 金海采油厂	426	443	438	399	360	2066
9. 冷家油田开发公司	64.6	56	50.7	49	33.6	254
10. 海南油田勘探分公司	—	—	—	—	—	—
11. 特种油开发公司	—	—	—	—	—	—
12. 辽兴油气开发公司	24	28	24	32	71	179
13. 庆阳勘探开发分公司	—	—	—	4	5.7	10
14. 青海分公司	—	14	12	5	—	31
15. 其他	—	—	—	—	2	2

表6 2017—2021年辽河油田公司注汽量情况表

单位：万立方米

项目 \ 年份	2017年	2018年	2019年	2020年	2021年	历年累计
辽河合计	2261	2410	2370	2272	2286	11599
辽河（吞吐）	1202	1286	1256	1210	1217	6171
1. 欢喜岭采油厂	68	57	62	53	46	286
2. 锦州采油厂	139	165	152	153	150	759
3. 曙光采油厂	514	540	537	499	496	2586
4. 兴隆台采油厂						
5. 高升采油厂	65	77	77	70	70	359
6. 沈阳采油厂	—					

续表

项目 \ 年份	2017年	2018年	2019年	2020年	2021年	历年累计
7. 茨榆坨采油厂	—	—	—	—	—	—
8. 冷家油田开发公司	129	130	124	123	121	627
9. 未动用储量开发公司（未动用储量开发项目部）	21	33	33	37	38	162
10. 海南油田勘探分公司	—	—	—	—	—	—
11. 特种油开发公司	220	220	218	214	234	1106
12. 月东项目部	11	11	10	14	18	64
13. 金海采油厂	35	53	43	47	44	222
辽河（蒸气）	1059	1125	1114	1062	1069	5429
1. 锦州采油厂	93	104	126	103	84	510
2. 欢喜岭采油厂	334	398	375	354	345	1806
3. 曙光采油厂	156	164	179	191	208	898
4. 高升采油厂	—	—	—	—	—	—
5. 金海采油厂	33	32	39	25	28	157
6. 冷家油田开发公司	86	87	90	79	76	418
7. 特种油开发公司	357	340	305	310	328	1640

表7 2017—2021年辽河油田公司油、水、气井井口数情况表

单位：口

年份	总井数	油井				水井		气井		观察井	完井未投
2017	25221	开井 13472	20479	开井 11405 关井 9074	自喷井 214 抽油井 20265	3121	开井 1989 关井 1132	556	开井 78 关井 478	623	442
		关井 11749									
2018	25955	开井 14315	21065	开井 12098 关井 8967	自喷井 225 抽油井 20840	3244	开井 2111 关井 1133	642	开井 106 关井 536	562	442
		关井 11640									
2019	26227	开井 14532	21333	开井 12378 关井 8955	自喷井 112 抽油井 21221	3278	开井 2079 关井 1199	575	开井 75 关井 500	632	409
		关井 11695									
2020	27092	开井 14936	21738	开井 12617 关井 9121	自喷井 220 抽油井 21518	3410	开井 2208 关井 1202	471	开井 111 关井 440	1063	410
		关井 12156									
2021	27466	开井 15564	21939	开井 12826 关井 9113	自喷井 203 抽油井 21736	3357	开井 2139 关井 1218	599	开井 137 关井 462	1134	437
		关井 11902									

表8 2021年辽河油田公司稠油吞吐热采情况表

			合计	锦州采油厂	欢喜岭采油厂	曙光采油厂	高升采油厂	金海采油厂	冷家公司	特油公司	未动用储量开发公司	海月项目部
吞吐井周期井数	一周期	（井）	724	257	70	58	25	52	130	96	2	34
	二周期	（井）	511	98	59	69	47	56	61	77	11	33
	三周期	（井）	510	84	65	88	61	53	63	60	14	22
	四周期	（井）	479	72	44	97	81	52	61	53	3	16
	五周期	（井）	468	78	42	107	86	34	68	30	5	18
	六周期	（井）	521	85	54	116	91	29	74	44	13	15
	七周期	（井）	455	95	37	102	81	19	67	36	7	11
	八周期	（井）	451	88	37	105	70	24	61	54	7	5
	九周期	（井）	449	102	49	98	71	18	58	42	8	3
	十周期	（井）	404	107	30	100	37	13	56	52	7	2
	十一周期	（井）	422	95	43	93	32	25	75	50	8	1
	十二周期	（井）	405	102	33	100	38	17	62	48	5	—
	十三周期	（井）	357	77	41	84	34	15	54	46	6	—
	十四周期	（井）	391	83	47	102	29	21	52	50	7	—
	十五周期以上	（井）	3432	742	337	1476	83	161	276	313	44	—
	累计	（井次）	118315	25542	11398	44464	6639	4875	12028	11270	1514	585
吞吐油汽比	年		0.33	0.32	0.29	0.28	0.45	0.50	0.30	0.28	0.26	2.12
	累计		0.46	0.47	0.48	0.43	0.71	0.53	0.45	0.36	0.30	2.66

注：本卷年鉴对2017—2020年的部分生产数据进行了修订更正。本表数据来源于规划计划部、开发事业部。

附 录

2021年辽河油田公司政策制度选录

附表1　2021年辽河油田公司政策制度一览表

序号	规章制度名称	状态	发文字号	发文时间
1	辽河油田公司井筒质量管理办法	有效	中油辽字〔2020〕210号	2021年1月5日
2	辽河油田公司知识产权管理办法	有效	中油辽字〔2020〕214号	2021年1月13日
3	辽河油田公司党委第一议题制度	有效	中油辽党发〔2021〕14号	2021年3月4日
4	辽河油田公司土地管理办法	有效	中油辽字〔2021〕48号	2021年3月15日
5	辽河油田公司维稳信访综治政法考核奖惩办法	有效	中油辽党发〔2021〕27号	2021年4月12日
6	辽河油田公司技术设备引进管理办法	有效	中油辽字〔2021〕125号	2021年6月18日
7	辽河油田公司帮扶工作管理办法补充规定	有效	中油辽字〔2021〕145号	2021年7月8日
8	辽河油田公司动火作业安全管理细则	有效	中油辽字〔2021〕159号	2021年8月10日
9	辽河油田公司海洋石油安全生产与环境保护管理办法	有效	中油辽字〔2021〕164号	2021年8月16日
10	辽河油田公司危险化学品安全管理细则	有效	中油辽字〔2021〕167号	2021年8月16日
11	辽河油田公司国际业务社会安全管理办法	有效	中油辽字〔2021〕170号	2021年8月18日
12	辽河油田公司集输管理办法	有效	中油辽字〔2021〕174号	2021年8月23日
13	辽河油田公司投资项目后评价管理细则	有效	中油辽字〔2021〕173号	2021年8月23日
14	辽河油田公司招标管理办法	有效	中油辽字〔2021〕183号	2021年9月13日
15	辽河油田公司所属领导班子和领导人员综合考核评价办法	有效	中油辽党发〔2021〕124号	2021年9月27日
16	辽河油区住宅专项维修资金管理办法	有效	辽油房委发〔2021〕1号	2021年9月28日
17	辽河油田公司无形资产管理办法	有效	中油辽字〔2021〕204号	2021年10月28日
18	辽河油田公司特种设备安全管理办法	有效	中油辽字〔2021〕227号	2021年11月13日
19	辽河油田公司职工福利费管理办法	有效	中油辽字〔2021〕243号	2021年12月1日
20	辽河油田公司风险管理办法	有效	中油辽字〔2021〕244号	2021年12月3日
21	辽河油田公司科技经费管理办法	有效	中油辽字〔2021〕257号	2021年12月14日
22	辽河油田公司标准化管理办法	有效	中油辽字〔2021〕259号	2021年12月19日
23	辽河油田公司内部控制管理办法	有效	中油辽字〔2021〕264号	2021年12月22日

辽河油田公司党委第一议题制度

第一章　总　则

第一条　为进一步推动深入学习贯彻习近平总书记重要讲话和重要指示批示精神，根据《中共中国石油天然气集团有限公司党组第一议题制度》(中油党组发〔2021〕4号)，结合油田公司实际，制定本制度。

第二条 油田公司党委第一议题主要内容包括：油田公司收到的与集团公司、石油石化行业和能源领域相关的习近平总书记重要讲话、重要指示批示；习近平总书记考察调研集团公司及所属企事业单位时发表的重要讲话、作出的重要指示；习近平总书记公开发表的重要讲话、指示批示，特别是关于国资国企改革、能源行业发展和党的建设等方面内容。

第三条 把第一议题制度作为油田公司党委增强"四个意识"、坚定"四个自信"、做到"两个维护"的重要举措，以踏石留印、抓铁有痕的劲头，勇于担当、真抓实干，确保习近平总书记重要讲话和重要指示批示精神在油田公司不折不扣落到实处。

第二章 议题组织

第四条 坚持第一时间传达学习，及时召开党委会议、党委会议（扩大）或党委理论学习中心组学习，把传达学习贯彻习近平总书记重要讲话、重要指示批示精神作为第一议题。党委书记要带头学习习近平总书记重要讲话和重要指示批示，把握内涵实质，认真研究确定会议议题。原则上在符合保密要求的前提下，提前将习近平总书记相关重要讲话、重要指示批示材料印发党委委员学习。

第五条 在党委会议、党委会议（扩大）或党委理论学习中心组学习上，党委书记要带头领学，做好习近平总书记重要讲话和重要指示批示的传达学习。党委委员要把自己摆进去、把职责摆进去、把工作摆进去，在学习中发现问题、提出问题、研究问题、解决问题，特别是分管业务与学习主题密切相关的党委委员，要有针对性地作重点发言。会议要结合油田公司实际，认真研讨交流，作出工作部署，做到方向明确、重点突出、措施具体、责任清晰。

第六条 在日常研究决定生产经营、改革发展、党的建设等重大事项和重点工作时，要与习近平总书记重要讲话、重要指示批示精神，特别是关于国资国企改革、能源行业发展和党的建设等重要论述严格对标对表，确保始终同以习近平同志为核心的党中央保持高度一致。

第七条 加强习近平总书记重要指示批示件传递、办理、保管等全过程管理，会后要做好研究办理过程中形成的文件材料收集整理归档工作，不得擅自扩大知悉范围，严防失泄密事件发生。

第三章 执行落实

第八条 将油田公司党委贯彻落实习近平总书记重要指示批示情况作为领导班子民主生活会对照检查的重要内容，及时总结回顾，查找问题不足，落实改进措施。

第九条 认真落实《中共中国石油天然气集团有限公司党组学习贯彻习近平总书记重要指示批示精神落实机制》（中油党组〔2020〕14号）有关要求，党委办公室定期组织开展贯彻落实习近平总书记重要指示批示精神专项督查，及时跟进、督促办理，确保落实情况可跟踪、可追溯；公司机关部门、各单位负责及时细化落实举措，列出任务清单，明确进度安排，抓好贯彻落实，定期报告进展情况；纪委办公室负责将贯彻落实习近平总书记重要指示批示情况作为政治监督的首要任务，坚决纠正贯彻落实中的形式主义、官僚主义和不担当、不作为、慢作为问题。

第十条 集团公司党组、辽宁省委指定要求学习的习近平总书记重要讲话和指示批示精神，传达学习情况按要求分别报集团公司党组办公室、辽宁省委办公厅，贯彻落实的重要阶段性进展及时向集团公司党组、辽宁省委报告。

第四章 附 则

第十一条 各单位要参照本制度抓好习近平总书记重要讲话和重要指示批示精神的传达学习、贯彻落实工作，并纳入本单位党组织书记抓基层党建述职评议考核重要内容。

第十二条 本制度由油田公司党委办公室负责解释，自印发之日起施行。

辽河油田公司所属领导班子和领导人员综合考核评价办法

第一章 总则

第一条 为坚持和加强党对国有企业的全面领导，激发和保护企业家精神，健全完善考核评价机制，推动所属领导班子和领导人员做到对党忠诚、勇于创新、治企有方、兴企有为、清正廉洁，建设一支政治坚强、本领高强、意志顽强的高素质专业化领导人员队伍，为做好千万吨油田、百亿方气库、流转区效益上产"三篇文章"提供坚强组织保障，根据《中国石油天然气集团有限公司所属领导班子和领导人员综合考核评价办法》规定，结合油田公司实际，制定本办法。

第二条 考核工作以习近平新时代中国特色社会主义思想为指导，坚持把政治标准放在首位，着眼于推进油田公司高质量发展，突出考核评价所属领导班子和领导人员在管党治党、治企兴企、改革创新、价值创造、自身建设等方面的履职表现，坚持严管与厚爱结合、激励和约束并重，奖勤罚懒、奖优罚劣，调动领导班子和领导人员积极性、主动性、创造性，树立重实干、重实绩、重担当的鲜明导向。

第三条 坚持党管干部原则，坚持德才兼备、以德为先，坚持事业为上、注重实绩，坚持组织认可、出资人认可、市场认可、群众认可，坚持考用结合、奖惩分明，突出精准科学，做到客观全面、简便有效。坚持与各类考核统筹衔接，增强考核评价工作整体效能。

第四条 坚持定性与定量结合、考人与考事联动，提高经营业绩在综合评价中的比重，统筹运用履职测评、个别谈话、分析研判等方法，防止简单以量化得分确定综合考核评价结果。

第五条 综合考核评价以日常管理为基础，分为年度综合考核评价和任期综合考核评价。任期综合考核评价周期为3年。

第六条 本办法适用于油田公司所属二级单位、机关部室、直属部门（统称机关部门）领导班子和领导人员。

第七条 领导班子和领导人员综合考核评价工作，在油田公司党委领导下，由党委组织部（人事部）组织实施。

第二章 综合考核评价内容

第八条 领导班子综合考核评价内容主要包括：

（一）政治思想建设。主要从政治忠诚、政治担当、社会责任3个方面进行评价。重点考核学习贯彻习近平新时代中国特色社会主义思想，增强"四个意识"、坚定"四个自信"、做到"两个维护"情况；坚决贯彻落实习近平总书记重要指示批示精神和集团公司党组决策部署以及油田公司党委工作部署，推动企业不断做强做优做大，全力保障国家能源安全情况；全面落实"两个一以贯之"，把党的领导融入公司治理，完善中国特色现代企业制度情况；坚定推进全面从严治党，严守政治纪律和政治规矩，营造风清气正政治生态情况；正确处理企业利益与国家利益、公共利益的关系，在促进经济社会发展和履行社会责任中发挥主力军作用情况。

（二）企业发展质量。主要从改革创新、经营效益、管理效能、风险管控4个方面进行评价。重点考核贯彻新发展理念，构建新发展格局，坚持深化改革、创新驱动、转型升级，提升自主创新能力和改革综合成效情况；聚焦提质增效及高质量发展，注重价值创造，突出效益效率，推进企业经济效益增长或亏损治理、资产运营质量改善、运行效率提升情况；树立精益管理理念，遵循"四化"治企准则，落实"四精"管理要求，推进治理体系和治理能力现代化情况；围绕增强抗风险能力，妥善应对战略管控、投资决策、安全环保、和谐稳定等领域重大风险情况。

（三）党建工作质量。主要从选人用人、基层党建、党风廉政3个方面进行评价。重点考核落实新时代党的建设总要求和新时代党的组织路线，坚持党管干部、党管人才原则，主动适应现代企业制度要求和高质量发展需要选干部配班子情况；党委履行主体责任，落实党建工作责任制，着力发挥把方向、管大局、促落实职责情况；围绕提升基层组织力，大力加强基本组织、基本队伍、基本制度建设，不断固本强基，促进党建与生产经营深度融合发展情况；落实党风廉政建设主体责任和监督责任，持之以恒正风肃纪，巩固扩大反腐败斗争成果，构建不敢腐不能腐不想腐机制情况。

（四）作风建设成效。主要从团结协作、联系群众2个方面进行评价。重点考核加强和规范党内政治生活，坚持民主集中制原则，科学决策、民主决策、依法决策，增强整体功能情况；贯彻党的群众路线，全心全意依靠职工群众办企业，深入基层调查研究，努力解决实际问题，落实中央八项规定精神，坚决反对"四风"情况。

第九条　领导人员综合考核评价内容主要包括：

（一）政治坚强。主要从政治素质、道德品行、抓党建强党建3个方面进行评价。重点考核旗帜鲜明讲政治，对党忠诚、信念坚定、表里如一，坚决同以习近平同志为核心的党中央保持高度一致，认真落实上级决策部署情况；自觉践行社会主义核心价值观，明大德、守公德、严私德，模范传承石油工业优良传统和职业道德情况；坚持党建工作与业务工作同部署、同落实，把抓好党建作为最大的政绩，严格履行党建"一岗双责"，带头抓好政治引领、思想建设、队伍提升和阵地巩固，促进党建与生产经营深度融合，为企业决策、执行、监督赋能增效情况。

（二）本领高强。主要从专业素养、学习创新、科学决策、狠抓落实4个方面进行评价。重点考核遵循市场经济规律和企业发展规律，注重运用专业背景、专业能力、专业思维，分析解决生产经营和管理实践具体问题，塑造企业产品服务专业化形象情况；自觉践行企业家精神，善于学习、注重实践，以开放心态接受新思想新事物，学以致用、知行合一，坚定勇于求变、探索创新的意志，敢闯敢试、敢为人先，通过改革创新破解企业发展难题、推进提质增效情况；坚持改革发展正确方向，深入调查研究、广泛听取意见，强化评估论证和合规性审查，提升决策质量情况；准确领会党的路线方针政策以及上级指示精神，深入实际了解情况，找准上情与下情对接点、推进工作发力点，以钉钉子精神抓执行、解决实际问题情况。

（三）意志顽强。主要从担当作为、勤勉敬业、廉洁从业3个方面进行评价。重点考核带头弘扬石油精神和大庆精神铁人精神，牢固树立责任意识、使命意识，勇于任事、敢于担当、真抓实干、攻坚克难情况；忠诚石油事业，坚持立足本职作贡献，凝心聚力谋发展，知重负重、任劳任怨、忘我拼搏情况；带头遵守国家法律法规和企业规章制度，坚持诚实守信、依法经营、严守底线、廉洁从业，落实党风廉政建设责任制情况。

第十条　综合考核评价内容坚持政治导向、目标导向和效果导向，以贯彻落实党中央精神为重要前提，根据集团公司党组决策部署和油田公司党委工作部署及时优化调整。

第三章　年度综合考核评价

第十一条　年度综合考核评价一般在每年年底启动实施，主要程序包括：准备工作、履职测评、个别谈话、听取意见及核实情况、综合分析研判、确定考核评价结果、反馈情况、考核评价结果应用、归档。

第十二条　准备工作。包括制订实施方案，收集整理被考核评价单位相关信息，与被考核评价单位沟通情况。

被考核评价单位领导班子和领导人员分别撰写述职报告，并配合做好考核评价的各项准备工作。

述职内容主要包括：贯彻落实习近平总书记重要指示批示精神和集团公司党组决策部署以及油田公司党委工作部署情况；加强政治思想建设和自身建设情况；在推动改革发展、提质增效、完成重点工作等方面发挥作用情况；履行管党治党责任、加强作风建设和廉洁从业情况，取得的成绩和存在的不足以及改进措施等。"双向进入、交叉任职"的领导人员应当全面报告履行不同岗位职责的情况。

班子述职报告需经党委集体研究审议，个人述职报告报主要负责人审阅。交流任职不足3个月的领导人员提交书面述职报告，不参加履职测评。根据实际情况，交流任职不足3个月的领导班子正职可以对领导班子和其他领导人员进行测评。

第十三条　履职测评

（一）测评指标及权重。

1. 领导班子履职测评包括政治思想建设、企业发展质量、党建工作质量、作风建设成效4项一级指标、12项二级指标，具体为：

政治思想建设，权重20%，包括政治忠诚、政治担当、社会责任等3项二级指标，分别占总指标的8%、8%、4%；

企业发展质量，权重50%，包括改革创新、经营效益、管理效能、风险管控等4项二级指标，分别占总指标的15%、20%、7.5%、7.5%；

党建工作质量，权重20%，包括选人用人、基层党建、党风廉政等3项二级指标，分别占总指标的8%、6%、6%；

作风建设成效，权重10%，包括团结协作、联系群众2项二级指标，各占总指标的5%。

领导班子履职测评指标、评价要点和标准见附件1、附件2。

2. 领导人员履职测评包括政治坚强、本领高强、意志顽强3项一级指标、10项二级指标，具体为：

政治坚强，权重30%，包括政治素质、道德品行、抓党建强党建等3项二级指标，分别占总指标的14%、8%、8%；

本领高强，权重40%，包括专业素养、学习创新、科学决策、狠抓落实等4项二级指标，分别占总指标的10%、10%、10%、10%；

意志顽强，权重30%，包括担当作为、勤勉敬业、廉洁从业等3项二级指标，分别占总指标的10%、10%、10%。

领导人员履职测评指标、评价要点和标准见附件3、附件4。

（二）测评方式。

1. 对所属二级单位领导班子和班子成员测评

（1）单位内部测评。结合年度工作会议、职代会等集中性会议，召开测评工作会议，由领导班子主要负责人代表领导班子述职并对本人履职情况进行述职，班子其他成员对本人履职情况进行述职（根据情况可以采取书面述职方式）。与会人员对领导班子和班子成员进行履职测评。述职材料应提前印发，视情况履职测评可在会后单独组织。参加测评人员包括：被考核评价单位领导班子成员，近两年退出领导岗位未退休的原领导班子成员，助理副总师、机关部门负责人、基层单位党政正职，一级工程师及以上层级人员，部分职工代表。职工代表主要从职代会代表中的基层一线员工、先进模范、技术技能骨干中产生，一般为参加测评会议总人数的15%左右。

（2）上级评价。公司主要领导和分管领导对所属二级单位领导班子及党政主要负责人进行评价；公司分管领导对所属单位班子副职进行评价。

2. 对机关部门领导班子及班子成员测评

（1）机关部门内部测评。召开由全体员工参加的测评工作会议，由主要负责人代表领导班子述职并对本人履职情况进行述职，班子副职提交书面述职报告，与会人员对领导班子和班子成员进行履职测评。少于10人的机关部门，可随机选择20名左右基层相关业务人员参加测评。

（2）上级评价。公司主要领导和分管领导对机关部门领导班子及部门负责人进行评价；公司分管领导对机关部门班子副职进行评价。

（3）基层评价。各单位按业务对对应的机关部门领导班子和班子成员进行评价。

（三）测评主体及权重。

1. 所属二级单位领导班子和班子成员

领导班子：内部测评占70%（其中领导班子成员占20%、中层管理人员占35%、职工代表占15%）；上级评价占30%（其中公司主要领导共占20%，分管领导占10%）。

正职测评：测评主体及权重与领导班子测评

相同。

副职测评：内部测评占95%（其中正职占20%、副职占20%、中层管理人员占40%、职工代表占15%，班子副职少于3人的，每名副职权重占5%，其他剩余的副职权重增加至中层管理人员权重中）；公司分管领导评价占5%。

二级单位领导班子和班子成员测评主体及权重见附件5。

2.机关部门领导班子和领导人员

领导班子测评：内部测评占40%，参加会议人员权重相同；上级评价占30%，其中公司主要领导共占20%，分管领导10%；基层评价占30%。

正职测评：测评主体及权重与领导班子测评相同。

副职测评：内部测评占65%（其中正职占15%，副职占20%，其他人员共占30%，部门副职少于3人的，每名副职权重占5%，剩余的副职权重增加至其他人员权重中）；公司分管领导评价占5%；基层评价占30%。

机关部门领导班子和班子成员测评主体及权重见附件6。

（四）测评要求。

所属二级单位和机关部门负责做好本单位履职测评工作的宣传动员、培训组织等工作，营造能够独立公正表达个人意愿的测评环境，引导参加测评的与会人员放下思想包袱，实事求是、客观公道评价领导班子和领导人员，避免出现非理性、不公正评分现象。

第十四条　个别谈话。主要了解领导班子建设状况和领导人员政治素质、业务素养、履职担当、工作实绩、作风形象和廉洁从业等方面情况。参加个别谈话的人员主要包括：领导班子成员、近两年退出领导岗位未退休的原领导班子成员、助理副总师、部分机关部门和所属单位主要负责人。根据考核需要，可适当调整谈话范围，延伸将有关油田公司机关部门相关人员及部分职工代表纳入谈话范围。

注重日常考核中的个别谈话，结合干部考察、调研走访、专题调查、现场观摩、日常监督、专项检查、工作督查、教育培训等开展经常性谈话了解，及时掌握领导班子的运行状况和领导人员的一贯表现。

第十五条　听取意见及核实情况。根据需要，听取纪检、审计、巡察以及相关业务主管部门的意见，也可采取列席领导班子民主生活会、理论学习中心组学习、重要工作会议，以及查阅相关资料、调研走访、专项调查、实地考察等方式进一步了解核实领导班子和领导人员的有关情况。

第十六条　综合分析研判及确定考评结果

年度综合考核得分由履职测评和业绩考核两部分组成，权重各占50%。业绩考核直接采用年度经营业绩考核结果。

按照"三个区分开来"的要求，对领导班子和领导人员在履职担当、改革创新过程中出现的失误错误，应当客观分析、合理评价。对于明显有失偏颇、恶意评价的测评票，经慎重研判后予以剔除。

根据履职测评、个别谈话、听取意见和日常了解掌握的情况，结合单位业务特点、生产经营情况和领导人员岗位职责，进行综合分析研判，形成领导班子和领导人员综合考核评价报告，提出加强和改进领导班子建设的意见建议，经油田公司党委研究审定，确定年度领导班子和领导人员综合考评结果。

第十七条　反馈情况。油田公司党委审定后，采取书面通报、个别谈话等方式向被考核单位反馈领导班子和领导人员的综合考评情况。反馈综合考评情况，应当实事求是，坚持问题导向，有针对性地提出改进意见。

被考核单位主要负责人要以召开领导班子会议形式，向班子成员通报领导班子年度考评情况，认真总结成绩，深入查找问题；要以个别谈话方式，向其他班子成员逐一反馈其年度考评情况，谈话中既要肯定成绩、指出不足，也要关心关注班子成员的工作、学习等情况，指导帮助其改进提高。领导班子和领导人员根据反馈情况，制定整改计划和措施，并作为领导班子民主生活会的重要内容。

第十八条　年度综合考核评价结果应用

坚持考用结合，将综合考核评价结果同领导班子建设和领导人员选拔任用、培养教育、管理监督、激励约束、问责追责结合起来，鼓励先进、鞭策落后，推动能者上、优者奖、庸者下、劣者汰，促进担当作为，严厉治庸治懒。

对整体功能发挥好、综合考核得分排名靠前，以及考核得分排名增幅较大的领导班子，在一定范围内进行通报表扬。对综合考核结果较差，经分析研判，确属存在问题的领导班子，对主要负责人进行提醒谈话并限期整改；对连续两年排名靠后、改进成效不明显的，视情况对主要负责人进行提醒谈话或诫勉，直至对班子进行组织调整。

对履职成效突出、综合考核得分靠前、群众认可度高的领导人员进行通报表彰和业绩薪酬奖励。对综合考核结果较差的领导人员，经分析研判，确属存在问题的，进行提醒谈话并限期整改；对连续两年排名靠后的正职或排名末位的副职且改进成效不明显的，进行提醒谈话、诫勉并扣减一定额度的业绩薪酬，直至进行岗位调整或降职使用。

第十九条　归档。建立领导班子和领导人员综合考核评价档案，将综合考核评价结果和相关材料及时归档。

第四章　任期综合考核评价

第二十条　对实施任期制的企业，根据契约管理责任体系，在任期届满当年末至次年初，结合年度综合考核，同步开展任期综合考核评价。

第二十一条　领导班子和领导人员任期综合考核评价，以任期责任目标完成情况为主要依据，采取"业绩考核＋履职测评＋重点考核"相结合的方式进行。

（一）领导班子任期综合考核评价。

业绩考核结果依据企业主要负责人任期内3个年度业绩考核和任期经营业绩目标考核得分加权计算确定，4项权重分别为20%、20%、20%和40%。

履职测评结果依据任期内3个年度的领导班子履职测评得分加权确定，权重分别为30%、30%、40%。

（二）领导人员任期综合考核评价。

业绩考核结果依据任期内3个年度业绩考核和任期经营业绩目标考核得分加权计算确定，4项权重分别为20%、20%、20%和40%（任职两个年度的权重分别为30%、30%、40%，任职1个年度的权重分别为60%、40%）。

履职测评由任期内3个年度履职测评得分加权计算确定，权重分别为30%、30%、40%（任职两个年度的权重分别为40%和60%，任职1个年度的按当年履职测评得分计算）。

任期届满的履职测评会议上，企业主要负责人代表领导班子进行任期述职并对本人任期履职情况进行述职，领导班子其他成员进行任期述职。交流任职不足3个月的，不参加任期综合考核评价。

任期届满当年进行重点考核，结合巡察、审计等方面情况，通过查阅资料、开展谈话、听取意见等方式深入了解领导班子与领导人员任期内履职情况。

第二十二条　党委组织部（人事部）根据任期综合考核评价和日常了解掌握情况，结合业务发展定位、宏观环境变化、领导班子调整等因素，对领导班子和领导人员任期表现进行综合分析研判，提出综合评价结果建议，向油田公司党委汇报。

第二十三条　领导班子任期综合考评结果分为"优秀、良好、一般、较差"4个等次，其中"优秀"等次比例一般不超过30%。领导人员任期综合考评结果分为"优秀、称职、基本称职、不称职"4个等次，其中"优秀"等次比例一般不超过25%。

第二十四条　有下列情形之一的，领导班子考评结果优先评定为"优秀"等次：

（一）贯彻落实习近平总书记重要指示批示精神和集团公司党组决策部署以及油田公司党委工作部署有力、成效特别突出的；

（二）攻克关键核心技术、解决"卡脖子"问题取得重大突破和重要成果的；

（三）承担急难险重工作或者重大专项任务表现特别突出的；

（四）在油气增产、提质增效、解困扭亏、开拓市场、深化改革中取得重大成效，示范作用突出的；

（五）党的建设实绩突出，服务企业改革发展成效显著的；

（六）其他应当优先评定为"优秀"等次的情形。

第二十五条 有下列情形之一的，经综合分析研判，领导班子和领导人员考评结果不得评定为"优秀"等次：

（一）贯彻落实习近平总书记重要指示批示精神和集团公司党组决策部署以及油田公司党委工作部署不积极、不到位的；

（二）聚焦主责主业不够，主业发展滞后或在同业务板块内长期处于落后地位的；

（三）企业改革发展质量较低，经营业绩较差、未完成任期业绩目标或未完成治理目标的亏损企业；

（四）因违规决定或者决策失误给企业造成重大损失的；

（五）履行全面从严治党责任、落实党的建设要求不力，选人用人、基层党建等方面存在突出问题的；

（六）企业发生重大安全生产、生态环境等责任事故或者严重影响社会稳定事件的；

（七）领导班子成员因严重违纪违法被纪检监察机关、司法机关和审计机关等处分处罚过的，或者企业发生严重违法违规案件，造成重大损失或者恶劣影响的；

（八）其他原因不得评定为"优秀"等次的情形。

第二十六条 有下列情形之一，领导班子考评结果应当确定为"较差"等次，领导人员考评结果应当确定为"不称职"等次：

（一）违反政治纪律和政治规矩，政治上出现问题的；

（二）不执行民主集中制，领导班子运行状况不好，软弱涣散，不能正常发挥作用，班子成员闹无原则纠纷，影响较差的；

（三）领导人员责任心差，干事创业精气神不够、不担当不作为，不能履行或者不胜任岗位职责要求，履职出现重大问题，未完成任期主要业绩指标的；

（四）表态多调门高，行动少落实差，敷衍塞责、庸懒散拖，作风形象不佳，群众意见大，造成恶劣影响的；

（五）不坚守工作岗位，擅离职守的；

（六）其他原因应当确定为"较差"或者"不称职"等次的。

第二十七条 在任期届满次年，结合反馈领导班子与领导人员年度综合考核评价情况，对领导班子和领导人员任期综合考评结果一并进行反馈。

对考评等次为"优秀"的领导班子和领导人员，予以通报表彰，给予任期业绩奖励；对政治担当、工作实绩、作风形象等方面表现突出的领导人员，根据情况及时提拔或者进一步使用；对有潜力的优秀年轻领导人员针对性地加强培养。

领导班子任期综合考评等次为"较差"的，根据情况进行诫勉谈话或组织调整；领导人员任期综合考核评价为"不称职"的，予以免职，不兑现任期业绩奖励。

第五章 纪律与监督

第二十八条 考核工作必须严格遵守下列纪律：

（一）不准搞形式、走过场；

（二）不准隐瞒、歪曲事实；

（三）不准弄虚作假，提供虚假材料；

（四）不准搞非组织活动；

（五）不准泄露谈话内容、测评结果等考核工作秘密；

（六）不准凭个人好恶评价领导人员、决定或者改变考核结果；

（七）不准借考核之机谋取私利；

（八）不准干扰、妨碍考核工作；

（九）不准打击报复反映问题的相关人员。

第二十九条 领导班子及领导人员应当正确对待和接受组织考核，如实汇报工作和思想，客观反映情况。

第三十条 加强对考核工作的监督检查，自觉接受群众和舆论监督，认真受理有关举报，严肃查处违反考核工作纪律的行为。

第六章 附　则

第三十一条　所属各单位可依据本办法，制定本单位领导班子和领导人员综合考核评价办法。

第三十二条　本办法由油田公司党委组织部（人事部）负责解释。

第三十三条　本办法自印发之日起施行。《辽河油田公司所属领导班子和领导人员综合考核评价暂行办法》（中油辽党发〔2018〕86号）同时废止。

辽河油田公司帮扶工作管理办法补充规定

按照辽河油田公司民生改善工程总体部署，为解决职工因病致困问题，落实大病职工就医帮扶政策，理顺就医帮扶流程，提升帮扶工作绩效，结合辽河油田实际，现对《辽河油田公司帮扶工作管理办法》作如下补充规定。

一、就医帮扶范围及条件

（一）人群范围。

参加基本医疗保险和辽河油田补充医疗保险的在册职工、离退休人员及有偿解除劳动关系再就业人员，未成年油田子女（含已成年但仍在高等专科、高等本科阶段就学的油田子女）。

（二）自负范畴。

年度个人负担医疗费用指在油田定点医院或按规定办理转诊、急诊、非定点治疗证明的医疗机构（含办理异地安置及异地施工人员在安置地或施工地定点医院）发生的住院、门诊（大病、慢性病、高值药）医疗费用，减去城镇职工基本医疗保险、城镇居民医疗保险、企业补充医疗保险（含集团公司重病保障报销）、家属二次报销等医疗费报销补偿等费用。因超限制用药、无医嘱用药、违规出院带药、超标准收费等情形发生的基本医疗保险、企业补充医疗保险不予核销的费用不计入就医帮扶自负范畴。

（三）帮扶条件。

1. 家庭年实际收入≤5万元的，且年度自负超过5000元；

2. 5万元＜家庭年实际收入≤10万元的，年度自负占家庭实际收入超过1/4；

3. 10万元＜家庭年实际收入≤15万元的，年度自负占家庭实际收入超过1/3；

4. 15万元＜家庭年实际收入≤20万元的，年度自负占家庭实际收入超过2/5；

5. 家庭年实际收入＞20万元的，年度自负占家庭实际收入超过1/2。

（四）家庭实际收入。

1. 家庭实际收入是指上一自然年度同一户口家庭总人口的收入总和。

2. 在册职工的年收入以薪酬系统中的实得收入为准。

3. 离退休职工的年收入以基本养老保险待遇领取证明中的收入为准。

4. 有偿解除劳动关系再就业人员的年收入以上一年度盘锦市最低工资标准进行测算。

5. 非油田职工身份的家庭成员年收入：有工作单位的以单位薪酬系统中的实得收入为准；有劳动能力但未就业的家庭成员，原则上以上一年度盘锦市平均工资标准进行测算。

二、就医帮扶方式

符合就医帮扶条件的人员，其自负费用在扣除家庭实际收入相应比例后，按照阶梯比例进行救助。

（一）基础比例：

0—3万元（含3万元）的部分，救助比例为40%；3万—5万元（含5万元）的部分，救助比例为50%；5万—10万元（含10万元）的部分，救助比例为60%；10万—20万元（含20万元）的部分，救助比例为70%；20万元以上的部分，救助比例为80%。

（二）阶梯比例：

1. 家庭年实际收入≤5万元的，年度自负扣除5000元后，按各段基础比例上浮20%救助；

2. 5万元＜家庭年实际收入≤10万元的，年度自负扣除家庭年实际收入的1/4后，按各段基础比例上浮15%救助；

3. 10万元＜家庭年实际收入≤15万元的，年度自负扣除家庭年实际收入的1/3后，按各段基础比例上浮10%比例救助；

4. 15万元＜家庭年实际收入≤20万元的，年度自负扣除家庭年实际收入的2/5后，按各段基础比例上浮5%救助；

5. 家庭年实际收入＞20万元的，年度自负扣除家庭年实际收入的1/2后，按各段基础比例救助。

（三）自负费用符合就医帮扶条件且在2020年享受过大病专项援助（2020年确诊或手术）的人员，应在就医帮扶额度中扣减大病专项援助款额。

（四）就医帮扶年度上限为50万元。

三、办理流程

（一）个人申请。

1. 符合帮扶条件的个人向所属基层工会（三级帮扶组）提出书面申请。

2. 住院证明材料原则上需提供市级以上医院出具的住院病案首页（盖病案专用章）、发票复印件或报销部门出具的医疗报销计算单。

3. 门诊（大病、慢性病、高值药）医疗费用以社保出具清单为准。

（二）基层初审。三级帮扶组对申请人递交的申请及证明材料进行初审，初审合格的按要求填写《就医帮扶审批表》。

（三）社保审核。本单位社保部门对基层初审后的票据进行审核，并提供加盖公章的《就医帮扶费用审核清单》。

（四）工会审批及公示。

1. 自负费用超10万以上的，需报公司工会指定的第三方机构进行医疗费用合理性评估。

2. 二级帮扶站对申报资料审查后，对就医帮扶额度在10万元以内的按标准发放帮扶资金，超过10万元的由油田公司帮扶工作委员会研究审批。

3. 就医帮扶审定后应采取适当方式进行公示，接受职工群众的监督。

四、其他

（一）本补充规定由油田公司工会负责解释。

（二）本补充规定自发文之日起执行。

辽河油田公司标准化管理办法

第一章　总则

第一条　为加强辽河油田公司标准化管理，提高企业标准化能力，促进企业规范化管理，提升发展质量和效益，依据国家相关法律法规及《中国石油天然气集团有限公司标准化管理办法》等规章制度，结合油田公司实际，制定本办法。

第二条　本办法适用于辽河油田公司、辽河石油勘探局有限公司（统称油田公司）及所属单位、全资公司（统称所属单位）的标准化管理。

油田公司控股公司通过法定程序执行本办法。

第三条　本办法所称标准化是指为了在既定范围内获得最佳秩序，促进共同效益，对现实问题或潜在问题确立共同使用和重复使用的条款以及编制、发布和应用文件的活动。

本办法所称标准是指通过标准化活动，按照规定的程序经协商一致制定，为各种活动或其结果提供规则、指南或特性，供共同使用和重复使用的文件。

本办法所称企业标准是指中国石油天然气集团有限公司制定发布的标准（简称集团公司企业标准）和授权油田公司制定发布的中国石油天然气股份有限公司标准（简称油田公司企业标准）。

第四条　油田公司通过健全标准化工作体制机制，建立共同认可的标准体系，制定企业标准，实施各级标准，对标准的实施进行监督检查和效果评价，为高质量发展奠定坚实基础。

第五条　油田公司标准化工作遵循以下原则：

（一）标准先行、共性为主。在扩大经营规模、拓展业务领域时，首先要确立科学有效的标准体系；

在建设、生产、经营、管理中使用统一标准，促进产品、工程和服务质量的一致性；

（二）源头入手、面向国际。突出设计和采购源头的标准化管理，从产业链角度系统推进标准化作业与标准化产出；采用国际标准提高国际化起点，通过自有技术输出和标准转化逐步主导国际标准；

（三）执行有力、注重实效。把标准的内容要求落实到岗位，对标准执行进行监督考核；以需求为导向制定标准，形成标准与制度、流程、管理体系及其他规范性文件相互协调的最佳秩序。

第六条　油田公司和所属单位应严格依据标准组织生产经营，及时提出和制修订生产经营所需标准。

第七条　油田公司和所属单位制修订的标准应与制度、流程等文件相互配套、相互支撑，以推进管理体系整合，提升油田公司管理水平。

第八条　油田公司和所属单位应把标准化工作纳入发展规划和计划中，在标准化的规划部署、人才发展、经费预算、科技研究、国际合作和信息化建设等方面给予政策和资源保障。

第二章　组织机构与管理职责

第九条　油田公司标准化工作实行油田公司统一领导、科技部统一归口、自上而下分级管理、业务主管部门分工负责的管理体制。

第十条　油田公司标准化技术委员会（简称标委会）是油田公司标准化工作的决策机构，主要负责：

（一）研究确定油田公司标准化政策和发展战略；

（二）审议批准油田公司标准化发展规划和工作计划；

（三）批准设立油田公司专业标准化技术委员会；

（四）审议批准油田公司企业标准体系；

（五）审定油田公司标准化优秀成果；

（六）协调解决油田公司标准化工作的资源投入；

（七）协调处理油田公司标准化工作中的其他重大事宜。

第十一条　科技部是油田公司标准化工作归口管理部门，并作为油田公司标委会办公室（简称标委办），主要履行以下职责：

（一）负责组织贯彻落实国家标准化法律法规和集团公司标准化管理要求；

（二）负责制定油田公司标准化管理规章制度并组织实施；

（三）负责组织编制和实施油田公司标准化发展规划和工作计划；

（四）负责组织建立健全油田公司专业标准化技术委员会和油田公司企业标准体系；

（五）组织实施上级下达的标准制修订和复审任务；

（六）负责组织油田公司企业标准制修订和复审工作；

（七）组织标准宣贯、实施监督和检查评价工作；

（八）承担上级授权的标准化技术组织归口管理工作；

（九）组织开展标准化研究、信息化管理、业务培训、审查交流、成果表彰等标准化活动；

（十）完成标委会交办的其他事项。

第十二条　机关相关部门按职能分工负责本业务领域的标准化工作，履行以下主要职责：

（一）负责本业务领域标准化发展战略研究、发展规划编制；

（二）组织本业务领域标准前期研究和标准体系建立工作；

（三）负责本业务领域标准宣贯、实施、监督和效果评价工作，确定本业务领域使用的推荐性标准；

（四）负责本业务领域标准化示范和推广；

（五）按需组建本业务领域油田公司专业标准化技术组织；

（六）参与国际、国内标准化活动。

第十三条　油田公司标委会下设专业标准化技

术委员会（简称专标委），根据业务发展变化及时增设、调整或撤销。油田公司各专标委主要履行以下职责：

（一）负责根据油田公司标准化发展规划，编制工作计划；

（二）负责本专业标准体系编制和维护工作；

（三）负责本专业标准立项、制修订和复审工作；

（四）组织和承担本专业标准化研究工作；

（五）协助专业部门开展本专业标准宣贯、实施、监督和评价工作；

（六）参与本专业国际、国内有关标准化活动和油田公司标准化优秀成果推荐；

（七）完成油田公司标委办交办的其他工作。

第十四条 所属单位应贯彻落实油田公司标准化总体部署，建立本单位标准化工作机制，确定标准化工作归口管理部门，设置标准化工作管理岗位，主要履行以下职责：

（一）建立本单位标准体系，确定本单位使用的推荐性标准；

（二）承担油田公司标委会及专标委下达的标准制修订、复审等工作任务；

（三）负责各类标准的配备、宣贯和实施工作；

（四）负责对标准执行情况进行监督检查和效果评价。

第三章 标准体系建设

第十五条 油田公司和所属单位应根据国家标准及集团公司有关要求建立油田公司标准体系和所属单位标准体系。

标准体系是企业实现标准化管理的顶层设计，是制定和实施标准的基本依据。标准体系应紧密结合生产经营实际，兼顾中长期业务发展需要，具有扩展性。

第十六条 油田公司标准体系由科技部组织有关部门和专标委建立并发布实施。

所属单位标准体系由所属单位标准化主管部门组织建立，由所属单位发布实施。

第十七条 油田公司标准体系内的标准是油田公司统一要求实施的各级标准。标准体系建设应运用系统工程理论和综合标准化方法，覆盖生产经营全过程。各专业、各门类、各层次间的标准相互配套，与国家标准、行业标准相互衔接，形成上下统一、共同认可的标准体系。

第十八条 属于下列情形之一，有关标准应在相应范围纳入标准体系：

（一）现行有效的强制性国家标准、行业标准、地方标准和企业标准；

（二）现行有效的集团公司、专业公司和油田公司规章制度引用的推荐性标准；

（三）国家、地方政府、集团公司、油田公司及所属单位以其他正式文件明确要求实施的推荐性标准。

第十九条 属于下列情形之一的，应在标准体系内提出制定企业标准：

（一）没有国家标准、行业标准和集团公司企业标准或严于国家标准、行业标准和集团公司标准的相关要求；

（二）对国家标准、行业标准或集团公司企业标准进行选择和补充的相关要求；

（三）需要统一企业品牌形象的相关要求；

（四）提高产品质量和市场竞争力的产品内控指标。

第二十条 企业标准体系内尚未制定的或需要修订的高级别标准，相关单位可向专标委或标委办提出制修订需求。

各业务主管部门和各专标委应充分发挥技术优势，把拥有自主知识产权的核心技术制定为各级标准，大力构建适应企业高质量发展，支撑当前、引领未来的标准体系。

第二十一条 标准体系应根据每年各级标准的制定、修订和废止情况，以及生产经营业务的发展变化，及时纳入或剔除相应标准，实现动态维护更新。

第四章 企业标准制定

第二十二条 在油田公司范围内需统一协调技

术、管理和工作要求时，可提出制定油田公司企业标准。

三家及以上所属单位均需要使用的企业标准应制定为油田公司企业标准。体现油田公司市场和技术主导力的企业标准应制定为油田公司企业标准。

第二十三条 已有现行有效且能满足使用需要的上级（集团公司、行业、地方、国家）标准，原则上直接采用，不再提出制定油田公司企业标准。

第二十四条 拟制定的企业标准，其内容应符合以下要求：

（一）遵循国家和行业有关法律法规，有利于保障人身健康和生命财产安全、国家安全、生态环境安全；

（二）与重点工程、科研项目相结合，优先将科研和管理成果转化为标准，促进自主创新；

（三）充分论证标准的必要性和可行性，在科研成果和生产实践的基础上，深入调查分析、实验、论证，保证标准技术上先进、经济上合理；

（四）积极采用国际标准，适应国际合作和国际接轨的需要；

（五）与国家标准、行业标准和其他的企业标准相协调，符合生产经营实际并具有可操作性，有利于提高油田公司发展质量和效益；

（六）涉及商业秘密时应遵守集团公司、油田公司相关保密管理要求。

第二十五条 制修订企业标准应按照立项、研制、征求意见、审查、报批、批准发布等程序进行。具体要求如下：

（一）立项。

油田公司企业标准立项由各专标委组织相关单位提出并填写《标准立项报告》《标准立项汇总表》，同时编写《标准草案》（参照附件3），经专标委审查通过后，于每年11月份前报标委办审议协调，并组织编制下一年企业标准制修订项目计划，经标委会批准后下达。无专标委归口的标准项目由标委办指定业务主管部门负责相关工作。

（二）研制。

标准制修订项目计划下达后，各专标委应针对本专业标准制修订工作进行必要协调和安排，并组织、指导承担单位开展标准研制工作。承担单位应在前期研究、充分调研、实验验证和标准草案初审等工作基础上，编制形成油田公司《标准征求意见稿》和《标准编制说明》，并上报相关专标委。

（三）征求意见。

专标委应将本专业的《标准征求意见稿》及相应的《标准编制说明》统一发送到相关委员、专家和与标准有关的管理、生产、使用和检验等单位广泛征求意见，并组织承担单位整理形成《标准征求意见汇总表》。征求意见工作视情况可多轮次进行。

被征求意见的委员、专家或相关单位应在规定的期限内书面向专标委回复意见。

承担单位应对所征求的意见进行分析处理，对标准文稿进行修改完善，并形成《标准送审稿》及相应的《标准编制说明》，同时对未采纳的意见说明理由。

（四）审查。

油田公司企业标准送审稿由专标委组织专家审查。标准审查前应提前准备如下资料：

——《标准（送审稿）》；

——《标准编制说明》；

——《标准征求意见汇总表》；

——引用标准、相关标准、参考文献及其他必备资料。

标准审查应采取会议形式并坚持逐条审查的原则，对于修订项目且内容变化较少的标准，可视情况进行函件审查。审查专家人数原则上不少于10人，四分之三以上同意方为通过，并由审查专家在《标准审查单》上签字。

承担单位根据专家审查意见，对《标准（送审稿）》进行修改完善形成《标准（报批稿）》，并整理《标准审查专家意见汇总表》和《标准审查纪要》，由专标委组织复核确认并签字。

（五）报批发布。

《标准（报批稿）》经各专标委审查通过后，上报标委办进行审核并办理报批手续，由标委会主任批准，以标委会文件发布。

标准报批应提交如下资料：

——《标准（报批稿）》（参照附件3）；
——《标准编制说明》；
——《标准审查单》；
——《标准审查专家意见汇总表》；
——《标准审查纪要》。

第二十六条　企业标准的编写，在无特殊要求时，应执行GB/T 1.1《标准化工作导则 第1部分：标准化文件的结构和起草规则》等国家标准要求。油田公司企业标准编号规则，执行集团公司统一规定，编号方法如下：

（一）辽河油田分公司企业标准编号方法：

Q/SY LH 0000—YYYY

含义：Q/SY LH—辽河油田分公司企业标准标识代号

0000—标准顺序号

YYYY—发布年代号

（二）辽河石油勘探局有限公司企业标准编号方法：

Q/SY LY 0000—YYYY

含义：Q/SY LY—辽河石油勘探局有限公司企业标准标识代号

0000—标准顺序号

YYYY—发布年代号

（三）国家、集团公司、地方政府对标准编号有特殊要求的，按相关规定执行。

第二十七条　油田公司企业标准发布后，两个月内出版纸质版标准和电子版标准，在标准管理查询系统公布并报集团公司备案。其中，产品标准和服务标准根据集团公司有关规定有选择地在国家企业标准信息平台上进行自我声明公开。

第二十八条　未经标准批准发布机构许可，任何单位和个人不得擅自对外提供企业标准。

第二十九条　对于没有纳入年度计划，而又急需制定的标准，可启动快速程序完成标准的制定和发布工作，即在保证质量的前提下，可压缩各环节工作时长，但程序不能逾越。

对于标准项目延期、撤销或变更主要内容，应由承担单位填写书面申请，经专标委同意后，报标委办办理相关手续。

对于延期后仍未按计划完成的项目，撤销项目计划。如需继续开展项目，应重新申报标准立项。

第五章　标准实施与监督

第三十条　已纳入企业标准体系和符合条件拟纳入企业标准体系的标准，应在油田公司相应范围内严格执行。

第三十一条　各业务主管部门和所属单位所有组织单元应及时获取相关标准发布信息，建立在用标准目录，及时更新标准修订信息和新选用标准信息，并根据实际需要及时配备现行有效的正版标准，主要包括：

（一）已纳入企业标准体系的各级标准；

（二）符合条件拟纳入企业标准体系的标准；

（三）被采用标准中所引用的标准。

能够登录使用油田公司标准管理查询系统的单位视作实现标准配备。

第三十二条　各业务主管部门和所属单位应有计划、有针对性地组织所配备标准的宣贯实施工作。

油田公司重点标准宣贯实施计划由标委会审定下达，各业务主管部门和所属单位负责具体宣贯实施工作，标委办组织相关部门对宣贯实施情况监督检查。标委办向标委会报告宣贯实施结果。

第三十三条　油田公司执行标准的总体要求是：

（一）及时建设、更新、改造标准实施所需的配套生产设施、工艺装备，培训标准实施所需的生产操作人员；

（二）将所使用的相关标准纳入或转化为管理体系文件，提高标准实施的实效性；

（三）各种产品出厂时应在其说明书、标签、包装物的显著位置清晰标注所执行的标准，作为对产品质量的明示保证；

（四）不符合标准的产品不得生产、销售和采购、使用，不符合标准的研发、设计、建造、生产、作业等方案不得实施。

第三十四条　各级标准化主管部门应组织对标

准化工作开展情况进行监督检查，检查的内容与形式参照本办法要求和《中国石油天然气集团有限公司标准实施监督检查管理办法》执行。

第三十五条　机关相关部门应组织对本业务领域标准执行情况进行监督检查。可采取专项检查、日常工作检查以及检验、验收、抽查、监造、监理等工作实施，发布监督检查结果，对不符合标准实施要求的应督促整改。

第三十六条　各级标准化管理部门和专业部门应根据需要组织对标准实施效果进行分析评价，促进标准的不断完善。评价内容包括：适用性、先进性、操作性和经济性等方面。

第三十七条　标准使用单位和个人对实施标准中存在的问题应及时向各级标准化管理部门和相关专业部门反映，受理部门应及时解决处理。

第三十八条　标准使用单位和个人对实施标准中存在的问题应通过标准管理查询系统"反馈"功能或书面形式及时向各级标准化管理部门和相关专业部门反映，受理部门应及时解决处理，一周内向提出问题单位反馈处理结果或意见。

单位和个人均有权向各级标准化管理部门和相关职能部门举报违反标准化法律法规的行为，受理部门应当及时答复或做出相应处理。

第三十九条　所属单位应运用标准化原理和方法，加强企业标准化基础工作，大力推进标准化设计、模块化建设、数字化运行；积极开展提升员工标准化素质、创建基层标准化班组、打造基层标准化站场、实施现场标准化操作等活动，全面提高基层标准化运行水平。

第四十条　企业标准发布实施后应定期复审，复审周期一般不超过三年。当相关法律法规、国家标准、行业标准、集团公司企业标准发布实施或技术、管理创新后，应及时复审相关的企业标准。

第四十一条　科技部组织编制油田公司企业标准复审计划，经油田公司标委会批准下达后，各专标委应组织相关单位按要求填报《标准复审意见表》（附件9），并组织形成《标准复审结论表》（附件10）和《标准复审结论汇总表》（附件11），经专标委主任委员审核后报标委办汇总。

第四十二条　企业标准复审结论为：继续有效、修订、废止，由标委会发布。复审结论为修订的标准应纳入下年度标准制修订计划，或以标准修改单形式及时发布修订结果。

若标准在使用过程中发现个别内容错误，须立即修改的，由标准起草单位或使用单位填报《标准修改申请》（附件12），经专标委审查后，报标委办发布《标准修改单》（附件13）。

第六章　标准国际化

第四十三条　油田公司和所属单位应积极跟踪研究国际标准化动态，鼓励对标国际标准，加强自主创新，努力争取主导或参与制定国际标准，积极参与集团公司国际化战略的实施。

第四十四条　油田公司鼓励采用国际标准，推进标准国际趋同。采用国际标准应按照国家和集团公司相关规定进行，并结合油田公司实际对技术指标进行试验和验证。

第四十五条　油田公司和所属单位应根据国际化业务需要，及时向相关国际标准组织提出国际标准制修订提案，及时向相关主管部门提出外文版国家标准、行业标准制修订需求。具体要求按照《中国石油天然气集团公司国际标准化工作管理规定》执行。

第四十六条　海外业务应在遵守当地法律法规的基础上，在油气合作、技术服务、装备出口等业务活动中，积极采用国家标准、行业标准和企业标准，促进中国标准走出去。

第四十七条　油田公司和所属单位应与国际标准组织、国际大石油公司加强标准化交流，建立标准化合作机制，推进中国标准与国外标准间的转化运用，协助集团公司开展标准的国际互认。

第四十八条　油田公司鼓励所属单位担任国际标准组织有关职务，实质性参与国际标准化工作，包括：担任国际标准组织技术机构主席和秘书处成员，以积极成员或观察员身份参加国际标准组织技术委员会、分委员会的活动，担任标准项目工作组召集人或注册专家，积极提出国际标准新工作项目和新技术工作领域提案等。

第七章 标准化工作队伍建设

第四十九条 油田公司鼓励所属单位积极承担国际、国家、行业、团体、集团公司和油田公司等各级标准化技术组织秘书处工作，秘书处承担单位的资源配置应满足相关归口单位要求。

第五十条 油田公司和所属单位承担的国际、国家、行业、团体、集团公司和油田公司标准化技术组织应认真履行相关归口单位赋予的工作职责，及时完成相关领域标准化工作任务，每年年底前向标委办报告工作。

第五十一条 专标委应认真履行工作职责，及时完成相关标准化工作任务，每年年底前向油田公司标委办报告工作。

第五十二条 各级标准化主管部门应根据实际需要编制标准化培训计划，并纳入同级人事部门有关员工培训安排。所属单位应积极组织员工参加相关标准化培训。

第五十三条 各级标准化岗位人员应熟练掌握标准化知识和技能。国家、行业、团体、集团公司和油田公司标准化技术组织秘书处人员资质按相关归口单位的规定执行。

第五十四条 标准起草人应具有较高的业务素质，参加国家、行业或企业组织的标准起草人培训，了解标准化基本知识，掌握标准编制规则。

第五十五条 代表油田公司参加国际、国家、行业、团体标准和集团标准化技术组织的人员，应经油田公司和所属单位标准化主管部门批准；代表所属单位参加地方、团体和油田公司标准化技术组织的人员，应经所属单位标准化主管部门批准。

上述人员应了解和掌握所参加的标准化技术组织业务发展动态，积极反映所代表单位的标准化诉求。对油田公司业务发展有重大影响的事件应及时以书面形式向油田公司或所属单位标准化主管部门报告。

第五十六条 各级标准化主管部门应掌握承担各级标准制修订任务的单位和个人所参与的标准制修订工作情况。

承担各级标准制修订任务的单位和个人，应接受油田公司和所属单位标准化主管部门的组织管理。

第八章 标准化研究、信息化管理和经费

第五十七条 油田公司和所属单位应通过标准化研究推进技术进步和管理提升。

标准化研究主要包括标准化政策研究、标准化发展战略研究、标准化工作机制研究、标准化方法研究、标准体系研究、国际标准研究、重点配套标准研究和标准的试验验证等。

第五十八条 标准化研究项目应纳入各级科研项目管理。制定重大技术标准应参照科研项目管理程序进行充分的前期技术研究和试验验证。

第五十九条 油田公司建立统一的标准化信息系统，实现国内外相关标准查阅、企业标准制修订管理等信息化管理功能。各级标准化主管部门应通过标准化信息系统管理标准化信息，及时对涉及本单位的信息进行更新和维护。

第六十条 标准化经费应纳入各级单位预算管理、专款专用，专项核算，按相关财务规定列支和使用。

标准化经费用于标准化研究、标准化管理、标准制修订、标准信息化、标准出版发行、标准配备、标准实施与监督、国际标准化活动等方面。

标准化经费的列支项目包括资料费、办公用品费、试验验证费、差旅费、会议费、劳务费、稿费、专家咨询费、专家审查费、讲课费、印刷费、宣传推广费、信息网络及软件购置更新费、管理费和其他费用等。

第六十一条 所属单位和机关部门承担各级标准制修订，以及承担各级专业标准化技术组织秘书处工作、国际标准化国内对口工作，所需经费由承担单位负责，油田公司给予适当补助，其中：

（一）列入油田公司企业标准制修订计划的项目及高级别标准培育项目，给予必要的经费补助支持，

年度补助预算总额不低于100万元，在油田公司年度预算中落实；

（二）集团公司主导的高级别标准制修订项目和国际标准培育项目的补助，由集团公司下达，油田公司转拨至相关单位。

第九章 优秀标准奖

第六十二条 油田公司设立优秀标准奖，每年评选一次。

第六十三条 优秀标准奖设特等奖、一等奖、二等奖和三等奖。每年表彰优秀标准项目总数不超过20项，原则上按照一等奖25%、二等奖35%、三等奖40%的比例设置。特等奖特别设置，由油田公司标委会评审，每年不超过1项，可以空缺。

第六十四条 申报优秀标准奖应符合下列条件之一：

（一）实施2年以上（含2年）的油田公司企业标准，在油田公司生产和经营中发挥重要作用，并取得显著社会和经济效益；

（二）实施2年以上（含2年）的，油田公司或所属单位作为第一起草单位研制的国家标准、行业标准、团体标准、集团公司企业标准、标准样品及重要标准研究项目，在集团公司或全行业发挥重要作用，并取得显著社会和经济效益；

（三）由油田公司主导研制，国际标准组织（国际标准化组织/ISO、国际电工委员会/IEC、国际电信联盟/ITU）和国外先进标准组织（美国石油学会/API、国际油气生产者协会/OGP、美国材料和试验协会/ASTM、美国防腐工程师协会/NACE、美国机械工程师协会/ASME、欧洲标准化协会/CEN、美国消防协会/NFPA及由ISO确认并公布的其他标准组织）发布1年以上（含1年）的国际、国外标准项目。

第六十五条 曾获得过油田公司及上级奖励的标准项目不得重复参加优秀标准奖评选。

第六十六条 优秀标准奖主要表彰奖励标准研制人员、相关专标委人员及相关标准化管理人员。其中：特等奖单项授奖人数不超过15人；一等奖单项授奖人数不超过9人；二等奖单项授奖人数不超过7人；三等奖单项授奖人数不超过5人。所有级别奖项单项授奖专标委人员和标准化管理人员数量不超过3人。

第六十七条 油田公司优秀标准奖实行限额申报制度，具体程序如下：

（一）申报：申报单位组织填写《辽河油田公司优秀标准奖申报书》（附件14），经单位领导审核签字、加盖公章后报送相关专标委秘书处，同时抄送油田公司标委办一份。申报单位对材料的真实性负责。

（二）推荐：各专标委组织对本专业申报项目进行初选，严格按照优秀标准奖分配名额推荐项目，并在《辽河油田公司优秀标准奖申报书》上签署意见、加盖公章，同时填写《优秀标准奖推荐汇总表》（附件15）一并报送标委会办。

（三）初评：标委办组织成立由专标委主任及相关二级单位有关领导构成的初评专家组，对各专标委推荐项目进行初评，初评结果提交标委会终评。

（四）终评：标委办组织标委会委员及相关专家召开油田公司标委会。初评一等奖项目现场答辩，参会委员与专家对所有推荐获奖项目进行投票表决，终评结果应当由到会委员的三分之二及以上多数通过。

（五）公示：终评结果在油田公司门户网站上进行公示，公示时间不少于5天。公示期间，油田公司标委办负责组织异议处理。

（六）公布：公示结束后，没有异议或异议处理完毕的项目，由油田公司标委办下发获奖通知。

第六十八条 油田公司优秀标准奖由油田公司颁发证书并给予奖励。奖励额度为：特等奖5万元、一等奖2万元、二等奖1.5万元、三等奖1万元。

第六十九条 设立集团公司优秀标准奖配套奖励和制修订高级别标准配套奖励，主要奖励标准研制人员、相关专标委人员及相关标准化管理人员，奖励额度如下：

获得集团优秀标准奖，特等奖每项配套奖励10万元、一等奖每项配套奖励8万元、二等奖每项配套奖励5万元、三等奖每项配套奖励3万元。

牵头制定国际标准并发布的每项配套奖励50万元；参与（第二完成单位）制定国际标准并正式发布的，每项配套奖励10万元；牵头修订国际标准并发布的，每项配套奖励10万元。

牵头制定国外先进标准并正式发布的，每项配套奖励15万元。牵头修订国外先进标准并发布的，每项配套奖励5万元。

牵头制定国家标准并正式发布的，每项配套奖励10万元；参与制定国家标准并正式发布的，第二至第四完成单位分别配套奖励5万元、3万元、1万元，第五完成单位及以后不奖励。牵头修订国家标准并正式发布的，每项配套奖励3万元。

牵头制修订其他标准并获得集团公司业绩考核加分的，每项配套奖励1万元。

第七十条 凡获得油田公司优秀标准奖的标准项目，在油田公司推荐集团及以上级别优秀标准奖时优先考虑。

油田公司优秀标准奖奖励及配套奖励，从油田公司科技专项奖金中列支。

第十章 考核与奖惩

第七十一条 标准化工作应纳入油田公司绩效考核，工作成果计入综合业绩分值。油田公司每年通过综合管理体系（QHSE管理体系）内部审核或专项检查，对专标委和所属单位标准化工作进行考核，内容包括：标准体系建立、标准制修订、标准实施以及工作计划执行等情况。

所属单位每半年至少组织一次标准化工作考核。

第七十二条 油田公司和所属单位应将单位和个人取得的标准化成效作为业绩考核、评优选先、职称评审、专家选聘和岗位聘任的优先条件。

第七十三条 标委办对各专标委工作情况进行日常监督检查，年终进行综合评价，对下列情形之一的，给予批评并责令整改：

一未建立本专业标准体系或标准体系不符合要求的；

（二）标准制修订及复审工作不符合程序和规则要求的；

（三）本专业制定的标准未推广应用或实施效果较差的；

（四）未按计划进度开展标准化工作或工作质量较差的。

第七十四条 对于连续两年被责令整改的专标委，标委办向标委会建议调整专标委相关成员。情形严重的，建议调整专标委机构设置。

第十一章 附则

第七十五条 本办法由科技部负责解释。

第七十六条 本办法自发布之日起施行。《辽河油田公司标准化管理办法》（中油辽字〔2018〕315号）同时废止。

（附件略）

辽河油田公司内部控制管理办法

第一章 总 则

第一条 为规范和加强内部控制管理，提升经营管理水平和风险防控能力，保障企业持续安全运营，根据国家有关法律法规、《股份内控管理手册（统一分册）》《中国石油天然气集团公司业务流程管理办法》《中国石油天然气集团有限公司内部控制与风险管理评价办法》，制定本办法。

第二条 本办法适用于辽河油田分公司、辽河石油勘探局有限公司（简称油田公司）及其所属单位、全资公司（统称所属单位）的内部控制管理。

控股公司、实际控制企业通过法定程序执行本办法。

第三条 本办法所称内部控制（简称内控），是指为了保证财务报告的可靠性、法律制度的遵循性以及经营活动的效率和效果，以业务流程为载体，建立覆盖全部业务的内控体系，对业务管理流转环节实施规范化设计、管理和控制，防范因内部失误、差错和舞弊等风险影响企业目标实现的过程。

本办法所称业务流程是指为完成企业目标或任务，建立的各项业务运转的一系列有组织、相互联系的工作程序文件。

本办法所称内控体系是以COSO内部控制框架为基础，构建的一套自行检查、制约和调整内部业务运行的自律系统。

本办法所称例外事项是指内部业务运行与制度流程存在偏差的事项。

第四条 油田公司内控管理的目标是确保各项生产经营活动合法合规，各类财产安全，财务报告及相关信息完整、真实、准确，有效提高生产经营活动的效率和效果，为实现发展战略提供保障。

第五条 油田公司内控管理遵循以下原则：

（一）全面性原则。贯穿决策、执行和监督全过程，覆盖公司各项业务和工作事项；

（二）规范性原则。遵循法律法规、集团公司和油田公司统一的规章制度、工作规范和标准；

（三）适应性原则。与油田公司经营规模、业务范围和风险水平等相适应，并随着情况变化及时调整；

（四）有效性原则。注重执行与监督并持续优化，确保各项业务在完成工作目标和有效防控风险中实现高效运行。

第六条 油田公司建立系统完备、科学规范的内控体系，并纳入综合管理体系统一运行。

第七条 业务主管部门负责人和所属单位行政正职是本部门（单位）内控管理第一责任人。

第二章 管理机构及职责

第八条 油田公司内控与风险管理委员会是内控管理的领导与决策机构，负责审定油田公司内控管理制度、标准和重要报告等，协调解决内控管理重大问题。

委员会办公室设在企管法规部，负责内控与风险管理委员会的日常工作。

第九条 企管法规部是油田公司内控工作的综合管理部门。主要职责：

（一）负责制定油田公司内控管理制度和标准规范；

（二）负责组织内控体系建设，编制体系建设规划和运行计划；

（三）负责业务流程管理，组织业务流程建设、运行及业务流程管理信息系统（ARIS）应用；

（四）负责内控体系运行监督与评价管理，以及内控测试系统（ARCM）的应用；

（五）负责信息系统总体控制、应用控制执行监督；

（六）负责编制内控有效性自我评价报告；

（七）负责组织、指导业务主管部门和所属单位开展内控工作；

（八）负责组织开展内控宣贯与培训。

第十条 油田公司业务主管部门负责本业务领域内控管理工作。主要职责：

（一）负责落实内控管理制度和标准规范；

（二）负责本业务领域内控体系建设和维护；

（三）负责业务流程的建设、运行及日常监督；

（四）负责协调、配合内外部监督及例外事项整改；

（五）负责编制本业务领域内控有效性自我评价报告；

（六）组织开展本业务领域内控培训和业务指导。

第十一条 信息管理部负责建立油田公司信息系统总体控制和应用控制制度和标准，负责系统运行管理、日常监督和维护。

第十二条 油田公司所属单位应设立内控与风险管理领导小组，指定具体管理部门负责本单位内控管理工作，并配备专（兼）职人员。主要职责：

（一）负责贯彻油田公司内控管理制度、标准规范和工作部署，并组织落实；

（二）负责协调和配合内外部监督，开展例外事项整改；

（三）负责本单位内控有效性自我评价和报告。

第三章 内控体系

第十三条 内控体系由控制环境、风险评估、控制活动、信息与沟通、监督五要素构成。

控制环境是指企业实施内部控制并使其持续发挥作用的环境。包括诚信与道德价值观、发展目标、管理理念与企业文化、风险管理策略、组织结构、权利和责任分配、人力资源政策与措施、员工胜任能力以及反舞弊机制等内容。

风险评估是指通过收集风险综合信息和风险事件，分析影响公司战略和经营目标的不确定性因素，运用风险评估标准和工具，对各类风险进行识别、分析和评价的过程。

控制活动是结合风险评估结果，运用相应的控制管理措施，将风险控制在可承受范围之内，确保管理层的风险应对方案得以贯彻执行的政策和程序。内容包括业务流程图、风险控制文档（RCD）和实施证据。

信息与沟通是企业及时、准确地收集、传递与内部控制相关的信息，确保信息在企业内部、企业与外部之间进行有效沟通，促进内部控制有效运行。

监督是对内部控制建立与实施情况进行监督检查，评价内部控制的有效性，发现内部控制缺陷，并及时进行改进的持续过程。

第十四条 内控体系的载体是内控手册。油田公司全面贯彻执行股份公司内控手册，结合管理需要和业务实际，编制《辽河油田公司内部控制管理手册》（简称内控手册），作为内控体系运行的依据。具体内容包括：

（一）公司简介和总论；

（二）控制环境要素包括权限指引表和控制环境涉及的制度索引；

（三）风险评估要素包括要素基本业务流程目录、重要业务流程目录、业务活动层面风险数据库和法律风险控制文档、法律风险防控实施证据和相关法律法规及风险评估涉及的制度索引；

（四）控制活动要素包括流程图、风险控制文档、实施证据和控制活动涉及的制度索引；

（五）信息与沟通要素包括关键应用系统调研问卷、ERP系统职责分离矩阵、人力资源系统职责分离矩阵、电子表格汇总表、敏感事务代码分配规则、信息与沟通涉及的制度索引；

（六）监督要素包括监督涉及的制度索引。

第十五条 企管法规部组织内控手册编制和修订，并于每年12月20日前通过综合管理体系发布执行。

第十六条 业务主管部门要做好本业务领域内控体系建设工作，并严格按照内控手册执行。

第十七条 油田公司所属单位、全资公司、控股公司纳入内控体系管理，统一执行内控手册，落实内控体系运行要求。

第十八条 新增业务或机构直接纳入内控体系管理，保证内控体系对业务和机构的全覆盖。

第四章 业务流程

第十九条 业务流程管理包括业务流程建设、运行、变更与优化。业务主管部门应按照业务流程管理原则、程序和标准，做好本专业系统的业务流程管理工作。

第二十条 业务流程管理遵循以下原则：

（一）全面性。业务流程要涵盖全部业务领域，反映业务流程端到端的整体走向和价值增值过程；

（二）标准化。统一流程定义、统一结构、统一编码，实行业务流程管理的标准化；

（三）信息化。运用业务流程管理信息系统（ARIS），实行全过程信息化管控；

（四）精简高效。控制环节设置合理，节点时限明确，权限分配适当，管理界面清晰，业务流程运行顺畅高效；

（五）持续优化。注重业务流程的执行与监督，以问题和风险为导向，持续优化业务流程，不断提升业务流程的执行质量和效率。

第二十一条 业务流程建设遵循以下规范、标准和要求：

（一）业务流程建设要按照"制度流程化"的总体要求，业务流程与规章制度要同步制修订、同步发布、同步执行，做到流程与制度精准对应、匹配，实现业务运行实际与规章制度、业务流程三者保持高度一致，确保业务流程的适用性。

（二）业务流程目录分为五级。其中，一至三级业务流程目录严格执行集团公司统一制定的流程名称、编码与定义，四级和五级业务流程目录由企管法规部组织业务主管部门根据业务实际制定。

（三）业务流程设计应按照集团公司《业务流程与控制措施设计规范》《业务流程描述规范》，应用业务流程管理信息系统（ARIS），根据油田公司规章制度，结合风险控制要求，描述具体工作步骤，编制业务流程图、风险控制文档和实施证据。执行以下标准：

1. 流程名称、编码、起止点按照集团公司业务流程架构中关于流程分类和分级的统一规定执行；

2. 业务流程的步骤按照现有规章制度进行描述，必须细化至每一个操作环节，相同层级、相同部门中不同岗位的操作应分别描述流程步骤；

3. 业务流程涉及的组织机构和岗位，应符合油田公司确定的机构、岗位名称和职责等相关规定；

4. 业务流程中涉及的业务接口、管理权限应符合相关专业管理制度与标准；

5. 业务流程中的重要风险和关键控制措施应与集团公司统一发布的风险数据库、关键控制文档保持一致；

6. 实施证据设计内容必须与流程描述的控制节点保持一致，且只有制度中有的表单或文档才能作为实施证据，禁止额外增加。

（四）严格审查审批环节设计，一个部门只允许设定一人审查审批，并明确审批时限。

（五）跨部门或跨专业的业务流程，应按照职责分工，由主责部门牵头组织业务流程描述，并与相关部门沟通协调一致。

（六）新增业务和新设部门，在正式开展工作后，应按照业务流程建设程序及时开展流程建设，纳入油田公司内控体系框架统一管理。

第二十二条　业务流程建设遵循以下程序：

（一）建设申请。当需要新建业务流程时，由业务主管部门提出业务流程建设申请，报送企管法规部审定；

（二）绘制与审查。业务主管部门依据现行规章制度，按照《业务流程描述规范》，绘制业务流程草图，经企管法规部初审后，在业务流程管理信息系统（ARIS）中进行转换，生成的业务流程图与制修订制度的征求意见稿同步征求意见；

（三）发布执行。修订完善后，企管法规部组织业务流程与制度一并发布执行。

第二十三条　业务流程运行遵循以下要求：

（一）油田公司正式发布的业务流程作为业务管理和监督检查的依据，必须严格遵照执行；

（二）业务主管部门从发布之日起30个工作日内，完成对本专业系统人员的流程培训，确保流程能够顺畅执行；

（三）业务主管部门和所属单位应将业务流程的执行责任分级落实到具体工作岗位和人员；

（四）业务流程运行中，业务主管部门应协调与相关部门上下流程接口的衔接，提高运行效率；

（五）业务流程运行与实际出现差异时，应及时分析并制定解决方案，必要时按规定做出合理变更；

（六）当遇有紧急、临时、突发等特殊情况，且业务流程中未明确具体程序时，应由业务主管部门或单位业务主管领导酌情相机处置，并做好记录，保留实施证据，并及时修订制度，完善流程。

第二十四条　当出现下列情形之一，导致业务流程发生变化时，业务主管部门要在60日内完成业务流程变更，并及时发布执行。

（一）国家法律法规、监管要求等发生重大调整；

（二）集团公司业务流程发生变化；

（三）油田公司管理制度发生调整；

（四）发生分立、合并等资产、机构重组整合行为；

（五）业务运行机制变化、重要信息系统建设与运行；

（六）发生其他影响业务操作和管控的情况。

第二十五条　流程优化是流程管理的常态化

工作。业务主管部门是流程优化的责任主体，当出现以下情形时，业务主管部门要及时开展流程优化工作：

（一）流程执行中出现职能交叉、重叠或空白，运行不顺畅；

（二）流程运行效率低下；

（三）各类测试中发现的设计层面问题；

（四）其他需要优化流程的情形。

企管法规部应开展业务流程运行评价，针对流程运行不顺畅、效率低等问题，可组织业务主管部门开展流程专项优化。

第二十六条　业务流程变更和优化执行新建流程的程序，要同步修订制度，保证制度与流程的一致性。

第五章　内控监督

第二十七条　内控监督是对油田公司一定时期内的内控管理质量与成效开展的检查，分为外部监督和内部监督。

第二十八条　外部监督包括外部审计测试和管理层测试。外部审计测试是股份公司按照上市地监管要求，委托中介机构对股份公司内控体系设计和运行的有效性实施的检查。管理层测试是由集团公司管理层授权法律和企改部组织开展的，针对集团公司内控体系设计和运行的有效性实施的检查。

第二十九条　油田公司按照集团公司和股份公司安排，接受外部监督。外部监督由企管法规部统一组织协调，业务主管部门和所属单位配合检查，并做好沟通、问题确认及整改等工作。

第三十条　内部监督包括业务测试、自我测试、专项测试和评价测试。

第三十一条　业务测试是业务主管部门对其建设管理的业务流程运行情况自行开展的检查。业务测试按以下程序和要求执行：

（一）业务测试每年至少开展一次，具体内容和时间安排由业务主管部门自行确定，可与业务领域其他检查合并开展；

（二）测试重点关注本领域重要业务流程和风险较高、例外事项频发的业务环节；

（三）测试过程和结果需及时录入内控测试系统（ARCM）；

（四）测试结果和问题整改情况应在本部门内控自我有效性评价报告中予以说明。

第三十二条　自我测试是油田公司组织所属单位自行开展的监督检查。自我测试按以下程序和要求执行：

（一）自我测试每年开展一次，按照集团公司统一的标准与规范开展；

（二）自我测试采用交叉检查方式。企管法规部根据业务性质、地域远近、管理水平等将所属单位分为若干测试组，明确组长单位，由组长单位结合实际编制测试方案，自行组织开展现场测试；

（三）测试结束后，组长单位编制本组测试报告，并按时将测试报告、例外事项明细以及整改情况上报企管法规部备案；

（四）所属单位托管的子公司纳入自我测试范围；

（五）组长单位需及时组织测试组成员将测试过程和结果录入内控测试系统（ARCM）。

第三十三条　专项测试是油田公司统一组织的，针对例外事项或重点领域，追溯问题成因，识别风险隐患，调整顶层设计，力求从根源上解决管理问题的专项检查。专项测试按以下程序和要求执行：

（一）专项测试每年至少开展两次，测试方向包括上一年度例外事项排名前两位的管理问题、需要专项提升的重点领域等；

（二）企管法规部年初明确当年测试方向和内容，抽调各单位内控管理人员组成测试组，选取典型单位，通过全样本检查、全层级访谈、全过程跟单等方式查找例外事项产生原因，剖析顶层设计问题，提出管理建议；

（三）测试完成后，企管法规部编制专项测试报告，组织业务主管部门进行交流研讨，推动业务主管部门从制度流程设计角度，有效解决屡查屡犯的管理问题；

（四）专项测试结果不纳入年终考核评价，对积极配合、有特殊贡献的被测试单位在年终考核评价中给予适当加分。

第三十四条 评价测试是油田公司统一组织的、覆盖全部所属单位的、旨在全面评价各单位内控体系运行成效的检查。评价测试按以下程序和要求执行：

（一）评价测试每年开展一次，由企管法规部统一制定测试方案，经公司主管领导审核后发布；

（二）企管法规部根据测试方案，组建测试队伍，对所属单位开展现场测试，全面检查业务流程设计和执行存在的问题，对现场测试发现的问题组织业务主管部门开展专业对接，确定例外事项；

（三）企管法规部遵循集团公司缺陷评估程序及标准，开展例外事项缺陷评估，并编制测试情况通报，经公司主管领导审核后，报公司内控与风险管理委员会审议并发布；

（四）业务主管部门和所属单位针对例外事项开展整改，整改结果报企管法规部备案。

第三十五条 内控监督发现的例外事项，按集团公司规范的标准和程序进行缺陷评估，分析出缺陷类例外事项，包括一般缺陷、重要缺陷和实质性漏洞。

第三十六条 企管法规部以业务主管部门和所属单位内控与风险管理人员为基础，建立内控测试人员数据库，按照统一规划、统一培养、统一管理、统一使用的原则，通过定期培训、业务研讨、抽调参加各种测试等方式不断提升业务水平，满足油田公司内控管理持续监督、稳定运行的需要。

第六章 内控评价与考核

第三十七条 内控评价是指按照统一的程序、方法和标准，对内部控制工作的开展情况、质量和效果进行综合评价。

第三十八条 油田公司每年按照集团公司内控评价标准对内控体系开展全面评价。评价内容包括：

（一）内控管理部门履行职责情况，内控管理制度、标准及规范的制定情况；

（二）内控管理培训和宣贯情况；

（三）内控体系建设及年度维护情况；

（四）内控体系信息化建设及运维情况；

（五）业务流程管理情况；

（六）内控信息系统应用情况；

（七）业务部门自查工作开展情况；

（八）自我测试工作开展情况；

（九）管理层测试和外部审计例外事项发现情况、违规追责和屡查屡犯情况、整改情况；

（十）缺陷评估及结果；

（十一）内控有效性自我评价情况；

（十二）内控管理其他工作落实情况。

第三十九条 企管法规部根据油田公司评价结果，编制油田公司内控有效性自我评价报告，经公司主管领导和主要领导审核后，上报集团公司。

第四十条 油田公司对业务主管部门年度内控评价内容包括：

（一）内控体系建设与维护；

（二）本业务领域内控体系运行质量；

（三）内控测试系统（ARCM）录入情况；

（四）内外部监督发现的例外事项以及整改情况；

（五）年度内控有效性自我评价报告结果情况；

（六）本业务领域内控宣贯和培训情况。

第四十一条 油田公司对所属单位年度内控评价内容包括：

（一）内控与风险管理领导小组建设和履职情况；

（二）内控管理部门履职情况；

（三）内控宣贯和培训情况；

（四）日常和专项工作完成情况；

（五）内外部监督发现的例外事项以及整改情况；

（六）例外事项缺陷评估结果；

（七）自我测试工作开展和内控测试系统（ARCM）录入情况；

（八）年度内控有效性自我评价报告情况。

第四十二条 油田公司业务主管部门、所属单位应按评价内容，开展自我评价，形成内控有效性自我评价报告。内控有效性自我评价报告不再单独出具，纳入风险管理报告报送企管法规部。

第四十三条　油田公司对业务主管部门和所属单位评价采取定量评价和定性评价相结合的方法。定量评价是对内控运行情况按照统一的标准进行评分。定性评价是根据评分结果做出定性的运行评价结论。企管法规部根据业务实际编制内控评价标准，每年结合年度工作安排对具体内容进行调整并公示。

第四十四条　评价结果分为杰出、优秀、良好、合格和不合格五个等级，具体为：

（一）综合评分在95分（含）以上为杰出；

（二）综合评分在85分（含）至95分之间为优秀；

（三）综合评分在75分（含）至85分之间为良好；

（四）综合评分在60分（含）至75分之间为合格；

（五）综合评分在60分以下为不合格。

第四十五条　出现以下情形之一的，可直接评价为不合格：

（一）未明确内控管理部门的；

（二）未开展业务测试或自我测试的；

（三）根据当年会计年度结束时无法整改的例外事项、年度其他部门或单位发现的风险事件进行缺陷评估，出现实质性漏洞的；

（四）符合《中央企业违规经营投资责任追究实施办法（试行）》中规定的追责情形，且对企业造成较大或重大资产损失的；

（五）专业检查、审计、巡察等发现因单位或个人主观原因造成重大损失问题的，具体标准和范围见附件1；

（六）出现其他影响内控有效性的重大问题，具体标准和范围同上。

第四十六条　评价为不合格单位需每季度编制内控管理提升报告（见附件2），将内控工作开展情况、采取的主要措施和取得的成效报送企管法规部，企管法规部每半年组织现场测试，评价内控管理提升成效。

第四十七条　外部监督和评价测试例外事项纳入油田公司业绩考核，按以下要求执行：

（一）评价测试发现的例外事项，按总体例外事项占比进行分档扣分，其中例外事项被评估为一般缺陷的，加重处罚；

（二）外部审计测试和管理层测试每发现一个例外事项，扣减0.1分；例外事项被评估为一般缺陷的，扣减0.2分；

（三）评价为不合格的、内外部监督发现的例外事项评估为重要缺陷及以上的，扣除全部分值。

第四十八条　油田公司按照"鼓励先进、鞭策落后、奖罚分明"的原则，根据年度内控评价结果，开展评先选优工作并进行表彰。

第四十九条　在连续两年的各类测试中，同一岗位管理人员连续三次人为产生同类例外事项的，将责令相关部门或单位对该岗位人员作出岗位调整。

第五十条　例外事项涉嫌严重违纪的，相关问题线索移交纪委办公室处置；涉嫌犯罪的，由纪委办公室按程序向监察机关移送。

第七章　附　则

第五十一条　本办法由企管法规部负责解释。

第五十二条　本办法自发布之日起实施，《辽河油田公司内部控制运行考核评价管理暂行办法》（中油辽字〔2010〕100号）同时废止。

辽河油田公司风险管理办法

第一章　总　则

第一条　为规范风险管理工作，落实风险管理责任，提高风险管理水平，促进公司稳健发展，依据《中国石油天然气集团公司风险管理办法（试行）》，制定本办法。

第二条　本办法适用于辽河油田分公司、辽河石油勘探局有限公司（简称油田公司）及其所属单位、全资公司（统称所属单位）的风险管理。

控股公司、实际控制企业通过法定程序执行。

第三条　本办法所称风险，是指可能对油田公司战略及经营目标产生影响的未来不确定性。

（一）按照风险影响的对象不同，风险分为战略风险、经营风险、合规风险和报告风险四大类。

战略风险是指未来的不确定性对战略经营活动愿景和期望值的影响。

经营风险是指未来的不确定性对一定时期生产经营活动预期成果的影响。

合规风险是指未来的不确定性对合规预期的影响。

报告风险是指未来的不确定性对财务报告准确性的影响。

（二）按照风险重要程度及影响范围不同，风险分为业务风险、重大风险和专项风险。

业务风险是指业务运行过程中，影响业务目标实现的风险。

重大风险是指内外部环境变化对生产经营及合规目标实现构成较大影响的风险。

专项风险是指在投资、兼并收购、重组改制、深化改革、解决历史经营债务、信访稳定等重大事项实施及运行过程中，影响预期目标实现的风险。

第四条　本办法所称风险管理是指围绕油田公司战略和经营目标，在生产经营过程中执行风险管理流程，培育风险管理文化，严守合规底线，准确反映运行状况，为实现战略及经营目标提供合理保证的过程。

风险管理主要内容包括建立风险评估基础、风险评估、风险应对、风险报告、风险监督与评价。

第五条　油田公司实行"统一组织、业务主导、分级管理、立体防控"的风险管控机制。

第六条　油田公司风险管理坚持以下原则：

（一）全面性。风险管理覆盖油田公司所有管理领域和业务单元，贯穿战略制定与实施全过程。

（二）持续性。风险管理要求对各类风险持续进行评估分析和管控预警。

（三）关键性。风险管理重点关注高风险领域和重大事项。

（四）一致性。风险管理责任与业务范围和管理权限相一致，谁主管业务，谁控制风险。

第二章　机构及职责

第七条　油田公司内控与风险管理委员会是风险管理的决策机构，负责批准风险管理制度，协调解决风险管理重大问题，审核油田公司年度风险管理报告。

第八条　企管法规部是油田公司风险管理工作的综合管理部门，主要职责是：

（一）负责制订风险管理制度和标准；

（二）负责风险综合信息和风险事件收集分析；

（三）负责建立风险评估程序和方法；

（四）负责组织业务风险评估、应对；

（五）负责组织重大风险评估、应对；

（六）负责组织专项风险评估、应对和程序性审核，指导各业务主管部门和所属单位编制专项风险评估报告；

（七）负责编制油田公司年度风险管理报告；

（八）负责风险监督与评价；

（九）负责风险管理系统的运行维护与应用；

（十）负责组织风险管理培训。

第九条　油田公司各业务主管部门负责本业务领域的风险管理工作，主要职责是：

（一）制定业务风险管理目标，落实风险管理要求；

（二）负责收集分析本业务领域内的风险综合信息和风险事件；

（三）负责开展业务风险评估、应对；

（四）负责本业务领域重大风险评估、应对、预警和监督检查；

（五）负责编写本业务领域风险管理报告；

（六）负责本业务领域的专项风险评估、应对，编写专项风险评估报告；

（七）负责重大经营风险事件报告及整改；

（八）负责本业务领域风险管理培训。

第十条　油田公司所属单位应明确风险综合管

理部门，配备专（兼）职人员，开展风险管理工作，主要职责是：

（一）贯彻执行油田公司风险管理制度和标准；

（二）收集分析本单位发生的风险事件并按要求上报；

（三）贯彻落实油田公司年度风险管理报告；

（四）组织开展本单位重大风险的评估、应对、预警和监督检查；

（五）编写本单位年度风险管理报告；

（六）落实专项风险评估、应对要求；

（七）负责本单位风险管理培训。

第十一条　履行机关管理职能的单位，同时履行业务主管部门和所属单位的风险管理职责。

第十二条　油田公司业务主管部门和所属单位应按照保密管理有关规定，履行风险管理相关信息的保密职责。

第三章　建立风险评估基础

第十三条　建立风险评估基础包括收集风险综合信息和风险事件、搭建风险分类框架、制定发生可能性和影响程度标准、确定风险等级标准。

第十四条　风险综合信息是指影响公司战略和经营目标的政治、经济、社会、技术、环境、法规等外部信息，以及组织架构、管控模式、经营策略、业务运营、制度流程等内部信息。

第十五条　风险事件是指发生财务资产、企业声誉、法律纠纷、安全环境、营运管理等方面损失的状况或事故。

第十六条　油田公司业务主管部门和所属单位应收集与本业务领域有关的风险综合信息并及时进行更新，随时收集风险事件并进行分析，于每季度末月20日前报送企管法规部，风险综合信息无变化、未发生风险事件的要进行零报告。

第十七条　企管法规部每季度对发生的风险事件进行汇总分析，编制分析报告，报送集团公司。

第十八条　重大经营风险事件是指在生产经营管理活动中发生的，已造成或可能造成重大资产损失或严重不良影响的各类生产经营管理风险，不包括安全生产、节能减排、环境保护、维稳事件等相关风险事件（附件1）。发生重大经营风险事件，按以下要求报送和管理：

（一）事发单位在事件发生后应立即报告油田公司业务分管领导、主要领导和业务主管部门。

（二）油田公司业务主管部门应立即组织事发单位开展事件调查，对于符合重大经营风险事件认定标准的，在事件发生后12小时内组织形成事件初步调查报告和事件首报表（附件2），经油田公司主要领导审核后，根据重大经营风险事件分类和责任分工情况（附件3），通过专网邮箱上报集团公司业务主管部门、法律和企改部及勘探与生产分公司，同时报送企管法规部。事件初步调查报告内容包括事件发生的时间、地点、现状以及可能造成的损失或影响，向油田公司党委会报告情况，以及采取的紧急应对措施等情况。

（三）特别紧急的重大经营风险事件，油田公司业务主管部门应第一时间电话上报集团公司业务主管部门、法律和企改部及勘探与生产分公司，同时电话通知企管法规部，并填制电话记录单（附件4）；事件发生后12小时内形成事件初步调查报告和事件首报表，并按（二）规定的程序报送。

（四）油田公司业务主管部门应组织事发单位，在事件发生后2个工作日内按要求编制形成事件调查分析报告和事件续报表（附件5），经油田公司主要领导审核后，通过专网邮箱上报集团公司业务主管部门、法律和企改部及勘探与生产分公司，同时报送企管法规部。事件调查分析报告内容包括事发单位基本情况、事件起因和性质、基本过程、发展趋势判断、风险应对处置方案、对事件可能造成或已经造成的损失或影响核实情况、面临问题和困难及建议等。

（五）需要长期应对处置或整改落实的重大经营风险事件，油田公司业务主管部门应组织事发单位，在事件发生重大变化时和季度完结后5个工作日内，按要求编制形成事件整改监测报告和事件跟踪监测表（附件6），经油田公司主要领导审核后，通过专网邮箱上报集团公司业务主管部门、法律和企改部及勘探与生产分公司，同时报送企管法规部。事件整改监测报告内容包括处置进展、可能或已经造成的损失及影响、下一步应对措施。

（六）重大经营风险事件处置或整改工作完成后，油田公司业务主管部门应组织事发单位开展事件总结，在事件处置或整改工作结束后3个工作日内，完成事件专项整改报告，经油田公司党委会审议通过后，通过专网邮箱上报集团公司业务主管部门、法律和企改部及勘探与生产分公司，同时报送企管法规部。事件专项整改报告内容包括事件基本情况、油田公司党委会审议情况、已采取的措施及结果、涉及的金额及造成的损失及影响、存在的主要问题和困难及原因分析、问题整改情况等。涉及违规违纪违法问题的应当一并报告问责情况。

第十九条　风险分类框架是将风险按照发生来源、具体表现、产生影响等共同属性或特征，细化为不同小类、不同层级的具体风险，并进行排列组合形成的风险集合。

企管法规部编制油田公司风险分类框架，所属单位根据管理需要，对风险分类框架进行细化，形成适应本单位业务实际的风险分类框架。

第二十条　风险发生的可能性是指风险事件发生的几率或必然程度；风险发生的影响程度是指风险事件发生的后果影响相应目标实现的程度。

企管法规部依据集团公司《风险分类分级规范》，结合生产经营实际和风险承受能力，制定油田公司风险发生可能性及影响程度标准。所属单位应依据油田公司标准，结合本单位风险承受能力，制定本单位适用的标准。

第二十一条　风险分为低度、较低、中度、高度、极高5个等级，高度及以上的风险为重大风险。

第二十二条　企管法规部结合内外部环境变化，组织相关部门和单位动态完善辽河油田公司风险分类框架、风险发生可能性及影响程度标准、风险等级标准，并于年初公开发布，作为风险评估的依据。

第四章　风险评估

第二十三条　风险评估是指通过收集风险综合信息和风险事件，分析影响公司战略和经营目标的不确定性因素，运用风险评估标准和工具，对各类风险进行识别、分析和评价的过程。风险评估分为业务风险评估、重大风险评估和专项风险评估。

第二十四条　业务主管部门应按年度开展业务风险评估。内外部环境发生变化符合下列情形之一时，应当立即开展业务风险评估：

（一）政府监管部门、集团公司或管理层提出要求；

（二）组建新单位、启动新业务、原有业务的管理要求和环境政策发生重大及实质性变化；

（三）相关业务领域或单位发生重大风险事件；

（四）相关业务领域或单位适用的法律法规、规章制度等合规规范发生变化；

（五）发生其他应当进行风险评估情形。

第二十五条　业务风险评估按照以下程序和要求进行：

（一）依据油田公司对本部门的绩效要求和关键绩效指标（KPI），确定本部门中长期及年度工作目标，作为业务风险评估的基础和依据。

（二）根据风险综合信息和风险事件，对风险分类框架中具体风险逐项识别影响目标实现的可能性，填制《业务风险识别结果汇总表》（附件7），经部门主管领导审核后，报送企管法规部。

（三）按照风险发生可能性和影响程度开展定量分析评价，确定风险等级，并通过风险管理信息系统报送企管法规部。

（四）应遵循全面性、重要性原则，按照评估规范，选用科学的方法对风险开展评估，其中合规风险评估应围绕业务运行过程中企业和员工偏离合规规范要求的不确定性开展，法律风险评估应明确风险源点、法律后果及法律依据。

（五）应单独或组合使用基准化分析法、问卷调查表法、检查表法、流程图分析法、事件分析法、头脑风暴法、财务报表分析法、事故树分析法、情景分析法等进行评估（附件8）。

（六）年度业务风险评估按油田公司统一安排进行，各业务主管部门应按时提交评估结果；内外部环境发生变化应在次月将评估结果报送企管法规部。

第二十六条　根据业务风险评估结果，企管法规部组织开展油田公司重大风险评估。重大风险评估按照以下程序和要求进行：

（一）企管法规部汇总整理各业务主管部门评估出的高度及以上风险并进行排序。

（二）运用风险评估方法对以上风险进行甄别和分析，对分散在不同领域的同类风险进行整合，统一风险类别和层级，形成重大风险评估基础表。

（三）确定评估重大风险的人员范围和权重，评估人员包括公司主要领导、主管领导、副总师、业务主管部门负责人、所属单位党政主要领导等，科学确定权重分配。

（四）参与重大风险评估的人员，结合公司战略定位、年度目标、未来规划等开展风险分析评价。

（五）企管法规部收集风险评估结果，汇总整理形成油田公司层面年度重大风险，并上报集团公司。

第二十七条　所属单位应参照公司业务风险评估和重大风险评估程序，开展本单位风险评估工作。

第二十八条　根据管理需要，油田公司对历史经营债务、深化改革、重大投资项目、信访稳定等开展专项风险评估。评估方法和程序参照业务风险评估、重大风险评估和相关专项风险评估指南执行。对于列入集团公司（股份公司）一、二类投资项目，项目建设单位必须严格开展风险评估工作。

第五章　风险应对

第二十九条　风险应对是指根据油田公司内部和外部条件，选择应对策略，有效化解、减轻或转移风险可能造成的影响。

第三十条　风险应对包括应对责任、管控目标、应对措施、日常管控和风险预警。

第三十一条　油田公司年度重大风险应对：

（一）业务主管部门是风险应对的主责部门，油田公司分管领导是风险应对的第一责任人。主责部门应根据风险构成和影响程度确定辅责部门的应对责任权重。

（二）主责部门应结合国家及地方政府管控要求、集团公司管理标准、油田公司生产及经营目标等，确定风险管控目标。

（三）辅责部门应结合本职工作和应对责任权重，制定应对措施并提交主责部门。主责部门根据辅责部门的应对措施和风险管控总体需要，编制形成风险应对方案。

（四）主责部门对风险发展和变化情况进行全程监测，严格执行应对方案，最大限度降低风险发生可能性。当内外部环境发生变化时，主责部门应及时组织调整风险应对方案。辅责部门应严格执行应对方案，发现异常及时通报主责部门。

主责部门每月向第一责任人汇报风险监测情况；每季度填制《重大风险季度跟踪监测表》（附件9），于季末月20日前报送企管法规部。第一责任人应全面掌握风险应对现状、协调解决风险应对中存在的重大问题。

（五）主责部门按照风险管控目标，科学选择风险预警指标，合理设置预警区间，确定预警等级及阈值，制定触发预警阈值后的应急措施。

触发预警阈值，主责部门应立即向风险第一责任人汇报，并发布预警，预警形式包括提出管控建议、出具风险提示函、风险警示意见书等。

主责部门应组织辅责部门和相关单位召开对策研讨会，启动应急措施，同时紧密跟踪措施的实施效果和风险发展变化。发生突发事件应按照油田公司应急预案管理办法要求立即启动应急预案。

第三十二条　业务主管部门是业务风险的主责部门，部门负责人是风险控制的第一责任人，油田公司分管领导是专项风险的第一责任人。业务风险和专项风险应对按照年度重大风险应对程序执行，可适当简化。

第三十三条　所属单位应按照公司年度重大风险的应对程序，确定各项风险的责任部门和责任人，做好风险应对。

第六章　风险报告

第三十四条　风险报告是指全面反映风险管理情况和管控结果的报告。主要内容包括风险管理工作开展情况，年度重大风险管控情况、存在的问题及改进方向，下一年度重大风险评估结果、重大风险管控目标、重大风险监督计划，专项风险管理情况，合规与内控管理情况。

第三十五条 年度风险管理报告编制要求如下：

（一）全面反映各业务领域的经营管理情况、生产经营环境、政策变化、风险评估结果、风险应对方案和监督检查情况；

（二）合规管理的相关内容应按照合规报告要求执行；

（三）内控管理的相关内容应符合内部控制有效性评价要求；

（四）年度合规报告、年度内控有效性自我评价报告不再单独出具。

第三十六条 各业务领域年度风险管理报告由业务主管部门组织编制，经本部门行政正职审核通过后，报送企管法规部，与油田公司年度风险管理报告一并发布。

第三十七条 各单位年度风险管理报告由本单位风险综合管理部门组织编制，履行本单位集体审议程序后，报送企管法规部，与油田公司年度风险管理报告一并发布。

第三十八条 油田公司年度风险管理报告由企管法规部组织编制，经内控与风险管理委员会审核、党委会审议、职工代表大会审定后，上报集团公司备案，并在油田公司范围内发布。

第七章 风险监督与评价

第三十九条 企管法规部对业务主管部门和所属单位风险管理工作，开展的定期或不定期监督检查。主要检查内容包括风险管理机构与职责的落实、风险综合信息和风险事件收集情况、风险评估开展情况、风险应对方案的执行情况、风险预警的及时性和有效性、风险管理成效等。

第四十条 企管法规部制定风险监督年度计划，明确监督范围和内容，并按计划组织实施。风险监督可与业务检查、审计、巡察和内控测试等监督工作结合，也可单独开展。

第四十一条 风险管理评价是指按照统一的程序、方法和标准，对各业务主管部门和所属单位的风险管理工作开展情况、质量和效果进行综合评定，评价内容包括：

（一）履行风险管理职责情况；

（二）风险管理培训和宣贯情况；

（三）风险事件报告及分析情况；

（四）重大经营风险事件管理情况；

（五）投资项目风险评估与程序性审核情况；

（六）年度重大风险评估、应对及风险管理报告编制与上报情况；

（七）风险管理信息系统应用情况；

（八）其他专项工作落实情况。

第四十二条 对承担公司重大风险管理责任的业务主管部门，评价内容还包括：

（一）管控目标、预警指标制定的科学性和合理性；

（二）管控目标的达标情况；

（三）风险解决方案的执行情况；

（四）风险预警的及时性，应对措施的有效性；

（五）发生重大风险事件造成的损失和影响程度。

第四十三条 评价采取定量评价和定性评价相结合的方法。定量评价是对风险管理情况按照统一的标准进行评分。定性评价是根据评分结果做出定性评价结论。企管法规部根据业务实际编制风险管理评价标准，每年结合年度工作安排对具体内容进行调整并公示。

第四十四条 风险监督及评价结果纳入内控与风险管理评先选优；重大风险管理评价结果纳入机关部门综合考核。

第四十五条 未按照本办法规定执行，有涉嫌违纪、职务违法、职务犯罪的，相关问题线索移交纪委办公室处置。

第八章 附 则

第四十六条 本办法由企管法规部负责解释。

第四十七条 本办法自印发之日起施行。

辽河油田公司动火作业安全管理细则

第一章　总　则

第一条　为规范辽河油田动火作业安全管理，防止发生火灾、爆炸等事故，依据《中国石油天然气集团有限公司动火作业安全管理办法》，制定本细则。

第二条　本细则适用于辽河油田分公司、辽河石油勘探局有限公司（统称油田公司）及其所属单位、全资公司（统称所属单位）的动火作业安全管理。

控股公司通过法定程序执行本细则。

第三条　本细则所称动火作业是指在具有火灾、爆炸危险性的生产或者施工作业区域内可能直接或者间接产生火焰、火花或者炽热表面的非常规作业。

前款所称动火作业不包括在非火灾、爆炸危险性的生产或者施工作业区域内进行的常规动火作业，如新建项目施工的动火作业、固定生产场所的动火作业。

第四条　动火作业安全管理实行油田公司统一领导，机关部室、直属部门分专业监管，所属单位承担安全生产主体责任。所属单位应当根据动火场所、部位的危险程度，结合动火作业风险发生的可能性、后果严重程度以及组织管理层级等情况，对动火作业实行分级管理。

第五条　动火作业安全管理应当遵循以下基本原则：

（一）谁主管谁负责，管业务管安全；

（二）谁批准谁负责，谁的属地谁负责；

（三）谁申请谁负责，谁作业谁负责。

第二章　动火作业安全职责

第六条　质量安全环保部是油田公司动火作业许可制度的归口管理部门，负责制定油田公司动火作业安全管理制度，并组织实施；指导、监督、考核油田公司机关部室、直属部门及所属单位动火作业安全管理工作。

第七条　油田公司机关部室、直属部门负责指导、监督业务范围内的动火作业安全管理。

第八条　辽河油田消防支队负责特级动火作业的消防条件确认审批和现场监护，对其他等级的动火作业进行监督检查。

第九条　作业区域所在单位是指按照分级审批原则具备动火作业许可审批权限，组织动火作业的所属单位或基层单位，安全职责主要包括：

（一）组织作业单位、相关方开展动火作业风险分析；

（二）提供现场作业安全条件，向作业单位进行安全交底，告知作业单位动火作业现场存在风险及必要的应急处置信息；

（三）审批作业单位编制的动火作业安全措施或者相关方案，监督作业单位落实安全措施；

（四）组织本单位人员及承包商动火作业安全培训；

（五）负责动火作业相关单位的协调工作；

（六）监督现场动火作业，发现违章或异常情况有权停止作业。

第十条　作业批准人应当是作业区域所在单位负责人或者其授权人，对动火作业全面负责，安全职责主要包括：

（一）组织开展动火作业风险分析；

（二）与作业单位沟通作业区域风险和安全要求；

（三）组织对动火作业申请进行书面审查和现场核查；

（四）负责签发和关闭动火作业许可证；

（五）指定属地监督，明确监督工作要求及属地监督是否具有关闭动火作业许可权限。

第十一条　属地监督是指作业批准人指派的现场监督人员，安全职责主要包括：

（一）了解动火作业区域、部位状况、工作任务和存在风险；

（二）监督检查动火作业许可相关手续齐全；

（三）监督已制定的所有安全措施落实到位；

（四）核查动火作业人员资格和现场设备的符合性；

（五）在动火作业过程中，根据要求实施现场监督，按照作业批准人要求关闭动火作业许可证；

（六）及时纠正或制止违章行为，发现人员、工艺、设备或环境安全条件变化等异常情况时，要求停止作业并立即报告。

第十二条　作业单位是指具体承担动火作业任务的单位，安全职责主要包括：

（一）参加作业区域所在单位组织的动火作业风险分析；

（二）制定并落实动火作业安全措施，必要时编制作业方案；

（三）开展作业前安全培训，安排符合规定要求的作业人员从事作业，组织作业人员开展工作前安全分析；

（四）检查作业现场安全状况，及时纠正违章行为；

（五）当人员、工艺、设备或者环境安全条件变化，以及现场不具备安全作业条件时，立即停止作业，并及时报告作业区域所在单位。

第十三条　作业申请人是指作业单位的现场作业负责人，对动火作业实施环节负管理责任，安全职责主要包括：

（一）提出申请并办理动火作业许可证；

（二）参加动火作业风险分析，并落实安全措施；

（三）对作业人员进行作业前安全培训和安全交底，保证作业人员和设备设施满足规定要求；

（四）指定具体作业监护人，明确监护工作要求；

（五）参与书面审查和现场核查动火作业条件和安全措施或相关方案的落实情况；

（六）参与现场验收和关闭动火作业许可证；

（七）当人员和设备发生变更时，及时报告作业区域所在单位，当工艺和现场环境变更时立即终止作业，重新办理作业许可。

第十四条　作业监护人是指由作业单位指定实施安全监护的人员，安全职责主要包括：

（一）对动火作业实施全过程现场监护；

（二）熟悉动火作业区域、部位状况、工作任务和存在风险；

（三）检查确认动火作业现场安全措施的落实情况；

（四）检查作业人员资质和现场设备符合性；

（五）保证动火作业实施过程满足安全要求，有权纠正或制止违章行为；

（六）发现人员、工艺、设备或环境安全条件变化等异常情况，以及现场不具备安全作业条件时，及时要求停止作业并立即向现场作业负责人报告；

（七）熟悉紧急情况下的应急处置程序和救援措施，熟练使用相关消防设备、救护工具等应急器材，可进行紧急情况下的初期处置。

第十五条　作业人员是指动火作业的具体实施者，对动火作业安全负直接责任，安全职责主要包括：

（一）在动火作业前确认动火作业区域、位置、内容和时间；

（二）动火作业前，参加工作前安全分析，清楚动火作业安全风险和安全措施；

（三）动火作业过程中，执行动火作业许可证、作业方案及操作规程的相关要求；

（四）服从作业监护人和属地监督的监管；作业监护人不在现场时，不得动火作业；

（五）发现异常情况有权停止作业，并立即报告；有权拒绝违章指挥和强令冒险作业；

（六）动火作业结束后，负责清理作业现场，确保现场无安全隐患。

第三章　动火作业安全管理要求

第一节　基本要求

第十六条　动火作业包括但不限于以下方式：

（一）各种气焊、电焊、铅焊、锡焊、塑料焊等各种焊接作业及气割、等离子切割机、砂轮机、磨光机等各种金属切割作业；

（二）使用喷灯、液化气炉、火炉、电炉等明火作业；

（三）烧、烤、煨管线、熬沥青、炒砂子、铁锤击（产生火花）物件、喷砂和产生火花的其他作业；

（四）生产装置区、油气装卸作业区和罐区、加油（气）站爆炸危险区，连接临时电源、使用非防爆电气设备和非防爆工具；

（五）使用雷管、炸药等进行爆破作业。

第十七条　动火作业等级划分为三级：特级、一级、二级。油气勘探与生产、炼油与化工、油气销售、天然气与管道系统动火作业等级划分见附录。

第十八条　动火作业实行动火作业许可管理，应当办理动火作业许可证。涉及受限空间、高处等其他高危作业，还应当办理相应许可，并考虑同时作业时可能产生风险的控制措施。未办理作业许可严禁动火作业。

第十九条　作业申请人、作业批准人、作业监护人、属地监督、作业人员应当经过相应培训并考核合格。

作业监护人、属地监督应当佩戴明显标志，持证上岗。

第二十条　动火作业许可证是现场动火的依据，只限在指定的地点和时间范围内使用，且不得涂改、代签。一份动火作业许可证只限在同类介质的设备（管道）、指定的区域内使用，严禁与动火作业许可证内容不符的动火。

第二十一条　处于运行状态的生产作业区域和罐区内，凡是可不动火的一律不动火，凡是能拆移下来的动火部件必须拆移到安全场所动火。作业区域所在单位应当制定并落实风险控制措施。

第二十二条　在带有易燃易爆、有毒有害介质的设备和管道上动火时，应当制定有效的作业方案及应急预案，采取可行的风险控制措施，经检测合格，达到安全动火条件后方可动火。

凡在盛有或者盛装过危险化学品的设备、管道等生产、储存设施及处于甲、乙类火灾危险区域的生产设备上动火作业，应当将其与生产系统彻底隔离，并进行清洗、置换，分析合格后方可作业；严禁以水封或者关闭阀门代替盲板作为隔断措施。因条件限制无法清洗、置换而确需动火作业时按特级动火执行。

第二十三条　遇有五级风以上（含五级风）天气应当停止一切露天动火作业，因生产确需动火，动火作业应当升级管理。

第二十四条　在夜晚、公休日和敏感时间，以及异常天气露天情况下原则上不允许动火；确需进行的动火作业应当升级管理。作业申请人和作业批准人应当全过程坚守作业现场，落实各项安全措施，保证动火作业安全。

夜晚起止时间判定原则上以自然光是否影响作业光照需求为原则，辽宁省内地区5月1日至9月30日为当日19时至次日6时，10月1日至次年4月30为当日17时至次日7时。辽宁省外地区应根据作业所在区域日出日落时间，对夜晚的起止时间进行具体界定。

第二十五条　所属单位应当开展相应培训，落实动火作业安全管理要求。动火作业审批人应当具备相应能力，并能提供、调配、协调风险控制资源。

第二十六条　特级动火作业由所属单位机关业务部门组织审查，报所属单位业务分管领导审批；一级动火作业至少由所属单位机关业务部门负责人或作业区域所在单位负责人审批；二级动火作业原则上至少由基层单位负责人或分管负责人审批。

辽河油田消防支队在特级动火作业前，应当安排消防力量到动火作业现场全过程执行消防监护任务，对动火作业现场进行消防条件确认审批，并对其他等级的动火作业前进行监督检查。

第二十七条　当作业批准人因外出、休假等原因无法对动火作业申请进行现场核查，可实行授权审批，被授权人应当具备动火作业风险管控能力；作业批准人只能向相关同级人员进行书面授权或者实施升级审批，并与被授权人共同承担动火作业现场安全的主要责任。

第二十八条　实施动火作业的流程主要包括作业申请、作业审批、作业实施和作业关闭等四个环节。

第二节　作业申请和准备

第二十九条　作业单位的现场作业负责人提出作业申请，负责与作业区域所在单位进行沟通，参加作业区域所在单位组织的风险分析，根据提出的风险管控要求制定落实安全措施，并准备动火作业许可证等相关资料。

第三十条　动火作业许可证应当包括作业单位、作业区域所在单位、作业地点、动火等级、作业内容、作业时间、作业人员、作业监护人、属地监督、相关方、危害辨识、气体检测、安全措施，以及批准、取消、关闭等基本信息。

动火作业许可证应当编号，一式三联，并分别放置于作业现场、作业区域所在单位及其他相关方，许可证第一联关闭后应由作业区域所在单位收回，动火作业许可证及其支持性文件应当至少保存一年。

第三十一条　作业区域所在单位应当针对动火作业内容、作业环境等组织相关部门和作业单位进行风险分析，作业单位应当根据风险分析结果制定控制措施。

第三十二条　特级动火和在受限空间、高处实施的一级动火，以及拆除管线等较大风险的动火作业应当编制作业方案。作业方案由作业单位编制，作业区域所在单位相关业务部门审查、业务分管领导审批。作业方案包括但不限于以下内容：

（一）作业概况（动火内容、部位、时间）；
（二）组织机构与职责；
（三）作业风险及防控措施；
（四）作业程序；
（五）应急处置措施；
（六）相关附件（工艺流程图、动火部位示意图、能量隔离清单等）；
（七）审批记录。

第三十三条　动火作业前应当清除距动火点周围 5 米之内的可燃物质或者用阻燃物品隔离；距离动火点 10 米范围内及动火点下方，不应当同时进行可燃溶剂清洗或者喷漆等作业；距动火点 15 米区域内的漏斗、排水口、各类井口、排气管、地沟等应当封盖严实，不允许排放可燃液体，不允许有其他可燃物泄漏；铁路沿线 25 米以内的动火作业，如遇有装有危险化学品的火车通过或者停留时，应当立即停止；距动火点 30 米内不允许排放可燃气体，不允许有液态烃或者低闪点油品泄漏。

第三十四条　动火作业区域应当设置灭火器材和警戒，严禁与动火作业无关人员或者车辆进入作业区域。必要时，作业区域所在单位应当协调专职消防队在现场监护，并落实医疗救护设备和设施。

第三十五条　气体检测设备应当由具备检测资质的单位检定合格且在有效期内，使用便携式可燃气体检测仪或者其他类似手段进行分析时，检测设备应当经标准气体样品标定合格，并确保其处于正常工作状态。气体取样和检测分析应当由培训合格的人员进行，取样应当有代表性，并至少满足以下要求：

（一）在较大的设备内动火，应当对上、中、下各部位和相对独立的空间进行监测分析；
（二）在较长的物料管线上动火，应当在彻底隔绝区域内分段取样分析；在管道外侧动火，应当对管道采取隔绝措施，并对管道内的危险物质进行取样分析；
（三）在设备外部动火，应当在动火点 10 米范围内进行监测分析；在设备外壁动火，还应当对设备内部进行取样分析。

第三十六条　动火作业开始前 30 分钟内，作业区域所在单位应当对作业区域或者动火点可燃气体浓度进行检测分析，合格后方可动火。超过 30 分钟仍未开始动火作业的，应当重新进行检测分析。每日动火前，均应当进行检测分析。

被测可燃气体或者可燃液体蒸汽浓度应当不大于其与空气混合爆炸下限（LEL）的 10%。使用便携式可燃气体报警仪或者其他类似手段进行分析时，应当使用两台设备进行对比检测。两台设备对比检测数据不一致时，应当解决偏差后重新进行检测分析。

第三节　作业审批

第三十七条　作业批准人应当组织作业申请人等有关人员对作业许可进行书面审查和现场核查。书面审查和现场核查可同时在作业现场进行。

第三十八条　作业批准人收到动火作业许可申请后，应当组织作业申请人、相关方及有关人员，进行书面审查。审查内容包括：

（一）作业的详细内容；

（二）作业单位资质、人员资格等相关文件；

（三）周围环境或者相邻工作区域间的相互影响，动火作业前后采取的所有安全措施，包括能量隔离清单、应急措施等；

（四）动火作业许可证期限；

（五）其他。

第三十九条　书面审查通过后，作业批准人应当组织作业申请人、相关方及有关人员对动火作业的安全措施落实情况进行现场核查。现场核查内容包括：

（一）作业内容、位置、时间等符合性；

（二）与动火作业有关的设备、工具、材料等；

（三）现场作业人员资格有效性；

（四）系统隔离、置换、吹扫及气体检测情况；

（五）安全设施的配备及完好性，消防、急救等应急措施落实情况；

（六）个人防护装备的配备情况；

（七）人员培训、沟通情况；

（八）其他安全措施落实情况。

第四十条　书面审查和现场核查通过之后，作业批准人、作业申请人和相关方均应当在动火作业许可证上签字。

第四十一条　对于书面审查或现场核查未通过的，应当对查出的问题记录在案；整改完成后，作业申请人重新申请。

第四十二条　当属地监督、作业人员、作业监护人等人员发生变更时，应当经过作业批准人的审批。

第四节　作业实施

第四十三条　动火作业前，作业区域所在单位应当组织参加作业的人员进行安全交底；作业人员应当按照动火作业许可证、作业方案的要求，实施动火作业；监护人员按规定实施现场监护。

安全交底内容主要包括：

（一）有关作业的安全规章制度；

（二）作业现场和作业过程中可能存在的生产安全风险及所采取的具体风险管控措施；

（三）作业过程中所需要的个体防护用品的使用方法及使用注意事项；

（四）事故的预防、避险、逃生、自救、互救等知识；

（五）相关事故案例和经验、教训。

第四十四条　动火作业人员应当在动火点的上风向作业，并采取隔离措施控制火花飞溅。

第四十五条　动火作业过程中，应当根据动火作业许可证或者作业方案中规定的气体检测时间、位置和频次进行检测，间隔不应当超过2小时，记录检测时间和检测结果，结果不合格时应当立即停止作业。

在生产运行状态下易燃易爆场所进行的特级、一级动火作业和存在有毒有害气体场所进行的动火作业，以及有可燃气体产生或者溢出可能性的场所进行的动火作业，应当进行连续气体监测。

第四十六条　动火作业过程中，作业监护人应当对动火作业实施全过程现场监护，一处动火点至少有一人进行监护，严禁无监护人动火。

第四十七条　使用气焊、气割动火作业时，乙炔瓶应当直立放置，氧气瓶与之间距不应当小于5米，二者与作业地点间距不应当小于10米，并应当设置防晒和防倾倒设施。在受限空间内实施焊割作业时，气瓶应当放置在受限空间外面；使用电焊时，电焊工具应当完好，电焊机外壳应当接地。

第四十八条　如果动火作业中断超过30分钟，继续动火作业前，作业人员、作业监护人应当重新确认安全条件。

第五节　作业取消和关闭

第四十九条　特级动火作业和一级动火作业的许可证有效期不超过8小时；二级动火作业的许可证有效期不超过72小时。

第五十条　当发生下列任何一种情况时，现场所有人员都有责任立即终止作业，取消动火作业许可证。需要重新恢复作业时，应当重新申请办理动火作业许可证。

（一）作业环境和条件发生变化而影响到作业安全时；

（二）作业内容发生改变；

（三）实际动火作业与作业计划的要求不符；

（四）安全控制措施无法实施；

（五）发现有可能发生立即危及生命的违章行为；

（六）现场发现重大安全隐患；

（七）发现有可能造成人身伤害的情况或者事故状态下；

（八）动火作业许可证超过有效期限。

第五十一条 动火作业结束后，作业人员应当恢复作业时拆移设施的使用功能，将作业用的工器具、脚手架、临时用电设施等撤离现场，将废弃物清理干净；作业申请人、作业批准人或属地监督和相关方现场确认无隐患，在动火作业许可证上签字，关闭作业许可。

第六节 特殊情况动火作业

第五十二条 高处动火作业使用的安全带、救生索等防护装备应当采用防火阻燃的材料，需要时使用自动锁定连接；高处动火应当采取防止火花溅落措施。

第五十三条 进入受限空间的动火作业应当将内部物料除净，易燃易爆、有毒有害物料应当进行吹扫和置换，打开通风口或者人孔，并采取空气对流或者采用机械强制通风换气；在有可燃物构件和使用可燃物做防腐内衬的设备内部进行动火作业时，应采取防火隔绝措施；作业前应当检测氧含量、易燃易爆气体和有毒有害气体浓度，合格后方可进行动火作业。

第五十四条 所属单位在非火灾、爆炸危险性区域的相对独立场所可划出固定动火区。固定动火区应当符合以下要求：

（一）边界外50米范围内不准有易燃易爆物品；

（二）制定固定动火区域管理制度，指定防火负责人；

（三）配备消防器材；

（四）设有明显的"固定动火区"标志，设置警戒线；

（五）建立应急联络方式和应急措施；

（六）固定动火区域主管部门和属地单位定期对其管理情况进行检查。

作业单位应当对固定动火区内的作业进行风险评价并制定相应安全措施，经所属单位业务分管领导审批同意，固定动火作业有效期最长为6个月。

第五十五条 紧急情况下的应急抢险所涉及的动火作业，遵循应急管理程序，确保风险控制措施落实到位。

第四章 动火作业检查

第五十六条 作业批准人应当组织属地监督、作业申请人、作业监护人，按照职责分工对作业现场进行监督检查。

第五十七条 监督检查包括但不限于以下内容：

（一）作业方案、许可是否经过批准并在有效期内，是否与现场实际相符；

（二）相关人员是否坚守现场并履责，资格是否符合要求，劳保护具是否符合要求；

（三）能量隔离、防护、通风、气体检测、警戒、消防、应急等措施是否落实，相邻设施防护与临近作业控制措施是否落实；

（四）施工设备、机具是否符合要求；

（五）涉及其他高危作业是否办理作业许可，管控措施是否落实；

（六）是否按方案作业，作业过程是否有违章行为；

（七）作业许可关闭前作业现场是否清理和恢复，是否经过相关人员确认。

第五十八条 监督检查中发现的问题，应当立即整改，达到安全作业条件后，方可继续作业。

第五章 监督与责任

第五十九条 质量安全环保部负责本细则的执行监督，健全监督考核机制，强化审核与检查，并将考核结果纳入单位年度业绩考核。

第六十条 违反本细则规定，有下列情形之一的，质量安全环保部应纳入业务考核；情节严重的，除纳入业务考核外，还应纳入业绩考核，并按《辽河油田公司QHSE违章处罚管理细则》对责任单位、责任人进行处罚。

（一）未按规定落实动火作业安全管理要求的；
（二）未按规定开展动火作业申请和准备的；
（三）未按规定开展动火作业审批的；
（四）未按规定实施动火作业的；
（五）未按规定进行动火作业取消和关闭的；
（六）未按规定实施特殊情况动火作业的；
（七）未按规定开展动火作业检查的。

第六十一条 违反本细则规定，引发动火作业事故，造成重大损失或影响的，质量安全环保部应将责任单位、责任人及相关情形报纪委办公室，追究相关人员责任；涉嫌犯罪的，由纪委办公室移交司法机关处理。

第六章 附 则

第六十二条 本细则由油田公司质量安全环保部负责解释。

第六十三条 本细则自发布之日起施行。原《辽河油田公司动火作业安全管理办法》（中油辽字〔2018〕208号）同时废止。

2021年报道辽河油田公司报刊网络文章选录

辽河油田科技成果获奖量创近十年新高

中国科技网 2021年1月3日

记者从中国石油辽河油田科技部获悉，今年辽河油田科技奖项硕果盈枝，获得中石油集团公司科技成果10项、辽宁省科技成果2项，各层次奖励实现"大满贯"，取得近10年来最好成绩。同时，辽河油田在国家级创新方法大赛中首次获得冠军，并获得集团公司优秀标准奖2项，授权国家专利430件，展现了辽河油田科技创新的实力和水平，更为油田高效勘探、低成本开发以及全年油气生产任务的完成提供强力支撑。

今年以来，辽河油田公司科技系统积极应对低油价挑战，在年度科技项目计划经费大幅削减的情况下，优化科研攻关布局，有针对性地设计出了"勘探增储、稀油上产、稠油稳产、工程技术提效、新能源及信息业务发展"5个领域，共计30个科技项目，为高效勘探和低成本开发提供技术支撑。

依托国家示范工程和集团公司重大专项、科技项目，油田公司一批关键技术理论攻关获得突破。提出了深层火成岩"源储一体、近源成藏"的地质认识，驾探1井刷新辽河40年来天然气探井单井日产纪录，实现深层天然气勘探取得重大突破。建立了大民屯凹陷不同类型页岩油"甜点"分类、定量评价标准，确定了沈页1井地质"甜点"分布，成为大民屯凹陷新的勘探增储领域。创新提出储气库建库与提高采收率联动理念，建立了断层封闭性评价标准，支撑了双6扩容上产和雷61、马19等复杂类型油气藏建库。

方式转换技术是油田稳产的科技利器。蒸汽驱领域，建立了超稠油蒸汽驱实施条件与技术界限，杜84、杜80等区块先导试验见到初步效果。SAGD领域，首次完成655万网格的全油藏SAGD数值模拟，实现了全油藏汽腔描述、趋势预测和整体调控，支撑了SAGD产量稳定。火驱领域，探索形成直平组合立体火驱技术，建立了实施技术界限，为4000万吨厚层稠油提高采收率提供支撑。化学驱领域，突破了高凝油微生物化学复合驱油配方体系，实现化学驱向高凝油拓展，支撑化学驱年产油达到15.8万吨。

针对压裂成本较高的问题，科研人员通过优化配方，创新形成低浓度瓜胶压裂液体系等3种新型压裂材料，在同等携砂能力下，单方压裂液瓜胶浓度由4.5‰降低至3.5‰，瓜胶用量大幅下降。在压裂支撑使用方面，在前期大量室内实验和现场评估基础上，在不同深度用相应比例的石英砂代替陶粒，每吨可节省约1000元。

人才是科技创新的第一资源。今年，油田公司在科学技术大会上重奖优秀科技创新团队、杰出科技工作者，同时，组织召开三次科技创新提质增效专家座谈会，还出台完善了科技项目、科技奖励2项管理办法，推行项目经理负责制及跨年项目管理运行模式，有效激发了科技人才的创新创效积极性。

辽河油田获评行业地热重点示范单位

《中国能源报》2021年1月28日

日前从第三届全国油田地热资源开发利用研讨会传出消息，中国石油辽河油田被评为石油石化行业油田地热重点示范单位，专家组对辽河油田地热综合开发利用的技术竞争力和行业影响力给予了肯定。

地热是一种清洁可再生新能源，具有显著的社会、经济和环境效益，开发应用前景广阔。目前，地热资源开发已被辽河油田列为新能源业务板块的重要攻关方向。辽河油田早在2005年就组织开展了辽河油区地热资源调查，摸清了地热资源家底。

通过10多年持续的科技创新，辽河油田逐步完善了地热资源开发工艺，掌握了废弃井改造、地热高效综合利用等完整的地热开发技术体系，形成了热泵利用、同层回灌、废弃井改造、深层地热井采输工艺四大技术成果，废弃井利用供热、深层地热资源直接利用等五大应用成果，并获得9项发明专利。

中国石油辽河油田被评为辽宁省知识产权优势企业

人民网2021年2月10日

近日，辽宁省知识产权局发布2020年度辽宁省知识产权优势企业获奖名单，辽河油田名列其中。这是辽河油田首次被评为辽宁省知识产权优势企业，展现了辽河油田良好的科技创新能力和知识产权保护水平。

该评选活动从去年10月启动。据介绍，知识产权优势企业评选是辽宁省知识产权局打造的一个科技强企培育平台。入围评选的企业一般都是区域内骨干企业，对产业发展具有一定影响力且知识产权工作成绩突出。评选目的是推进辽宁省科技强企培育工作，发挥优势企业的引领示范作用，带动提升全省企业知识产权管理及运用能力，发挥企业在知识产权工作中的积极作用，为知识产权强省建设提供有力支撑。

近年来，辽河油田坚持创新驱动战略，高度重视科技创新和知识产权保护工作，科技系统紧紧围绕制约油田勘探开发、生产建设的瓶颈难题，强化科技攻关，推进实施知识产权分类管理。

2020年，辽河油田加大发明专利授权奖励，全年共发放授权奖励74.8万元。知识产权激励政策激发了广大科技人员的创新创效积极性，全年共申请专利408件，其中发明专利212件，发明专利申请比例达到52%，首次实现了辽河油田发明专利申请比例过半，标志着知识产权保护工作水平再上新台阶。

中国石油辽河油田启动49项提质增效重点工程

人民网2021年2月11日

中国石油辽河油田今年围绕做好"千万吨油田""百亿方气库""流转区效益上产"三篇文章和公司四届二次职代会暨工作会部署，制定了10个方面49项重点工程，预计效益挖潜25.91亿元，优化投资4.07亿元。

据了解，辽河油田公司今年面临的经营形势依然严峻：主要业务工作量增长与成本刚性压降的矛盾愈加突出，油田公司折耗将增加14亿余元，对比集团公司下达的成本预算指标，今年油田公司整体资金缺口达20亿元。为应对低油价，辽河油田坚持"六个优化""六个坚持""六个控降"，继续深挖内部潜力，强力打造提质增效工程"升级版"，有效弥补预算差额，具体将坚持战略保障、综合统筹、动态管控、效益导向、正向激励五大原则，通过严把工程立项审查，实施工程项目化管理，靠实项目测算结果，刚性推动项目分级评价等举措，推动提质增效工程全面有效实施，确保年度业绩目标的实现。

围绕各项生产任务和业绩指标要求，辽河油田今年的提质增效工程包含高效勘探开发、优化生产运行、管控投资规模等10个方面共49项工程，其中以往延续性工程项目33项，新增无纸化办公等项目16项。今年提质增效工程项目还首次对提质增效项目的类型和属性进行了划分，其中为完成预算指标设立的项目为保障类项目，共35项；超出预算指标的创效额或预算外增量项目为增效类项目，共5项；提升综合管理水平的项目为提质类项目，共3项。此举将为后期开展分级评价项目效果，实现差异化考核奠定基础。

在项目立项过程中，辽河油田提质增效办公室始终严把关，细论证，仔细研究财务各项成本费用与专业部门和业务的关联性，财务人员深入业务前端，反复与各业务部门对接并上门指导，通过推进业财融合，力求各业务部门拟定的提质增效项目业务指标与财务指标高效匹配。其中在热采注汽提效工程立项中，财务人员和业务人员进行了10余次论证对接，最终按照工作量增幅不高于产量增幅的原则，预算安排自营区低干度注汽量2260万吨，对比公司配产配注方案减少148万吨，在保障有效稳产的同时，节约注汽成本2亿元。

此外，为加强提质增效工程全生命周期精细化管理，工程继续实行项目经理负责、定期工作报告、分析预警、经验交流、考核激励等制度，按照"五个一"工作机制强力推进。

中国石油辽河油田公司在开鲁盆地开创综合找矿新模式获国家找矿大奖

人民网2021年3月4日

近日，中国石油辽河油田公司申报的《内蒙古开鲁盆地钱家店矿区砂岩型铀矿找矿成果》，被自然资源部评为国家找矿突破战略行动优秀找矿成果。

"该成果整体达到国际先进水平，实现了石油行业与地勘行业的技术融合，对沉积盆地综合找矿具有重要意义。"国家找矿突破战略行动专家委员会主任、中国工程院院士陈毓川说。近日，中国石油辽河油田公司申报的《内蒙古开鲁盆地钱家店矿区砂岩型铀矿找矿成果》，被自然资源部评为国家找矿突破战略行动优秀找矿成果。"该成果整体达到国际先进水平，实现了石油行业与地勘行业的技术融合，对沉积盆地综合找矿具有重要意义。"国家找矿突破战略行动专家委员会主任、中国工程院院士陈毓川说。

这项大奖评委多为中国科学院和中国工程院院士，评选范围涵盖全部矿种，代表了我国近10年来矿产勘查领域的最高水平。中石油仅有7项成果入选，辽河油田入选成果为唯一的非油气找矿成果。这项大奖评委多为中国科学院和中国工程院院士，评选范围涵盖全部矿种，代表了我国近10年来矿产勘查领域的最高水平。中石油仅有7项成果入选，辽河油田入选成果为唯一的非油气找矿成果。

2011年，自然资源部（原国土资源部）、国家发展改革委、科技部、财政部等编制了《找矿突破战略行动纲要（2011—2020年）》，以石油、天然气、铀等重要矿产为重点，开展主要含油气盆地、重点成矿区带地质找矿工作，力争用8至10年的时间新建一批矿产勘查开发基地，建立重要矿产资源储备体系，为经济平稳较快发展提供有力的资源保障和产业支撑。2011年，自然资源部（原国土资源部）、国家发展改革委、科技部、财政部等编制了《找矿突破战略行动纲要（2011—2020年）》，以石油、天然气、铀等重要矿产为重点，开展主要含油气盆地、重点成矿区带地质找矿工作，力争用8至10年的时间新建一批矿产勘查开发基地，建立重要矿产资源储备体系，为经济平稳较快发展提供有力的资源保障和产业支撑。

铀资源作为国家战略性资源，以往一般由核工业系统企业进行勘探开发。20世纪90年代，辽河油田在钱家店进行油气勘探时，发现了油气井放射性异常情况，便战略性地在原石油探矿权基础上申请了铀矿探矿权，由此开创了我国非核系统综合找铀的先河。20多年来，辽河油田充分利用油气勘探老探井、老资料，通过"一井多用、一矿多查"，在该地区发现了超大型铀矿床，填补了我国东部地区砂岩型铀矿发现的空白，被中国地质学会评为2018年度"十大地质找矿成果奖"。

8家公司激烈竞争全国首单原油现货线上竞价交易在辽宁大连完成

总台央视记者　黄　璐　贾铁生
央视新闻2021年3月8日

3月5日，位于辽宁大连自贸片区的大连石油交易所线上交易平台完成竞价交易中石油辽河油田公司超稠油5000吨，重质油10000吨，这也是全国首单原油现货线上竞价交易。据了解，本次线上竞价交易中有8家公司参与，竞争报价激烈，各交易商竞价增幅额远超各方预期，最终交易商品价值趋于市场最好价值成交。

此次原油现货线上竞价交易，是大连自贸片区在探索大宗商品交易改革创新领域又一重要举措，标志着中国石油集团公司和辽河油田公司原油销售改革正式启动，各交易商通过卖方挂牌、买方挂牌、在线竞买、在线竞卖等方式，在线上进行石油现货交易。

据介绍，大连石油交易所1996年成立，是中石油辽河油田全资，具备现货贸易、电子交易、智能储运和信息发布等功能的交易平台，现有石油化工会员企业400余家，年交易额超过800亿元，自成立以来累计实现交易额6965亿元，累计实现税收42亿元。其原油现货线上交易平台，是东北地区首个石油现货线上交易平台，交易品种主要有成品油、燃料油、沥青、天然气等石油化工现货产品。大连自贸片区为石油化工会员企业办理石油交易相应资质开辟绿色通道，会员企业还可享受大连自贸片区的相关扶持政策。

下一步大连自贸片区将整合各方资源，利用金融和贸易自由化、便利化的政策优势以及创新优势等综合优势，争取为以东北地区为核心、辐射全国的油气交易、定价和信息服务等作出更大的贡献。

"矿产综合勘探"开创低成本找矿新模式

郝晓明　张　涛　杨世龙

《科技日报》2021年3月17日

科技日报讯 记者从辽河油田获悉，中国石油辽河油田公司申报的《内蒙古开鲁盆地钱家店矿区砂岩型铀矿找矿成果》3月4日被自然资源部评为国家找矿突破战略行动优秀找矿成果。国家找矿突破战略行动专家委员会主任、中国工程院院士陈毓川表示，该成果实现了石油行业与地勘行业的技术融合，对沉积盆地综合找矿具有重要意义，整体达到国际先进水平。

铀资源作为国家战略性资源，以往一般由核工业系统企业进行勘探开发。20世纪90年代，辽河油田在钱家店进行油气勘探时，发现了油气井放射性异常情况，战略性地在原石油探矿权基础上申请了铀矿探矿权，由此开创了我国非核系统综合找铀的先河。20多年来，辽河油田充分利用油气勘探老探井、老资料，通过"一井多用、一矿多查"，在该地区发现了超大型铀矿床，填补了我国东部地区砂岩型铀矿发现的空白，被中国地质学会评为2018年度"十大地质找矿成果奖"。

近年来，辽河油田科研人员不断开展多矿种同盆共存理论研究，以"一区探多矿、一次查多矿"的创新思维，实现了盆地勘探从油气单一矿产勘查到多矿种综合勘查的拓展。在铀矿勘查的同时，稀有金属铼和稀土金属钪的资源发现量也达到了大型矿床规模。通过研发攻关，成功实现铀矿地浸液中痕量铼的提取，填补了国内外技术空白，成果水平国际领先；钪的原位地浸开采技术探索也日趋成熟。

业内专家表示，辽河油田通过油、铀、铼、钪兼探，开创了一种"矿产综合勘探"的找矿新模式，闯出了一条含油气盆地低成本综合找矿的新路径。这种综合找矿模式既缩短了勘探周期，又节省了勘探成本，最大程度减少了重复勘探对生态环境造成的不利影响，为全国矿产勘查工作起到了引领和示范作用。

在勘探过程中，辽河油田科研人员突破传统找矿方式，从解剖盆地入手，利用地震资料进行构造精细研究，辩证分析物源、构造、储层、氧化还原、热液活动对铀、铼、钪成矿的控制作用。创建了砂岩型铀、铼、钪资源评价体系，填补了国内铀、铼、钪矿产资源评价方法的空白。自主研发了多项核心技术，形成了成矿带精细刻画、铀铼钪富集区预测等特色技术，钻孔综合见矿率高达90%以上，先后发表科研论文12篇，获得国家发明专利10项，为含油气盆地开展多矿种综合勘探提供了可借鉴的技术路径和经验范例。

中国石油辽河油田探索"党建+安全"新模式　走出新高度

人民网2021年4月6日

"如何创造性开展工作，实现党建引领qhse发展基础高质量？"4月1日，作为质量安全环保系统党史学习教育重要内容之一，中国石油辽河油田安全副总监（安全科长）培训班专题研讨会上，这样一个课题摆在了各单位qhse部门负责人面前。

在实现高质量发展的进程中，中国石油辽河油田面临着复杂严峻的安全环保形势。以党史学习教育为契机，公司上下正在积极探索适合自身实际的"党建+安全"新模式，拓宽党建与生产经营融合新内涵。

"党建+安全"自主安全管理宣讲会、"自主安全管理之星评比""让员工当一天岗长、查一项隐患、识别一处风险"……运行36年，在去年考核中排名垫底的曙采厂曙四联合站逆袭成为标杆站的做法，让培训班学员颇受启发。

研讨会上，质量安全环保部各科室和全体学员共同学习了曙四联如何将党建与风险管理有机融合，促进联合站安全管理水平不断提升的先进经验，并交流了各自工作中存在缺点、难点和优点。

"抓实'党建+安全'，各级党组织必须活跃起来，敢于创造性开展工作，发挥好示范引领作用，提升工作质量。"质量安全环保部主任卢敏表示。

坚持思想先行。3月初，质量安全环保部党支部便制定了党史学习教育全年学习计划，坚持读原著、学原文，线上学习与线下培训形成良性互动，并与集团公司"转观念、勇担当、高质量、创一流"主题教育活动相融合，切实做到"学党史、悟思想、办实事、开新局"，提升党员干部政治理论素养、业务能力和高质量管理水平，当好表率。

期间，该支部将重点开展"我为基层(群众)办实事"实践活动，每月至少为基层解决一个实际问题，协助各单位用心抓好"四全""四查"工作落实落地，qhse体系建设和责任清单管理、风险识别和隐患排查治理、低老坏、重复性问题整治和承包商的监督管理；同时，全面总结梳理基层"党建+安全"的典型做法和优秀经验，融入各二级单位党史学习教育，实现基层质量安全环保工作上水平。

为充分发挥党支部战斗堡垒作用和机关部门的组织协调功能，该党支部还联合5个机关部门党支部和2个基层党支部建立联盟机制，针对质量安全环保工作中的难点，设立安全环保和节能提质增效、油田工程质量提升、健康辽河行动和解困扭亏4项课题，联手攻坚，推动和服务油田公司实现高质量发展。

中国石油辽河油田首次应用二氧化碳蓄能压裂技术

罗耀珑　刘　昕　郭津瑞　龚润民

网易新闻 2021年4月15日

4月12日，中国石油辽河油田首口实施二氧化碳蓄能压裂的欧37-72-32井经过11天焖井后放喷见油，标志着二氧化碳蓄能压裂技术在辽河油田应用成功，为复杂油气藏稳产上产提供了新的思路。更重要的是，这项技术还能为二氧化碳寻找"出路"，为减少碳排放贡献力量。

欧37-72-32井所在的欧37块于2001年7月投入开发，开发目的层为低渗砂岩储层，常规注水受效难度大。本次选取的试验井欧37-72-32井也已经进入低产低效状态。

科研人员介绍，二氧化碳作为蓄能介质，有着以下特点：超临界时流动性强，可以流入储层的微裂缝，更易造成复杂网络裂缝；压缩系数远大于水，促进地层返排和增能稳产能力；不污染储层，且提高孔渗；当二氧化碳饱和于一种原油后可使其原油黏度降低，且原油越黏其黏度百分比降得越多。

为确保实施效果，辽河油田充分论证优化实施方案、施工程序、安全措施保障等，并在今年春节前开始筹备。据介绍，本次试验成功说明此项技术可适用于欧利坨、黄于热的中低渗区块以及冷161、齐131等无注水补能区块，在辽河油田具有良好的应用前景。

辽河油田双 6 储气库天然气保供创 4 项纪录

雷凤颖　谢桂森
《中国石油报》2021 年 4 月 21 日

4 月 8 日上午，全国最后一个担负天然气保供任务的双 6 储气库全部关井，完成本周期保供使命。

本轮采气周期，双 6 储气库共采气 17.56 亿立方米，创采气周期最长、高位安全运行天数最多、日均采气量最高、周期采气量最大 4 项新纪录。

经过五轮采气后，双 6 储气库累计采气量超过 50 亿立方米，成为国内同批次储气库中首个达容达产的储气库。本周期双 6 储气库不仅采气量创下纪录，气驱采油量达到 2.2 万吨，也创下最高值。

作为中国石油在全国规划的六大储气中心之一，辽河油田储气库群肩负着东北和京津冀地区天然气保供的使命。2020 年 11 月 9 日，双 6 储气库开启第五轮采气周期，单日采气量于 11 月达到 1468 万立方米后，实现满负荷运行 75 天。辽河油田建成投产的第二座储气库雷 61 储气库在 2021 年 1 月 9 日正式入列冬供，在集团公司同批规划的 16 座储气库中实现第一个完成方案审查、第一个开工建设、第一个注气投产运行，第一个冬季试采保供。目前，已进入第二轮注气周期。

辽河油田储气库公司认真落实天然气保供使命，成立了储气库公司天然气冬季保供领导小组，结合生产实际，制定了保供实施方案。公司升级保供日常运行管理，组织管理干部每天到前线值班，与基层单位干部员工共同参与巡检，重点监督进出站生产参数控制，做到发现问题现场及时解决；加强生产系统运行维护，在保供工作开始前对采气系统进行了分析，对采气分离器、换热器、乙二醇再生装置等进行了全面检查，根据以往经验预判了在采气过程中设备出现的各种故障，制定了多项应急处理方案；加强冬季管线巡线保护，确保管线运行稳定。

双 6 储气库采气期结束后，辽河油田储气库公司开始组织泄压置换、注气系统检修保养、采气改造治理等工作，确保注气生产按期完成。

辽河油田新型压裂液体系试验成功

雷凤颖　李　杨
《中国石油报》2021 年 4 月 25 日

4 月 21 日，记者了解到，辽河油田奈 30 井全程变黏滑溜水体积压裂试验成功，正处于焖井扩散阶段，套压 9 兆帕。初步验证了辽河油田自主攻关的新型压裂液体系已具备推广能力。

据了解，低成本多功能变黏滑溜水是辽河油田压裂酸化中心自主攻关的新型压裂液体系，这是一种可实时改变液体黏度的滑溜水体系。通过控制添加剂浓度调节液体黏度，低黏度时易形成复杂缝网，高黏度时可实现高浓度挟砂，兼备常规滑溜水造复杂缝和胍胶压裂液良好挟砂性的双重优势。

奈 30 井是部署在开鲁盆地哲中坳陷奈曼凹陷东部斜坡带的一口预探井，改造井段为 1505.6 至 1559.1 米，厚度 15.3 米，岩性为凝灰质粉砂岩，储层物性差，孔渗极低。经辽河油田压裂技术人员论证认为，采用变黏滑溜水体积压裂工艺，通过大排量、大液量、大规模施工，或许可实现"控水蓄能"的高效改造，从而提高单井产能，也可对低成本多功能变黏滑溜水的造缝、驱油、挟砂、返排等综合性能做出有益探索。

中国石油辽河油田日产工业气 233 万立方米创 12 年来新高

李 睍

中国新闻网 2021 年 4 月 26 日

中新网盘锦 4 月 26 日电 中国石油辽河油田 26 日发布消息称，2021 年以来，辽河油田日产工业气达 233 万立方米，创 12 年来新高，阶段累计产气突破 2 亿立方米。

辽河油田是以石油、天然气勘探开发为主的中国石油地区公司，是中国最大的稠油、高凝油生产基地，也曾是中国第三大油田。但辽河油田在天然气资源上有"产量低、用量高"的先天不足，对外依存度高，加上近年来大力推行环保举措，减少原油、渣油燃料占比，用气压力持续增加。

为此，2021 年以来，辽河油田围绕全年工作目标，超前规划部署，靠实上产工作量，优化组织运行，截至目前，已完成各类天然气上产工作量 234 井次，日产气达 233 万立方米，同比增加 44.4 万方米，阶段累产气 2.05 亿立方米，创近 12 年工业气生产水平新纪录。

"新井是产量接替的关键。"据辽河油田勘探事业部相关负责人介绍，辽河油田加大新井产建力度，通过加强动态分析研究，将气藏与井筒、采气工艺、地面系统充分结合，提高新井部署效率。目前，已投产气层气新井 5 口，溶解气新井 66 口，日产气达 12.3 万立方米。

老井是天然气稳产上产的基础。辽河油田加大长停井治理力度，充分发挥调补层、排水采气、压裂防砂等技术优势，对长停井、低效井进行综合治理。2021 年以来，在兴 20 区、法哈牛等区块已实施措施工作量 61 井次，天然气井开井率同比提高了 9%，日增气 27.5 万立方米。

另外，管理挖潜可有效拓展增气空间。今年以来，辽河油田强化天然气生产管理，积极组织各采油单位对零散气井进行排查筛选，建立天然气回收站点，并对低产井实施间开管理。通过实施车载收气、套管收气和间开收气 3 项措施，新增收气井次 102 口，日增气 3.3 万立方米，累计增气 155.7 万立方米，实现天然气"颗粒归仓"。

辽河油田绿色低碳转型全面发力
力争 2025 年化石能源消耗总量较 2019 年下降 25% 以上

罗前彬

《中国石油报》2021 年 5 月 26 日

5 月 19 日，辽河油田锦采欢三联地热工程多个作业面同时施工，已完成整体进度 62%，预计 6 月底投产后，年可替代标煤 1.21 万吨。

辽河油田虽然是以稠油超稠油热采为主的千万吨级油田，但风电、光伏、地热等新能源发展潜力巨大。为落实碳达峰、碳中和要求，辽河油田将绿色低碳作为五大发展战略工程之一，制定能耗结构优化和新能源发展规划，明确"绿色低碳 613 工程"路线图，即稳步推进产量结构优化、天然气上产、新能源替代等 6 项"能耗优化工程"，加快实施 1 项"燃油、燃煤归零工程"，重点突破储气库群综合效能、大规模 CCUS、伴生矿开发 3 项战略工程。

同时，全力建设"三大绿色低碳基地"——辽河特色的稠(重)油开发绿色能源综合利用示范基地、储气库群清洁能源供应基地、地区碳封存服务基地，力争2025年化石能源消耗总量较2019年下降25%以上，努力打造区域绿色低碳中心，助力周边省市和集团公司绿色发展。

为推动规划目标落地，辽河油田成立由公司主要领导任组长的新能源业务发展领导小组，不断优化完善新能源规划，制定目标落地行动方案，优化组织机构和运行模式，确保各项部署落地。目前，规划实施的100余个项目已全部确定，今年实施的32个项目基本落实投资来源正在加快启动实施，目前两个已投产。今年年底，辽河油田将投产相关项目12个，节约标煤2.23万吨。

同时，辽河油田作为集团公司CCUS工程两家试点单位之一，在去年回注5.3万吨二氧化碳的基础上，正筹备扩建回收装置，开展CCUS市场和技术调研，加快油藏资源详查，组建技术攻关团队，为下一步开展二氧化碳利用和封存创造了条件。

以史为鉴　学史力行　谱写辽河油田高质量发展新篇章

李忠兴

《学习时报》2021年5月26日

当前，党史学习教育正在全国深入开展，为开启全面建设社会主义现代化国家新征程注入了强劲动力。辽河油田公司党委以习近平新时代中国特色社会主义思想为指导，坚决贯彻党中央、集团公司党组决策部署，坚持学党史、悟思想、办实事、开新局，切实履行好国有骨干企业的经济责任、政治责任和社会责任。今年一季度，油气产量稳中有升，实现了桶油成本硬下降12.9%、节能降耗硬下降10%、上市未上市全面盈利的良好业绩。

把握学党史的出发点，以百年光辉历程强化"高质量、创一流"的责任意识

欲知大道，必先为史。从井冈山上的红旗猎猎到天安门的庄严宣告，从蛇口工业区的开山炮声到雄安新区未来之城的拔节生长，我们党始终在开天辟地、改天换地、翻天覆地中掌握着各项事业发展的历史主动，展现了强大的信仰力量和信仰追求。学党史，就是要保持理论联系实际、理论指导实践的良好学风，把以史为鉴与坚定理想信念贯通起来，把理论武装与推动工作实践贯通起来，把汲取经验与把握发展规律贯通起来，把锤炼党性与做好为员工服务贯通起来，不断增强听党话、跟党走的政治自觉思想自觉行动自觉。一是在学党史中坚定政治信仰。要进一步坚定对马克思主义的信仰、对社会主义的信念、对中国特色社会主义的信心，把增强"四个意识"、坚定"四个自信"、做到"两个维护"落实到工作实践中，转作风提质量、重规范作示范、勇担当有风范、严监管树新风，全力打造更有朝气、更有锐气、更有骨气、更有正气的辽河油田。二是在学党史中坚定目标追求。要赓续共产党人的精神血脉，大力弘扬石油精神和大庆精神铁人精神，持续发扬"油稠人不愁"精神和吃苦不怕苦、知难不畏难、负重不言重、进步不止步的宝贵品质，努力在油气业务、管理运营等七个方面实现高质量，在发展业绩、管理水平等六个方面创一流，奋力开创高质量发展新局面。三是在学党史中坚定发展定力。要把学习党史同总结经验、观照现实、推动工作结合起来，主动立足两个大局，认真总结油田开发建设经验，进一步廓清发展思路，不断增强做强做优做大国有企业的信心决心，力争到2025年油气当量实现1200万吨以上，储气库建设再上新台阶，流转矿权区块油气当量突破50万吨，持续筑牢油田高质量发展根基。

紧扣悟思想的结合点，以百年光辉历程激发"高质量、创一流"的内生动力

思想就是力量，思想就是航标。从农村包围城市、武装夺取政权到完成社会主义"三大改造"，从

作出改革开放的历史性决策到全面建成小康社会，我们党在实践中形成并发展了毛泽东思想和中国特色社会主义理论体系，为党和人民事业发展提供了科学指导。悟思想，就是要深刻感悟马克思主义的真理伟力和实践力量，结合党的理论探索史悟思想，结合党的不懈奋斗史悟思想，结合党的自身建设史悟思想，特别是要加深对习近平新时代中国特色社会主义思想的理解把握，深入学习习近平总书记对中国石油作出的9次指示批示精神，不断用党的创新理论推动油田改革发展实践。一是把"提升国内油气勘探开发力度"的批示落实到增储上产中。要坚持"立足辽河、加快新区、油气并举、稳油增气"思路，深化勘探开发、地质工程一体化，勘探上立足本土深耕细作，力争在天然气勘探上有新突破，在外围海上和流转区见到新进展，开发上突出提高油田采收率、降低自然递减率，确保"十四五"油气产量稳中有升。二是把"质量更高、效益更好、结构更优"的要求落实到提质增效中。要以打造提质增效"升级版"为目标，全面落实49项提质增效举措，实施产建项目、再造利旧等投资"六个优化"和管理费、运行费等成本"六个控降"措施，强化勘探开发、生产经营、投资成本、地质工程、科研生产"五个一体化"，实现企业运行效率最大化。三是把"三个有利于"的标准落实到深化改革中。要树立"企业不消灭亏损，亏损就消灭企业"理念，注重用改革办法增活力，以三年行动方案为抓手，大力推进72项具体改革任务，抓细抓实服务采购市场化、扩大经营自主权等一批重点工作，不断提升企业发展动力。四是把以人民为中心的发展思想落实到融合共建中。要把握"发展为了员工、发展依靠员工、发展成果由员工共享"原则，充分发挥企业协调组组长单位作用，对内主动与兄弟单位加强工作对接，打造"利益共同体"；对外建立油地日常联席会议机制，打造"地企融合典范"，不断优化企业发展环境，提升企业发展业绩。

夯实办实事的落脚点，以百年光辉历程砥砺"高质量、创一流"的使命担当

江山就是人民，人民就是江山。从长征途中的"半条棉被"到淮海战役的"独轮车"，从河南兰考的"焦桐"到脱贫攻坚的"扶贫日记"，我们党始终不变的是对人民群众的鱼水深情。办实事，就是要把人民对美好生活的向往作为奋斗目标，办好企业长远发展的"关键事"、办好员工急难愁盼的"紧要事"、办好赢得民心民意的"重点事"，不断提升员工群众的获得感、幸福感、安全感。一是在推动企业发展上办实事。要锚定"打造中国石油和辽宁省重要骨干企业"的战略目标不动摇，大力实施党建提升、增储上产、科技兴油、绿色低碳、民生改善"五项战略工程"，认真做好千万吨油田、百亿方气库、流转区效益上产"三篇文章"，让发展成果更多更好惠及全体员工。二是在推进亏损治理上办实事。要坚持"一企一策""一业一策"原则，研究编制亏损单位治理工作方案，做好"一对一"结对帮扶工作，深刻分析企业亏损原因，全面在降本挖潜、优化运行、内部协作、改革创新等方面对标对表、积极作为，全力减少亏损源、压缩亏损额。三是在解决突出问题上办实事。要从员工最关心、最直接、最现实的问题切入，大力推进《民生工程实施方案》有效落实，稳步开展4类12项民生工程，抓实抓好"我为员工群众办实事"重点项目，扎实开展"健康辽河2030行动"，稳步提高全员健康水平。四是在转变机关作风上办实事。要发扬"三个面向、五到现场"优良传统，对重要情况、矛盾问题、员工期盼心中有数，对具体办事举措成效心中有底，聚焦会议多、审批流程长等现象，落实《机关加强作风建设十二条规定》，做到"干"字当头、"实"字托底、事不避难、力戒浮华。

锚定开新局的着力点，以百年光辉历程坚定"高质量、创一流"的目标追求

于变局中开新局，在新局中谱新篇。从上海石库门到北京天安门，从播撒革命火种的一叶扁舟到领航复兴伟业的巍巍巨轮，我们党带领中华民族迎来了从站起来、富起来到强起来的伟大飞跃。开新局，就是要把党应对风险挑战的丰富经验转化为我

们解决实际问题的能力水平,在转观念中明晰责任使命,在勇担当中彰显价值作为,在高质量中推进效益发展,在创一流中发挥骨干作用,不断开创各项工作新局面。一是强引领,展现党的建设新气象。要完善党的领导与公司治理有机统一的体制机制,依托"党建联盟""党建+"等有形载体,找准服务生产经营、联系员工群众、参与基层治理的着力点,不断提升党的建设质量和科学化水平,筑牢国有企业的"根"和"魂"。二是增动力,实现科技兴油新突破。要推进科技体制机制改革,深化科研生产一体化,实施重点项目"揭榜挂帅",以推进公司级10大科技专项为抓手,不断提升科技贡献率,支撑油田持续保持千万吨稳产规模。三是抓管控,构建依法治企新常态。要扎实开展全员普法宣传教育,修订完善合规管理制度,持续加大审计、巡察力度,不断强化要害部门和关键岗位监督,防范各类风险,堵塞管理漏洞,确保企业依法合规经营。四是重生态,打造绿色低碳新优势。要加强节能管控,深化精细注水,优化稠油注汽,加大地热、太阳能等新能源开发力度,加快攻关CCUS技术和氢能利用,力争提前实现净零排放,全力打造绿色低碳新业态。五是创一流,开创高质量发展新局面。要锚定一流目标,全面落实对标管理提升行动计划,全力加强治理体系和治理能力建设,对比行业先进和优秀兄弟单位持续找差距补短板、强弱项固优势,全方位提升发展质量,为保障能源安全、推动能源事业发展贡献辽河力量。

中国石油辽河油田第一口二氧化碳蓄能压裂井获得高产

网易新闻 2021年6月4日

"欧37-72-32井日产油15.8吨,含水降到1%,液面基本保持在1600米左右。"6月1日,从中国石油辽河油田兴隆台采油厂压裂项目组了解到,该厂首口二氧化碳蓄能压裂喜获高产。

该井是辽河油田第一口利用二氧化碳作为蓄能介质的压裂老井。该井于4月1日完成压裂措施后,压裂项目组精细组织压后焖井、放喷作业,充分论证压裂举升和清防蜡措施,保障目标储层压后产能充分释放。

在欧力坨油田开展多项介质蓄能压裂的首次应用,项目负责人介绍,"与常规单项水基蓄能压裂不同的是,这口井开展水基蓄能和焖井后,在压前通过泵注二氧化碳开展二次蓄能,实现造缝和地层能量的进一步补充。"

压裂项目组与钻采院压裂酸化中心紧密结合,制定压后焖井置换周期,以保障储层内二氧化碳处于非临界状态。焖井期间,压裂项目组与采油作业五区紧密结合,录取焖井期间的井口压力数据和变化规律,为科学放喷制度提供数据支撑。

该厂工艺技术人员在半个月的排液和生产期间,多次深入五区关注生产动态,及时采样产出流体,分析流体性能变化,通过调整生产参数等措施摸索油井生产规律,为该井量身定制了合理的举升工作制度。

目前,欧37-72-32井已呈现出压裂后的措施效果,日产油稳定在15吨左右,出口温度保持在25摄氏度左右。

欧37-72-32井多介质蓄能压裂的成功应用,为辽河油田碳中和增产措施提供了新的技术途径,也为兴采厂冷161块、齐131块、双229块、黄于热等中低渗老油田补能改造后充分释放产能提供了技术借鉴。

辽河油田主动拥抱"双碳"时代推动绿色发展

新华网 2021 年 6 月 27 日

新华网沈阳 6 月 27 日电 一手做好压减传统能源的"瘦身",一手做好绿色替代的"健体",力争 2025 年左右实现碳达峰、2050 年左右实现"近零"排放目标——这是中国石油辽河油田分公司面对"双碳"目标勇担"新"使命,主动拥抱"双碳"时代所提出的规划方案。

记者近日在中国石油辽河油田分公司携手长城钻探工程公司、辽河石化分公司共同举办的"石油工人心向党 中国石油开放日"活动上获悉,面对新形势、新任务,绿色转型已成为辽河油区发展的共识,是必须长期坚持的发展战略。

不久前,辽河油田公司领导亲自谋划、科学部署,指导编制了《能耗结构优化和新能源发展"十四五"规划》,结合油田发展实际量体裁衣提出压减总量"瘦身"、绿色替代"健体"的工作理念,双轮驱动、同向发力。统筹实施"绿色低碳 613 工程",分阶段做好"减耗提量、清洁替代、战略接替、绿色转型"四项工作有机衔接融合,全力建设"三大绿色低碳基地",逐步降低常规能耗总量,提高外供油气资源和清洁能源能力,努力打造区域绿色低碳中心,实现高质量、跃升式的绿色发展。

具体而言,首先是聚焦压减总量"瘦身"6 项工程,做好传统化石能源消耗的"减法"。通过大力实施产量结构优化、全面加快天然气上产增效、加快推进工艺优化降耗、攻关推广技术进步节耗、有序推进燃油燃煤锅炉改造、全过程实行管理提升节能等 6 方面工程,实现"大刀阔斧、真真切切"的"大瘦身"。

同时,锚定绿色替代"健体"工程,做好清洁能源利用的"加法",奋力打赢清洁能源"跑位战"。通过精细评价油区内地热、风力、光伏、光热、余热等清洁能源潜力,努力寻求需求侧与供给侧的结合点,实施地热资源效益开发、余热利用、风电光伏绿色替代"组合拳",加快推进重点项目落地和示范项目推广,最终构建绿色产业结构和低碳能源供应体系。

"十四五"期间,在 6 项能耗减量"瘦身"工程和 1 项清洁替代"健身"工程的双重作用下,可实现常规能耗减替 64.02 万吨标煤。常规能耗总量呈现快速下降态势,较 2019 年下降 28.2%。新能源在能耗总量中的占比达到 8.9%,绿色低碳转型初见成效。

除上述"瘦身""健体"工程外,辽河油田还将重点突破辽河储气库群、大规模 CCUS 战略接替和 BSK1 及伴生矿开发 3 大工程,可为周边实现"双碳"目标提供清洁能源和解决方案。这既是辽河油田发展转型的需要,也是更好履行社会责任的需要。依托"绿色低碳 613 工程"有序开展,到"十四五"末,辽河油田将全面建成稠(重)油开发绿色能源综合利用示范基地、周边省市清洁能源供应基地、地区碳封存服务基地三大基地,在绿色发展中找到新的经济增长点。

挑战开发极限 "地质大观园" 连续35年稳产千万吨油气

郝晓明

《科技日报》2021年7月28日

辽河油田是渤海湾含油气盆地重要组成部分，自1970年开发建设以来，目前已累计生产原油4.9亿吨，产量位列中国石油天然气集团有限公司第二位，贡献财税2900多亿元，为支持国家建设、繁荣地方经济作出了突出贡献。

"手中有粮心不慌。中国石油辽河油田公司（简称辽河油田）扭转已开发油田产量递减的局面，同时立足富油气洼陷，依靠科技进步与创新进行开采，相信辽河油田实现千万吨持续稳产仍然具有丰富的资源基础。"7月25日，辽河油田开发事业部主任武毅接受科技日报记者采访时信心十足。最新资源评价显示，辽河油田剩余待探明资源量依然广阔，潜力巨大。

辽河油田是渤海湾含油气盆地重要组成部分，呈现断层多、储层类型多、含油层系多、油藏类型多、油品类型多、稠油埋藏深等特点，地质构造极其复杂，被同行喻为"地质大观园"。自1970年该油田开发建设以来，目前已累计生产原油4.9亿吨，产量位列中国石油天然气集团有限公司第二位，贡献财税2900多亿元，为支持国家建设、繁荣地方经济作出了突出贡献。

逆转递减，长期稳产千万吨

"十一五"以来，由于资源接替不足，辽河油田已开发油田陆续进入递减期。"当时正值改革开放快速发展期，国家能源需求迅猛增长。为保障国家能源安全，辽河油田积极响应落实'稳定东部、发展西部'的国家战略决策，强力推进五项重点工程，着力提升管理水平，全面逆转产量递减态势，实现了千万吨油气产量的长期稳产。"武毅说。

在十余年资源接替不足，储采失衡条件下，辽河油田解放思想、创新突破，挑战开发极限，实现了连续35年千万吨以上稳产，创造了"小面积、大贡献"的惊人业绩。

一组组统计数字诠释出辽河石油人的实干与担当。依靠科技增油，辽河油田阶段增加可采储量1.3亿吨，老区提高采收率10.7%，综合递减率由11.4%降至5.4%，多产原油1870万吨。

作为我国最大的稠油、高凝油生产基地，辽河油田以稠油开发为主，技术居国内领先地位，其中"稠油蒸汽吞吐、中深层稠油大幅度提高采收率关键技术与工业化推广应用"分别获得国家科技进步一、二等奖。2015年，国家能源稠（重）油开采研发中心揭牌，为辽河油田稠油开发技术再创新夯实了基础。

结构调整，建百亿方气库

近年来，辽河油田积极发展新业务，培育新的经济增长点，实现企业战略转型、多元化发展。其中，辽河储气库群已被纳入国家"十四五"规划重点建设项目，未来将建成9座储气库，库容量达到286亿方、工作气量143亿方；在落实国家碳中和、碳达峰相关要求方面，经前期评价，辽河油田适合CO_2捕集、利用与封存的地质储量达9.9亿吨，其兴曙工业化试验区被列为中石油首批工业化先导示范区。

据介绍，"十四五"期间，辽河油田将聚焦高质量发展，瞄准创一流目标，奋力书写"千万吨稳产、百亿方气库、流转区效益上产"三篇大文章。辽河油田规划油气当量将持续上升到1200万吨以上、储气库库容量达100亿方以上，鄂尔多斯流转区油气当量突破50万吨。同时，辽河油田将强化油品结构调整，高凝油、稀油产量占比由40%升至50%；强化天然气生产，由2020年的7.2亿方提升至2025年的23亿方；强化能源结构调整，加快储气库扩建进程，CO_2埋存能力达到100万吨。

辽河油田党委副书记、工会主席张金利表示，为如期实现"十四五"规划目标，辽河油田将坚持党的坚强领导，传承红色基因，大力弘扬"石油工人心向党"的光荣传统，推动党建与生产经营有效融合，把千万吨稳产的重担扛在肩上，坚持大力提升国内油气勘探开发力度的精神，在做优中做大、做大中做强，全面开启油田高质量发展新征程。

辽河油田创新实施产能建设承包制

隋泠泉　雷凤亮　金来宝

《中国石油报》2021年8月5日

今年上半年，辽河油田涌现出60口日产量大于10吨的高产井。这些井分布在20多个区块，新井平均单井生产天数同比增加28.8%。"喜人成果的取得，很大程度上得益于今年的新井建产新模式——产能建设承包制。"8月2日，辽河油田开发事业部相关负责人告诉记者。

产能建设承包制，就是将"投资—产量"打包下发给各采油单位，这些单位自主经营产能建设。

将井位部署赋权给对区块最熟悉的采油单位人员，井位部署更加精准，"性价比"更高。锦州采油厂组织科研人员重新落实各区块构造，精细油藏研究，按照"不可采不动用、不经济不建产"的原则，将原方案中投资高的锦29块3口水平井、1口直井暂缓实施，增加挖潜侧钻及方式转换完善井网侧钻，预计全年新建产能同比提升19.5%，百万吨产能建设投资较计划下降16.4%。

"新模式"充分发挥采油单位产能建设实施主体作用，激发了采油单位效益建产积极性。沈阳采油厂产能建设实行"钻建管"项目化管理，各项施工作业"并联推进"，呈现出新井时率升、单井产量升、经济效益升、产能投资降的"三升一降"良好态势，抓好产能建设大井丛布局，地面设备设施力求全部利旧。这个厂今年新井生产天数有望达到270天，同比增加14天，新井投资预计同比减少26.9%。

"新机制"给予了采油单位充分自主权，鼓励多元建产、市场化建产，充分发挥市场在产能建设中降投资的作用。辽兴公司和未动用储量开发公司依托"五自"经营和"两新两高"政策，反算新井产能建设极限投资，自主定价、招标、议标，目前已对体积压裂水平井等27口新井实施了市场化建产，百万吨产能建设投资大幅压缩。

中国石油辽河油田最长水平段井顺利完钻

网易新闻 2021年9月22日

继9月2日中国石油辽河油田首个水平段达2000米井河19-h201井在辽兴公司顺利完钻，9月3日河19-h202井以2017米水平段完钻，再次刷新辽河油田水平段最长井记录。

"固井质量检测报告明天就能出来，下一步就可以准备压裂投产了。我们创下了同类型水平井最短施工周期！"9月14日，笔者从现场获悉这两口井的进度情况。

据悉，河19-h201井和河19-h202井位于辽河外围陆东凹陷后河断裂背斜构造带河21块，该块属于超低渗油藏，开发难度大。

为实现该类油藏的高效开发，该公司创新利用大平台、长井段水平井与体积压裂相结合的配套技术，力争实现少井、经济开发动用低渗油藏。

长井段水平井施工难度大，辽兴油气开发公司与油田公司技术主管部门、设计部门、施工技术服务公司及各方面专家开展多轮次的前期技术论证，不断优化细化设计，最大限度满足了地质工程要求，实现了地质与工程、设计与施工的高度融合，为后续水平段顺利实施提供技术保障。

为保证这两口井低成本高效开发，该公司与各工程技术服务公司进行了多轮次艰苦谈判，实现单井价格最低。

同时，技术人员提前着手与土地、环保等部门协同进行现场踏勘，选择最佳钻井井场，提前征地并铺垫井场，确保了钻机及时上钻。

在施工阶段，技术人员参照该区块先期实施的7口水平井钻井参数，科学预测河19-h201井和河19-h202井钻井周期，高效率组织生产运行，提前10天完钻，创该块最快完钻时间记录。同时，机械钻速、生产时效等各项指标优于同区块其他水平井。

中国石油辽河油田再派17名干部支援"乡村振兴"

人民网2021年9月23日

截至9月17日，中国石油辽河油田公司党委选派的新一批17名参与辽宁"乡村振兴"战略的干部，已全部到达派驻的村子，开展为期2年的支援乡村振兴工作。

9月初，辽宁省开展新一轮驻村干部选派工作，辽河油田党委深入贯彻党中央、辽宁省委和中国石油脱贫攻坚工作安排部署，通过基层推荐、组织审核等程序，向重点乡村持续选派17名驻村第一书记和工作队员。据公司党委组织部相关负责人介绍，与上一轮选派干部相比，新一轮选派干部加大了年轻干部选派比例，65%的干部年龄在38岁以下。

乡村振兴，关键在党，关键在人。"十三五"期间，辽河油田党委坚决落实上级决策部署，把打赢脱贫攻坚战作为重大政治任务，积极履行国有大型企业的社会责任，先后选派驻村干部25名，对口支援义县，驻村帮扶阜蒙县西苍土村，在阜新、锦州、营口的15个村开展脱贫攻坚、乡村振兴工作，累计投入扶贫项目资金3800余万元，购买消费扶贫产品550余万元，有力推动了受助地区经济社会发展和民生改善，提前完成义县和西苍土村的脱贫攻坚任务，连续5年被评为辽宁省扶贫先进单位。

辽河油田公司党委十分重视干部选派驻村工作，"十三五"期间，有20余批次近百余人油田各级干部主动深入义县、阜蒙县、凌海等地开展调研走访和现场办公，为地方经济社会发展、解决群众生产生活难题想办法、出实招，受到当地干部群众一致好评。

兄弟单位雪中送炭　协同作战抗击洪潮

网易新闻2021年10月5日

中国石油辽河油田曙光油区的洪涝灾情牵挂着万千油田公司职工的心，连日来，兴采、沈采、欢采、锦采、金海、辽工处、油建、车服、消防支队、辽河公安局、振兴、宝石花医院、金宇等13家兄弟单位的应急支援队伍，第一时间赶到曙四联国堤口挡潮路3.5公里的大坝上，共同驰援曙采，守护家园。

洪水无情，人间有情。自险情发生以来，曙采厂忍痛"断臂"求存，关井501口，日夜不停修筑堤坝，守住河套内更多的油井生产。险情面前，兄弟单位第一时间"雪中送炭"，集结精锐力量，近

300 余人来到抗洪抢险第一线，与曙采人共同抗击洪潮。

曙四联国堤口挡潮路 3.5 公里的大坝，是对抗本次洪潮的关键核心。应急支援队伍的到来，为大坝的加宽、加固节省了更多时间，也为对抗 10 月 3 日的强降雨天气提供了坚实保障。

"曙采兄弟别着急，锦采采一来帮你！"10 月 2 日下午，正在搬运沙袋的锦采采油作业一区支援队用一句响亮的口号喊出了抗洪抢险中最真挚的兄弟情。

抵达现场后，支援队伍顾不上缓解远途带来的疲惫，立刻投入到紧张的抢险状态，队员们装料、扛袋、压坝、加固管排、下防渗布，一干就是好几个小时，直到凌晨两、三点多。饿了，就蹲坐在坝上吃口盒饭；累了，就彼此依靠稍作休息。前方抢险，后方保障。

辽河交警支队兵分两路，在胜利塘收费站西路口和曙四联国堤口挡潮路口设置卡点，协调指挥道路疏导，拦截无关车辆，为抗洪抢险物资运输和抢修车辆通行争取宝贵时间。宝石花医院派出医护人员和急救物资，为现场人员提供全面的医疗保障。

据了解，本次支援不仅带来了精兵强将，欢采等兄弟单位还提供了应急灯等应急物资。

为表达对兄弟单位的感激之情，10 月 2 日起，厂党委书记辛向忠，党委副书记、工会主席郭世磊前往各个支援点，看望一线支援队伍，送去慰问品。

经过两天的艰苦奋战，抗洪防汛已经取得了决定性的胜利，10 月 3 日上午，部分支援队伍开始陆续撤离。

辽河油田"四心"工程重点关注员工健康

刘 旭

《工人日报》2021 年 11 月 1 日

"自己是典型的'三高'，可过去不知道。现在好了，中心对我实时监控，指导我饮食、用药、锻炼，现在感觉身体一天比一天好。"中国石油辽河油田公司车辆服务中心大客车司机杨明谈起公司实施民生工程后自己身体的变化非常高兴。今年在党史学习教育中，辽河油田公司实施"四心工程"，累计执行民生实事 125 项、回应民生实事 136 项。

辽河油田现有员工 7 万余人，平均年龄 46 岁。去年 11 月，公司工会和人事处联合开展调查问卷，整理出 1311 条员工意见。召开 3 个专场"我为员工办实事"座谈会，征求员工意见。今年 3 月，公司党委成立了"民生改善工程"领导小组，由工会牵头，17 个职能部门各负其责，确定了健康护航安心、生产生活暖心、工会普惠聚心、安居服务舒心的"四心"工程。该工程将努力完成健康指数提升、生活品质提升、工会关爱提升等 6 大类 18 个项目，并建立起月上报、周反馈、动态监督运行工作机制。

公司全面推进体检、干预一体化，各单位已完成健康体检 46623 人，为 1.7 万名中、高风险员工实施精准健康干预。截至 8 月，油田公司中、高风险员工健康干预率分别达到 95.9% 和 100%。搭建职业病危害防护网，完成 9 个项目的职业病危害预评价及控制效果评价，全面排查职业病危害因素超标场所 105 个。

在餐费补贴标准上，制定餐食统一补贴标准；在食堂管理上，修订完善职工食堂管理相关制度 15 项，岗位及操作服务规范 88 项；在优化餐品结构上，在 38 家食堂试点推行"三减"菜品和营养配餐。

此外，出台《辽河油田公司帮扶工作管理办法补充规定》，对大病员工实施五档阶梯式救助，全年预计实施就医帮扶 1000 人次以上。

辽河油田员工牛红生获全国道德模范提名奖

孙梦宇　张运泓　雷凤颖

《中国石油报》2021年11月10日

11月5日,"德耀中华——第八届全国道德模范颁奖仪式"在京举行。抚顺石化工程建设有限公司信息技术研发中心主任刁克剑、辽河油田欢喜岭采油厂采油作业三区齐7站站长牛红生荣获全国道德模范提名奖。

刁克剑是微电子领域享誉全国的"大国工匠"。他用30余年时间从普通钳工成长为微电子领域专家,研发的多项科技成果达到国内乃至世界先进水平,坚持用发明创造践行劳模精神、劳动精神、工匠精神。牛红生是跳入水中救出3人的"辽宁省见义勇为英雄"。他在雨天巡检时跳进排水渠救出落水者的见义勇为事迹,在社会各界引起强烈反响,此前他已荣获辽宁省道德模范等称号。

据了解,今年4月以来,中央宣传部、中央文明办、全国总工会、共青团中央、全国妇联、中央军委政治工作部组织开展第八届全国道德模范评选表彰活动,共评出68名全国道德模范和254名提名奖获得者。评出的道德模范事迹突出、群众认可,具有鲜明的时代特征,成为引领社会向上向善的旗帜。全国道德模范每两年评选表彰一届,截至目前共评出476名全国道德模范和1994名提名奖获得者。

辽河油田双6储气库扩容上产工程正式投产!满足3000万家庭用气需求

人民日报客户端2021年11月12日

11月12日上午,伴随着呼啸的寒风,中国石油辽河油田双台子储气库群-双6储气库扩容上产工程正式采气投产,入列天然气冬季保供队伍。上午9点58分,现场总指挥一声令下,8口采气井阀门打开,开启冬季天然气保供模式。该工程投产后,将成为国内调峰能力最大的储气库,日采气量将在往年的基础上翻一番,大幅提升东北及京津冀地区冬季天然气保供能力,为北京冬奥会、北京冬残奥会输送绿色能源。

本次投产的双台子储气库群—双6储气库扩容上产工程是国家"十四五"规划工程辽河储气库群的重要组成部分。辽河储气库群是中国石油在全国建设的六大储气中心之一,担负着东北和京津冀地区天然气季节调峰任务,对调整我国能源结构、促进节能减排、应对气候变化、保障供气安全及国家战略储备具有重大的社会意义和战略意义。辽河储气库群圈闭条件优越、气源管网完善、区位优势明显,包括7座储气库,预计2035年,项目或将建成全国最大地下储气库群,形成百亿方天然气调峰能力。

储气库群-双6储气库扩容上产工程从去年8月1日开始破土动工到具备采气条件,历时467天,是一个完全自主设计、自主施工的储气库,国产化率达到90%以上。

11月1日起,已全面进入采暖季,用气量逐步上升。11月6日,东北迎来大风、降温、雨雪天气,辽宁省出现近十年来同期强度最大、温度最低的强寒潮天气。辽河油区最大风力达到6至8级,路面平均积雪30厘米以上,给油气生产带来严峻挑战。按照上级生产指令,辽河储气库群开始采气,打响中国石油储气库冬季保供第一枪。

为有效应对今冬天然气供应紧张局面,辽河油田提高政治站位，成立了由公司党政主要领导担任组长，分管领导担任办公室主任的天然气保供领导小组，制定了1套常规情况下、2套极限情况下的采气方案。各项工作超前组织、倒排工期、加快节奏，优质高效完成双6储气库、雷61储气库设备改造升级和检维修，以及双台子储气库群—双6储气库扩容上产工程采气前准备工作。

双台子储气库群—双6储气库扩容上产工程正式投产后，最高峰的日采气量可满足3000万家庭一天的用气需求；也可满足50万台出租车或100万台燃气公交车一天的用气需求；从2016年第一轮采气至今，辽河储气库群累计采气50亿立方米，和同等燃烧值的煤炭相比，减少二氧化碳排放435.3万吨，相当于种植阔叶林6529.5亩。

辽河油田为振兴发展"加油增气"

王英宇　李　想　高　刚

《辽宁日报》2021年12月15日

核心提示

站在"十四五"新起点，辽河油田公司认真贯彻辽宁省委和中国石油天然气集团有限公司总体部署，瞄准创一流目标，精心做好"千万吨油田硬稳、百亿方气库快上、外围区效益上产"三篇文章，向着"十四五"末油气当量1200万吨、储气库库容100亿立方米、外围区效益上产200万吨油气当量的目标奋力迈进，为保障国家能源安全、促进辽宁全面振兴全方位振兴"加油增气"。

牢牢把握辽河本土"基本盘"

精心做好"千万吨硬稳产"文章

辽河油田公司党委严格落实"第一议题"制度，深入学习贯彻习近平总书记"做强做优做大国有企业""能源的饭碗必须端在自己手里"等重要指示批示精神，努力从党的创新理论中汲取"加油增气"的智慧力量。

打造有担当的"千万吨"。结合公司发展实际，将"十四五"发展规划中"稳油增气"调整为"加油增气"，"十四五"末油气当量力争达到1200万吨、本部"千万吨稳产"调整为"千万吨硬稳产"。特别是面对严重洪涝灾害和雪灾影响，辽河油田公司党委快速响应，科学应对，高效组织，广大干部员工发扬抗洪精神，众志成城，迎难而上，取得了抗灾复产的全面胜利。

打造可持续的"千万吨"。辽河油田公司加大老区勘探开发力度，持续发力实施"科技兴油"工程，聚焦勘探开发"卡脖子"技术，重点推进10项重大科技专项攻关，调整稠油稀油产量比，有力助推老油田稳产有方、新区块上产有效。在超额完成2021年三级储量目标任务基础上，组织开展"冲刺90天，打赢复产上产攻坚战"劳动竞赛，向全年1011万吨原油考核指标冲刺，全力实现连续36年千万吨硬稳产。

打造有效益的"千万吨"。认真落实投资"六个优化"、成本"六个控降"要求，辽河油田公司把对标作为补短板、强弱项、提效益的重要抓手，从勘探、开发等8个方面36项经济技术指标入手，扎实推进提质增效10个方面50项工程，公司上市和未上市业务双双保持"双盈利"。

增强能源保供"新动能"

精心做好"百亿方储气库"文章

辽河油田公司抓住国家"加快油气储备设施建设"、辽宁省加强能源储备基地和通道建设等重大契机，积极推进国家"十四五"规划重点工程——辽河储气库群建设。

打造高质量建设"品牌工程"。作为中国石油"六大储气中心"之一，辽河油田公司遵循"前期评价一批、开工建设一批、达容上产一批"的工作思路，加强工程项目勘察、设计质量、施工质量以及监理质量管理，执行一体化运行、互帮化共享、整合式联动、标准化管理、关联式考核等五项保障机制，努力建设"一流设计、一流施工、一流质量"的国家优质工程，树立了良好的品牌形象。

打造高效率运营"示范工程"。辽河油田公司推行"台长制"示范工程，与参建单位积极配合、齐抓共管，协同推进平台钻井施工质量、进度、安全环保等工作，实现井身质量合格率100%，平均建井周期提前3天至5天。在参建单位中创新开展"党建联盟"，采取组织共建、资源共用、经验共享等方式开展联建联动，合力提升施工效率、保障工程质量，辽河储气库群建设速度领跑全国。

打造高能力保供"亮点工程"。截至目前，辽河油田公司如期完成双6储气库扩容达产等重点工程，辽河储气库群可实现高峰日供气3000万立方米以上，成为全国日调峰能力最大的储气库群，大幅提升了东北及京津冀地区的天然气保供能力。

倾力打造产量规模"增长极"

精心做好"外围区效益上产"文章

辽河油田公司将外围区作为新产量增长点和效益增长极，紧扣"外围区效益上产攻坚实现200万吨油气当量"奋斗目标，打造辽河有效资源接替区。

打造扩资源增产量"新战场"。公司增设宜庆勘探开发指挥部和宜川项目部，面对勘探开发认识有所欠缺、油层压裂技术存在短板、油地协调经验略显不足等问题，积极在地质认识、工作理念、运作方式上转变观念，加速外围地区效益上产。特别是今年历经严重洪涝灾害考验后，宜庆地区加速推进19口井试气、试采，全力做好21部钻机施工组织，提前着手新提交150口井的征地、环评手续，为明年开好局起好步奠定坚实基础。

打造创效益谋发展"新阵地"。充分利用"两新两高"政策，辽河油田公司引入市场化队伍，灵活采取租赁、租用、服务方式，降低运行成本，提高运行效率，建立新型采油单位。充分学习借鉴长庆油田低成本开发成功经验，加强在销售、设计、物采等方面合作，坚决实施低成本战略，形成百人百万吨数字化管理新模式。

打造闯市场树形象的"新名片"。坚持"立足辽河，服务长庆，拓展西部"的发展定位，成立辽河西部研究中心，靠前研究、靠前攻关，以技术换资源，以技术换产量，以技术换效益，支撑宜庆效益上产。积极与长庆油田、重点院校建立技术合作关系，搭建辐射周边的市场平台，凭借特色修井技术，成功与兄弟单位签订油水井措施作业工程合同。

索 引

0–9

2010年以来绕阳河汛情受灾情况统计表（表） 65b

2019年以来应急演练开展情况统计表（表） 65b

2021年动态监测资料录取统计表（表） 75

A–Z

FCD技术试验推进 79a

QC小组活动成果 343

QC小组活动成果 346

QHSE标准化建设与员工履职能力评估 112a

QHSE体系管理 111

QHSE体系审核 112a

QHSE宣传培训 111b

QHSE制度标准 111a

A

安全风险辨识"金眼睛"名单 353

安全管理 108

安全管理 75a

安全环保风险防控 82b

安全环保技术监督中心 240

2018—2021年监督检查情况表（表） 241

党群工作 241b

监督、检验、科研评价 240b

民生保障 241b

庆祝中国共产党成立100周年活动 242b

新冠肺炎疫情防控 242b

运营管理 241a

安全环保与质量节能 107

B

保密工作 149b

保险管理 128b

保障帮扶 162b

标准管理 91a

博士后科研工作站 91b

C

财务资产 125

采购管理制度及标准化 138a

采油方案设计审查 73b

采油工程 73

采油基础管理 74a

产建承包制度 70b

产能方案　68b

产能建设　56b，68

产能建设经济评价　139b

产能建设现状及存在问题　72a

产品质量管理　114b

车辆服务中心　244

　　安全管理　245b

　　党建工作　246b

　　纪检监督　247b

　　经营管理　246a

　　企业管理　246a

　　群团工作　247a

　　新冠肺炎疫情防控　247b

　　运输服务保障　245a

车辆运输与服务　65a

承包商管理　122a

承包商监管　109b

稠油吞吐热采情况表（表）　360

储气库工程建设　83a

储气库公司　233

　　安全管理　234b

　　党建工作　236a

　　经营管理　235b

　　科技创新　236a

　　气库建设　234a

　　庆祝中国共产党成立100周年活动　238b

　　群团工作　237b

　　调峰保供　234b

　　新冠肺炎疫情防控　238a

　　组织人事　237a

储气库建设　124a

储气库建设　66b

储气库生产运行　59b

储气库注采井管理　79b

茨榆坨采油厂　181

　　安全环保　183b

　　党建工作　183b

　　第四次党代会胜利召开　184b

　　经营管理　183a

　　勘探开发　182a

　　矿区和谐　184a

　　企业改革与科技进步　183a

　　庆祝中国共产党成立100周年活动　185a

　　生产管理　182b

　　外围区块划转　184b

　　新冠肺炎疫情防控　184b

　　主要生产经营指标对比表（表）　182a

D

大1块产能建设　71a

大比例尺编图攻关　69b

大连分公司　284

　　安全环保　285b

　　党建工作　285b

　　合规管理　285a

　　庆祝中国共产党成立100周年活动　286b

　　深化改革　285a

　　生产经营　284b

　　提质增效　285a

　　新冠肺炎疫情防控　286a

大民屯凹陷勘探成果和认识　50b

大民屯西陡坡砂砾岩油藏评价　60b

大事记　31a

一月　32a

二月　33a

三月　34a

四月　35b

五月　37a

六月　37b

七月　39a

八月　40a

九月　40b

十月　41a

十一月　41b

十二月　42b

单井效益经济评价　140b

单位概览　167

档案安全管理　147a

档案服务利用　146a

档案基础管理　145a

档案史志　145

档案收集归档　145b

档案数字化工作　146b

档案业务指导　147a

党风监督　160a

党风廉政建设与反腐败工作　159

党建工作　154

党建与业务深度融合　157a

党内监督工作　158a

党群工作　153

党史学习教育　156a

党员发展　155a

党员素质教育　154b

党政领导班子　316

党组织"三基本"建设　157b

党组织及党员队伍建设　154a

道路交通安全　109b

低产低效井治理　74b

低成本工艺措施规模实施　74b

地面工程　83

地热技术开发　115b

地质设计审查　69a

第五届"班组成本分析"获奖名单　352

电力分公司　269

　　安全环保　271b

　　党建工作　274a

　　供电服务　270a

　　惠民共享　275a

　　经营管理　272a

　　科技创新　271a

　　企业改革　273a

　　新冠肺炎疫情防控　275b

　　员工队伍　273b

　　主要生产经营指标（表）　270b

调研督办　148b

东部凹陷勘探成果和认识　48b

东部凸起勘探成果和认识　49a

董监事管理　134b

队伍建设　161b

对标管理　121b

对外合作　144

对外合作项目管理　144a

E

鄂尔多斯矿权区勘探成果和认识　52a

F

法制宣传教育　122b

法治建设责任制　121a

方案设计管理　66a

方案设计管理　81b

防范邪教　151b

防灾减灾　65a

风光发电工程　115a

风险管理　119a

风险管理　88a

附录　361

富油区带有利目标评价　61a

G

概预算管理　129

高技能人才队伍建设　149b

高升采油厂　177

　　勘探增储　178b

　　安全环保　180b

　　党群工作　180b

　　经营管理　180a

　　科技工作　179b

　　庆祝中国共产党成立100周年活动　181a

　　生产管理　179b

　　油气开发　179a

　　员工培训　180a

　　原油、天然气生产情况统计表（表）　178b

各采气单位天然气生产量（表）　58a

各采油单位原油产量（表）　56a

工程管理　83b

工程建设审计　130a

工程项目经济评价　140a

工程质量　114b

工会工作　161

工会自身建设　163a

工艺技术创新　82a

工艺技术试验与应用　67b

工作回顾　54b

公路管理　143b

公文管理　149a

共青团工作　164

共青团与青年工作发展　165b

共青团自身建设　165a

供应商和承包商管理　138b

股份管理　134

股权管理　134a

股权投资管理　134b

管材管理　86b

管理创新项目　122a

规范化管理　87b

规划计划　122

国际事业部　295

　　安全管理　296a

　　党群工作　296b

　　对外合作　295b

　　庆祝中国共产党成立100周年活动　296b

　　市场开发及项目运行　295a

　　提质增效　296a

　　新冠肺炎疫情防控　296b

国家级QC小组活动成果　343

国家级先进个人　331

国家级先进集体　324

H

海洋安全监管　110a

行业部级先进个人　332

行业部级先进集体　325

合规管理　119b

合规监督　161a

合同管理　120a

河 21 块特低渗透砂岩油藏升级评价　60a

后备资源建设　72a

后评价管理　125a

化学驱工艺技术研究　79b

欢 20 块产能建设　71b

欢喜岭采油厂　176

　　安全环保　177a

　　党建工作　177b

　　管理提升　177a

　　民生工程　177b

　　生产组织运行　176b

　　提质增效　176b

　　油气勘探开发　176b

环保督察　110a

环保示范区　111a

环境保护　110

环境风险控制　110b

会计核算　127a

会议服务　148b

J

机构、人物与荣誉　311

机关党委工作　157

机关纪委工作　158b

机关群团工作　158a

机制运行　108a

基本情况　2

基础管理　81a

基础研究奖　98b

稽查监督　128b

集输工程　81

集团公司 QC 小组活动成果　345

集团公司级先进个人　334

集团公司级先进集体　326

计价依据制定　129a

计量器具管理　113a

技能等级认定　149a

技能人才　132b

技能人才评价　149

技能专家工作室　150a

技术发明奖　98a

技术设备引进管理　145a

季节运行　64a

价格管理　129b

监督资质管理　67b

健康辽河行动　113a

健康企业创建　113b

节能节水与计量管理　112

结算管理　128a

金海采油厂　197

　　安全环保工作　199a

　　党建思想政治工作　199b

　　经营创效　198b

　　勘探开发　198a

　　科技创效　199a

民生改善 200a
生产组织工作 198b
质量管控 199b
治安综合治理 199b
锦州采油厂 190
安全环保 192a
党务群团 195a
经营管理 193a
科技工艺 193a
民生工程 195b
庆祝中国共产党成立100周年活动 196b
生产建设 191b
外部市场 194a
新冠肺炎疫情防控 196b
信息档案 196a
油气勘探开发 191a
员工培训 194b
质量监督 194b
主要生产经营指标（表） 191a
晋升高级专业技术职称人员 322
晋升中级专业技术职称人员 322
经济技术研究院 227
党建思想政治工作 229b
工程造价管理 228a
经济发展研究 227b
经济技术咨询 229a
经济评价管理 228a
经济评价 139
经济评价方法研究 139b
经济政策研究 141
井控管理 87
井控专项培训 88b

井筒质量管理 114a
井筒质量管理 66a
境外业务管理 145b
纠纷案件管理 120b
举升工艺配套示范 74b

K

开发动态监测 75
开发及可研方案经济评价 139b
开发技术与措施 59a
开发历程 54a
开发现状 55a
勘探工作量完成情况 47b
勘探开发研究院 218
安全环保 220b
方案编制 220a
科技创新 219b
庆祝中国共产党成立100周年活动 221a
提质增效 220b
油气勘探 218b
油田开发 219a
勘探事业部 213
安全环保 217b
大民屯凹陷勘探成果及认识 215a
党建工作 217b
顶层设计管理 216b
东部凹陷勘探成果及认识 214a
东部凸起勘探成果及认识 214b
鄂尔多斯矿权区勘探成果及认识 216a
勘探成本管控 217a
辽河滩海勘探成果及认识 215b

辽河外围勘探成果及认识　215b
　　生产组织管理　217a
　　西部凹陷勘探成果及认识　214b
　　新技术推广应用　216b
　　中央凸起勘探成果及认识　215b
勘探投资　46b
勘探投资完成情况表（表）　46
科技成果　92
科技攻关　116a
科技管理　90
科技进步奖　93a
科技与信息　89
科研项目　90a
课题研究经济评价　140b
控制储量　48a
控制储量经济评价　139a
矿权管理　47a
框架竞争性谈判服务　141b
亏损治理　126a

L

劳动保障　133b
劳动模范、先进个人　340
劳务管理中心　308
　　安全环保　309a
　　党的建设　310a
　　党群工作　310b
　　庆祝中国共产党成立100周年活动　310b
　　人事、综合档案工作情况统计表（表）　310a
　　信息档案　309b
　　员工队伍　308b

老区治理　57a
冷家油田开发公司　204
　　成本控制　206a
　　党群工作　207b
　　对标管理　206a
　　节能减排及挖潜　207a
　　开发方式转换　205b
　　科技推广　206b
　　老油田综合管理　205b
　　评价增储　205b
　　庆祝中国共产党成立100周年活动　208a
　　生产组织　205b
　　新冠肺炎疫情防控　207b
　　质量健康安全环保　207a
理论学习与教育　155b
历史沿革图（图）　3
炼化业务管理　136b
"两金"压控　127a
辽河工程技术分公司　254
　　党建思想政治工作　257a
　　和谐矿区建设　257b
　　经营管理　256a
　　井控管理　256b
　　科技管理　257a
　　企业改革　254b
　　庆祝中国共产党成立100周年活动　257b
　　生产运行管理　255b
　　修井完成情况（表）　255
　　质量健康安全环保　256a
辽河滩海勘探成果和认识　51a
辽河外围勘探成果和认识　51b
辽河油田公共事务管理部　301

安全环保　303b
　　剥离移交业务　303a
　　党建工作　303b
　　房产交易及公用房屋管理　302a
　　公积金业务管理　302b
　　后勤服务　303a
　　离退休管理　303a
　　民生工程建设　302a
　　社会保险管理　302b
辽河油田公司发展党员基本情况（表）155b
辽河油田公司获辽宁省创新方法大赛奖项目一览表（表）　92
辽河油田公司获省部级基础研究奖项目一览表（表）　99
辽河油田公司获省部级技术发明奖项目一览表（表）　98
辽河油田公司获省部级科技进步奖项目一览表（表）　93
辽河油田公司获中国创新方法大赛奖项目一览表（表）　92
辽河油田公司机关建党100周年系列活动　159a
辽河油田公司级基础研究奖项目一览表（表）　99
辽河油田公司级技术发明奖项目一览表（表）　98
辽河油田公司级科技进步奖项目一览表（表）　93
辽河油田公司培训情况统计表（表）　132a
辽河油田公司设备综合报表（表）　135b
辽河油田公司投资计划完成情况表（表）　123b
辽河油田公司在岗党员基本情况（表）　154b
辽河油田环境工程公司　265
　　安全管理　268a
　　党建工作　268a
　　经营管理　267a
　　科技创新　266b
　　企业改革　267b
　　庆祝中国共产党成立100周年活动　269a
　　群团工作　268b
　　生产建设　266b
　　新冠肺炎疫情防控　269a
　　员工队伍　267b
辽河油田建设有限公司　258
　　安全环保　259b
　　党建工作　259b
　　企业改革　259a
　　庆祝中国共产党成立100周年活动　260a
　　生产建设　258b
　　提质增效　259a
　　新冠肺炎疫情防控　260a
辽河油田培训中心　290
　　安全管理　291b
　　党建工作　292a
　　后勤工作　291b
　　教学科研　290b
　　经营管理　291a
　　民生工程　292a
　　企业改革　291a
　　庆祝中国共产党成立100周年活动　292b
　　提质增效　291b
　　校园建设　291b
　　员工队伍　291a
　　职业培训　290a
辽河油田消防支队　229
　　安全环保　231a
　　党群工作　231b
　　队伍管理　230b

423

防火工作　230a

　　集团公司专职消防队专业化建设考核评估标
　　准现场会召开　231b

　　经营管理　231a

　　灭火工作　230b

辽河油田新闻中心　306

　　安全管理　308a

　　党建工作　308a

　　经营管理　307b

　　提质增效　307b

　　新闻宣传　307a

辽河油田招标中心　293

　　安全管理　293b

　　党群工作　294a

　　新冠肺炎疫情防控　294b

　　招标工作　293a

辽宁恒鑫源工程项目管理有限公司　297

　　安全管理　298a

　　党建工作　298b

　　经营管理　297b

　　企业改革　298a

　　庆祝中国共产党成立 100 周年活动　298b

　　生产建设　297b

　　新冠肺炎疫情防控　298b

　　员工队伍　298a

辽宁省 QC 小组活动成果　344

辽兴油气开发公司　208

　　安全环保　210a

　　党建工作　210b

　　勘探增储　208b

　　科技增产　209a

　　提质增效　209b

　　油气产量表（表）　209a

　　员工队伍　210a

领导班子与干部队伍建设　154a

六化建设　84b

绿色低碳 613 工程　124b

绿色矿山　111b

M

民兵武装　152a

民生改善工程　163b

目标任务　56a

N

内部市场管控　138a

内控管理　119a

能效对标　112a

能源管理分公司　288

　　安全环保　289a

　　党群工作　289b

　　经营管理　289a

　　庆祝中国共产党成立 100 周年活动　289b

　　提质增效　289a

　　主营业务　288b

年检督察和重要变更　47a

牛 612 块产能建设　71a

P

排查管控　108a

培训管理　132a

索 引

Q

其他荣誉　352

企管法规与内控　118

企业管理　117

企业级技术专家　321

企业民主管理　162a

企业首席技术专家　321

企业文化建设　156b

企业政策研究　141a

气库建设　57b

千12块产能建设　71b

青年成长成才工程　164b

青年创新创效工程　164b

青年教育强基工程　164a

清洁能源替代　112b

庆阳建产　70a

群众性经济技术创新　162a

R

燃气集团公司　232
  安全环保　233a
  党的建设　233a
  工程建设　232b
  经营管理　232b
  科技创新　233a
  庆祝中国共产党成立100周年活动　233b
  市场开发　232a

热注工程　80

人才队伍建设　133a

人力资源　131

人力资源信息化共享　133b

人事档案管理　133b

人员培训管理　77b

软科学管理　141b

S

上产组织　63b

上市业务单位　168

设备管理　135

设备基础管理　136a

设备技术管理　136a

设备提质增效　135b

设备业务培训　136b

设备运行管理　135a

设计管理　84a

深化改革　118a

沈24块产能建设　70b

沈阳采油厂　185
  产能建设　186b
  党建工作　188b
  获国家专利授权统计表（表）　189
  获辽河油田公司科学技术奖统计表
  （表）　188
  降本增效　186b
  精细注水　186b
  科技工作　187b
  老油田效益开发管理提升经验交流会　187a
  民生工程　189a
  生产经营　186a
  新冠肺炎疫情常态化管控　189b
  质量健康与安全环保　187b

　　　　主要生产经营标指标对比表（表）　186a
审计队伍建设　131a
审计工作　129
审计信息化建设　130b
审计质量控制　130a
审计中心　247
　　　　党建工作　248b
　　　　庆祝中国共产党成立100周年活动　249b
　　　　审计业务　248a
　　　　新冠肺炎疫情防控　249a
　　　　质量健康安全环保　248b
　　　　主要业务数据（表）　248b
生产经营工作情况　5
生产投资压控　70b
生产运行　63
省部级科技成果简介　99a
省部级先进个人　332
省部级先进集体　325
石油化工分公司　281
　　　　安全环保　283a
　　　　党群工作　283b
　　　　企业改革　282b
　　　　生产管理　281b
　　　　市场经营管理　282b
　　　　提质增效　282a
　　　　新冠肺炎疫情防控　284b
　　　　新项目建设　282a
石油化工技术服务分公司　278
　　　　安全管理　280a
　　　　党建工作　280a
　　　　企业管理　279b
　　　　庆祝中国共产党成立100周年活动　281a

　　　　生产经营　279a
　　　　新冠肺炎疫情防控　281a
石油开发　55
史志编纂　147b
市场监管　84a
事前审计　130b
曙光采油厂　171
　　　　安全管理　174b
　　　　党建工作　175a
　　　　方式转换井组实施情况（表）　172b
　　　　经营管理　173b
　　　　科技创新　173a
　　　　企业改革　173b
　　　　群团工作　175a
　　　　生产建设　172a
　　　　新冠肺炎疫情防控　175b
　　　　新井效果统计表（表）　173b
　　　　员工队伍　174a
　　　　主要生产经营指标（表）　172
数据管理　105b
水电管理　64a
税收政策　127b
四个"一体化"　62b

T

探明储量　47b
探明储量经济评价　139a
套管注水专项治理　79a
套损井治理　85b
特载　7
特种设备管理　136a

特种油开发公司　200
　　安全管理　202b
　　党建工作　203a
　　经营管理　201b
　　科技创新　201b
　　企业改革　202a
　　庆祝中国共产党成立100周年活动　204a
　　群团工作　203b
　　生产建设　201a
　　新冠肺炎疫情防控　204a
　　员工队伍　202a
　　主要生产经营指标（表）　201a
提质增效　126a，132b，137b
提质增效工程　82a
题库管理　149a
体系管理　118b
天然气保供　64a
天然气产能建设　58b
天然气产销情况表（表）　357
天然气开发　58
天然气开发　59a
天然气资源潜力　58b
停掺、降掺稀油管理　74b
统计工作　125a
统计数据　355
投资计划经济评价　140a
投资项目管理　123a
土地管理　143a
土地与公路管理　142
推广平台钻井　66b

W

外部市场管理　121b
外事管理　144b
外围上产　57b
网络与信息安全　105b
维稳信访与综治保卫　150
未动用储量开发公司　242
　　安全环保　243b
　　党建群团　244b
　　合规管理　244a
　　经营管理　243b
　　开发生产　243b
　　庆祝中国共产党成立100周年活动　244b
　　油气勘探　243a
　　员工队伍　244a
未上市单位
文稿撰写　148a
污染防控　110b
物联网建设　124b
物资采购管理　137
物资采购监督检查　138b
物资分公司　263
　　党建工作　265a
　　公司治理　264b
　　健康安全环保　264b
　　经营业绩　264a
　　庆祝中国共产党成立100周年活动　265b
　　群团工作　265b
　　物资保障　263b
物资计划管理　137a
物资价格发布　129b

X

西部凹陷勘探成果和认识　49a

先进单位、先进集体　329

先进个人　331

先进集体　324

现场实施管理　77a

现状与矛盾　77b

享受国务院政府特殊津贴人员　321

项目管理　90b

消防安全　109b

销售公司　238

  党建工作　239b

  提质增效　239a

  疫情防控工作　240a

  营销工作　239a

  质量安全管理　239b

效益联包　86a

新冠肺炎疫情防控　108

新海27块产能建设　71b

新井产能优化部署　69b

新井运行　63b

新能源发展　124a

新能源事业部　286

  党的建设　288a

  地热技术开发　287a

  风光发电工程　286b

  科技攻关　287b

  生产经营一体化　287b

  新冠肺炎疫情防控　288b

  铀矿勘探　286a

  质量安全环保管理　287b

新能源替代技术研究　81a

新能源项目经济评价　140a

新能源研究　141a

新能源业务　115

新闻宣传　156b

薪酬管理与业绩考核　131b

信访稳定　150b

信息工程分公司　276

  安全环保　278a

  党群工作　278a

  经营管理　277b

  庆祝中国共产党成立100周年活动　278b

  生产运行　277a

  主要生产指标（表）　277b

信息化顶层设计　104a

信息化工作　104

信息化技术培训　106a

信息化项目建设　104b

信息化制度建设　106a

信息系统管理　105a

行政法律业务　121a

形势任务教育　156b，157b

兴古7-10块产能建设　71a

兴隆台采油厂　168

  2020—2021年油气产量表（表）　168b

  安全环保　170a

  党建思想政治工作　170a

  科技增产　169b

  庆祝中国共产党成立100周年活动　170b

  提质增效　169a

  油气勘探开发　169a

兴隆台采油厂2020—2021年油气产量表(表) 168b
宣传工作 155
宣教文体 163a
选井流程管理 76a
学术交流 91b
巡察监督 159b

Y

压裂项目管理 87a
业务协调 85a
　"一站式"招标服务 142a
宜庆地区潜力目标评价 62a
宜庆勘探开发指挥部 249
　安全环保 250b
　产能建设 250a
　党的建设 251b
　经营管理 251a
　生产运行 250b
　土地外协 251a
　油气勘探开发 250a
疫苗接种 108b
意识形态工作 156a
应急管理 65b
油、水、气井井口数情况表（表） 359
油藏评价 56b
油藏评价 60
油藏研究与井位部署 69a
油地协调 144a
油地业务协调 125b
油气产量（表） 56a
油气储量 47

油气地质资料补交 146a
油气集输公司 211
　安全环保 212b
　产量数据指标对比表（表） 211b
　党群工作 213a
　科技创新 212a
　民生工程 213b
　庆祝中国共产党成立100周年活动 213b
　生产管理 211b
　提质增效 212a
　新兴业务自主开发 213a
油气监察 64b
油气开发 53
油气勘探 45
油气营销 123b
油气营销完成情况表（表） 124a
铀矿勘探 115a
预测储量 48a
预算管理 125b
员工管理 131b
原油产能投资承包 125b
原油生产能力 68b
原油生产完成情况表（表） 356
原油收拨情况表（表） 356
原油销售量情况表（表） 357
运行管理 63a

Z

战略规划 122b
招标工作 141
招标工作规范化管理 142a

429

招标管理　138b

招标宣传与培训　142b

振兴服务分公司　304

  安全管理　305a

  党的建设　305a

  后勤服务　304a

  经营管理　304b

  疫情防控　306a

  员工队伍建设　305b

征地工作　143a

政策制度选录　362

政策制度一览表（表）　362

政法工作　150a

政治监督　159a

知识产权管理　91a

执纪监督　160b

职业技能竞赛　149b

职业健康　113

职业健康防护　113b

指标完成情况　141a

制度建设　118b

制度与信息化建设　66a

质量安全　84b

质量管理与监督　114

质量问责　114a

中层领导干部名录　316

中层以上干部退休名单　321

中层以上领导干部名录　316

中国创新方法大赛　92a

中国共产党成立100周年庆祝活动　155b

中国石油天然气股份有限公司东北原油销售

  中心　252

  党群工作　253b

  经营计划　253a

  企业管理　252b

  生产建设　252b

  新冠肺炎疫情防控　253b

中央凸起勘探成果和认识　51a

中油辽河工程有限公司　260

  党建工作　262a

  技术创新　261b

  经营管理　261b

  庆祝中国共产党成立100周年活动　263a

  群团工作　262b

  市场开发　261b

  新冠肺炎疫情防控　263a

  员工队伍　262a

  质量安全环保　262a

  主营业务　261a

重大事项法律审查　120b

重点项目管理　137a

重要时段升级管控　108b

注氮气业务管理　79a

注汽管理　80a

注汽技术　80b

注汽量情况表（表）　358

注水工程　78

注水工艺措施后评价方法及应用推广　78b

注水井管理　78a

注水量情况表（不含污水回注）（表）　358

注水区块综合治理示范区建设　79a

专家队伍　321

专文　26

专项审计　130a

专项整治　109a

专业市场管理　143b

资本运营事业部　299

  安全环保　300b

  党风廉政建设与监督管理　300b

  党建工作　301a

  董监事管理　300a

  队伍稳定　301a

  股权管理　299b

  股权投资　300a

  庆祝中国共产党成立100周年活动　301b

  深化改革　299b

  提质增效　299b

  协调服务　300b

资产管理　128a

资金运营　126b

资料应用管理　76a

资质管理　86b

综合事务管理　148

综述　2，46，54

综治保卫　151a

总述　1

组织机构　312

组织机构管理　131a

组织机构名录　312

组织机构图　315

钻采工艺研究院　221

  安全环保　224a

  党风廉政建设　225b

  队伍建设　224b

  基层党建　225a

  经营管理　223b

  科技成果推广　222b

  科技攻关　222a

  庆祝中国共产党成立100周年活动　226b

  群团工作　226b

  深化改革　225a

  思想文化宣传　226a

  完成各类单井设计数量表（表）　223b

  完成各类工程监督数量表（表）　223b

  完成各类区块方案数量表（表）　223b

  新冠肺炎疫情防控　227a

  质量节能　224b

  钻采工程设计　223a

钻井工程　66

钻井工程监督　67a

钻井市场化　67a

作业工程　85

作业监督管理　86b

作业提效　86a

编 后 记

本卷《年鉴》是《辽河油田年鉴》自1989年创刊以来连续出版的第37卷，是更名为《中国石油辽河油田公司年鉴》的第11卷。

本卷《年鉴》基本沿用历年来形成的框架结构，同时注重《年鉴》的工具性和实用性，版式设计力求规范严整，文字叙述力求简洁流畅。在编纂过程中，坚持规范与创新相结合，力求全面、系统、准确地反映时代特色、辽河特色和年度特色，重点记述辽河油田公司2021年油气勘探、油气开采、生产经营、改革发展及企业管理等方面重点工作。在保持整体结构基本不变的情况下，增强《年鉴》的资料性和功能性；将"单位概览"部分按照上市业务单位与未上市业务单位划分排列，同时对《年鉴》内容信息进行扩充，对部分条目内容进行修改调整。

本卷《年鉴》编纂工作于2022年4月启动并于5月19日由辽河油田公司党委办公室（总经理办公室）下发《关于做好2022年〈辽河油田公司年鉴〉编纂工作的通知》，向机关各职能部门、直属部门和二级单位征集资料，经过编纂人员的辛勤努力，全书初稿于2023年4月完成。辽河油田公司档案馆史志办公室在征求各方面意见后对初稿进行修改，于2023年5月定稿，经辽河油田公司编纂委员会审核通过后送石油工业出版社审核、印刷、出版。《年鉴》编纂出版工作始终得到辽河油田公司各级领导的高度重视，及机关各职能部门、直属部门和二级单位领导的支持和帮助。辽河油田公司党委办公室（总经理办公室）对书稿内容进行审订，同时提供许多涉编资料，并做了大量组织协调工作，对《年鉴》提出宝贵意见和建议。辽河油田新闻中心、党委宣传部、工会等单位和部门提供了大量图片资料，规划计划处提供了各种统计数据等。在此，对所有支持《中国石油辽河油田公司年鉴》编纂工作和为本卷《年鉴》出版提供帮助的单位和个人致以诚挚的谢意。

由于年鉴编辑出版时限性强，工作量大，加之编纂人员水平有限，《年鉴》中疏漏和不足之处在所难免，恳请读者批评指正。

辽河油田公司年鉴编辑部

2023年5月